U0133155

国家出版基金项目
NATIONAL PUBLICATION FOUNDATION

"十三五"国家重点
图书出版规划项目

第三卷 1931—1949 上

中国近代思想通史

（1840—1949）

郑大华 俞祖华 著

岳麓书社·长沙

人民出版社·北京

王伟光为首席专家和主编的中国社会科学院创新工程特别重大课题和国家社会科学基金重大委托课题"中华思想通史"阶段性成果！

教育部人文社会科学重点研究基地中华伦理文明研究中心资助研究成果！

郑大华

　　湖南永顺县人，1990年北京师范大学毕业，获历史学博士学位。湖南省首批"芙蓉学者"，湖南师范大学特聘教授，教育部人文社会科学重点研究基地中华伦理文明研究中心特约研究员，中国社会科学院近代史研究所研究员，并任国内外多所大学和科研机构的兼职教授、兼职研究员、国际学术顾问，中华民族团结进步协会专家委员会主任，享受国务院特殊津贴专家。第十三届全国政协委员、提案委员会委员，中央统战部"党外知识分子建言献策专家组"成员，湖南省人民政府参事。

　　长期从事中国近代思想史研究。主持国家社科基金重大招标课题、重点课题、特别委托课题、一般课题、青年课题，中国社会科学院创新工程重大招标课题、重大、重点课题，国家民委重大委托课题、重点课题，湖南省特别委托重大课题等共24项。出版著作18种，译著5种（含合译），点校整理资料10种25册，发表学术论文180多篇、报纸学术文章30多篇；获国家及省部级优秀成果特别奖2项，一等奖4项，二等奖3项，三等奖4项。其著作多次入选《国家哲学社会科学成果文库》《中国社会科学院文库》《湖南省哲学社会科学成果文库》和十九大前"砥砺奋进的五年"大型成就展。

俞祖华

　　浙江永康人，历史学博士，鲁东大学历史文化学院教授，主要从事中国近代思想文化史研究。出版《清代栖霞牟氏家族文化研究》《离合之间：中国现代三大思潮及其相互关系》等著作多部，发表论文 160 余篇。多次获中国图书奖、教育部科学研究优秀成果奖成果普及奖、山东省优秀社会科学成果奖等。2008 年获批享受国务院特殊津贴专家；2010 年成为国家级教学团队负责人；2014 年入选"国家百千万人才工程"并被授予"国家有突出贡献的中青年专家"荣誉称号；2017 年入选中宣部公布的文化名家暨"四个一批"人才；2018 年入选中组部公布的第三批国家"万人计划"哲学社会科学领军人才。

第三卷目录

（上）

（下）

第 十 八 章

九一八事变后抗日救亡运动
和思潮的兴起

 1931 年 9 月 18 日晚，日本关东军铁道守备队柳条湖分遣队炸毁了沈阳北郊柳条湖附近南满铁路的一段路轨，并栽赃、嫁祸于中国军队，随即以此为借口突然向中国东北军驻地北大营发动进攻，制造了震惊中外的九一八事变。日本开始了对东北人民长达 14 年之久的侵略、奴役和殖民统治。九一八事变发生后，全国各界抗日救亡运动和思潮迅速兴起，各派政治势力提出了他们的对日主张，思想界就对日的"战"与"和"问题展开了讨论，民族抗日救亡运动和思潮持续高涨。

第一节　国共两党和其他党派及政治势力的对日主张

1931 年九一八事变发生后，面对日本帝国主义侵略和国内局势，各派政治势力提出了不同的对日主张。国民党的对日主张经历了从"不抵抗主义"到"一面抵抗，一面交涉"，再到宣布"攘外必先安内"，最后提出"最低限度"政策的转变；共产党则高举"武装抗日"的大旗，反对国民党的对日妥协退让，主张建立抗日民族统一战线，先后提出过"反蒋抗日""逼蒋抗日"和"联蒋抗日"的方针；其他介于国共两党之间的政治派别用各种方式表达出抗日的愿望，呼吁国民党尽快改变对日妥协政策，实现团结抗战。

一、国民党从"不抵抗主义"到"攘外必先安内"再到"最低限度"政策的确立

从 1931 年九一八事变到 1937 年七七事变后抗日战争全面爆发前，国民党的对日主张，经历了从"不抵抗主义"到"一面抵抗，一面交涉"，再到宣布"攘外必先安内"，最后提出"最低限度"政策的转变。

早在 1928 年 5 月 3 日济南惨案发生前后，国民党政府对日本帝国主义的侵略暴行就多有克制、隐忍与退让。蒋介石利用外交途径进行交涉，但日军大肆屠杀中国军民，还杀害了战地政务委员会外交处主任兼山东特派员蔡公时及随员 17 人。1929 年 5 月中旬，蒋冯战争爆发，6 月 7 日蒋介石致电川军将领要求川军出兵讨伐冯玉祥，该电文提到"讨冯即所以安川，安内方可以攘外，甚望兄等和衷共济，一致讨逆"①。这是蒋介石提及"攘外必先安内"思想的发端。10 月 27 日，蒋介石在为讨冯发表的《今日政府之责任与国民之地位》一文中指出，"此次讨逆之意义，非特安内，实为攘外，

---

① 《蒋中正筹笔》，载《蒋中正总统档案》，转引自张宪文《从〈大溪档案〉史料析二三十年代蒋介石的军事政治战略》，《南京大学学报》（哲学·人文科学·社会科学）2000 年第 1 期。

盖内奸一日不除，外侮未有一日能免者也"①。当晚，他又发表通电，称"冯逆玉祥所部宋哲元、石敬亭等，当暴俄入寇之时，竟敢悍然作乱西北，自古未有国贼在内，不先去之而能外御其侮者。中正谨于本日赴汉督师……安内攘外，皆系今日之征"②。这一时期，蒋介石所称"安内"的重点是冯玉祥等国民党内的反蒋派。

面对日本帝国主义的步步紧逼，预感到危机的国民党高层希望通过谈判避免冲突。"早在沈阳事件之前的夏天，他（指蒋介石——引者）就在庐山举行扩大会议，讨论当时提出的特别是少帅在东北的集团提出的对日采取强硬态度，和直接抵抗日本侵略的政策等要求。委员长是个现实主义的政治家，他觉得必须对日谈判。另一方面，作为一个精明的政治家，他不愿意公开明言直接谈判的政策。"③1931年7月，日本军国主义者利用"万宝山事件"在朝鲜策动排华活动，为防止东北军将士激于义愤起而反击日军挑衅，在江西"剿共"前线的蒋介石致电南京政府和张学良，担忧该事件"恐被共产党利用……同时对于中日纠纷，更有导入一层纷乱之虞。故官民须协力抑制排日运动，宜隐忍自重，以待机会"④。7月23日，他又在南京行营发表《告全国同胞一致安内攘外》，指出：全国同胞，当此生死存亡，"间不容发之秋，自应以卧薪尝胆之精神，作安内攘外之奋斗"，"惟攘外应先安内，去腐乃能防虫"，如不先剿灭"赤匪"，"恢复民族之元气，即不能御侮。不先剿平叛逆，完成国家之统一，即不能攘外"。⑤在这里，蒋介石较为明确地阐述了"攘外必先安内"思想，且开始将"安内"的重点明确指向中国共产党，国民党内反蒋派则已退居次位。6月26日，发生日军参谋部大尉中村震太郎因从事间谍活动被中国军队处死，日方在8月知情后认为这是"帝国陆军和日本的奇耻大辱"。在中村事件交涉过程中，蒋介石仍希望以隐忍的办法避免事态升级，他指示张学良"要效法印度甘地对英国不

① 蒋中正：《今日政府之责任与国民之地位（蒋主席昨日发表之论文）》，《中央日报》1929年10月28日。
② 《蒋主席出发督师之通电》，《中央日报》1929年10月29日。
③ 《顾维钧回忆录》第1分册，中华书局，1983，第425页。
④ 《盛京日报》1931年7月15日。
⑤ 蒋中正：《蒋中正通电全国国民"攘外应先安内去腐乃能防虫""惟愿同胞主张正义挽救危亡》，天津《大公报》1931年7月27日。

合作的办法来应付日本，遇事要退让，军事上要避免冲突，外交上要采取拖延方针"①。传蒋氏还于 8 月 16 日致电张学良（"铣电"）："无论日本军队此后如何在东北寻衅，我方应不予抵抗，力避冲突，吾兄万勿逞一时之愤，置国家民族于不顾。"②但张学良晚年多次向唐德刚等人否认"铣电"的存在。

　　九一八事变发生后，张学良指示参谋长荣臻、第七旅旅长王以哲等将领不抵抗。9 月 19 日，张学良发出通电称："日兵自昨晚十时开始向我北大营驻军施行攻击，我军抱不抵抗主义，毫无反响，日兵竟至侵入营房，举火焚烧，并将我兵驱逐出营。""职等现均主张坚持不予抵抗，以免地方糜烂。"③ 9 月 26 日，张学良致电国民党中央："先是我方以日军选在北大营等处演习示威，行动异常，偶一不慎，深恐酿起事端，曾经通令各军，遇有日军寻衅，务须慎重避免冲突。当时日军突如其来，殊出意外，我军乃向官方请示办法，官方即根据前项命令，不许冲突。又以日军此举，不过寻常性质，为免除事件扩大起见，绝对抱不抵抗主义。未几日军攻北营内驱杀士兵，毫无顾忌，我军不得已，遂退出营房。"④

　　一种说法认为，九一八事变发生后蒋介石立即电令张学良"沈阳日军行动，可作为地方事件，望力避冲突，以免事态扩大。一切对日交涉，听候中央处理可也"⑤。甚至有张学良"一夜之间，十几次电南京蒋介石请示，而蒋介石却若无其事地十几次复电，不准抵抗，把枪架起来，把仓库锁起来，一律点交日军"的说法。⑥另有学者认为九一八事变发生，"19 日消息传到南京，当晚国民党中央召开常务会议，决定'急电南昌'，要蒋'即日

---

① 赵镇藩：《日军进攻沈阳北大营纪实》，载《吉林文史资料》第 11 辑《九・一八事变亲历记》，政协吉林省委员会文史资料研究委员会，1985，第 4 页。

② 《蒋介石致张学良应不予抵抗的电文》，载吉林档案馆编《东北沦陷十四年档案史料丛编：九・一八事变》，档案出版社，1991，第 172 页。

③ 《张学良报告沈阳事变经过》，载《东北沦陷十四年档案史料丛编：九・一八事变》，第 185 页。

④ 《张学良向国民党中央报告日军侵略经过和暴行》，载《东北沦陷十四年档案史料丛编：九・一八事变》，第 196 页。

⑤ 《蒋介石致张学良的不抵抗电令》，载《东北沦陷十四年档案史料丛编：九・一八事变》，第 173 页。

⑥ 该话最早是曾任张学良机要秘书的郭维成于 1946 年 8 月 15 日发表广播讲话时说的（见《东北日报》1946 年 8 月 24 日），后为学者所采纳，以证明蒋介石曾下令张学良不抵抗。

返京','共议内外应付之方策'"①。蒋介石19日凌晨才在南昌得知九一八事变发生的消息。9月19日，国民政府外交部致电出席国联代表施肇基，称"现已完全证实，我方毫无挑衅举动，日军公然向我攻击，我方虽绝未抗拒，而彼仍继续向我开火……希速就上开事实及下开意思，向国际联合会正式提出，日军似此攻击未曾挑衅而绝未抵抗之中国军队，并占领沈阳及其他各处之突然行动，实为自国际联合会成立以来各友邦国交史上所未有之事……中国政府请求国际联合会，立即并有效的依照盟约条款，取适当之措置，使日军退出占领区域，保持东亚和平，中国政府决定服从国际联合会关于此事所为之任何决定"②。9月19、20日，在南京的国民党中央执行委员连续召开两次会议，决议外交部除向日方提出严重抗议，要求日军停止一切行动，即日退回原防地外，并电示出席国联代表施肇基向国联报告，请主持公道，另向非战公约签字各国通告。③9月21日，当时正在江西湖口"剿匪"的蒋介石回到南京，召集军政要员开会，商讨对策，讨论了军事、政治和外交问题，会议决定：（一）外交方面，加设特种外交委员会，为对日决策研议机关；（二）军事方面，抽调部队北上助防，并将讨粤及剿共计划，悉予停缓；（三）政治方面，推派蔡元培、张继、陈铭枢三人赴广东，呼吁统一团结，抵御外侮；（四）民众方面，由国民政府与中央党部分别发布《告全国同胞书》，要求国人镇静忍耐，努力团结，准备自卫，并信赖国联公理处断。④蒋介石确认此事"应先提国际联盟会及非战公约各国，以求公理之战胜。而一面则团结国内，共赴国难。至于军事，忍耐至相当程度，出自卫最后行动，与倭寇决战"⑤。同日，中国国联代表施肇基遵照国民政府训令，正式向国联递交声明书，请求秘书长召集国联行政院会议，根据国联盟约第十一条，"采取明敏有效之方法，俾国际和平，得以保持"，

① 郭大钧：《从"九一八"到"八一三"国民政府对日政策的演变》，《历史研究》1984年第6期。

② 《国民政府外交部致出席国联代表施肇基电》，载《东北沦陷十四年档案史料丛编：九·一八事变》，第433页。

③ 吴淑凤编注《蒋中正总统档案·事略稿本》（十二），1931年9月至12月，台北"国史馆"，2004，第82页。

④ 《蒋主席召集会议决定对日方略纪事》，载秦孝仪主编《中华民国重要史料初编——对日抗战时期·绪编（一）》，中国国民党中央委员会党史委员会，1981，第281页。

⑤ 黄自进、潘光哲编《蒋中正总统五记·困勉记》，台北"国史馆"，2001，第302页。

指出"我国军队及人民，因遵守本国政府命令，对此强暴行为，并未抵抗，以避免任何可使情势扩大之举动"，希望国联"采取相当行动""阻止情势之扩大，而危害各国间之和平，并恢复事变前原状，决定中国应得赔偿之性质与数额"。①9月22日，蒋介石在南京国民党党部大会上发表的演说中讲道："我国民此刻必须上下一致，先以公理对强权，以和平对野蛮，忍痛含愤，暂取逆来顺受态度，以待国际公理之判断。"②同日还发表了《中国国民党中央执行委员会告全国同胞书》，没有谈到出兵抗日、收复失地。是日，国联召开行政院会议讨论东北问题，施肇基重申了21日中方所提要求，国联行政院会议决议劝告中日避免事态扩大，协商撤兵，中日军队撤至原驻地，并通知美国。9月23日，国民政府发布的《告国民书》提出："政府现时既以此次案件诉之于国联行政会，以待公理之解决，故希望我全国军队，对日军避免冲突，对于国民，亦一致告诫，务须维持严肃镇静之态度。"③23日，蒋介石获知"国联会议昨决议中日两国停止战时行动，双方均都退回原防，听候国联会派委员查察裁判"后，在日记中表示"此实为一外交之转机，亦对内统一之机，如天果不亡中国，则此次外交当不致失败也"④。9月30日，国联照会"中日两国代表，协商一种确实办法，使两国立即撤兵"⑤，要求在两周内即10月14日前撤尽，但日本非但无撤兵准备，反而继续扩大事态。国联认为事态严重，决定于10月13日再次开会。10月12日，蒋介石在国府纪念周发表《拥护公理，抗御强权》的演讲，表示"相信这一次开会，一定能依照公道的主张，找得和平的路径，使东亚和平，以至世界和平，不致被日本一国所破坏"，"我们固甚愿以和平的方式，来保全非战公约与国际公约的尊严，虽日本侵占我们领土，我们仍不对他宣战，是为了要维持公理，为公法公约而竭力忍耐，但到万不得已时，公法与公约，都不能维持的时候，也决不惜任何牺牲，以尽我拥护国际公法，维持非战

①《出席国联代表施肇基为根据盟约第十一条申诉事致国联秘书长德留蒙照会》，载《东北沦陷十四年档案史料丛编：九·一八事变》，第433—434页。
②《蒋介石在南京市国民党员大会上的讲话》，载《东北沦陷十四年档案史料丛编：九·一八事变》，第175页。
③《国民政府告国民书》，载《东北沦陷十四年档案史料丛编：九·一八事变》，第174页。
④《蒋介石日记》，1931年9月23日。
⑤《国际联合会照会》，载《东北沦陷十四年档案史料丛编：九·一八事变》，第436页。

公约的责任。非战固是神圣，但为维持公法公约而战，无论牺牲怎样重大，也是有价值的"。[1] 10 月 22 日，国联主席白里安向行政院会议提出一个以 3 个星期为期限的日本撤兵案，撤兵案在 10 月 24 日的行政院会议上以 13 票赞成、日本 1 票反对获得通过。蒋介石再次寄予很大希望，10 月 26 日他在国府纪念周以《继续奋斗，贯彻主张》为题所发表的演讲中称："这个通过的决议案，以我们一般国民的立场论，当然还未达到我们所要求的目的，未必能十分满意。不过我们若就另一方面去观察，国联的地位，与其此次经过的种种苦心，不能不说已尽他们的责任了……我们政府为尊重国联一致表决的精神，毅然接受这次的决议案。"[2] 南京国民政府、蒋介石幻想依靠国联的力量压迫日本从东北撤兵。国联虽做出了限期日本撤兵的决议，但日方置若罔闻，反而变本加厉。

在寄希望于依靠国联的力量压迫日本撤兵的同时，蒋介石也探索通过对日直接交涉"接洽撤兵"[3]，尤其是当发现日本对国联的施压置若罔闻而国联束手无策后，蒋介石转向希望通过对日交涉解决。11 月 23 日，他在国民党第四次全国代表大会闭幕词中表示要抵御外侮，但"先要国家统一，力量集中"[4]。11 月 28 日，国民政府任命顾维钧为外交部部长，蒋介石在 11 月 30 日顾氏宣誓就职时发表《外交为无形之战争》的演说，再次谈及了"攘外必先安内"，称"攘外必先安内，统一方能御侮，未有国不统一而能取胜于外者。故今日之对外，无论用军事方式解决，或用外交方式解决，皆非先求国内统一，不能为功"。[5] 蒋介石执行"不抵抗主义""攘外必先安内"政策而一味言和、一味寄希望于"国际公理之判决"的结果，是在从九一八事变到 1932 年 2 月 6 日哈尔滨沦陷的不到半年时间里，整个东北沉沦于日寇铁蹄之下。

---

[1] 蒋中正：《拥护公理，抗御强权》，《教导周刊》第 14 期，1931 年 10 月 26 日。

[2] 《蒋主席讲词——继续奋斗，贯彻主张》，载《中华民国重要史料初编——对日抗战时期·绪编（一）》，第 297 页。

[3] 《蒋主席致张学良副司令告以对日交涉方针电》，载《中华民国重要史料初编——对日抗战时期·绪编（一）》，第 291 页。

[4] 《闭幕词》，载荣孟源主编、孙彩霞编辑《中国国民党历次代表大会及中央全会资料》（下册），光明日报出版社，1985，第 59 页。

[5] 蒋中正：《外交为无形之战争——二十年十一月三十日在外长顾维钧举行宣誓就职时训词》，《中央周报》第 183 期，1931 年 12 月 7 日。

　　蒋介石的对日政策遭到全国民众的激烈反对，国民党内反蒋派也严厉批评，迫于压力蒋氏于12月15日辞去国民政府主席兼行政院长职务。孙科于1932年1月1日就任行政院长，但对日政策并无改变，内政外交陷于混乱。蒋决定重新出山，1月23日国民党中央召开会议逼迫孙科下台，孙科会后辞职。1月28日，国民党召开临时中政会，决定由汪精卫任行政院长。当天夜间，日军突然向驻扎闸北的第十九路军发起攻击，随后又进攻江湾和吴淞，十九路军在军长蔡廷锴、总指挥蒋光鼐的率领下奋起抵抗。1月29日，国民党中央政治会议决定迁都洛阳，并组建国民政府军事委员会。3月6日，蒋介石出任军事委员会委员长，形成"蒋汪合作"的局面。

　　一·二八事变发生前后，汪精卫、蒋介石主张"一面抵抗，一面交涉"的方针，对以往的不抵抗政策做了某些调整与改变。1月29日，蒋介石在《手定对日交涉之原则与方法》中提出了"一面预备交涉，一面积极抵抗"的原则，指出"交涉必须定一最后防线与最大限度，此限度至少要不妨碍行政与领土完整，即不损害九国公约之精神与不丧失国权也"。否则，"如果超此限度，退让至不能忍受之防线时，即与之决战，虽至战败而亡，亦所不惜。必具此决心与精神，而后方可言交涉也"；并提出交涉方法为"一、交涉开始以前，对国联与九国公约国先与接洽，及至交涉开始时，同时向九国公约国声明。二、对日本先用非正式名义与之接洽，必须得悉其最大限度"。①同日，国民政府外交部发表《对淞沪事变宣言》，表示"中国当局处此情形，为执行中国主权上应有之权利，不得不采取自卫手段；并对于日本武装军队之攻击，当继续严予抵抗"②。1月30日，时任国民政府主席的林森以及汪精卫等国民政府行政、立法、司法、监察、考试五院院长签署《国民政府移驻洛阳办公宣言》，宣布政府"惟有坚持原定方针，一面督励军警，从事自卫，决不以尺土寸地授人。一面仍运用外交方法，要求各国履行其条约上之责任"。③同日，蒋介石发表《告全国将士电》，称"抱宁

---

① 《蒋委员中正手定对日交涉之原则与方法》，载《中华民国重要史料初编——对日抗战时期·绪编（一）》，第431页。

② 《外交部对淞沪事变宣言》，载《中华民国重要史料初编——对日抗战时期·绪编（一）》，第433页。

③ 《国民政府移驻洛阳办公宣言》，载《中华民国重要史料初编——对日抗战时期·绪编（一）》，第436页。

为玉碎，毋为瓦全之决心，以与此破坏和平，蔑弃信义之暴日相周旋"①。2月7日，汪对记者宣称："对日一面抵抗，一面交涉，系余向所主张，今仍未变。此主张不但不相反，而且相成，盖军事上若不积极抵抗，则外交无进行可言，而外交上进行得力，亦可使军事胜利更有把握也。"②2月13日，汪精卫发表谈话："此次中国不屈于日本之暴力，而出于正当防卫，必须有最大之决心，极巨之牺牲，乃能得最后之结果。过于畏葸，固为不可，图作壮语，更为不可……至于外交方面……决不可放弃，切勿以为外交无用，而决然置之不顾。"③2月15日，汪精卫在徐州再次发表谈话，强调"一面抵抗，一面交涉"，要"同时并行"。④在"一面抵抗，一面交涉"方针指导下，国民政府准许十九路军抵抗，并于2月14日将第五军调往前线增援，同时寻求进行中日交涉。

一·二八淞沪抗战使日本侵略军受到沉重打击。但由于中央政府"嘴巴上尽量抵抗，行为上尽量不抵抗"⑤，十九路军抵抗难以持久，被迫于3月2日撤出上海。在蒋、汪密谋下，中日双方从3月4日开始谈判，5月5日签署屈辱的《中日上海停战及日本撤兵协定》。事后，汪精卫继续对"一面抵抗，一面交涉"进行解释、阐述，蒋介石则在上海停战撤兵协定签订后，宣布把"攘外必先安内"作为处理对内对外关系的基本准则，并且明确把"剿共"作为"安内"的重点。1932年1月11日，他在《东北问题与对日方针》的演讲中提出了"不绝交，不宣战"的方针，认为中国"万不可逞一时之快心，轻言绝交宣战，而斫丧我四万万人民与中华民族之命脉！"⑥3月14日，他在"剿匪"的指示中指出：倭寇深入，"赤匪"猖獗，"吾人攘外，必须安内"⑦。6月1日，蒋在励志社发表讲话时又强调："不安内无以攘外，

① 《蒋委员中正告全国将士电》，载《中华民国重要史料初编——对日抗战时期·绪编（一）》，第435页。
② 《汪精卫对记者谈话》，《晨报》1932年2月8日。
③ 《汪精卫之演词》，《申报》1932年2月14日。
④ 汪精卫：《政府对日方针——二十一年二月十五日在徐州警备司令部纪念周演讲》，《中央周报》第195期，1932年2月29日。
⑤ 邹韬奋：《愤懑哀痛中的民意》，载韬奋基金会、上海韬奋纪念馆编《韬奋全集4》（增补本），上海人民出版社，2015，第43页。
⑥ 蒋中正：《东北问题与对日方针——二十一年一月十一日在武汉学校讲》，《青年与战争》第13—14期合刊（《九一八专号》），1933年9月18日。
⑦ 《蒋委员长告剿匪政治宣传人员攘外必须安内条示》，载《中华民国重要史料初编——对日抗战时期·绪编（三）》，第34页。

平了匪便要抗日，须知剿匪与抗日同是我们革命生死关头的急务。"①12月14日，他又在《修明内政与整饬吏治》的讲演中声称："'攘外必先安内'，是古来立国的一个信条。如果内部不能安定，不但不能抵御外侮，而且是诱致外侮之媒"，"我们今天可以说，日本不配做我们的敌人"，当前的敌人还是"赤匪"，如果我们在内部把"赤匪"的祸乱消灭了，"对日本是没有问题的"。②

"攘外必先安内"的结果是日本对中国侵略的得寸进尺。1933年3月21日，在日军进犯热河之时，蒋介石发"告剿匪将领电"，强调"剿匪抗日，同为当前保国卫民之两大工作，绝无轩轾"，并批评要求北上抗日的"在赣剿匪各师"，是"见异思迁，分心怠志，殊非忠勇军人所当出此。要知维持长期抗日之力量"，非先剿灭共党不可，"是即攘外必先安内，乃为亘古不易之至理。故中正前在南昌屡向各军师长申明此意，告以剿共工作为抗日军事之先务，抗日乃手足捍卫头目，剿共则拔除心腹之疽毒"。③4月6日，他在给各将领的通电中又强调："外寇不足虑，内匪实为心腹之患，如不先清内匪，则决无以御外侮，亡明覆辙，殷鉴不远"，并再次批评"侈言抵御外侮"，是"先后缓急之倒置"。④4月11日，蒋介石在江西召开军事整理会议并发表演讲，指责"鼓吹把所有的军队即刻完全开去抗日"的主张，是"本末倒置，不识大体，甚至是别有用心"，强调"中国存亡之关键，不在外患，而在内忧，不在步步侵入的日本帝国主义，而在盘踞国内为国家心腹之祸的土匪"。⑤5月8日，他在崇仁总指挥部发表《革命军的责任是安内与攘外》的讲话："今日救国的途径，只有照着古人'攘外必先安内'这句话来力行……我们应当坚确认定革命当前的责任，第一个乃是剿匪来安内，第二个才是抗日来攘外。"⑥9月17日，蒋介石在《爱民的精义与教民的宗旨》

① 吴淑凤编注《蒋中正总统档案·事略稿本》（十五），1932年6月至7月，第11页。
② 蒋中正：《修明内政与整饬吏治——中华民国二十一年十二月十四日在南京第二次内政会议讲》，载秦孝仪主编《总统蒋公思想言论总集》卷十，中国国民党中央委员会党史委员会，1984，第679页。
③ 吴淑凤编注《蒋中正总统档案·事略稿本》（十九），1933年3月至4月，第197—198页。
④ 《蒋委员长告各将领先清内匪再言抗日电》，载《中华民国重要史料初编——对日抗战时期·绪编（三）》，第35页。
⑤ 吴淑凤编注《蒋中正总统档案·事略稿本》（十九），1933年3月至4月，第308页。
⑥ 蒋中正：《革命军的责任是安内与攘外——中华民国二十二年五月八日在崇仁总指挥部讲》，载《总统蒋公思想言论总集》卷十一，第67—68页。

的演讲中又指出："剿匪是抗日的基本，安内是攘外的前提，而剿赤即所以安内，安内即所以攘外，亦即所以救国也。"①

1934年12月，蒋介石以徐道邻的笔名在《外交评论》第3卷第11、12期合刊上发表《敌乎？友乎？——中日关系的检讨》一文（由蒋介石口授、陈布雷执笔），全面阐述了处理内外关系准则和对日基本政策，认为"日本人终究不能作我们的敌人，我们中国亦究竟须有与日本携手之必要。这是就世界大势和中日两国的过去现在与将来（如果不是同归于尽的话）彻底打算的结论"，提出应"不必拘泥，过去悬案，应以诚意谋互利的解决，一扫国交上的障碍"。文章"检讨"了中国方面的7项错误与日本方面的5项错误，希望能够打开僵局，避免"愈走愈趋绝路"。②日方很快对《敌乎？友乎？——中日关系的检讨》所阐述的对日政策做出了回应。1935年1月22日，日本外相广田在67届议会上发表外交政策演说，表示要实行"日中亲善，经济提携"的对华新政策。蒋介石对此喜出望外，于1月27、28日会见了日本公使有吉明和陆军武官铃木美通，对他们表示"我在满洲事变、上海事件发生，弄到今日的情势之前，曾经很专心的等候时机，中日应该亲善，是我的信念……中日本来是兄弟之邦，无论如何应该互相提携，以当东亚之局，我打算此时向国民发表一个宣言"③。这是自九一八事变以来蒋介石第一次会见日方代表，改变了南京政府坚持的对日不直接交涉政策。2月1日，蒋氏对中央社记者发表谈话称："此次日本广田外相在议会所发表对我中国之演词，吾人认为亦具诚意。吾国朝野对此当有深切之谅解。中国人民因迭受刺激，发生一部分反日运动，政府曾不断予以合理的弭止……中国过去反日之情感，与日本对华优越之态度，皆应共同改正，方为敦友睦邻之道。我全国同胞亦当以堂堂正正之态度，与理智道义之指示，制裁一时冲动及反日行动，以示信义。"④2月8日，蒋致电汪精卫提议由国际法庭法官王宠惠在赴海牙上任之前，"拟请其取道日美转欧，便在东京历访日

---

① 蒋中正：《爱民的真义与教民的宗旨——中华民国二十二年九月十八日在庐山对军官团第三期学员讲》，载《总统蒋公思想言论总集》卷十一，第532—533页。
②《敌乎？友乎？——中日关系的检讨》，《中央周报》第348期，1935年2月4日。
③ 有吉明：《中日关系再检讨》，《每周一篇》第1卷第33期，1936年9月23日。
④《蒋委员长与中央社记者的谈话》，《大公报》1935年2月2日。

当局交换意见，以探明日方之真意"①。2月6日，在国民党中政会第443次会议上，常务委员提议：根据蒋介石会晤日本人的谈话，今后应切实劝告停止抵制日货及反日团体的活动。2月14日，蒋氏在庐山对日本《朝日新闻》记者发表的谈话中表示："中日两国不仅在东亚大局上看来有提携之必要，即为世界大局设想，亦非提携不可"，"中国不但无排日之行动与思想，亦本无排日必要的理由"。② 根据蒋氏和国民政府的旨意，王宠惠于2月19日到达东京，与日本进行交涉。5月，中日同时宣布两国公使馆升格为大使馆。5月27日，汪精卫、蒋介石联名发布禁止排日运动的命令。6月10日，国民政府发布《邦交敦睦令》，要求任何个人、团体和组织都不要有排日言行，"如有违背，定予严惩"③。但蒋介石、汪精卫等人的"中日亲善"只是一厢情愿的梦想，国民政府的对日妥协外交不仅没有阻止日本帝国主义侵略中国的步伐，相反日方在"中日亲善"的烟幕弹下进一步策动了华北自治运动，6、7月间迫使华北当局与其签订了《何梅协定》《秦土协定》，华北事变使中华民族面临更为深重的危机。

　　随着日本帝国主义侵略的进一步加深，日本企图吞并整个中国的阴谋已暴露无遗，因而在处理华北事变的过程中，尤其是从1935年底开始，国民党的对日政策发生了若干变化。1935年9月，蒋介石在日本《经济往来》杂志发表的《如何改善中日关系》文章中指出："日本的大陆政策，在满洲的支配，而中国则有保持领土的必要，于是中日关系便演成现在的难局，满洲问题如不能得圆满的解决，中日关系，是无改善可能的。"他并再三强调："中国无论如何的希望改善中日关系，无论以如何诚意容纳日本政治家的意见以实行中日亲善的政策，但中国对于日本妥协让步，毕竟有一定的限度，关于这一点，请不要忘记才好"。④ 蒋介石对日本帝国主义侵略中国首次表示了强硬态度。11月19日，蒋介石在国民党第五次代表大会上发表《对外关系演词》，提出"苟国际演变不斩绝我国家生存民族复兴之路，吾人应以整个的国家与民族之利害为主要对象，一切枝节问题，当为最大

---

① 吴淑凤编注《蒋中正总统档案·事略稿本》（二十九），1935年1月至2月，第294页。
② 《蒋委员长对日本大阪朝日新闻记者谈话》，载《中华民国重要史料初编——对日抗战时期·绪编（三）》，第637—638页。
③ 《日军条件全部承认国府昨颁睦邻敦交明令》，《大公报》1935年6月11日。
④ 蒋中正：《如何改善中日关系》，《中央周报》第378期，1935年9月2日。

之忍耐；复以不侵犯主权为限度，谋各友邦之政治协调，以互惠平等为原则，谋各友邦之经济合作。否则即当听命党国，下最后之决心"，他表示"和平未到完全绝望时期，决不放弃和平，牺牲未到最后关头，亦不轻言牺牲……以抱定最后牺牲之决心，而为和平最大之努力，期达奠定国家复兴民族之目的"。①11月20日，蒋与日本驻华大使有吉明会谈，有吉明表示不希望国民党中央对"华北自治运动"采取强硬态度，"中央如采取压迫或武力镇压等方法，势必引起纠纷事态和破坏治安，进而还会严重影响与该地有密切关系之日本及满洲国，特别是作为负责满洲国安全之关东军，决不会对此默视不问"。对此，蒋氏强硬回应："作为中国，对引起违反国家主权完整、破坏行政统一等之自治制度，绝对不能容许。"②针对日本策动宋哲元脱离中央，20日，蒋介石在给宋的回电中表示"中央必当以实力为兄等后盾，决不令兄部独为其难，而与兄等为共同之牺牲也"③。同日又电告河北省主席商震："如平津自由行动降敌求全，则中央决无迁就依违之可能，当下最后之决心，万望兄毅然拒绝参加，切勿赴平！"④国民政府对日方策动华北五省自治进行一些应对，但效果有限。

1936年1月21日，日本政府广田外相在第68次议会上发表演说，提出了"对华三原则"，即：中国取缔一切抗日运动，抛弃依赖英美政策，与日本合作；中国应承认"满洲国"，建立中日满经济合作；中日满应在防共问题上合作。广田还声称中国政府"对以上三原则表示了赞成的意思"。次日，国民政府外交部发表声明对"有包括承认伪国之意"的三原则做了澄清，指出"广田外相演说谓，中国业已同意，殊非事实"⑤。蒋介石对其中第二条尤为不满，在声明中表示调整中日邦交应自东北问题开始。在7月召开的国民党五届二中全会上，成立了以蒋介石为议长的国防会议。7月13

---

① 《蒋委员长对外关系演词》，《国闻周报》第12卷第46期，1935年11月25日。
② 《华北问题：关于对广田三原则之蒋介石有吉会谈报告（1935年11月21—22日）》，载南开大学马列主义教研室中共党史教研组编《华北事变资料选编》，河南人民出版社，1983，第320页。
③ 《蒋委员长致宋哲元司令指示来电所拟与之磋商将适中彼方诱陷之毒计望仍本初旨坚定应付以戢其谋电》，载《中华民国重要史料初编——对日抗战时期·绪编（一）》，第715页。
④ 《蒋委员长复商震主席告以如平津自由行动则中央决无迁就依违之可能望毅然拒绝参加切勿赴平电》，载《中华民国重要史料初编——对日抗战时期·绪编（一）》，第715页。
⑤ 《外交部发言人否认日本广田外相在贵族院演说其三原则已得中国同意之声明》，载《中华民国重要史料初编——对日抗战时期·绪编（三）》，第646页。

日蒋在《外交的限度与组织国防会议之意义》中解释了国民党五全大会所确定的外交方针："中央对外交所抱的最低限度就是保持领土主权的完整，任何国家要来侵害我们领土主权，我们绝对不能容忍，我们绝对不订立任何侵害我们领土主权的协定，并绝对不容忍任何侵害我们领土主权的事实。再明白些说，假如有人强迫我们签订承认伪国等损害领土主权的时候，就是我们不能容忍的时候，就是我们最后牺牲的时候。"蒋介石虽然明确表示决不签订承认伪满洲国的协定，但又认为还没有到"和平绝望"之时，对日交涉"还有一线的希望"。[①] 7月14日通过的国民党五届二中全会宣言也重申，"对外则决不容忍任何侵害领土主权之事实，亦决不签订任何侵害领土主权之协定，遇有领土主权被侵害之事实发生，如用尽政治方法而无效，危及国家民族之根本生存时，则必出以最后牺牲之决心，绝无丝毫犹豫之余地"。[②]

此后，中日之间继续进行一些外交交涉，9月15日、16日、23日国民政府外交部部长张群与日本驻华大使川越茂举行了三次会谈，10月19日、21日、26日和11月10日张群又与川越茂举行了四次会谈，最后仍无结果。会谈期间，蒋介石于10月8日会见了川越茂，强调"华北之行政必须及早恢复完整"[③]。11月10日蒋又指示张群"应以完整华北行政主权为今日调整国交最低之限度，否则非特无调整诚意，且无外交可言。须知今日完整华北之主权，乃为中国生死存亡惟一之关键，故须准备一切，以期国交早日之调整，虽至任何牺牲，亦所不恤之意"[④]。日方外交官员感觉到了中方态度的变化，日本驻南京总领事向日本外务省报告说：近来中国政府对日本提案之态度，已因其国内外形势转趋强硬了。12月3日，张群与日本川越茂举行第八次会谈，张群表示不能接受川越茂所提交之备忘录（《川越致张群备忘录》），双方不欢而散。[⑤] 10月绥远抗战爆发，国民政府对此次抗战

① 《外交的限度与组织国防会议之意义——蒋副主席在二中会全报告》，《中央党务月刊》第96期，1936年7月。
② 《第五届中央执行委员会第二次全体会议宣言（民国二十五年七月十四日）》，载《中国国民党历次代表大会及中央全会资料》（下册），第412页。
③ 《蒋委员长接见日本驻华大使川越茂谈话纪要》，载《中华民国重要史料初编——对日抗战时期·绪编（三）》，第675页。
④ 《蒋委员长致张群部长指示交涉破裂时之宣言须预拟定电》，载《中华民国重要史料初编——对日抗战时期·绪编（三）》，第680页。
⑤ 戴雄：《有关张群出任南京国民政府外交部长期间中日交涉的一组史料》，《民国档案》1988年第2期。

采取了比较积极的态度，蒋曾多次致电阎锡山要求其增兵援助傅作义，国民政府也于 11 月 28 日发表声明："领土主权之完整，为国家生存必具之条件，不容任何第三者以任何口实加以侵犯或干涉，万一不幸而发生此种非法之侵犯或干涉，必竭全力防卫，以尽国家之职责也。"①

对华北事变后国民党、蒋介石对日政策的积极变化，中共方面及时给予了肯定与回应。8 月 14 日，毛泽东在给宋子文的信中写道："弟等频年（再）三呼吁，希望南京当局改变其对外对内方针，目前虽有若干端倪，然大端仍旧不变，甚难于真正之联合抗日。"②8 月 25 日，中共在《致中国国民党书》中肯定了国民党五届二中全会对五全大会外交政策解释的积极变化，称"我们承认蒋委员长的这种解释，较之过去是有了若干进步，我们诚恳地欢迎这种进步"。③不久，毛泽东又致信国民党军第六十七军军长王以哲："蒋氏政策之开始若干的转变，南京国民党左派之开始形成，实为近可喜之现象。蒋氏及国民党果能毅然抛弃过去之政策，恢复孙中山先生联俄联共农工三大政策，停止进攻红军，开放各派党禁，弟等极愿与之联合一致，共同担负抗日救亡之事业。"④10 月 25 日，毛泽东在致傅作义信中又再次指出："南京当局亦有转向抗日趋势。"⑤中共方面及时把"抗日反蒋"的口号改为"逼蒋抗日"的方针，并调整了相关政策，推动了国民党对日政策的转变。12 月，西安事变发生及其和平解决，促进了抗日民族统一战线的初步形成。

1937 年 2 月 15 日至 22 日，中国国民党五届三中全会在南京举行，会议中心议题是确定国民党在西安事变和平解决后对中国共产党和对日本帝国主义的政策。为促进国共两党再次合作，中共中央于 2 月 10 日致电国民党五届三中全会，提出了停止内战、实行民主自由、召开各党派会议、迅速准备抗日和改善人民生活等"五项要求"和四项保证。会上，宋庆龄、何香凝、冯玉祥、张静江、孙科等 14 人向会议提出《恢复孙中山先生三大政策》的提案，要求联共抗日。全会通过的《宣言》重申了五全大会、五届二

---

①《国民政府外交部关于绥远抗战声明》，载周开庆编著《一九三六年之中日关系》，正中书局，1937，第 94 页。

② 毛泽东：《给宋子文的信》，载《毛泽东文集》第一卷，人民出版社，1991，第 420 页。

③ 毛泽东：《中国共产党致中国国民党书》，载《毛泽东文集》第一卷，第 425 页。

④ 毛泽东：《给王以哲的信》，载《毛泽东文集》第一卷，第 435 页。

⑤ 毛泽东：《给傅作义的信》，载《毛泽东文集》第一卷，第 455 页。

中全会的对日方针，强调"在和平未至完全绝望之时，决不放弃和平；当国家已至非牺牲不可之时，自必决然牺牲。抱定最后牺牲之决心，对和平为最大之努力，期以真诚决意，转挽时局，务达自立自存之目的"。"吾人始终如一之目的，厥为对内求自立，对外求共存，即使蒙受损害，超过忍耐之限度，而决然出于抗战，然亦只有自卫之心，绝无排外之意。故牺牲之决心与和平之期望，初无矛盾。假使和平之期望犹未完全断绝，吾人固仍愿确守平等互惠与互尊领土主权之原则下，求其初步之解决，使匪伪失其依附，主权克臻完整"；对内方针为"和平统一"。在国民党官方文件中，《宣言》尽管首次使用了"抗战"的提法，但并未完全抛弃对日本的幻想和妥协。因此《宣言》一再表示只要"以和平方法能解决纠纷"存在着"可能"，"吾国必当举国一致，于最短期间内其贯彻者也"。[①] 会议还通过了《关于根绝赤祸之决议案》，表明国民党没有放弃"根绝赤祸"的根本立场，它要求共产党"彻底取消其所谓'红军'"，"彻底取消所谓'苏维埃政府'及其他一切破坏统一之组织"，"根本停止其赤化宣传"，"根本停止其阶级斗争"，但方法已由武力"剿共"改变为"和平统一"。[②] 国民党联共抗日的政策初见端倪。

二、共产党从"反蒋抗日"到"逼蒋抗日"再到"联蒋抗日"方针的转变

中国共产党自九一八事变发生那天起，就鲜明地举起了抗日救亡、"以民族革命战争驱逐日本帝国主义"的旗帜，并号召全国一致对敌。九一八事变后，中国共产党和苏维埃政府多次发表宣言，反对日本帝国主义的侵略和国民党的"不抵抗主义""攘外必先安内"政策，呼吁停止内战，一致抗日，号召建立抗日民族统一战线。中共的抗日民族统一战线经历过从"反蒋抗日"到"逼蒋抗日"再到"联蒋抗日"方针的转变。

从1931年九一八事变到1935年华北事变，中共的政策是"反蒋抗日"，将日本帝国主义与以蒋介石为首的国民党都视为主要敌人，还一度将国民

---

① 《第五届中央执行委员会第三次全体会议宣言（民国二十六年二月二十二日）》，载《中国国民党历次代表大会及中央全会资料》（下册），第428、429页。
② 《关于根绝赤祸之决议案》，载《中国国民党历次代表大会及中央全会资料》（下册），第435页。

党称为"走狗"。中共坚持以民族大义为重，坚定地反对日本帝国主义，团结凝聚社会各界最广泛的爱国抗战力量，对全国抗日救亡运动的兴起发挥了重要作用。但由于受到"左"倾错误的影响，也提出了"反对一切帝国主义""武装保卫苏联""下层统一战线"等不合时宜的口号。

东北国土沦丧，人民蒙难，而国民党先是采取"不抵抗主义"，不久即以"攘外必先安内"为基本原则，集中主要兵力于"剿共"，共产党建立的各革命根据地因而面临着国民党军队残酷的"围剿"。在九一八事变发生后两天，亦即 9 月 20 日，中共中央发表《中国共产党为日本帝国主义强暴占领东三省事件宣言》，对日本侵略迅速做出了反应。宣言揭露日本帝国主义"其显明的目的显然是掠夺中国，压迫中国工农革命，使中国完全变成它的殖民地"；谴责国民党各派军阀"高唱无抵抗主义，与和平镇静的忍耐外交，充分表现了他们无耻的屈服，出卖民族利益的面目"；号召全国工农劳苦民众"必须坚决一致在争取工农革命胜利自求解放的利益之下，实行反帝国主义反国民党的斗争"，提出了"反对日本帝国主义强占东三省""打倒一切帝国主义""打倒各派国民党，打倒一切军阀"等口号。[①]同日中共中央通过的关于第三次反"围剿"的决议案，指出"日本帝国主义这一次占据东三省，完全不是偶然的事，而是日本帝国主义在中国殖民地政策，与中国国民党一贯投降帝国主义与勾结帝国主义政策的必然的结果"。"反帝运动的发展所以如此迅速，不单是由于帝国主义的暴行，而也是由于中国国民党一贯投降与勾结帝国主义，压迫与屠杀中国民众的下流无耻的行为所造成的"，因此，"要打倒帝国主义，就必须要打倒国民党"。该决议案还强调"党应该特别加紧反帝斗争，尤其是反日斗争的领导！"[②]9 月 22 日，中共中央做出的《中央关于日本帝国主义强占满洲事变的决议》强调："这严重的事变，是日本帝国主义的积极殖民地政策之产物，是日本武装占领整个满洲及东蒙的企图最露骨的表现，是将满洲更殖民地化，而作更积极的进攻苏联的军事根据地的实现"，并提出党在目前的中心任务是"加紧的组织领

①《中国共产党为日本帝国主义强暴占领东三省事件宣言》，载中央档案馆编《中共中央文件选集》第七册，中共中央党校出版社，1991，第 396—399 页。

②《由于工农红军冲破第三次"围剿"及革命危机逐渐成熟而产生的党的紧急任务》，载《中共中央文件选集》第七册，第 404、405、412 页。

导发展群众的反帝国主义运动，大胆地警醒群众的民族自觉，而引导他们到坚决的无情的革命争斗上来"，《决议》还提出"实行反帝运动中的下层统一战线"。①9月30日，中国共产党发布《为日本帝国主义强占东三省第二次宣言》，揭露"日帝国主义不但没有撤退日军的企图，而且更占据了许多新的城市与新的铁道线，积极巩固着它们的军事地位"，并"公开宣布了要把东三省成为独立国家的企图"；指责国民党幻想"希望国际联盟，希望美国来主持'正义'与'公道'，来干涉日本的武力侵掠"，呼吁全国民众彻底明了"要求投降帝国主义的国民党起来反对帝国主义，无异向国民党引颈就戮，并且必须深刻的认识，要打倒帝国主义，必须打倒这一投降帝国主义的国民党"，批评国民党利用"一致对外""民族统一战线"对付革命民众，宣布"日本侵掠东三省的事变，不但丝毫不能减轻中国共产党向国民党统治的进攻，而且却正相反，正因为这些事件，中国共产党将加倍努力去推翻帝国主义的工具中国国民党在中国的统治"。② 在 10 月 12 日发布的《为反抗帝国主义国民党一致压迫与屠杀中国革命民众宣言》中，中共中央号召"全中国的民众为了打倒帝国主义与国民党，为了苏维埃政权而斗争"。③1932 年 1 月 1 日，中共中央发表《对于时局的主张》，批判国民党"对于日本帝国主义占领东三省是采取了'无抵抗''镇静'与'逆来顺受'的投降政策，它要求国际联盟与美国等来共管中国，瓜分中国，向这些强盗国家的政府奴膝婢颜的去请愿"，提出"用民族的革命战争去打倒帝国主义"，强调"只有全中国民众自动武装起来，打倒国民党，把政权拿在我们民众自己的手里，我们才能真正的去举行大规模的民族革命战争，把日本的海陆空军驱逐出中国去，把东三省完全收回"。④1 月 5 日，中共中央发表《为反对日帝国主义占领锦州号召民族的革命战争的宣言》，号召"全中国的工农兵以及一切劳动民众，团结起来，组织起来，武装起来，打倒投降帝

---

① 《中央关于日本帝国主义强占满洲事变的决议》，载《中共中央文件选集》第七册，第 416、421、422 页。

② 《中国共产党为日本帝国主义强占东三省第二次宣言》，载《中共中央文件选集》第七册，第 425—429 页。

③ 《中国共产党为反抗帝国主义国民党一致压迫与屠杀中国革命民众宣言》，载《中共中央文件选集》第七册，第 433 页。

④ 《中国共产党对于时局的主张（一九三二年一月一日）》，载《中共中央文件选集》第八册，中共中央党校出版社，1991，第 2、5 页。

国主义，出卖民族利益，造成全中国民族奇耻大辱的国民党"，提出了"以民族的革命战争打倒日本帝国主义与一切帝国主义""以民族的革命战争争取中国的统一""以民族的革命战争争取中国民族的独立解放"等口号。①

九一八事变后，日本为了配合其对中国东北的侵略、转移国际社会对其在东北建立伪满洲国的关注，并迫使南京国民政府屈服，又制造了一·二八事变。在一·二八事变发生前一天，即 1932 年 1 月 27 日，中共中央发出紧急通知，指出"上海的劳苦群众正处在紧急的生死关头。日本帝国主义者派遣大批的军队来上海，进行着各种挑衅，准备着血的屠杀劳苦群众，镇压革命运动，占领上海"，要求"加紧反日反国民党的斗争，与一切群众斗争密切的联系，使群众斗争更向前的发展"。②同日，中共中央还发表了告全国民众书，号召"推翻国民党的统治，建立民众自己的政权，对日帝国主义与一切帝国主义进行民族的革命战争"，提出了"总同盟罢工反对日本帝国主义占领上海""武装推翻帝国主义与国民党的统治，建立民众自己的政权""到红军中去，进行革命的民族战争""以革命的民族战争争取中国民族的独立解放"等口号。③1 月 31 日，中共中央为一·二八事变再次发表宣言，强调"要救中国，要救上海，没有别的办法，只有劳苦群众在无产阶级领导之下，推翻国民党统治，建立民众自己的政权，与日本帝国主义及一切帝国主义进行坚决的革命战争"，并号召"全上海的工友们及一切劳苦群众，起来，举行总同盟罢工来反对帝国主义，组织义勇军纠察队，夺取武装来武装自己，反对日本帝国主义的进攻"。④2 月 2 日，中共中央提出《中国共产党关于上海事件的斗争纲领》，内容包括："总同盟罢工，反对日本帝国主义占领上海"；"民众自动武装起来打倒帝国主义与国民党"；"总同盟罢工与民众自动武装起来，反对帝国主义与国民党压迫一切革命运动"

①《中国共产党为反对日帝国主义占领锦州号召民族的革命战争的宣言》，载《中共中央文件选集》第八册，第 16、17 页。

②《中央紧急通知——总同盟罢工反对日本帝国主义占领上海。民众自动武装保卫上海劳苦群众与革命运动，反对日本帝国主义，反对国民党》，载《中共中央文件选集》第八册，第 90、93 页。

③《中国共产党中央委员会为武装保卫中国革命告全国民众》，载《中共中央文件选集》第八册，第 94—95 页。

④《中国共产党中央为上海事变第二次宣言》，载《中共中央文件选集》第八册，第 97—98 页。

等。①4月15日，中华苏维埃临时中央政府主席毛泽东发布《对日战争宣言》，"正式宣布对日战争"，表示要"以民族革命战争，驱逐日本帝国主义出中国，反对一切帝国主义瓜分中国，以求中华民族澈底的解放和独立"。②《宣言》鲜明地表述了中国共产党坚决抗日的主张和政策，揭露了国民党当局在日本侵略者面前妥协退让的面目，有力地促进了抗日救亡运动的开展，促进了全国人民的抗日斗争。5月5日中日签署《淞沪停战协定》后，临时中央政府发布通电反对协定，指出"协定是完完全全的出卖中国无产阶级的中心的上海，在协定中允许日本长期屯集上海无数的海陆空军，而上海的周围永远不驻中国军队，实际上，这是无限的扩大了上海的租界区域，这是实现将上海变为国际共管的自由市的具体的步骤"，并宣布"否认反革命的国民党政府与日本及一切帝国主义的谈判与密约，否认五月五日卖国的国民党政府签订的停战协定"。③

　　1932年5月15日，日本国内三上卓、黑岩勇、山岸宏等少壮派军人发动政变，暗杀了首相犬养毅，政变后组成的斋藤实新内阁以所谓"国防国家体制"为宗旨，进一步推动了日本政体的法西斯化。在此情况下，日本关东军决定"调头把圣战指向热河省"。1933年1月3日，日军攻占山海关，此后又进占长城各口并进而进攻华北，"开始了帝国主义残杀中国民众及瓜分中国的新阶段"。由于民族危机加剧，尤其是共产国际策略上的调整，从1932年底1933年初，中共驻共产国际代表团和中共中央在建立抗日民族统一战线问题上的观念开始发生转变。1932年11月28日，王明在共产国际执行委员会东方书记处会议上做了关于满洲形势的报告，提出"我们现在应该实行的策略方针，那就是在满洲建立广泛的反日反帝民族统一战线"④。12月5日东方书记处处务委员会决定成立由王明等人组成的专门委员会，起草一封关于满洲问题的信。1933年1月7日，中共中央、共青团中央发

①《中国共产党关于上海事件的斗争纲领》，载《中共中央文件选集》第八册，第100—101页。
②《中华苏维埃共和国临时中央政府宣布对日战争宣言》，载《中共中央文件选集》第八册，第637页。
③《中华苏维埃共和国临时中央政府反对国民党出卖淞沪协定通电》，载《中共中央文件选集》第八册，第646页。
④ 中共中央党史研究室第一研究部译《共产国际、联共（布）与中国革命档案资料丛书》第十三卷《联共（布）、共产国际与中国苏维埃运动（1931—1937）》，中共党史出版社，2007，第239页。

布《告全国民众书》，第一次较为明确地提出了"建立群众的统一战线反对帝国主义及其走狗——国民党"①，亦即建立抗日民族统一战线的主张。1933年1月17日，中共驻共产国际代表团以中华苏维埃临时中央政府主席毛泽东、副主席项英和张国焘、中国工农红军革命军事委员会主席朱德的名义发表宣言（即"一·一七宣言"），向各武装力量发出了"停止内战，一致抗日"的呼吁，并表示愿在"三个条件"下与全国各军队共同抗日，"三个条件"即：立即停止进攻苏维埃区域；立即保证民众的民主权利（集会、结社、言论、罢工、出版之自由等）；立即武装民众，创立武装的义勇军，以保卫中国及争取中国的独立统一与领土的完整。②4月15日，中共驻共产国际代表团再次以中华苏维埃临时中央政府主席毛泽东、副主席项英和张国焘、中国工农红军革命军事委员会主席朱德的名义发表宣言（即"四·一五宣言"），"重申愿在三个条件下与任何武装部队共同抗日的主张"，"与任何武装队伍订立战争的作战的协定来反对日本帝国主义的侵略"。③6月8日，中共中央就"反帝运动中的统一战线"问题致信各级党部及全体同志，"只有团结与统一工人农民及一切劳苦群众，才是民族抵抗的力量与胜利的保证。因此，在目前建立和加强这一统一战线是有非常严重的意义"；"党一方（面）要坚决的依靠民众自发革命运动的高涨，而同时又要能够对于各种运动保持着统一领导的作用"。指示信号召一切真正愿意反对帝国主义的不甘做亡国奴的中国人，不分政治倾向，不分职业与性别，都联合起来，在反帝统一战线之下一致与日本和其他帝国主义作战，并提出以下七点作为统一战线的行动纲领：（一）抨击国民党的投降叛变，打破对国联与美国援助的幻想，立足于团结并统一全国工农及一切劳动群众；（二）着重提出全国民众必须起来为保卫中国的领土与独立而作神圣的民族革命战争；（三）号召民众参加反日的战争与游击战争，积极援助群众抵制日货的行动与宣传，募捐援助义勇军；（四）用军器库及入口的武器来武装民众，没收大量物品

① 《中共中央、共青团中央为日本帝国主义占领山海关和进攻华北告全国民众书》，载中央档案馆编《中共中央文件选集》第九册，中共中央党校出版社，1991，第10页。
② 《中华苏维埃临时中央政府、工农红军革命军事委员会宣言——为反对日本帝国主义侵入华北愿在三个条件下与全国各军队共同抗日》，载《中共中央文件选集》第九册，第458页。
③ 《中国苏维埃共和国临时中央政府与工农红军革命军事委员会的宣言——重申愿在三个条件下与任何武装部队共同抗日的主张》，载《中共中央文件选集》第九册，第470、472页。

以为抗日之用；（五）完全脱离日本及一切帝国主义和一切民族叛徒的影响，取消一切对日债务和借款利息的支付，实施累进税以应付开支；（六）对日绝交，动员整个海陆空军对日作战，立刻停止进攻苏区，停止军阀战争；（七）反对国民党南京政府出卖东北和华北及中国的停战协定。① 这封党内指示信首次明确地提出了中共领导下的抗日民族统一战线的理论、政策与策略。

　　1937年七七事变之前，东北抗日斗争是中国抗日战争的主要战场，中共建立抗日民族统一战线的重点也是在东北。1933年1月26日，中共驻共产国际代表团以中共中央名义向中共东北党组织发出了《给满洲各级党部及全体党员的信》即"一·二六指示信"。该指示信的主要内容：（1）明确提出了在东北建立反日统一战线的总策略方针：一方面尽可能的造成全民族的（计算到特殊的环境）反帝统一战线来聚集和联合一切可能的，虽然是不可靠的动摇的力量，共同的与共同敌人——日本帝国主义及其走狗斗争。另一方面准备进一步的阶级分化及统一战线内部阶级斗争的基础，准备满洲苏维埃革命胜利的前途。"与民族资产阶级的某一部分实行统一战线"。标志着中共在东北策略方针的重大转变。（2）分析了东北对日作战中的四种抗日武装力量的阶级性质与特点，四种反日游击力量指：一是纯由旧吉林军队所组织的，其领导属于张学良部下的各将领（马占山、李杜、丁超、苏炳文、朱霁青等），他们在兵士与军官反日情绪影响下抗日，但"在适宜的条件下和必要的时候，能够叛变和向日本帝国主义投降"；二是农民小资产阶级，甚至是工人的反日义勇军，国民党的影响较小，如王德林这支部队；三是各种农民的游击队；四是赤色游击队，这是中共领导下的工人农民革命兵士及其他革命分子的队伍，执行中共对满洲问题的纲领中彻底的反帝要求。（3）强调夺取统一战线的领导权，保持党的独立性。提出争取抗日斗争的胜利，"首先要靠着我们党正确的和灵活的实行'特殊的'全民族的反帝国主义，而首先便是反日的统一战线，并且要靠着夺取和保证无产阶级在这统一战线中的领导权"。（4）强调了发展党的组织、开展群众工作的重要性，指出"我们党政治上和组织上的巩固和发展是满洲群众斗争胜利的

①《中央致各级党部及全体同志的信——论反帝运动中的统一战线》，载《中共中央文件选集》第九册，第213、214、220页。

保障"，"因此在政治上和组织上发展和巩固我们党在满洲的组织，是目前我们党最要紧最主要的任务之一。"[1]4月上旬，中共驻共产国际代表团派李耀奎前往哈尔滨向满洲省委传达"一·二六指示信"。5月15日，中共满洲省委扩大会议做出关于接受中央"一·二六指示信"的决议，表示"完全同意"中央对满洲党正确的指示，明确指出应"联合一切反日力量，开展反日反帝斗争与反日游击运动"，"真正的进行布尔什维克的群众工作，夺取和巩固无产阶级的领导权"，"建立选举的民众政府与人民革命军"，切实地开展群众运动，"发展党巩固党，建立党在反帝运动中强有力的领导"，"开展与深入两条战线斗争，与（为）胜利的领导满洲反日游击运动及各种革命的群众斗争而斗争"。[2]1934年2月22日，中共中央再次致信中共满洲省委，主题还是建立党领导的东北抗日民族统一战线，要求"满洲党必须积极的参加一切群众的反日运动，广泛的运用统一战线的策略，在实际运动的每一个具体问题上提出我们的主张与纲领，并实际的揭露与孤立国民党的和一切其他反革命派别，把散漫的自发的游击队在无产阶级政策的基础之上组织起来，成为尽可能统一的真正反日的武装，扩大人民革命军，建立临时的人民革命政权，组织工人农民的群众的革命斗争，团结他们参加反日战争，争取满洲反日民族革命运动中无产阶级领导权的实现"。[3]

上述宣言、决议在谴责日本帝国主义的殖民侵略、反对向帝国主义妥协、主张坚决实行武装反抗、反对国民党"攘外必先安内"政策等基本方面都是正确的，反映了中华民族对日本帝国主义侵略决不屈服的坚定意志，庄严地宣告了中国人民与日本帝国主义战斗到底的坚强决心，谴责了国民党的对日妥协政策；尤其是"一·一七宣言"和"一·二六指示信"提出了建立抗日民族统一战线的初步设想，虽没有跳出反蒋抗日的固有模式，但对于促进东北抗日斗争的开展与在全国范围内确定抗日民族统一战线政策，发挥了重要的作用。由

---

[1]《中央给满洲各级党部及全体党员的信——论满洲的状况和我们党的任务》，载《中共中央文件选集》第九册，第21—45页。

[2]《中共满洲省委关于执行反帝统一战线与争取无产阶级领导权的决议——接受中央一月二十六日来信》，载中国抗日战争军事史料丛书编审委员会编《东北抗日联军·文献（1）》，解放军出版社，2015，第139、146—155页。

[3]《中央给满洲省委指示信》，载中央档案馆编《中共中央文件选集》第十册，中共中央党校出版社，1991，第122—123页。

于当时中共中央处在王明"左"倾错误路线的统治下，存在着"左"的观点和"关门主义"倾向，提出过"下层统一战线""武装保卫苏联"等错误口号。

在日本帝国主义加紧侵华、共产国际第七次代表大会号召建立反法西斯统一战线的形势下，中国共产党逐步确立了建立全民族的抗日民族统一战线的政策。1934年4月10日，中共中央发布《为日本帝国主义对华北新进攻告民众书》，指出目前"华北和全国民众是处在生死存亡的紧急关头"，"帝国主义侵略中国已到了新的阶段——即直接瓜分中国的阶段"，号召"一切真正愿意反对帝国主义的，不甘做亡国奴的中国人，不分政治倾向，不分职业与性别，都联合起来，在反帝统一战线之下，一致与日本和其他帝国主义作战"。[1]4月20日，由中国共产党提出，经宋庆龄、何香凝、李杜等1779人签名发表的《中国人民对日作战的基本纲领》指出，"中国人民在自己的痛苦的实际的经验当中，已经深刻的觉悟到：要想依靠国民党和国民党政府来抗日救国已经是完全是没有希望的事了，要想从美国或国际联盟方面出来帮忙反对日本，也只是一种幼稚的蠢笨的思想"，"中国人民唯一自救和救国的方法，就是大家起来武装驱逐日本帝国主义，就是中华民族武装自卫——换言之，就是中国人民自动对日作战，已经成为绝大多数中国人民所公认为唯一的正当的方法了"。鉴于过去"我们对于组织和实行这个正义的民族战争，没有一个共同的具体的纲领，所以直到现在我国人民反对日本帝国主义的行动就成为散漫的无计划的不能集中的，所以因此也就不能成为强有力的行动"的教训，《基本纲领》提出了"几点最根本最具体的办法来，作为我国人民武装抗日的共同行动纲领"：（一）全体海陆空军总动员对日作战；（二）全体人民总动员；（三）全体人民总武装；（四）立刻设法解决抗日军费；（五）成立工农兵学商代表选举出来的全中国民族武装自卫委员会；（六）联合日本帝国主义的一切敌人。[2]这六条便是日后被人们称誉的"抗日救国六大纲领"。7月15日，中华苏维埃共和国中央政府、中国工农红军革命军事委员会为红军北上抗日发表宣言，重申在三个条件之下"愿意同全中国任何武装队伍订立作战的战斗协定"，表示"即在同国民党匪军的优势兵力残酷决战的紧急关头，

---

[1]《中国共产党中央委员会为日本帝国主义对华北新进攻告民众书》，载《中共中央文件选集》第十册，第195、197页。

[2]《中国人民对日作战的基本纲领》，载《中共中央文件选集》第十册，第682—685页。

苏维埃政府与工农红军不辞一切艰难，以最大的决心派遣抗日先遣队，北上抗日。只要进攻苏区的武装部队接受我们提出的三项条件，那我们工农红军的主力，即可在先遣队之后，全部出动，同全中国一切武装队伍联合起来共同抗日"。①

1935 年 8 月 1 日，在红军长征途中，中共驻共产国际代表团王明、康生、吴玉章等根据共产国际"七大"的精神起草了《八一宣言》。该宣言以中国苏维埃政府和中国共产党中央委员会的名义，于 1935 年 10 月 1 日在法国巴黎出版的《救国报》第 10 期上发表。《八一宣言》在分析了由于日本的侵略和蒋介石的不抵抗政策所造成的紧迫形势后指出："无论各党派间在过去和现在有任何政见和利害的不同，无论各界同胞间有任何意见上或利益上的差异，无论各军队间过去和现在有任何敌对行动，大家都应当有'兄弟阋墙外御其侮'的真诚觉悟，首先大家都应当停止内战，以便集中一切国力（人力、物力、财力、武力等）去为抗日救国的神圣事业而奋斗。苏维埃政府和共产党特再一次郑重宣言：只要国民党军队停止进攻苏区行动，只要任何部队实行对日抗战，不管过去和现在他们与红军之间有任何旧仇宿怨，不管他们与红军之间在对内问题上有任何分歧，红军不仅立刻对之停止敌对行为，而且愿意与之亲密携手共同救国。"《八一宣言》不再局限于过去与国民党某些军政人员订立协定、停止冲突、互相联合上，而是进一步提出建立"全中国统一的国防政府""组织全中国统一的抗日联军"。②《八一宣言》是推动以第二次国共合作为基础的抗日民族统一战线形成的重要文件，意味着中共党内关门主义的基本结束与实行抗日民族统一战线策略的开始。11 月中旬，中共驻共产国际代表团派张浩（林育英）由苏联回国到达陕北瓦窑堡，向中共中央传达了共产国际关于建立广泛的反法西斯统一战线的精神和《八一宣言》的内容。11 月 13 日，中共中央发表《为日本帝国主义并吞华北及蒋介石出卖华北出卖中国宣言》，号召"一切抗日反蒋的中国人民与武装队伍，不论他们的党派、信仰、性别、职业、年龄

---

① 《中华苏维埃共和国中央政府、中国工农红军革命军事委员会为中国工农红军北上抗日宣言》，载《中共中央文件选集》第十册，第 346、347—348 页。
② 《中国苏维埃政府、中国共产党中央为抗日救国告全体同胞书（八一宣言）》，载《中共中央文件选集》第十册，第 521—522 页。

有如何的不同，都应该联合起来，为打倒日本帝国主义与蒋介石国民党而血战"①。11月28日，中华苏维埃共和国中央政府和中国工农红军革命军事委员会发布《抗日救国宣言》，宣布"不论任何政治派别、任何武装队伍、任何社会团体、任何个人类别，只要他们愿意抗日反蒋者，我们不但愿意同他们订立抗日反蒋的作战协定，而且愿意更进一步的同他们组织抗日联军与国防政府"，号召建立抗日反蒋的统一战线。《宣言》提出了抗日联军和国防政府的十大纲领：没收日本帝国主义在华的一切财产作抗日经费；没收一切卖国贼及汉奸的财产救济灾民及难民；救灾治水，安定民生；废除一切苛捐杂税，发展工商业；发薪发饷，改善工人、士兵及教职员的生活；发展教育，救济失学的学生；实现民主权利，释放所有的政治犯；发展生产技术，救济失业的知识分子；联合朝鲜、台湾、日本国内的工农及一切反日本帝国主义的力量，结成巩固的联盟；与对中国的抗日民族运动表示同情、赞助或守善中立的民族或国家，建立亲密的友谊关系。②12月25日，中共中央政治局在瓦窑堡召开会议，通过的《关于目前政治形势与党的任务决议》指出："党的策略路线，是在发动、团聚与组织全中国全民族一切革命力量去反对当前主要的敌人：日本帝国主义与卖国贼头子蒋介石……只有最广泛的反日民族统一战线（下层的与上层的），才能战胜日本帝国主义及其走狗蒋介石。""我们的任务，是在不但要团结一切可能的反日的基本力量，而且要团结一切可能的反日同盟者，是在使全国人民有力出力，有钱出钱，有枪出枪，有知识出知识，不使一个爱国的中国人，不参加到反日的战线上去。"《决议》郑重宣布："为了使民族统一战线得到更加广大的与强有力的基础，苏维埃工农共和国及其中央政府宣告，把自己改变为苏维埃人民共和国。"③

　　一直到瓦窑堡会议，中共所倡导的统一战线还是"反蒋抗日"的统一战线，并在10月发出的《中央为目前反日讨蒋的秘密指示信》中一再强调："抗

---

① 《中国共产党中央委员会为日本帝国主义并吞华北及蒋介石出卖华北出卖中国宣言》，载《中共中央文件选集》第十册，第575页。

② 《中华苏维埃共和国中央政府、中国工农红军革命军事委员会抗日救国宣言》，载《中共中央文件选集》第十册，第581—582页。

③ 《中央关于目前政治形势与党的任务决议（瓦窑堡会议）》，载《中共中央文件选集》第十册，第604、605、609—610页。

日必先讨蒋，只有讨蒋才能顺利的抗日。"①12 月 27 日，毛泽东在党的活动分子会议上做了《论反对日本帝国主义的策略》的报告，分析了九一八事变以来国内政治形势的特点以及当时敌我力量的对比情况，阐明了建立抗日民族统一战线的可能性和必要性；阐明了中国共产党抗日民族统一战线的理论和政策，指出党的基本的策略任务"就是建立广泛的民族革命统一战线"，统一战线的策略是"要招收广大的人马，好把敌人包围而消灭之"；批评了"左"倾关门主义和右倾投降主义，指出关门主义的策略是"依靠单兵独马，去同强大的敌人打硬仗"，关门主义使革命停滞、孤立、缩小、降落，甚至走到失败的道路，同时要注意防止右倾错误的出现；我们过去的政府是工人、农民和城市小资产阶级联盟的政府，那么，从现在起，应当改变为除了工人、农民和城市小资产阶级以外，还要加上一切其他阶级中愿意参加民族革命的分子，为此提出把工农共和国改变为人民共和国。② 瓦窑堡会议决议尤其是毛泽东的报告，为第二次国共合作奠定了基础。

　　瓦窑堡会议后，中国共产党根据中国政治形势的发展，从团结全国抗日救亡的历史任务出发，适时改变了党的政策，特别是对国民党蒋介石集团的政策，不再提"抗日反蒋"了。1936 年 1 月 29 日，中华苏维埃人民共和国中央政府主席毛泽东和人民外交委员王稼祥与红色中华社记者谈话时宣布："红军与蒋介石之间能否成立协定，并不是决定于中国苏维埃政府，而是决定于蒋介石是否决心抗日。""中国苏维埃政府当然可以在抗日战线上和他（蒋介石）携手。"③ 中共中央领导人第一次明确表示了可以与蒋介石合作抗日的态度。3 月 1 日，彭德怀、毛泽东发布《抗日先锋军布告》，提出"一切爱国志士，革命仁人，不分新旧，不分派别，不分出身，凡属同情于反抗日本帝国主义者，本军均愿与之联合，共同进行民族革命之伟大事业"，"本军主张停止一切内战，红军白军联合起来，一致对日。凡属爱国军人，不论积极的与本军联合抗日，或消极的不反对本军及爱国人民抗日

---

① 《中央为目前反日讨蒋的秘密指示信》，载《中共中央文件选集》第十册，第 562 页。

② 毛泽东：《论反对日本帝国主义的策略》，载《毛泽东选集》第一卷，人民出版社，1991，第 142—160 页。

③ 《中国苏维埃政府主席毛泽东和人民外交委员会委员长王稼祥最近谈话》，《救国时报》1936 年 1 月 29 日。

者，本军均愿与之进行协商协定或谅解"。①3 月下旬，中共中央政治局召开会议，讨论共产国际"七大"的决议和如何建立抗日民族统一战线的问题。不久（4 月 25 日），中共中央为创立全国各党各派的抗日人民阵线发表宣言，提出"不管我们相互间有着怎样不相同的主张与信仰，不管我们相互间过去有着怎样的冲突与斗争，然而我们都是大中华民族的子孙，我们都是中国人，抗日救国是我们的共同要求"，并提议"创立抗日的人民阵线以抵御日本帝国主义盗匪们的长驱直入"。②5 月 5 日，毛泽东、朱德发出的《停战议和一致抗日通电》又提出："为了坚决履行我们屡次向国人宣言停止内战，一致抗日的主张，为了促进蒋介石氏及其部下爱国军人们的最后觉悟，故虽在山西取得了许多胜利，然仍将人民抗日先锋军撤回黄河西岸，以此行动，向南京政府全国海陆空军，全国人民表示诚意"。他们进而"向南京政府当局诸公进言，在亡国灭种的紧急关头，理应翻然改悔，以'兄弟阋于墙外御其侮'的精神，在全国范围首先在陕甘晋停止内战，双方互派代表，磋商抗日救亡具体办法"。上述文献都将国民党、南京政府作为呼吁联合的对象，且都没有使用"反蒋"的提法，不再像往常称"卖国贼蒋介石"，尤其是《停战议和一致抗日通电》表示要"促进蒋介石氏及其部下爱国军人们的最后觉悟"。③

中国共产党正式放弃"反蒋抗日"的方针，而代之以"逼蒋抗日"的方针，是在 1936 年 8 月 10 日张闻天主持的中央政治局会议上决定的。会后，中共中央于 8 月 25 日发表《致中国国民党书》，肯定蒋介石在国民党五届二中全会的讲话"较之过去是有了若干进步"，再次呼吁停止内战，一致抗日，组织全国的抗日统一战线，发动神圣的民族自卫战争，抵抗日本帝国主义的进攻，保卫及恢复中国的领土主权，拯救中华民族。④9 月 1 日，中共中央又正式发出《关于逼蒋抗日问题的指示》，明确提出："（一）目前中国的主要敌人，是日帝，所以把日帝与蒋介石同等看待是错误的，'抗日反蒋'的口号，也是不适当的。（二）在日帝继续进攻，全国民族革命运动继续发

① 《中国人民红军抗日先锋军布告》，载中央档案馆编《中共中央文件选集》第十一册，中共中央党校出版社，1991，第 9 页。

② 《中国共产党中央委员会为创立全国各党各派的抗日人民阵线宣言》，载《中共中央文件选集》第十一册，第 18 页。

③ 《停战议和一致抗日通电》，载《中共中央文件选集》第十一册，第 21 页。

④ 《中国共产党致中国国民党书》，载《中共中央文件选集》第十一册，第 77—78 页。

展的条件之下蒋军全部或其大部有参加抗日的可能。我们的总方针，应是逼蒋抗日。"① 西安事变及其和平解决，表明中共"逼蒋抗日"政策获得了成功。

1937 年 2 月 10 日，为促进国共两党合作的实现，中共中央致电即将召开的国民党五届三中全会，提出五项要求，即：停止内战，集中国力，一致对外；保障言论、集会、结社之自由，释放一切政治犯；召开各党各派各界各军的代表会议，集中全国人才，共同救国；迅速完成对日作战之一切准备工作；改善人民生活。同时指出如果国民党将上述五项要求定为国策，中国共产党愿意做出四项保证，即：实行停止武力推翻国民党政府的方针；工农政府改名为中华民国特区政府，红军改名为国民革命军；特区实行彻底民主制度；停止没收地主土地的政策，坚决执行抗日统一战线的共同纲领。② 至此，中共"联蒋抗日"、国民党"联共抗日"政策基本确立，抗日民族统一战线初步形成。

三、其他党派和政治势力的对日主张

随着日本侵华的扩大，中国的资产阶级、小资产阶级以及一些地方实力派的利益也受到民族危亡日益严重的威胁。因此，其他党派和政治势力的代表人物也批评国民党政府的不抵抗主义，要求团结御侮。其政治主张主要有以下方面：

第一，反对日本帝国主义侵略，揭露日本帝国主义的侵华罪行。1931 年九一八事变发生后，王造时于 10 月 10 日发表《救亡两大政策》的小册子。他指出"日本这次占领东北，不仅是经济的侵略，而且是政治的侵略。更据此，则知日本的目的，不仅在吞并满蒙，而且在灭亡我全个中国，所谓明治大帝的遗策，第一期在征服台湾，第二期在征服朝鲜，皆已实现。'唯第三期之灭亡满蒙以便征服支那全土，使异服之南洋及亚细亚洲全带，无不畏我，服我，而仰我鼻息云云，尚未实现'"③。11 月 12 日，中国国民党临时行动委员会发表了《对时局宣传大纲》，谴责日本帝国主义"不宣而战，占领中

---

① 《中央关于逼蒋抗日问题的指示》，载《中共中央文件选集》第十一册，第 89 页。
② 《中共中央给中国国民党三中全会电》，载《中共中央文件选集》第十一册，第 157—158 页。
③ 王造时：《救亡两大政策》，载储安平编《中日问题与各家论见》，新月书店，1931，第155 页。

国国土"。《社会与教育》出版了"反日专号"，刊登了大量抗日、反日文章。

　　第二，批判国民党的不抵抗主义、"攘外必先安内"和"不和、不战、不守"的做法，以及不做战守准备而寄希望于国联对日本施压或诉诸非战条约，要求国民党、蒋介石对日绝交、宣战。1931年九一八事变发生后，其他党派和政治势力的代表人物通过发表声明、宣言等形式，揭露和谴责了国民党的不抵抗主义，表达了自身的抗日要求。中国青年党原本积极支持南京政府反共内战，但在九一八事变后也表现出了积极的抗日态度，对国民党的不抵抗主义提出了批评。青年党刊物《民声周报》撰文指出："摆在我们眼前的对日方略，只有两条路：一条路是主和——实行所谓不抵抗主义，运用外交手（腕），乞怜国际，最后直接交涉，和平解决，出卖满蒙甚至出卖全国。如果全国人民甘愿作亡国奴，并且容许政府当卖国贼，那就没有话说，人民只配做亡国奴，政府只配当卖国贼！又一条路是主战。主战的理由如以上所说：第一可以保全国家领土，抑制日本侵略；第二可以改造民族精神，培养国民意识；第三可以消弭国内战争，完成国家统一；第四可以防止国贼卖国，保持中国荣誉；第五（可以）矫正青年趋向集中爱国运动；第六可以贯彻经济绝交，促起日本革命；第七可以造成国际问题，惩创日本横暴。这条路的理由已十分充足，为什么还不对日作战呢？我们敢大声疾呼告诉全国人民：主和不是亡国奴的口吻，便是卖国贼的法宝。我们应坚决的反对直接交涉到底！主战是中国起死回生的救命汤，我们赶快实行对日作战！"[1]11月12日，中国国民党临时行动委员会在《对时局宣传大纲》中明确提出了"反蒋抗日"的口号，痛斥国民党"勇于内战而怯于外敌，抱所谓无耻的镇静政策和不抵抗主义，坐失领土数千里，陷数千万同胞于帝国主义的铁蹄下而熟视无睹"，提出党目前的主要任务是"以民主斗争的口号团结一切反蒋抗日的势力，对内铲除独裁的官僚政治，实现平民政治；对外则联合一切被压迫阶级和弱小民族，消灭一切帝国主义在华之支配势力"。[2]临时行动委员会还发表了《政治通告》《训令》等，进一步批判国民党的不抵抗主义、"围剿"红军及依靠国联解决东北问题等错误政策。

---

① 陈启天：《我们主张对日作战的理由（续前期）》，《民声周报》第3期，1931年10月17日。
② 《中国国民党临时行动委员会对时局宣传大纲》，载中国农工民主党党史资料研究委员会《中国农工民主党历史参考资料》第2辑，内部印刷，1982，第223、230页。

1932 年一·二八事变后，日本侵略者的魔爪从关外伸到了关内，国民党正式宣布"攘外必先安内"，其他党派和政治势力的代表人物进一步鲜明地表达了武装抗日的主张，批判国民党对日妥协、对内镇压的政策。3 月 2 日，第三党在《对上海事件紧急宣言》中指出："上海抗日的军队在月余的血战以后，终于被卖国的政府——蒋介石汪精卫统治工具——用种种欺骗和阻挠的阴谋所断送了"；"南京反动的统治阶级不仅是压迫民众的工具，而且是帝国主义的工具。不仅是出卖东北数省，而且更要出卖上海，出卖整个民族生存的权利"。《宣言》提出了"立即对日宣战，完成民族革命"；"反对卖国的南京政府及一切出卖民族利益的反动势力"；"立即自动抗捐抗税罢市罢工罢课反对卖国政府"；"全国革命军人一致起来抗日救国"；"发动全国人民一致武装抗日"；"联合世界一切被压迫民族及被压迫民众一致反抗日本帝国主义"；"立即与苏俄恢复邦交"；"建立农工平民民主革命政权"；"立即召集真正人民代表组成的国民会议接收全国政权"等九项主张。①4 月，辛亥革命元老马君武致电蒋介石、汪精卫，义正词严地指出："国事败坏如此，论者异口同声，皆云是乃精卫兄在武昌一年、介石兄在南京四年倒行逆施之总结。介石兄坚持对内不妥协、对外不抵抗之主张。日本已占据东三省，介石兄尤〔犹〕倡先统一后对外之说，质言之，即先平两广而后与日本妥协也。精卫兄卧病上海，不能见客，冯焕章来谈话，亦卧而听之，乃一闻行政院长之命，即霍然而愈，作官能愈病，岂非旷古之奇闻欤？日本兵欲占据上海，介石兄仍本向日所发与张学良之命令，命十九路军无抵抗退让，及十九路军誓死抵抗，屡次战胜，政府忽宣布迁都洛阳，且以欧战时法国迁都波尔多相比……为兄等计，惟有抱定城存与存、城亡与亡宗旨，与敌作战，誓死勿去，幸而战死，亦足以稍盖前愆。不然，人将谓介石兄平素豢养一般党匪党棍，及精卫兄收罗一般共子共孙，惟用以攘夺政权，保持禄位，国家可亡，自己之性命不可不保。"②1933 年 4 月 8 日，章乃器在《申报》上发表《农村破产中之安内问题》一文，批评国民党的"攘外必先

①《中国国民党临时行动委员会对上海事件紧急宣言（1932 年 3 月 2 日）》，载《中国农工民主党历史参考资料》第 2 辑，第 251—252 页。
②《马君武致蒋介石、汪精卫（1932 年 4 月，代电，抄件）》，载中国社会科学院近代史研究所中华民国史研究室编《胡适来往书信选》（下册），社会科学文献出版社，2013，第 1196 页。

安内"政策，指出"自九一八事变以还，一般人之主张曰：抗日与剿赤并重；又曰：攘外必先安内。因循以至今日，几一年有半。以言对外，则三省沦亡之后，继以热河；寇氛所及，冀察复告紧张。以言对内，则驻赣大军，屡折主将，迭丧名城，甚至新淦失陷，南昌告警。事急矣，抗日与剿赤能并重乎？攘外能先安内乎？"①1934 年 4 月 20 日，由中国共产党提出，经宋庆龄、何香凝、李杜等 1779 人签名，发表了《中国人民对日作战的基本纲领》。1934 年 5 月，中华民族武装自卫委员会总会在上海成立，各地纷纷建立分会，武装自卫运动在全国范围内兴起。

第三，要求国民党结束一党专政，开放政权，实行民主，保障人权；有的党派进而提出推翻南京政权，建立革命政权。其他党派和政治势力的代表人物认为，要抗日就必须民主；要抵御外侮，国民党政府必须"改弦更张"。1931 年 12 月，熊希龄、马相伯、黄炎培等各界人士 60 多人组成中华民国国难救济会，连续发表宣言、通电，要求国民党解除党禁，结束训政，实施宪政："现值政府改组，人心向背，视此关头，惟有立时解除党禁，进行制宪，以树百年根本大计。就目前人民最急切之要求，政府最低度之表示，须从速禁止各级党部迫压民众，干涉行政，并保障人民结社、集会及一切自由，万不宜复袭训政之名，行专制之实，此应请一致主张者一也。"②1932 年 2 月，王造时、张耀曾、黄炎培、左舜生等人在上海组织了民宪协进会，要求国民党立即放弃一党专政，结束党治，实行民主宪政。中国青年党在《我们的主张》中提出"为应付国难起见，中国今日应废除一党专政，组织国防政府"③。第三党的《对时局宣言大纲》主张，"推翻南京统治，建立平民革命政权"④；《对上海事件紧急宣言》再次提出，"立即召集真正人民代表组成的国民会议接收全国政权"⑤。1932 年 12 月 17 日，中国民权保障同盟筹委会发表《发起中国民权保障同盟》，指出"中国民众，以革

① 章乃器：《农村破产中之安内问题》，《申报》1933 年 4 月 8 日。

②《告全国国民通电》，载《中华民国国难救济会第一次会务报告》，1931 年。

③《我们的主张》，《民声周报》第 1 期，1931 年 10 月 3 日。

④《中国国民党临时行动委员会对时局宣传大纲》，载《中国农工民主党历史参考资料》第 2 辑，第 230 页。

⑤《中国国民党临时行动委员会对上海事件紧急宣言》，载《中国农工民主党历史参考资料》第 2 辑，第 252 页。

命的大牺牲所要求之民权，至今尚未实现，实为最可痛心之事"，宣布成立该同盟的目的主要有三，即："为国内政治犯之释放，与非法的拘禁酷刑及杀戮之废除而奋斗，本同盟愿首先致力于大多数无名与不为社会注意之狱囚"；"予国内政治犯与法律及其他之援助，并调查监狱状况，刊布关于国内压迫民权之事实，以唤起社会之公意"；"协助为结社集会自由，言论自由，出版自由，诸民权努力之一切奋斗"。①12 月 29 日，蔡元培、杨杏佛代表同盟在上海举行中外记者招待会，正式宣告同盟成立，宋庆龄任主席，蔡元培任副主席，杨杏佛任总干事。由于中国民权保障同盟坚持不懈地同国民党专制统治作斗争，被其诬蔑同盟为"非法组织"，要求予以解散。1933 年 6 月，杨杏佛被国民党特务暗杀，民权保障同盟也于无形中被解散。

　　第四，要求停止内部纷争，主张各党派各方面精诚团结，共御外侮。1931 年 9 月 23 日，时年 92 岁的著名天主教徒马相伯在《申报》发表《为日祸敬告国人》："际此天灾人祸外忧内患迭乘，国人应晓，邦分崩离析而不能守，即所谓国必自伐而后人伐之。为今计，最上策只有自赎自救之一途耳……国民如无责任心则已，有则请立即誓从今日起，自赎自救，共赴国难。""嗟我民国主权在民，所望真正民意，彻底充分表现，立息内争，共御外侮。老迈如余，伫望我父母之邦，永久如磐石之安，故不惮费口舌，将自赎自救之大义，为我邦人君子剖陈之，惟最令痛心疾首者，我国今日，尚在勇于私斗而怯于公忿之状态中耳。希望今后非国民之公意，对内绝对不许枉费一枪弹，对外必要不许吝惜一枪弹。"②1935 年七八月间，李济深、蔡廷锴、陈铭枢等在香港成立中华民族革命同盟，政治主张为"争取民族独立，树立人民政权"，提出了集中一切力量进行民族革命、策动全国民众对日作战、推翻南京国民党政权、召集人民代表大会解决国是等八项具体行动纲领。次年 7 月 25 日陈铭枢在《救国时报》发表《中华民族革命同盟成立一周年》的纪念文章，提出了"联合战线，武装抗日"的主张，并表示"愿为国共合力救亡"负斡旋之责。这年 11 月，第三党在香港召开第一次临时代表会议（后改称第二次全国干部会议），决定将中国国民党临时行

①《宋庆龄等发起中国民权保障同盟》，《申报》1932 年 12 月 18 日。
② 九二老人马相伯：《为日祸敬告国人》，《申报》1931 年 9 月 23 日。

动委员会改名为中华民族解放行动委员会，会议通过了《中华民族解放行
动委员会告同志书》，呼吁"一切的革命党派，在目前民族生死的最后的
关头，应该放弃其宗派的偏见，在反帝反日战争和土地革命两大原则之下，
形成巩固的联合战线，组织统一的行动指导机关"。[1]1936年2月，中华民
族解放行动委员会发表的《中华民族解放行动委员会"组织反日阵线"提
议宣言》指出：各政治团体和革命分子虽然在许多问题上仍有原则上的差
别，但"发动反日战争，实为全中国人民一致的要求，实为一切不愿当汉
奸作亡国奴的人民的迫切需要，实为今日中国的'国是'"，"我们认为国内
任何矛盾，都大不过日本帝国主义者与中国的矛盾；各党派间的任何分歧，
都不能否认集中力量反日的必要。我们认为集中全国一切力量，发动反日
战争，不仅是绝对的必要，而且有完全的可能"，为此《宣言》提议"以最
快的速度，组成全国的'反日阵线'"，"认定惟有全国一切力量在'反日阵
线'上集中起来，方能对于急将到来的日本对中国更进一步的残暴的侵略，
予以迎头痛击，以进至收复失地，保障中华民族的生存"。《宣言》还强调
"各党派应该公开承认，现时中国一切的党派中，没有任何一个党派，具有
单独负荷反日使命的力量，因此，'反日阵线'只能由各党派各社团共同集
结而成，决非某一党派所能包办"，"'反日阵线'的构成，已经不是宣传的
时期，而应该是实现的时期了"，号召全国各党派各团体共同努力，为把日
本帝国主义驱逐出中国而斗争。[2]

第二节　思想舆论界对日"战"与"和"的抉择

　　九一八事变后，面对日本的侵略，中国是"战"还是"和"？摆在了每
一个中国人的面前。思想舆论界也不例外。但长期以来，由于种种原因，

---

① 中国农工民主党中央党史资料研究委员会编《中国农工民主党的奋斗历程（1930—1990）》，
　中国文史出版社，1990，第98页。
②《中华民族解放行动委员会"组织反日阵线"提议宣言》，载陈竹筠、陈起城选编《中国民主
　党派历史资料选辑》下册，华东师范大学出版社，1985，第204—208页。

还没有人系统考察过九一八事变后思想舆论界对"战"与"和"的抉择，尤其是没有人探讨过思想舆论界对"战"与"和"抉择的不同及其原因。有鉴于此，本节拟以《东方杂志》《独立评论》和《大公报》为中心，就九一八事变后（具体来说从九一八事变到 1933 年 5 月 31 日《塘沽协定》的签订）思想舆论界对"战"与"和"的抉择作一考察。我们之所以选择以《东方杂志》《独立评论》和《大公报》为中心，主要基于三个方面的考虑。（一）这三种报刊在思想舆论界的影响力。《东方杂志》自 1904 年创刊，到 1948年底终刊，共历 45 年，基本上伴随了 20 世纪上半叶的中国社会历程，被学术界公认为是旧中国期刊界寿命最长、影响最大的一份综合性刊物。《独立评论》创刊于 1932 年 5 月，1937 年七七事变后停刊，存在的时间虽然不长，但创刊不久就成了"全国人的公共刊物"和"舆论中心"，发行量最高时达到一万三四千份，在思想界尤其是大学教授、青年学生和政府职员中影响很大。《大公报》1902 年由英敛之创办于天津法租界。1926 年 9 月吴鼎昌、张季鸾、胡政之合组新记公司，接办《大公报》，吴鼎昌任社长，胡政之任经理兼副总编辑，张季鸾任总编辑兼副经理，并提出"不党、不卖、不私、不盲"的"四不主义"办报方针。所谓"不党"，即不依附于任何党派；"不卖"，即不为金钱从事利益交换；"不私"，即不为一己为一小团体的私利；"不盲"，即不盲从，不附和，有自己的独立立场。《大公报》从此成为民国时期影响最大的报刊之一。（二）这三种报刊的政治倾向。《东方杂志》的政治倾向向来稳健，但在九一八事变前后尤其是胡愈之任主编之后表现较为激进。1932 年 8 月，胡愈之正式接受王云五聘请担任《东方杂志》主编，并且与王约定采取承包的办法，即由商务印书馆拨给胡愈之一定的编辑费用，胡愈之自己找房子，请编辑，定内容，商务方面均不干涉。胡愈之是左翼知识分子的代表人物，他之所以要采用承包的方法来主编《东方杂志》，就是想把这一老牌并有重要影响的刊物办成宣扬抗日救亡、创造民族新生的舆论阵地。[①] 因此，在他周围很快聚集了一批思想同样左翼的知识分子，如叶作舟、史国纲、张梓生、张明养、郑允恭、良辅等，他们成

① 张新华：《拓展言论空间传播进步文化——胡愈之的办刊艺术之一》，《中国出版》2001 年第10 期。

了这一时期《东方杂志》的主要作者。和九一八事变后的《东方杂志》不同，《独立评论》的思想取向则是自由主义，其主要作者是自欧美回国的留学生，信仰并长期追求、宣扬过民主和自由，用钱端升的话说，"是受过民主政治极久的熏陶的"自由主义者①，尤其是胡适更是中国近代史上自由主义的代表人物。《大公报》的吴鼎昌、胡政之和张季鸾与国民党尤其是蒋介石的关系较为密切，发表过不少拥护国民党统治、极力为蒋介石辩护的言论，因而长期以来，人们在研究和评价《大公报》时，把它定性为政治上反动，就是它所发表的一些批评国民党的言论，也被批评是对国民党的"小骂大帮忙"。但实际上，九一八事变后，在对待日本侵略、国联调停、废止内战等事关中华民族生死存亡的重大问题上，《大公报》都不赞成国民党的所作所为，基本上坚持了"不党、不卖、不私、不盲"的"四不主义"办报方针。（三）这三种报刊对九一八事变后"战"与"和"的抉择不同且具有代表性。概而言之，《东方杂志》主战，《独立评论》主和，《大公报》在战和之间，即主张抵抗，但反对"一战"（宣战）。分析九一八事变后思想舆论界对"战"与"和"的态度，大致不外这三种。

一、《东方杂志》："与日一战"，反对妥协

《东方杂志》是九一八事变后主战论的主要代表。如前所述，九一八事变后，蒋介石主导下的南京国民政府将东北事件诉诸国联，希望国联主持正义。然而国联却敷衍塞责，延宕不决。1931 年 9 月 19 日亦即事变发生后的第二天，国联在日内瓦召开非常理事会，22 日决定劝告中日两国（一）防止事件扩大，（二）于可能范围内撤兵。日本对国联的此次决议置若罔闻，会后，继续扩兵攻击锦州。情急之下，国联不得不于 10 月 14 日再次在日内瓦召集理事会，要求日本撤兵，同时要求中国保护日本侨民，然而由于日本的反对，此次会议最终做出了一个被国联主席白里安称为"只有道德的价值而无法律的价值"的决议案。朱偰在《日本强占辽吉在欧美之反响》中指出，法国明白地袒护日本，英国则态度暧昧，意大利虽然保持中立，有时则不免冷嘲热讽，幸灾乐祸，这都是由各国的自身利益决定的，"所谓

---

① 钱端升：《民主政治乎？极权国家否？》，《东方杂志》第 31 卷第 1 号，1934 年 1 月 1 日。

正义公理等名词，仅能为强暴作点缀，不足为弱国谋生存"，国人对此要有充分的认识。[①] 胡愈之更是一针见血地指出，在帝国主义主宰下的国际关系是以自身利害为前提的，绝无所谓公道正义，即使"我国政府已请国际联盟及非战条约签字国干涉援助，但也决不会得到什么结果。因为日内瓦的机关，本来是由帝国主义把持，小国向来是没有插嘴余地的。即使国联理事会出面调停，至多不过把争执事件延宕下去，决不能有利用于我国"[②]。他认为对付日本最有效的办法，一是武力，二是外交。就外交而言，现在最紧急的行动是立即向日本政府提出限期撤退辽吉两省占领日军的最后通牒，如到期未撤退，便立即宣告对日断绝外交关系。他告诫政府和国人，对国联不要再存任何希望。国联能做到的事情只有两件：一是迫令两国直接交涉，自然是在日本武力威胁下开始直接交涉；二是设法把事件延宕（如派调查团之类）下去，耽搁了二三个月，使事势缓和，然后让中日直接去解决。除此之外，国联别无他法。"中国望国联伸理，望国联保障中国利益，望国联迫令日本负强占东省的重大责任，这在事实上，法律上，是断无实现的可能的。"[③]

随后在1931年12月10日巴黎会议的决议案中，英、法态度急遽转变，置日本侵略中国的事实于不顾，由讨论日本撤兵转到中日条约的研究上，谋求有利于日方的五项原则了结此事[④]，并决定接受日本的建议派中立国调查团来调停中日之间的争端。对此，张梓生悲愤地指出："总之，目前的中国已不战而败了，马占山的尽忠守土，施肇基（中国的国联代表——引者）的努力坛坫，天津保安队的含泪奉令撤退，各地学生的一批批赴京请愿，以至全面人民的义愤填胸一致抗日，不过在这失败史上作些点缀品罢了！"国联不顾中国的民族利益而对日本姑息养奸，它"已促成中国人民

---

① 朱偰：《日本强占辽吉在欧美之反响》，《东方杂志》第28卷第24号，1931年12月25日。
② 胡愈之：《尚欲维持中日邦交乎？》，《社会与教育（反日运动特刊）》第1号，1931年9月26日。
③ 胡愈之：《对于日内瓦还能希望什么》，《社会与教育（反日运动特刊）》第5号，1931年10月20日。
④ 日本提出的五项原则为：一、中日相互担保各不侵略并保障彼此之土地完整；二、中国境内各种排日形式连抵制在内，须永远取消；三、保障中国境内日人生命与财产之安全；四、偿付用以敷造满洲各铁路日款，并承认满洲敷造铁路之现有条约；五、承认现有之条约权利，连日人在满租地之问题在内。

真正的觉悟。最近，全中国已都明白东北事件的解决，非由中国自己去走应走的途径不可；明白些说，即非对日以武力决一胜负不可"。① 于育才则提醒国人说："本来帝国主义者所谓'国际法''正义''国际道德'是二重的，在帝国主义者相互间适用平等的国际法与道德正义；在帝国主义与殖民地或次殖民地间，却用另一种说法。这次日内瓦与巴黎会议的结果，应该使我们受了又一次的有益的教训"，② 这就是依赖国联是没有用的，只有依靠我们自己的力量，和侵略者做拼死的斗争。《东方杂志》记者认为：巴黎会议的结果显示出帝国主义者内部妥协的成功，同时也是中国依赖帝国主义外交的根本失败，它说明国际联盟已成为帝国主义用来压迫弱小民族的工具。"调查团的派遣，与其说是为了调解争端，不如说是为了帝国主义者联合宰割中国"，因此，"今后中国自然只有一条出路，就是以民众的力量打倒帝国主义，中国唯一可信赖的是人民大众的力量，中国唯一的生机，是在于和帝国主义作殊死战"。③ 胡愈之也指出，中国唯有"大胆无畏地向前斗争"，"以牙还牙，以眼还眼"，以武力抵抗来对待日本的武力侵略，"方才能找出一条活路"。④

　　1931 年 12 月 16 日，《东方杂志》就"《国联巴黎决议案》的批评及国民对于调查委员团应取的态度"致信京（南京）津（天津）平（北平）汉（武汉）的"研究政治、法律、外交之各大学教授及专家"，要他们就这两个问题"发表意见"，到 12 月 28 日，共收到答案 23 件，结果呈一边倒的趋势。武汉大学教授周鲠生认为，国联"目的在维持平和，（但）常不免为平和而牺牲正义"。东北大学教授李景泌指出："东北事件，完全是日本要侵略我东省的非法行为。自从九月十八日日军占据我辽宁后，迄今凡日军的一切行为，世界各国无不知之，又何必再派人调查。"所以，此次调查团来华"不但与我无益，且其自身亦难有成绩可言"。中央研究院的陈翰笙提醒国民：决议案不仅不能使盘踞在东北的日军退兵，相反还阻碍了中国增加兵力做正当的防卫，就此而言，调查团只不过提供了列强瓜分中国的机会，

① （张）梓生：《巴黎会议中之东北事件》，《东方杂志》第 28 卷第 23 号，1931 年 12 月 10 日。

② 于育才：《东省事件在盖陀赛》，《东方杂志》第 29 卷第 1 号，1932 年 1 月 1 日。

③ 记者：《〈巴黎决议案〉的实际》，《东方杂志》第 29 卷第 2 号，1932 年 1 月 16 日。

④ （胡）愈之：《现代的危机》，《东方杂志》第 29 卷第 1 号，1932 年 1 月 1 日。

"由此决议案所产生之调查委员团，消极方面将使国联卸除其应负之责任；积极方面将使中国加紧的殖民地化！"光华大学教授王造时更是针对国联的不公正立场，要求全国各界人民一致起来，反对国联决议，督促政府武力抵抗日本进攻，并实行收回失地。他在回信中写道："简言之，我主张战。我自始至终主张战。战是唯一条路；战，可以促成国家统一；战，可以激起爱国精神；战，可以保存民族人格；战，可以引起国际干涉；战，可以促成日本革命。我自始至终主张破釜沉舟的战！"[1]正如王造时自己所说的那样，他始终是坚定的主战派。

国民党的不抵抗政策，进一步刺激了日本的侵略野心。1932 年 1 月 28 日，日军突然向中国的经济中心上海发动进攻，遭到中国驻军第十九路军的顽强抵抗，著名的淞沪抗战由此爆发。1 月 29 日，地处闸北的商务印书馆总厂被日机炸毁。《东方杂志》因而被迫停刊，直到这年的 10 月 16 日才复刊。复刊后，《东方杂志》的抗战主张更为强烈。就在复刊号上，胡愈之发表了《乐观论与悲观论》一文，认为中国军事尽管比日本落后，但在国联不可能主持所谓正义的情况下，中国人民"只有孤注一掷"，与日军开战，才有可能挽救民族危机，他并充分肯定了十九路军和东北义勇军的抗敌行为，称赞他们"替民族争得了无穷光荣，替民族留下了一线生命"。[2]不久，他在《寇深矣！》一文中又写道："帝国主义的武装队伍已深入腹地了。平津热河青岛已陷入险境，华北将继东省而沦亡，这真是中国民族的最后的生死关头啊。为了挽救这最后的危局，为了全民族的解放，为了中国领土的独立与完整，最后为了不辜负十九路军、东北义勇军与华北抗日将士的壮烈的牺牲，我们要求集中力量，一致步调，以全民族的整个结合，和日本帝国主义作最后殊死的战争。"[3]

就在《东方杂志》复刊的前夕（10 月 2 日），国联调查团经过近 7 个月的调查，在日内瓦、南京、东京三地同时公布了《国联调查团报告书》（以下简称《报告书》）。《报告书》公布后，引起世界舆论的关注，"无论何国

---

[1]《国联巴黎决议案的批评及国民对于调查委员团应取的态度》，《东方杂志》第 29 卷第 3 号，1932 年 2 月 1 日。

[2] 仲逸（胡愈之）：《乐观论与悲观论》，《东方杂志》第 29 卷第 4 号，1932 年 10 月 16 日。

[3] 仲逸（胡愈之）：《寇深矣！》，《东方杂志》第 30 卷第 2 号，1933 年 1 月 16 日。

之报纸，苟稍稍留心远东问题者，殆无不对此报告书有所表示，或抒其感想，或加以批判，虽方式不一，而注意此报告书之态度，则无或二致也。我国为争议国之一，则我国国民对此报告书，必较世界上任何一国国民，更为注意"[1]。《东方杂志》的胡愈之等人也不例外。胡愈之先是在自己主编的《生活周刊》上连续发表《评国联调查团〈报告书〉》和《〈报告书〉发表以后》等文，认为《报告书》既要迁就日本，又要貌似公允，所以处处自相矛盾。比如《报告书》一再声明解决中日争端的方法须"遵照国联公约及九国公约的规定"，但它提出的所谓"满洲自治"又明显地违反了国联公约与《九国条约》中尊重领土主权的规定；它希望谋求东三省的对外安全，"防止外来的侵略"，但又不允许中国在当地设置国防军队；它主张尊重中国主权与领土完整，但又要求"扩大"满洲的"自治"范围，中国政府不仅不能管理收税，而且还不能派遣驻兵。实际上，《报告书》的根本用意，是要把东三省乃至整个中国造成国际共管，由国际帝国主义平均分肥，而不是被日本独占。[2] 因此，《报告书》并不像欧美报刊所认为的那样是解决中日争端的十二分公平的方案，相反，它是帝国主义的一张供状，彻底暴露了国际帝国主义掩蔽着的用心，即：要瓜分和国际共管中国。就此而言，《李顿报告书》的"公平"，是帝国主义的"公平"，"在帝国主义看来，把中国的整个东三省，抢劫了去，把中国的主权利益偷盗了去，这都不算是不'公平'……应该把日本所独占的东三省，乃至从中国所抢劫去的一切赃物，用梁山泊'大秤分金银'那样的方法，来平均分配，这便是《李顿报告书》的所谓'公平'"。[3]《东方杂志》复刊后，胡愈之即在复刊号上（第29卷第4号）发表《李顿报告书的分析和批评》一文，他在逐章分析了《报告书》的内容后指出，《报告书》存在着两大"缺点"：一是不顾一切法律原则和国际义务，一味地迁就日本，迁就事实，其所谓的调查带有浓厚的主观色彩，并没有做到调查团所标榜的"中立"；二是发表了许多批评中国内政的言论，甚至认为东三省问题的起因与中国内政不修有关，这不仅是

---

[1] 孙幾伊：《李顿报告书及各方批评之总研究》，《复兴月刊》第1卷第3期，1932年11月1日。
注：该文在目录和正文中标题不一致，目录标题是《调查团报告书及各方批评之总研究》。
[2] 伏生（胡愈之）：《评国联调查团〈报告书〉》，《生活》第7卷第40期，1932年10月8日。
[3] 伏生（胡愈之）：《〈报告书〉发表以后》，《生活》第7卷第41期，1932年10月15日。

对中国内政的粗暴干涉，而且也为列强共管中国提供了口实。他因而反对国际上一些人提出的以《李顿报告书》为基础来解决中日争端的建议，认为"希望以此报告书作为解决中日事件的基础，却只有一个可能：就是当中国民众甘心全部屈服，让国际殖民化的趋势从东三省开始，蔓延到中国全部，以及日本受列强的联合压迫，不得不放弃大陆独占政策，让列强势力伸入的那个时候"①。接着，胡愈之在下一期（第29卷第5号）的《东方杂志》上又刊出《报告书与世界公论》的文章，认为《报告书》不但主张"满洲自治"，而且更主张"国际合作以谋中国的改造"，在允许日本在满洲享有特殊经济利益的同时，还允许其他列强援引最惠国待遇的规定享有同样特殊的经济利益。所以，《报告书》建议的中国"不是一个'联邦式统一的国家'，而是'国际化的外国殖民地'"。②平鸣在《国联调查团报告书之研究》一文中更是一针见血地指出，《报告书》的内容可以用一句话来概括，"就是这是'列强在说话'"③。

1933年1月，得寸进尺的日本帝国主义又悍然攻占山海关，并继续向热河进犯，华北形势危急。在此紧要关头，《东方杂志》连续发表《日本帝国主义的挑战》《抗日斗争的一年》《抗日的决心》等文，反对与日妥协，主张抗战到底。《日本帝国主义的挑战》一文对"败北主义"进行了批判，文章指出，国内主张"败北主义"的人，以为日本的目的只是满洲，那就让它占领满洲好了，因为中国领土广大，东北没了，还有西北，关外没了，还有关内，只要能维持偏安之局，就不要抵抗，在目前敌强我弱的情况下，抵抗是没有用的，主战论只能导致国家的灭亡，是发疯之论，国联《报告书》是最公道的解决中日争端的办法。但最近几个月的事实，尤其是日军向山海关和热河的进攻证明，日本的目的不仅仅是满洲，而且还在热河和整个中国。所以要维持偏安之局是不可能的，除非将中国的整个领土都让给日本，否则日本就不会停止其侵略脚步的。"到了这地步，除了作民族反帝斗争"，和日本帝国主义拼个你死我活外，是没有其他什么办法的。④《抗

---

① 胡愈之：《李顿报告书的分析和批评》，《东方杂志》第29卷第4号，1932年10月16日。
② 仲逸（胡愈之）：《报告书与世界公论》，《东方杂志》第29卷第5号，1932年11月1日。
③ 平鸣：《国联调查团报告书之研究》，《东方杂志》第29卷第6号，1932年11月16日。
④ （胡）愈之：《日本帝国主义的挑战》，《东方杂志》第30卷第3号，1933年2月1日。

日斗争的一年》充分肯定了上海一·二八抗战的意义，认为一·二八抗战虽因当局的妥协而"以一个不死不活的停战协定而告终"，"但是因了十九路军及上海民众的奋勇斗争，至少已表示民族解放斗争的开始。帝国主义者从此更不敢轻视中国民众的力量"。所以，只有我们"继续'一·二八'英勇斗争的精神"，坚决抵抗日本帝国主义的侵略，不投降，不妥协，中华民族就有"出路"，抗日斗争就会取得最后胜利。① 《抗日的决心》一文开宗明义便指出，跑上帝国主义之路的日本早已变成中国及东方其他被压迫民族的共同敌人了，"对待敌人只有用铁和血，用不到老学究似的搬出那么多的历史及掌故，证明东三省为中国之属；用不到名为维持世界和平、实则瓜分世界上弱者利益的国际联盟在那里屡次起草并讨论废纸似的报告书和决议；更用不到利用各帝国主义者在太平洋方面的均势来维持偏安的局面。如果民族的解放可依历史证明、依制造废纸报告书、依利用均势等方法以求得，那么我们不知道为甚么英国要统治与她没有历史关系的印度？为甚么过去一切关于保障中国领土完整的条约不会发生一毫效力？为甚么李鸿章的'以夷制夷'政策会招来光绪年间各重要海口与各港之瓜分？"总之，一切历史，尤其是近代以来的中国历史告诉我们，只有坚决抵抗，"向敌人作勇敢的奋斗，才是民族谋生的唯一途径"。②

　　尽管《东方杂志》呼吁抵抗，但实际上，国民党当局并没有做好抵抗的准备，也没有准备认真地抵抗。其结果，驻守热河和长城一带的几十万国民党军一触即溃，日军很快就占领了热河全境。热河失陷后，《东方杂志》发表《热河失陷后的严重形势》一文，对国民党当局高喊抵抗而实不抵抗，致使"未逾旬而六十万方里的热河又告失陷"进行了猛烈的抨击，指出当时的中国只有两条路走，"一为屈服于暴日强力之下，而为其殖民地，中国亡；一为抵抗到底，于死中求生存。现在中华民族的生存就只有抵抗的这一条路，我们不容再有丝毫迟疑"。为此，文章提出了两条建议：一是建立抗日统一阵线，凡是主张抗日的，就是我们的朋友，反之，凡是反对或阻碍抗日的，便是我们的仇敌；二是绝不与日妥协。因为日本的一贯伎俩，就是

---

① 仲逸（胡愈之）：《抗日斗争的一年》，《东方杂志》第 30 卷第 3 号，1933 年 2 月 1 日。
② 有心：《抗日的决心》，《东方杂志》第 30 卷第 6 号，1933 年 3 月 16 日。

在军事进攻并占领了中国的领土之后，放出缓和空气，一方面借以麻痹和欺骗中国政府，另一方面便于争取时间，以为下一次发动更大规模的军事进攻做好必要的准备。这次也不例外，日军在占领热河全境后，提出与中国政府直接议和。文章认为，在日本企图占领平津并进而占领整个中国的野心已暴露无遗的情况下，"我们即欲求片刻的和平已不复可得，苟有妥协之念，即堕万劫不复之境"。①

然而，国民党统治当局则不作如是观。依据蒋介石提出的"攘外必先安内"的立国方针，他们把主要精力放在了军事围剿中国共产党领导的红军上，而对日本的侵略采取的是不抵抗主义政策。因此，热河失陷不久，他们便和日本开始了秘密和谈。5 月 31 日，中日停战协定在河北塘沽正式签字。由于协定以保全平津为条件，默认了日本帝国主义侵占东三省和热河的事实，将冀东辟为"非武装区"，使整个华北门户洞开，因而遭到了包括《东方杂志》作者在内的广大知识分子和社会舆论的广泛批评。胡愈之在《"停战"以后》一文中就沉痛指出："塘沽协定的签字，表示日本帝国主义的全盘的胜利。把东北四省拱手让人，把华北全部作帝国主义的保护地域，把政治经济的反帝的手脚，全捆缚了起来。在二十个月中间断送了中国三分之一领土，这是中国失地史上的一个新纪录，连北洋军阀和媚外求荣的清廷都望尘莫及。"他承认当时中国民众的反帝运动还处于低潮，但他相信这只是短时期的现象，华北事件的屈辱，必将促进广大民众的觉醒和反帝抗日运动的高涨。② 国纲的《华北停战》一文在逐条分析了停战协定的内容后也写道："自己的军队在自己的国土以内撤退，还要受着对方面的监视；自己的军队在自己的国土以内，还有禁止扰乱的必要；真是创闻！对于中立区域，没有明文规定，恐怕就算有面子的了，在目今的情形之下，谁还有奢望？"③

二、《独立评论》："能和则和，不和则战"

与《东方杂志》的主战不同，《独立评论》则主和。《独立评论》的原

① 作舟：《热河失陷后的严重形势》，《东方杂志》第 30 卷第 7 号，1933 年 4 月 1 日。
② 伏生（胡愈之）：《"停战"以后》，《生活》第 8 卷第 23 期，1933 年 6 月 10 日。
③ 国纲：《华北停战》，《东方杂志》第 30 卷第 12 号，1933 年 6 月 16 日。

始社员蒋廷黻曾批评主战者的"逻辑是很简单的"①。因为在他看来，中日完全可以通过交涉来解决彼此争端，避免冲突的进一步升级。九一八事变前，日本币原政府曾多次谋求与中国谈判的机会，都因"我们的政府措置失当"，才最终酿成大祸，导致九一八事变的发生。徐炳昶谈到1931年冬，他与胡适就对日的"战和"问题作过交谈，胡适认为中国"战必败；战败的牺牲必异常的巨大，并且比任何一次的牺牲全要巨大"。因而反对与日交战，而主张与日直接交涉。②1932年初，胡适在与美公使N.T.Johnson（N.T.约翰逊）和英代理公使Ingram（英格拉姆）的谈话中，表示对中日问题并不感到非常悲观，而"以为直接交涉可以挽救不少"③。丁文江也认为，中国在军事、政治和经济各方面都没有做好准备的条件下，不能贸然与日开战，而应与日交涉，"不惜代价"，换得和平。④因此，他对于胡适提出的与日直接交涉的主张，完全表示支持。几年后在《再论民治与独裁》一文中他谈道："九一八事变刚发生的时候，有一位反对国民党的朋友对我说：'蒋介石一定和日本人妥协，国民党一定要卖国了！'我回答他道，'我希望你这话是真的，但是我恐怕事实上是做不到的！'二十年十一月胡适之先生写了一封长信给宋子文先生主张及早和日本人交涉。我告诉他道，'我是赞成你的主张的，可是国民党的首领就是赞成也不敢做，不能做的，因为他们的专政是假的'。"⑤

1932年5月20日，《独立评论》创刊。筹办过程中，蒋廷黻在为《独立评论》拟定编辑方针时，就有这样一条规定："倘国际大战不发生，则东北问题之解决如上次宣言，二三十年内，中国需以亲日为用，自强为体。仇日派只可在野活动，且不可过烈。"⑥从其内容可知，九一八事变后，胡适等人曾发表或参与发表过一份主张对日妥协、以和平解决中日争端的宣言。此后的相当时期内，至少在1933年热河事变之前，在对日问题上，《独立

① 蒋廷黻：《蒋廷黻回忆录》，岳麓书社，2003，第143页。

② 旭生（徐炳昶）：《和与战（西安通信之一）》，《独立评论》第52—53号合刊，1933年6月4日。

③ 胡适：《日记（1932年1月28日）》，载胡适著、季羡林主编《胡适全集》第32卷，安徽教育出版社，2003，第167页。

④ 蒋廷黻：《蒋廷黻回忆录》，第148页。

⑤ 丁文江：《再论民治与独裁》，《独立评论》第137号，1935年1月27日。

⑥ 《〈独立评论〉编辑方针（稿）》，载中国社会科学院近代史研究所中华民国史组编《胡适来往书信选》（下册），中华书局，1979，第575页。

评论》基本上是按照这一方针行事的。据蒋廷黻回忆，《独立评论》创刊后，
"自然其中会有许多讨论到和战以及国联是否可以信赖的文章。《独立评论》
同寅中没有人主张立即对日作战的。在这一点上，大家的主张是一致的。
当时天津《益世报》编辑罗隆基，发表了一篇轰传一时的文章，题目是《枪
口朝外，不可对内》。文中大意是主张停止内战，一致抗日。我在《独立评
论》上为文答复罗氏，略谓：仓促对日作战将遭失败，现代化的战争需要
长期准备，然后全国总动员。社中同寅对我的主张均未表示异议"。[1] 应该说
蒋的回忆是正确的。以胡适为例，在《独立评论》的创刊号上，他发表有
《上海战事的结束》一文，强调"政府应该利用激昂的民气和国际的舆论，
来争外交上的胜利"，通过与日本的直接交涉来结束冲突，解决问题。[2] 后来
在《论对日外交方针》一文中，胡适更进一步提出了与日直接交涉的九点
具体建议。[3]

　　然而，迫于九一八事变后全国人民抗日呼声的高涨，国民党不敢公然与
日本言和，所以对胡适等人提出的与日直接交涉的主张不感兴趣，而实行
"不绝交，不宣战，不讲和，不订约"的所谓"四不"政策。1932 年 9 月，
胡适致信时任国民政府外交部长的罗文干："此时如果有人敢作直接交涉，
其所得之条件必较任何国际处理所能得之条件为更优。"[4] 但罗文干答复说：
"你来函反复争论直接交涉问题，我以为此办法是对的，惜去年初出事时未
办，现在日本正在得意时候，我们亦不必急急，总要在国际有些变化的时
候，或日满更倒霉，则交涉尚易开口，彼此尚有价可讲。"[5] 对国民党的所谓
"四不"政策，胡适是不赞成的，认为"这种不战不和又不交涉的外交，不
能不说是政府的大罪过"[6]。他甚至认为九一八事变后"政府当局不肯与日本
交涉"，"无人敢负外交的责任，事事推诿，日日拖延"，才把"东三省送在
日本人手里"。[7]

① 蒋廷黻：《蒋廷黻回忆录》，第 148 页。
② 适之（胡适）：《上海战事的结束》，《独立评论》第 1 号，1932 年 5 月 22 日。
③ 胡适：《论对日外交方针》，《独立评论》第 5 号，1932 年 6 月 19 日。
④ 胡适：《致罗文干》，载《胡适全集》第 24 卷，第 145 页。
⑤《罗文干致胡适》，载《胡适来往书信选》（中册），第 135 页。
⑥ 适之（胡适）：《上海战事的结束》，《独立评论》第 1 号，1932 年 5 月 22 日。
⑦ 胡适：《论对日外交方针》，《独立评论》第 5 号，1932 年 6 月 19 日。

　　1932 年 10 月国联调查团的报告书公布后，与《东方杂志》的胡愈之等人对报告书的严厉批评不同，《独立评论》的胡适等人对报告书持的则是基本肯定的态度。胡适发表在《独立评论》第 21 号上的《一个代表世界公论的报告》一文，就对《报告书》给予了"十二分"的肯定评价。对于《报告书》提出的解决方案，即满洲自治、东三省解除武装、自治政府可以雇用相当数额的外国顾问等问题，胡适也不顾国人的普遍反对，持赞同的意见。[①] 蒋廷黻虽然对国联报告书有所保留，但总体上他"对于调查团的方案是佩服的"，"主张不问日本接收与否，我们除一点应保留，一点待考虑外，应完全接受调查团所拟的方案"。他承认他之所以如此主张并不是他"不知道这方案之含有若干矛盾及其有不利于我国者"，而是"调查团向我们也指出一条新路。概而言之，这条路就是中日合作"，因为"我国当前最急最要的事业，无疑的，是国家整个的现代化。为完成这事业，无疑的，我们需要'日本政府之友善态度'。为获得这友善态度——万一尚有方法能获得——更无疑的，惟有承认日本在东省的经济利益及中日经济合作这一条路。无论我们对国联调查团所指的路是如何悲观，我们不能不竭力竭诚一试。因为失败的责任，无论如何，不可落在我们的身上"。[②] 从蒋廷黻的这段文字中可以看出，胡适等人之所以在九一八事变后对日主和，一个重要原因，就是他们认为中国的当务之急是尽快实现现代化，只有实现了现代化，中国的经济发展了，国防强大了，中国才有可能收复失地，抵御日本的侵略。而要实现现代化，就需要与日本妥协，实现"中日合作"，以便为现代化提供一个必需的和平环境。

　　尽管《独立评论》对国联报告书所指出的"中日合作"的"新路"充满了期待，但日本军国主义分子对此却不屑一顾，他们按照既定方针，于 1933 年 1 月，在派兵攻占山海关后，继续向热河进犯。日军进犯热河，无疑是对《独立评论》"主和"言论的当头棒喝。在残酷的现实面前，《独立评论》的胡适等人终于认识到，妥协退让政策表面上"可以得一时的苟安"，但实际上却进一步刺激了日本的侵略气焰，"如此则每次日本只要牺

---

① 胡适：《一个代表世界公论的报告》，《独立评论》第 21 号，1932 年 10 月 9 日。
② 蒋廷黻：《国联调查团所指的路》，《独立评论》第 22 号，1932 年 10 月 16 日。

牲一百二十个官兵就可以占领我们一大片的土地。我们变成功一大块肥肉，被日本人从从容容的，一刀一刀的割去，慢慢的，一口一口的吞下，舒舒服服的消化掉。这样便宜的事日本人岂有不来？这样没出息的国家，还有谁肯援助？""我们若是把与河北唇齿相依的热河省，不发一兵，拱手让给我们的敌人，我们能保全察哈尔、绥远吗？我们能坚守河北省吗？"① 他们因而要求国民党蒋介石以国家民族利益为重，放弃不抵抗政策，积极组织抗战。他们自己也为热河抗战积极出谋划策，四处奔走。

但热河抗战的结果却是中国军队的溃败。这对《独立评论》的胡适等人无疑是一沉重打击。他们认为，经过了准备和计划的热河抗战还是失败了，这样的失败比起九一八事变国难还要惨痛，它证明中国军队的腐败，根本没有抵抗日本的能力。胡适在《全国震惊以后》一文中就这样沉痛地写道："这回的事件足够证明前年东三省二十万大兵的不抵抗是实在没有能力抵抗。一年零五个月的整理与补充还不能抵抗，热河的绝好的天险地利还不能抵抗，可以证明这种腐败军队遇着现代式的敌军势必如枯叶之遇劲风，朽木之遇利斧，无有不崩溃之理。"② 蒋廷黻在《热河失守以后》一文中也认为，"热河这样的失败，其精神上的损失远过于东北三省不抵抗而失败"，因为它证明腐败的中国军队根本就没有抵抗日本侵略的能力。③ 基于上述认识，以胡适为代表的《独立评论》作者曾一度振作起来的抗战热情很快便熄灭了，他们又回到了以前反战的立场。

热河抗战失败后，国民党爱国官兵与日军在长城一线苦战。由于敌我力量悬殊，冀东 20 余县均被日本占领，平津再次危急。当时平津地区的社会舆论大多主张死守平津，抗战到底。《大公报》发表《彻底牺牲》的"社评"，认为"中国今日，只有一条路可走，即彻底牺牲是也！……在现状之下，只有彻底牺牲，尚不失为心安理得之办法"④。《世界日报》的文章号召青壮年组成自卫军，与平津共存亡。北平的《人民评论》提出了"毁弃都市"的主张："平津是帝国主义在中国的发祥地……我们大可利用平津血战，使成焦

① 丁文江：《假如我是蒋介石》，《独立评论》第 35 号，1933 年 1 月 15 日。
② 胡适：《全国震惊以后》，《独立评论》第 41 号，1933 年 3 月 12 日。
③ 蒋廷黻：《热河失守以后》，《独立评论》第 43 号，1933 年 3 月 26 日。
④《彻底牺牲》，《大公报》1933 年 4 月 15 日。

土……和中日大战同归于尽。"①但和大多数的社会舆论相反，蒋廷黻希望广
大国民"经过这一次的大失望以后"，须认清这样一个"基本事实"，即"武
力的收复失地是绝不可能的。……目前我们的工作惟有在国内造成有收复失
地的能力和资格，在国际上造成有收复失地可能的形势"。②"热河未失以前，
努力抗日尚有一线之望；热河失守以后，这一线之望都没有了。愈集中精
力来抗日，未失的疆土愈要糜烂。我们不要唱高调唱到日本人或英美人来
替我们发表的日子。"③胡适则反复强调：由于中国"上上下下整个的没有现
代化，整个的没有走上科学工业的路"，是"不能抵抗一个受过现代科学工
业文化的洗礼的民族"的。④当时有一位叫徐炳昶的读者给胡适写信，"希望
《独立评论》的几个朋友联合起来出个宣言'主张坚决的战争'"，并特别询
问胡适"近来的意见如何？"为此，胡适写了《我的意见也不过如此》一
文发表在《独立评论》第46号上，他明确地告诉徐炳昶和广大读者："我不
能昧着我的良心出来主张作战。这不是说凡主战的都是昧着良心的，这只
是要说，我自己的理智与训练都不许我主张作战。我极端敬仰那些曾为祖
国冒死拼命作战的英雄，但我的良心不许我用我的笔锋来责备人人都得用
他的血和肉去和那最惨酷残忍的现代武器拼命。"⑤

　　虽然《独立评论》的胡适等人又回到了以前反战的立场，但他们也对与
日交涉失去了信心，反对以屈服为代价的对日主和。胡适在《我们可以等
候五十年》一文中写道，"我在这一年半之中，曾经主张在某种条件之下中
国政府应该表示可以和日本开始交涉"。但"在最近几个月之中，事实的昭
示使我们明白这种交涉的原则已经完全没有希望了"。因为日本拒绝取消满
洲国、恢复中国在东三省和热河的主权，"在这种情形之下，我们决没有和
日本交涉的可能"。⑥翁文灏更是明确指出，"叫我们承认失地，再把全国送
给日本做一个附庸国，这是无论何人不肯的。即使日本将中国全国都武力
占据了，我们还不肯签字承认，何况他们也还不能"。所以，以屈服为代价

<hr>

① 梦华：《平津焦土与黄郭北来》，《人民评论》第6号，1933年5月20日。
② 蒋廷黻：《热河失守以后》，《独立评论》第43号，1933年3月26日。
③ 蒋廷黻：《未失的疆土是我们的出路》，《独立评论》第47号，1933年4月23日。
④ 胡适：《全国震惊以后》，《独立评论》第41号，1933年3月12日。
⑤ 胡适：《我的意见也不过如此》，《独立评论》第46号，1933年4月16日。
⑥ 胡适：《我们可以等候五十年》，《独立评论》第44号，1933年4月2日。

的主和，"事实上不可能，空说是白说的"。①

战不能战，和不能和，那么中国的出路究竟在哪里？《独立评论》提出了"未失的疆土是我们的出路"的主张。蒋廷黻指出，在中国还没有实现现代化、没有做好军事准备的情况下，"以武力收复失地这条路，我看是走不通，是死路"，"我们惟一的出路在于未失的疆土的整理"。②翁文灏也强调，"绝对的战——武力战争收回失地——或绝对的和——签字承认屈服——这二条路都是不可能的"，"但未失的土地应该如何保守勿失，这是不能不急速设法的"。③任鸿隽认为"未失的疆土是我们的出路"的主张"是积极的，是乐观的"，我们"没有甚么非反对不可的理由"。因为这一主张的目的，是要使"我们的政府当局得到一点舒息的机会"，以便"做一点稳健建设"工作。④

尽管胡适等人认为，在日本拒绝取消满洲国、恢复中国在东三省和热河主权的情况下，中国不可能与日本议和，谋求中日问题的整个解决，但为了保全"未失的疆土"，他们主张局部地与日妥协，达成某种和平协议。蒋廷黻就明确指出，就当时的国际国内形势来看，与日本"局部的妥协是不能不有的；全部的解决此非其时"。⑤胡适非常赞同蒋廷黻的观点，当华北危机日益严重之时，他支持华北军政当局就华北的停战问题与日本进行谈判，"暂时谋局部的华北停战"，以便"保全华北，减轻国家损失"。针对当时社会舆论对华北停战的反对，他指出："如果此时的停战办法可以保全平津与华北，这就是为国家减轻了一桩绝大的损失，是我们应该谅解的。"⑥1933年5月31日《塘沽协定》签订。与《东方杂志》对协定的批评不同，《独立评论》对协定持的则是支持和同情的态度。任鸿隽认为："在敌人的军队一只脚已踏进了平津大门的时候，忽然成立了一个停战协定，使势如迅雷的战事，暂时得以戛然中止"，这值得肯定，"对于政府当局这种积极负责而又不偏于悲观的态度，也未尝不可表示我们的赞许与同情"。⑦

---

① 咏霓（翁文灏）：《我们还有别的路么》，《独立评论》第47号，1933年4月23日。
② 蒋廷黻：《未失的疆土是我们的出路》，《独立评论》第47号，1933年4月23日。
③ 咏霓（翁文灏）：《我们还有别的路么》，《独立评论》第47号，1933年4月23日。
④ 叔永：《中国的出路》，《独立评论》第56号，1933年6月25日。
⑤ 蒋廷黻：《美国外交目前的困难》，《独立评论》第52—53号合刊，1933年6月4日。
⑥ 胡适：《保全华北的重要》，《独立评论》第52—53号合刊，1933年6月4日。
⑦ 叔永：《中国的出路》，《独立评论》第56号，1933年6月25日。

三、《大公报》：反对“一战”，主张抵抗

既与《东方杂志》的主战不同，也与《独立评论》的主和有别，《大公报》则在战和之间，即：反对“一战”，亦就是中国对日宣战，但主张抵抗。九一八事变发生后，蒋介石掌控下的南京国民政府采取妥协退让政策，数十万东北军一枪未放即将东三省拱手让给了日本。日本军国主义的侵略，尤其是南京国民政府的对日妥协退让政策，激起了中国人民特别是青年学生的愤慨和不满。他们发动大规模的抗议示威活动，北平、天津、济南、上海等地的学生还组成请愿团到南京向国民政府请愿，要求南京国民政府变对日妥协退让为积极抵抗，有的提出要“与日绝交”，甚至不惜“与日一战”。但在《大公报》看来，“‘一战’二字，不能适用”。因为“现代战争，其发动为全国之动员，其目的为最后之胜利。故一旦宣战，须战至最后，须决心战一二年或数年……如此大战，当然须准备，既未准备于事前，当然须亟准备于事发之后”，所以“‘一战’二字之观念，须亟纠正”。①中国的当务之急，不是对日宣战，而是认认真真地做好战争的准备，加强国防和物质建设，以提高中国的军事实力和经济实力，同时对全国民众进行“明耻教战”的教育，一方面通过揭露日本侵略中国的历史，使全国民众能对国耻发生的原因、过程、结果有一全面的了解，从而“振起民族之精神”，“人人怀抱为国家争存亡之心理”，万众一心，保家卫国；另一方面向全国民众传授最基本的军事知识，包括武器的使用、伤员的护理，以及防空、自救等知识，以期任何人在任何时候都能负起保家卫国的责任。实际上，中国在未做好战争准备的情况下，如果不顾一切地对日宣战，扩大战争规模，则正中日本军国主义者的下怀。“日阀何以战而不宣？以不愿负战争责任故。何以不愿负战争责任，以顾虑国际故。充日阀之野心，岂不愿大举侵犯我江海之域哉？怵于国际间可能的变化，而不敢轻发耳。中国之诉诸国联，诉诸华府条约，简言之，为一种外交战。日阀近月所最萦心者，亦为此外交战。”②就日本军国主义者而言，他们最希望的就是中国主动对日宣战，这样他们便可以把战争的责任推给中国，从而“乘世界之不备，

---

① 《转祸为福在共同努力》，《大公报》1931 年 11 月 26 日。
② 《转祸为福在共同努力》，《大公报》1931 年 11 月 26 日。

及中国军实（事）上财政经济上种种致命的缺陷，在最短期间，集中兵力，破坏我都市，摧残我行政，然后到处制造伪政权，置彼卵翼之下，使中国社会优秀分子失其存在，而扶殖（植）顽钝无耻之少数人，以谋精神的灭亡中国"。① 所以，表面上看"与日一战"是爱国，但实际结果可能是害国，置中华民族于更危险的境地。

基于上述认识，九一八事变后，《大公报》发表了不少"反战"言论。如九一八事变后第三天即9月20日的《日军占领沈阳长春营口等处》"社评"，在记述了《大公报》对东北外交的危机"数年来亦曾屡有所指"、但未引起当局和国民的应有重视后，突然笔锋一转，开始为甲午战争中李鸿章的反战行为辩解："犹忆前清光绪二十年中日之役，举国主战，李鸿章独请持重，国贼之谤，积毁销骨，洎夫一战而败，忍辱请成，马关一击，几以生命殉国。"② 后来在《明耻教战》《国家真到严重关头》以及《转祸为福在共同努力》等"社评"中更明确地反对与日"一战"，说什么"近者民气悲愤，争欲一战。吾人每读学生青年等之宣言，实不胜悲痛"。③

不仅反对与日一战，对于九一八事变后广大爱国学生发动的大规模的抗议示威活动，尤其是到南京的请愿活动，《大公报》也是不赞成的，认为学生到南京请愿，强行无票乘车，不仅阻塞了交通，造成铁路运输秩序的混乱，而且就实际结果来看，"断不足以增长国家之实力，唤起与国之同情，以左右政府之大计"，除了"重父兄师长之忧，贻地方治安之累，坏对外抗争之壁垒，供别有用心者之利用"外④，"迭次请愿之结果，不过喊口号数声，得报纸上新闻一段，事等机械，别无效用，甚无谓也"⑤。因此，《大公报》希望学生能"勉抑感情，诉之理智"，认识到对日问题的复杂性，赶快回校复课，不再做这种"违反民族利益，断送国家命运之事"。其"社评"写道："天下兴亡，匹夫有责，青年抱负，应为兴国之人才，勿分亡国之责任，鞭策政府，尽有多途，处变失常，自处已误，须知国不自亡，谁能亡

①《国家真到严重关头》，《大公报》1931年11月22日。
②《日军占领沈阳长春营口等处》，《大公报》1931年9月20日。
③《国家真到严重关头》，《大公报》1931年11月22日。
④《愿青年勉抑感情诉之理智》，《大公报》1931年12月7日。
⑤《学生请愿潮》，《大公报》1931年12月5日。

我？身已自杀，遑言救国？吾人重爱青年，故不觉其言之质实而沉痛，请愿团之学生诸君，幸共鉴之。"[1]《大公报》虽然不赞成爱国学生的请愿行为，但它也反对当局对请愿学生的镇压。在《上海之严重学潮》的"社评"中他们警告当局，对于学生请愿"无论如何，勿使成流血惨祸！此政府当局之绝对的责任也"[2]。

显而易见，《大公报》的上述言论，与九一八事变后全国日益高涨的抗日激情是不相吻合的，因此，也就理所当然地引起了一些爱国民众的不满。1931年10月10日的《大公报》刊登了一封来自东北留平（北京）同乡反日救国会的《警告天津大公报》的信。信中说："国难方殷，时机日迫，有希图个体利益而罔顾国权者，即为全国民之公敌；有为威势所胁而隐忍屈服者，则为民族之莫大卑辱。凡此皆全国民众之所难容者，尚请贵报善惜今誉，为国家争正气，为民族伸气节。"[3]个别激愤者甚至向《大公报》报馆投放过炸弹，邮寄过装有炸弹的包裹，以示对它发表"反战"言论的抗议。但《大公报》主办者不为所动，他们"宁牺牲报纸销路，也不向社会空气低头"，继续发表"反战"言论。据时为《大公报》总经理的胡政之1947年7月21日对天津馆编辑部同人的讲话中称：面对爱国民众的不满和抗议，他曾与总编辑张季鸾"绕室彷徨，再三考虑，最后始作决定：估计全国力量，时机尚未成熟，为国家前途计，绝不作孤注之一掷，所以仍旧主张保持和平，培养国力，而不取激烈态度，虽遭国人之不满，亦不惜'自我创之，自我毁之'"[4]。

九一八事变后，《大公报》虽然反对"与日一战"，并冒天下之大不韪，发表了一些"反战"言论，但它也不赞成国民党的不抵抗政策。九一八事变发生后的第6天（9月24日），它便在《国联发言后之辽吉被占事件》的"社评"中，对国民党的不抵抗政策进行了猛烈抨击："夫养兵百余万，而外患之来，专以不抵抗为标榜，世界自有历史以来，应断无如此无耻之国民。"[5]实际上，《大公报》反对的是中国主动地对日宣战，而非站在自卫的

---

①《愿青年勉抑感情诉之理智》，《大公报》1931年12月7日。
②《上海之严重学潮》，《大公报》1931年12月11日。
③《敬请读者公判》，《大公报》1931年10月10日。
④ 周雨：《大公报史》，江苏古籍出版社，1993，第370页。
⑤《国联发言后之辽吉被占事件》，《大公报》1931年9月24日。

立场上对日军侵略进行抵抗，它曾在《大公报》"社评"中多次呼吁全国军民，"为国家争人格，绝对牺牲，守土御暴"①；"疆土受侵，当然抗御"，并且要有"超越于胜败计算之外"的决心②；认为"中国必须由自卫中求出路，能自卫而后能得兴国，而后能求胜利"③。1931年11月，代理黑龙江省主席马占山置国民党的不抵抗命令于不顾，多次拒绝日军的威胁利诱，率领疲弱之军在嫩江桥与进犯日军激战半月，打死打伤日军近千人，最后因寡不敌众，被迫撤退，省府齐齐哈尔沦陷。马占山嫩江桥抗战，极大地鼓舞了中国人民抗战的士气。为此，《大公报》特发《马占山之教忠！》的"社评"，表彰马占山及其部下将士，"重守土之职责，宁战而亡，不为所屈，当零度下数十度之严寒，率疲弱之孤军，竭其最后之力，以拒敌守土，前仆后继，苦战恶斗，以迄最后之一弹为止"，其"苦节忠心，则已永共民族生命以不朽！"该"社评"认为，马占山及其部下将士之所以能够如此，就在于他们都是忠于国家、忠于民族、忠于职守的"忠义之士"，其所作所为，完全符合"忠节之义"。所谓"忠节之义非他，重职守，尽责任，虽牺牲生命而不辞，职在守土，则惟知守土，不但一己之利害在所不计，即结果之成败亦所不问，如此方为忠，方为牺牲，自古以来，忠臣烈士之行动，皆如是也"。这种"忠节之义"对于"任何时代任何政体下立国图存"都是必须的，否则，其民族"必衰以亡"。"忠节之义"虽然如此重要，但中国自"近世以来，道德衰颓，教化不行，忠节大义，不彰于官吏间。统兵军官之不肖者，仿佛其职业专在作威福弄政权搜民财享逸乐，此辈遇外患则逃耳"。这也是"中国之坐受侵凌污辱""国家人格横遭蹂躏"的重要原因。因此，"社评"希望全国军民能向马占山及其部下将士学习，以"忠节之义"为立身之本，"忠于职守，忠于国家"，如此"则中国必有大兴之一日"。④此后，它又多次在"社评"中希望中国军队能守土有责，不怕牺牲，勇敢抵御日军的侵略。

正由于《大公报》反对的只是"与日一战"，亦即公开对日宣战，而对

---

①《中国失疆土国联失存在》，《大公报》1931年11月19日。
②《国家真到严重关头》，《大公报》1931年11月22日。
③《转祸为福在共同努力》，《大公报》1931年11月26日。
④《马占山之教忠！》，《大公报》1931年11月20日。

日军的侵略则主张站在自卫的立场上坚决进行抵抗，因此，当一·二八淞沪抗战打响后，它即发表系列"社评"，旗帜鲜明地主张抵抗到底。如1932年1月30日《为公理人道抗议》的"社评"，对日军的凶残暴戾表示出了极大的愤慨，反对当局对日本最后通牒的屈服，认为日本军国主义的终极目的是要灭亡中国，所以"即使一切屈服，亦终无以善后"，只有坚决抵抗，中国才有可能死里求生。2月2日"社评"的标题就是《全国同胞只有一条路》，认为日军对上海的进攻已充分证明：第一，日本的最终目的是要灭亡中国，"整个摧毁现在中国之政治经济组织，至少使中国成半亡国无政府状态"；第二，目前的情况下日本不会接受中国提出的"屈辱的解决办法"，它一定要使中国"步步屈服"，以致最后彻底投降；第三，日本在实现灭亡中国这一最终目的之前，会对中国经济中心东南一带"加以长期的威胁，或破坏"，从而使中国"无暇亦无力索还满洲"，以实现它对东三省的长期占领。所以，中华民族"整个的危亡即在目前，平和的希望，全付泡影。中国民族至此，除整个决心死里求生之外，已别无途路"。所谓"死里求生"，亦就是坚决抵抗。[①]2月20日的"社评"《兴亡歧路生死关头》进一步指出："今日中国，已被迫置于无可选择政策之地位，因已无利害轻重之可衡。屈服则亡国已耳，故惟有死里求生。"而要死里求生，就不可避免会有重大人员和财产损失。"然而今日之事，一切乃不可避免，苟图避免，牺牲更大，且不可复兴。是以今日军民之牺牲，乃为国家争人格，为子孙保基础，其事惨烈，而终获伟大的代价者也。""社评"还一再强调："中国一旦被迫自卫，则无论如何，必须抵拒至最后之日！非将中国自日本侵略征服主义完全解放，对日无平和之可求。此非主张也，事实如是也。"它并且要人们相信：由于有十九路军的英勇抗战，有上海市民和全国人民的热烈支持，淞沪抗战"当然绝不至有辱国之结果"。[②]

当然，《大公报》虽然积极支持淞沪抗战，但从反对"与日一战"的立场出发，又不赞成一些个人、团体和社会舆论受十九路军英勇抗战的鼓舞而提出的对日宣战甚至决战的主张，相反一再声明淞沪抗战只是自卫，是

①《全国同胞只有一条路》，《大公报》1932年2月2日。
②《新中国历史之第一页》，《大公报》1932年2月18日。

战斗而非战争。如 2 月 9 日的"社评"《上海战事之重要性》便强调:"夫中国立场,为自卫的,防守的,不特无意正式与日宣战,尤不愿见世界和平之局,因中国而破裂。"因此"社评"呼吁国际社会加以干涉,以制止日本的侵略行为。"社评"写道:"中日相持,演进至此,在势惟依国际有力之干涉,乃有和平解决之希望。中国之奋勇自卫,实即唤起同情,打破外交僵局之必要手段,故吾人认定上海战事,直接影响东北外交,间接影响世界大局者,理由在此。"[①] 不久,在《对于沪战之认识》的"社评"中,它又希望国民能对淞沪抗战的性质有正确的认识:"淞沪之战,惨矣烈矣,然由纯军事上言,则虽为战斗而非战争。我军坚守善战,使全国民气发扬,此好现象也,然勿认为此便是正式战争。盖倘为正式战争,则彼我之作战规模,绝不止此,亦绝不仅在上海,而中国亦绝不将以上海为决战地。是以现在之沪战,为局部战斗,而非正式战争。此役也,日本为行凶,为逞暴,为无理由,无结果,而中国始终为被动,为不得已,为无可躲避之自卫行为,然同时非战争,亦非决战。"[②]

尽管《大公报》对淞沪抗战充满信心,并要人们相信,淞沪抗战"绝不至有辱国之结果",但实际上,由于国民政府不仅不给十九路军强有力的支持,相反停发十九路军军饷,截留全国人民支援十九路军的捐款和物资,再加上日军的不断增援,淞沪抗战最后失败。1932 年 5 月 5 日,国民政府与日本签订有损国家主权的《淞沪停战协定》。

四、对抉择不同的原因分析及其评价

《东方杂志》《独立评论》和《大公报》之所以对九一八事变后"战"与"和"的抉择不同,其原因就在于他们的作者或主办者对国联及国际法的认识不同、对中日两国实力的认识不同以及与国民党的关系不同。

第一,对国联及国际法的认识不同。我们前面已经提到,《东方杂志》的主编胡愈之是中国左翼知识分子的代表。和其他左翼知识分子一样,胡愈之相信"国际联盟是帝国主义的御用工具,帝国主义者都是蒙着羊皮的

---

① 《上海战事之重要性》,《大公报》1932 年 2 月 9 日。
② 《对于沪战之认识》,《大公报》1932 年 2 月 14 日。

狼，没有一个可以倚靠"[1]。他批评那种认为国际联盟是"国际和平的组织"和"维持公理的机关"的观点，是自欺欺人的"说笑"。在他看来，"国际联盟只是现实世界帝国主义的集团，除了是帝国主义的集团以外，再没有别的"[2]。这可以从以下三个方面得到说明：一是国联盟约的来由。第一次世界大战后，因苏俄革命的成功，反帝运动的高涨，帝国主义者知道不是内部妥协，就是立即覆亡。为了促成帝国主义的内部妥协，保持战胜国所劫得的赃物起见，所以有国联的创立。二是国联盟约的任务。国联盟约的任务是消灭或缓和帝国主义的相互对立关系，以共同镇压革命及殖民地解放运动。[3]三是国联盟约所依据的法律。国联调解中日事件所依据的是《国际联盟约章》《巴黎非战公约》《华盛顿九国公约》等国际法，就像"国内法如宪法、刑法、民法，大半是为了保障统治阶级的特殊利益而设的"一样，"国际法也只是为了保障强国的既得权益而设。国际法到现在为止，还不曾产出普遍适用的法典，现在国际公法所用作根据的只是现行条约和国际惯例。直到现在为止，没有一个条约有制止国际战争的绝对效力。凡一切帝国主义对弱小民族的侵略伤害，在现行国际法中，都有方法可解释作为一种合法行为。弱小民族断不能单靠了条约来保障自身；因为一切弱国和强国间互订的条约（连非战公约，国际联盟约章在内），严格地说来，全是不平等条约"。[4]正因为国联和国际法的实质是为了保障帝国主义的既得利益，所以"我们有了国际联盟，有了非战条约，有了许多保障和平的国际条约，但是到了中国的领土被日本军队强占去了时，各国却都在装聋作哑，国际联盟也只是早开一个会议，晚提出一个决议案，东省炮声震天价响，而巴黎、日内瓦的外交家仍装作不知"，中国成了帝国主义之内部妥协的牺牲品。[5]他要人们相信，现代民族用以自卫的最有效的武器，应该是飞机、坦克炮、无畏舰与潜水艇，其次则为适当的外交政策；至于拿国际法来作保障，

---

① 仲逸（胡愈之）：《抗日斗争的一年》，《东方杂志》第30卷第3号，1933年2月1日。

② 伏生（胡愈之）：《日内瓦的分裂》，《生活》第8卷第9期，1933年3月4日。

③ 伏生（胡愈之）：《日内瓦的分裂》，《生活》第8卷第9期，1933年3月4日。

④ 胡愈之：《东北事变之国际观》，载《胡愈之文集》第二卷，生活·读书·新知三联书店，1996，第468页。

⑤ （胡）愈之：《现代的危机》，《东方杂志》第29卷第1号，1932年1月1日。

是最靠不住的。① 在此问题上，《东方杂志》的其他作者持的也是与胡愈之相同或相近的观点。比如于育才就认为，"帝国主义者所谓'国际法'、'正义'、'国际道德'是二重的"，在帝国主义之间，是适用平等的国际法与道德正义的；但在帝国主义与殖民地或次殖民地之间，却没有什么平等的国际法与道德正义可言，有的只是帝国主义对殖民地或次殖民地人民利益的出卖以换取它们之间的相互妥协。② 王造时要人们不要对国联感到过分失望，因为国联本来就不可信赖，"它的政策，是以各强国的政策为政策"③。

和《东方杂志》的胡愈之等人不同，《独立评论》的胡适等人则信任国联，认为国联可以调停中日争端，制止日本对中国的进一步侵略。或许是受了自己的老师杜威和诺曼·安吉尔思想的影响，胡适就特别相信由一个国际组织来防止和制止战争是可行的。他尤其迷信帝国主义国家，淡化甚至否认帝国主义侵略中国的事实。早在 1922 年，他发表《国际的中国》一文，讥讽"中国共产党的反帝反军阀的宣言"为幼稚的奇谈怪论，认为"外国投资者的希望中国和平与统一，实在不下于中国人民的希望和平与统一。……投资者的心理，大多数是希望投资所在之国享有安宁与统一的"，所以"我们现在尽可以不必去做那怕国际侵略的噩梦"。④ 与不相信帝国主义对中国存在着侵略相表里，胡适十分重视由帝国主义操控的国联的"所谓道德裁判的力量"，相信靠"思想、信仰、习惯"和"公论"构建起来的国际秩序可以战胜强权。他一再强调国联是建筑在"空泛的理想"和"公论的护持"之上的，"日本的侵略主义者何尝不怕这种贬议？"因此，中国"必须做一个忠实的国联会员国"，要坚信"国家的生命是国际的，世界的，不是孤立的：我们不可因为怕一个强暴的敌人就完全抛弃了全世界五六十个同情于我们的友邦"。⑤ 在胡适看来，"今日的国联已不是几个大国所能完全操纵的了：它一面要顾到许多小国的志愿，一面又要顾到几个非会员的强国（苏俄与美国）的趋向；它为自己的生命与前途的发展，不能不维持

① 胡愈之：《东北事变之国际观》，载《胡愈之文集》第二卷，第 468 页。

② 于育才：《东省事件在盖陀赛（巴黎通信）》，《东方杂志》第 29 卷第 1 号，1932 年 1 月 1 日。

③《国联巴黎决议议案的批评及国民对于调查委员团应取的态度》，《东方杂志》第 29 卷第 3 号，1932 年 2 月 1 日。

④ 适（胡适）：《国际的中国》，《努力周报》第 22 期，1922 年 10 月 1 日。

⑤ 胡适：《我们可以等候五十年》，《独立评论》第 44 号，1933 年 3 月 27 日。

盟约的尊严。这十八个月中国联应付远东局面的经过，至少应该可以使我们相信它宁愿得罪一个跋扈的强国而不肯失去世界公论的同情的"，"列强（小国更不必说）之中至少有些国家对于中国除了通商之外没有别的侵略野心：'华府会议以后，在华只图通商的国家切望中国的自强更加热烈，有时比中国人只有过而无不及。'在这一点上，这些国家的利益可说是和中国的利益相同的，因为他们知道一个富强的中国必定是他们的更大又更有益的市场"。① 蒋廷黻认为国联是"世界的公安局"和"世界的公益局"，国际形势大部分是在国联内部表演的。所以，我们应该信任国联，依靠国联，支持国联，"无论国联提倡甚么，我们都竭力合作。无论国联召集甚么会，我们必派代表出席，且派国内最有资望的人去"。② "无论国联作何处置，即使有令我们失望的处置，我们绝不可放松它。"③ 国联不仅是我们联合世界一致对日的好工具，也是帮助我们实行现代化的一个好机关。中日问题之所以不能解决，其关键是中国无实力，而中国无实力的根由是中国欠缺现代化。如果说国联要制裁日本是心有余而力不足的话，那么，国联要帮助中国实行现代化，是心有余而力亦有余的事情。只有中国在国联的帮助下实现了现代化，中日问题也就很容易得到解决，"一个富强的中国出世之日就是远东问题终止之日，此外别无出路"，就此而言，"国联及国际的利益完全是与中国的利益相同的"。④ 直到1933年11月国联调停中日争端因日本退出国联早已宣告失败之后，以胡适为代表的《独立评论》作者仍然固执地认为一种群体的、国际的方法能保证世界和平，中国的前途有赖于一个合理的国际组织。"我们的将来必须倚靠一个比较近于人类理性的国际组织，使强者不轻易侵暴弱者，使弱者也可以抬头讲理，安稳过活……这个理想境界不是绝对不可能的事。"⑤ 在以胡适为代表的《独立评论》作者的心中，国联就是世界公理的代表，能够主持国际正义。

　　对于国联的认识，《大公报》的胡政之、张季鸾等人既与《东方杂志》

① 胡适：《跋蒋廷黻先生的论文》，《独立评论》第45号，1933年4月9日。
② 蒋廷黻：《长期抵抗中如何运用国联与国际》，《独立评论》第45号，1933年4月9日。
③ 蒋廷黻：《热河失守以后》，《独立评论》第43号，1933年3月26日。
④ 蒋廷黻：《长期抵抗中如何运用国联与国际》，《独立评论》第45号，1933年4月9日。
⑤ 胡适：《世界新形势里的中国外交方针》，《独立评论》第78号，1933年11月26日。

的胡愈之等人不同，也与《独立评论》的胡适等人有别。早在 1931 年 9 月
28 日《对国际声援之认识》的"社评"中，他们即明确指出："国联组织，
本来仅有国际道义的权威，原无强制执行的实力"，因此，中日问题不能
"完全倚赖"国联来解决，否则，便"是为不明国联之地位，且轻视自己国
家之独立性"的"奢望"。"社评"在引用英国伦敦《泰晤士报》的社论关
于"中国政府，如误认（国联——引者）同情为附和，不采用切实步骤，与
日方获得一般的解决，将不免观察错误"的言论后进一步写道："其说可谓
深刻有味，凡我国民，不可不察。良以国际联盟之功用，在能遏制突起之
危机，缓和极端之争执，其于永久的排难解纷，决绝的裁抑制止，力固有
所难能。"[1] 不久，他们又进一步指出，中国如果一味地依赖国联来解决日本
的侵略问题，那是"自失独立之勇气，转予日本以簧鼓欺惑之口实，此大不
可也"。[2] 胡政之、张季鸾等人虽然认为国联的作用有限，中国不能一味地依
赖国联，但他们并不反对国联介入中日争端，更不反对国民政府利用国联
和国际舆论与日本进行外交斗争。1931 年 10 月 3 日，他们发表《外交上应
付国难之道》的"社评"，认为"两国相抗，恃理与力。理之发挥，存于外
交，盖不可恃而可恃。力之寄托，依于军事，而有能又有所不能"，"吾人
明夫此则当努力于理与力之因应，挈短比长，避实蹈隙，善整内部之阵容，
充实使节之人才，多博友邦之好感，利国联目光之环视，图善后交涉之进
行"。他们还针对日本代表在国联发布日方愿意撤军而中方拒绝谈判的声
明，试图影响英、美等国调停中日争端的态度，建议国民政府立即"将日本
在辽吉最近情形，尽量通知国联行政院，同时公告各国，使知中国未尝拒
绝日本之交涉，实日本不理中国之抗议，我方非无开始谈判之准备，彼方
事实上使我无法开始外交交涉。且日本纵令号称撤兵，而沈吉各城，仍在
日方势力之下，煽动宣布独立，破坏中国领土之完整，试阅日方报纸，心
理如见。不特此也，在乡军人，动员令并未解除，随时武装，与正式军队，
初无二致，故日方撤兵说，根本上应加审查。如此，真相了然，举世周知，
乃可使我有可说之理，彼失强横之力，国际果得了解，同情较易唤起，以

---

① 《对国际声援之认识》，《大公报》1931 年 9 月 28 日。
② 《外交上应付国难之道》，《大公报》1931 年 10 月 3 日。

整个的国家力量，运用于国际关系，移转僵局，舍此将更无从着力，此负责当局所宜积极图之者也"。[1]10月5日，他们在题为《国际宣传之效率》的"社评"中，又进一步阐述了加强国际宣传、争取国际舆论对于抗日斗争的积极意义，"国际宣传，诚不可少，盖世界是否将受彼方（日本——引者）蒙蔽"，其关键就看我们自己的国际宣传工作做得如何。"社评"还就如何做好国际宣传，以争取国际舆论提出了四点建议：一要真实可靠；二要问题集中；三要官方负责；四要加强与各国在华人员，尤其是各国在华的新闻记者的联系，尽量消除他们对中国的误会，使他们能理解中国、同情中国，支持中国的抗日斗争。[2]此后，他们又在《大公报》上多次发表"社评"，认为中国在与日本进行军事斗争的同时，也应重视与日本的外交斗争，国民不能厚此薄彼，要想尽一切办法争取国联和国际舆论对中国所持立场的理解和支持。"要之，外交军事，本应并重……坫坛之战，至少与疆场之战同一重要，国人迩来习于国民总动员之说，此正国民总动员参加外交战之时也，幸有志之士努力图之"[3]。

九一八事变后，激于对日本侵华的义愤，当时有部分学人甚至个别党政要员要求国民政府与日绝交。如胡愈之就认为，中国应该立即向日本政府提出限期撤退占领辽吉两省日军的最后通牒，如到期未撤退，便立即宣告对日绝交。但《大公报》的胡政之、张季鸾等人则不作如是观。在他们看来，绝交不只是可不可以的问题，而更是能不能够的问题，"能则必办，不能则欲办不得"。就理论而言，日本侵略中国，占领我国土，屠戮我人民，中国完全有理由宣布与日绝交。但从事实来看，"绝交之议，事实上亦缺乏可能性"。因为所谓"绝交"，也就是断绝与日本的一切外交关系，这必然要涉及双方互撤使领馆、中国收回日租界等系列问题，但如果日本不允许撤回使领馆、不允许收回日租界，中国该怎么办？国民政府是否有能力和实力强制执行？但就当时的情况来看，国民政府根本就没有强行撤回使领馆、收回租界的能力和实力，也没有做任何这方面的准备。既然如此，那么所谓"绝交"的结果，除自取其辱，使中国"陷于不能执行自己政令之

---

[1]《外交上应付国难之道》，《大公报》1931年10月3日。
[2]《国际宣传之效率》，《大公报》1931年10月5日。
[3]《疆场战与坫坛战须并重》，《大公报》1932年3月4日。

境"外，只会给日本军阀提供进一步扩大侵略战争的口实，因为绝交，即等于宣战，这样"日本得寻衅各处之便利，且诿责中国，以杜各国发言，是事实上我仍受有约之拘束，而彼转增加无约之便利，是在我为两重损害矣。是以应绝交，应为自卫而宣战者，理也；不能宣战，便不能绝交者，势也"。中国在没有做好各项准备工作，尤其是没有做好应对全面战争的情况下，不要轻言"绝交"，否则，只会给中国带来更大的危害。①

《大公报》的胡政之、张季鸾等人既不赞成与日绝交，同时也不赞成胡适等人提出的无条件地与日本进行直接交涉的主张。在《大公报》学人看来，与日交涉必须以日本撤兵、停止对中国的侵略为前提。1931 年 10 月 27 日，他们在《撤兵真乃"基本原则"》的"社评"中就明确指出："自中国言，非日本撤兵，决无着手交涉之可能。"② 不久（1931 年 12 月 2 日），在《须坚守最小限度之立场》的"社评"中他们又写道："我政府国民有必须注意者，夫以原则论，中日间之问题，当然应中日间交涉，然有前提焉，则日本必不破坏我国家完整，而后始有交涉可言。"他们并且警告当局，如果在日军"占领我三省，摧毁我政权，战事至今不停，胁诱三省脱离政府之阴谋，愈进愈亟"的情况下，中国无条件地与日本进行所谓的直接交涉，那么"是等于承认放弃东三省，等于承认其攻打黑龙江为所谓对盗匪之自由行动！易言之，即等于自己取消其国家之人格矣！……日本苟不放弃割裂中国之计划，是决心与四万万中国人民为敌，中国惟有永久斗争，尚何交涉可论！"他们希望"政府诸公，务须坚守我最小限度之立场，以收回三省主权恢复行政完整为对国联对日本无可通融之根本主张，无论日本如何继续侵略，勿馁勿惧！勿为枝节之谋，勿忘根本之义"。否则，"步调一乱，则全盘尽输矣"。③ 后来，他们又多次发表"社评"，反对无条件地与日直接交涉，其中一篇"社评"的标题就叫作《辟中日直接交涉之幻想》。该"社评"认为，由于日本不顾中国政府和人民的反对，不断地扩大对中国的侵略，尤其是策划伪满洲国的成立，"在精神上澌灭我民族自尊心，在物质上吸取我小民生产力"，已使中日之间的所谓交涉成为"幻想"，"试问在目前

①《论绝交》，《大公报》1932 年 1 月 17 日。
②《撤兵真乃"基本原则"》，《大公报》1931 年 10 月 27 日。
③《须坚守最小限度之立场》，《大公报》1931 年 12 月 2 日。

的情态之下，中国人谁敢想象与日本言交涉？"①

　　胡政之、张季鸾等人不赞成无条件地与日本直接交涉，而主张在国联的斡旋下，有条件地与日本进行谈判。但就对国联的态度而言，他们则经历过从希望到失望的转变过程。如前所述，尽管他们对国联的作用有较为清醒的认识，但还是希望国联能主持正义，客观公正地调停中日争端，制裁日本的侵略，支持中国的合理要求。所以，当国联绝大多数代表不顾日本反对，通过邀请美国代表出席国联行政院会议、参与调停中日争端的决议后，《大公报》即发表了《国联史上有声色之一幕》的"社评"，给予充分肯定。然而，在日本的干扰和反对下，1931年9月22日国联理事会召开会议，除了通过两份内容相同的对中日两国各打五十大板的"紧急警告"，要求中日双方立即撤兵，避免事态扩大外，并无任何实质性的举措。后来日本以各种理由拒绝撤兵，国联虽然在9月30日、10月24日又分别作出决议，要求日本限期撤兵，但均被日本否决，国联束手无策。鉴于日本拒不从东北撤军，国联于1931年12月10日又一次召开会议。这一次会议的最后决议中没有限定日军撤兵的日期，但决定要组织国联调查团，赴中国、日本调查九一八事变的真相，以求得解决中日问题。对此，《大公报》先后发表《中国失疆土国联失存在》（1931年11月19日）、《国联若失败世界大问题》（1931年11月24日）、《第三次国联行政院闭会》（1931年12月12日）等系列"社评"，对国联的所作所为深感失望，指出国联先是"屈于日本之武力，不能实行约章，制止战事"，复又"不能用其固有权限，对侵略国加以正常制裁"，这些都"明明白白"地"证明国联是一纸老虎，其约章规定，是粉饰升平之具文"。②经过7个月的所谓调查，1932年10月2日，国联调查团在日内瓦、南京、东京三地同时公布了《国联调查团报告书》（以下简称《报告书》）。《报告书》公布后，引起世界舆论的关注，"无论何国之报纸，苟稍稍留心远东问题者，殆无不对此报告书有所表示，或抒其感想，或加以批判，虽方式不一，而注意此报告书之态度，则无或二致也。我国是为争议国之一，则我国国民对此报告书，必较世界上任何一国国民，

---

① 《辟中日直接交涉之幻想》，《大公报》1933年1月15日。
② 《国联若失败世界大问题》，《大公报》1931年11月24日。

更为注意"①。当时在中国思想界存在着两种针锋相对的观点，一是以《独立评论》的胡适为代表，对《报告书》持肯定的评价；一是以《东方杂志》的胡愈之为代表，对《报告书》持否定的评价。但在《大公报》的胡政之、张季鸾等人看来，"对于调查团报告书不必过于重视，亦不可完全抹杀"，因为"调查团本系国联之顾问性质，其所建议，不过外交材料之一种，初不含有拘束性，故报告书纵令被采纳而能实现至何等程度，要须看国联大势如何，日本真意何在？更彻底言之，终须视中国在自卫上有何决心，在外交上如何运用而已"。②此后，他们又多次发表"社评"，批评国联屈服于日本压力，"不能执行盟约，纠正日本"，主持正义，而"坐视中国步步亡于日本"，所以中国不能再对国联抱有任何幻想。③

　　第二，对中日两国实力的认识不同。《东方杂志》的胡愈之等人相信一个民族只要有了自信力就能图存，就能产生出民族生存斗争的决心；而有了这种决心，就能战胜日本帝国主义对中国的侵略。胡适曾在《独立评论》提出"乐观论者，悲观论者"两个名词，"乐观论者相信一切国际公约和条约，都有法律的道德的制裁力，国际联盟和美国至少总得说几句公道话。日本虽然有强大的武力，但在道德舆论方面，已陷于孤立地位，所以中国不必灰心失望。反之，悲观论者，则以为一切和平公约，本来就只是帝国主义玩的把戏，世界上没有一个国家，能够主持公道正义，所以中国不能依赖国联或英国撑腰，除了自己奋力抵抗以外，只有亡国这一条路"④。根据胡适对乐观论者和悲观论者的定义，胡愈之认为胡适便是一个乐观论者，因为胡适"不相信自己有什么实力，所以只好倚赖国际"。而对于胡适笔下的悲观论者——东北义勇军，上海抗日的十九路军以及许多民众团体，胡愈之持的则是支持和赞赏的态度："他们明知中国武力万不能抗日，但因为国际势力更不可靠，所以只有孤注一掷，以顾全民族的颜面。"事实证明，十九路军的奋勇抗敌，东北义勇军的扎硬柴、打死仗到底，"替民族争得了无穷光荣，替民族留下了一线生命。至少是培养了中国民族的自信力"。而

① 孙幾伊：《李顿报告书及各方批评之总研究》，《复兴月刊》第1卷第3期，1932年11月1日。
②《读国联调查团报告书全文》，《大公报》1932年10月14日。
③《国联应宣布的最后一句话》，《大公报》1933年1月7日。
④ 转引自仲逸（胡愈之）《乐观论与悲观论》，《东方杂志》第29卷第4号，1932年10月16日。

一个民族只要有了自信力，"便可以产出民族生存斗争的决心"；有了这种生存斗争的决心，就能战胜日本的侵略，取得抗战的最后胜利。① 后来在《寇深矣！》一文中胡愈之又写道：日军向热河、平津一带的进攻，虽然使华北局势"万分危急"，但中国军人和民众于"此时奋起，为国家民族作光荣的斗争"，如榆关之役，何柱国旅"奋力抵抗，安营全营殉国"；面对日军的进犯，"华北将士纷纷请缨"，其"忠勇激奋"不在十九路军之下：这些都说明"中国军人及民众均有坚决抗日的决心"，而只要"民族抗日的精神一日未死，则帝国主义永远不会达到最后的目的。这是我们可以有十分把握的"。②

　　与《东方杂志》的胡愈之等人相反，《独立评论》的胡适等人则相信实力是决定战争胜败的决定性因素，在敌强我弱的现实情况下，中国是不可能取得抗战胜利的。胡适在列举了国民党军队没有科学的设备，没有现代的训练以及军官贪污堕落、地方政治贪污腐败等种种现象后指出，中国"上上下下整个的没有现代化，整个的没有走上科学工业的路"，"所以不能抵抗一个受过现代科学工业文化的洗礼的民族"。中国的当务之急，便是在自责与反省中发展自身的现代化，这样才有可能在现代世界里谋求自由平等的地位，也才有可能对日本言抵抗。否则，"'养兵数百万，而器械窳劣，衣食不周，几等乌合'，这个国家是不能自存于这个现代世界的。没有科学，没有工业，'太古式之车辆用作运输'，这个国家是不能自存于这个现代世界的。贫到这样地步，鸦片白面害到这样地步，贪污到这样地步，人民愚昧到最高官吏至今还信念经诵咒可以救国的地步，这国家是不能自存于这个现代世界的"。③ 他非常赞同蒋廷黻提出的"远东问题，归根起来，就是中国的无力，而无力的根由就是中国之欠缺现代化"的观点④，认为"只有一个现代化成功的中国方才可以根本解决远东问题"⑤。在胡适等人看来，中国在没有实力对日作战的情况下，应以充实国家的力量为先，谋求暂时的妥

① 仲逸（胡愈之）：《乐观论与悲观论》，《东方杂志》第29卷第4号，1932年10月16日。
② 仲逸（胡愈之）：《寇深矣！》，《东方杂志》第30卷第2号，1933年1月16日。
③ 胡适：《全国震惊以后》，《独立评论》第41号，1933年3月12日。
④ 蒋廷黻：《长期抵抗中如何运用国联与国际》，《独立评论》第45号，1933年4月9日。
⑤ 胡适：《跋蒋廷黻先生的论文》，《独立评论》第45号，1933年4月3日。

协与和平，委曲求全，积蓄力量，伺机再战。所以他们一再强调，中国未恢复自卫能力以前，应利用国际上的情势，来增加我们的能力，和缓我们的危急，"绝不可得罪国联，决不可失去世界的同情"，呼吁国人要"镇静"，不要盲目地主战，不切实际地呼喊"宁为玉碎，不为瓦全"的口号，因为在敌强我弱的情况下这是等于国家"自杀"。蒋廷黻在《热河失守以后》一文中就写道：热河的失败使我们认识到了这样一个事实，即："武力的收复失地是绝不可能的"，否则，将会失去更多的国土，造成更大的失败。[①]

第三，与国民党的关系不同。如前所述，九一八事变发生后，蒋介石主导下的国民政府坚持所谓"攘外必先安内"的基本方针，把兵力、财力主要集中在"剿共"上，而对日本的侵略采取不抵抗主义，幻想依赖国联的力量来阻止日本的进一步侵略。国民政府的对日态度，理所当然地会影响到知识分子的对日态度。一般而言，那些和国民党关系较为疏远甚至紧张的知识分子会对国民政府的政策提出异议或批评，而那些和国民党关系较为亲密，尤其是在国民政府中占有一官半职的知识分子则会采取和国民政府一致或相近的立场。九一八事变前后，《东方杂志》的胡愈之等人、《独立评论》的胡适等人和《大公报》的胡政之、张季鸾等人与国民党的关系又是怎样的呢？

作为左翼知识分子的代表人物，胡愈之反蒋反国民党的斗争历史较长。1927 年蒋介石发动四一二政变的第二天，胡愈之便在上海闸北亲眼目睹了国民党军队对工人群众的屠杀，他义愤填膺地写了一封给国民党的抗议信，痛斥"受三民主义洗礼之军队，竟向徒手群众开枪轰击，伤毙至百余人。三一八案之段祺瑞卫队无此横暴，五卅案之英国刽子手，无此凶残，而我神圣之革命军人，乃竟忍心出之"，他要求"最高军事当局应立即交出对于此次暴行直接负责之官长兵士，组织人民审判委员会加以裁判"。[②] 抗议信除寄给蔡元培、吴稚晖、李石曾等几个国民党中央委员外，还公开发表在 1927 年 4 月 14 日的上海《商报》上。胡愈之写信抗议四一二大屠杀，自然遭到了国民党的忌恨。他因此而被迫流亡法国，直到 1931 年才回到上海。

---

① 蒋廷黻:《热河失守以后》,《独立评论》第 43 号，1933 年 3 月 26 日。
②《就四一二惨案对国民党的抗议书》，载《胡愈之文集》第二卷，第 171、172 页。

在法国期间，胡愈之广泛接触和学习过马克思主义，对中国共产党有了进一步的认识。所以回国后，他便积极地向共产党靠拢，并于1933年9月在上海加入了中国共产党。出于和国民党的斗争需要，九一八事变后，共产党坚决反对国民党要求国联、美国来主持"正义"与"公道"的行为，并一再告诫中国民众，"国际联盟，是帝国主义压迫弱小民族的工具，希望国际联盟来帮助中国，无异与虎谋皮；美国也同样是帝国主义的国家，是中国民众的敌人，希望美国来反对日本，等于引狼入室"①。中国共产党的政治立场，就不能不影响到胡愈之以及以他为代表的《东方杂志》学人。由此，我们不难理解，以胡愈之为代表的《东方杂志》学人在提出他们的对日主张时，往往要对蒋介石主导的国民政府的对日政策提出批评。比如，《东方杂志》记者在《锦州陷落以后》就批评国民政府面对日本的侵略，"不但不作武力的抵抗，而且也不作外交的抵抗。到最近为止，我们的外交只是倚赖帝国主义者与帝国主义者所操纵的国际联盟"②。叶作舟在《国府重行南迁》一文中，批评国民政府的所谓"长期抵抗"只是"徒托空言"，"东北沦陷，至今年余，政府除依赖国联外，始终并未见有何等实力收复的准备"。③胡愈之的《寇深矣！》一文更是对国民政府"无坚决反日之表示，既未正式向日本宣战，又未准备全国动员以挽回民族灭亡的命运"提出了尖锐批评，认为这是造成十九路军、东北义勇军和救国军先后"挫败"的重要原因，也是造成华北危机日益加深的重要原因。④

与胡愈之不同，胡适与国民党的关系经历了一个复杂的过程。如本书第二卷第十五章指出的，1927年南京国民政府建立后，因对国民党一党独裁的不满，尤其是对国民党践踏人权的不满，胡适发起过人权运动，并因此与国民党发生了一些不愉快。但1931年10月他到南京晋谒蒋介石以后，则逐渐改变了对国民党和蒋介石的批评态度，表示要做国民党蒋介石的"诤友""诤臣"。耿云志就认为，胡适与蒋介石见面，使他"与国民党最高统

① 《中国共产党为日帝国主义强占东三省第二次宣言》，载《中共中央文件选集》第七册，第426页。
② 记者：《锦州陷落以后》，《东方杂志》第29卷第3号，1932年2月1日。
③ （叶）作舟：《国府重行南迁》，《东方杂志》第29卷第8号，1932年12月16日。
④ 仲逸（胡愈之）：《寇深矣！》，《东方杂志》第30卷第2号，1933年1月16日。

治当局建立了直接联系，成为他政治态度变化的一大关键。从前是站在'外边'批评当局，此后是处身幕内为当局者献纳意见"①。"这是胡适加入统治集团营垒的第一个公开标志。"②九一八事变发生后，为了缓和日益严重的社会危机，国民党蒋介石对以胡适为代表的《独立评论》派学人采取了一些示好和拉拢的措施。比如，九一八事变后，时任国民政府行政院长的汪精卫就多次邀请胡适出任政府要职，胡虽未答应，但这无形中拉近了他与国民党当局的距离。10 月，蒋介石特别召见胡适和丁文江"垂询"大局。同年 11 月，胡适又被蒋介石提名为财政委员会会员，并接到蒋介石致电，邀请他参加财政委员会第一次会议，被胡婉拒。几乎同时，翁文灏、蒋廷黻、钱端升、傅斯年等《独立评论》的主要成员也都先后得到蒋介石、汪精卫等国民党高层的召见，他们中的不少人甚至加入到国民政府，成了统治集团的一分子。比如，国防设计委员会首批聘任的委员中，就有四人是《独立评论》的成员，即翁文灏、丁文江、胡适和周炳琳，其中翁文灏任该会的秘书长。此后，进入政府机构的《独立评论》的成员更多。据张太原的研究，独立社的 20 名社员中，先后有 15 人参加了政府的政治活动或政府机构，其他 10 名主要撰稿人中，参加政府的政治活动或政府机构的达一半之多。"这表明《独立评论》周围的自由主义者参加国民党政权绝不是个别现象，而是普遍现象。更为重要的是，他们所任职的几乎全是'中央一级'的政治机构……翁文灏、蒋廷黻、陶希圣、何廉和胡适等人还身居'中央'机构的要职，他们简直是进了国民党政府的'核心决策层'。"③《独立评论》的胡适等人与国民党统治当局的这种紧密关系，就不能不影响到他们的对日主张，当时就有人批评胡适他们"对报告书的结论，便佩服得五体投地，特别于'最可以引起国人的反对'的'满洲自治'一条，颂扬得不遗余力，赞成中国在东三省解除武装，设置所谓特别宪兵。赞成中日两国在东北组织谘询会议等。此种不顾国家主权领土，希望大事化小小事化无的贪图苟

---

① 耿云志：《胡适年谱》，中华书局香港分局，1986，第 194 页。
② 耿云志：《胡适研究论稿》，四川人民出版社，1985，第 232 页。
③ 张太原：《〈独立评论〉与 20 世纪 30 年代的政治思潮》，社会科学文献出版社，2006，第 209—210 页。

安的谬论"①，是呼应当局的主张，"为今日从政者张目"②。因此，与《东方杂志》不同，我们在《独立评论》中几乎看不到对国民党对日政策的批评，看到的只是对国民党对日政策的理解、辩护和正面建议。

　　如前所述，《大公报》的吴鼎昌、胡政之和张季鸾与国民党尤其是蒋介石的关系较为密切，1928年东北易帜、1930年中原大战后期张学良通电全国拥蒋入关两大新闻，皆为《大公报》独家发布。九一八事变发生后，蒋介石曾请于右任致电张季鸾，嘱托张对他的不抵抗政策予以支持。蒋曾多次在自己的家里宴请到南京出差的吴鼎昌、胡政之和张季鸾。据说，1934年蒋在南京励志社大宴群僚，赴宴者多为各院部会的负责官员，主客则是张季鸾。蒋对张推崇备至，与席者大有"韩信拜将，一军皆惊"之概。③由此可见吴鼎昌、胡政之尤其是张季鸾与国民党蒋介石的关系非同一般。但关系归关系，在办报上，他们基本上坚持了"不党、不卖、不私、不盲"之"四不主义"的办报方针，在一些关系中华民族生死存亡的重大问题上与国民党保持了一定的距离。以废止内战为例。九一八事变后，面对严重的民族危机，全国人民要求抗日。但蒋介石掌控下的南京国民政府，则怯于外侮而勇于内战，实行所谓"攘外必先安内"政策，调动数十万军队对中共苏区发起一次又一次的"围剿"。与此同时，国民党内部各派系之间、国民党中央与地方实力派之间以及地方军阀之间，为争权夺利，也是政潮不断，内战连年。国民党的所作所为，理所当然地受到了人们的批评，并随着民族危机的加深，社会上要求国民党结束内战的呼声也日益高涨起来。1932年5月18日，《大公报》发表《如何打开国家出路》的"社评"，第一次明确地提出了"绝对防制内战"的要求，并视之为"打开国家出路"之"第一"要义。为了"防制内战"，"社评"提议"由国民发起一大运动，将国内战争之祸害，自相残杀之耻辱，向士兵热烈宣传，请全国一致注意，对于迷信武力，制造内战者，防微杜渐，预事揭破，使无论政府与反政府方面，胥不敢滥用兵力，强国民为无效无益之牺牲"。"社评"相信，此项运动如果能开展起来，并得到广大民众和士兵的响应，"则内战之根株绝，政

————————————

① 树华：《中日对调查团报告书态度的比较》，《朝晖》第12期，1932年11月5日。
②《孟森致胡适》，载《胡适来往书信选》（中），第144页。
③ 周雨：《大公报史》，江苏古籍出版社，1993，第79页。

客之作用失，军阀力量，自就衰颓，国民生机，得以保全"，抗日斗争也就能取得最后胜利。[①]

在社会舆论的推动下，1932 年 5 月 28 日，全国商会联合会、沪市商会、沪银行业同业分会、沪钱业同业分会在上海发起组织废止内战大同盟，并发表通电，声称"鉴于内忧外患之严重，特发起废止内战大同盟会，以期安内对外"。废止内战大同盟发起组织后，得到全国各界的热烈响应。但当时包括发起组织废止内战大同盟的吴鼎昌、张公权、陈光甫、钱新之以及学术界的胡适、丁文江等在内的不少人要求废止的只是国民党内部各派系之间、国民党中央与地方实力派之间，以及地方军阀之间的内战，而对于国共之间的内战，亦即国民党军队对中共苏区进行的"围剿"则持的是支持态度。换言之，他们所谓的废止内战运动，没有将国共之间的内战包括在内。《大公报》的胡政之、张季鸾等人则认为，如果"不将共产党问题包括在内，则废战运动为不能，且不通"，因为"废止内战之解释，即如其字义，在废止一切国内之战争。然一般观念，仿佛仅指各省军队长官与中央政府间，或各省与各省间而言。对于现在进行中之赤化与剿共之大战，反有熟视无睹之势。此就废战本义言，于理不通。盖分明为数十万军队之大规模内战，且延长至何时何地，直不可知；舍现实的大战不论，而只号呼中央与各省，或省与省间，将来勿有内战。是所欲废止者，仅一种性质之内战，而非一切之内战。是纵令成功，内战之进行自若也"。他们因而批评吴鼎昌、张公权、陈光甫、钱新之等人既发起组织所谓的废止内战大同盟，但又不把国共之间的内战包括在废止之内的做法，是"掩耳盗铃之举"。实际上，他们指出，由于国共势不两立，国民党要消灭共产党，而共产党想推翻国民党，但"由现在状态言，共党欲夺全国政权，实属做梦，政府欲消灭共党根株，亦为不能。是以此一战也，恐将绵延至亡国之日，犹不能息止！中国民族之精英，社会潜蓄之势力，将于此赤化战争中，整个消磨，同归于尽"。所以，与国民党各派系之间、国民党中央与地方实力派之间，以及地方军阀之间的内战相比，国共之间的内战"真关系国家民族之生死

---

① 《如何打开国家出路》，《大公报》1932 年 5 月 18 日。

存亡，较之普通割据争权之战事，严重万万"。① 就此而言，废止内战运动不仅应包括国共之间的内战，而且已刻不容缓。

从废止国共内战这一要求出发，胡政之、张季鸾等人对国民党于九一八事变后提出的"剿共抗日"口号提出了异议。他们在《进一步之废止内战运动！》的"社评"中指出："自九一八以还，当轴高标剿共抗日之议，且以不剿共则不能抗日为言。"站在国民党的立场，剿共自有道理。"然而，共之坐大也非一朝；日之相逼也，又不能令我有喘息之安，故剿共难有近功，抗日则需要急效。将欲同时并举，事实自有所不能；将欲先剿共而后抗日，而无如彼方咄咄逼人，愈迫愈紧，其军阀早成无羁之马……直欲灭我全国，奴我全民，中国当局者，纵欲屈辱妥协，苟安旦夕，已决非日阀所许，藉曰许之，而彼曹雄图无限，血脉偾张，感情易动，夫谁得而保证其不变？由此判断，四万万中国国民，现已陷于非自救不可之运命，能抗固佳，不能抗亦当消除其所不能而力求其所以能，是则唤起民族意识，停止赤化斗争，使内顾无忧，举国一致，鞭策政府，俾得悉移剿共之兵力财力，以度此空前非常之国难，此真爱国志士所当剑及履及求其实现者也。"② 不久，在《如何结束共乱？》的"社评"中他们又写道："九一八以来，支配中国政治之口号，曰抗日剿共。……自一种意义论之，殆为中国今日天经地义之国是也。虽然，此皆大问题也，仅其一端，犹虑力之不逮，况同时欲二者并行。事实上之难于收功，固不待今日证明之后矣。而就二者相衡，日本侵华，志在征服而支配之，国家存亡，民族主奴全系于此。中国民族，苟不甘亡国为奴隶，则必须抵抗此强邻之侵略，此诚万不得已，实逼处此者也。共党问题，则有异于是。盖人皆中国之人，事皆中国之事，自原则上言，中国人必应有以解决中国本身之事。倘其不能，是努力不足，诚意不逮，感格不行，再不然，则中国原则上将不配为和平统一之国家矣，无是理也。"③ 既然抗日与剿共就像鱼与熊掌一样不能兼得，而日本侵略的目的是要吞并中国，灭绝我中华民族，共产党的问题则是中国人内部的问题，与民族的存亡无关，那么，"当兹中国将整个的被日本军阀摧毁吞并之时，为民族生

①《再论废战运动》，《大公报》1932 年 7 月 22 日。
②《进一步之废止内战运动！》，《大公报》1932 年 7 月 21 日。
③《如何结束共乱？》，《大公报》1933 年 4 月 2 日。

存计，为中山主义计"，国民党就应改变"剿共"政策，"另辟平和的解决赤祸之路"。①"与其持久内战，实力耗竭，对外失其抗拒力，而一方面又断无屈服苟免之余地，何若激发共党之良知良能，打破历史恩仇，尽捐党派情感，能抚则抚，力求团结一致，先其所急，共同自卫，打开血路，而后以整个的国家民族本身之攸久利益，谋政治经济之大改革。"②当然，《大公报》学人在对国民党的"抗日剿共"政策提出异议，并希望国民党"另辟平和的解决赤祸之路"的同时，也希望共产党能以民族大义为重，放弃推翻国民党的主张，回归法律秩序，从事合法斗争。否则，他们警告共产党说："如再一味胶执成见，以军事行动，牵掣政府兵力，使国家自卫陷于不能，则结局整个民族，终为日本蛮力压倒，姑无论理想的改革，愈成梦境，即令据有若干赤化地域，一旦全局沦陷，此区区者，又岂可以苟存？且日本得势，国际忌嫉，则竞争发泄之途，依然不出中国，边疆领土之分割，势力范围之复活，共管瓜分，势俱难免，局面至此，民族且亡，更何有于党派之得失利钝？"③总之，无论是为国家计，还是为自己计，共产党都不应该继续其武力推翻国民政府的赤色革命。

　　《大公报》的胡政之、张季鸾等人不仅对国民党的"剿共抗日"口号提出了异议，而且他们也不赞成国民党称共产党为"匪"，"剿共"便是"剿匪"的说法。因为，"匪云者，自通常言，不过武装盗贼聚众劫掠者之谓而已"。但共产党则不同，它"有智识分子之指挥，外通国际，内勾农工，且已有政治组织，蔓延数省间"，所以"不得以通常之匪论也"。"通常剿匪，以枪炮毙之，或招抚而散之，已矣。"如黄巢、张献忠、李自成等势力之所以"大势一非，如鸟兽散，事过境迁，烟消雾灭"，原因就在于"为匪故也"。而共产党不仅有组织，而且有确定的政治斗争之目的，"此虽为匪，而非通常所谓之匪也"。既然共产党不是通常所说的"匪"，而是有组织、有"政治斗争之目的"的政党，那么，就"不能仅赖乎枪炮"，用通常对付"匪"的方法来对付它，而"必须自政治上与之斗争"。④"假使中国法治修明，军政

---

①《蒋汪入京》，《大公报》1932 年 1 月 21 日。

②《进一步之废止内战运动！》，《大公报》1932 年 7 月 21 日。

③《进一步之废止内战运动！》，《大公报》1932 年 7 月 21 日。

④《剿匪要义》，《大公报》1932 年 6 月 19 日。

入轨，地方安谧，民生得所，则纵有共产党之勾煽，又复何惧？假使中国思想自由，有法律保障，共产学说，得精深研讨，则社会纵有生计的恐慌，又何至引是丹非素之经济理论，为鼓惑之资料？"① 所以，"剿"是不能解决共产党的问题的，只有进行政治经济改革，共产党的问题才有可能得到根本解决。

在废止一切内战的基础上，胡政之、张季鸾还提出了建立包括各阶级各党派在内的"巩固的"抗日民族"统一战线"的主张。在《拥护民族利益为一切前提》的"社评"中他们写道："自九一八之变以迄今日"，在日本军国主义的疯狂侵略下，"中国所谓各阶级，完全处同等地位，同受惨烈之摧残与破坏"。因此，中华民族要不亡国灭种，"拥护其独立自由"，其"所有阶级"，就"必须以巩固的统一战线，为长期的惨烈斗争"；"一切新旧党派"，皆要以"拥护民族利益为一切前提"，民族利益高于一切党派利益。② 为了建立包括各阶级各党派在内的"巩固的统一战线"，他们提出了两步走的策略："第一步，愿国人一致高唱民族主义……凡军政经济各界，朝野各派，智识分子之各部门，一致先认定以拥护民族利益为一切之前提。其行动思想之不背民族利益者，政治上一概有合法活动之权，不论左右，大举包容，其惟一认为敌人者，即有反民族主义行动之人"；"第二步……应一致向政府建议开放党禁之具体办法。即无论操任何政治经济主张之党派"，只要不以武装暴动为政争的工具，就"概许其有结社之自由"。③ 他们认为，只有开放党禁，所有党派（无论"左"倾右倾）都能公开活动，包括各阶级各党派在内的"巩固的统一战线"才能建立起来；而只有建立起包括各阶级各党派在内的"巩固的统一战线"，中华民族的抗日斗争才有可能取得最后的胜利。

我们应该如何评价九一八事变后《东方杂志》《独立评论》和《大公报》对"战"与"和"的抉择呢？

第一，无论是《东方杂志》的胡愈之，还是《独立评论》的胡适，或是《大公报》的胡政之、张季鸾，他们都是爱国主义者或民族主义者，他们之所以主"战"、主"和"，或在"战""和"之间，主要是出于对当时

---

① 《剿匪善后须有根本办法》，《大公报》1932 年 6 月 5 日。
② 《拥护民族利益为一切前提》，《大公报》1932 年 2 月 28 日。
③ 《如何结束共乱？》，《大公报》1933 年 4 月 2 日。

国际国内形势和敌我力量对比的认识，与他们主观上是爱国还是卖国无关，主战或主和也许有认识上的正确与错误之分，但决无主观上的爱国与卖国之别。如前所述，以胡适为代表的《独立评论》作者之所以主和，一个重要原因，就是他们认为中国远比日本落后，中国的当务之急是尽快地实现现代化，提升中国的综合实力。而要实现现代化，目前就需要与日本妥协，从而为现代化提供一个必需的和平环境。我们可以对他们的这种认识提出这样或那样的批评，但决不能得出他们是为了卖国的结论。实际上，《塘沽协定》签订后，尤其是 1935 年的"华北事件"后，以胡适为代表的《独立评论》派作者终于认识到日本的最终目的是要灭亡中国、中国的妥协并不能满足它的侵略，从而逐渐走上了全国抗战之路。实际上，《东方杂志》《独立评论》和《大公报》围绕主"战"、主"和"展开的争论，体现了持不同立场的学人对国家命运的共同关注与救国方式的不同选择。在日本帝国主义武装侵略中国的背景之下，对中国而言，唯一的正确选择是"执干戈以卫社稷"，以武装抗日反对日本帝国主义的侵略，任何的对日妥协退让，不仅不可能制止，相反还会进一步刺激日本帝国主义的侵略野心。

第二，就《东方杂志》和《独立评论》之所以主"战"或主"和"的原因，尤其是第一个原因（"对国联及国际法的认识"）和第二个原因（"对中日两国实力的认识"）来看，都有其正确的一面，也有其错误的一面。

首先看第一个原因。《东方杂志》的胡愈之等人虽然认识到了国联的帝国主义本质，历史也最终证明国联自我标榜的所谓公理、正义都是骗人的空话，但是作为当时有大多数国家参加的国际组织，国联又为中国提供了一个揭露日本侵略真相、争取国际舆论尤其是广大同样受帝国主义侵略和威胁的中小国家同情和支持的平台。事实上在调停过程中，国联也先后提出过要求日本撤兵的决议案，只是因为日本的反对才未能付诸实行（根据国联的有关规定，必须所有成员一致赞成，其决议案才有实施的法律效力）。1933 年 3 月日本之所以要退出国联，也就是由于国联大会以 42 票赞成，日本 1 票反对，暹罗 1 票弃权，通过了一个含有不利于日本之内容的报告书（十九国委员会报告书）。实事求是地说，国联对日本或多或少还是有一些约束力的，日本对国联也有所顾忌，所以每当国联决定开会讨论中日问题时，它都要暂停其赤裸裸的军事活动，散布自己愿意与中国和谈的谎言，以便欺骗国联和国际舆论。假如中国自始就反对国联介入，这样正中日本下怀，它就可以不受国联的任何约束而为所欲为。就此而言，《东方杂志》的胡愈之等人对利用国联和国际舆论的重要性认识不足。而《独立评论》的胡适等人虽然认识到了国联这一平台对解决中日争端的重要性，但对国联的帝国主义本质则毫无认识，因而把中日争端的解决完全寄托在国联的调停上，如胡愈之批评的那样，"自失独立之勇气"，所以一旦国联不能主持正义、依据章程对日本的侵略加以制裁时，只能忍气吞声，接受现实。尤其需要指出的是，当事实已经证明国联不可能像中国所希望的那样客观公正地解决中日争端后，胡适等人依然对国联深信不疑，这就更值得反省和批评了。相比较而言，《大公报》的胡政之、张季鸾等人虽然认为国联的作用有限，中国不能一味地依赖国联，但他们并不反对国联介入中日争端，更不反对国民政府利用国联和国际舆论与日本进行外交斗争的主张，更理性也更切合实际一些。

　　其次看第二个原因。《东方杂志》的胡愈之等人看到了中国军民的爱国主义激情以及不畏强暴、抵抗侵略的决心和勇气，认识到民心、民气可用，广大爱国军民才是抵抗日本帝国主义侵略的中坚力量，只要把广大爱国军民发动起来，就能取得抗日战争的胜利，但对中日之间的力量对比缺少正确认识，没有认识到在中日力量对比悬殊的条件下，中国抗战的艰巨性、持久性，中国人民将为抗战的最终胜利付出巨大的牺牲。就当时中日两国的综合实力来看，中国明显落后于日本。《独立评论》的胡适等人则过分夸大了中日力量对比的悬殊，而没有看到中国军民的爱国主义激情和民心、民气可用，从而丧失了抵抗侵略的信心和勇气，企图通过承认日本既有的侵略事实，来换取暂时的和平，其结果不仅使中国签订了一个又一个丧权辱国的协定或条约，同时也进一步刺激了日本的侵略野心。我们考察九一八事变以后的历史就会发现，中国每与日本妥协一次，也就意味着日本将发动更大一次的侵略行动，以便掠取更多的侵略利益。

第三节　民众抗日救亡思潮和运动的高涨

九一八事变发生后，中日民族矛盾日渐上升，国内阶级关系开始发生了新的变化。抗日救亡成为全国各界、各阶层人民的共同要求。在中国共产党领导和影响下，各界民众的抗日救亡运动迅速高涨。

一、东北民众抗日救亡运动的兴起

中国共产党在 1931 年九一八事变后，迅速担负起号召和领导全国人民抗日的历史责任，并采取具体、切实的措施推动东北抗日斗争的开展。

中共满洲省委一直在关注日本帝国主义蓄谋发动侵略中国战争的动向。1931 年 1 月中旬，省委机关刊物刊文认为，日军"1930 年 9 月间在长春演习野操，以围攻长春及觅城子站为攻击目标，这显然是练习进攻苏联与占据满洲"[①]；4 月中旬，满洲省委在给中央的报告中指出，日本"在军事上增加部队，建立兵营，在长春野操，以及在沈阳实地演习作战"，其目的是"要直接占领满洲"[②]；万宝山事件发生后，中共满洲省委于 7 月 7 日通过《关于万宝山事件及朝鲜惨案宣传大纲》，指出"万、韩事件的进展，充分的暴露了日本帝国主义者的野心，与国民党军阀投降帝国主义者之无耻"，"万宝山事件就是日本帝国主义预先准备作为借口出兵满洲的一个阴谋"，日本帝国主义者对此事件的论调与举动"充分的暴露出日本帝国主义者占领满蒙的企图"。[③]九一八事变发生的次日，即 9 月 19 日晨，中共满洲省委召开紧急会议，讨论日本帝国主义武装占领沈阳后的紧急形势和当前各种紧迫工作及任务，通过了《关于反对日本帝国主义占领满洲的宣言》，《宣言》揭露日本帝国主义发动九一八事变的根源："这一事件的发生不是偶然的！这一政策是日本帝国主义者为实现其'大陆政策'、'满蒙政策'所必然采取

---

① 《帝国主义践踏之下的满洲经济危机》（1931 年 1 月 19 日），载中央档案馆编《东北地区革命历史文件汇集》甲 7，内部印行，1988，第 305 页。

② 《中共满洲省委给中共中央的报告》（1931 年 4 月 24 日），载《东北地区革命历史文件汇集》甲 8，第 6—7 页。

③ 《中共满洲省委关于万宝山事件及朝鲜惨案宣传大纲》（1931 年 7 月 7 日），载王霖、高淑英主编《万宝山事件》，吉林人民出版社，1991，第 362、364 页。

的行动！这一政策是日本帝国主义者为更有力的统治满洲、侵略蒙古，以致使满蒙成为完全殖民地的政策。"《宣言》谴责了国民党的不抵抗主义、"攘外必先安内"政策，指出"日本帝国主义者之所以能占据满洲，完全是国民党军阀投降帝国主义的结果，所谓'忍耐'、'镇静'、'莫给人以可乘之机会'、'和平以示奋斗'等等所谓策略及其极力压迫一切反帝运动的行动，必然要使日本帝国主义者更急进的更无忌惮的来占领满洲"，"不管国民党的那一派，不管中国任何政治派别，都不能不用投降帝国主义的策略来解决满洲事件！"同时《宣言》还强调："只有工农兵劳苦群众自己的武装军队，是真正反对帝国主义的力量。红军两年来和帝国主义国民党英勇战斗的光荣历史，便是万古不灭的证据。只有工农劳苦群众自己的政府（苏维埃政府）是彻底反对帝国主义的政府。只有在共产党领导之下，才能将帝国主义逐出中国！"[1]当天，《关于反对日本帝国主义占领满洲的宣言》被秘密发送到广大党员、群众手中。9月20日，中共中央发表《中国共产党为日本帝国主义强暴占领东三省事件宣言》，中华苏维埃共和国中央工农革命委员会发表《关于反对日本帝国主义强占满洲的宣言》。此后，中共中央、临时中央政府和满洲省委多次围绕九一八事变发表宣言、文件，如《中共中央关于日本帝国主义强占满洲事变的决议》《中国共产党为日本帝国主义强占东三省第二次宣言》《中共满洲省委、团满洲省委告群众书》《中共满洲省委关于日本帝国主义武装占据满洲与目前党的紧急任务的决议》《中共满洲省委给中央的报告》《中共满洲省委对士兵工作的紧急决议》等。

在中共的影响与推动下，东北各阶层民众和东北军广大爱国官兵，在九一八事变发生之后摒弃国民党高层的不抵抗主义，成立抗日救亡组织，组成抗日义勇军，自发开展抗日救亡运动与武装抗日斗争。

1931年9月23日，阎宝航与辽宁省商、工两会会长金哲忱、卢广绩从沈阳设法逃出敌人虎口，抵达北平，次日即会同已在北平的高崇民、王化一等发起组织东北民众抗日救国会，以"抵抗日人侵略，共谋收复失地，保护主权"为宗旨。9月27日，东北民众抗日救国会在北平西单牌楼旧刑

---

[1]《中共满洲省委关于反对日本帝国主义占领满洲的宣言》，中国抗日战争军事史料丛书编审委员会编《东北抗日联军·文献（1）》，解放军出版社，2015，第1—3页。

部大街 12 号的奉天会馆内成立，张学良资助 30 万元。这是东北人民第一个抗日救亡组织。成立大会通过了《东北民众抗日救国会宣言》，痛陈"吾东北三千万民众，数万里国土，今日已在日人铁蹄蹂躏之下矣。浃旬之间，破坏我城镇，屠戮我人民，焚毁我房屋，劫掠我财产，豺牙密厉，虺毒恣吹，以致闾里骚然，死伤狼藉，大好山河，尽葬送于倭奴炮火之下。是真所谓危急存亡之秋，千钧一发之时也"；号召同胞"群策群力，同舟共济，以与倭奴决一雌雄乎。吾人为主持正义而战，为保障和平而战，为民族生存、国家安宁起见，均不得不出于最后之一战"。《宣言》最后"郑重"告示国人："夫东北者，乃我祖若宗，辛苦经营，方有今日之繁荣，今则强邻凌轹，已非我有。清夜自思，上无以对祖宗，下无以对子孙，倘此时而犹泄泄沓沓，听其宰割，堕军实而长寇仇，则全国覆亡之祸，即在眉睫。望我同胞，其速起自救，本会甚愿追随全国民众之后，共效驰驱。一息尚存，誓死靡他。时机迫切，急不择言，凡我同胞，曷兴乎来。"[①]大会推举 27 人为救国会委员，分别为阎宝航、高崇民、卢广绩、杜重远、王化一、王卓然、黄显声、车向忱、金恩祺、梅佛光（梅公任）、钱公莱、张希尧、郑奠邦、杨大光、孙一民（孙恩元）、韦梦令、韩立如、谷秀岩、霍维周、熊飞、顾翌常等。救国会出版《救国旬刊》《复巢》小报和《东北通讯》等，进行抗日宣传。1933 年 5 月《塘沽协定》签订后，华北抗日斗争转入地下，东北民众抗日救国会解散。

1931 年 11 月 4 日，日军向嫩江桥守军阵地发起猛攻，黑龙江省代理主席马占山亲临前线指挥抗击，挫败日军多次进攻。11 月 12 日，蒋介石致电马占山，予以表彰："此次日本借口修理江桥，忽复进寇黑省，我方采取自卫手段，甚属正当。幸赖执事指挥若定，各将士奋勇效命，得以摧败顽敌，保全疆土，虞电驰闻，曷胜愤慨，执事等为党国洒耻，为民族争存，振臂一呼，全华轰动，人心未死，公理难泯，莽莽前途，誓共努力，临风雪涕，不尽欲言。"11 月 19 日，蒋介石再次致电予以嘉奖："巧电诵悉，悲愤填胸，莫可言宣。我军连日奋战，为国争光，威声远播，中外钦仰，至堪嘉

[①]《东北民众反日救国会宣言》，载辽宁省档案馆编《九一八事变档案史料精编》，辽宁人民出版社，1991，第 553—555 页。

慰。兹已急催张副司令派队援助矣。临电驰念，不胜依依。"①11 月 17 日，
国民政府任命马占山为黑龙江省政府委员兼黑龙江省政府主席。因敌强我
弱，日军于 19 日占领齐齐哈尔。

在此前后，各地抗日义勇军风起云涌，遍地兴起，主要有：辽南邓铁梅
领导的东北民众自卫军；辽东唐聚五领导的辽宁民众自卫军；辽西郑桂林、
耿继周、苏景阳率领的东北民众义勇军；辽北高文斌组织的抗日义勇军；
王德林任总指挥的中国国民救国军（抗日救国军）；在哈尔滨成立的原东北
军李杜、邢占清、冯占海部组成的吉林自卫军；苏炳文、张殿九的东北军；
苗可秀的铁血军等，义勇军人数最多时达到 30 万人。据日伪军方报告记
载，从九一八事变发生到 1933 年 2 月，日伪军战死人数为 6541 名。各地
义勇军兴起后，当时任中共中央政治局常委兼军事部长的周恩来以伍豪为
笔名在中央机关报《红旗周报》上发表文章给予肯定和支持，他说："反帝
的民族革命运动是要动员广泛的群众来参加，而且要长期的支持这一运动，
才能取得最后的胜利。""现在救国义勇军的组织已成为工农劳苦群众普遍的
要求，我们要领导工农及一切被压迫民众自己组织自己武装的救国义勇军，
要反对国民党领导资本家办的救国义勇军。"② 当时中共在东北的力量还很薄
弱，据 1932 年 1 月的统计，中共满洲省委所属党员 2132 人，但从 1931 年
10 月起到 1933 年初，中共仍派出 200 余名党团员和进步群众到各地义勇
军中开展工作。由于缺乏统一的组织与领导，且内部成分复杂、矛盾重重，
到 1933 年春各地义勇军相继溃败，有的接受中国共产党的领导，后来成为
东北抗日联军的组成部分。

中共在支持抗日义勇军的同时，也开始建立自己掌握的抗日武装，领
导抗日游击战争。1931 年 9 月 23 日，中共满洲省委作出《关于士兵工作
的紧急决议》，提出中共应加紧领导与号召士兵群众，到农村去，"在农民
中组织游击队"，进行游击战争。10 月 12 日，中共中央在《关于满洲士兵
工作的指示》中指出，"满洲的形势是极有利于游击战争的开展"，"目前满

① 《蒋主席致马占山代主席奖勉我军奋勇摧敌电二件》，载"国史馆"史料处编《第二次中日战
争各重要战役史料汇编（东北义勇军）》，"国史馆"，1981，第 30 页。
② 伍豪（周恩来）:《日本帝国主义占领满洲与我党的当前任务》，《红旗周报》第 20 期，1931
年 10 月 21 日。

洲有三个很好的条件利于游击战争的发动，（1）广大的士兵群众在生活上、政治上都陷于无出路的境地，在那里等待党去领导与组织他们；（2）满洲的局面是混乱与恐慌，不但中日统治阶级无法统治，相并而来的工人、贫民、士兵在城市的骚动与抢米的斗争；（3）灾民骚动的蜂起，与以前东满、北满、南满（已开展）游击战争的基础"。《指示》要求各级党组织要不迟疑地、大胆地，有计划有组织地领导开展游击战争，强调游击战争的开展要依靠群众，"在开始发动游击战争的时候要找出群众斗争比较活跃，统治阶级力量比较薄弱的地方游击队作群众武装斗争的前锋，群众作游击队的基础游击队与群众斗争配合起来，这样才能开辟游击区域与加强扩大游击队"。[①]1931年底，中共满洲省委由沈阳迁至哈尔滨，中央驻满洲代表罗登贤任省委书记，罗登贤组织大家起草了《东北义勇军抗日救国游击运动提纲》《义勇军组织法》等文件，提出"我党必须发动群众，创建党直接领导的人民武装力量，将抗日救国斗争进行到底"，要求"在中国共产党的领导下联合一切抗日爱国力量，共同反抗日本侵略者"。他还领导制定了抗日救国十条纲领：反对日本帝国主义对义勇军的进攻和屠杀群众；号召民众自动武装起来，驱逐日本帝国主义；要求组织民族革命战争的工农义勇军，创建红军，武装保卫中国，保卫东北劳苦群众；动员革命士兵与武装民众联合，与义勇军联合反对长官妥协、投降等。1932年2月10日，中共满洲省委在给东满特委的指示信中强调"发动游击战争，是东满目前的主要任务"，要求东满特委"坚决地去发动和领导工农群众反日本帝国主义的经济、政治斗争，在斗争过程中去动员和组织广大群众，发动和领导游击战争"，"在游击战争中和群众斗争中，建立与发展真正的游击的组织"，"特别要建立游击队中党的坚强的领导"。[②]3月，中共满洲省委发出了《抗日救国武装人民群众进行游击战争》的文件，指出只有人民群众起来，只有在群众中创建党直接领导的人民武装，才能保证彻底抗日救国。同时党以这样的武装为核心力量支持、援助和联合其他非党的一切抗日武装力量共同反抗日

---

① 《中共中央关于满洲士兵工作的指示》（1931年10月12日），载《中共满洲省委重要文件汇编》，内部资料，1962，第81页。

② 《满洲省委关于目前东满群众斗争形势与党的任务、工作方针问题对东满特委的工作指示》（1932年2月10日），载《中共满洲省委重要文件汇编》，第549页。

本侵略者。① 该文件由时任满洲省委军委书记的周保中主持起草，杨靖宇在协助起草中发挥了重要作用，他"事先搜集了有关资料，结合东北具体情况，作了详尽地研究，他意识到，中国民族的危机与中日的民族矛盾，将因东北被占领，而扩大加深，阶级矛盾将推到次要地位。但解决这一民族矛盾，反抗日寇侵略，必以中国共产党和他所领导的工农劳动人民群众的力量为主流，东北尤其是如此。东北人民迫切需要并且有条件，武装自己，拯救自己，对日寇进行较长期的游击战争"②。3 月 31 日，中共满洲省委指示各地党组织展开"大规模的组织义勇军的工作，用目前各地的反日战争来动员广大群众建立起义勇军的组织，党应积极领导去参加这一战争，尤其是中东线、松花江、辽西、安东、吉林的地方更须以义勇军组织游击队，在敌人后方（奉天、哈尔滨、东满、饶河等）发展游击战争，袭击敌人粮食与运输，解除敌人武装（如小部队、便衣队、侦探走狗等），用各种方法夺取武装，武装自己"③。从 1932 年初开始，中共满洲省委及其下属组织陆续派人到东北各地建立党独立领导的抗日游击队，如派出中共满洲省委军委书记杨林、杨靖宇到南满工作，大连市委书记童长荣到东满工作，中共满洲省委军委书记赵尚志到巴彦工作，中共满洲省委驻下江代表冯仲云到汤原工作，他们先后在南满、东满、北满、吉东、饶河等地创建了十余支党领导的游击队。

1933 年 1 月 26 日，中共中央发出的"一·二六指示信"提出了在东北建立抗日民族统一战线的策略总方针，进一步加强了对各种抗日武装的联络、引导。从 1933 年开始，中共领导的抗日武装成为东北抗日斗争的主力。1933 年春，义勇军伤亡 13 万人左右，溃散 7 万余人，退入苏联和热河境内共 6 万余人，尚有 4 万余人仍分散在东北各地坚持抗日斗争，其中一部分加入了中国共产党领导的抗日游击队，后编入东北人民革命军、东北抗日联军。1933 年 5 月中旬，中共满洲省委决定组建东北人民革命军，并

---

① 张广恩主编《中共满洲省委简史》，辽宁社会科学院地方党史研究所，1987，第 145—146 页。

② 周保中：《松柏常青——纪念杨靖宇同志逝世二十周年（1962 年 2 月 3 日）》，载《周保中文选》，解放军出版社，2015，第 151 页。

③《中共满洲省委接受中央关于上海事件致各级党部的决议》（1932 年 3 月 31 日），载《东北地区革命历史文件汇集》甲 10，第 52—58 页。

在上述抗日游击队的基础上，于 1934 年 11 月 7 日起，先后组建 7 个军，第一军军长兼政委杨靖宇；第二军军长王德泰，政委魏拯民；第三军军长赵尚志；第四军军长李延禄；第五军军长周保中；第六军军长夏云杰；第七军军长汪亚臣。1936 年 2 月 10 日，中共驻共产国际代表团以中共中央名义提出《为建立全东北抗日联军总司令部决议草案》，提出为适应反日统一战线的需要，将全东北各抗日武装统称为"抗日联军"。2 月 20 日，以东北反日救国总会、东北抗日联军的名义发表的《东北抗日联军统一军队建制宣言》宣布：为了"使抗日军队组织越加巩固与行动统一"，将建制、名称不同的我国军队，"一律改组军队建制为东北抗日联军第一、二、三、四、五、六军，以及抗日联军××游击队"。[①] 随后，在原东北人民革命军的基础上陆续成立了抗日联军第一至第七军，其他抗日武装则改编为抗日联军第八至第十一军。到 1937 年上半年，东北抗日联军发展到 30000 余人，游击区扩展到 70 余个县境，建立了东南满、吉东和北满三大片抗日游击根据地，成为东北抗日战争的中流砥柱。

二、学生抗日救亡请愿运动的高涨

九一八事变消息一传开，上海、南京、北平、天津、西安、武汉、青岛等地青年学生立即行动起来。1931 年 9 月 20 日，为抗议日本帝国主义侵略东北，上海东亚同文书院的中国学生率先罢课，接着复旦、交通、同济、沪江等大学也相继罢课。9 月 22 日，由沪江大学召集上海 22 所高校的代表在四川路成立了上海大学生全市性抗日组织——"上海各校抗日救国联合会"，其宗旨是"本三民主义之精神，努力救国为目的"。9 月 24 日出版的《时事新报》发表了联合会《宣言》。《宣言》指出："日本侵略我国，不自今日始。我们同胞一致奋起抵抗暴日，也不知有多少次数。可是从以往的事实看起来，究竟哪一次是成功的呢……能值得我们回忆而引为痛快者，那就是我们学生的五四运动。假使没有悲壮热烈的五四运动，就不能阻止中国代表拒签巴黎和约，那么青岛的割让于日本，早已规定在国际条约里

---

① 《东北反日救国总会、东北抗日联军等关于东北抗日联军统一军队建制宣言》，载《东北抗日联军·文献（2）》，第 135—136 页。

面……我们想起了最可宝贵的五四运动，便觉得我们学生责任的重大。现在日军占领东北，国亡迫在眉睫，各界虽已奋起，政府尚未准备。我们不能不往冷静的回想中发出一种热情的情感来，自愿郑重负担抗日救国的工作，以尽我们国民的天职。我们是学生，这是大家公认的，但我们已觉悟我们已是国民，我们也是中华民族的基本分子。我们的能力虽属有限，我们的意志不是任何威力所能摧毁和改变的。认识了这个重大意义，我们誓愿联合上海全体学生，并愿进一步联合我国学生，在三民主义的原则之下，从事抗日这种为民族求生存的救国运动。"《宣言》抨击了国民党及其政府的内外政策，抨击了国民党及其政府的军队与外交官，指出"军队本为国家自卫而设，平日国家养兵千万，临难则畏缩不前，试问何必要有此种残杀同胞，勇于私斗的军队？外交官的责任，原为保障国家的主权，平素时候苟且因循，敷衍塞责，不能防患于未然，大难当头的时候，则又托词镇静，欺驱国人，断送国权于一旦，试问又何必要有此种辱国丧权、昏聩糊涂的外交官？"《宣言》提出当今"为救国计，当然只有一条路可走，合力御敌，抗奋到底"，并明确表示"我们反对不抵抗主义，反对一切的屈服"，"愿我全国同胞共喻此义，一致奋起，以民众的力量来督促政府，抵抗那不共戴天的日本帝国主义"。①

　　"上海各校抗日救国联合会"成立后，即决定 9 月 25 日组织请愿团赴南京向国民政府请愿，并提出五点要求："一、请国府集中兵力，驱逐日兵出境；二、请政府惩办不力外交官；三、请政府令张学良迅速出兵；四、请政府发给各大学学生枪械，使全国学生武装起来，以为政府后盾；五、请政府实行革命外交，不签订丧权辱国条约。"②请愿团于 9 月 25 日晚出发乘车赴南京请愿，26 日晨抵达，上午 10 时赴国府请愿，蒋介石进行了答复，"蒋氏对第一项对日宣战，答以最后至无可和平之时，终须出兵决一死战；对第二条惩办王正廷，答以外交过失应由政府负完全责任，并非一人之事；对第三条令张学良速争回被丧失土地，戴罪立功，答以此点请学生代表可不必虑，中央当然须夺回土地，至戴罪立功系将来问题；对第四条

①《大学抗日救国联合会宣言》，载上海社会科学院历史研究所编《"九·一八"—"一·二八"上海军民抗日运动史料》，上海社会科学院出版社，1986，第 43—44 页。
②《大学代表请愿国府五点》，载《"九·一八"—"一·二八"上海军民抗日运动史料》，第 46 页。

发下学生枪械，答以国内军械缺乏，学生多一枝枪械，即兵士少一枪械，故暂难办到，将来至相当时期，学生必可得枪械，现可专心受军事训练，中央非不欲学生出战，因学生为国内有知识之青年，将来国家之栋梁，如学生均为国牺牲，此种损失殊为重大，非至万不得已，决不使学生出而卫国；对第五条勿订丧权辱国条约，外交公开，蒋答以此更为中央当然之责任"①。对蒋氏的答复，救国联合会"议决认为不能满意，现定第二次推派代表，并由各校组织请愿团"。

9月28日上午，复旦大学、中央大学、金陵大学全体学生及上海各大学请愿代表共约5000人，赴国民政府请愿。复旦大学学生提出"惩办失地之东北负责长官""惩办丧权误国的外交部长""不得再抱不抵抗主义，应由中央政府通令全国军队，布置国防，誓死抵御日军自由占据国内各地""发给各大学学生枪械"等四项要求；金陵大学学生提出了"驱逐日本军队出境""请求国府令张学良死守东北""誓死不作地方交涉""誓死不订辱国条约""全国军政长官一致团结起来""请求胡汉民先生立即销假"等六项要求；中央大学学生提出"请促进和平统一""对日下最后通牒""恢复民众运动""要求发给义勇军枪械""厉行革命外交""速派驻外各国公使"等六项要求。于右任出面进行答复，但学生要求蒋介石出面回应。同日，另有1000余名学生代表到国民政府外交部请愿，殴打了部长王正廷。②29日，上海各校抗日救国联合会第二次请愿团3000多人再次向蒋介石请愿，蒋被迫接见请愿代表。"蒋登台报告，谓诸位忍饥耐寒，吹风淋雨，以爱国血诚，来此请愿，足见人心不死，前途实有绝大希望"，"今日所再向诸位声明者，国民政府决非军阀时代之卖国政府，乃唯一之革命政府，决不签订任何辱国丧权条约"，"惟语云，国必自伐，而后人伐之，真正爱国者，必一致拥护现政府，俾成为强有力之统一国家，以增加对外力量"。③这是学生的第一次抗日请愿高潮。上海学生还罢课募捐，组织救护队援助黑龙江抗日将士。

---

① 《赴京谒蒋请愿详情》，载《"九·一八"—"一·二八"上海军民抗日运动史料》，第47页。
② 《复旦与首都学界赴国府请愿》，载《"九·一八"—"一·二八"上海军民抗日运动史料》，第48—49页。
③ 《蒋介石被迫接见请愿代表，要学生拥护政府》，载《"九·一八"—"一·二八"上海军民抗日运动史料》，第53页。

11月初，日军进攻黑龙江，黑龙江省政府代主席兼黑龙江军事总指挥马占山率部抵抗，全国民众要求国民党政府出兵支持马占山的嫩江桥抗战，学生发起第二次请愿高潮。平津两地学生要求抗日，宣布总罢课，派代表南下请愿。各地学生连续数日向国民党四全大会请愿，要求支援马占山收复失地。迫于压力，11月19日蒋介石在国民党四全大会上表示决心北上驱逐日军，20日四全大会作出决议，训令蒋"即日北上收复失地"。26日上午，沪宁学生数千人赴国民政府请愿，要求政府出兵援助马占山抗敌，于右任出面接受请愿，但学生要求蒋介石出面答复。下午，南京抗日救国会在公共体育场举行送蒋"北上讨日大会"，南京和来自上海、杭州、北平、无锡、苏州的各校学生2万余人参会，大会向蒋介石赠送锦旗一面，上书"为国杀贼"4个大字。会后，学生又到国民政府请愿，要求蒋介石签署出兵日期。学生在雨中静守一夜，直到27日下午，蒋介石情急之下被迫表示"三日之内出兵，不出兵收复失地，杀我蒋某的头以谢国人"。学生要求其写下手谕，蒋提出"到里面去写"，后送出写有"本主席效忠党国，早具决心，对于诸生请愿，自可接受"的手谕，对何时出兵只字未提。①

　　此时，日军开始进攻辽西和锦州，国民政府不仅不出兵，还向国联建议将锦州划为中立区，由列强共管。北平学生激于义愤，决定南下示威。11月28日，岳增瑜、王俊奎等商议组织"北京大学南下示威团"并征求有关同学的意见，得到了大家的支持。11月30日，北京大学召集全体学生大会，决定北大同学南下示威、即日起罢课扩大反日运动、改组抗日会。12月1日，北大学生会负责人岳增瑜、王俊奎等召开南下示威同学的大会，决定定名为"北京大学全体同学南下示威团"，提出示威时所用之口号及标语有："反对政府出卖东三省""反对政府接收国联提案""反对划分国际共管的中立区""反对投降帝国主义的外交""全国民众自动武装起来""驱逐日本帝国主义军队出境""收回日本在华一切租界""反对政府压迫民众运动""争取言论、出版、集会、结社的自由""全国被压迫民众联合起来""打倒日本帝国主义""中华民族解放万岁"等12条。南下示威团第一批230多人，第二批130多人，在南下途中一路发表演说，呼吁民众组织起来投

①《京沪学生请愿结果圆满》，《申报》1931年11月28日。

身于抗日救亡斗争，他们于 12 月 3、4 日先后抵达南京，抵达后和南京的中央大学（简称"中大"）等兄弟院校取得联系。国民党千方百计进行离间、分化和威胁，首先派人用利诱手段，骗北大同学入住陆军学校，诱骗失败后又进行威胁，恫吓说目前中国的局面这样险要，被反动分子所利用来捣乱，政府是决不许可的。12 月 5 日《中央日报》还刊登了下面一封电报："南京中央党部、国民政府钧鉴：兹有少数学生未经大会决议，自动南下示威，以后该团一切行动，本会概不负责，特此电呈。北大学生会。"南下示威团对这个盗用学生会名义的假电报给予了严厉的驳斥，指出这是少数特务学生的阴谋，同时向外公布了油印的《告民众书》，揭穿了国民党利用少数特务学生中伤南下示威团的卑鄙伎俩。南下示威团全体同学举行了会师大会，决定 5 日在南京市区举行大示威，揭露国民党的不抵抗政策，呼吁全国人民联合起来，武装驱逐日寇。12 月 5 日，北大南下示威团 300 余人，从中央大学出发游行示威，沿途高呼"反对政府出卖东三省""打倒卖国政府""被压迫民众团结起来"等口号，队伍行至成贤街时，遭到警宪镇压，当场被抓走 185 人，囚于孝陵卫，1 人被打死，33 人重伤。坐牢的北大学生在狱中高唱："北大！北大！一切不怕。摇旗呐喊，示威南下。既被绳绑，又挨枪把。绝食两天，不算什么！做了囚犯，还是不怕。不怕！不怕！北大！北大！"[1] 此歌后来传唱一时。一部分学生跑回中央大学，宪警也随之追往中大，又与中大学生发生冲突。中大学生千余人即整队至卫戍司令部要求释放被捕学生，交涉代表反遭扣留。大队学生遂冲进卫戍司令部大门，在司令部内伫立至晚 10 时余，终因无人负责，乃整队返校。12 月 7 日，北大示威团被捕学生被武装押送回北平。在第一批学生被押回后，北平又有十几个大中学校学生近 2000 人组成南下示威团南下，于 10 日到达南京，连日举行示威。"北京大学南下示威团"把全国青年学生的抗日爱国运动推到了一个崭新的阶段，宣传了抗日救国的主张，进一步揭露了国民党政府的对日妥协政策，激发了全国民众反对日本帝国主义、反对国民党"攘外必先安内"政策的热情。

到 12 月 13 日，北平、天津、武汉、广州、安庆、苏州、太仓、济南

---

① 杨虎、严敏杰：《微说北大》，现代出版社，2015，第 381 页。

等地学生又陆续抵达南京请愿，云集南京的学生示威团已达两三万人。当晚，由中大学生抗日会和北大在京代表团发起，邀集南京各校代表、上海大学、中学救国联合会代表及其他地方代表共45人在中央大学举行联席会议，并通过议决：组织学生示威团联合办事处；筹备总示威；统一宣传及口号；统一指挥及纠察；通电全国民众定期一致总示威；召集全国学生代表，组织全国学生抗日救国总会；等等。会后组成学生示威团联合办事处。15日，由来自全国各地的学生代表和南京学生共3万多人组成的游行队伍，到国民党中央党部示威，国民政府出动军警进行镇压。15日晚，各地学生示威团联合办事处开会，决定于12月17日举行总示威。17日上午9时，上海、南京、北平、济南等各地学生示威团2万余人在中央大学操场集合出发，举行请愿示威大游行，队伍经中山路向国民党中央党部进发，学生们沿路散发传单，高呼"打倒日本帝国主义""打倒不抵抗主义"等爱国口号。下午4点左右在珍珠桥附近《中央日报》报馆，遭到军警包围镇压，造成多人死伤，被称为"珍珠桥惨案"。

　　日本帝国主义侵略东北三省以后，又进而攻占热河省，激起了平、津学生的愤怒，学生痛感"华北之大，已经安放不得一张平静的书桌了"。为反对日本帝国主义策动的"华北自治"，在黄敬、姚依林、郭明秋等共产党员的组织和指挥下，北平大中学生数千人于1935年12月9日举行抗日救国示威游行，他们从清晨开始前往新华门参加请愿，呼吁国民政府行政院驻北平办事处长官何应钦宣布抗日。12月16日，宋哲元的"冀察政务委员会"计划成立，北平各大中学校爱国学生1万余人举行了第二次声势浩大的示威游行，迫使冀察政务委员会延期成立。

　　抗日救亡运动促使青年学生在斗争中组织起来，他们成立了平津学生联合会。平津学生联合会成立后发起组织华北学联、全国学联和平津学生南下扩大宣传团。由500人左右组成的扩大宣传团沿着京汉线南下，宣传团骨干后来又发起成立了中华民族解放先锋队。中华民族解放先锋队于1936年2月1日在北平石驸马大街北平师范大学文学院召开成立大会，制定了全国统一纲领，建立了统一组织机构。2月26日中华民族解放先锋队发表成立《宣言》，《宣言》写道："铁一般的事实告诉我们，中华民族的危机，已经到达最后关头了！九一八事变，在'不抵抗主义'下轻轻地断送了东北四省；'一·二八'的停战协定，徒然是增高了敌人侵略的气焰；塘沽协定、何梅协定完全奠定了日本吞并华北的基础；冀东独立与冀察政委会成立，更说明中国的领土主权已完全破碎的沦丧了！最近在接受广田三原则及新二十一条的默契下，又来召开中日南京会议，这正表现出日本帝国主义企图把整个中国殖民地化，同时也显示出我们政府的屈辱退缩。"为了应对空前的民族危机，平津学生"发动了'一二·九'、'一二·一六'两次英勇的示威斗争"，又"发动徒步南下扩大宣传团，使民众知道当前的中华民族危机的严重和救亡策略"，为了作长期抗战，"大家便议决了要永远并扩大这个组织，改名为中华民族解放先锋队"，任务是"揭破汉奸及其走狗的阴谋，并打击其种种阴谋的破坏手段""联合一切抗日反帝的力量，不分党派地在抗日救亡的旗帜下，一致团结起来"。《宣言》并提出了具体的斗争纲领："（一）动员全国武力，驱逐日本帝国主义者出境；（二）成立各地民众武装自卫组织；（三）成立各界抗日救国会；（四）铲除汉奸卖国贼；（五）没收日本帝国主义者的在华财产及汉奸卖国贼的产业，充作抗日军费；（六）联合世界上以平等待我之民族共同抗日；（七）联合全世界弱小民族及被压迫民众共谋解放。"[1] 同时，北平学联又派出刘江陵（化名江凌）和董毓华（化名大李）两人到上海筹备全国学联，以推动全国学生运动的开展。经过筹备，全国学生救国联合会于 1936 年 5 月 29 日在上海成立，来自全国 20 个城市的 28 名代表出席会议，会议通过了《中国学生救国联合会成立宣言》《中国学生救国联合会纲领》和《中国学生救国联合会简章》。《宣言》指出："今天，一九三六年五月二十九日，在数十万学生的欢呼中，在千百万大众的期望中，全国学生救国联合会宣布成立了"，"从今天起，全国同学在集中统一的领导之下，将更英勇更努力地斗争；从今天起，全国抗日救国的一支生力军——学生大众，将更严密地组织起来，团结起来；从今天起，全国学生救国联合会将勇敢的领导着全国学生走向民族解放的征途，我们更将进一步地结合着无数不愿做亡国奴的同胞，粉碎民族敌人的堡垒"。《宣言》号召"一切爱国爱民的热血青年，全国各地的学生，在

---

① 《中华民族解放先锋队成立宣言（一九三六年二月十六日）》，载中共中央文献研究室、中央档案馆编《建党以来重要文献选编（一九二一——一九四九）》第十三册，中央文献出版社，2011，第 40—41 页。

民族解放的大旗下团结起来，组织起来！一切不愿做亡国奴的同胞，组织起来！我们要不分地位、不分党派、不分性别的在抗日救国的目标下紧紧的团结！组成坚固的民族统一战线，反对日本帝国主义进攻中国！停止一切内战！全国总动员对日作战！争取言论、出版、集会、结社的绝对自由，反对奴化教育！肃清一切汉奸卖国贼！否认一切卖国条约及协定，否认一切傀儡政权！联合一切被压迫民族和民众，联合以平等待我之民族共同奋斗！"[1]为推动全国学生抗日运动的持续高涨，全国学生救国联合会还创办了《学生呼声》刊物。

三、其他各界民众的抗日救亡要求

九一八事变后，中国共产党加强了对群众抗日救亡运动的领导。在中共为抗日救亡而发表的相关宣言、文件中，反复强调要动员群众、发动群众、依靠群众，进行全民族抗战；同时谴责了国民党对抗日民主运动、对群众斗争的镇压。1931年9月20日发表的《中国共产党为日本帝国主义强暴占领东三省事件宣言》中强调："只有广大群众的革命铁拳，才能制止帝国主义的暴行，驱逐帝国主义滚出中国"，"只有群众斗争的力量，只有工农苏维埃运动的胜利，才能解放中国"。[2]1932年2月7日，中央作出《关于三八妇女节工作的决定》，要求与"轻视妇女工作的严重现象作坚决的斗争"，"广泛的宣传三八妇女节的意义"，"动员女工与农妇及一切劳动妇女参加整个的革命斗争与一切政治运动"，"吸收她们参加反帝团体"。[3]1933年2月15日，中共中央在关于产业支部的一份决议中强调"没有党在企业中的坚强的堡垒，就不可能迅速完成争取工人阶级大多数的任务"[4]。1934年11月26日，中央局为加强对工会的组织领导致信各级党部，"号召各级党部加强党对工会的组织领导"[5]。在中国共产党的影响、组织和领导下，工、

①《中国学生救国联合会成立宣言》，载周天度、孙彩霞编《救国会史料集》，中央编译出版社，2006，第90—91页。
②《中国共产党为日本帝国主义强暴占领东三省事件宣言》，载《中共中央文件选集》第七册，第398—399页。
③《中央关于三八妇女节工作的决定》，载《中共中央文件选集》第九册，第60、62页。
④《中央关于产业支部的现状与目前党的任务的决议》，载《中共中央文件选集》第九册，第78页。
⑤《中共中央局为加强党对工会的组织领导给各级党部的信》，载《中共中央文件选集》第十册，第409页。

农、商、妇、青等各界的救亡声浪一浪高过一浪。

劳工界 工人阶级是九一八事变后抗日救亡运动中一支极为重要的力量。1931年9月24日，上海3.5万名码头工人举行大罢工，抗议日本对中国的侵略。10月初，上海80万工人成立抗日救国联合会。1932年一·二八抗战开始后，以工人为主体，成立了上海民众反日救国会义勇军，人数达2000多人。1936年2月9日，成立了上海职业界救国会。

妇女界 1935年12月21日，沈兹九、史良、王孝英、胡子婴、杜君慧、陈波儿等发起组织上海妇女界救国会。该会发表宣言指出：在这民族危机极度深刻的现在，要求独立生存只有用我们的满腔热血，去同敌人斗争。妇救会曾办过《申报》的"妇女副刊"、《中国妇女》、《妇女生活》等刊物，帮助上海纱厂女工办了《小姊妹》等刊物，进行抗日宣传。妇救会成立不久，近千名妇女举行了反日示威。

工商界 国难当头，民族资产阶级以及大资产阶级的代表人物也纷纷表示抗日。上海《申报》多次发表评论，抨击国民党政府的不抵抗政策，同时要求停止内战，一致对外。在民众抗日热情的影响下，杜月笙、虞洽卿等联合上海各界高官巨贾成立"上海市反日救国会"，杜月笙还提出了"禁止日货"的抵制策略。

文艺和文化界 1931年11月19日，长沙市戏剧界抗日救国会成立，下设抗日救国编撰委员会，曾编撰戏曲专刊《长沙戏剧界》作为《国民日报》副刊出版，宣传爱国抗日。1935年12月12日，上海文化界马相伯、沈钧儒、李公朴、章乃器、陶行知、邹韬奋等280多人联名发表《上海文化界救国运动宣言》，指出"国难日亟，东北四省沦亡之后，华北五省又在朝不保夕的危机之下了！'以土事敌，土不尽，敌不餍。'在这生死存亡间不容发的关头，负着指导社会使命的文化界，再也不能够苟且偷安，而应当立刻奋起，站在民众的前面而领导救国运动！华北教育界'最后一课'的决心，是值得赞佩的"；提出了"坚持领土和主权的完整，否认一切有损领土主权的条约和协定""坚决反对在中国领土内以任何名义成立由外力策动的特殊行政组织""坚决否认以地方事件解决东北问题和华北问题""要求即日出兵讨伐冀东及东北伪组织""要求用全国的兵力财力反抗敌人的侵略""严惩一切卖国贼并抄没其财产"等主张。[1]12月27日，在上海西藏路宁波同乡会会馆成立上海文化界救国会，通过《上海文化界救国会第二次宣言》，提出："我们过去提出的政治主张，在原则上仍然没有改变，而在总的救亡的主张上，我们更具体地提出：一、根本改变目前外交政策，公布过去的外交经过；二、开放民众组织，保护爱国运动，迅速建立起民族统一阵线；三、停止一切内战；四、武装全国民众；五、保障集会、结社、言论、出版的绝对自由；六、罢免并严惩一切卖国的亲敌官吏；七、对敌经济绝交，全国恢复抵制仇货；八、释放一切政治犯，共赴国难。"[2]

在各地各界救亡团体、反日组织纷纷成立的基础上，人们开始酝酿建立全国性救亡团体联系机制，推动建立全国性、跨界别的救国会。1932年11月，在上海召开的全国民众救国团体联合会议，通过下列决议：主张恢复中俄邦交；电请政府退出瓜分中国之国际联盟，反对共管中国之李顿报告书；电请政府保护民众抗日团体，要求政府保障言论、出版、集会、结社及行动之自由；电请政府将全国军队除于重要都市酌留少数驻军（最多不能超过全国军额百分之四十）外，其余应全数开赴东北以武力收复失地；电请政府重新厘定全国军费，划出全额百分之八十为抗日军队之用；电请政府将东北义勇军编为正式国防军队，事实上予以充分接济；电请政府准许全国民众自动武装抗日。[3]对此，1933年2月10日中共中央在致各级党部的信中指出，"这一会议虽并不是由我们党来领导，在这次会议上还可以看出对于国民党的幻想，但上列的主要决议却是代表广大群众的要求"，因此，"我们的党应该发动全国民众检查这些决议之执行"，并在此基础上，"召集全国民众团体的第二次救国会议"，"各级党部应利用这一个会议的筹备与召集，努力在各地建立和扩大各种反帝的群众组织，抓着对这些组织的领导而团结他们于党的周围"。[4]

1936年5月31日，由上海各界救国联合会（1936年1月28日成立）

①《上海文化界救国运动宣言》，《大众生活（上海）》第1卷第6期，1935年12月21日。
②《上海文化界救国会第二次宣言》，《大众生活（上海）》第1卷第9期，1936年1月11日。
③ 转引自《中央致各级党部的一封信——关于召集全国民众团体的救国会议（一九三三年二月十日）》，载《中共中央文件选集》第九册，第71页。
④《中央致各级党部的一封信——关于召集全国民众团体的救国会议（一九三三年二月十日）》，载《中共中央文件选集》第九册，第71—73页。

的领导人沈钧儒、邹韬奋等发起，全国 20 余省市 60 多个救亡团体和十九路军代表共 70 余人在上海市黄浦区虎丘路 131 号集会，宣告成立全国各界救国联合会，会议通过了《全国各界救国联合会成立大会宣言》《抗日救国初步政治纲领》和《全国各界救国联合会章程》。《宣言》批评国民党的对外妥协、对内镇压的反动政策，指出"大会认为中央已往的错误，是在政治上放弃了民族革命的任务，而只在武力上企图征服全国；中央目前的错误，是对外放弃了民族共同的大敌，而只对内在消灭异己上面把国防力量作孤注之一掷"。《宣言》强调了全国团结抗日的重要性，指出"在这敌寇日深而内部纠纷依然严重的时候，天良未泯的人民，都渴望着有一个广大的团结，能有一个全国统一的联合救国阵线。为了这种要求，全国各地各界的救国团体代表们，在上海开成了全国各界救国联合会成立大会，建立起来一个统一的人民救国阵线"。《宣言》指出"救国阵线现阶段的主要任务——促成全国各实力派合作抗敌"，为此建议各党各派"立刻停止军事冲突"，"立刻释放政治犯"，"立刻派遣正式代表，人民救国阵线愿为介绍，进行谈判，以便制定共同抗敌纲领，建立一个统一的抗敌政权"，"人民救国阵线愿以全部力量保证各党各派对于共同抗敌纲领的忠实履行"，"人民救国阵线愿以全部力量制裁任何党派违背共同抗敌纲领，以及种种一切足以削弱抗敌力量的行动"。[①] 会议通过的《纲领》提出：中国需要一个争取自由独立的民族革命，革命的对象"是日本帝国主义和汉奸"。"关于民族革命中对外的抗争，过去有人主张普遍的反帝，有人主张先单独的反英，还有人主张先单独的反 ×。然而，到现在，一切不同的意见都已经在'反 × 第一'的原则之下，统一起来了。关于反 × 的手段问题，过去有人认为战争可以避免，有人认为战争势所必需。然而，到现在，一切不同的意见，也都在'反 × 战争无可避免'的原则之下，统一起来了"；"关于国内各种势力及各阶层分子的团结问题，过去的争论是更多，所感觉到的困难和痛苦也是特别的严重；而且已经常常引起重大的纠纷。这种纠纷，在目下也得着一个比较自然的解决。×× 帝国主义的蛮横，使大家都下了'毁家纾难，舍身为国'的决心，都已经踊跃的参加反 × 战线……除了汉奸以外，我们在横

---

① 《全国各界救国联合会成立大会宣言》，《生活教育》第 3 卷第 9 期，1936 年 7 月 1 日。

的方面，坚决的主张各党各派的合作，在纵的方面，诚意要求社会各阶层分子的合作"。①

救国会成立后，积极参加抗日民主运动。7月15日，沈钧儒、章乃器、邹韬奋、陶行知联名发表《团结御侮的基本条件与最低要求》，呼应国共双方停止内战、组成抗日民族统一战线的主张，要求国民党停止"剿共"。救国会类似同情中共的言行，引起了国民党的不满。11月23日上午，国民政府以"危害民国"罪在上海逮捕了沈钧儒、章乃器、邹韬奋、史良、李公朴、王造时、沙千里七位救国会领袖，是为"七君子事件"。

在各界民众抗日救亡运动高涨的同时，国民党与国民党军内部也发生了分化，一部分爱国官兵拒绝、摒弃不抵抗主义，奋起反对日本帝国主义、反对国民党当局的对日政策。东北军旧部抗战，前已涉及。在关内还有：1932年一·二八事变发生后蒋光鼐、蔡廷锴率第十九路军奋起抵抗；1933年3月至5月，国民党军部分官兵在长城的义院口、冷口、喜峰口、古北口等地抗击侵华日军进攻的作战；1933年11月20日，李济深、陈铭枢、蒋光鼐、蔡廷锴等人以国民党第十九路军为主力，在福州发动了抗日反蒋的福建事变；1936年11月，发生了绥远地方当局傅作义部与日本支持的德王等蒙古分裂分子之间的绥远抗战；1936年12月12日，张学良、杨虎城为劝谏蒋介石改变"攘外必先安内"的政策、实现"停止内战，一致抗日"而发动的西安事变；等等。中共方面对这些爱国官兵的正义举动，及时给予了声援和支持。

---

① 《抗×（日）救国初步政治纲领——全国各界救国联合会成立大会通过》，《生活教育》第3卷第9期，1936年7月1日。

第 十 九 章

民族危机下各种思潮的
新变化、新出现

近代以来，中国思想发展的一个重要特征就是思潮风起云涌。这些思潮大多发端和形成于清末民初，新文化运动时期有了进一步发展。九一八事变后，日益严重的民族危机，促使这些思潮发生了新的变化。除原有的民族主义、自由主义、文化保守主义、社会主义等思潮在民族危机的刺激下发生新的变化外，九一八事变后也产生了一些新的思潮，如法西斯主义思潮在中国的出现。

第一节　民族主义思潮的新变化

民族主义是中国近代的主要社会思潮之一。和中国近代思想史上的其他思潮一样，中国近代民族主义也因其时空环境的不同，其演变呈现出明显的阶段性。清末民初是民族主义的形成阶段。推动这一时期中国近代民族主义形成的主要有两种政治力量，即以孙中山为代表的革命派和以梁启超为代表的立宪派。但无论革命派，还是立宪派，他们大多是先接受了中国传统民族主义，后来又接受了西方近代民族主义，其民族主义思想经历过从传统向近代的转变。而西方近代民族主义的实质是民族建国。受其影响，革命派和立宪派的民族主义思想也就主要体现在民族建国方面。新文化运动时期是中国近代民族主义的发展时期。中国近代民族主义之所以在新文化运动时期得到发展与第一次世界大战的影响有关：一是战后世界范围内兴起的民族解放运动促进了新文化运动时期中国近代民族主义思潮的发展；二是俄国十月革命和列宁提出的"民族自决权"思想的影响。如果说清末民初民族主义的理论主要是围绕建立一个什么样的民族国家而建构的话，那么，新文化运动时期民族主义的理论主要是围绕民族自决以及由此而引起的反帝与反封、民族主义与世界主义的关系而建构的。（见本书第一卷第五章第三节和第二卷第十三章第三节的有关内容）九一八事变后，日益加重的民族危机，促进了中国近代民族主义的高涨。与此相联系，九一八事变后民族主义的学理构建也发生了新的变化，这主要表现为民族复兴思潮的兴起和形成。

一、"民族复兴"从思想到思潮的发展

民族复兴思潮形成和兴起于九一八事变后，但其思想的孕育或萌发则是在19世纪末20世纪初。最早提出这一思想的是中国革命的伟大先行者孙中山。1894年11月，孙中山在檀香山成立革命团体"兴中会"，在他起草的《檀香山兴中会章程》中提出了"振兴中华"这一具有民族复兴思想内

涵的口号：“是会之设，专为振兴中华，维持国体起见。”①

孙中山之所以能最早提出具有中华民族复兴内涵的“振兴中华”口号，首先，在于他有一种强烈的忧国忧民的忧患意识和以挽救民族危亡为己任的使命感。他之所以要创建第一个反清革命团体，要革清王朝的命，就在于清王朝已成了帝国主义列强奴役和掠夺中国人民的傀儡和工具，只有推翻了清王朝，革了清王朝的命，才能使中国免遭帝国主义列强的瓜分。他曾沉痛地指出：“曾亦知瓜分之原因乎？政府无振作也，人民不奋发也。政府若有振作，则强横如俄罗斯，残暴如土耳其，外人不敢侧目也”，因此中国“欲免瓜分，非先倒满洲政府，别无挽救之法也”。②所以毛泽东说：“辛亥革命是革帝国主义的命。中国人所以要革清朝的命，是因为清朝是帝国主义的走狗。”③孙中山一生都与挫折和失败相伴而行，但他从不畏惧，并能从挫折和失败中吸取教训，而不断前进，强烈的忧国忧民的忧患意识和以挽救民族危亡为己任的使命感是推动他越挫越勇、屡败屡起的强大动力。

其次，在于他有一种强烈的民族自豪感和民族自信心。孙中山始终坚信，中华民族是勤劳勇敢和充满智慧的民族，落后是暂时的，是清统治者的闭关保守造成的，只要敢于和善于向西方学习，取人之长，补己之短，就能够实现国家富强，民族振兴，不仅可以赶上欧美强国，而且还可以“驾欧美而上之”。他曾多次赞美过中国的地大物博和人口众多，憧憬过中华民族的美好未来，比如1905年，他在东京留学生欢迎大会上就热情洋溢地演说道：“中国土地、人口为各国所不及，吾侪生在中国，实为幸福。各国贤豪，欲得如中国之舞台利用之而不可得。吾侪既据此大舞台，而反谓无所借手，蹉跎岁月，寸功不展，使此绝好山河仍为异族所据，至今无有能光复之，而建一大共和国以表白于世界者，岂非可羞之极者乎？”因此他希望听他演讲的留学生们能和他一起，“将振兴中国之责任，置之于自身之肩上”。他并举日本明治维新的成功为例：“昔日本维新之初，亦不过数志士为之原

---

① 孙中山：《檀香山兴中会章程》，载广东省社会科学院历史研究室、中国社会科学院近代史研究所中华民国史研究室、中山大学历史系孙中山研究室合编《孙中山全集》第一卷，中华书局，1981，第19页。
② 孙中山：《驳保皇报书》，载《孙中山全集》第一卷，第233—234页。
③ 毛泽东：《唯心历史观的破产》，载《毛泽东选集》第四卷，人民出版社，1991，第1513页。

动力耳，仅三十余年，而跻于六大强国之一。以吾侪今日为之，独不能事半功倍乎？"①在中华民族正被一些自我感觉良好、地位优越的西方人视为"劣等民族"和"东亚病夫"的年代里，在一些中国人面对欧美的发达和中国的落后所形成的巨大反差而滋生出民族自卑心理，认为中国一切都不如人、西方的月亮都比中国的月亮圆的岁月里，一个缺乏对祖国和民族深情之爱的人，一个视挽救民族危亡与己无关的人，能说出如此热情洋溢的话，憧憬中华民族的美好未来吗？回答当然是否定的。于此我们亦就不难理解，为什么是孙中山，而不是其他人，能在中日甲午战争中国惨败、中华民族面临空前危机的时刻，响亮地提出了"振兴中华"这一激动人心的口号。

　　继孙中山之后，梁启超于1900年在《清议报》上发表《少年中国说》一文，提出了通过"少年"的努力，来建立一个"称霸宇内，主盟地球"的"少年中国"的梦想，在他的笔下，"少年中国"犹如初升的红日，腾渊的潜龙，充满着无限的生机与活力，"美哉，我少年中国，与天不老！壮哉，我中国少年，与国无疆！"②追本溯源，在中国传统的文学作品中，不乏讴歌青春少年的文学作品，梁启超在《少年中国说》中就引用过岳飞的《满江红》中"莫等闲，白了少年头，空悲切"的词句；提到了龚自珍的长诗《能令公少年行》，并表示"吾尝爱读之"。但与此前的这些文学作品不同，梁启超是放在与老年的对比中来讴歌少年的，老年代表了过去，少年代表了未来。尤其需要指出的是，受意大利"三杰之魁"的玛志尼"少年意大利"之思想的影响，梁启超也把老年与老大或老年中国等同了起来，把少年与少年中国等同了起来，以老大或老年中国比喻中国过去民族的衰老、国家的沉沦，而以"少年中国"象征中国未来民族的复兴、国家的强盛。因此在他的笔下，老大或老年中国已风烛残年，毫无生机，成了待死之国，而"少年中国"犹如初升的红日，腾渊的潜龙，充满着无限的生机与活力。此后，欧榘甲于1902年在《新广东》中提出"中国者，今日将死而复生，散而复聚，静而复动，灭而复兴之大机会也"③；《新民丛报》1903年刊出的

① 孙中山：《在东京中国留学生欢迎大会的演说》，载《孙中山全集》第一卷，第282—283页。
② 梁启超：《少年中国说》，载《饮冰室合集》第1册，文集之五，中华书局，1989，影印本，第12页。
③ 太平洋客（欧榘甲）：《新广东》，载张枬、王忍之编《辛亥革命前十年间时论选集》第一卷上册，生活·读书·新知三联书店，1960，第295页。

《〈大同日报〉缘起》一文使用了"复兴中国""振兴民族"的提法①；华兴会
1904 年提出过"驱除鞑虏，复兴中华"的主张；以章太炎为代表的"国粹
派"提出了"古学复兴"的思想，他们认为，中世纪欧洲通过文艺复兴，开
启了近代文明之路。中国应该向西方学，通过复兴古学，来重振中国文化，
实现中国文化复兴，进而推动民族复兴的实现，借用邓实在《古学复兴论》
一文中的话说："吾人今日对于祖国之责任，惟当研求古学，刷垢磨光，钩
玄提要，以发见种种之新事理，而大增吾神州古代文学之声价……欧洲古
学复兴于十五世纪，而亚洲古学不复兴于二十世纪也。呜呼，是则所谓古
学之复兴者矣。"②

　　上述这些口号、梦想、主张和思想的提出，曾产生过重大影响，比如孙
中山提出的"振兴中华"的口号，曾激励了一代又一代中国人为实现中华
民族的伟大复兴而英勇奋斗，具有十分重要的思想意义。梁启超提出的"少
年中国"的梦想，影响了清末民初整整一代的中国人，人们以"少年"和
"少年中国"这一符号来寄托他们对社会变革、政治革命、民族复兴的渴
望，1902 年南洋公学学生组织"少年中国之革命军"，是为现代中国之"学
生运动"的历史开端。1905 年，吴趼人以"老少年"的署名，撰写长篇章
回小说《新石头记》，采用虚实结合的创作手法，为人们描绘了一幅新中国
的美好图景。"老少年"既是作者的化名，同时也是小说中的一个重要人物，
即贾宝玉漫游"文明境界"的向导。即使到了新文化运动时期，因陈独秀创
办《青年杂志》(后改为《新青年》)，发表《敬告青年》一文，"青年"和"青
春中国"成了人们喻义人生、国家、民族的美好未来的核心符号，但"少
年"和"少年中国"仍然有着它的影响力，新文化运动时期有个著名的社
团，就取名为"少年中国学会"。以章太炎为代表提出的"古学复兴"的思
想，希望通过复兴古学，来重振中国文化，实现民族复兴，开启了中国近
代以来倡导以文化复兴来实现民族复兴之思想的先河，新文化运动时期的
"东方文化派"、30 年代的"本位文化派"和现代新儒家，可以说都是他们
思想的继承者和发展者。

①《〈大同日报〉缘起》，《新民丛报》第 38、39 号合本，1903 年 10 月 4 日。
② 邓实：《古学复兴论》，《国粹学报》第 1 年第 9 号，1905 年 10 月 18 日。

　　我们在充分肯定上述这些口号、梦想、主张和思想之意义和影响的同时，也应看到它们的历史局限性。孙中山"振兴中华"口号中的"中华"，指的并非是现代意义上的"中华民族"，而是"汉族"。"中华民族"这一观念最早是梁启超于1902年提出和使用的。在19世纪末20世纪初，人们尤其是以孙中山为代表的革命派主要是在"汉族"含义上使用"中华"一词的，1904年华兴会提出的"驱除鞑虏，复兴中华"、1905年同盟会提出的"驱除鞑虏，恢复中华"，其中的"中华"指的都是汉族，而非现代意义上的"中华民族"。梁启超"少年中国"的梦想，只是对民族复兴的一种憧憬和喻义，它并没有明确表达出"民族复兴"的思想含义。其他如欧榘甲1902年在《新广东》中提出"中国者，今日将死而复生，散而复聚，静而复动，灭而复兴之大机会也"，《新民丛报》1903年刊出的《〈大同日报〉缘起》一文使用的"复兴中国""振兴民族"，从其前后文和整个文章的意思来看，我们也很难得出是明确主张"民族复兴"的结论。这也是我们将19世纪末20世纪初，称之为民族复兴思想之孕育或萌发阶段的主要原因。

　　到了新文化运动时期，中华民族复兴思想有了进一步发展。

　　首先是比较明确地提出了"民族复兴"或"民族复兴运动"的思想。如1917年，李大钊在《大亚细亚主义》一文中，针对日本鼓吹的大亚细亚主义，提出"大亚细亚主义者，当以中华国家之再造，中华民族之复活为绝大之关键"①。就字义来说，"复活"虽然完全不能等同于"复兴"，但具有很强的"复兴"意义。当时使用"复活"一词的，还有"东方文化派"的代表人物梁漱溟。1921年，他在其成名作《东西文化及其哲学》一书中写道："中国不复活则已，中国而复活"，当于"昭苏了中国人的人生态度"中得之。②同年，另一位"东方文化派"的代表人物陈嘉异在《东方文化与吾人之大任》一文中用的是"民族再兴"，认为东方文化"实含有'中国民族之精神'或'中国民族再兴之新生命'之义蕴"。③1924年，孙中山在"民族主义"的演讲中，不仅第一次使用了"民族复兴"一词，并且批评列强想

---

① 李大钊：《大亚细亚主义》，《甲寅》（日刊），1917年4月18日。
② 梁漱溟：《东西文化及其哲学》，载中国文化书院学术委员会编《梁漱溟全集》第一卷，山东人民出版社，1989，第539页。
③ 陈嘉异：《东方文化与吾人之大任》，《东方杂志》第18卷第1号，1921年1月10日。

维持垄断地位，"不准弱小民族复兴"。几乎和孙中山同时，少年中国学会的主持人王光祈在《少年中国运动》一书的序言中，主张开展两种重要运动："一、民族文化复兴运动……二、民族生活改造运动"，并合称这两种运动为"中华民族复兴运动"。①

其次，李大钊、孙中山等人这时所讲的"民族复兴"，是包括汉、满、蒙、回、藏在内的中国各民族亦即"中华民族"的复兴，而非孙中山提出"振兴中华"口号时仅仅是"中华"亦即"汉族"的振兴。我们前面已经提到，"中华民族"一词首先是梁启超于1902年提出和使用的。辛亥革命前，使用过"中华民族"一词的只有三个人，除梁启超外，还有杨度（《金铁主义说》，1907年）和章太炎（《中华民国解》，1907年）。但无论是梁启超、杨度，还是章太炎，他们都是在"汉族"的含义上使用"中华民族"一词的。②1911年的辛亥革命推翻了清王朝，中华民国宣告成立。中华民国的成立，尤其是孙中山在《临时大总统就职宣言书》和《中华民国临时约法》中提出的"五族共和""五族平等"的建国主张，对"中华民族"自我意识的形成起了极大的促进作用。因此，民国初年到"五四"前后，不仅使用"中华民族"一词的人不断增多起来，而且开始具有了"中华民族"是中国境内各民族共同称谓的民族认同意识。③1917年2月19日，李大钊在《甲寅》日刊上发表《新中华民族主义》一文，他在谈到"新中华民族主义"时指出，在"高远博大"之民族精神的铸筑下，中国境内各民族早已"畛域不分，血统全泯"，凡籍隶于中华民国之人，"皆为新中华民族矣"，此前的汉、满、蒙、回、藏之五族的称谓，是辛亥革命特定时期的产物，现今五族的文化早已渐趋于一致，而又共同生活在统一的民国之下，汉、满、蒙、回、藏之五族以及其他苗族、瑶族都已成为"历史上残留之名辞"，没有再保留的必要，所有五族和其他各族都应统称为"中华民族"。与此相适应，今后民国的政教典刑，也应以新民族精神的建立为宗旨，统一民族思想，这也就是所谓的"新中华民族主义"。④很显然，李大钊在这里所讲的"中华民族"，

---

① 王光祈：《民族文化复兴与民族生活改造运动》，《醒狮》第 4 号，1924 年 11 月 1 日。
② 郑大华：《中华民族自我意识的形成》，《近代史研究》2014 年第 4 期。
③ 郑大华：《中国近代民族主义与中华民族自我意识的觉醒》，《民族研究》2013 年第 3 期。
④ 李大钊：《新中华民族主义》，《甲寅》（日刊），1917 年 2 月 19 日。

指的是包括汉、满、蒙、回、藏、苗、瑶等生活在中国境内的各民族。[①] 孙中山也是如此。1919 年他在《三民主义》一文中就主张："汉族当牺牲其血统、历史与夫自尊自大之名称，而与满、蒙、回、藏之人民相见以诚，合为一炉而冶之，以成一中华民族之新主义，如美利坚之合黑白数十种之人民，而冶成一世界之冠之美利坚民族主义。"[②] 汉族与满、蒙、回、藏"合为一炉而冶之"后形成的"中华民族"，很显然已不是纯粹的汉族，而是汉、满、蒙、回、藏等多民族的统称。[③]

　　再次，孙中山提出了要"恢复民族固有的地位"，必先"恢复我们民族的精神"的思想。"民族精神"一词最早出现于 18 世纪的德国。1903 年发表在留日学生创办的《江苏》第 7、8 期上的《民族精神论》，是中国最早以"民族精神"为标题的文章。该文在谈到"欧人今日之振兴"的原因时写道："彼所以能振兴如今日者，实自当时种种不可思议之原因而来。其结果之最早乃生民族之精神，其结果之最终遂成民族之膨胀……谓欧人技艺之精，则当日所谓蒸汽、电线，独未有所发明，而火车、轮船、军舰、枪炮以及杀人灭种之法，犹一切未闻于世也。而欧人之所以能致此者何哉？则以彼有一种如痴如狂不可思议之民族精神在也。"由欧人"而反观吾国今日之现状，则可谓腐败空虚，种种奇异谬悠之态，几无足自存于大地"，究其原因，"虽谓吾族之精神已死可也"。[④] 但在清末，受明治维新后的日本影响，人们更喜欢使用"国魂""国粹""国性""立国精神"等源于日本词汇的词来表达"民族精神"的含义。直到新文化运动时期，"民族精神"一词的使用才开始增多起来。如出版于 1919 年 12 月的《东方杂志》第 16 卷第 12 号的一篇文章的标题就叫作《民族精神》，文章认为，"凡人种、语言、文字、宗教、地理等关系，皆不足为建设民族之根本的条件。为今日之民族计，人种之化合渐灭，不足忧也，语言文字之灭亡，不足忧也，宗教之盛衰变迁，不足忧也，国土之存亡，亦不足忧也，所可忧者，其维民族精

[①] 参见喻春梅、郑大华《论五四时期李大钊的中华民族复兴思想及其意义》，《理论学刊》2015年第 12 期。
[②] 孙中山：《三民主义》，载《孙中山全集》第五卷，中华书局，1985，第 187—188 页。
[③] 参见郑大华《论晚年孙中山"中华民族"观的演变及其影响》，《民族研究》2014 年第 2 期。
[④] 佚名：《民族精神论》，《江苏》第 7 期，1903 年 10 月 20 日。

神之有无乎！"①然而新文化运动时期虽然使用"民族精神"一词的人增多起来，但没有人将"民族精神"与"民族复兴"联系起来，认识到"民族精神"对于"民族形成"重要意义的只有孙中山。1924 年初，亦就是标志着第一次国共合作形成的国民党第一次全国代表大会召开不久，孙中山应邀到广州国立高等师范学校礼堂作"三民主义"的系列演讲，他在演讲"民族主义"时指出：古代的中国是一个非常强盛和非常文明的国家，在世界上处于"头一等强国"的位置，现在的号称为世界强国的那些国家，如英国、美国、法国和日本等的地位根本无法与古代中国相比，因为那个时候的中国是"世界独强"，一枝独秀，没有哪个国家能与中国相提并论，而现在的强国是多强并列，至少也有六七个国家。然而从 1840 年鸦片战争开始，中国的地位则衰落了，并且是"一落千丈"，从世界上的"头一等强国"逐渐沉沦为了"次殖民地"。有的人以为"次殖民地"要比"殖民地"的地位好一些，但实际上"次殖民地"的地位"还不如殖民地"，殖民地的主子只有一个国家，而"次殖民地"则是多国共管，要受多个资本主义列强的侵略、压迫和掠夺。比如作为西方殖民地的"高丽和菲律宾所奉承的主人都只有一国的人，做奴隶的要得到一国主人的欢心，当然很容易。中国现在所奉承的主人有十几国，如果专得英国人的欢心，美国、日本和其他各国人便不喜欢；若是专得日本和美国人的欢心，英国和其他各国人便不喜欢。正是俗话所说'顺得姑来失嫂意'。要得到众主人的欢心，是很艰难的"。②中国之所以从世界上的"头一等强国"而逐渐沉沦为了被多个资本主义列强共管的"次殖民地"，最根本的原因就在于我们中国人"民族精神"的丧失。所以，"我们今天要恢复民族的地位"，重新成为世界上的"头一等强国"，成为"世界独强"，从而实现"振兴中华"的民族复兴梦，"便先要恢复民族的精神"。③他在演讲中还阐述了什么是中华民族的民族精神、恢复和弘扬民族精神对于民族复兴的重要意义，以及如何处理好恢复和弘扬民族精神与向外国学习的关系等问题。孙中山提出的要"恢复民族固有的地位"，必

① 隐青：《民族精神》，《东方杂志》第 16 卷第 12 号，1919 年 12 月 15 日。

② 孙中山：《在上海招待新闻记者的演说》，载《孙中山全集》第十一卷，中华书局，1986，第336 页。

③ 孙中山：《三民主义·民族主义》，载《孙中山全集》第九卷，中华书局，1986，第 242 页。

先"恢复我们民族的精神"的思想，是对民族复兴思想的重大发展。[①]

中华民族复兴思想虽然在新文化运动时期有了进一步发展，但它还没有成为一种有影响力的社会思潮，它还只是李大钊、孙中山、梁漱溟、陈嘉异、王光祈等少数几个人的思想，思想界的大多数人并没有涉及这一问题，更没有引起社会的广泛讨论，而所谓"思潮"，诚如梁启超所说的那样，潮起潮落，汹涌澎湃，它不是少数几个人而是一大群人甚至社会大多数人的思想。中华民族复兴思想发展成为一种具有广泛影响力的社会思潮则是在九一八事变之后。

我们说中华民族复兴思想在九一八事变之后发展成了一种具有广泛影响力的社会思潮，主要基于以下几个方面的认识：

首先，一些以"民族复兴"为宗旨的刊物相继创刊。如 1932 年 5 月 20 日于北平创刊的《再生》杂志，即明确宣布以"民族复兴"作为办刊的宗旨，并提出了较为系统的民族复兴方案供社会讨论，其"创办启事"写道："我中华民族国家经内忧外患已濒绝地，惟在此继续之际未尝不潜伏有复生之潮流与运动。本杂志愿代表此精神，以具体方案，谋真正建设，指出新途径，与国人共商榷，因定名曰再生（The National Renaissance）……兹拟一方面根据历史之教训，他方面博征世界之通例，提出另一新方案，以为唯循此途可致中华民族于复生。"[②] 括号里的英文，直译出来就是"民族复兴"。当时明确以"民族复兴"为创办宗旨的刊物，还有创刊于天津的《评论周报》和创刊于上海的《复兴月刊》等。1932 年 9 月 1 日创刊的《复兴月刊》的《发刊词》说："新中国建设学会同人，集议筹办《复兴月刊》，夫'复'有重新之意，'兴'待建设而成。换言之，即中国今日，内忧外患，国难重重，物质精神，俱形枯槁（槁），实离总崩溃之时期，已不在远，试问吾四万万人同立在此'不沦亡即复兴'之分水岭上，究竟将何以自处？吾敢断言，无男无女，无老无幼，全国中无一人甘沦为亡国之民，故吾又不能不要求，无男无女，无老无幼，全国中无一人不应起而共负建设之责。盖中国之能否复兴，实在乎新中国之能否建设而已。"[③] 其《本刊启事》更是明确

---

① 参见郑大华《论孙中山的中华民族复兴思想及其历史地位》，《教学与研究》2016 年第 10 期。
② 《启事一》，《再生》创刊号，1932 年 5 月 20 日。
③ 黄郛：《发刊词》，《复兴月刊》第 1 卷第 1 期，1932 年 9 月 1 日。

强调，《复兴月刊》的宗旨，是要集合全国有识之士，"研究现代建设计划，探讨民族复兴诸问题"。① 除这些以 "民族复兴" 为办刊宗旨的刊物外，其他许多未标明以 "民族复兴" 为办刊宗旨的报刊也都大量地刊登过相关文章，有的还发表 "社论"（如天津《大公报》1934 年 5 月 15 日 "社评"《民族复兴之精神基础》），开辟专栏（如《东方杂志》第 31 卷第 18 号就开辟过《民族复兴专栏》，发表赵正平的《短期间内中华族复兴之可能性》、潘光旦的《民族复兴的一个先决问题》、吴泽霖的《民族复兴的几个条件》等文章），就 "民族复兴问题" 进行讨论。即便是由南京中央大学中国教育社编辑并发行的《教育与中国》杂志（1933 年 5 月 1 日创刊），其《发刊词》也一再强调："我们深信，中国教育一定要整个的建设在含有五千年历史，四万万人口，三千万方里的土地之上。我们对于一切帝国主义的教育学者带有颜色的论调，及其盲从者的宣传，要加以相当的批判；同时，对于国内一切违犯民族利益的、非科学的教育设施，要加以严重的检讨和暴露。我们只知道以全体的整个的精神，贡献给中国教育，复兴中华民族，却不计我们的话语之为罪为功。"② 所以，《教育与中国》创刊后，先后发表了《我国教育改造与民族复兴》《民族复兴与教育建设》《民族复兴与中等教育》《民族复兴与初等教育》《民族复兴与幼稚教育》等一批讨论教育与民族复兴之关系的文章。

其次，一些以探讨民族复兴为主要内容的书籍相继出版。如张君劢的《民族复兴之学术基础》、吴庚恕的《中国民族复兴的政策与实施》、周佛海的《精神建设与民族复兴》、王之平的《民族复兴之关键》等。张君劢的《民族复兴之学术基础》，出版于 1935 年 6 月，书中收录了他此前的一些演讲稿和文章，如《民族复兴运动》《思想的自主权》《学术界之方向与学者之责任》《科学与哲学之携手》《中华民族复兴之精神的基础》《中华新民族性之养成》《中华历史时代之划分及其第三振作期》《历史上中华民族中坚分子之推移与西南之责任》《山西对于未来世界战争之责任》《十九世纪德意志民族之复兴》等，在该书的《凡例》中他写道："全书分上下两卷，上卷

---

① 编者:《本刊启事》,《复兴月刊》第 2 卷第 1 期, 1933 年 9 月 1 日,《本刊第二纪元之序言》文后。

② 中国教育社:《发刊词》,《教育与中国》创刊号, 1933 年 5 月 1 日。

为学术思潮，下卷为民族复兴，其要旨不外乎民族之自救，在以思想自主、文化自主为基础。"①

　　再次，思想界纷纷发表文章，就中华民族能否复兴和如何复兴的有关问题各抒己见，出谋划策，借用1933年9月1日出版的《复兴月刊》第2卷第1期的一篇文章的话说："中国今日，内则政治窳败，财尽民穷；外则国防空虚，丧师失地；国势岌岌，危如累卵。忧时之士，深虑神明华胄，将陷于万劫不复；于是大声疾呼，曰：'复兴！复兴！'绞脑沥血，各本其所学，发抒复兴国族之伟论。"② 以《复兴月刊》为例，第一期的11篇文章，其主题全是民族复兴，即：寰澄的《中华民族之复兴与世界之关系》、赵正平的《中华民族复兴问题之史的考察》、资耀华的《经济复兴与经济政策》、刘麟生的《复兴时代的文学》、沈亦云的《复兴？匹妇有责》、张水淇的《产业复兴之进路》、葛敬中的《农业复兴中国之出发点》、何杰才的《复兴与外交》、孙幾伊的《战后德国人民对于复兴底努力》、寿宇的《欧战后意大利的复兴》、岑有常的《波兰复兴伟人毕尔苏斯基》。就上述文章的标题来看，内容非常广泛，涉及了民族复兴的各个方面。第二期的10篇文章中，有5篇的主题是民族复兴。第三期的10篇文章中，以民族复兴为主题的有3篇。第四期的10篇文章中，谈民族复兴的文章也有3篇之多。此后各期，谈民族复兴的文章大约都在3至5篇。据蒋红艳博士研究，《复兴月刊》的作者群主要分为三大类：一是服务于学术界者，如在高等学校和研究机构工作的大概有37人，占16%；二是服务于政界者，约有52人，占23%；三是自由职业者，这类作者有17人，占10%，也就是说其作者主要以大学教授、政界人士和金融界人士居多，占80%左右。③ 其他报刊，如《东方杂志》《独立评论》《时代公论》《反省月刊》《西北公论》《正中半月刊》《妇女共鸣月刊》以及天津《大公报》等，也都刊发过不少以民族复兴为主题的文章，只是刊发的量不如《复兴月刊》那么多、那么密集。如《反省月刊》第9—10期刊发的《民族复兴运动之内容及其前途之展望》，《西北公论》

① 张君劢：《民族复兴之学术基础》，再生社，1935，《凡例》第1页。
② 吴钊：《复兴之基点》，《复兴月刊》第2卷第1期，1933年9月1日。
③ 蒋红艳：《〈复兴月刊〉民族复兴思想研究——以政治话语为中心》，博士学位论文，湖南师范大学，2014，第34页。

第 1 卷第 5 期刊发的《中华民族之危机与复兴及民族复兴运动之史的证论》，《文化与社会》第 2 卷第 6 期刊发的《民族复兴运动之认识》，《清华校刊》第 2 卷第 1、2 期刊发的《复兴民族必需的几个条件》，《妇女共鸣月刊》第 3 卷第 8 期刊发的《妇女运动与民族复兴运动》，《交大学生》第 6 卷第 1 期刊发的《民族复兴与青年运动》，《江汉思潮月刊》第 3 卷第 3 期刊发的《中国民族复兴运动的现状》，《晨光周刊》第 6 卷第 18 期刊发的《民族复兴运动的回顾与前瞻》，《正中半月刊》第 1 卷第 10 期刊发的《复兴民族中的妇女运动》，《师中集刊》第 3 卷第 12 期刊发的《家事教育与中华民族复兴运动》，等等，可以说在九一八事变后的 30 年代，几乎很难找到一种没有刊发过民族复兴文章的政论性或综合性的报刊了，这正如时人所指出的："'中国复兴'四字，现在几乎成了口头禅。而各种复兴运动，也就应运而起。"[①]

二、"民族复兴"思潮兴起和形成的原因

"民族复兴"之所以在九一八事变后成为一种具有广泛影响力的社会思潮，其主要原因是日益严重的民族危机，激化了人们的民族认同感和民族责任感，从而为中华民族复兴思潮的形成提供了契机。正如张君劢等人在《我们所要说的话》中开宗明义所指出的那样："中国这个民族到了今天，其前途只有两条路：其一是真正的复兴；其一是真正的衰亡。"日本的残暴侵略使中华民族陷入了生死存亡的严重危机之中，但"危机"也就意味着"转机"，"这个转机不是别的：就是中华民族或则从此陷入永劫不复的深渊，或则即从此抬头而能渐渐卓然自立于世界各国之林"；"所谓转机的关键就在以敌人的大炮把我们中华民族的老态轰去，使我们顿时恢复了少年时代的心情。这便是民族的返老还童"。[②]沈亦云在《复兴？匹妇有责》一文中也写道："内忧外患，至于今日。强邻压境，可以亡国。政治紊乱，可以亡国。军纪废弛，可以亡国。土匪遍野，可以亡国。教育失宰，可以亡国。经济涸绝，可以亡国。风俗颓靡，可以亡国。人心腐败，可以亡国。有一于此，殆将不免，况兼之乎？然则此四千余年之古国，四百兆方里之土地，全世

---

① 黄伯樵：《自觉！自给！自卫！自主！自存》，《复兴月刊》第 2 卷第 9 期，1934 年 5 月 1 日。
② 记者：《我们所要说的话》，《再生》第 1 卷第 1 期，1932 年 5 月 20 日。

界人口四分之一之民族，享有过去历史上之光荣者，竟忍视其沦亡已乎？曰，绝续之交，其道惟二，不沦亡，即复兴耳！"[①]傅斯年的《"九一八"一年了》一文，称"'九一八'是我们有生以来最严重的国难，也正是近百年中东亚史上最大的一个转关"，它与"世界大战"和"俄国革命"一样，"是二十世纪世界史上三件最大事件之一"；而作为九一八事变的受害者，"假如中国人不是猪狗一流的品质，这时候真该表示一下子国民的人格，假如世界史不是开倒车的，倭人早晚总得到他的惩罚。所以今天若把事情浅看出来，我们正是无限的悲观，至于绝望；若深看出来，不特用不着悲观，且中国民族之复兴正系于此"[②]。邹文海在文章中同样写道："感谢日本飞来的炸弹，因为它无形中启发了我们新的政治生命。外寇的压迫，引起了国人自尊的心理，对外的抵抗，破除了向来自私的习惯。我们中华民国的国民，从此以后，要在一致势力之下，建立一个真正的民主国家"，实现中华民族的伟大复兴。[③]署名"平凡"的作者在《中华民族之危机与复兴及民族复兴运动之史的证论》中说："在达尔文氏定论下，堕落消沉之中华民族，的确走进于生存最后的厄运！九一八的痛事，是血钟从迷梦中向中华民族最后之警告。在敌人烽火连天的袭击中，吾人深信五千年中华民族的血魂，是不甘心于征服毁灭，民族复兴之火焰，必然的要爆发，要成功。"[④]所以，"自'九·一八'国难发生以来，全国上下无日不以兴复中华民族为口号"[⑤]。

除民族危机这一主要原因外，以张君劢为代表的国家社会党人和以蒋介石为代表的国民党人的推动，也是民族复兴思潮能于九一八事变后迅速形成的一个重要原因。这里需要指出的是，中国共产党的初心使命，是为中国人民谋幸福，为中华民族谋复兴。在中国近代民族复兴思想的发展历程中，作为中国早期马克思主义者和中国共产党创建者之一的李大钊曾做出

[①] 沈亦云：《复兴？匹妇有责》，《复兴月刊》第1卷第1期，1932年9月1日。

[②] 孟真（傅斯年）：《"九一八"一年了》，《独立评论》第18号，1932年9月18日。

[③] 邹文海：《选举与代表制度：第六章选举和代表制度在中国的命运》，《再生》第2卷第9期，1934年6月1日。

[④] 平凡：《中华民族之危机与复兴及民族复兴运动之史的证论》，《西北公论》第1卷第5期，1933年9月1日。

[⑤] 王禧忠：《家事教育与中华民族复兴运动》，《女师学院季刊》第3卷第1—2期合刊，1935年1月10日。

过重要贡献，提出过"中华民族之复活"的思想，但九一八事变后，由于国民党将"民族复兴"话语塑造成了国民党的官方话语，中国共产党不仅再没有使用过"民族复兴"一词，而且还对国民党主导的"民族复兴"话语持的是批判态度。在这一时期，中国共产党使用的是"民族解放"话语来表达对民族复兴的诉求。直到七七事变前后，随着国共第二次合作的实现，抗日民族统一战线的建立，中国共产党才又开始"有限度地"使用"民族复兴"话语。①

张君劢早年追随梁启超，参加清末立宪运动。后因国民党迫害，于1929 年去了德国，直到九一八事变前一天，他才回到北平。1932 年 4 月，他与张东荪等人一道秘密发起成立国家社会党。同一天，宣布成立"再生社"。5 月 20 日，《再生》杂志（月刊）在北平创刊。其创刊《启事》明确提出以指示新途径、谋中华民族的再生为宗旨，认为 20 年来所有建国方案，如君主立宪、共和、专制等历试殆尽，而皆无所裨益。现在中华民族国家是内忧外患已濒绝地，所以"提出另一方案，以为唯循此途可致中华民族于复生"。而这"另一方案"就是张君劢、张东荪等人在《我们所要说的话》中提出的对中国政治、经济、教育的主张及其 98 条纲领。张君劢本人开始着手翻译德国哲学家费希特在法国拿破仑军队占领德国时发表的《对德意志国民演讲》之摘要本。在译稿前面的《引言》中张君劢写道："数千年之历史中，大声疾呼于敌兵压境之际，胪举国民之受病处，而告以今后自救之法，如菲希德氏之《对德意志国民之演讲》，可谓人间正气之文字也。菲氏目的在提高德民族之自信心，文中多夸奖德人之语，吾侪外国人读之者，原不求必之一字一句之中，故取倭伊铿氏关于菲氏演讲之摘要本译之，繁重处虽删，而绝不影响于菲氏真面目……呜呼！菲氏之言，既已药亡国破家之德国而大收其效矣，吾国人诚有意于求苦口之良药，其在斯乎。"②他认为费氏在演讲中阐述了民族复兴的三个重要原则：第一，在民族大受惩创之日，必须痛自检讨过失；第二，民族复兴，应以内心改造为唯一途径；

---

① 参见郑大华《中国近代民族复兴思潮研究：以抗战时期知识界为中心》的第一章第四节第三子目"中国共产党有限度地使用'民族复兴'的话语"，中国社会科学出版社，2017，第 243—249 页。
② 张君劢：《菲希德〈对德意志国民演讲〉摘要》，《再生》第 1 卷第 3 期，1932 年 7 月 20 日。

第三，发扬光大民族在历史上的成绩，以提高民族的自信力。"此三原则者，亦即吾国家今后自救之方策也。世有爱国之同志乎！推广其意而移用之于吾国，此则菲氏书之所以译也。"[①]1932 年 7 月 20 日起译稿开始分五期（即从第 1 卷第 3 期到第 1 卷第 7 期）在《再生》杂志上连载，并于年底结集成书，由《再生》杂志社正式出版。张君劢的好友教育家瞿菊农和哲学家林志钧分别为该书作序。《菲希德对德意志国民演讲》出版后"颇受人们欢迎，不久即销售一空。翌年春夏，又两次再版"[②]。除费希特的《对德意志国民演讲》之摘要本外，《再生》杂志还先后发表了《中华民族之立国能力》（第 1 卷第 4 期）、《民族复兴运动》（第 1 卷第 10 期）、《民族文化与民族复兴》（第 1 卷第 11 期）、《学术界之方向与学者之责任》（第 2 卷第 2 期）、《十九世纪德意志民族之复兴》（第 3 卷第 1 期）、《民族命运之升降线》（第 3 卷第 2 期）等一大批宣传和探讨民族复兴的文章。

这些文章的发表，尤其是费希特的《对德意志国民演讲》之摘要本译文的连载，在当时产生了重要影响，正是在张君劢和《再生》杂志的推动下，思想界形成了一个介绍费希特民族复兴思想的小高潮，初步统计，仅《东方杂志》《国闻周报》《时代公论》《教育杂志》《再生》和《大公报》等报刊发表的费希特《对德意志国民演讲》之译文（节译或摘译）或介绍费希特之民族复兴思想的文章就达 23 篇之多，其中《教育杂志》和《再生》杂志各 5 篇，《国闻周报》《时代公论》和《复兴月刊》各 3 篇，《东方杂志》2 篇，《国论月刊》和《大公报》各 1 篇。特别需要指出的是，费希特的《对德意志国民演讲》之节本，还被收入 1933 年出版的《中学国文特种读本》第二册（高中用书）。该课本的文后"解题"写道："普鲁士之抵抗强敌，复仇雪耻，端赖以是（指费氏的《对德意志国民演讲》——引者）。全书凡十四讲，纵论日耳曼民族之特质，自精神方面所见民族与祖国爱之意义，新国民教育之出发点，达到目的之方法等，极其透辟详尽"，而"现在日寇夺去我东北四省之地，我所受之耻辱，不减当年普鲁士之败，我爱国青年，读斯文其亦将有所感动于中而毅然兴起乎？"[③]

---

① 张君劢：《菲希德〈对德意志国民演讲〉摘要》，《再生》第 1 卷第 3 期，1932 年 7 月 20 日。
② 郑大华：《张君劢传》，中华书局，1997，第 233 页。
③ 孙俍工编《中学国文特种读本》（第二册），国立编译馆，1933，第 141 页。

在德国哲学史上，费希特居于上承康德传统、下开黑格尔先河的重要地位。但与其他哲学家不同的是，他不仅坐而言，而且起而行，并因为在国难时的挺身而出成了德国家喻户晓的爱国的民族主义者。费希特一生都坚持法国革命的理想，致力于建立理性王国，在法国入侵德国之前他主张的是世界主义。他曾表示："很显然，从现在起，只有法兰西共和国才能是正直的人的祖国，而正直的人也只能为这个共和国贡献自己的力量，因为从现在起，不仅从人类的殷切希望，而且人类的现实生活都是与这个共和国的凯旋连结在一起的。"① 但当拿破仑战争由正义的保卫法兰西共和国的战争转变为非正义的侵略其他国家的战争后，尤其是当 1806 年拿破仑的军队侵入和占领柏林，并强迫德国签订屈辱的城下之盟后，他从一位积极的世界主义者转变成了一位爱国的民族主义者。费希特的民族主义思想集中体现在拿破仑军队占领柏林时他不顾个人安危发表的《对德意志国民演讲》中。正如费希特的学生、波恩大学历史学教授 J.W. 吕贝尔所说："费希特并不像他经常做的那样，是从世界公民的立场出发，而是恰恰从民族主义的立场出发，作了那次告德意志民族的演讲，以慰藉这个民族，唤醒它的希望；这次演讲是在多疑的敌人的窥视下，以激昂的热情和大丈夫的勇气作的。"② 概而言之，在《对德意志国民演讲》（注：现在也有人译为《对德意志民族的演讲》）中，费希特主要阐述了这样一些民族主义思想：

第一，力陈德意志民族的独特性与民族精神，树立民族自信心。费希特说："在这里，我们将一如既往，也从最高、最普遍的东西开始，说明什么是德意志人——不管其目前遭遇的命运怎样——自他们存在以来本身具有的基本特点，同时也说明，正由于德意志人具有这种特点，所以他们有接受这种教育的能力，非其他一切欧洲民族所能及。"③ 费希特认为德意志民族具有欧洲其他民族所没有的独特性和优越性。为证明德意志民族具有自我改造的能力，他提出了"原初民族"说，以说明唯有德意志人能使用活的语

---

① 费希特：《致美因茨教育管理中心弗·威·容》，转引自梁志学《光辉的爱国主义篇章——〈对德意志民族的演讲〉》，载费希特《对德意志民族的演讲》，梁志学、沈真、李理译，辽宁教育出版社，2003，第1—2页。

② 转引自 E. 伏克斯《费希特思想在德国民族运动中的痕迹》，《哲学译丛》1994 年第 2 期。

③ 费希特：《对德意志民族的演讲》，第 48 页。

言，或曰纯粹德语，而不参以外族之语言元素，故能依据自己的语言，体会其语言所指示之对象，而其他日耳曼裔民族则不能。因为，"1）在具有活生生的语言的民族那里，精神文化影响着生命；在不具有这种语言的民族那里，精神文化和生命则各行其道，互不相干。2）出于同样的理由，前一民族对所有精神文化采取真正认真的态度，并希望它能影响生命；与此相反，后一种民族则宁可把精神文化看做一种天才的游戏，除此以外，对它不再抱更多希望。后一种民族只有精神，前一种民族除了精神，还有心灵。3）由第二点得出的结果是，前一种民族做一切事情，都很诚实、勤奋与认真，而且不辞辛苦；与此相反，后一民族则作风懒散，随遇而安。4）由所有这一切得出的结果是，在前一种民族那里，广大民众都是可以教育的，而且这种民族的教育者都做出试验，将他们的发明用于民众，希望能对民众产生影响；与此相反，在第二种民族那里，有教养的阶层则与民众分离，无非是把民众视为实现他们的计划的盲目工具"。[1]他认为德意志的精神文化在于德意志人信仰人本身的绝对第一位的和本原的东西，信仰自由，信仰他们族类的无限改善和永恒进步。

第二，在民族认同的基础上进行自我反省。费希特认为德国的战败是由于德意志民族利己主义充分的发展，因为"利己主义经过充分的发展以后，丧失了它的自我，丧失了独立地给自己设定自己的目的的能力，从而自己毁灭了自己"[2]。当利己主义在"首先掌握了全体被统治者以后，如果也从被统治者出发，侵袭了统治者，成为他们生活的惟一动力，那就发展到了登峰造极的程度"。其时，这种"登峰造极的"利己主义的统治，在对外方面会放弃把德意志民族联合起来的纽带，而抱有一种只要自己的疆界不受侵犯，自己就拥有和平的可悲幻想；在对内方面会表现出优柔寡断，会使管理国家的机构涣散无力，举措没有威严。其结果，就是德意志民族的"完全腐败"，"变得自私自利"，因而在遇到"外来暴力"的打击时便很快"没落"下来，丧失了自己的独立性。而"独立性"的丧失，也就意味着德意志民族"丧失"了影响时代潮流的能力，使自己的生存和发展不得不受制于

---

① 费希特：《对德意志民族的演讲》，第61—62页。
② 费希特：《对德意志民族的演讲》，第10页。

支配它的命运的外来暴力。所以，德意志民族不图复兴则已，要实现复兴，就必须革除这种"所有其他腐败现象的根源"的"利己主义"。①

第三，复兴德意志的唯一途径——国民教育。费希特说："我作为维护德意志民族生存的惟一手段提出的建议，就是完全改变迄今的教育制度。"②他认为法国革命的理想之所以没有实现，是因为法兰西民族的教育水平和文化水准不够高，德意志民族可以也应该改变这种状况，建立起一个合乎理性的国家。而要建立起一个合乎理性的国家，"一个民族首先必须获得文化素养，教育水准必须得到提高。一个民族只有依靠脚踏实地的工作，首先解决了培养全面发展的人的教育课题，然后才能解决建立完善的国家的课题"③。费希特提倡的这种新教育不同于以往的旧教育，在他那里，受教育不再只是上层极少数人的权利，而是广大的民众都应该享有这种权利。他说："由此可见，给我们留下的惟一办法就是不折不扣地、毫无例外地把新的教养施给一切德意志人，以致这种教养不是成为一个特殊阶层的教养，而是不折不扣地成为这个民族本身的教养，并且毫无例外地成为它的一切单个成员的教养；在这种教养方面，即在使人对公正事情衷心表示满意的教养方面，各个阶层将来在其他发展部门可能发生的一切差别都会完全消失；所以，按照这种方式，就在我们当中决不会形成民众教育，而是会形成特有的、德意志的民族教育。"④费希特认为旧教育培养的国民是言行不一的利己主义者，而新教育要培养的是言行一致的善良公民。他的新教育的实质在于世界主义与爱国主义的统一。"那种需要加以培养的精神本身直接体现了对祖国的高度热爱，它把它的尘世生活理解为永恒的生活，把祖国理解为这种永恒生活的载体，它如果要在德意志人当中建立起来，就会把对德意志祖国的爱理解为自己的必然组成部分，在自身直接体现出来；从这种爱中自然会产生出保卫祖国的勇士和安分守法的公民"，其"精神的本质把我们完全摆脱一切压迫我们的苦难的解救工作同我们光复民族和振兴

---

① 费希特：《对德意志民族的演讲》，第11页。
② 费希特：《对德意志民族的演讲》，第14—15页。
③ 费希特：《对德意志民族的演讲》，第86—87页。
④ 费希特：《对德意志民族的演讲》，第16—17页。

祖国的事业不可分割地联系在了一起”。①

　　实际上早在 1916 年，中国人就知道了费希特和他的《对德意志国民演讲》。是年，梁启超在北京《大中华杂志》上发表《菲斯的（即费希特——引者）人生天职论述评》一文。当时正值袁世凯与日本政府讨价还价，企图以签订丧权卖国的"二十一条"来换取日本对他称帝计划的支持。梁启超为揭露并批判这种阴谋，发表此文，以唤醒国人对袁世凯卖国行径和日本侵略行径的正确认识。以前学者都认为梁氏是从哲学方面对费希特进行介绍的，但本书认为梁氏更注重的是费的民族主义思想尤其是民族主义思想所带来的现实意义。梁在文中写道：1807 年拿破仑占领德国后，"当时所谓日耳曼民族者，无贫富贵贱智愚贤不肖，人人皆惟亡国是忧，惟为奴是惧，志气销沉，汲汲顾影，而忽有唤醒其噩梦，蹶起其沉疴，拔诸晦盲绝望之渊，而进诸缉熙光明之域者，则菲斯的其人也……菲斯的之在围城也，著一小册子曰《告德意志国民》，至今德国儿童走卒，犹人人能举其辞。盖其文章之神力，支配全德人心理者百年如一日。（此文吾只见其断片耳，常以不得睹全豹为憾，容当求得而翻译之）……以菲斯的时代之德国，仅数十年而能一变为俾斯麦时代之德国，更一变为维廉第二时代之德国。而吾国人以区区目前之困心衡虑，进乃神志落寞，奄奄然若气息不属，曰吾更有何事，吾待亡而已。呜呼，其亦未闻菲斯的之教也。菲斯的所著哲学书甚富，吾学力未充，不敢妄译。今所述者，则其通俗讲演为一般人说法者也，吾以为是最适于今日中国之良策"②。

　　梁启超是最早将西方近代民族主义介绍到中国的思想家之一，如前所述，中华民族这一观念就首先是他提出来的。在《菲斯的人生天职论述评》一文中梁启超运用自己深厚的国学功底，并结合中国传统文化，对费希特人生天职论进行述评，阐述了费希特的"知行合一"说，认为费希特的人生观以"人生实有天职为前提"，"可谓最健全者也"；论述了其建立理性王国的最高理想。尤其需要指出的是，在是文中，梁启超高度赞扬了费希特在民族危亡时积极参加反对拿破仑侵略战争，为唤醒德意志民族而置生死于

① 费希特：《对德意志民族的演讲》，第 129 页。
② 梁启超：《菲斯的人生天职论述评》，载《饮冰室合集》第 4 册，文集之三十二，第 71 页。

度外，在法军的监视下作《对德意志国民演讲》，"其言鞭辟近里，一字一句，皆能鼓舞人之责任心，而增长其兴会，孟子所谓奋乎百世之上，百世之下闻者莫不兴起也"。[1] 他盛赞费希特为缔造德国的"四哲"之一："四哲为谁？一曰戛特，二曰西黎尔，三曰康德，四曰菲斯的。此非兜逊一人之私言，凡稍习于欧洲国故者皆所同认也。"同时，他也为费希特的思想学说尤其是民族主义思想未能传入中国并为中国人民所接受而感到遗憾和羞愧："四哲著述，在德国家弦户诵，固无论矣。世界各国，有井水饮处，殆莫不有其全集之译本，读者无不受至大之感化。独至我国人，惟康德之名，或尚为少数学子所尝耳食，自余三子，则并姓氏亦罕能举之，遑论学说。呜呼，我国之可耻可痛可怜，一至此极也。"[2]

正如梁启超所说的那样，在 20 世纪 20 年代之前中国几乎没有人知道费希特，他的民族主义思想对当时的中国也没有产生过任何影响。但进入20 年代后这种状况有了改变。1926 年 5 月，曾留学德国、师从倭伊铿学习哲学的张君劢在《东方杂志》上发表《爱国的哲学家——菲希德（即费希特——引者)》一文，介绍费希特的生平和思想。他开宗明义便写道："现在的中国，是在很严重的时期：国内四分五裂，军阀横行；国外受列强政治的压迫，和不平等条约的牵制。在这时候，稍有良心的人都想替国家开一条新路，同时也想自己以后应采什么方针，怎样做人。"而费希特所处时代的德国的情形，"比我们现在恐怕还要差几十倍罢"，但费希特并未因此而失去信心，相反承担起了唤醒国民一致对外的重任。在生命受到威胁的情况下，费希特不畏艰险，作《对德意志国民演讲》，积极宣传救国主张，建立民族自信，开展教育救国精神救国，最终成就了德意志的复兴。"一八七〇年俾士麦统一德国的成功，就在这时立下基础"。因此，他极力呼吁以费希特作为中国的指导者："我们今后应遵行的途径如何，菲氏不是一个极好的指导者吗？所以我希望诸君对于菲氏的言行加以深思！"在文中，张君劢较多地介绍了费希特的《对德意志国民演讲》，认为费氏的演讲主要有三个要点：（一）自责：费氏推论一八〇六年德国败亡的原因，在国民的自

---

① 梁启超：《菲斯的人生天职论述评》，载《饮冰室合集》第 4 册，文集之三十二，第 70—71 页。
② 梁启超：《菲斯的人生天职论述评》，载《饮冰室合集》第 4 册，文集之三十二，第 70 页。

私自利，因为自私自利，才受外人的压迫，而不能自由独立。因此，德国不想救亡，不想复兴则已，要想救亡，要想复兴，就必须深刻地自我反省。（二）道德的再造：费氏认为既然德国败亡的原因，在于道德的堕落，所以救亡的方法就在道德的革新，建立一种新的民族精神，否则，"是无法可以救亡的"。（三）爱国的原理：费氏认为国民所以爱国，不是为了个人利益，而是为了一国的文化，为了国民性的永久保存。"这种爱国之念，发于求国家的天长地久而来，实含有宗教的神秘性，决不是股东合组公司，只为谋利的，所可同日而语。"① 他并依据这三点对"现在我们国内学界上所谓救亡方略"提出了批评。就目前我们收集到的资料来看，张君劢的这篇文章，是国内第一篇相对来说较为全面介绍费希特及其民族主义思想的文字。

除张君劢外，在 20 年代，介绍费希特及其民族主义思想并受其影响的还有以曾琦、李璜等为领导的中国青年党人。众所周知，中国青年党自称"国家主义派"，信奉的是国家主义理论，但为什么他们在信奉国家主义理论的同时又会介绍费希特的民族主义思想并接受其影响呢？这就牵涉到民族主义与国家主义的关系问题。实际上，在英文里，民族主义与国家主义并没有区别，都是 Nationalism。如费希特，就既被人称为民族主义的思想家，也被人称为国家主义的创始人。用徐迅的话说：在西方的"政治语境里，爱国主义和民族主义往往可以互换，或者是同义词，要区别爱国主义和民族主义并没有实际的意义。因为两者的核心问题是对国家的集体忠诚和集体忠诚作用下的集体行动"。② 受其影响，在中国近代史上，民族主义和国家主义也常常是混在一起使用的。有研究者就认为："在中国，民族主义与国家主义是一体化的，是同一思潮的两个方面。民族主义是国家主义存在的理由，国家主义是民族主义的归宿。自民族主义诞生之日，就伴生了国家主义。"③ 换言之，无论国家主义还是民族主义，其政治诉求都在于挽救民族危亡，建立一个独立的、现代化的民族国家。但是，我们要强调的是，国家主义并不完全等同于民族主义，国家主义强调"国家至上""国家高于

① 张君劢：《爱国的哲学家——菲希德》，《东方杂志》第 23 卷第 10 号，1926 年 5 月 25 日。
② 徐迅：《解构民族主义：权力、社会运动、意识形态和价值观念》，载乐山编《潜流——对狭隘民族主义的批判与反思》，华东师范大学出版社，2004，第 259 页。
③ 杨春时：《中国现代化进程中的民族主义和国家主义》，《海南师范学院学报》2002 年第 1 期。

一切"；而民族主义的出发点是民族，它强调的是民族认同、民族精神、民族建国。

和张君劢一样，中国青年党的许多领导人和骨干都在法国、德国或欧洲其他国家留过学，对费希特的民族主义思想有或多或少的接触和了解。但和张君劢不同的是，中国青年党人介绍和接受影响的主要是费希特通过国民教育来实现国家复兴的民族主义思想。费希特认为在法国的侵略之下，实现民族复兴的唯一途径就是教育，他说："能够拯救德意志的独立性的，绝对仅仅是教育，而不是其他可能的手段。"[1] 费氏的这一思想得到了青年党的高度认同。该党的机关刊物《醒狮》周报上曾发表过《追怀德意志民族的先觉者，菲希特与席勒》一文，作者"驾生"在文中写道："试看周围！在全国境不是充满了豺狼的军队吗？况且在德意志恃有甚么武力！德意志复兴的唯一途径，就是得依仗教育：菲希特像这样的高叫了。(《告德意志国民》第九—十一讲) 唯有教育才是拿破仑遗留给德意志的唯一的自由的领域；我们得从这个教育之下，要更生全德意志的自由的。教育是甚么？教育是给人以灵感，使着人们感激，就是能在人的精神方面点火的。"[2] 青年党的其他人也普遍赞同这种观点，认为救国的主要手段即是国家主义的教育，并有《国家主义的教育》一书出版。余家菊说："在国家既受大创之后，思以教育之力求国民复苏者，则为德国之菲希的 (即费希特——引者) 氏。氏当德国大败于法之后，见国家穷困人民沮丧，乃大唱新教育论而极力宣传教育救国之说。"[3] 陈启天在《国家主义与教育》一文中写道："当一八〇七年普败于法，Fichte (即费希特——引者) 欲以教育上的国家主义再兴德国，而普国国家学校制度完全成立。教育经费由国家担任，学校事务由国家经营，以求教育可完全普及，此非以传教为目的之教会学校与人存政举人亡政息的私立学校所能办到。"[4]

实际上，思想界探求教育救国早已有之，而国家主义教育在清末民初

[1] 费希特：《对德意志民族的演讲》，第 127 页。
[2] 驾生：《追怀德意志民族的先觉者，菲希特与席勒》，《醒狮》第 152—157 期合刊，1927 年 10 月 10 日。
[3] 余家菊：《教育建国论发微》，《醒狮》第 13 号，1925 年 1 月 3 日。
[4] 陈启天：《国家主义与教育》，《新教育》第 8 卷第 1 期，1924 年 2 月 15 日。

就已初见端倪。早在维新变法时期，康、梁就特别注重国民意识的培养。1898 年康有为在《请开学校折》中分析了中西教育的异同，认为"百业千器万技，皆出于学"，西方各国"分途教成国民之才"，而中国"乃鞭一国之民以从事八股枯困搭截之题"，故其"才不足立国也"。① 为此，他主张应效法"普之先王大非特力"，兴办"国民学，令乡皆立小学，限举国之民，自七岁以上必入之，教以文史、算数、舆地、物理、歌乐，八年而卒业，其不入学者，罚其父母"。② 梁启超在《与林迪臣太守书》中指出，泰西各国特别重视国民素质尤其是政治素质的提高，"其为学也，以公理公法为经，以希腊、罗马古史为纬，以近政近事为用，其学成者授之以政，此为立国基第一义"。明治维新后的日本"所以不三十年而崛起于东瀛"，也是由于它"变法则独先学校，学校则独重政治"，重视对国民素质的培养。中国要想实现富强，就应向西方和日本学习，"以振兴学校为第一义"，培养出更多的"中西兼举，政艺并进"的国民来。③ 在 1902 年发表的《新民说》中，梁启超更进一步丰富了他的国家主义教育思想，认为培养具有自由思想、权利思想、义务思想、国家思想、利群思想、生利思想、合群思想、尚武精神以及自治自尊、自治自立观念的新国民，是中国的立国之本和解决"内治""外交"的"当务之急"。④ "国家主义教育"一词最早见于我国教育界是 1906 年，那一年梁启超主编的《新民丛报》发表了一篇题为《国家主义教育》的译文，该文阐述了国家主义教育的起源、发展和变迁。从此，国家主义教育也就渐为国人所知晓。到了 20 年代，由于青年党的主要领导人大多从事的是教育事业，如曾琦回国后在大夏大学教书，并在同济、政法、学艺等大学兼任讲席，余家菊回国先后担任国立武昌师范大学（后改为武昌大学）哲学系主任、东南大学教授、金陵军官学校总教授（后任监督）、冯庸大学教授、河南大学教育系主任等，陈启天曾任教于文华大学、长沙第一师范学校、成都大学，担任上海知行学院院长，他们也就很自然地接受

① 康有为：《请开学校折》，载汤志钧编《康有为政论集》上册，中华书局，1981，第 306 页。
② 康有为：《请开学校折》，载《康有为政论集》上册，第 305 页。
③ 梁启超：《与林迪臣太守书》，载《饮冰室合集》第 1 册，文集之三，第 2—3 页。
④ 梁启超：《新民说·论新民为今日中国第一急务》，载《饮冰室合集》第 6 册，专集之四，第 2—5 页。

了费希特的从教育着手来复兴国家的民族主义思想，把国民教育作为救国的主要手段而加以积极地宣传和实践。

虽然早在 20 年代，张君劢以及青年党的李璜、左舜生等人对费希特的民族主义思想作过一些介绍，但这些介绍还是零星的，不成系统的，其影响也十分有限。只是到了九一八事变后，费希特的民族主义思想才被系统地介绍到中国并产生了广泛的社会影响。费希特的民族主义思想之所以于九一八事变后被系统地引介到中国，分析起来，大致有以下三个方面的原因。

第一，费希特提出民族主义思想时的德国处境与 30 年代时的中国处境十分相似。概而言之，费希特提出民族主义思想时的德国四分五裂，没有一个统一的强有力的中央政府，1806 年又遭到拿破仑的法国军队的入侵，法军并于 1807 年攻陷柏林，德意志民族面临着亡国灭种的现实危险。同样，30 年代的中华民族也面临着严峻的亡国灭种的现实危险。相同的历史处境，使费希特所提出的民族主义思想容易在中国思想界中产生共鸣。这正如瞿世英为张君劢的《菲希德对德意志国民讲演节本》所写的序言指出的那样：“菲氏的演讲，可以认为不仅是对德国人的演讲，而是对人类的演讲，尤其是国家危险与他当时的普鲁士相仿佛的国家，应当在他的讲演里得到感动，得到安慰，得到努力的方向。他的演讲，‘对于惨败者，鼓其勇气与希望，对于愁苦者予以欢欣，对于悲不自胜者，有所以慰藉之。各人不至因惨痛而抑郁无聊，各人有追求事物真相之热心，且有应付当前之难问题之勇气。’”①

第二，费希特身体力行，在国难时为复兴民族而置生死于度外的精神极大地体现了爱国主义情怀，这与近代中国思想界对于民族主义的爱国主义理解有异曲同工之处。早在 20 世纪初，蒋智由在《〈中国民族权力消长史〉序》中就认为爱国主义就是民族主义，他说：“今之昌时论者，曰爱国，又曰民族主义，二者其言皆是也。欲拯中国，舍是道其奚由也？或者谓国家之义，与夫民族不同。民族者，一种族之称；而国家或兼含数民族而成。

---

① 瞿菊农（世英）:《菲希德对德意志国民讲演节本序》,《再生》第 1 卷第 7 期，1932 年 11 月 20 日。

若是，则言爱国，与夫言民族主义，二者得毋有相冲突者乎？余曰：夫国家之于民族，固不同物，虽然，此二主义实可并施于中国而无碍。何则？中国之所谓国家者，数千年历史以来，即我民族所创建之一物也。故就中国而言，非民族则无所谓国家……我之所谓国者，我民族所创建之一国是也。然则今日尚得谓之有国乎？曰：乌乎！其尚得谓之有国已矣，其谁不知我早为亡国之民矣。然则既无国，曷言爱国？曰：我所谓爱国者，爱吾祖宗之故国，惟爱之，故欲新造之。如是，故言民族主义即为爱国主义，其根本固相通也。"进而，他提出"民族爱国主义"的口号："会稽先生抱民族爱国主义，其热如火，著是书也，盖欲伸其志也。"[①] 进入 30 年代后，由于民族危机的空前严重，人们在高呼"爱国""救亡"口号的同时，也使民族主义与爱国主义的含义更进一步等同起来。因此，费希特那蕴含有强烈爱国主义情怀的民族主义思想极易得到 30 年代中国思想界的认同。从介绍费希特的文章可以看出，大都是从他的爱国心出发，如奋勇的《费希德演说什么叫爱国心》等，这些文章无一例外地是把费氏作为一个爱国救国的实例进行介绍，以此激励国人，希望国人尤其是像费希特那样的作为社会精英的知识分子能成为爱国主义的表率，为民族复兴贡献自己的力量。姜蕴刚在《论大学教授》一文中就指出，大学教授在社会上占有非常重要之位置，负有非常重大之责任，但是如今的中国大学教授是否担负起了该担负的责任呢？文章列举了人们所"熟知的"两个人物处国难时的态度：一个是黑格尔，一个是费希特。在拿破仑的军队打到柏林之时，黑格尔"抱着他的哲学著作就跑……他觉得有他的哲学著作，德国是终不会亡的"。而费希特则大声疾呼，"出来号召全德意志的人民起来为国家之存亡而奋斗，这便是今日所留下的有名的一本充满热力的告德意志国民书。这个热力果然击响了全德意志人民的心灵，于是德意志一再失败，而一再复兴了"。他觉得这两种态度值得中国人思考。"大学教授与一般人相比，自然是具着极有组织与系统的头脑，认识事情也较深刻，而且国家社会所盼望于大学教授者，也希望随时予以高明的见解及贡献"，因此遇到重要的事情一般人民总是先

---

① 蒋智由：《〈中国民族权力消长史〉序》，载汤志钧编《陶成章集》，中华书局，1986，第447 页。

看大学教授是如何表态的，如果大学教授都"噤若寒蝉，则其他无知识的人们之消沉，便无足怪了"。[①]《中学国文特种读本》上对费希特的《对德意志国民演讲》的节录偏重的也是他的爱国主义思想和情怀。

第三，近代中国，不仅仅是政治、经济、军事不如人，更让人担忧的是民族意识与民族凝聚力的缺乏。而费希特在《对德意志国民演讲》中阐发的民族主义思想就是在德国政治、经济、军事各方面都不如人的情况下，通过自我反省、树立民族自信心和实施新式教育来实现民族的复兴。因此他的民族主义思想更适合中国的国情，也最能得到中国人的青睐。用"奋勇"的话说："世界的思潮，日益变迁，虽今日德国的学术界，多目费氏《告德意志民族》的演说辞为'老古董'，然而费氏所论列的社会情形，和他所深悲隐痛的外侮，正与中国今日的情势，深相吻合；他又以自省的要旨，劝告国人，认明自身的过失，亦系中国目前所最急切需要的反省。至于费氏所提倡的新教育，虽经过百余年来的修改，尚未十分完备，然其对于公民道德的训练，则自始至终，即收莫大的效果。中国社会果欲彻底改革者，此点亦亟需注意。"[②]

费希特民族主义思想尤其是其中的民族复兴思想的大量介绍，对于九一八事变后民族复兴思潮的形成是起了促进作用的。因为费氏《对德意志国民演讲》讲的便是德意志民族面临外族入侵的历史关头如何实现民族复兴的问题。既然德意志民族面临外族入侵能够实现复兴，那么同样面临外族入侵的中华民族为什么就不能实现民族复兴呢？张君劢在《十九世纪德意志民族之复兴》的演讲中就指出："东北四省失陷以后，各人对于中国前途，无限的失望，无限的悲观，好像中国便由此一蹶不振了。其实，我们不必失望，更不用悲观，只要能够在大失败大挫折之后，肯努力的振作，一定可以有复兴的希望。这种情形，历史上不乏先例。远的不必说，即以最近百年来德意志复兴为例，看他当时所处的环境以及其复兴之途径。"[③]而

---

① 姜蕴刚：《论大学教授》，《国论》第1卷第12期，1936年6月20日。
② 奋勇译《费希德演说什么叫爱国心·译者导言》，《国闻周报》第9卷第12期，1932年3月28日。
③ （张）君劢讲，杨祖培记《十九世纪德意志民族之复兴——在广州南海中学演讲》，《再生》第3卷第1期，1935年3月15日。

费希特复兴德国的民族复兴思想对于德国一再复兴的作用也得到了许多知识分子的肯定。"奋勇"认为："在社会腐化，元气啄丧，政治受人支配，国土丧失大半之秋，费氏苦心孤诣，倡为新教育之说，有如暮鼓晨钟，发人猛省，使德意志民族，一心一德，以复兴国家为职志……一九一八年德意志受军阀的祸，虽见败于协约等国，然而于财尽力竭的当时，仍能保持其国家的人格，数年后又能以国民的努力，恢复国际的声誉，此亦不能不谓费氏新教育运动的效果了。"[1] 郝耀东强调："费希德的精神讲演，为德意志民族复兴的根本力量，为战败法国最有力的利器。"[2] 凡是对费希特的爱国救国行动有所知晓的人都无不称颂他对于德国复兴所做出的伟大贡献，费氏民族复兴思想影响下的德国所取得的成功无疑对于 30 年代的中国思想界是一剂良药。吴其昌在《民族复兴的自信力》一文中就写道："我常常这样的想，也常常这样的问：——问一切一切的人，也自问自己——，在菲希忒以前的德意志，法国铁蹄下的德意志；在马志尼以前的义大利，奥国控制下的义大利；和现在的中国，被我们'友邦'铁蹄控制下的中国，比较起来情形相差能有多少？也许恶劣或较我们过之，然而他们竟然能够渐渐变成以后的及现在的德、义。我们中国经此大难，到底是不是也有跃起怒吼的一天呢？我的答案是：德义是'人'，我们也是'人'；这个'人'所能做得到的，那个'人'自然也一定能够做到。如果别人早已做到的事，我们竟然不能做到，那我们除非是猪，是狗。"[3] 我们查阅 30 年代初、中期的报刊就会发现自费希特的《对德意志国民的演讲》（及摘要）被翻译为中文后，中国的思想界特别重视对德国的政治、经济、文化进行研究，试图从德国的复兴史中借鉴成功的经验。与此同时，使用"民族复兴"一词的频率明显增多起来。[4]

至于蒋介石集团，他们于孙中山逝世后，便继承了他在 1924 年《三民主义·民族主义》的演讲中提出的"要恢复民族的地位，便先要恢复民族的

---

[1] 奋勇：《费希德演说什么叫爱国心》，《国闻周报》第 9 卷第 12 期，1932 年 3 月 28 日。

[2] 郝耀东：《郝耀东先生的意见》，《教育杂志》第 25 卷第 1 号，1935 年 1 月 10 日。

[3] 吴其昌：《民族复兴的自信力——在青岛市政府大礼堂讲演》，《国闻周报》第 13 卷第 39 期，1936 年 10 月 5 日。

[4] 参见郑大华《"九·一八"事变后费希特民族主义的系统传入与影响》，《近代史研究》2009 年第 6 期。

精神"的民族复兴思想，尤其是以孙中山思想正统的继承者和阐发者自居的戴季陶，在这方面起的作用尤大，1925 年夏，亦即孙中山去世不久，戴季陶出版《孙文主义之哲学的基础》和《国民革命与中国国民党》两书，极力强调文化自信力的恢复发扬对于中华民族复兴的重要意义："我们要复兴中国民族，先要复兴中国民族文化的自信力，要有了这一个自信力，才能够辨别是非，才能认清国家和民族的利害，才能够为世界的改造而尽力。"[1]

九一八事变后，面对日益严重的民族危机和政治危机，为了使自己的统治取得合法性，同时加强对社会舆论的引导和控制，蒋介石集团对宣传民族复兴思想更为主动积极，尤其是蒋介石，可以说是不遗余力。1932 年 4 月 11 日，他在中央陆军军官学校发表题为《复兴中国之道》的演讲，初步阐述了他的民族复兴思想。他指出，我们今后所要研究的问题是，"我们在此内外夹攻之中，如何才可以复兴民族、完成革命的问题"。他认为，要完成未竟的革命事业，使中国成为一个独立自由的新国家，没有一定的准备工作是不可能的，因为"如果没有做准备的工作，抵抗就不能长久，反攻更不可能，这样我们就没有独立的日子了"。他预测第二次世界大战将于 1936 年爆发，那个时候将是中国生死存亡的关头，如果中国国民能在大战爆发之前做好抗日的准备，那么中国国民"就可以从世界大战中建立出一个新的中国，就可以在国际上得到独立平等，就可以富强，就可以复兴"。[2] 随后他又先后发表了《复兴民族之要道》(1934 年 2 月 5 日)、《复兴民族之根本要务——教养卫之要义》(1934 年 2 月 12 日)、《东亚大势与中国复兴之道》(1934 年 3 月 5 日)、《抵御外侮与复兴民族（上）》(1934 年 7 月 13 日)、《抵御外侮与复兴民族（中）》(1934 年 7 月 20 日)、《抵御外侮与复兴民族（下）》(1934 年 7 月 24 日)、《四川应作复兴民族之根据地》(1935 年 3 月 4 日)、《全滇民众应负起复兴民族之责》(1935 年 5 月 12 日)、《建设新云南与复兴民族》(1935 年 5 月 13 日)、《为学做人与复兴民族之要道》(1935 年 5 月 19 日)、《御侮与复兴之基本要道》(1936 年 1 月 24 日)、《民族复兴之路》(1936 年 5 月 25 日)、《复兴中华》(1936 年 9 月 9 日) 等一

---

① 戴季陶：《孙文主义之哲学的基础》，上海民智书局，1925，第 9 页。
② 吴淑凤编注《蒋中正总统档案·事略稿本》(十四)，1932 年 4 月至 5 月，第 47—48、50 页。

系列以"民族复兴"为主题的演讲，就他的民族复兴思想作了进一步的系统阐述。概括蒋介石的观点，有以下几个方面内容：[①]

（一）恢复固有的民族精神和革命精神。蒋介石认为，中国是一个具有五千年悠久历史的文明古国，不仅具有广袤的土地、丰富的物产，而且具有优美的道德文化、高尚的立国精神，本应走在世界的前列，却弄到将要灭亡的境地，中华民族成了一个"苟且偷安，麻木萎靡，不能奋发自强的民族"，究其原因是因为当时的中国人具有一种很严重的毛病："只讲个人主义，争权夺利，把自己的利害，完全置于国家利害、民族利害与党的利害之上"，而这个毛病的病根则是"国民没有国家与民族的观念，将中华民族固有的民族精神，完全丧失殆尽"，使得中国不断衰弱，民族危机不断加剧，以致现在出现了亡国的危险。[②] 因此，蒋呼吁道："我相信如果我们大家都有一个救国家救民族救党的志愿，都知道我们固有的民族精神，是复兴民族的唯一金丹，人人以恢复固有民族精神自任，我相信这毛病就立刻可以革除。"[③] 中国具有固有的民族精神，我们依靠这个固有的民族精神就可以复兴我们的民族。蒋介石在《革命哲学的重要》一文中指出："凡是一个民族，能够立在世界上，到几千年不被人家灭亡，这个民族一定有其立国精神的所在，就是所谓'国魂'"，"国魂是什么？就是民族的精神"。[④] 在他看来，三民主义就是中国的国魂，因为三民主义渊源于"中国从古以来——尧、舜、禹、汤、文、武、周公、孔子一脉相承所流传下来的道统"[⑤]，其主要内容是"忠、孝、仁、爱、信、义、和、平"八德，也可说是"礼、义、廉、耻"四维。实行三民主义的指导思想是"知难行易"思想，它与王阳明的"致良知"和"知行合一"的思想是相通的，"今天所讲的'致良知'

---

① 以下内容参见任志胜《"九一八"后蒋介石的民族复兴思想研究（1931—1937）》，硕士学位论文，湖南师范大学，2013。

② 蒋中正：《雪耻救国之道——中华民国二十一年五月九日在总理纪念周讲》，载秦孝仪主编《总统蒋公思想言论总集》卷十，中国国民党中央委员会党史委员会，1984，第528页。

③ 蒋中正：《雪耻救国之道——中华民国二十一年五月九日在总理纪念周讲》，载《总统蒋公思想言论总集》卷十，第529页。

④ 蒋中正：《革命哲学的重要——中华民国二十一年五月二十三日在南京中央军官学校讲》，载《总统蒋公思想言论总集》卷十，第577、578页。

⑤ 蒋中正：《进德修业与革命之途径——中华民国二十二年三月十六日在中央政治学校总理纪念周讲》，载《总统蒋公思想言论总集》卷十一，第9页。

三个字，是我们现在实行革命主义最要紧的'心法'，不但不与总理'知难行易'的学说相反，而且这两个学说，是互相阐发，实有相得益彰之效"。[①]实行三民主义要笃行，"笃行就是我们知道三民主义是好的，是可以救国的，无论如何，死心塌地，任何牺牲任何痛苦危险都不顾，我们只是实实在在去实行总理的三民主义；这样才能够说是笃行，才能叫做诚"[②]。

蒋介石认为要打败日本的侵略，首先要战胜它的侵略思想；而要战胜它的侵略思想，就必须恢复中国固有的民族精神，这是抵御外侮的根本方略。因为日本的侵略思想也就是它的民族精神，即武士道精神，它并不是日本固有的宝贝，"而是中国旧货被他们偷去，成了他们的民族精神"[③]。这个旧货就是王阳明的"致良知"和"知行合一"的哲学思想，而王阳明的"知行合一"思想和孙中山的"知难行易"思想是相通的，他们都是中国固有民族精神的一部分。因此，"我们要复兴我们固有的民族精神，方能打破日本的民族性——'武士道'"[④]，"惟有致良知才可以复兴我们的中国，惟有致良知才可以打败我们的敌人"[⑤]，"我们先要打破他这种精神，才可以消灭他侵略的野心"[⑥]。

在蒋介石看来，国民革命军的革命精神与中国固有的民族精神是相通的，"要打倒日本侵略的精神，先要完成自己应该具备的革命精神——固有的民族精神"；那么这种革命精神是什么呢？"就是智、仁、勇"这三达德。[⑦]它与传统军人德性的五德"智、信、仁、勇、严"，"只有繁简之不同，基

① 蒋中正：《自述研究革命哲学经过的阶段——中华民国二十一年五月十六日在南京中央军官学校讲》，载《总统蒋公思想言论总集》卷十，第542页。

② 蒋中正：《中国的立国精神——中华民国二十一年六月六日在中央军官学校讲》，载《总统蒋公思想言论总集》卷十，第607页。

③ 蒋中正：《中国的立国精神——中华民国二十一年六月六日在中央军官学校讲》，载《总统蒋公思想言论总集》卷十，第601页。

④ 蒋中正：《中国的立国精神——中华民国二十一年六月六日在中央军官学校讲》，载《总统蒋公思想言论总集》卷十，第604页。

⑤ 蒋中正：《雪耻救国之道——中华民国二十一年五月九日在总理纪念周讲》，载《总统蒋公思想言论总集》卷十，第531页。

⑥ 蒋中正：《中国的立国精神——中华民国二十一年六月六日在中央军官学校讲》，载《总统蒋公思想言论总集》卷十，第605页。

⑦ 蒋中正：《中国的立国精神——中华民国二十一年六月六日在中央军官学校讲》，载《总统蒋公思想言论总集》卷十，第611页。

本的德性仍旧相同"。① 在这三达德中，最重要的是"仁"，什么是"仁"呢？"就是我所说的'礼义廉耻'，乃为仁之内容，这礼义廉耻，就是我们革命精神。"②"'仁'性是我们军人精神的基本，亦是我们中国一切固有道德的一个中心，又可说是统摄诸德的一个最重要的元德，为我们中国尧、舜、禹、汤、文、武、周公、孔子，一直传下来的基本伦理，亦即中国数千年以来以道统相承的中心。"③ 固有民族精神不断丧失的一个很重要因素是国民革命军革命精神的急剧丧失，使得国家蒙受了"丧师失地，分崩离析这样莫大的耻辱"④。而恢复革命军的革命精神应从恢复军队中党政人员的革命精神做起。蒋认为党政人员应以"礼义廉耻"为自身人格修养的准则和军队教育的中心原则，而军队教育的主要内容应是"体、智、德、群四育"。这四育之中最重要的是体育，"因为一个人成功事业最要紧的条件也就是要有健全的体格和精神"。他宣扬应以德国、意大利、土耳其等国的"空气、日光、水"为口号，"时时与自然环境相接触，和一切自然的压力抗争，以锻炼成功我们钢铁般的身体和精神！"⑤ 教育应分教和育两方面，教为知识的灌输，育为生活习惯（衣、食、住、行）的更正，即所谓的"一方面要做教师，一方面要做保姆"⑥。

综上所述，蒋介石认为"今后我们要想抵抗外侮，建立起一个新的中华民国，就要先恢复国家的灵魂，增进国家的人格，如要恢复国家的灵魂，就先要恢复我们军人的灵魂；要增进国家的人格，就先要恢复我们军人的人格。具体的讲，就是要扫除自袁世凯以来到现在为止的中国军人一切贪污卑劣自私自利，骄奢淫佚，偷生怕死的思想和行为，而恢复整个的中华

① 蒋中正：《革命军人的哲学提要——中华民国二十三年七月二十三日出席庐山军官团总理纪念周讲》，载《总统蒋公思想言论总集》卷十二，第363页。
② 蒋中正：《庐山军官团与黄埔军校之前后两大使命——中华民国二十二年九月三日对军官训练团第三期开学训词》，载《总统蒋公思想言论总集》卷十一，第463页。
③ 蒋中正：《革命军人的哲学提要——中华民国二十三年七月二十三日出席庐山军官团总理纪念周讲》，载《总统蒋公思想言论总集》卷十二，第363页。
④ 蒋中正：《庐山军官团与黄埔军校之前后两大使命——中华民国二十二年九月三日对军官训练团第三期开学训词》，载《总统蒋公思想言论总集》卷十一，第461页。
⑤ 蒋中正：《党政工作人员须知（二）——中华民国二十二年九月八日在星子县对党政训练所学员讲》，载《总统蒋公思想言论总集》卷十一，第471、472页。
⑥ 蒋中正：《党政工作人员须知（二）——中华民国二十二年九月八日在星子县对党政训练所学员讲》，载《总统蒋公思想言论总集》卷十一，第473页。

民族固有的武德——智、信、仁、勇、严，继续中华民族一贯的道统，来尽忠于国家和民族，完成革命之使命！"①

（二）在第二次世界大战中复兴民族。 蒋介石认为，中日两国力量悬殊，如果贸然与日开战，定会出现亡国灭种的危机，中国只有联合欧美等国共同对日作战，才有战胜日本的希望。他认为存在西方列强干涉中日问题的可能，因为中日两国的冲突，"不是简单的中日问题，而是整个东亚的问题，也就是所谓太平洋的问题。日本人所争的整个太平洋的霸权，这就不是日本和中国两个国家的问题，而是日本和世界的问题"。② 当时的中国是孙中山所说的"次殖民地地位"，日本欲将中国变为它独占的殖民地，必然与欧美列强的利益发生冲突，"如果日本不能和世界各国来决战，他就掌握不了东亚霸权，也就解决不了太平洋问题；这样，他就不能在东亚做盟主，也就不能并吞我们中国"，"而因为中国是世界各国共同的殖民地的缘故，所以日本要求独吞中国，就先要征服世界，日本一天不能征服世界，也就一天不能灭亡中国，独霸东亚。现在日本人虽然具备了一切军事的条件，可以侵略中国，并且可以和任何一个强国开仗，但决没有力量可以战胜列强，可以压倒世界一切，来实现他侵略的野心"。③ 蒋介石认为，在此国际环境之下，我们中国一定有方法、有力量，尤其是有最好的机会，可以抵抗日本，复兴民族。因此解决中日冲突最有效的办法就是将其放在整个国际环境中来解决。由于"占领中国、称霸东亚"是日本的既定国策，日本与欧美列强的世界大战一定会爆发，这次世界大战爆发的时间，蒋预计是1936年，因为"英美日三国海军条约在这一年满期，日本退出国联后，一切权利义务也在这一年终了，特别是南太平洋委任统治地应当交还国联，美国的海军建设，英国的新加坡筑港，也在这一年完成，这些问题都足以引起世界大战。还有更重要的，苏俄的第二次五年计划在一九三七年也要完成，而且依第一次五年计划进行的速度来计算，或许在一九三六年可以提早完

---

① 蒋中正：《革命军人的哲学提要——中华民国二十三年七月二十三日出席庐山军官团总理纪念周讲》，载《总统蒋公思想言论总集》卷十二，第364页。

② 蒋中正：《抵御外侮与复兴民族（上）——中华民国二十三年七月十三日对庐山军官训练团讲》，载《总统蒋公思想言论总集》卷十二，第304页。

③ 蒋中正：《抵御外侮与复兴民族（上）——中华民国二十三年七月十三日对庐山军官训练团讲》，载《总统蒋公思想言论总集》卷十二，第304页。

成，这是苏俄的敌人所最焦急而不能等待的。因此也有决定第二次世界大战必于一九三七年以前爆发的严重性"[1]。在世界大战爆发之前，中国应该避免与日本开战，应把精力用于统一国家，发展经济，提高国力，巩固国防等方面，为以后的抗日做准备。他举例道："人家有组织有计划的国家，无论英美法意，或其它国家，如果没有准备好，无论他的敌国如何挑战，他总是沉毅忍耐，不轻易同敌国开战的……因此我们知道，凡是有组织有计划的国家，要爱护自己的国家，保存自己的民族，一定要能操必胜之权，然后才可同敌国开战。"[2]总之，蒋介石认为，"这次大战起来的时候，就是我们中国生死存亡的关头，如果我们中国一般国民在这五年中间能够努力准备，到第二次世界大战时候，就可以做一个奋勇无敌的战斗员，就可以从世界大战中建立出一个新的中国，就可以在国际上得到独立平等，就可以富强，就可以复兴"[3]。

　　蒋介石认为，在为抗日做准备的过程中，最重要的是通过消灭共产党来安内，因为"日寇敢来侵略我们的土地，甚至公然要来灭亡我们整个国家，就是因为我们国内有土匪扰乱，不能统一"[4]，只要国内真能统一安定，能够集中全国的力量，攘外就有绝对的把握，就一定可以消灭侵略我们的敌人。反之，如果内部不能安定，一切不能统一集中，那么十分力量也不能发生一分效用。"所以外能否攘，就看内能否安，民族能否复兴，就看国家能否统一。所以现在御侮救国、复兴民族惟一要道，就是先求国内的和平、安定、统一、集中。"[5]另外，如果在不剿灭共产党的情况下谋求"攘外"，会陷自己于腹背受敌之境，在战略上将居于必败之地，这样不仅不能救国，而且会加速国家的灭亡，因此，必须要照着古人所说的"攘外必先安内"来力行。只有消灭了共产党，中国人民才可以安居乐业，得到休养生息的机

---

① 蒋中正：《今后改进政治的路线——中华民国二十三年三月十八日召集各省高级行政人员开会讲》，载《总统蒋公思想言论总集》卷十二，第127页。

② 蒋中正：《党员在危急存亡之中对于主义更应具坚定的信念对党更应竭诚的拥护——中华民国二十一年五月二日在军校总理纪念周讲》，载《总统蒋公思想言论总集》卷十，第519—520页。

③ 吴淑凤编注《蒋中正总统档案·事略稿本》（十四），1932年4月至5月，第50页。

④ 蒋中正：《革命军的责任是安内与攘外——中华民国二十二年五月八日在崇仁总指挥部讲》，载《总统蒋公思想言论总集》卷十一，第66页。

⑤ 蒋中正：《抵御外侮与复兴民族（下）——中华民国二十三年七月二十四日对庐山军官训练团讲》，载《总统蒋公思想言论总集》卷十二，第347页。

会，从而"衣食足，知道礼义廉耻的德性"，政府也可以从事各项建设，来富国强兵、抵御外侮，"如此国力自然可以天天充实起来，国家当然可以渐渐复兴起来！"①

（三）**实现民族复兴，要大力发展教育、经济和建设国防。**蒋介石认为，"现在救国与复兴民族的途径，惟有第一注重教育，第二注重经济"。因为如果经济不能够繁荣恢复，教育不能够发达进步的时候，那么，无论我们国家有多少军队，物资无论怎样丰富，国家也一定会要灭亡，不能存在的。关于经济对民族复兴的重要作用是毋庸置疑的，为什么蒋介石如此看重教育呢？因为他认为，当时的教育"既不是革命救国的教育，也不是复兴民族的教育，完全是亡国的教育"②。

当时的中国国力衰弱，屡遭日寇欺凌，"在这种情况之下要复兴民族，唯一的方法，就是要以教育代替武力，以教育的力量来复兴民族"，发展教育不是要放弃武力抵抗，而是希望通过教育增强武力抵抗的强度，他乐观地估计道："这个教育的力量，虽不如武力之显明，而其力量之伟大，实超过武力十倍百倍还不止。"③ 这里所说的教育，可分为"教"和"育"两部分。我们一般所说的"教"是使受教育者懂得看书、写字，懂得算学、物理、化学、政治、经济诸般科学，蒋介石认为这样的教育，决不足以建设国家、复兴民族，不能算是真正完善的教育，"真正完善的教育，一定要除这些科目以外，并且在教授一切科目之先，能将受教者教成一个'人'！懂得做人的道理——礼义廉耻！"因此蒋介石所说的"教"，主要指人格教育。他认为只有这种教育"才是真正完善的教育"，因为这种教育能使人"明礼义，知廉耻，负责任，守纪律，能担当建设国家复兴民族的重任"。"育"，又称"养育"，蒋介石认为，食衣住行虽为人人所能，但真正懂得食衣住行的要领，真会吃饭、穿衣、住房子、走路的人，是很少的。普通中国所谓吃饭、穿衣、住房子、走路，并不能算是真的食、衣、住、行！要如何才算得真

---

① 蒋中正：《爱民的精义与教民的宗旨——中华民国二十二年九月十七日在庐山对军官团第三期学员训词》，载《总统蒋公思想言论总集》卷十一，第533页。

② 蒋中正：《教育与经济为立国救国两要素——中华民国二十一年十月三十一日在长沙党政军学扩大总理纪念周讲》，载《总统蒋公思想言论总集》卷十，第658、659页。

③ 蒋中正：《复兴民族之根本要义——教养义之要义——中华民国二十三年二月十二日出席南昌行营扩大纪念周讲》，载《总统蒋公思想言论总集》卷十二，第62页。

的食、衣、住、行呢？简单地讲，"必须要有一定的规律，一定的样式，必须整齐、清洁、简单、朴素"。具有这种生活习惯的人，才是"真正实践礼义廉耻"的人，是真正符合教育目标的人，是真正能够实现民族复兴的人。①

　　要实现民族复兴，还在于"攘外"能否成功，因此蒋介石在坚持"剿共"的同时，也在积极地建设国防，做"攘外"的准备。他的准备工作主要是从以下几个方面进行的：第一，整理军队。日本敢于侵略我国，中国军队指挥的不统一是重要原因。所以"我们要想雪耻，要想使国家独立复兴，第一紧要的事就是整理军队，使得军队真正能够统一集中，切实听中央的指挥"②。第二，发展新式兵种：空军、骑兵和工兵。日本的空军非常强大，我们要抵抗日本的侵略，"要挽救国家，复兴民族，要将国家民族从万分艰难危急中救转来，非赶紧建设与发展空军，即奉行总理航空救国的遗训不可"③。之所以要大力发展骑兵，是因为在现代化的战争中，需要大量的快速反应部队，但是由于我国国力不足，难以建立现代化的机械化部队，只能建立骑兵，"我们要建设国防，复兴民族，不可不将新骑兵尽早建立起来"④。另外对工兵的发展也不能轻视，因为在未来的战争中，敌人的"武器之精锐、火力之猛烈，都是空前未有的"，只有造就健全的工兵，才能建立坚固的国防工事，补救我们军队的缺点，也才能"建立健全的国军，来担当复兴民族的责任"。⑤第三，"不仅军队本身要强化，而且要强化整个的社会"。国防建设，不能只注重军队方面的建设，也要注意对民众的训练，使国民能够"人人有训练、有组织、有浓厚的国家观念，知道自己对于国家应尽保护的职责，而且都有'执干戈以卫社稷'的尚武精神和军事技能。这

---

① 蒋中正：《复兴民族之根本要义——教养义之要义——中华民国二十三年二月十二日出席南昌行营扩大纪念周讲》，载《总统蒋公思想言论总集》卷十二，第64—66页。

② 蒋中正：《军队党务工作的改进——中华民国二十一年四月三十日于励志社对各军师党务工作人员会议讲》，载《总统蒋公思想言论总集》卷十，第518页。

③ 蒋中正：《航空署改组为航空委员会的目的——中华民国二十三年在南昌讲》，载《总统蒋公思想言论总集》卷十二，第219页。

④ 蒋中正：《改造骑兵与建设国家——中华民国二十四年十月十八日在南京出席骑兵学校教官班毕业典礼讲》，载《总统蒋公思想言论总集》卷十三，第506页。

⑤ 蒋中正：《工兵学校学生之责任与修养——中华民国二十五年四月七日出席工兵学校开学典礼讲》，载《总统蒋公思想言论总集》卷十四，第203、204页。

件事是我们整个国家民族救亡图存当务之急，必须全国上下同心协力，军政各方通力合作来推行"。同时"要分区实施兵役，逐渐推行征兵制度，以巩固国防基础"。①第四，建设民族复兴的根据地。要实现民族复兴，必须在世界大战爆发之前，竭力准备，积极备战，但在时间紧迫，人财物力缺乏，国家尚未真正统一的情况之下，"只能在整个国家与民族利益之立场择定条件最完备之区域，集中人才物力准备一切，使成为民族复兴之最坚实的根据地"②。在蒋介石的心目中，"川、滇、黔要作我们革命党革命建国与复兴民族最后的最重要的根据地"③。因为四川具有优越的自然环境、深厚的文化基础、优良的革命传统，"实在不愧为我们中国的首省，天然是复兴民族最好的根据地"④；云南具有和美的气候条件，丰富的矿产资源，是发展工业的理想之地，再加上当地民风淳朴，保留了相当多的固有民族精神，能够物质建设与精神建设并举，只要我们重视，"不要多少时候一定可以造成工业化的新云南，作为复兴民族的基础"⑤；贵州与川、滇相连，并具有丰富的资源，而且没有受过任何外力侵略的影响，是我国主权最完整的一个地区，所以，"贵州最容易建设，也最应迅速建设成为民族复兴的一个基础"⑥。他甚至乐观地断言："我们本部十八省那怕失了十五省，只要川滇黔三省能够巩固无恙，一定可以战胜任何的强敌，恢复一切的失地，复兴国家，完成革命。"⑦

（四）实现民族复兴，必须实行一个主义、一个政党、一个领袖，全党（国民党）全民都要绝对服从他的领导。1933 年 7 月 18 日蒋介石在庐山对

---

① 蒋中正：《非常时期之地方军政要务——中华民国二十五年五月六日在军校对县市行政实施讲习所学员讲》，载《总统蒋公思想言论总集》卷十四，第 246 页。

② 蒋中正：《党政军设计之基本原则——中华民国二十三年三月七日于南昌行营调查设计会讲》，载《总统蒋公思想言论总集》卷十二，第 100 页。

③ 蒋中正：《川滇黔三省的革命历史与本团团员的责任——中华民国二十四年八月十一日出席峨嵋军训团总理纪念周讲》，载《总统蒋公思想言论总集》卷十三，第 348 页。

④ 蒋中正：《建设新四川之要道——中华民国二十四年十月六日在成都出席省党部扩大总理纪念周讲》，载《总统蒋公思想言论总集》卷十三，第 463 页。

⑤ 蒋中正：《建设新云南与复兴民族——中华民国二十四年五月十三日在昆明出席云南省党部扩大纪念周讲》，载《总统蒋公思想言论总集》卷十三，第 183 页。

⑥ 蒋中正：《新贵州之建设极易成功——中华民国二十四年五月六日出席贵州省政府扩大纪念周讲》，载《总统蒋公思想言论总集》卷十三，第 177 页。

⑦ 蒋中正：《川滇黔三省的革命历史与本团团员的责任——中华民国二十四年八月十一日出席峨嵋军训团总理纪念周讲》，载《总统蒋公思想言论总集》卷十三，第 349 页。

军官训练团全体教官讲话时宣称："军队的信仰一定要能集中，就是要'万众一心'"，"第一就是要使全军信仰惟一的主义，第二就是要使全军能信仰惟一的最高统帅"。[①] 如果说蒋介石对军队的这种要求情有可原的话，那么他在党内的训话则把他的领袖独裁欲表露无遗。1933 年 9 月 20 日，蒋介石在江西对一批国民党干部发表演讲时，则直接表露了建立法西斯主义个人独裁的野心，他要求党员绝对地信仰和忠于领袖，也就是他自己（参见本章第五节的有关内容）。"法西斯主义的一个最重要观点是绝对信任一个贤明和有能力的领袖，除了完全信任一个人外，这里没有其他领袖和主义。"[②]然而，当时国民党的主导理念是三民主义，蒋介石本人更标榜自己是孙中山三民主义最忠实的信徒，在这样的背景之下，蒋介石不可能完全取法西斯主义而舍三民主义。因此，蒋介石把法西斯主义与三民主义进行了嫁接，并将其包装成了民族复兴思想。蒋介石的民族复兴思想为其独裁统治找到了理论依据，为其独裁统治披上了合法外衣，极大地加强了他的独裁统治。

蒋介石有关民族复兴的言论，得到了其他国民党要员的响应和配合。陈立夫对蒋介石的"实现民族复兴，首先要恢复固有的民族精神"思想进行了进一步发挥，他指出，中华民族是一个适应性、生存性很强的民族，具有优良的民族性，中国之所以会沦落到今天几乎亡国的境地，是因为"民族精神之销（消）沉与国魂之丧失"，特别是与中国竞争的国家"富于民族性及具有国魂"，其团结力、组织力均强于中国，因此"我们现在要救中国，必须先从恢复我们固有的民族性起"。那么民族性是什么呢？他认为，民族性就是一个民族适合生存的几种精神方面的特殊条件，表之于外面就是通常所说的民族的精神，恢复了民族精神，就能光大民族性。而要恢复民族精神，须先恢复民族的自信力。要恢复民族的自信力，就要认清民族精神的原动力，"原动力为何？曰诚是也"，"诚"既是民族精神的原动力，也就是实现民族复兴的原动力。因此，文化复兴是民族复兴的前提，"能建设中国文化，

---

① 蒋中正《革命军官须知——中华民国二十二年七月十八日对军官训练团全体教官讲》，载《总统蒋公思想言论总集》卷十一，第 306 页。
② 易劳逸：《1927—1937 年国民党统治下的中国流产的革命》，陈谦平、陈红民等译，中国青年出版社，1992，第 58 页。

才能谈到复兴民族"。① 邵元冲认为要实现民族复兴，虽然要注重精神建设或心理建设，但更要注重党的建设。因为自从孙中山建立兴中会以来，国民党（前期是同盟会）人为实现民族复兴奋斗了很久，但是一直没有成功，除了帝国主义的迫害和反革命势力的侵害之外，党的内部"意志和行动不能统一，所用的力量不能用在应该用的地方，不能尽量把力量在有效方面去努力，不能够把非必要的精神与力量减省下来，做有效的工作，更是一个重大的原因"②。一些地方实力派也纷纷发表文章，提出他们的民族复兴思想及其具体建议，如胡汉民的《民族主义的民族复兴运动》、阎锡山的《复兴民族须先复兴发展富强文明的原动力》、李宗仁的《民族复兴与焦土抗战》、张学良的《中国复兴的前途》、冯玉祥的《复兴民族的基本方策》、傅作义的《用鲜血争取民族复兴》、余汉谋的《国民经济建设与民族复兴》等。

除了发表演讲、文章宣传和提倡民族复兴的思想外，在蒋介石的授意下，国民党及其系统，如力行社、青白团和政学系等，还先后创办了多种报刊，进行民族复兴思想的宣传，如力行社创办的《前途》杂志，青白团创办的《政治评论》《文化建设》《晨报》《人民评论》《社会主义月刊》等，其中影响最大的是我们前面提到的《复兴月刊》。1932 年 6 月 19 日，以政学系成员为主要骨干的新中国建设学会在上海成立，蒋介石的老朋友黄郛任理事长，学会的成立得到了蒋介石的赞许和资助。据黄夫人回忆："几年来膺白对当局建议，他有两点很显原则：为国家，为国民。建设学会的事，他都陈说于蒋先生，请赞许和帮助。学会不但为问题研究，且须实地考察，其中可能有不少非党员，甚至不赞成党治而亦是爱国有识之人。"③ 新中国建设学会"以集合全国有致力学养共图国家及社会之新建设为宗旨"，并于1932 年 9 月 1 日创办《复兴月刊》，赵正平任主编，将会员调查、研究所得披露于该刊物，以就教于社会，与全国有志之士，"共坚复兴之心，共奋复兴之力，并共敦复兴之品"，为实现民族复兴，共济时艰。④

---

① 陈立夫：《民族复兴的原动力》，《海外月刊》创刊号，1932 年 9 月 1 日。
② 邵元冲：《党的建设与民族复兴——二十三年八月十三日在中央纪念周讲演》，《中央周报》第324 期，1934 年 8 月 20 日。
③ 沈亦云：《亦云回忆》（下册），（台北）传记文学出版社，1980，第 436 页。
④ 黄郛：《发刊词》，《复兴月刊》创刊号，1932 年 9 月 1 日。

三、思想和学术界围绕"民族复兴"的讨论

随着民族复兴思潮的形成，思想和学术界就"民族复兴"的有关问题展开了热烈讨论。讨论涉及的问题很多，但主要围绕学术研究对于民族复兴的重要意义、中华民族有无复兴的可能、实现民族复兴须先恢复民族的自信心和民族精神等问题而展开。

（一）**学术研究对于民族复兴的重要意义**。自晚清以来，就存在着一种"学术救国"思潮。这一思潮认为，学术是一个民族的立足之本，要救亡图存，就必须加强学术研究，使中国学术在世界学术中占有一席之地。九一八事变后，随着民族复兴思潮的形成，思想和学术界对学术研究与民族复兴思潮的关系进行了讨论，充分认识到学术研究于民族复兴的重要意义。

九一八事变后不久，张君劢出版了一本论文集，书名就叫《民族复兴之学术基础》。他在该书的《凡例》中写道：各篇之间虽"鲜联络关系"，但"其要旨不外乎民族之自救，在以思想自主、文化自主为基础"，民族之复兴，在以学术创新为基础、为前提。[1]余荣昌在《复兴民族先要提高学术》一文中也一再强调："当这国难日深、国际风云最紧急的时候，复兴民族，提高学术，实为救亡图存当务之急。"因为，"（一）学术能提高民族底地位"。学术最重要的部分是科学，而科学是"救国救民族之唯一要素"。我们要谋国家富强，提高民族地位，就必须提高学术，昌明科学，有了科学的智识，才能巩固我们的国防，才能改变我们的物质生活，从而得到更优美的境地。"（二）学术能改变社会。"一个社会的良窳，与学术发达与否有着密切的联系。中国教育的落后，学术的萎靡，导致了中国社会的弊端丛生。如果缺乏学术训练的国民，都能得到受教育的机会，"那末，社会的黑暗也可化为光明，不良的制度，也可革新了"。"（三）学术能保持中国固有的文化。"作为一个中国人，不能不认识中国固有的文化，只有认识了中国固有的文化，才能知道"我们所以能够生活，民族可以复兴"；也只有认识了中国固有的文化，当外敌入侵我们的国家、毁坏我们的文化、压迫我们的民族的时候，我们也才有可能同仇敌忾，一致抵御，"保护我们的文化，

---

[1] 张君劢：《民族复兴之学术基础·凡例》，商务印书馆，1936，第 1 页。

维持我们的生活，恢复我们的民族地位"。总之，他指出，既然"学术能挽救危亡，提高民族地位，改进社会利益，保持中国固有文化"，那么我们今后就应该注意于"学术研究，提高国民之智识，充实个人之技能，增加我们的力量，去复兴民族"。[①]

历史是一个国家和民族文化的重要载体。九一八事变后的思想和学术界特别强调历史对于民族复兴的重要作用。李季谷指出：自九一八事变以来，民族复兴运动已成为"当今之急务"，而我们"欲实现此项运动，使此项运动发生功效"，其入手之方只能是历史教育。他举德国和日本为例：近代德国之勃兴与统一，德国国民多归功于兰盖（R.anke）氏所著之《罗马及日耳曼民族史》。日本明治维新运动之成功，日本人多归功于元禄时代德川光国（圀）等所著之《大日本史》。日俄战争中日本之所以能战胜俄国，中村久三郎所编《新东洋史》功不可没，当时曾有"日本之强盛，由日本之新历史助成之"之论。由德国和日本的例子可见，"历史教育与民族复兴二者固有不可分离之密切关系"，我们要实现中华民族的伟大复兴，也"应从改造历史教育着手，则即应脚踏实地从编著可资民族复兴运动之新历史着手"。[②]卯生的《历史的重要和民族复兴》一文写道：一个破产没落的家庭，如果不知振作，而只知道夸耀过去的光荣，那当然是无用的。但是如果这个家庭的子弟连过去的光荣都不知道，只知道羡慕别人的兴盛，而又不知自行振作，那么这个家庭的存在就更加危险了。前者的心理叫妄自夸大，后者的心理叫妄自菲薄，二者固然都是错误的，不过，无论一家还是一国，独立自尊与耻不如人的心理是不能没有的，只有如此，才能鼓励人们自强不息的奋斗精神，而努力振作，以恢复固有的光荣。"历史的伟大效力，就是教人不要忘记过去，并且从过去历史的认识，而更努力奋进。"我们中国是一个具有悠久历史的国家，中华民族曾创造过灿烂辉煌的古代文明，只是近代以后落伍了，所以我们要富强我们的国家，复兴我们的民族，就"应该根据过去历史的认识，不要忘其所从来，更要探取古人之所长，努力奋斗，谋民族的发展"。[③]这便是历史对于民族复兴的重要意义。何炳松在题为《整

---

① 余荣昌：《复兴民族先要提高学术》，《民钟季刊》第1卷第2号，1935年6月。
② 李季谷：《民族复兴与历史教育》，《中国新论》第1卷第2号，1935年5月1日。
③ 卯生：《历史的重要和民族复兴》，《崇实季刊》第23期，1937年6月16日。

理国史与复兴民族》的演讲中强调："现在我们中国人都在高唱复兴民族运动，但是怎样的去复兴呢？那就不得不回过头来，看一看我们过去的民族怎样？目前又是怎样呢！要看过去的怎样？那就不得不研究历史了。"明白了中国历史，就知道外力如何压迫我们，最终也不能消灭我们的文化，消灭我们的民族的，只要我们团结一致，共同努力，中华民族就一定会实现复兴。他因而希望听他演讲的学生们有时间的话多读一些中国历史书，有兴趣的话多做一些中国历史研究。①1934 年 10 月，河南大学历史系史学组主任葛定华、讲座胡石青，文史系主任嵇文甫与教授杨筠如、张邃青、刘盼遂、姜亮夫、李雁晴等人，"鉴于国势日趋危亡，欲谋救亡图存，首在复兴民族精神，而复兴民族精神，则以普及历史智识于民众，为最有效力之良方"，他们于是"纠合同志，组织'中华史学社'"，并以下列两点为努力之鹄的："一、历史知识之普及，即求完善之方法，俟历史知识普及于全民；二、历史研究之专精，即考究历史之内容，辨正史实，充实史料，以适当之历史知识供献于社会。"②葛定华在为"中华史学社"成立所写的《普及历史知识与民族复兴》的"宣言"中也再三强调："改造国民心理，振作民族精神，其最有效力之方，当莫如历史知识之传播。"③

　　作为一位文艺工作者，刘麟生指出，文学既有待于民族复兴，民族复兴又有待于文学，二者存在着一种辩证统一、相互促进的关系，他从这种辩证关系的角度出发论述了文学如何为民族复兴服务的问题。首先，"复兴时代的文学，应有时代的精神"，就像法国革命的国歌、英国培根的政治科学论文和美国林肯的演说词一样，能鼓励人们投身于民族复兴的伟业之中。其次，"复兴时代的文学，应多以复兴时代的生活为背景，为材料"，以言之有物为先决条件，能反映人们为民族复兴所做出的努力。④郑善林的《复兴民族与文学》一文用诗一样的语言写道：当我们高吟着《马赛革命歌》时，雄壮的气势，宛如喜马拉雅山峰峦起伏，不知几千里，宛如太平洋狂

---

① 何炳松：《整理国史与复兴民族》，《新女性》第 3—4 期合刊，1936 年 1 月 15 日。
②《葛定华胡石青等发起组织中华史学社"普及历史智识复兴民族"》，《河南大学校刊》第 53 期，1934 年 10 月 15 日。
③ 葛定华：《普及历史知识与民族复兴——为中华史学社成立宣言》，《河南大学校刊》第 52 期，1934 年 10 月 8 日。
④ 刘麟生：《复兴时代的文学》，《复兴月刊》创刊号，1932 年 9 月 1 日。

涛巨浪，不知几万里，令人顽廉而懦立；当我们齐唱着岳飞的《满江红》时，未有不热血澎湃于胸腔之中；当我们诵读波特列·亨利的"不自由，毋宁死"的演说词和邹容的《革命军·绪论》后，不能不义愤填胸，热血涌沸。这种富有强烈性的刺激，除了文学外，你想还有什么呢？！既然文学与人生的关系是这样的密切，文学的感染力又这样的伟大，那么在复兴民族的历程中，又怎么能够让它缺位呢？"照现时代来说，把文学用作茶余酒后的消遣品的时代已经过去了；把文学当作发表个人的哀愁，描写个人身边琐事的时代也过去了；把文学当作空洞的描写社会，预示未来的光明的时代也过去了。现在所要求的文学，是和复兴民族运动连结起来，负起复兴民族运动所应负的使命，也就是民族复兴运动中一支有威权的生力军。"[1] 鄢克定认为，"艺术与国家的兴亡，民族的盛衰，特别具有其莫大的关系"，中国今日之所以积弱不振，"艺术的病态"，如"荒诞无稽、淫秽堕落的画片"，"浪声漫语、艳曲淫词的音乐"，"鬼怪与消极、荒唐与淫秽的戏剧"等流行对人们的消极影响是其原因之一。因此，"中国处此危亡之际，尤须使艺术之真正价值，发扬光大"。具体来说，"在消极方面"，要纠正"艺术的病态"对人们的影响，养成人们前进的向上心理，建立同仇敌忾的精神上的国防；"在积极方面"，要利用艺术本身的伟大力量，唤醒民众，发扬民族精神，提高民族意识，养成民族的集体力量，使全国人民在整个救亡图存的意识下，抗御敌侮，奋发向上，"庶几中华民族得以真正发扬光大，获得完全的独立与自由，确立民族的复兴大业"。[2]

黄渠的《尼采精神与中国民族的复兴》一文强调了尼采精神对于中华民族复兴的重要意义。该文开宗明义便指出："尽管有许多人在沉醉，在迷恋于个人无常的享乐，然而从整个民族生存的立场看来，这已经不是开玩笑与享乐的时代了。我们——整个中国的民族，需要更坚强的意志，更正确的观念"，而尼采精神则为我们提供了这种需要，因为"从中国民族内在精神自身的衰老懦怯看来，介绍德国尼采的精神，权力意志生生不息自强活动争斗的主张，总是对着这老大民族的一剂补血针吧！至于超人的乌托邦，

---

① 郑善林：《复兴民族与文学》，《湘湖学生》第 1 期，1937 年 1 月。
② 鄢克定：《复兴民族与艺术》，《上海党声》第 2 卷第 24 期，1936 年 12 月 19 日。

当然尚不值得我们的注意了"。[①] 熊世林阐述了"墨子教义与中华民族复兴之前途"的关系，在他看来，"凡是一个国家民族的兴衰存亡，都是由一种思想推动的；所以要将一个衰弱的民族变做兴盛，垂亡的国家转到永存，是不能不有一种适合时宜的学说来陶镕的"。当时中国的主要问题，"一是贫，二是乱"，而要医治这两个问题，实现国家的富强和民族的复兴，最"适合时宜的学说"则"莫良于墨子的教义"。他因而对墨子的"尚贤主义""非命主义""尚同主义""节俭主义""兼爱主义""非攻主义"等教义进行了介绍，并要人们相信，"果能将墨子的教义实施于政教方面，则于中华民族复兴的前途，必可大放光明！"[②] 覃振则对国学与民族复兴的关系进行了论证，他告诉听他演讲《研究国学与复兴民族》的学生们，世界上每一个国家都有它自己的文化，我国文化的结晶就是国学。一个国家的存在和发展，莫不基于国家的特殊历史；一个民族的生存和发展，亦完全基于民族之优美文化。"中国的历史，在世界上比任何国家来得悠远，而他能够永生不灭，是什么缘故呢？就是因为我们有特殊的历史与特殊的文化"，亦就是有我们的国学。但现在我们国家和民族都面临着日益严重的生存危机，"欲谋民族复兴，其根本办法，舍提倡国学，以发扬民族精神而外，实在无其他好路可走"，因为民族精神的力量，在无形中极为伟大，最显明的事实，如欧洲普鲁士被拿破仑打败之后，幸有费希特出来提倡民族文化，结果造成德国的复兴。"我国现在的情形，正与当年的德国相似，我们要想自力更生，非提倡灌输民族精神的源泉地的国学不可。"[③] 1935 年出版的《河南政治月刊》第 5 卷第 6 期发表过一篇《复兴民族固有之学术》的文章，认为国之精神，在于民族特性，而民族特性的养成，在于数千年相传续之学术，中国学术目前已有将绝之惧，这也是导致中国民族的衰落已达极点的重要原因。因此，我们要实现国家富强和民族复兴，就必须把中国固有之学术"恢复到健全的地位"，否则，中华民族"必无复兴之望。盖精神不在，躯壳未有能幸存者也"。[④]

---

① 黄渠：《尼采精神与中国民族的复兴》，《警灯月刊》第 1 卷第 3 期，1934 年 8 月 1 日。
② 熊世林：《墨子教义与中华民族复兴之前途》，《复兴月刊》第 2 卷第 8 期，1934 年 4 月 1 日。
③ 覃振：《研究国学与复兴民族》（在中和国专讲演），《现代国际》第 2 卷第 2 期，1937 年 8 月 1 日。
④ 孤鸿：《复兴民族固有之学术》，《河南政治月刊》第 5 卷第 6 期，1935 年 6 月。

在梁贤达看来，"民族强弱与科学"有着十分密切的关系，现在欧洲强盛的民族，不但政治组织科学化，经济组织科学化，社会组织科学化，教育组织科学化，甚至于他们人民的精神都科学化，人民的体育都科学化，他们的一切，都是应用科学方法，都是科学化，科学的发达是"欧洲强盛民族之所以强盛"的重要原因。现在弱小民族，若再不从科学发达下手，力图振作，将来必趋于灭绝之路。历史已经证明，"科学发达的民族必存，科学落后的民族必亡"。① 我们要复兴民族，就必须使科学发达起来。马君武将"科学"视为西方文化的主要内容和精髓，认为国人应该运用西方的"科学"来发展中国文化，以此促进中华民族的复兴。他指出，我国东北四省之所以为敌侵占，西北也危在旦夕，一个重要原因，就是"人家能利用现代文化精髓——科学，以制造最新的'生产工具'及'战斗武器'，而我则墨守旧习不懂科学，不知利用科学，国家民族遂致不能保障其自由与独立"。所以，"吾人亟应努力科学，发展科学，以适应现代生活的方法，庶几可以奋振民族改进社会"，以实现民族复兴。② 与马君武一样，陈高佣也强调了科学对于中华民族复兴的重要意义。他在《怎样使中国科学化》一文中写道：在今天，科学的权威已经把宇宙间一切事物都统制了，自然科学的现象需用科学来说明，社会上的事情需用科学来解释，乃至人类意识中的精神作用亦需用科学来研究，科学不仅成了我们知识上理解一切的工具，而且成为了我们生活上实践一切的法则。根据这种法则，我们可以征服自然，改造社会，乃至批判和创造一切思想学术。否则，将为自然力所侵害，为社会制度所压迫，甚至自己的思想意识亦可能成为作茧自缚的工具。因此，我们要复兴中华民族，"要想使中国民族与各先进民族在世界并驾齐驱，使中国人民同能享受现代的生活，无疑地第一步工作就是把科学的文明迎头赶上去"。③

我们以上介绍了九一八事变后的思想和学术界对学术研究于民族复兴之重要意义的认识。实际上自晚清以来，就先后出现过"实业救国""教育救国""学术救国""科学救国"等种种"救国思潮"，但这种种"救国思潮"

---

① 梁贤达：《科学与民族复兴》，《皖光半月刊》第 5 期，1934 年 6 月 15 日。
② 马君武：《努力现代文化去复兴中华民族》，《宇宙旬刊》第 2 卷第 2 期，1935 年 5 月 25 日。
③ 陈高佣：《怎样使中国科学化》，《文化建设》第 1 卷第 2 期，1934 年 11 月 10 日。

不仅没能救国，实现国家的独立和富强，相反中华民族的生存危机还在进一步加深，究其原因，就在于这种种"救国思潮"没有也不可能改变中国半殖民地半封建社会的性质，而只要中国仍然是一个半殖民地半封建社会的国家，就不可避免地会遭受帝国主义的侵略以及引起的民族危机，而继续向下沉沦。同样，九一八事变后思想和学术界力图以学术研究来挽救民族危机，实现国家富强和民族复兴，可称之为"学术兴国"论，这从根本上来说也是不可能的。正如毛泽东在《论联合政府》中所说的那样，"没有一个独立、自由、民主和统一的中国，不可能发展工业。消灭日本侵略者……没有独立、自由、民主和统一，不可能建设真正大规模的工业。没有工业，便没有巩固的国防，便没有人民的福利，便没有国家的富强"[1]，更没有民族的复兴。当然，这只是问题的一方面；问题的另一方面，如果我们考虑到当时具体的历史处境，考虑到参与这一问题的讨论者大多是精神文明的生产者，不少人从事的还是中国历史、哲学、文学、思想、文化的研究和教学工作，利用他们自己的专业知识为挽救民族危亡、实现国家富强和民族复兴出谋划策，强调学术研究于民族复兴的重要意义，这可以说是他们自然而然的选择，借用《复兴民族与艺术》一文作者的话说："国难的严重，已经到了最后的阶段，如何能使整个中华民族不趋于灭亡，走上复兴的大道，建立巩固的国基？方法自然是很多，但总括一句，惟在求各人之本位努力而已。"[2] 这其中所表达出的是他们的爱国之情，报国之心，是对中华民族复兴的渴望与追求，我们应该在"同情的理解"的基础上给予充分的肯定。

　　（二）中华民族完全有实现复兴的可能。"中华民族有无复兴的可能？"这是九一八事变后面对日益严重的民族危机，广大国民最为关心的一个问题。对此，思想和学术界作了肯定的回答。

　　要回答"中华民族有无复兴的可能"，首先要回答中华民族是否"衰老"的问题。这个问题也是自清末以来不少人讨论和回答过的问题。比如，1900年梁启超在自己主编的《清议报》上发表了一篇时政性散文《少年中国说》。该文开宗明义："日本人之称我中国也，一则曰老大帝国。再则曰

---

① 毛泽东：《论联合政府》，载《毛泽东选集》第三卷，第1080页。
② 郧克定：《复兴民族与艺术》，《上海党声》第2卷第24期，1936年12月19日。

老大帝国，是语也，盖袭译欧西人之言也。呜呼，我中国其果老大矣乎？梁启超曰：恶，是何言？是何言？吾心目中有一少年中国在。"①梁启超认为"欧西人"和"日本人"所说的"老大帝国"是过去的中国，而现在的中国在他的心目中，则是一个充满活力、有着美好未来的"少年中国"。16年后（1916年），李大钊也在自己主编的《晨钟报》上发表了一篇题为《〈晨钟〉之使命——青春中华之创造》时政性散文，提出了"青春中华之创造"的中华民族复兴思想。和梁启超一样，李大钊也把整个中华民族的发展存亡设置在一个整体的发展过程中，将现今中国的衰败看作白发之中华，在这个基础上又孕育着青春之中华，青春之中华是中华民族的美好未来。②

　　九一八事变后，中国是否衰老再次引起思想和学术界的讨论。赵正平否认中华民族已经衰老，而是认为"我中华民族实具有至强大的少壮根性，随时有突趋复兴的可能"。他指出，尽管目前的中华民族是十二万分的艰难，政治、经济、教育、国防、学术等样样都落后于欧美国家甚至日本，但这只能由一小部分人负其责任，而不能归咎于民族全体，更不能据此认为中华民族已经衰老。因为民族生命与个人生命截然不同，个人生命有少壮老死几个阶段，民族生命则生死代谢，壮老递嬗，绝不能划分某一时期之民族为少为老。"离离原上草，一岁一枯荣。野火烧不尽，春风吹又生。"这四句诗，正可借来说明民族生命的生生不息。③作为清华大学优生学教授，潘光旦也不赞成中华民族"老大"或"衰老"说。他指出，人们常说中华民族是"老大"民族，如果说"老"字指的是中华民族的历史、文化和语言文字，这没有错，但如果指的是中华民族本身，这就有问题了。因为根据澳洲泰雷教授的人种分类方法，形成中华民族的若干种族，实际上出世得都比较晚，年纪也比较轻，在演化的过程中，凡是出世得比较晚的，其"位育力"都较强。就此而言，与其说中华民族是"老大"民族，还不如说中华民族是"一个发育不甚健全的青年"，如以年岁而论，中华民族要比西方的很多民族都要小，真正老的是西方民族，但西方民族"老而不朽"。中

---

① 梁启超：《少年中国说》，载《饮冰室合集》第1册，文集之五，第7页。
② 喻春梅、郑大华：《论五四时期李大钊的中华民族复兴思想及其意义》，《理论学刊》2015年第12期。
③ 赵正平：《中华民族复兴问题之史的观察》，《复兴月刊》创刊号，1932年9月1日。

华民族因发育不全，"不免有老气横秋之概"，是"少老"，而不是"真老"，更非"衰老"。这也是中华民族有可能实现复兴的重要原因。因为，"要是一个民族真是上了年纪的话，它的前途，当然是不会很大。但设只是发育不全，只是元气上受了些磨折，那末，前途便可以大有作为"。[1]

与赵正平、潘光旦不同，"希声"和梁漱溟等人承认中华民族已经"衰老"，但"衰老"不等于死亡，中华民族还有"返老还童"的可能。"希声"在《关于民族复兴的一个问题》一文中写道：现在大家所关心的，是"民族复兴到底可能不可能"。从生物学上讲，一种有机体衰老了是不会返老还童的。然而民族不同，其生命的延续，全在新生物与旧生物的代谢。假使我们相信环境于生物影响的重要，则每一期新陈代谢之间，都有一个复兴的希望，"那就是说：以新环境来造成新生命。如是则问题也就不在民族复兴的可能与不可能，而在于能不能造成民族复兴的新环境了"。[2]换言之，民族复兴不是能不能的问题，而是我们为不为的问题，即能否造成民族复兴的新环境问题。和"希声"一样，梁漱溟也是从个体生命与集体生命之异同立论，来肯定中华民族完全有实现复兴的可能。他在《精神陶炼要旨》中写道：一个民族社会，是群体而不是个体；个体与群体的生命不同。群体生命由许多个体生命构成，个体生命既有其死生灭亡，则群体生命的构成原很显然的是常常更换，常常新鲜。因此，尽管由于文化早熟，中华民族已经衰老，面临着十分严重的生存危机，但衰老并不等于死亡，相反有返老还童、"开第二度的文化灿烂之花"的可能。[3]罗健吾同样不赞成那种认为民族和个人一样，也逃脱不了"由壮而老、由老而死"的规律，汉唐明是中华民族的壮年时代，现在是中华民族的老年时代，"照此趋势下去，则不免由老而死"的观点，而是认为民族和个人不同，"一个人老了以后，必定死亡，而一个民族则可以由衰老而复返于壮年"，如意大利在 17、18 世纪的时候是一个衰老的民族，但现在却朝气蓬勃，成了壮年的民族。中华民族现在虽然积弱不振，显示出已经衰老，但"只要我们能鼓起勇气来充实

① 潘光旦：《民族复兴的一个先决问题》，《东方杂志》第 31 卷第 18 号，1934 年 9 月 16 日。
② 希声：《关于民族复兴的一个问题》，《独立评论》第 65 号，1933 年 8 月 27 日。
③ 梁漱溟：《精神陶炼要旨》，载中国文化书院学术委员会编《梁漱溟全集》第五卷，山东人民出版社，1992，第 505—506 页。

我们民族的力量，在最短期间，不难由衰老而转变为壮年"，实现复兴。①

　　美国学者艾恺在研究世界范围内的文化守成主义时发现：在经受外来侵略而自身各方面又十分落后的国家中，学术界常常在当下找不到民族复兴的根据，他们只能通过历史和文化来建构一种民族的神话，寻找出本民族的精神和文化的优越性，从而证明民族有复兴的可能。②九一八事变后的中国就是一个正遭受日本帝国主义侵略而各方面又十分落后的国家，所以当时的学术界在说明中华民族能够实现复兴时，同样把目光投向了中国的历史和文化。张君劢指出：历史上中国曾遭遇了种种挫折，但每次挫折之后都能迅速从挫折中奋起，实现自我更新，从而维持了中国几千年的香火不断，成为世界上唯一一个还立于世界国家之林的文明古国。这说明中华民族具有较强的复生能力。他在《中华民族之立国能力》一文中写道："世界史上之古民族，若埃及若安息若希腊若罗马，早成历史上之陈迹，而吾中华之历史，未尝一日中断焉。其他民族盛极一时，不久而衰败，吾中华自汉魏以降，吸收印度与西域之文明，以成唐代文艺宋明儒学之复兴，自政治上言之，亡于元而复于明，亡于清而复于民国，皆吾民族富于复生能力之明证焉。"③为了说明中华民族有复兴的可能性，赵正平在《复兴月刊》第1卷第1—5期上发表了一篇题为《中华民族复兴问题之史的观察》的几万字长文，通过对几千年中国历史的观察，他得出结论："几千年来的中华民族，曾遭遇多少次的压迫，翻过来曾演出多少次的复兴。以这样悠久健全的民族精神，说是今后没有复兴性，这是万无此理。"因此，"我们要自觉自信，中华民族的复兴，是必然的可能"。④刘文翮在考察了隋唐、宋初、明初中华民族衰而复兴的先例后，同样得出结论认为：中华民族数千年绵延不断，继续进展的历史，可谓人类史上的一大奇迹！"盖中华民族有优越的文化，雄厚的魄力，故能历劫不磨，衰而复兴。'离离原上草，一岁一枯荣；野火烧不尽，春风吹又生'之诗，可为中华民族历史的写实。"既然历

---

① 罗健吾：《怎样发展民族自信力》，《知行月刊》第2卷3月号，1937年3月31日。
② 艾恺：《世界范围内的反现代化思潮——论文化守成主义》，贵州人民出版社，1991，第36页。
③ 张君劢：《中华民族之立国能力》，《再生》第1卷第4期，1932年8月20日。
④ 赵正平：《中华民族复兴问题之史的观察（四续完）》，《复兴月刊》第1卷第5期，1933年1月1日。

史上的中华民族多次衰落又能多次复兴，那么，只要我们埋头苦干，奋发有为，如今的中华民族也就没有不"复兴之理由"。[1] 陈训慈也再三强调："中华民族是一种伟大的有力的民族，而决不是落后的民族"，我们"对于自己民族基本的优点与能力"应该始终保持"深切的信力"，相信中华民族完全有实现复兴的可能性，并列举了以下四方面的例证加以说明："第一，中国民族几千年来曾经征服了开化了无数民族，也曾有好几次我们遭外来民族的侵略，但不久我们就恢复了统治，而且就此吸收了这些外来民族"，这在世界民族中没有任何民族能与之相提并论，"这种中国历史上匡复的前例，正可促进我们今后复兴的努力，而保障其成功的可能"。"第二，中国民族是勇于移民发展的"，据 1934 年《申报年鉴》的粗略统计，仅南洋的华侨就有 600 多万，各地华侨的总数达到 1070 多万人，这在世界各民族中又是独一无二的，"具有这样伟大的开拓世界力量的民族，那有从此衰落之理？""第三，中国民族曾建成了全世界所惊服的伟大工程"，远的如周秦以来的长城，近的如明清时代的天坛，"这些先民在建筑与文化其他方面的伟大成就，正是民族能力的具体表征"。"第四，中国民族具有人类的优美道德和生活条件"，如忠孝、仁爱、信义、和平等。他在列举了这四条例证后强调指出："单是这四点，还不够证实了中国民族是世界上一种伟大的有力的而且前程无量的民族么？"还不能使我们相信中华民族完全有实现复兴的可能性么？在文章的结语中他又再次写道："意大利史家有这么一句豪语，说是曾经造成他族所不能造的阿尔卑斯山隧道的意大利民族，毕竟是要复兴而更见强盛的。我们很有权威的可以说：能够建设长城运河等他族所没有的伟大工程，能以民众自力开拓南洋而向世界各地移殖（植），能包容吸收并且开化了许多外来民族，而且包含了成吉思汗后裔的蒙古族的中华民族，不但必然要复兴，而且一定可有比过去的光荣更为伟大的前程。"[2]

　　为了说明中华民族能够实现复兴，一些学者还分别考察了美国、土耳其、俄罗斯、波兰、欧战后的德国和意大利等国家历史上的民族复兴运动，

---

① 刘文�翮：《复兴民族之历史的教训》，《浙江青年》第 3 卷第 1 期，1936 年 11 月 15 日。
② （陈）训慈：《民族自信力与民族复兴》，《浙江青年》第 1 卷第 8 期，1935 年 6 月。

如孙幾伊的《战后德国人民对于复兴底努力——从凡尔塞会议（一九一九）
到洛桑会议（一九三二）》（《复兴月刊》第 1 卷第 1 期，1932 年 9 月 1 日）、
寿宇的《欧战后意大利的复兴》（《复兴月刊》第 1 卷第 1 期，1932 年 9 月
1 日）、岑有常的《波兰复兴伟人毕尔苏斯基》（《复兴月刊》第 1 卷第 1 期，
1932 年 9 月 1 日）、甘豫立的《土耳其之复兴》（《复兴月刊》第 1 卷第 2 期，
1932 年 10 月 1 日）、王雨桐的《美国复兴运动之总检讨》（《复兴月刊》第
2 卷第 8 期，1934 年 4 月 1 日）等，并得出结论：既然历史上的美国、土
耳其、俄罗斯、波兰以及欧战后的德国和意大利能够实现复兴，今天的中
华民族为什么就不能实现复兴呢！袁道丰在介绍了德法两大民族之复兴经
过后写道：从德法两大民族之复兴经过中可以看出，民族的复兴之道不外：
（一）改造民族道德，唤起民族精神；（二）改革政治，整理行政；（三）整
顿军备，扩充实力；（四）全国一致团结，从事内部建设；（五）妥谋外交上
应付，减少压迫；（六）不惜物质牺牲，从速谋得国土和主权的完整。现在
我国应付国难之道，也不外乎上述这六条举措。假如举国上下，能循此而
行，"不自私，不自利，不内战，不腐化"，同心同德，努力奋斗，"则经相
当努力之期间以后，中国之不获重见自由天日，恢复其独立主权"，实现国
家富强和民族复兴，"其谁信之？"①

　　当然，除了论证中华民族亦能像这些国家那样实现复兴外，思想和学
术界考察美国、土耳其、俄罗斯、欧战后的德国和意大利等国家历史上的
复兴运动，也是为了给中国的民族复兴提供历史的借鉴。例如，孙幾伊
的《战后德国人民对于复兴底努力——从凡尔塞会议（一九一九）到洛桑
会议（一九三二）》一文的"导言"开宗明义："国难，国难，许多人这样
地嚷着……但是战后德国所遭的，较诸我们现在所遭的灾难，还要严重得
多。我们且看德国国民所遭的难是怎样；他们在难中怎样地挣扎；他们又
怎样从难中找着出路。现在我们虽则还不敢说德国已经复兴了。但是事实
告诉我们，德国已经从凡尔塞和约的层层枷锁之下，一步一步地解放出来，
无论从政治，经济那一方面看，她在现代国际间，都不失为世界领袖之一。
这当然不是徼幸得到的，在过去十四年中，德国国民无时无刻不在挣扎之

① 袁道丰：《德法两大民族之复兴经过》，《建国月刊》第 9 卷第 4 期，1933 年 10 月。

中，现在还继续挣扎着……不过挣扎不是盲目地叫和跳，也不是可怜地哀号。要知道挣扎的正当方法，请看以下所述的德国国民挣扎的事实。"因此，该文除了简略地介绍了欧战后德领土丧失、海外殖民地全部丧失以及因赔偿及恢复原状德国所受的经济损失等"国难"外，重点介绍了"德国国民怎样挣扎"和"德国怎样找寻出路"的，"借此贡献给我国有志者做一种鼓励之资"。① 《行建旬刊》还开辟了"他山之石"专栏，先后发表了百川、则文的《德国民族之复兴》（第23期）、则文的《波斯民族的复兴》（第27期）、则文的《朝鲜民族之复兴运动》（第31期）、一叶的《土耳其民族之复兴运动》（第32期）、则文的《印度民族之复兴运动》（第34期）和《阿拉伯华哈壁民族复兴运动》（第37期）等一系列文章，总结出德国、伊朗、朝鲜、土耳其、印度等国民族复兴的经验和教训，以为中国民族复兴运动的借鉴。

寰澄从"中华民族之复兴与世界之关系"的角度，论证了中华民族复兴的可能性及其重要意义。他指出，世界上有些人因"不知我之文化，不知我之历史"，其论中华民族多有"失当之处"，更有人以鸦片缠足之旧恶习，军阀土匪之现状，来轻蔑诋毁中国。实际上，"我五千年之文化，五千年之历史，危而不亡，颠而不倾，固自有精湛之特性，而非其他民族所能企及者"。这主要表现在四个方面："（一）我民族为极端爱好和平之民族"。"（二）我民族为抵抗力极富之民族"。"（三）我民族为同化力极大之民族"。"（四）我民族为蕴藏极大富力之民族"。他最后强调指出，具有上述这些"精湛之特性"的中华民族一定能够实现复兴。② 郑重分"历史""事实"和"各国"三个方面，对中华民族复兴的可能性进行了"作证"：（一）我们翻阅历史，中国曾多次遭受外患，但这些外患终因中华民族的努力奋斗而消除，并实现了国家的复兴，这"从历史上证明中国民族复兴并不是不可能的事"。（二）自"九一八"后东三省沦亡，义勇军遍地兴起，如嫩江、长城，特别是上海战役，表现出的是中国民众的伟大力量，"这些事实证明中国民族精神未死，而且更是复兴中国民族的基础"。（三）德国是欧战的战

---

① 孙幾伊：《战后德国人民对于复兴底努力——从凡尔赛会议（一九一九）到洛桑会议（一九三二）》，《复兴月刊》创刊号，1932年9月1日。
② 寰澄：《中华民族之复兴与世界之关系》，《复兴月刊》创刊号，1932年9月1日。

败国，割地赔款，民穷财尽，但仅仅 10 多年的奋斗，就已恢复了大国的国际地位；苏俄从一个非常落后的农业国，经过五年计划，一跃而成为先进的工业国；被称为"西亚病夫"的土耳其，也只用 10 多年时间，就实现了民族复兴。上述各国复兴的历史"更给我们新的模范与新的勇气——中国民族复兴无疑是可能的"。① 平凡的《中华民族之危机及复兴与民族复兴运动之史的论证》一文，"确信中华民族在死里求生的努力之下，尚有发扬光辉之必然结果，盖证以古今中外历史的事实，益信中华民族复兴运动之伟大的成功，是在不久的将来"。因为，"历史上关于民族复兴运动所昭示于吾人"三个"信仰"，其一，"凡一民族，具有其相当文化而已结合成一强固之民族性，则此民族绝不灭亡"；其二，"凡具有相当文化之民族而成为单一民族性之国家者，任何外来势力图谋消灭此民族，其结果外来势力必归失败，而此固有民族之团结，愈形巩固"；其三，"任何强大民族妄欲以其武力征服其他语言文字风俗习惯等一切文化不相同之民族，其统治方法，无论武力政策或同化政策，假使此被征服民族始终保持其固有民族性，则统治者终必失败而无疑"。②

总之，九一八事变后的思想和学术界以他们的研究告诉国人：中华民族完全有实现复兴的可能。这在日本侵略步步紧逼，民族危机日益加深，全国上下都弥漫着悲观主义情绪，看不到国家和民族之未来的历史背景下，它对于帮助国人树立战胜日本帝国主义侵略，实现国家富强和民族复兴的坚定信念，从而投身于救亡图存、复兴民族的大业是有积极意义的。

（三）实现民族复兴须先恢复民族的自信心。如何将可能性变为现实性，亦即"中华民族如何实现复兴？"这是九一八事变后广大国民关心的又一问题，或者说是更为根本的问题。思想和学术界的一个基本观点，即认为中华民族之所以会衰落，遭受帝国主义尤其是日本帝国主义的侵略而面临日益严重的生存危机，一个重要原因，便是民族自信心的丧失，所以要实现中华民族的复兴，当务之急，是要恢复和树立民族自信心。

所谓民族自信心，是指一个民族对自己立于世界民族之林的能力及其发

---

① 郑重：《民族复兴方案》，《学艺》第 13 卷第 6 号，1934 年 8 月 16 日。
② 平凡：《中华民族之危机及复兴与民族复兴运动之史的论证》，《西北公论》第 1 卷第 5 期，1933 年 9 月 1 日。

展前途的信心。借用《历史教育与民族复兴》一文的话说："即一种民族自信有能生存的能力之谓。"[1] 民族自信心的有无对于一个民族的生存和发展有着重要的意义。王敬斋指出：个人生活在社会里，不能不有自信心，固然不应当妄自尊大，然而也不必把自己看得一文不值，假如个人失去了自信心，他的前途一定不会好的。民族同个人一样，也得有自信心，但民族是由许多个个人组合起来的，所以民族的自信心，就是每个个人自信自己的民族有继续生存的能力，如果这种自信心没有了，那么这个民族的前途也一定是不会好的。[2] 在王造时看来，在人类历史的长河中，哪个国家没经历过强弱？哪个民族没有过盛衰？但是有些国家可以转弱为强，有些民族可以转衰为盛，当然也有些国家或民族，终至于被淘汰。其关键的因素，就是要看该民族是否有自信力。有民族自信力，亡可以复兴，弱可以转强，衰可以转盛，否则，只能任其萎靡，沦落于奴隶，终至于消灭。[3] 关靖强调：自信力是一个民族生存上的基本能力，"苟民族失其自信力，必归诸天然淘汰"，这是一条被历史一再证明的铁律。[4] 署名"华"的作者同样认为，有坚强的自信心的民族，"则能生存于弱肉强食之今日，否则难免受天演之淘汰"[5]。

中华民族本来是一个自信心很强的民族，然而自1840年鸦片战争以后，国人对民族的自信心则逐渐丧失殆尽，这是造成中国积弱积贫、落后挨打的一个重要原因。蔡琏在《民族复兴与历史教学》中写道：中华民族有悠久的历史，创造过灿烂的古代文明，那时候的中华民族的自信心是很强的，甚至可以说是"渺视一切"，具有"一种自大的心理"。但及鸦片战争后外交的节节失败，中华民族的自信心受到极大的打击，"不但置诸自大之心理于脑后，及转而崇拜西洋，一举一动，俱西洋是效，忘却自己之历史，辱没个人之人格，守旧者固属腐败不堪，时髦者更属数典忘祖，无形之中，已接受中国民族已衰老之观念，几无一善可取，其谬孰甚"。[6] 华生指出，作

① 华：《历史教育与民族复兴》，《公言（北平）》第3期，1937年6月1日。
② 王敬斋：《现阶段的历史教育问题》，《文化与教育》第118期，1937年2月28日。
③ 王造时：《恢复民族的自信力》，《自由言论》第1卷第17期，1933年10月1日。
④ 关靖：《自信力为民族生存上基本能力说》，《陆大月刊》第2卷第1期，1936年1月1日。
⑤ 华：《历史教育与民族复兴》，《公言（北平）》第3期，1937年6月1日。
⑥ 蔡琏：《民族复兴与历史教学》，《浙江教育月刊》第1卷第11期，1936年8月15日。

为世界上最优秀的民族，中华民族有着很强的"民族自信力"，但自晚清以来连年政治经济上的失败，使一般人对于民族的自信力起了动摇，甚至像胡适这样的知识精英也说出了"中国不亡，是无天理"一类的"非常绝望悲观的话"。由于民族自信力的丧失，不少人以为中国的事情要弄好，除非请教外人，形成了一种"外国的月亮都比中国的圆"的自卑心理。近数十年来，中国之所以人心错综，道德日坠，文化堕落，工商不振，国难踵至，民族危机日益加深，其重要原因便是民族自信力的丧失殆尽。[①] 在阿品看来，中华民族不仅是一个很有自尊心的民族，甚至还有些"老大民族"的"狂妄"和"顽固"。但"封建势力终敌不过资本主义的狂浪，一八四二年的鸦片战争，就首先撕破了老大民族的面孔，机械文明震吓了他的心灵。接着中法、中日及庚子诸战役，更推翻了老大民族的宝座。中国人们的心理，由鄙视外人而变为仇外，继而一变为尊外与媚外了"。从此，中华民族的自信力"一落千丈"，中国也因而衰落了下去。[②]

　　鸦片战争后中华民族自信心的丧失，是造成中国积弱积贫、落后挨打的重要原因。因此，要改变这种状况，实现中华民族的伟大复兴，就必须恢复和树立民族自信心。沈以定将民族自信心视为"复兴民族的三种必要力量"之一："我们现在要复兴中华民族，第一：就要使我们全国人民的脑海里深深地印下了一个民族的影象，使我们全国国民都具有一种——民族自信的力量——民族的自信力。"因为，"对于被压迫民族，自信力是特别需要的，有了这种自信的力量，我们才有勇气奋斗向前进展，来复兴民族"[③]。王造时文章的题目就叫《恢复民族的自信力》。他在文中写道：中国"今日要打倒帝国主义，抵抗日本侵略"，实现国家富强和民族复兴，"除了物质上的准备以外，须有精神上的振作。换言之，就是要恢复我们的民族自信力"[④]。罗健吾强调：一个民族所以能与其他民族争平等，纯靠民族的自信力，如果民族失掉了民族自信力，自己承认是劣等的民族，是不能与人竞

---

① 华生：《民族复兴与历史教育》，《文化建设》第 1 卷第 9 期，1935 年 6 月 10 日。

② 阿品：《恢复民族的自信力》，《青年阵地》第 7 期，1935 年 12 月 5 日。

③ 沈以定：《复兴民族的三种必要力量——青年应负复兴民族之责》，《浙江青年》第 2 卷第 7 期，1936 年 5 月 15 日。

④ 王造时：《恢复民族的自信力》，《自由言论》第 1 卷第 17 期，1933 年 10 月 1 日。

争的民族，那这个民族的前途，自然亦只是黑暗没有光明了。"所以现在我们要复兴中华民族，非先发展民族自信力不可。"①项致庄同样认为，"中国国民当前的急务是复兴民族，而复兴民族的先决条件，尤贵培养民族自信力"②。阿品更是明确指出："我们认定，要民族复兴，须先恢复民族的自信力。"③

要实现民族复兴，须先恢复民族的自信心，这可以说是九一八事变后思想和学术界的基本共识。那么怎样才能帮助国人恢复和提高民族的自信心呢？署名"华"的作者认为，要帮助国民恢复和树立民族的自信心，"惟有射以历史之强心剂"。因为在历史上有许多事实证明中华民族的伟大，证明中华民族之自信力的伟大，正是这种"伟大之民族自信力，曾几次挽既倒之狂澜"，使国家和民族转危为安，由衰而兴，"苟能发挥之，以挽已往之颓风，根据历史上的事实而恢复民族之自信力，亦救国之惟一法门"。④王敬斋同样认为"民族自信力的恢复与养成，也可以分作两方面：一方面养成民族自尊的高尚情绪；一方面发扬我们固有的文化"。但无论是养成民族自尊的高尚情绪，还是发扬我们固有的文化，都离不开历史。因为只有通过历史才能使一般国民认识到，中华民族是有着"四五千年的光荣历史"的民族，在"这样长的时间里"，我们的祖先曾创造了"许多伟大的事迹和文化"，这是中华民族的宝贵遗产，"我们不应当全盘接受西洋文化，把自己过去的文化，完全不睬"，更不能因此而丧失民族的自尊和自信。⑤署名"孟真"的作者指出：过去的历史是我们数千年来民族精神和文化的结晶，但现今却很少有人读中国的历史书，无怪乎民族的自信心日趋丧失殆尽。所以要实现民族的复兴，须把过去的一切，用科学的方法重新加以整理和出版，这对于恢复国人对于中华民族的自信心，加深国人对于本国历史的认识是非常必要的。⑥

---

① 罗健吾：《怎样发展民族自信力》，《知行月刊》第2卷3月号，1937年3月31日。
② 项致庄：《培养民族自信力为国民当前之急务》，《江苏省政保安季刊》第4卷第1期，1937年4月1日。
③ 阿品：《恢复民族的自信力》，《青年阵地》第7期，1935年12月5日。
④ 华：《历史教育与民族复兴》，《公言（北平）》第3期，1937年6月1日。
⑤ 王敬斋：《现阶段的历史教育问题》，《文化与教育》第118期，1937年2月28日。
⑥ 孟真：《中国本位的文化建设问题》，《文化建设》第1卷第5期，1935年2月10日。注：傅斯年字"孟真"，但从全文的内容和发表的刊物看，此"孟真"非傅斯年。

正是基于这一认识，九一八事变后兴起了一股研究中国历史和文化史的热潮（具体情况详见本章第三节"文化保守主义的新发展"）。思想和学术界在研究中国的历史和文化史时，为帮助国人恢复和提高民族自信心，特别强调以下两点：一是强调中华民族之历史和文化的悠久，二是强调中国文化对世界文化的影响和贡献。在强调中国文化对世界文化的影响和贡献时，更多的又是强调中国文化对西方文化的影响和贡献。这一现象的出现，既有学术的原因，更有现实的考虑和需要。就学术的原因而言，中国文化对东方尤其是中国四邻民族文化的影响和贡献的研究，无论在中国还是在西方都是一个老课题，此前出版和发表过不少相关成果，而中国文化对西方文化的影响和贡献的研究，则是进入 20 世纪后特别是第一次世界大战后才在西方兴起的一个新课题，其相关成果大多出版或发表在 20 世纪二三十年代。这与第一次世界大战后在西方兴起的"西方文化没落论"和"东方文化救世论"思潮有着密切的关系。西方学术研究的这一变化，不能不对中国学术研究产生影响，我们翻阅这一时期中国学者介绍中国文化对西方文化的影响和贡献的文章，大多利用的是西方有关研究的最新成果。比如，何炳松就是在参考了"一九二三年德国人雷赤文（Adolf Reichevein）所著《中国与欧洲》一书"的基础上，于 1935 年"草成"《中国文化西传考》一文，分"中欧交通的始末""洛可可艺术所受中国的影响""德国启明思想中的中国""法国启明思想中的中国""'欧洲的孔子'和重农主义的经济学家""主情运动和中国的园林""歌德和中国""重商主义的贱视中国""老子在现代欧洲的复活"等九个方面具体介绍了中国文化的西传以及对欧洲文化的影响和贡献。据何炳松讲，该书的英译本为鲍威尔（F.O.Powell）所译，英国剑桥大学教授奥格敦（C.K.Ogden）主编的《文化史丛书》（1925年在纽约出版）之一种，他看的就是这个本子。[①] 从现实的考虑和需要来看，这一时期的思想界更多强调中国文化对西方文化的影响和贡献，主要针对的是当时那种"妄自菲薄"中国文化的社会心理，试图以此来帮助国人恢复和树立民族自信心。因为当时中国的落后主要相对西方而言，国人是在与西方各方面之比较中产生出"外国（西方）的月亮都比中国的圆"的自卑

---

① 何炳松：《中国文化西传考》，《中国新论》第 1 卷第 3 号，1935 年 6 月 1 日。

心理。何炳松就公开声明，他是为了"矫正现代一般国民藐视中国文化的态度"而"草成"《中国文化西传考》一文的，他希望国人在读了他这篇文章后，要树立起一种"誉我固然不足为荣，毁我亦实在不足为辱"的文化心态，认识到"我们现在所要的是取人之长，补己之短，而不是盲从他人，毁灭自己"，要对自己的民族和文化充满信心，相信中华民族和中国文化的复兴必将到来。①

为了帮助国人恢复和树立民族自信心，九一八事变后的思想和学术界还主张对教育特别是历史教育进行改革。因为在他们看来，中国人民族自信心的丧失，与教育的欧化或西化有着很大的关系。明钟恂在《保存中国固有的文化与恢复民族自信力》一文中便指出：中国文化之所以低落不堪，中国人的民族自信心之所以丧失殆尽，一个重要原因就是"中国现代的教育太过于欧化了"。我们试看国内各学校的教材，多半是关于西洋学术的介绍，对于本国固有的学术思想，反视同敝屣，一般学生如果与他论及外国文化历史，则高谈雄辩，至于向他谈及本国文化历史，则好像在五里雾中，莫名其妙，这都是教育上欧化的明证。诸如此类的事实，可以说是司空见惯的。"由此亦可证明中国教育之太偏于欧化，这种教育，只有养成崇拜洋人的心理，只有使我们的民族自信力渐渐丧失，所以今后保存固有文化，恢复民族自信力的方法，只有从教育入手。"② 华生的《民族复兴与历史教育》一文写道：今日历史教育中存在的一个重大问题，"是课程中对于本国史的轻视"，老师在课堂上讲的所谓历史，实际上都是欧美的历史，举的例证，都是欧美的例证。教学的结果，是学生对欧美的历史文化知道得颇多，谈起来头头是道，如数家珍，而对本国的历史文化反而知之甚少。这既不利于学生民族自信心的养成，同时也不符合历史教育的使命。"历史教育的使命，一方面在使人认识其过去的文化，另一方面则在使人明白本国文化在世界上所占的地位，二者必须同时并进，那才能使人认取其自己所负的责任而对本国及世界文化的创造，知所努力。"故此他要求增加中国历史文化的内容，不仅教材要"力求其中国化"，而且老师上课，"引例举证，苟

---

① 何炳松：《中国文化西传考》，《中国新论》第 1 卷第 3 号，1935 年 6 月 1 日。
② 明钟恂：《保存中国固有的文化与恢复民族自信力》，《诚化》第 5 号，1936 年 1 月 25 日。

有本国事实，必须尽先采用"。① 蔡琏认为民族自信心的恢复和树立，应该从娃娃抓起，加强对儿童的历史教育，"说明中华民族过去之光荣历史，经过渊久艰苦之奋斗，使儿童养成坚韧之自信心，确信中华民族是必能复兴"。他还对"过去教师对于儿童之自尊心，大都不加注意"的现象提出了批评："教师每言及日本儿童时，则必尽量形容其优良，中国儿童是无法追及，粗视之，似乎对儿童施以激励，使其发奋自强，但久而久之，终属不及，则无形中使其儿童失其自尊心矣。"②

这里尤需指出的是，九一八事变后的思想和学术界在强调恢复和树立民族自信心对于民族复兴之重要意义时，其中一些人又认识到自信心与夸大或虚骄的区别，认识到恢复和树立民族自信心并不是享受祖先的光荣，而是要实事求是地干，将祖先的光荣发扬光大。1936 年 12 月 13 日，上海和天津《大公报》发表的一篇题为《民族自信心的复兴》的"社论"就明确指出："所谓民族自信心，并不是民族的夸大或虚骄。夸大虚骄是懦夫遮盖其弱点的表现。"因为自己本身不行，才要把祖宗搬出来替自己撑门面；自己本来是胆怯，才要说大话以表示自己的勇敢。这是一种逃避事实的心理，是极没出息又极无聊的心理。自信心却不如此。"有自信心的人就是不否认事实的人。自己知道自己的短处，而自己并不护短；知道自己的弱点，而却想出法子来补救它。军械不如人是事实，科学不如人也是事实。但是我们绝不甘于终久的落伍。只要我们努力，我们总有如人之一日。"③ 阿品在《恢复民族的自信力》一文中也再三强调：恢复和树立民族自信力，首先要"认清自己"。认清自己，绝不只是夸张自己，抬高自己，同时还要不客气地指出自己的短处，看出自己的弱点。"自觉有何长处，便当极力保存，而发扬光大；自觉有何短处，便当极力避免，而更奋发有为。"④ 曹汉奇认为恢复民族自信心要注意三个问题：（一）空有自信心，不足使民族复兴，夸大的、附会的自信复足自蔽；（二）翻家谱，抬祖宗，可掩饰自馁心，却不能作为"祖宗能干，子孙也能干的证明"；（三）一般以为自己有信心的先觉，

---

① 华生：《民族复兴与历史教育》，《文化建设》第 1 卷第 9 期，1935 年 6 月 10 日。
② 蔡琏：《民族复兴与历史教学》，《浙江教育月刊》第 1 卷第 11 期，1936 年 8 月 15 日。
③ 张纯明：《民族自信心的复兴》，《大公报（天津）》1936 年 12 月 13 日。
④ 阿品：《恢复民族的自信力》，《青年阵地》第 7 期，1935 年 12 月 5 日。

先不要喊口号贴标语，而要寻问题，实事求是地干。"以干的精神证明自己确为自信心。以干出来的成绩作为启发群众去恢复真自信心的工具。——如此，民族的自信心方能再生。"① 认识到自信心与夸大或虚骄的区别，尤其是认识到恢复和树立民族自信心的关键在于实事求是地干出成绩，这不仅在当时，在现在也具有十分重要的思想意义。因为无论在当时还是在现在，都存在着少数人借恢复和树立民族自信心而揭倡和鼓吹复古主义的思想倾向，这种倾向对实现中华民族的伟大复兴有百害而无一利。②

（四）实现民族复兴要恢复和弘扬民族精神。本书前面已经提到，"民族精神"一词最早是清末从西方引进到中国来的。新文化运动时期使用的人增多起来，但第一个把民族精神与民族复兴联系起来的人是孙中山。1924年国民党第一次全国代表大会后孙中山发表"三民主义"演讲，提出要复兴中华民族先要恢复中华民族的民族精神。九一八事变后，随着民族复兴思潮的兴起和高涨，思想和学术界在讨论恢复自信心对于民族复兴的重要意义的同时，还讨论了复兴和弘扬民族精神的问题。雷震认为，"一个国家之强弱，要视形成此国家之民族之民族精神之兴盛与否以为断。民族精神若是兴旺，这个国家一定强盛，不然一定衰微，故一国之民族精神如何，可视为测度此国强弱之寒暑表也。……中国今日之所以一蹶不振者，亦由于民气消沉，民族精神颓唐衰废之故耳……所以我们今日要排除国难，要挽救中国，须先从恢复民族精神做起"③。杨兴高更是明确指出，"在固有民族精神未丧失以前"，我中华民族是世界上"最文明最优秀之民族"，其先民"于困难之中，披荆棘，斩草莱，辟疆殖土，征服异国，成东亚一富强无比之大帝国"。但自"民族精神消失后"，中华民族在世界上的地位则一落千丈，"近来外人更以半开化之民族，无组织之国家等等侮辱语，公然加之于吾国家民族之上矣"。因此，"欲复兴中华民族，必先恢复中国之固有民族精神"。④ 天津《大公报》的一篇名为《唤起建国的原始精神》的"社评"也

---

① 曹汉奇：《如何能恢复民族的自信心》，《南开大学周刊》第104期，1931年3月31日。
② 参见郑大华《抗战时期有关"中华民族复兴"的讨论及其意义》，《民族研究》2016年第3期。
③ 雷震：《救国应先恢复民族精神》，《时代公论》第29号，1932年10月14日。
④ 杨兴高：《恢复中国固有民族精神与吸收外来文化》，《新文化月刊》第6期，1934年6月25日。

认为，"重唤起中国民族固有之精神"，这是"中国复兴之必需的原则"。①邱楠在《复兴民族与复兴民族精神》一文中写道：历史上去看，没有一个民族的灭亡不是因为民族精神的衰落，也没有一个民族的复兴不是由于民族精神的振刷。为什么印度会灭亡，为什么德意志经过上次欧战的大失败，现在还能够抬头？也都是由于民族精神的关系。"因为精神是一个民族的灵魂，一个民族的核心。只要核心健全，就会发生很大的抵御力。"我们要实现民族复兴，就必须复兴民族精神。②寿昌指出，中华民族正处于帝国主义与帝国主义火并的时代，天灾人祸、内乱外患，交相攻袭，我们欲挽救这衰颓的局面，内政外交的整顿固然重要，但更重要的或最基本的则"在民族精神的复兴"。③在林景伊看来，一个国家文化的构成，是历史长期演进的结果，而非一朝一夕形成的。民族精神之所寄者此，国家命脉之所托者亦在于此。"故欲求国家复兴，臻于强盛之途，非发扬固有文化，振作民族精神，实不□以为功。"④

"复兴民族是要复兴我们中华民族的精神"，这可以说是当时思想界的基本共识。但什么是中华民族的"民族精神"呢？对此，人们的认识各有不同。王鲁季指出，一个民族之所以能生存于世界并得到发展，"要在其有不可磨灭之民族精神"，如英国民族的保守沉着，德国民族的尚武图强，日本民族的崇尚侵略，"此皆其民族固有之精神，亦即一民族与他民族不同之点"。作为有着几千年悠久历史的中华民族，也有自己的民族精神。中华民族的民族精神主要表现在"大同主义""民本主义""德治主义""和平主义"和"中庸主义"等方面。在清代以前，中华民族的民族精神"甚为焕发"，这是中华民族和中华文化能够长盛不衰的重要原因。然而自清入关后，尤其是鸦片战争后，中华民族的民族精神逐渐丧失了，中国因此而遭受列强的侵略，甚至面临亡国灭种的危险。所以"吾人诚欲企求中华民族之生存"，就必须像费希特所说的那样，"非努力发扬固有之民族精神不可"。⑤寿昌认

---

① 《唤起建国的原始精神》，天津《大公报》1932年2月8日。
② 邱楠：《复兴民族与复兴民族精神》，《华北月刊》第1卷第3期，1934年3月1日。
③ 寿昌：《中华民族精神的复兴与亚洲之未来》，《建国月刊》第9卷第4期，1933年10月。
④ 林景伊：《发扬固有文化与振兴民族精神》，《黄胄周刊》第1期，1937年5月24日。
⑤ 王鲁季：《论中国民族之精神》，《军需杂志》第33期，1935年10月。

为，中华民族的精神主要体现在"同体同心成仁取义的精神""格物致治参赞化育的宏愿""修齐治平世界大同的理想"三个方面。首先就"同体同心成仁取义的精神"而言。孔子曾教导我们："志士仁人，无求生以害仁，有杀身以成仁。"孟子也说过："生亦我所欲也，义亦我所欲也，二者不可得兼，舍生而取义者也。"所谓仁义，即人我合一，我物平等的大德。"仁义的至极，即求成己成物，与理合一，以达于普遍圆满的境界。"古圣先贤对于此项解释，不计其数，而见诸实践方面，更能举出不少例子。它已成为中华民族精神的一部分。其次，从"格物致治参赞化育的宏愿"来看。中华民族的理想，一向是文质彬彬，体用兼备。换句话说，即理想与实践并重。上述所谓仁义之极，本含有积极性，本是行动的，非特推己及人，更须推己及物。其及物的结果，自非探究天地的奥妙，穷尽世间的物理不可。易言之，即非参赞化育不可。故所谓"能尽物之性，则可以赞天地之化育；可以赞天地之化育，则可与天地参矣。"最后，来看"修齐治平世界大同的理想"。《礼记》上说："大道之行也，天下为公。"仅此一语，就已体现出了中华民族伟大高尚的博爱精神。"此种博爱的精神，退足以铲除社会的不平，进足以拯救天下的陷溺。"所以自古以来，中华民族追求的是己所不欲，勿施于人；而己所欲，更施于人。如果能将中华民族的这一精神发扬光大，"是则资本主义罪恶，帝国主义的侵掠，既无从发生，而国际间长治久安的基础，岂不随之树立"。总之，寿昌指出："中华民族的精神，分则为正德利用厚生三项，合则为格物致知诚意正心修身齐家治国平天下一以贯之的理想了。"[1] 在吴坤淦看来，民族精神是伴随着民族道德而生长、形成的，两者相得益彰，互相影响，所以我们"要考究什么是民族精神，便须先明了什么是民族的道德"。那么什么是中华民族的民族道德呢？中华民族的民族道德可以用"忠孝""仁爱""信义""和平"八字来概括。与中华民族的民族道德相伴而生、相伴而长的中华民族的民族精神，也可以用八个字来概括，这就是"勇武""博大""勤奋"和"坚忍"。这八个字就"是中华民族的精神，也就是中国的国魂"。我们要恢复民族的地位，实现民族的复兴，就必须恢复"勇武""博大""勤奋""坚忍"的"民族精神"，使之"焕发于东

---

[1] 寿昌：《中华民族精神的复兴与亚洲之未来》，《建国月刊》第 9 卷第 4 期，1933 年 10 月。

亚, 弘扬于宇宙"。[①] 刘琦强调, 民族精神是一个民族适应环境或改变生活的能力, 所以民族的生活环境对民族精神的形成具有决定性的作用, 换言之, 有什么样的生活环境, 就会产生什么样的民族精神。就中华民族来看, 我们的祖先最先活动的区域是在山东、河南、安徽的北部、河北、山西的南部一带。这一带土地肥沃, 气候温暖, 所以生存方式虽然简单幼稚, 但生活资料的获得并不十分困难, 在这样的自然环境下, 中华民族的创造力就显得特别旺盛。早在殷周时代, 当欧美还处于原始人的野蛮生活时, 中华民族就创造出了灿烂的文化, 无论哲学、政治、经济、伦理各学科, 还是天文、气象、历算和制造, 都处于世界的前列。所以"创造精神"是中华民族精神的表现之一。中华民族精神的表现之二是"战斗精神"。中国历史上曾发生过无数次的民族斗争。"中国民族每经一次斗争, 民族势力就扩张一次, 终造成今日融合汉、满、蒙、回、藏、苗的大中华民族, 这就是战斗精神的成果。"然而清代以后尤其是近代以来, 中华民族的"创造精神"和"战斗精神"都逐渐"消失了", 中国也"因而陷于今日的危殆境地"。因此, "我们反本求源, 要解放民族复兴国家", 就必须恢复和大力弘扬中华民族的"创造精神和战斗精神"。[②]

思想和学术界在讨论什么是中华民族的"民族精神"时, 还重点探讨了如何恢复或复兴中华民族的民族精神的问题。吴鼎第认为, 民族精神和民族意识关系非常紧密, "我们要能复兴民族, 使民族精神健全, 须要先有民族意识。有了民族意识, 然后才有健全的民族精神"。而"要有民族意识, 须具备国家的印象, 有了国家的印象, 更须有复兴民族的自信力, 这样健全的民族意识才能完成"。所谓"国家印象", 也就是国民要关心国家, 要热爱国家, 要知道"现在的民族兴衰怎样, 未来的邦国前途怎样"。但仅有"国家印象"还不够, 还需要有"民族自信力", 要相信自己能复兴民族, 并担负起复兴民族的责任。总之, 吴鼎第强调: "民族意识由国家的印象发动, 由自信力推进, 终乃形成健全的民族精神: 由环境的刺激, 反省诸己, 谋取民族的出路——于此情状下产生的民族精神才是切实的, 正确的, 远

---

① 吴坤淦:《民族道德与民族精神之二》, 转引自郑师渠、史革新主编《近代中国民族精神研究读本》, 北京师范大学, 2006, 第 222、224—231 页。

② 刘琦:《民族道德与民族精神之四》, 转引自《近代中国民族精神研究读本》, 第 245、251 页。

大的，积极的，乐观的，勇敢的。"①张君劢也特别强调民族意识的有无对于民族精神的形成乃至民族复兴的重要意义。他 1933 年在广州中山大学演讲《中华民族复兴之精神的基础》时指出：民族犹如个人，个人生于天地间，不能离开物质与精神，民族亦然。人之所以不同于动物，就在于人有意识。民族之所以为民族，亦在于民族有意识。"民族意识，乃民族之第一基本。"而民族意识，又具体表现在"民族情爱""民族智力"和"民族意力"三个方面。所谓"民族情爱"，亦即作为民族一分子的个人对本民族的感情；"民族智力"，亦即民族要有自己的思想和具有民族特点的独立学术；"民族意力"，亦即民族的统一意志力或执行力。我们要恢复和弘扬民族精神，实现民族复兴，就"先则须从教养入手"，使国民的"民族情爱、民族智力乃能逐渐提高，其后乃由意志之统一，Unity of will 终则为行动之统一，Unity of Action。如是则民族可以自存，国家可以独立矣"。②雷震对于费希特以国家高于个人，为谋求祖国的独立与生存而限制个人自由、舍身赴难的精神非常赞赏，在谈到如何恢复民族精神时，他特别肯定"菲希特以为唤起民族感情，涵养爱国热情之方法，莫过于从奖励教育着手"的主张，认为"我们要恢复民族精神，根本要从人格教育做起，无论何人，不能否认。不过我们过去的教育，不但没有养成健全的人格，连知识方面都不能满足，真是惭愧。我们今后要努力教育，尤其要注意人格教育，才能恢复民族精神，才能真正挽救中国"。③陈茹玄认为，我们要恢复或复兴中华民族的民族精神，关键在于"认清使民族精神颓败的两点重要原因，根本矫正"。具体来说，就是一方面，要尽力消弭内战，以不合作的方法来对待那些兴风作浪的军阀政客，人人以参加内战为可耻，恢复"仁爱信义的美德"；另一方面，要养成民族自尊自重的精神，自尊自重并非妄自夸大，更不是要故步自封，拒绝学习他人，而是"自信其本能，自尊其人格"，学习他人的目的，是取人之处，以为己有，"断非自贱自弃，投降他人"。④俊荣指出，我们"欲从

① 吴鼎第：《综论民族精神》，《复兴月刊》第 5 卷第 8 期，1937 年 4 月 15 日。
② 张君劢讲，成炳南记《中华民族复兴之精神的基础——在广州中山大学演讲》，《再生》第 2 卷第 6—7 期合刊，1934 年 4 月 1 日。
③ 雷震：《救国应先恢复民族精神》，《时代公论》第 29 号，1932 年 10 月 14 日。
④ 陈茹玄：《我国民族精神颓败之原因及其挽救方法》，《时代公论》第 28 号，1932 年 10 月 7 日。

事于民族复兴之道，首先必认清民族精神衰颓之重要原因，根本矫正"。如前所述，在他看来，民族精神衰颓的主要原因，一是"受频年内战之影响"，二是"民族间之隔膜"。因此，他认为恢复民族精神，就必须"一方面便尽力消弭内战，使人人以参加内战为可耻；另一方面力谋五族整个之团结，联五族为一家，化仇敌为兄弟，共同担任挽救颓败民族之精神，恢复仁爱忠信诸美德，以养成民族自信自重之精神，爱国爱民之仁心，民族精神恢复，则不患列强之加于我也"。①

顾养元就"如何复兴中华民族精神"提出了三点建议：第一，"转移家族观念发挥民族意识"。他指出：中国人的家族观念、乡土观念非常浓厚，而民族意识则向不发达，影响所及，使四万万人民成了一盘散沙，没有团结，每个人都只知道个人的重要，而不知道自己和民族的密切关系，更没有自己的民族和他民族不同的思想，同族间的关系因而十分浅薄，感情不深，没有树立起同民族存则俱存、亡则俱亡的民族观念来。因此，我们要复兴中华民族精神，就必须从家族观念发展出民族意识，有了民族意识，民族思想才会发达，民族团结才能坚固，同时才肯牺牲自己的利益，努力图谋民族的生存。第二，"培养民族美德铲除不良特性"。每个民族都具有自己特殊的民族性，这种特性，有的不仅要保持，并且要发扬光大，有的则要设法铲除，不使遗留。我们中华民族的特性应当保存和发扬光大的，是忠孝仁爱信义和平诸美德；应当培养和鼓励的，是豪侠牺牲勇敢爱群诚实纪律等风尚；应当设法铲除的，是优柔寡断浪漫消沉自私自利的观念。只有当人人都能与民族共生存，同休戚，为民族利益牺牲自己的一切时，民族精神才能从颓废走向复兴。第三，"坚强自信能力祛除畏外心理"。鸦片战争之前，国人的自信力是满满的。但鸦片战争以后，国人对外心理几经变迁，每变迁一次，民族精神即堕落一次，民族自信力也随之降低，以至于对外人怀一种畏惧心理，自认为中华民族为劣等民族，欧美民族为优等民族，中华民族的一切文明制度和思想学说都不值一顾，而不管适合中国需要与否，欧美民族的文明制度和思想学说都是极有价值的宝贝。如此，民族精神哪有不颓废之理。古人说"哀莫大于心死"，只要人心不死，无

① 俊荣：《复兴民族精神问题之探讨》，《突崛》第 1 卷第 3 期，1934 年 8 月。

论民族地位如何低落，都可以复兴起来，关键要看民族自信力如何。所以，我们要复兴民族精神，就必须"祛除民族畏外心理，坚强民族的自信力"。[①] 蔡衡溪认为，"复兴民族精神必先提倡乡土教育"。因为所谓民族精神，是一个民族所具有的一种特性，而民族特性的形成，则与某一地方的物质条件和历史的关系非常密切，乡土教育便可以将此种物质和历史的关系介绍给国民，使他们能认识其特点，发现其价值，并加以维持和发扬，从而为民族的生存和发展提供不竭的动力。这是"复兴民族精神必先提倡乡土教育的第一个理由"。除了物质条件和历史外，民族精神的形成与乡土风习也有非常密切的关系，比如乡土有俭约的风习，便可以形成民族节制而不浪费的精神，乡土有劳动的风习，便可以形成民族勤苦耐劳的精神，所以我们要复兴民族精神，必先设法保存和发扬乡土固有的优良风习，而欲保存和发扬乡土固有的优良风习，则必须实施乡土教育。这是"复兴民族精神必先提倡乡土教育的第二个理由"。此外，乡土信念为民族自信力之母，一个民族只有在了解乡土信念的基础上，才可以培养起民族的自信力。而乡土教育则可以帮助人们更好地了解乡土信念，从而为民族自信力的养成奠定坚实的基础。这是"复兴民族精神必先提倡乡土教育的第三个理由"。如果说乡土信念是民族自信力的基础，那么，乡土观念则是民族意识的基础。中国人民的乡土观念素重，无论何人，对于本乡本土总是觉得十分眷念，肯去卫护，甚至对于乡土之一草一木，都怀有深厚的感情。这种乐于乡土的情怀，就是一种乡土的观念，将这种观念扩大起来，便就成了民族的意识。所以说民族意识的形成，是由乡土观念发展而来的。乡土观念既然是民族意识的根本，那么我们要培养民族意识，就只能从培养乡土观念始，而要培养乡土观念，就离不开乡土教育。这是"复兴民族精神必先提倡乡土教育的第四个理由"。尤其重要的是，中华民族的一些旧的道德观念，如忠孝仁爱信义和平等，虽在城市中多已消失得无影无踪，但它们在乡土人民的心目中还"遗留着不少的痕迹"，"这种潜在于乡土间的旧道德，我们如果给以相当教育的指导，也必定可以作为民族精神复兴之基础。这更是复兴民族精神应从提倡乡土教育做起之重要的理由"。总之，蔡衡溪指出，乡土

[①] 顾荣元：《如何复兴中华民族精神》，《江苏教育》第 3 卷第 1—2 期合刊，1934 年 2 月 8 日。

内容与民族精神的关系极深，民族精神的形成大半基于乡土之习惯及观念，如不谋乡土之习惯及观念的维护和发展，而只图民族精神之唤起，那不过是空洞的口号而已，"也就是说，如果讲复兴民族，而不谈乡土教育之实施，则民族精神也是终无复兴之一日。所以我说，复兴民族精神，必先提倡乡土教育"。[①]曹中权则主张加强师范教育，充分发挥师范教育在"复兴民族精神"中的作用。因为教育为立国之本，是民族精神的原动力，师范教育尤为一般教育之基础，征诸各国教育的发展，无不以师范教育为实现其目的之工具，"其民族之兴替，其国民思想行动之方向，大都视师范教育为转移"。[②]

民族精神是一个民族凝聚力的核心，是一个民族奋发向上的力量之源，是民族发展进步的精神支柱。它能对该民族的成员产生巨大的感召力，能够唤起一个民族的自尊心、自信心和自豪感，能够激励该民族的成员为本民族的解放和发展而团结奋斗。随着九一八事变后民族复兴思潮的兴起，中国思想和学术界认为，要实现中华民族的伟大复兴，就必须恢复和复兴中华民族的民族精神，尽管由于政治取向和文化取向的不同以及知识结构方面的差异，他们对中华民族的民族精神的认识各有不同，但都是从正面认识和肯定中华民族之民族精神的，尤其是他们有感于中华民族精神日渐颓废甚至消失，而提出了种种恢复或复兴中华民族精神的主张或措施，如培养民族意识，去掉洋化心理，追怀本民族的光荣历史，重视教育尤其是人格的教育，树立民族的自尊自信，消弭内战，处理好民族道德与民族精神的关系，"欲发扬民族精神须先提高民族道德"，等等，这些主张或措施不仅是针对他们当时所生存的时代而提出来的，有很强的针对性和现实意义，就是现在看来，其中许多观点仍然有其借鉴的历史价值，值得我们认真地思考和吸取。尤需指出的是，九一八事变后的思想和学术界在讨论民族精神时，他们中已有人认识到，"民族复兴运动，并不是回复到旧的民族精神，而是旧的民族精神之展开，换句话，即是根据旧的民族精神为新的民

[①] 蔡衡溪：《复兴民族精神必先提倡乡土教育》，《河南教育月刊》第 5 卷第 2 期，1934 年 12 月 15 日。

[②] 曹中权：《民族精神与师范教育》，《江苏教育》第 3 卷第 1—2 期合刊，1934 年 2 月 8 日。

族精神的创建"①。这一认识在今天对于实现中华民族伟大复兴的"中国梦"
更是弥足珍贵。

1935年出版的《新人周刊》第1卷第32期发表了一篇题为《民族复兴
声中全国学者应有的新态度与新使命》的文章，号召全国学者在国难日深
的紧要时刻，应以"埋头硬干"的"新态度"，担负起"振兴我们的国家民
族"的"新使命"。②从以上的论述中我们可以看出，九一八事变后的中国思
想和学术界以"埋头硬干"的"新态度"——学术研究要为民族复兴服务，
担负起了"振兴我们的国家民族"的"新使命"。学术研究要为民族复兴服
务，这也是九一八事变后的思想和学术界留给后人宝贵的思想遗产，在全
国人民为实现中华民族伟大复兴的中国梦而努力奋斗的今天，值得我们认
真地总结和学习。

第二节　自由主义思潮的新变化

"自由主义"一词源出西班牙语Liberales。作为一种思想，它最早出现
在17世纪的英国，洛克是这一思想的最早提出者。19世纪初，它被首次用
作西班牙自由党的名称，表示该党在政治上既不激进也不保守的政治态度。
后来自由主义才在欧洲和北美得到广泛流行和使用，成为近代西方一种社
会政治思潮或流派的代名词。③由于自由主义者对社会问题往往采取实用主
义的态度，因而在西方不同的历史时期和不同的国家里，自由主义的具体
表现和特色是不同的。但作为一种社会政治思潮或流派，自由主义的核心
价值和思想内涵是基本一致的，这就是强调以理性为基础的个人自由，主
张维护个性的发展，反对一切形式的专制主义，认为保障个人自由和个人
权利是国家存在的根本目的，在个人自由与国群（族）自由的关系上，坚

---

① 罗敦伟：《中山文化与本位文化》，《文化建设》第1卷第10期，1935年7月10日。
② 黄造雄：《民族复兴声中全国学者应有的新态度与新使命》，《新人周刊》第1卷第32期，
　　1935年4月21日。
③ 参见《中国大百科全书·政治学》，中国大百科全书出版社，1993，第618页。

持个人自由优先于国群（族）自由的基本原则。从这一核心价值或思想内涵出发，自由主义在思想上主张开放、多元与宽容，在政治上主张实行代议制民主，主张通过温和的社会变革实现社会的发展和进步。正是这种核心价值与思想倾向，使它区别于激进主义、保守主义等其他社会政治思潮，而形成了自己的特色。在西方，自由主义一直被作为反对封建专制和宗教禁锢，反对独裁、集权，维护人的尊严和自我发展权利的最重要的理论武器。作为一种舶来品，自由主义是在清末被引进到中国来的，到了新文化运动时期有了进一步发展，并从一种思想发展成为一种社会思潮。九一八事变后，随着民族危机的加深，自由主义发生了新的变化。

一、中国近代自由主义的发展历程

中国近代的自由主义虽然是西方的舶来品，但由于中西不同的文化传统，加之中国的自由主义者面临着自己需要解决的时代问题，因此中国并没有产生西方原版的自由主义。谈到中国的自由主义必须避免两种极端，一种是有自由思想的就是自由主义者，另一种是用西方原版的自由主义标准来判定中国的自由主义者。中国近代的自由主义者渴望用西方的主义与制度来解决中国的问题，他们大多留学英美，主张以自由、民主、法治等核心价值为基础的自由主义，渴望在中国实现自由民主制度，但他们与西方原版的自由主义又存在很明显的区别，比如，西方自由主义者坚信以个人主义为基础的自由是任何时候都不可以侵犯的，但是中国自由主义者面对民族危亡，个人主义为基础的自由不时地让位于国家、民族的自由，让位于集体的自由。深受胡适影响的傅斯年是自由主义的忠实信仰者，但其所秉承的理念较传统的自由主义确有不同，集中表现于他认为个人自由发展的目的是为了整体的人类，从而对社会主义有所偏倚。中国自由主义理论虽来自西方，但也具有自己的特点，并不是西方自由主义的简单翻版。

自由主义是近代中国的重要思潮之一，其最早的源头可以追溯到戊戌时期的严复、梁启超等维新派人士，虽然在此之前，随着西学东渐，西方的民主、自由、平等等观念已传入中国，但是真正把西方经典意义上的自由主义理论较为系统地介绍到中国的是戊戌维新时期的严复，他翻译了穆勒的《论自由》，宣传天赋自由、"自由为体、民主为用"的基本观念，因其介绍的系统性和深刻性，他也因此被称为中国的"自由主义之父"。梁启超在 20 世纪初也开始大量介绍与自由主义相关的自由、民主观念，宣传自由权利，对于中国自由主义思想的产生和形成同样作出了重要贡献。

严复、梁启超出生和成长的时代，正是清朝统治摇摇欲坠的时代，用严复的话来说："观今日之世变，盖自秦以来未有若斯之亟也。"①然而，既有的传统社会规范和文化传统并未因此而发生根本动摇，那时的中国教育和思想界仍是"事事竺旧，鄙夷新知，于学则徒尚词章，不求真理"②。严复、梁启超早年接受的教育，也主要是传统的文化和思想，后来在逐渐接受西学的过程中，思想中不时面临中西观念的冲撞。他们思考问题的中心也开始由传统学术问题转而为如何救亡图存。严复、梁启超对西方自由及其自由主义思想的吸纳、介绍和宣传就是在这种历史背景下进行的。

本书第一卷第六章已经指出，1895 年严复在天津的《直报》上发表了《论世变之亟》《原强》《辟韩》《救亡决议》《原强续篇》等五篇论文，这些文章展现了他的进化论、自由主义思想。在《论世变之亟》一文中，严复提出了自己对自由比较系统的看法，认为自由是人的天赋权利，不能被随意剥夺。严复指出："唯天生民，各具赋畀，得自由者乃为全受。故人人各得自由，国国各得自由，第务令毋相侵损而已。侵人自由者，斯为逆天理，贼人道。其杀人伤人及盗蚀人财物，皆侵人自由之极致也。故侵人自由，虽国君不能，而其刑禁章条，要皆为此设耳。"③1897 年严复开始翻译亚当·斯密的《国富论》（严译《原富》），1900 年译完，1902 年由上海南洋公学译书院出版。斯密主张政府应采取自由放任的经济政策，以促进个人经济和社会经济的协调发展。《国富论》的核心思想认为人有利己的本性，以追求利益的最大化为根本目的，但在人们竞逐利益的同时有一只"看不见的手"在引导人们的经济活动，调节个人利益的追求与社会整体利益的平衡。该书被认为是经济自由主义的奠基之作，构成了市场经济的理论基础和商品经济的运行规则。严复的经济自由主义思想主要来源于斯密。严复吸收了斯密的经济自由主义思想，他在《〈原富〉按语》中表达了自己的自

① 严复：《论世变之亟》，载王栻主编《严复集》第一册，中华书局，1986，第 1 页。
② 严璩：《侯官严先生年谱》，载《严复集》第五册，第 1547 页。
③ 严复：《论世变之亟》，载《严复集》第一册，第 3 页。

由主义思想，他批评孟子的"重仁义轻利"和董仲舒的"正谊不谋利"等传统的义利观，肯定了人们逐利的正当性。严复明确支持经济上的自由放任，反对政府对经济的干预，认为"民之生计，祇宜听民自谋，上惟无扰，为裨已多"[①]。严复认为政府如果对经济干预过多，政令繁杂，会导致生产的萎缩，"民力之自由既侵，其收成自狭"[②]。而且，利己和"义"之间并非不可兼容，利己可以被用来服务社会，政府应当尊重个人逐利的行为。

1899 年严复开始翻译约翰·穆勒的《论自由》一书，严译名为《群己权界论》，1902 年 9 月该书由商务印书馆出版。穆勒是英国乃至西方 19 世纪自由主义的代表人物之一。《论自由》是他自由主义思想的代表作，主要论述了"公民自由或社会自由"，即社会所能合法施加于个人权力的性质和限度。在已经建立民主社会和进入商业社会之后，如何保护个人自由权利免受侵害，是该书的主题。严复在翻译《论自由》一书的过程中，加上按语，也就是自己的理解，从而在某种意义上把穆勒的自由主义思想变成了自己的自由主义思想，而且具有鲜明的中国特色。比如，他把"自由"写成"自繇"，用他自己的话说"由、繇二字，古相通假。今此译遇自繇字，皆作自繇，不作自由者，非以为古也。视其字依西文规例，本一玄名，非虚乃实，写为自繇，欲略示区别而已"[③]。一方面他的自由主义与穆勒有共通之处，如在自由的限度方面，按照英国思想家以赛亚·柏林的分法，穆勒所探讨的是一种"消极自由"，严复在翻译过程中认识到没有限制的自由会沦为强权政治，自由虽然是个人的积极行为，但并不是毫无限制，自由是以不侵犯他人的自由为前提的。一个人如果"独居世外"，他本可以为所欲为，但"自入群而后，我自繇者人亦自繇，使无限制约束，便入强权世界，而相冲突。故曰人得自繇，而必以他人之自繇为界"[④]。另一方面，在严复那里，自由一是指个人的自由权利，一是指"国群自繇"，所谓"国群自由"，就是"以国家的独立自主，不受强国干涉为自繇"[⑤]。在近代中国，个人自由

① 严复:《〈原富〉按语》，载《严复集》第四册，第 879 页。
② 严复:《〈原富〉按语》，载《严复集》第四册，第 888 页。
③ 严复:《〈群己权界论〉译凡例》，载《严复集》第一册，第 133 页。
④ 严复:《〈群己权界论〉译凡例》，载《严复集》第一册，第 132 页。
⑤ 严复:《政治讲义》，载《严复集》第五册，第 1298 页。

与"国群自由"始终处于矛盾的漩涡之中，面对日益深重的民族危机，他不得不强调"国群自由"的重要，所以他以"群己权界"来替代"自由"作为书名即采取了审慎细致的思考。① 他说"学者必明乎己与群之权界，而后自繇之说乃可用耳"。② 相对于国群自由，个人自由只是"小己自由"，个人实际是国家机器的零件；当个人自由与国群自由发生矛盾时，他明确表示将个人自由置于第二位，强调"两害相权，己轻，群重"。③

除了约翰·穆勒之外，严复对西方其他学者的自由主义思想也有不少了解，如他 1905 年在上海青年会发表演讲之后整理的《政治讲义》中《宪法大义》一节的文字就说道："卢梭之为《民约论》也，其全书宗旨，实本于英之洛克，而取材于郝伯思（即霍布斯）。"④ 由此可见，严复不仅知道西方自由思想的论述很多，而且知道洛克、卢梭、霍布斯这些思想家之间思想的联系。但是从他对卢梭的批判态度来看，严复主要信奉的就是洛克、穆勒以及斯密的自由主义思想。

1914 年刊登在梁启超主编的《庸言》第 25、26 期上的《〈民约〉平议》一文，对理解严复的自由主义思想有着重要的意义，一方面是他一贯反对卢梭激进的革命主张，而坚持渐进改良的自由主义方式，他在"自卢梭《民约》风行，社会被其影响不少，不惜喋血捐生以从其法，然无济于治，盖其本源谬也。刻拟草《民约》平议一通，以药社会之迷信"⑤。另一方面他也通过批判卢梭，修正了他过去的部分观点，比如严复对卢梭"人生来就是自由平等"的思想提出批评，他在《天演论》凡例中指出，"卢梭《民约》，其开宗明义，谓'斯民生而自繇'，此语大为后贤所呵，亦谓初生小儿，法同禽兽，生死饥饱，权非己操，断断乎不得以自繇论也"。⑥ 严复还指出："天然之自由平等，诚无此物。"⑦

① 卢兴：《自由·富强·国治主义——严复自由主义思想的三个主题》，《哲学动态》2015 年第 3 期。
② 严复：《译〈群己权界论〉自序》，载《严复集》第一册，第 132 页。
③ 严璩：《侯官严先生年谱》，载《严复集》第五册，第 1552 页。
④ 严复：《宪法大义》，载《严复集》第二册，第 241 页。
⑤ 严复：《与熊纯如书》（十五），载《严复集》第三册，第 614 页。
⑥ 严复：《〈群己权界论〉译凡例》，载《严复集》第一册，第 133 页。
⑦ 严复：《〈民约〉平议》，载《严复集》第二册，第 337 页。

这些观点与他在《论世变之亟》中引用的"天赋自由"已然不同，但是与先前主张自由需要民智、民力、民德的提高才能实现则是一致的，"民生自由，其于群为平等，则赫胥黎尝驳之矣。其言曰：吾为医，所见新生之孩为不少矣，累然块肉，非有保赤之勤，为之时其寒饥，历十二时，寡不死者。是呱呱者，尚安得自由之能力乎？其于社会，尤无平等之可言。言其平等，无异九九家言一切无皆平等耳"①。从这条资料看，严复实际上把进化论与自由联系了起来，自由不再只是一种权利，还是一种个人能力，从而带有了积极自由的色彩，可见严复的自由思想与进化论哲学也是有联系的。

比起严复，梁启超自由主义思想的理论来源相对来说更为复杂，中国当时的思想家康有为、黄遵宪、严复等，日本思想家福泽谕吉、中村正直、中江兆民等，欧洲大陆思想家卢梭、孟德斯鸠、伯伦知理、波伦哈克以及英国思想家边沁、穆勒等都对他思想的形成产生过或多或少的影响。梁启超1903年对美国的考察也影响过他思想的形成，如梁启超在《新民说·论自由》一文中的自由思想带有欧洲大陆自由主义的积极色彩，之后不久即不赞成这种激进革命的方式，与中国的革命派分道扬镳。改良派出于对革命破坏性的洞察和国民素质的考量，不主张通过革命的手段解决中国的问题，认为革命相续，暴力永续，社会将不会安宁。正当法国大革命席卷全球之时，英国著名思想家伯克敏锐地意识到革命可能带来的恶果，后来在法国大革命之后不断的政权更迭中得到了证明。改良派不是复古倒退，更不是不主张进步。梁启超曾经对于保守和进步做过专门阐述："善调和者，斯为伟大国民，央格鲁撒克逊人种是也。譬之跬步，以一足立，以一足行。譬之拾物，以一手握，以一手取。故吾所谓新民者，必非如心醉西风者流，蔑弃吾数千年之道德、学术、风俗，以求伍于他人。亦非如墨守故纸者流，谓仅抱此数千年之道德、学术、风俗，遂足以立于大地也。"②

如同严复，在梁启超看来自由也有其限度，他指出"人人自由，而以不侵人之自由为界"。如何保障个人自由不受侵犯，梁启超主张通过公理、法

---

① 严复：《〈民约〉平议》，载《严复集》第二册，第336页。
② 梁启超：《新民说·释新民之义》，载《饮冰室合集》第6册，专集之四，第7页。

律和多数人之决议来规范，"故自由之国民，其常要服从之点有三：一曰服从公理，二曰服从本群所自定的法律，三曰服从多数之决义"。因此，梁启超也认为"文明人最自由，野蛮人亦最自由，自由等也，而文野之别，全在其有制裁力与否。无制裁之自由，群之贼也；有制裁之自由，群之宝也"。[①]对于个人自由与团体自由的关系，梁启超一方面担心个人自由太过，容易损害民族自由，梁启超指出"今世之言自由者，不务所以进其群、其国于自由之道，而惟于薄物细故、日用饮食，断断然主张一己之自由，是何异箪豆见色"，梁启超认为这是误解了自由的真意。另一方面，梁启超认为团体自由是个人自由的保障，梁启超表示"团体自由者，个人自由之积也。人不能离团体而自生存，团体不保其自由，则将有他团焉自外而侵之、压之、夺之，则个人之自由更何有也？"[②]

在严复和梁启超的时代，民族危机日深，救亡、富强、复兴是中国人民最重要的目标，因此，中国自由主义思想的产生环境不同于自由主义在西方的成长背景。他们除了在批判封建统治、建立民主政治上具有一致性之外，中国的自由主义还面临着抵御西方侵略、自强保种等任务。翻开严复的著作，尽管他从没有对"自由主义"一词有过明确的阐述和界定，但是严复通过对自由、民主、平等、法治等概念及其相互关系的介绍和说明，尤其是对英国自由主义思想经典，如斯密的《国富论》、穆勒的《论自由》，以及与英国自由主义接近的法国思想家孟德斯鸠的《论法的精神》的翻译，并在说明和翻译中加注按语，而对中国自由主义思想及其学说的形成做出了奠基性的贡献。梁启超不仅宣传了自由思想，而且在论文中使用了"自由主义"一词[③]，说明他对自由主义思想已经有了比较明确的理解。

到新文化运动时期，尤其是五四运动前后，产生和形成于19世纪末20世纪初的中国自由主义开始从一种思想发展成为一种思潮。以陈独秀、胡适为代表的"新青年派"，高举民主和科学的大旗，主张健全的个人主义，

① 梁启超：《十种德性相反相成义》，载《饮冰室合集》第1册，文集之五，第46页。

② 梁启超：《新民说·论自由》，载《饮冰室合集》第6册，专集之四，第44—46页。

③ 1901年梁启超在《十种德性相反相成义》中使用了"自由主义"一词："故自由与制裁二者，不惟不相悖而已，又乃相待而成，不可须叟离，言自由主义者，不可不于此三致意也！"可见，梁启超已经比较明确地了解自由主义思想。

猛烈抨击中国传统文化，批判封建专制，主张向西方学习。新文化运动前期，亦即五四运动以前，社会主义、民主主义、自由主义等各种思想、思潮已经在中国渐露头角，但处于主流地位的是民主主义和自由主义，贺麟就指出"在五四运动前后十年支配整个中国思想界，尤其是当时的青年思想，直接间接都受此思想的影响，而所谓新文化运动，更是这个思想的高潮"①。

自由主义是一种价值观念，教育和学术的独立自由是其重要的表现。1917 年蔡元培出任北京大学校长，把"学术自由、兼容并包"的自由主义精神运用于北京大学的治校和教学之中，提倡教授治校和学术自由独立，支持陈独秀、胡适等"新青年派"发动的新文化运动。对自由主义教学理念的表述，蔡元培任北大校长确定自己的办学方针时就表示，"我对于各家学说，依各国大学通例，循思想自由原则，兼容并包。无论何种学派，苟其言之成理，持之有故，尚不达自然淘汰之运命，即使彼此相反也听他们自由发展。例如陈君介石，陈君汉章一派的文史，与沈君尹默一派不同；黄君季刚一派的文学，又与胡君适之的一派不同，那时候各行其是，并不相妨"。② 这是一种在办学中"兼容并包"的精神。这种办学精神使北京大学成为中国当时大学的典范。学术自由是一方面。教育独立则是另一方面，政治不干预教育，教育就成功了一半。1922 年蔡元培在《教育独立议》一文中表达了教育独立自由的意义，蔡元培开宗明义指出："教育是帮助被教育的人，给他能发展自己的能力，完成他的人格，于人类文化上尽一分子的责任；不是把被教育的人，造成一种特别器具，给抱有他种目的人去应用的。所以，教育事业，当完全交与教育家，保有独立的资格，毫不受各派政党或各派教会的影响。"③蔡元培的学术自由运动及其教育独立自主的思想是新文化运动时期自由主义思潮的重要组成部分，对中国教育的现代化做出了重大贡献。

1918 年 10 月，在李大钊、胡适、陈独秀、蔡元培的支持下，北京大学学生傅斯年、罗家伦等 21 人组成的新潮社及其活动，既是新文化运动的重

---

① 贺麟：《五十年来的中国哲学》，商务印书馆，2002，第 63 页。
② 蔡元培：《我在教育界的经验（下）》，《教育通讯》第 3 卷第 14 期，1940 年 4 月 13 日。
③ 蔡元培：《教育独立议》，《新教育》第 4 卷第 3 期，1922 年 3 月。

要组成部分，同时也为自由主义思潮在新文化运动时期的兴起和发展做出了重要贡献。1919 年 1 月，新潮社创办了综合性杂志《新潮》（英文名字为 The Renaissance，即"文艺复兴"），共出 3 卷 12 期。并在《发刊旨趣书》中申明了发刊宗旨，主要是介绍西方现代思潮，"为不平之鸣，兼谈所以因革之方"，"鼓动学术上之兴趣"与"造成战胜社会之人格"。[①] 即引导中国学术文化走入"世界潮流"，"思想启蒙"，"激发学术兴趣"，"培养具有新思想的新人"等，这是该刊的四大责任。《新潮》创办后，相继介绍了诸如实用主义、马克思主义、新村主义等各种思想学说，还主张伦理革命，主张妇女解放和个性解放，提倡人格独立、平等与婚姻自主，痛斥封建家庭为"万恶之源"[②]，对中国传统的封建制度、封建礼教给予了猛烈的打击和批判。

和《新青年》一样，《新潮》也致力于宣传和提倡新文化运动时期的科学和民主精神，致力于思想文化领域的启蒙工作，主张白话文学和人的文学，认为"文学是人生的表现和批评"，"艺术是为人生而有的"，强调人的重要。[③] 除此之外，《新潮》还发表了许多新诗和新小说，翻译了易卜生、托尔斯泰等人的戏剧，这些都极大地促进了新思想的广泛传播，文学革命也因而成为思想启蒙的重要工具。对于文学革命的意义，傅斯年就说："总而言之，真正的中华民国必须建设在新思想的上面，新思想必须放在新文学的里面；若是彼此离开，思想不免丢掉他的灵验，麻木起来了。所以未来的中华民国的长成，很靠着文学革命的培养。文学原是发达人生的唯一手段。既这样说，我们所取的不特不及与人生无涉的文学，并且不及仅仅表现人生的文学，只取抬高人生的文学。凡抬高人生以外的文学，都是应该排斥的文学。"[④]

深受胡适影响的傅斯年，信奉自由主义的理念，强调人生的观念应当是"为公众的福利自由发展个人"[⑤]。在傅斯年的自由主义理念中，是将个人主义与群体主义融合在一起的。作为一个自由主义者，其思想中有凸显民主、

---

① 傅斯年：《新潮发刊旨趣书》，《新潮》第 1 卷第 1 号，1919 年 1 月 1 日。
② 傅斯年：《万恶之源》，《新潮》第 1 卷第 1 号，1919 年 1 月 1 日。
③ 罗家伦：《驳胡先骕君的中国文学改良论》，《新潮》第 1 卷第 5 号，1919 年 5 月 1 日。
④ 傅斯年：《白话文学与心理的改革》，《新潮》第 1 卷 5 号，1919 年 5 月 1 日。
⑤ 傅斯年：《人生问题发端》，《新潮》第 1 卷第 1 号，1919 年 1 月 1 日。

自由发展个人的思想，作为一个民族主义者，面对当时中国的现状，导致其自由主义思想中带有强烈的群体意识在里面。傅斯年指出所谓自由发展个人，"就是充量发挥己身潜蓄的能力，却不遵照固定的线路。怎样叫做公众的福利，就是大家皆有的一份，而且是公共求得的福利，为什么要为公众的福利，就是因为个人的思想行动，没有一件不受社会的影响，并且社会是永远不消灭的"[①]。

胡适是新文化运动时期自由主义思想集大成者，也是这一时期自由主义者的代表人物，因而有人称他为"中国自由主义大师"。新文化运动时期，胡适的自由主义思想主要表现在提倡健全的个人主义——"易卜生主义"，并宣传实验主义哲学思想，运用科学民主等观念批判中国传统文化对个性的束缚。对此，我们在本书第二卷第九章中已有论及。1920 年 8 月1 日，胡适、蒋梦麟等联名在《晨报》副刊发表《争自由的宣言》，被公认为"现代中国自由主义知识分子的第一篇公开的宣言，也是自由主义知识分子的政治意识最初的自觉和责任感的强化"[②]。《宣言》称："自辛亥革命直到现在，已经有九个年头，这九年在假共和政治之下，经验了种种不自由的痛苦。便是政局变迁，这党把那党赶掉，然全国不自由的痛苦仍同从前一样。……我们相信人类自由的历史，没有一国不是人民费去一滴一滴的血汗换得来的，没有肯为自由而战的人民，绝不会有真正的自由出现。这几年来军阀政党胆敢这样横行，便是国民缺乏自由思想自由评判的真精神的表现。我们现在认定，有几种基本的最小限度的自由，是人民和社会生存的命脉，故把他郑重提出，请我全国同胞起来力争。"[③] 这些基本的自由包括言论自由、出版自由、集会结社自由、书信秘密自由、思想自由、营业自由、居住迁移自由等。除前四种自由"不得在宪法外更设立制限的法律"，还应该实行人身保护法，保障人民身体的自由。《宣言》还提出组建无党派的公民选举监督团，对选举进行监督。这是典型的以自由主义的自由、人权、民主作为基本原则的。新青年群体分化后，1921 年 5 月胡适等人在北京成立了"努力会"，参加人员有丁文江、胡适、王云五、蒋梦麟等人，并

---

① 傅斯年：《人生问题发端》，《新潮》第 1 卷第 1 号，1919 年 1 月 1 日。
② 沈卫威：《无地自由：胡适传》，上海文艺出版社，1994，第 15 页。
③ 胡适、蒋梦麟等：《争自由的宣言》，《民国日报》副刊《觉悟》，1920 年 8 月 6 日。

于 1922 年 5 月 7 日创办了一份主要谈论政治、宣扬自由主义的刊物《努力周报》。5 月 14 日，胡适、蔡元培、丁文江、梁漱溟等 16 人在《努力周报》第 2 期上发表《我们的政治主张》，再次表达了保障个人自由、建立宪政政府的自由主义主张，这就是备受批评的"好政府主义"。胡适等人指出："我们以为现在不谈政治则已，若谈政治，应该有一个切实的，明了的，人人都能了解的目标。我们以为国内的优秀分子，无论他们理想中的政治组织是什么（全民政治主义也罢，基尔特社会主义也罢，无政府主义也罢），现在都应该平心降格的公认'好政府'一个目标，作为现在改革中国政治的最低限度的要求。我们应该同心协力的拿这共同目标来向国中的恶势力作战。"而依据胡适等人的解释，"好政府"至少包含两方面的含义：第一"在消极的方面，是要有正当的机关可以监督防止一切营私舞弊的不法官吏"；第二"在积极的方面"，一是"充分运用政治的机关为社会全体谋充分的福利"，二是"充分容纳个人的自由，爱护个性的发展"。他们认为中国局面败坏到如此程度的原因固然很多，但"好人自命清高"是一个非常重要的原因。"好人笼着手，恶人背着走。"因此，他们深信"今日政治改革的第一步在于好人须要有奋斗的精神。凡是社会上的优秀分子，应该为自卫计，为社会国家计，出来和恶势力奋斗。我们应该回想，民国初元的新气象岂不是因为国中优秀分子加入政治运动的效果吗？当时的旧官僚很多跑到青岛、天津、上海去拿出钱来做生意，不想出来做官了。听说那时的曹汝霖，每天在家关起门来研究宪法！后来好人渐渐的厌倦政治了，跑的跑了，退隐的退隐了。于是曹汝霖丢下他的宪法书本，开门出来了；于是青岛、天津、上海的旧官僚也就一个一个的跑回来做参政、咨议、总长、次长了。民国五六年以来，好人袖手看着中国分裂，看着讨伐西南，看着安福部的成立与猖獗，看着蒙古的失掉，看着山东的卖掉，看着军阀的横行，看着国家破产丢脸到这步田地！——够了！罪魁祸首的好人现在可以起来了！做好人是不够的，须要做奋斗的好人；消极的舆论是不够的，须要有决战的舆论。这是政治改革的第一步下手工夫"。基于上述认识，胡适他们提出了今后政治的三个基本要求：第一，"要求一个'宪政的政府'，因为这是使政治上轨道的第一步"。第二，"要求一个'公开的政府'，包括财政的公开与公开考试式的用人，等等。因为我们深信'公开'（publicity）是打破一切黑幕的唯一武器"。第三，"要求一种有'计划的政治'，因为我们深信中国的大病在于无计划的飘泊，因为我们深信计划是效率的源头，因为我们深信一个平庸的计划胜于无计划的瞎摸索"。在此基础上，他们还提出了对于现实政治问题的六项具体主张：（1）早日召开南北和平会议，这个会议应该是公开的、代表民意的南北和会；（2）南北和会的条件和要求是：恢复民国六年解散的国会，制定宪法，限期裁兵，和会的一切会议应该公开；（3）克期实行裁兵，并筹划裁撤之兵的安置办法；（4）实行裁官，严定官制和各机关的员数，并规定考试官等办法；（5）急行改良现在的选举制度，废止复选，改用直选；（6）财政问题上，主张"彻底的会计公开"，"根据国家的收入，统筹国家的支出"。① 这种"好政府主义"的政治主张，实质上是在不触动军阀政权前提下的一种改良政治，希望建立一个所谓的"好政府"，恢复1917年的旧国会，制定一部宪法，就能够解决军阀混战的失序局面。这种主张一方面反映了自由主义知识分子对军阀政治的不满和厌恶，希望改良现实政治；另一方面也反映了他们不切实际的空想，即通过几个所谓的"好人"就能打破军阀割据的局面。所以"好政府主义"提出后，便立即遭到了各方的批评。国民党人邵力子指出："眼前要实现'好政府'，我以为还非经过革命不可，还非自命好人的都起来革命或赞助革命不可。不破坏，不能建设，本是很浅显的理；蔡、胡诸先生是希望好人共同来建设，我却希望好人共同来破坏。"② 中共中央于1922年6月15日发文批评"好政府主义者诸君"是"妥协的和平主义，小资产阶级的和平主义"，指出建立真正民主政治"决不是在封建的军阀势力之下选一个民主派人物做总统或选几个民主派的人物组织内阁的意思，乃是由一个能建设新的政治组织应付世界的新环境之民主党或宗旨相近的整个党派之联合，用革命的手段完全打倒非民主的反动派官僚军阀，来掌握政权的意思"。③

1922年底，由于种种原因，《努力周报》停刊。《努力周报》停刊后的第二年，北京大学一批教授就创办了《现代评论》，继续发表自由的言论，

---

① 胡适、蔡元培等：《我们的政治主张》，《努力周报》第2期，1922年5月14日。

② 邵力子：《读蔡孑民、胡适之诸先生的政治主张》，载傅学文编《邵力子文集》下册，中华书局，1985，第686页。

③《中国共产党对于时局的主张》，载《中共中央文集选集》第一册，第42、35—36页。

被称为"现代评论派"。我们在本书第二卷第十四章中已经指出，现代评论派是1920年代中后期的自由主义派别，以《现代评论》为主要舆论阵地。胡适虽然不是《现代评论》的创办者和主要作者，但他的自由主义思想则对该杂志的创办宗旨和编辑方针的确立产生过重要影响。"《现代评论》不仅标榜和坚持独立、自主、宽容、靠事实说话等自由主义的基本原则，还自觉地将《新青年》致力的启蒙任务承接下来，从而为《努力周报》停刊后的自由知识分子提供了一个独立发表见解的舆论阵地，在客观上起到了蓄积自由主义力量的作用。"[1] 他们主张个人自由，维护个性的发展，反对对个人的专制，认为保障个人自由是国家存在的根本目的，"为使个人知识、道德及身体上的优性，得以尽量发展，国家对于这些自由，负有不加侵犯与防止侵犯的义务"[2]。《现代评论》所标榜的独立、自主、自由等思想，是1920年代中国自由主义知识分子群体基本政治理念的集中体现。

国民党南京政府建立初的20年代末，以胡适为代表的自由主义知识分子曾发起过一场"人权运动"。关于"人权运动"，本书第二卷第十五章第四节已有论述。胡适、罗隆基等人受到国民党的迫害，胡适被迫辞去中国公学校长职务，回到北平，继续当他的北大教授。罗隆基也无法在国民党统治中心上海立足，只好北上天津，出任天津《益世报》主笔。随着胡适、罗隆基的北上，自由主义知识分子的活动中心也从上海转移到了北平。九一八事变后，随着民族危机的加深，自由主义发生了新的变化。

二、"怎样建立起一个可以生存于世间的国家"

九一八事变前，中国的自由主义者，尤其是以胡适为代表的一些自由主义知识分子与国民党的关系是相当紧张的。我们前面已经提到，因"人权运动"，胡适和罗隆基遭到国民党迫害。另一位自由主义的代表人物张君劢，其遭遇和胡适等人差不多。南京国民政府成立不久，国民党即以他是进步党的所谓"余孽"，关闭了他创办并任校长的政治大学。政治大学被关闭后，张君劢又和李璜一起秘密创办了一份地下刊物——《新路》，批评国

---

[1] 闫润鱼：《自由主义与近代中国》，新星出版社，2007，第193页。
[2] 王世杰、钱端升：《比较宪法》，中国政法大学出版社，1997，第61页。

民党的一党专政，但杂志只出到第 10 期，就因国民党的查禁而被迫停刊，他本人还被国民党秘密绑架过，因国内无法安身，不得不到德国留学，直到九一八事变的前夜才回到国内。①

但到了九一八事变后，中国自由主义者，尤其是以胡适为代表的一些自由主义知识分子与国民党的关系有了明显改善，他们中的不少人甚至加入国民政府，成了统治集团的一分子（详见本卷第十七章第二节的有关内容）。九一八事变后中国自由主义者与国民党的关系之所以会发生变化，从自由主义者这一方面来看，一个重要原因就是随着日本的侵略而引起的民族危机的日益加深，他们的关注点从个人（"人权"）转移到了国家（"国权"）："怎样建立起一个可以生存于世间的国家"，成了九一八事变后自由主义者思考和讨论的主要问题。据蒋廷黻回忆，九一八事变后，清华大学教授常常于饭后聚集在北院七号叶企孙和陈岱孙家里，讨论"和"与"战"的问题。在一次清华俱乐部组织的活动上，蒋廷黻提议创办一份同仁刊物，系统讨论中国的问题。他的这一提议得到当时在场的胡适、丁文江、傅斯年、翁文灏、陶孟和、任鸿隽、陈衡哲、张奚若和吴宪等人的赞成，又经几次讨论，决定采纳胡适的意见，将刊物命名为《独立评论》。这便是《独立评论》的创办由来。②另据胡适 1932 年 2 月 13 日的日记，这天独立评论社聚餐。谈内政问题，方式为"怎样建设一个统一的国家"。讨论的结论是："（1）应渐渐由分权的名义上的统一做到实质上的统一。（2）应努力做到物质上的统一的基础：完成干线的铁路网。（3）应有健全的政府组织，从'革命的政治'走上法治的轨道。（4）应做到全国和平不打内战。"参与讨论的吴宪问，政权应该如何分配？讨论的结果是："1.应取消'党内无派'，使国民党自己分化成政党。2.应取消'党外无党'，使国民党以外能有政党发生。3.国民党此时的专政，是事实上不可避免的。"③所以，与九一八事变之前的《新月》主要讨论的是"人权"问题不同，《独立评论》于 1932 年 5 月创刊后，"建国"问题是讨论的重点之一。④为此，《独立评论》先后发表了《宪

---

① 参见郑大华《张君劢传》，中华书局，1997，第 216—219 页。
② 蒋廷黻：《蒋廷黻回忆录》，岳麓书社，2003，第 144—145 页。
③ 胡适：《日记（1932 年 2 月 13 日）》，载《胡适全集》第 32 卷，第 167—168 页。
④ 胡适：《日记（1932 年 2 月 13 日）》，载《胡适全集》第 32 卷，第 167—168 页。

政问题》（第 1 号，1932 年 5 月 20 日）、《中国现在要有政府》（第 5 号，1932 年 6 月 19 日）、《中国政治的出路》（第 11 号，1932 年 7 月 31 日）、《中国政治出路的讨论》（第 17 号，1932 年 9 月 11 日）、《专制与建国》（第 81 号，1933 年 12 月 17 日）等一系列讨论"建国"问题的文章。作为《独立评论》的实际主编和独立评论社成员的核心，胡适在《中国政治出路的讨论》一文中指出："今日的真问题，其实不是敌人的飞机何时飞到我们屋上的问题，也不仅仅是抗日联俄的问题，也不是共产党的问题，乃是怎样建设一个统一的、治安的、普遍繁荣的中华国家的问题。我们要担负的政治责任，就是这个建设国家的责任。如果我们能在这个'建国'的大目标之下，把国中的知识、技术、职业的人才组织起来，也许就是中国政治的一条出路罢？"[1] 不久，胡适又专门写了篇《建国问题引论》，发表在 1933 年 11 月 19 日出版的《独立评论》第 77 号上。胡适在文中写道："今日当前的大问题依旧是建立国家的问题：国家有了生存的能力，政府有了捍卫国家的能力，其他的社会经济问题也许有渐渐救济解决的办法。国家若陷入了不能自存的地步，外患侵入之后，一切社会革命的试验也只能和现存的一切政制同受敌人铁蹄的蹂躏，决不会有中国亡了或残破了，而某地的赤色革命区域可以幸免的。所以我们提议：大家应该用全副心思才力来想想我们当前的根本问题，就是怎样建立起一个可以生存于世间的国家的问题。"[2]

　　那么，怎样才能"建立起一个可以生存于世间的国家"呢？自由主义者认为，要"建立起一个可以生存于世间的国家"，首先必须培养和提升国人（当然也包括自由主义者自己）的国家意识。因为国家意识的有无，对于建立一个近代意义上的统一国家有着极其重要的意义。实际上，早在 19 世纪末 20 世纪初，梁启超就认为中国人只有天下观念而国家观念淡薄，这是造成近代以来中国屡遭西方列强侵略，而近代意义上的统一国家始终无法建立起来的重要原因。他在《中国积弱溯源论》一文中写道："国家之强弱，一视其国民之志趣品格以为差。而志趣品格，有所从出者一物焉，则理想

---

① 胡适：《中国政治出路的讨论》，《独立评论》第 17 号，1932 年 9 月 11 日。
② 胡适：《建国问题引论》，《独立评论》第 77 号，1933 年 11 月 19 日。

是已。理想者何物也？人人胸中所想像，而认为通常至当之理者也……中
国人脑中之理想，其善而可宝者固不少，其误而当改者亦颇多。欧西、日
本有恒言曰：中国人无爱国心。斯言也，吾固不任受焉。而要之吾国民爱
国之心，比诸欧西、日本殊觉薄弱焉，此实不能为讳者也。而爱国之心薄
弱，实为积弱之最大根源。"他认为导致中国人"爱国之心薄弱"的原因
有三："一曰，不知国家与天下之差别也"；"二曰，不知国家与朝廷之界限
也"；"三曰，不知国家与国民之关系也"。而"以上三者，实为中国弊端之
端，病源之源，所有千疮百孔，万稆亿腥，皆其子孙也"。因此，我们不致
力于救亡图存则已，如果要致力于救亡图存，那就"非从此处拔其本，塞
其源，变数千年之学说，改四百兆之脑质"不可。否则，"虽有善者，无能
为功"。①

与梁启超一样，九一八事变后的自由主义者同样认识到"几千年来的
中国，所以支配人心者，只有一个天下观念"②。受此观念的影响，中国人的
"现代国家的意识与组织"极端缺乏，大多数国民，一方面"为传统的天下
观念所蒙蔽，以至不能团结自卫"，另一方面"为宗法的家族主义所盘踞，
以至有家无国"。③其结果是造成了日本帝国主义对中国的进一步侵略，以
及国内军阀割据混战的加剧。为此，他们大声疾呼，培养和提升国民的国
家观念，使他们真正具有爱国之心，这是抵御外侮、廓清内政、建立近代
意义上的统一国家的必要前提。因为在对外方面，国家观念能够凝聚全国
国民的意志，以抵御日本帝国主义的侵略，维护国家的统一。历史发展的
经验告诉我们，国家观念是"被压迫国家求解放的利器，被压迫民族求解
放的工具。弱小的国家，由它而强大。分裂的国家，由它而统一。亡了的
国家，由它而复兴。无组织的民族，由它而建国"。历史上曾四分五裂的意
大利和德意志之所以能够统一，曾多次面临危亡的法国之所以能够屡危屡
安，曾亡国的波兰之所以能够复国，弱小的日本之所以能够强大，衰落的
土耳其之所以能够崛起，一个重要原因，就是"国家观念"的"推动"。在
对内方面，国家观念能帮助国民打破旧有的宗法家族观念，促进国民积极

① 梁启超：《中国积弱溯源论》，载《饮冰室合集》第 1 册，文集之五，第 14—17 页。
② 张君劢：《中华新民族性之养成》，《再生》第 2 卷第 9 期，1934 年 6 月 1 日。
③ 王造时：《我们的根本主张》，《主张与批评》第 1 期，1932 年 11 月 1 日。

参与公共事务，进而推动国民对政府的监督，以建立廉洁的政治。"反而观之，一个国家若无国家观念为之基础，精神必致涣散。道路坏了，没人理，古迹倒了，没人修，伟大的城市，让它毁灭，长久的历史让忘去，做官吏的，只知搜刮地皮，做人民的，只知自私自利。总而言之，国家的群体生活，必自趋于腐败堕落而不自知。"历史上的雅典及斯巴达，"他们的公共生活极高尚极兴盛的时候，也就是他们的爱国心最发达的时候"。相比较而言，时下的中国"军阀不惜混战，贪官不惜搜括，奸商不惜贩卖日货，东北群丑不惜傀儡登台"，其根本的原因也就在于国民国家观念的缺乏。①

为了培养和提升国民的国家观念，一方面，他们要求国民党政府开放政权，善待百姓，从而使老百姓感觉到国家可爱，以增强他们对国家的认同感。胡适在《政治统一的途径》一文中就指出："十八世纪的英国政治家贝尔克（Burke）曾说：'若要人爱国，国家须要可爱。'若要全国人拥护国家，国家也须要全国人拥护。现在最奇怪的现状是把党放在国家上面。这样如何能养成'公忠'？国会是代表全国的议会，是一个有形的国家象征，人民参加国会的选举，就是直接对那个高于一切的国家尽义务。现在全国没有一个可以代表整个国家的机关，也没有一个国家可以使人民有参加干预的机会，人民又何处去报效他的'公忠'呢？"②王造时要求建立一个"民主法治的政府"，并提出了"全民政治""以法治国"和"民权保障"三点主张。③魏寒铁特别看重言论自由，因为言论自由对于培养和提升国民的国家观念具有十分重要的意义。他在《言论自由的请求》一文中写道：国民党是自认为国为民的，与他们所要打倒的军阀官僚是截然不同的。处于军阀时代，人民只许钳口结舌，舆论界有敢公然指摘军阀者，不是捉记者，便是封报馆，实行所谓"军法从事"，邵飘萍、林白水的惨死，至今思之，犹觉令人心悸。故军阀既倒，全国欢腾，满以为"救民水火之国民党，必将一反无知军人们之所为"。然而自国民党实行统治的六七年来，我们国民与此前相比真的有点自由了吗？真的能够抒其谋国之诚，发其议论而无所限制了吗？答案是否定的。军阀既去，党人又来，昔日之"军法从事"，一变

---

① 上引均见王造时《对国家的认识：我的自供》，《主张与批评》第2期，1932年11月15日。
② 胡适：《政治统一的途径》，《独立评论》第86号，1934年1月21日。
③ 王造时：《我们的根本主张》，《主张与批评》第1期，1932年11月1日。

而为"依反革命条例惩办",批评三民主义是大逆不道,指摘国民党过失是"反革命",规责"党国要人"以及"大小同志"的言行是"反动",甚而至于指奸发恶、为民请命的言论,亦足召罪戾,系囹圄。一些为民族求出路,为民族求复兴,平心静气,研究救国方略,商量立国大计的刊物,发行不到二三期,即被禁止刊发,只能暗中相互传观。"仅此数事,已足明证当轴者不许小民说话,所谓言论自由何在?所谓人民基本权利何在?法网密布,动辄得咎,较之军阀时代又何以异?"人民的言论都得不到最起码的自由,你怎么又能要求他们真心的爱党爱国,认同国民党一党专政之下的国家呢?他因而希望国民党当局能改变其"消极的禁止言论自由"的政策,给人民以言论自由,同时"积极的真正负起责任来为国为民做一番事业出来,举凡如何长期抗贼,如何生聚教训报仇雪耻,如何使政治上轨道,如何开发国家富源,如何奠定国计民生,如何发扬新旧文化,多能博采群议,通盘筹划",切实推进,真正使人民感受到国家的可爱。这样人民又怎么不会爱党爱国呢?实际上,"今日争言论自由的人,多非存心推翻国民党,不过欲使有说话的机会,有共谋国是的权利,以期当政者之改过迁善而已"。[①]

另一方面,他们又致力于对西方国家学说的宣传与介绍。张佛泉在《邦国哲学的改造》一文中指出:国难当头,中国人最可怕的是缺乏现代国家观念:"很清楚地我们可以见到给中国树立一个邦国哲学,是一件极难的事。做这事不但要一个头脑比较清醒的思想家像弗洛太尔或黑格尔一流的人物,而我们非有一个以上的'头'同'心'长在一起,热情与理智融成一片的先知,像卢骚、菲希德一流的人,出来大嚷大闹一下不可。"[②]他还对孙中山"三民主义"的"民族主义"提出了质疑,认为孙中山的"民族主义"实际上是 Nationality(民族性),而不是 Nationalism(民族主义)。张佛泉将 Nationalism 译为"邦国主义",用以区别作为"政治共同体"的国家与作为"文化概念"的民族性的不同内涵,即国家是一个政治共同体,侧重点在自治、法制与宪政;民族是一个文化概念,侧重点在血统、语言、宗教和风俗习惯。血缘因素虽然是国家建构中的一个重要因素,甚至是国家建构中

---

① 魏寒铁:《言论自由的请求》,《主张与批评》第 3 期,1932 年 12 月 1 日。
② 张佛泉:《邦国哲学的创造》,《再生》第 1 卷第 11 期,1933 年 3 月 20 日。

的天然依据，但国家首先是一个政治共同体，而非一个血缘与文化的概念。实际上，张佛泉所说的"邦国主义"，指的是将中国建设成现代民族国家的政治运动："邦国主义是一个或一个以上的民族达到主权国（Sovereign State）的理论或运动。"中国人如果缺乏"邦国"的观念，中国如果不经过邦国主义运动，那么中国将停留在前近代的国家形态，而不能成为一个"国家"。①与张佛泉一样，张君劢也认为"中国的唯一问题是如何把中国变成一个近世国家"。②他甚至将有无现代国家观念视为东西政治思想最大的差别："东西政治思想之异同，可以一语别之：曰东方无国家团体观念，而西方有国家团体观念是矣。"也正由于东方无国家团体观念，"故数千年来儒，道，法，墨各家政治思想之内容，不外两点：曰治术，所以治民之方术也；曰行政，兵刑，铨选，赋税之条例而已"。张君劢对于"民族"与"国家"的区别也有非常清楚的认识，即民族是一个自然概念，国家则是一个政治概念，因此"一个民族立国于世界，固然离不了民族要素，如语言、风俗、历史之相同；但只有历史、语言、风俗相同之条件，不能成为国家"③。他还进一步指出，现代国家的最重要的特征便是民主政治，而在民主政治的国家中，个人自由与国家自由并不构成矛盾，不是有了个人自由就不能讲国家自由，或者有了国家自由就不能讲个人自由，而恰恰相反，个人自由与国家自由是相辅相成、相互一致的，"一个国家对于自由与权力，仿佛人之两足，车之两轮，缺其一即不能运用自如……个人自由寄托于国家身上，国家全体亦赖个人自由而得其牢固之道"，就此而言"中国民主政治之一线光明，即在自由与权力平衡之中"。④

在宣传和介绍现代国家观念之基本内涵的同时，九一八事变后的自由主义者还对国民的无知愚昧展开了批判。蒋廷黻指出，中国现在还是个"朝代国家"，而不是"民族国家"。在中国，"一班人民的公忠是对个人或家庭或地方的，不是对国家的"⑤，"欧美各国在民族主义潮流中都已建成了'民

① 张佛泉：《邦国主义的检讨》，《国闻周报》第 11 卷第 40 期，1934 年 10 月 8 日。
② 张君劢：《我们与他们》，《再生》第 1 卷第 10 期，1933 年 2 月 20 日。
③ 张君劢：《菲希德〈对德意志国民演讲〉摘要》，《再生》第 1 卷第 3 期，1932 年 7 月 20 日。
④ 张君劢：《立国之道》，桂林，1938，第 28—31 页。
⑤ 蒋廷黻：《革命与专制》，《独立评论》第 80 号，1933 年 12 月 10 日。

族国家'，中国却依然是四分五裂的国家"，因此中国人的民族意识能否结
晶化和具体化，尤其是受了民族主义的洗礼之后能否人人以国事为己任，
这些都"决定我们最后对这个大变局的应付的成败"。① 胡适认为，"一个新
社会、新国家，总是一些爱自由爱真理的人造成的，决不是一班奴才造成
的"。只有自由的个体，才有资格将中国建设成为一个现代国家，而现在的
中国人没有自由，甚至缺少要求自由的意识。② 在张君劢看来，民族是建构
在"自信""意力"和"思想"三个基础上的，他尤其强调"意力"对一个
民族的重要性："民族有统一的意志，然后能立国……全体人心，既向于一，
自能牺牲小我以成其大我，而政治上才能安定，社会才有组织，外交自能
向外发展。"③ 柳诒徵指出，中国人的"根本的毛病，是不晓得什么叫做政
治，只知道政治就是做官，政治是做官的人们的专利权。我们想要做官就
去问国家的政治，我们不想做官，任凭什么人去主持政局，统治我们，谁
也不去理会"④。张熙若再三强调，"要有健全的国家须先有健全的人们"，"国
家就是人民的返照。有怎样的人民便有怎样的国家，有怎样的人民便只能
有怎样的国家"。⑤ 在九一八事变后的自由主义者看来，只有具备现代政治知
识、现代国家观念的国民，才能应付日益深重的民族危机。

　　除了培养和提升国民的国家观念外，九一八事变后的自由主义者认为，
要"建立起一个可以生存于世间的国家"，其关键或前提是"中国现在要有
政府"。"中国现在要有政府"这一主张首先是由傅斯年提出来的。1932 年
6 月 19 日，傅斯年在《独立评论》第 5 号发表《中国现在要有政府》一文。
他在该文中开宗明义："中国现在所处的危机，'国难'二字不足以尽之。国
难是一个国家虽不常有而总当有过的事情，中国现在的危机却是有史以来
的最大危机。从内说，是文化的崩溃，社会的分裂，从外说，是若干倍危
险于一九一四年的局面。何以说现在是社会与文化的崩溃呢？有史以来，
一国立国之本，最大者有三事：一、政治重心，二、国民经济，三、技术

① 蒋廷黻：《中国与近代世界的大变局》，《清华学报》第 9 卷第 4 期，1934 年 10 月 4 日。
② 胡适：《个人自由与社会进步》，《独立评论》第 150 号，1935 年 5 月 12 日。
③ 张君劢：《民族观点上中华历史时代之划分及其第三振作时期》，《再生》第 2 卷第 3 期，1933
　年 12 月 1 日。
④ 柳诒徵：《死马当作活马医》，《时代公论》第 6 号，1932 年 5 月 6 日。
⑤ 张熙若：《国民人格之培养》，《大公报》1935 年 5 月 5 日。

程度。中国现在政治没有有力而稳定的重心，国民经济整个分崩，而技术程度不及世界潮流者数百年。……照这样形势，虽有一个最好的政府，中国未必不亡，若根本没有了政府，必成亡种之亡。人家正以其经济的政治的军备的一切最有组织之能力全力对付我，我若全然表示出原形质的状态出来，焉有生路？所以好政府固是我们所希望，而没有了政府乃是万万了不得的。"据此，他认为中国的当务之急是"要有政府"，而这个政府又只有由国民党来组织，用他的话说："此时中国政府若离了国民党便没有了政府"，因为，尽管"国民党在此时的中国中是比较上差有组织的一个政团"，但除国民党和共产党外，"中国并没有第二个有组织的政团"，所以，"请国民党交出政权，固不易，而接受政权为尤难。一切残余的政治组织，如安福系、研究系、政学系、江苏省教育会系等等，和一切的残余军阀，如所谓皖系、直系、奉系、陈炯明系等等，虽高官地盘至今犹有占据者，然比比他们过去的成绩，看看他们今日之力量，那一个能站起接受政权？"由此可见，"今日之局"，只能由国民党来组织政府，否则"国民党一经塌台，更要增加十倍的紊乱"。[①] 不久（1932年9月18日），傅斯年又在《独立评论》第18号发表的《"九·一八"一年了》一文中再次强调：国民党虽然对不起国民，但以往失败的南北军阀和政客团体更加对不起国民，"国民党自身弄得没有办法，而中国并没有任何政治力量可以取而代之。好比明朝亡国的时候，南京北京的姓朱的都不高明一般"[②]。因此，"中国现在要有政府"，还只能是国民党的政府，而不是其他政府，其他政府可能比国民党政府更糟，更使人失望，更难应付当前日益严重的国难。

傅斯年的这一主张得到了蒋廷黻的大力支持，他进一步加以发挥，即要拥护一个强有力的中央政府，甚至是有错不改的中央政府，才有可能挽救国难。蒋廷黻在《知识阶级与政治》一文中指出，现在中国的问题，"不是任何主义或任何制度的问题"，而是"饭碗问题，安宁问题"，这些问题只有建立强有力的中央政府才能得到解决。因为强有力的中央政府建立不起来，国家就不统一；国家不统一，"内乱永不能免；内乱不免，军队永不

---

① 傅斯年：《中国现在要有政府》，《独立评论》第5号，1932年6月19日。
② 傅斯年：《"九·一八"一年了》，《独立评论》第18号，1932年9月18日。

能裁，而建设无从进行"。所以我们要挽救国难，就"应该积极的拥护中央。中央有错，我们应设法纠正；不能纠正的话，我们还是拥护中央，因为它是中央。我以为中国有一个强有力的中央政府，纵使它不满人望，比有三四个各自为政的好，即使这三四个小朝廷好像都是励精图治的。我更以为中国要有好政府必须自有一个政府始。许多人说政府不好不统一；我说政权不统一，政府不能好"。① 在《南京的机会》一文中，蒋廷黻又强调：我们要"承认南京是法统所在，也是真正统一的基础，所以南京在物质上，精神上，均占优越的地位"②。陈之迈也是"强有力的中央政府"主张的支持者。他在《近年来中央政治改革》一文中指出：中国不需要软弱无能的中央政府，而需要强有力的中央政府，"软弱无能的政府，在西洋曾经成为最好政治的理想，但是就在往时的西洋各国也没有在战争时期，或者在危急存亡关头，主张把政府弄得更软弱无能的"。中国现在已到了"危急存亡关头"，只有建立起强有力的中央政府，才能应对危机，使中国转危为安。然而，"西方各国陈旧不堪、早已不适用的那一套（软弱无能的政府）学说理论，却现在成了我们的政客官僚的口头禅，成了他们达到他们特殊目的的学理根据"。③ 张佛泉也主张建立"强有力的中央政府"，但他又认为，在建立强有力的中央政府的同时，也要加强人民对政府的监督，加强人民对政府制裁的力量。他尤其强调，加强人民对政府的制裁力量，与旧的分权学说是不同的，因为人民对政府的制裁力量"在政府本身之外，而不是在政府本身之内。在政府本身之内，各部不能成对峙形式，不能讲制衡。政府是好动的，是须有作为的，不然，便与政府之本来目的相违反"。④

要挽救国难，就要"建立起一个可以生存于世间的国家"；而"建立起一个可以生存于世间的国家"的关键或前提，是"中国现在要有政府"；在当时的条件下，这个政府又只能是国民党的政府。依据这一逻辑，傅斯年、蒋廷黻等人的结论自然是：支持国民党政府，拥护国民党政府，"纵使它不满人望"。用蒋廷黻发表在《独立评论》第 31 号上的《南京的机会》一文

---

① 蒋廷黻：《知识阶级与政治》，《独立评论》第 51 号，1933 年 5 月 21 日。
② 蒋廷黻：《南京的机会》，《独立评论》第 31 号，1932 年 12 月 18 日。
③ 陈之迈：《近年来中央政治改革》，《独立评论》第 195 号，1936 年 4 月 5 日。
④ 张佛泉：《今后之中央政治》，《国闻周报》第 13 卷第 32 期，1936 年 8 月 17 日。

的话说："没有人说南京好或国民党好，但是人人都怕南京倒了以后的不可收拾。就是极不满意南京的人——这种人并不少——也不愿，且不敢冒天下之大不韪公开的来破坏南京的基础。这种思想是中国当前政潮的一个大潜伏力。"实际上蒋廷黻在文中讲的"这种思想"，就是他和傅斯年等一些自由主义者的思想。正是基于"这种思想"，蒋廷黻主张"把中国的政治病看作肺痨，不能开刀，只能徐图补养"，即"一方面不打仗，一方面让一个中央政府存在，使他能办外交，能维持最低限度的文化事业，和建设几件全国范围的事业，如粤汉及陇海二路的完成"。[①]翁文灏1933年6月4日也在《独立评论》第52—53期合刊上发文，希望"在此国势飘摇的时候"，一方面南京的"中央政府必须负起全国责任"，领导全国人民度过国难；一方面"全国人民亦须认定"南京的中央政府为"唯一的政府，原谅他，拥戴他，不可徒凭意气空相责难"。他尤其希望像他这样"做学术工作的人，即使不直接参加政治，亦有主张公道维持国事之责，更不宜因一时之安危，忘当前之职责"。[②]丁文江在《中国政治的出路》一文中更是明确表示："我们不是国民党的党员，当然不能赞成它'专政'。但是我们是主张'有政府'的人。在外患危急的时候，我们没有替代它的方法和能力"，我们不仅"不愿意推翻它"，而且只要国民党满足几个"最低限度的条件"，"我们可以尽力与国民党合作，一致的拥护政府"。[③]就是在九一八事变前的"人权运动"中曾激烈地批评过国民党和蒋介石的胡适，也随着九一八事变后国难一步一步的加深，态度发生了明显变化，他不仅承认民国建立以来尤其是国民党上台以来"固然有许多不能满人意的现状，其中也有许多真正有价值的大进步"，尤其是在社会解放特别是妇女解放方面进步非常明显。[④]而且他还呼吁一切"反对国民党或反对南京政府的人"，都要"抛弃成见，捐除嫌隙，站在国家的立场来拥护政府"，因为"抗敌救国的第一个条件是要在一个统一的政府之下造成一个统一的民族国家"，并强调"这是时势所要求，国难

---

① 蒋廷黻：《南京的机会》，《独立评论》第31号，1932年12月18日。
② 咏霓（翁文灏）：《中国的学术中心就此完了么？》，《独立评论》第52—53号合刊，1933年6月4日。
③ 丁文江：《中国政治的出路》，《独立评论》第11号，1932年7月31日。
④ 胡适：《悲观声浪里的乐观》，《独立评论》第123号，1934年10月21日。

所命令，稍有常识的人都不能不如此做"。否则，"凡不如此做的，必然要堕入外人的诱惑，认意气为真理，视私怨重于国家民族，逐渐投到对方的怀抱里去，自陷于危害国家的大罪恶而不自知！"他还警告说："中国在一个统一的政府之下造成一个统一的国家，这是我们的对方最不愿意的，最妒忌的，最必需要用全力破坏的。所以这三年来，'友邦'的策略全注意在一个方向，就是敌视中央政府，勾结地方的割据政权，减削中央政府的能力，破坏中国的统一……所以在今日，一切割据的倾向，一切离心力的运动，一切分裂的行动，都是自毁我国家一致对外的能力，都是民族自杀的死路，都是'亲者所痛，仇者所快'！"[①]

这里尤须指出的是，九一八事变后，随着国难的一步步加深，以胡适为代表的自由主义知识分子，不仅认识到在当时的条件下，要"建立起一个可以生存于世间的国家"，只能支持国民党政府，拥护国民党政府，而且还认为他们本身应该加入国民党政府中去，为解决国难等问题贡献自己的聪明才智，从而使国民党政府从"不满人望"变为"满人望"。1932年1月27日，胡适与翁文灏宴请出席"国难会议"的任鸿隽、蒋廷黻、傅斯年、林宰平、汤尔和、李石曾等14位"北方熟人"。据胡适的日记记载："大家交换意见，都以为这会议不当限于讨论中日问题，但也不应对国民党取敌对态度，当以非革命的方法求得政治的改善。"[②]所谓"以非革命的方法求得政治的改善"，亦就是加入政府，对它进行某种程度的改造。蒋廷黻要求像他这样的"社会中坚分子应负起重担"，亦即通过支持国民党政府、拥护国民党政府来换取参加政权的机会，以便利用自身"道德和知识"上的"优势"，为国家解决最紧迫、最需要的现实问题。他告诉"社会中坚分子"："你们现在出来预闻政事还有一线的希望；不呢，你们的生命财产都会随这班捣乱份子沉落到水里去。两个人在桥上打架，第三者不能过去，中止桥上，等着他们打完。结果桥破了，打架者落下去了，第三者也落下去了。这是我们现在的局面。现在的竞争是国与国的竞争。我们连国都没有，谈不到竞争，更谈不到胜力。我们目前的准备，很明显的，是大家同心同力的建设

---

① 胡适：《亲者所痛，仇者所快》，《独立评论》第206号，1936年6月21日。
② 胡适：《日记（1932年1月27日）》，载《胡适全集》第32卷，第166页。

一个国家起来。"① 丁文江希望通过美国罗斯福总统组织"智囊团"的政治模式，找到自由主义知识分子参与现实政治的便捷渠道。在他看来，当时国民党政府成立的"国防设计委员会"，就类似于美国的"智囊团"。因此他主张"知识阶级联合起来"，积极参与到"国防设计委员会"，努力把国民党政权这个"变相的旧式专制改为比较的新式独裁"。② 胡适则同样希望由"知识阶级和职业阶级的优秀人才"组织起一个"干政团体"，来"监督政府指导政府并且援助政府"，使之走上民主政治的道路。③ 翁文灏、蒋廷黻、吴景超加入国民政府，分别担任行政院秘书长和行政院政务处长时，胡适曾写信给他们："我对于你们几个朋友（包括寄梅先生与季高兄等），绝对相信你们'出山要比在山清'"，"行政院的两处应该变成一个'幕府'，兄等皆当以宾师自处，遇事要敢言，不得已时以去就争之"。④ 他希望"知识阶级"积极营造新的政治力量，以实现自己对国家命运的关切和抱负。

与此同时，九一八事变后，国民党和蒋介石也改变了以前对以胡适为代表的自由主义知识分子一味打压的方针，而采取了礼贤下士、拉拢网罗的谦恭姿态，比如蒋介石在九一八事变后就多次邀请北方的一些学者名流，其中当然亦包括以胡适为代表的自由主义知识分子到南京"共商国是"。据翁文灏回忆，蒋介石见到他时说："自从民国以来，当局人物都对国家不起，只顾个人争权位，不知保全国家领土。我过去也是这样的人，从今天起，我愿意改变方针，至于国事应该如何办，要向翁先生请教。"他并表示愿以三天时间，听翁文灏面陈治国方略。⑤ 蒋介石的这种礼贤下士的真诚态度令翁文灏感动不已。胡适是这一时期中国自由主义知识分子的代表人物，无论在学术界，还是在社会上影响都很大，他因而也成了国民党和蒋介石重点笼络的对象。本书前面已提到，1931 年 9 月 17 日、25 日和 11 月 11 日，时任行政院副院长兼财政部长的宋子文三次电邀胡适出任国家财政委员会成员，"就经济改造事宜与国际联盟合作"。接到第一、第二次邀请函时，

① 蒋廷黻：《这一星期》，《独立评论》第 59 号，1933 年 7 月 16 日。
② 丁文江：《再论民治与独裁》，《独立评论》第 137 号，1935 年 1 月 27 日。
③ 胡适：《中国政治出路的讨论》，《独立评论》第 17 号，1932 年 9 月 11 日。
④ 胡适：《致翁文灏、蒋廷黻、吴景超》，载《胡适全集》第 24 卷，第 289 页。
⑤ 转引自郑友揆、程麟荪、张传洪《旧中国的资源委员会——史实与评价》，上海社会科学院出版社，1991，第 5 页。

胡适没予理睬，但接到第三次邀请函时，九一八事变已发生一段时间，中国面临的民族危机日益加深，胡适与宋子文又是哥伦比亚大学校友，两人关系一直较好，因而于公于私胡适再也没有理由予以拒绝。在接到胡适应允的第二天，国民政府即公布财委会的名单，蒋介石且来电邀胡适赴南京开财委会议，不过胡适称病未赴会。①1932 年，汪精卫出任国民政府行政院长后，曾先后拟邀请胡适出任教育部长和驻德大使等职，但都被胡适婉言拒绝。② 蒋介石也多次约见、宴请胡适，就"国事"向胡适请益。1932 年 12 月，蒋介石希望与胡适"谈谈哲学"，并事先将其所著《力行丛书》附赠参考。③1933 年 3 月蒋介石赴华北处理热河事件时，又接见胡适、丁文江等北平思想界名流，商讨对日政策。后来蒋又多次邀请胡适到南京面谈。

中国有句古话，叫"士为知己者用，女为悦己者容"。知识分子最需要的是别人尊重，或者换句话说，知识分子最看重的是自己的脸面。既然国民党和蒋介石已递出了橄榄枝，给了自己大面子，那么，早已认识到要挽救国难，就要"建立起一个可以生存于世间的国家"，而"建立起一个可以生存于世间的国家"的关键或前提，是"中国现在要有政府"，在当时的条件下，这个政府又只能是国民党政府，想加入它对它进行"改善"的自由主义知识分子就再也没有什么理由拒绝与国民党和蒋介石合作了。这是九一八事变后一些自由主义知识分子到国民政府中任职的重要原因。换言之，他们到国民政府中任职的目的，是为了"建立起一个可以生存于世间的国家"。胡适虽然一再婉拒当局要他加入政府的邀请，但有其良苦用心，他在婉拒汪精卫邀请他出任教育部长的那信封中写道："与先生一同为国家服劳出力，无论谁人都应该感觉这是最荣幸的事。但我细细想过，我终自信我在政府外边能为国家效力之处，似比参加政府为更多。我所以想保存这一点独立的地位，决不是图一点虚名，也决不是爱惜羽毛，实在是想要养成一无偏无党之身，有时当紧要的关头上，或可为国家说几句有力的公道话。一个国家不应该没有这种人；这种人越多，社会的基础越健全，政府也直接间接蒙其利益。我深信此理，故虽不能至，心实向往之。以此之故，

---

① 胡适：《日记（1932 年 11 月 11 日）》，载《胡适全集》第 32 卷，第 156 页。
② 胡适：《致汪精卫》，载《胡适全集》第 24 卷，第 160—162、174—177 页。
③ 胡适：《日记（1932 年 12 月 5 日）》，载《胡适全集》第 32 卷，第 172 页。

我很盼望先生容许我留在政府之外，为国家做一个诤臣，为政府做一个诤友。想先生定能鉴谅此意。"① 由此可见，胡适一再婉拒当局邀请他加入政府的用意，也是为了以非官员的身份更好地帮助政府，"建立起一个可以生存于世间的国家"。

三、国难中自由主义者的民族主义认同

如前所述，中国近代自由主义是舶来品，是严复、梁启超等人于 19 世纪末 20 世纪初介绍到中国来的。"斯时正当中国民族危机与国内政治危机交相煎迫之时，所以无论是严复，还是梁启超，都曾经长时间在个人自由与国群（族）自由之间彷徨困惑。这个问题直到新文化运动时期才大体得到解决。启蒙思想家和政治学家们分别从自由的价值和国家与'小己'的关系上论证了个人自由的不可让渡性。他们指出，争个人的自由，即是为国家争自由，争个人的权利，就是为国家争权利。他们还指出，国家是由个人积成的，先有个人，后有国家；国家是为个人而存在，不是个人为国家而存在。他们基本上是在个人优先的基础上统一了个人自由与国群（族）自由的关系。"② 然而，九一八事变后，面对日益深重的民族危机，中国自由主义知识分子的思想则开始发生位移，他们放弃或在某种程度上放弃了个人自由优先于国群（族）自由这一自由主义的基本原则，而认同或服膺了以国群（族）自由优先于个人自由为基本原则的民族主义。

讲到九一八事变后自由主义者的民族主义认同，就不能不谈到发生于这一时期的"民主与独裁"争论。众所周知，这场争论的发生，有其深刻的国际和国内背景。国际上，第一次世界大战结束之后，尤其是自 1929 年世界经济大危机之后，为应付国内严重的局面，欧洲一些国家先后放弃了民主政治，而采用独裁制度。独裁制度不胫而走，"大有风行一时之概"。先后实行独裁制度的国家有意大利、西班牙、波兰、立陶宛、南斯拉夫、奥地利、德国等，就是在素称民主国家之垒的英、法国内也出现了法西斯势力，美国则实行罗斯福新政，扩大政府对经济的干预，扩大政府的权力。在国

① 胡适：《致汪精卫》，载《胡适全集》第 24 卷，第 161 页。
② 《历史为什么没有选择自由主义——关于"中国近代自由主义"的对话》（耿云志语），《光明日报》2008 年 5 月 10 日，史学版。

内，一方面是国民党建立的一党专政的训政制度不仅剥夺了广大民众的种种自由权利，同时也导致了国民党内的不统一，政争乃至内战不断发生；另一方面是在日本帝国主义的侵略面前，国民党不能团结御侮，致使国家和民族面临亡国灭种的现实危险。因此，这场争论实质上是关心国家命运的一些知识分子为挽救民族危机而寻找更适合中国的政治制度的争论。

就争论者的身份来看，他们大多是大学教授、报刊编辑，或科技工作者，其中不少人是自欧美回国的留学生，信仰并长期追求、宣扬过民主和自由，用当事人钱端升的话说，"是受过民主政治极久的熏陶的"自由主义者。[①] 争论的几位主角，如蒋廷黻、丁文江、胡适、陶孟和、张奚若等还都是《独立评论》社的原始会员，他们之所以将自己合伙创办的刊物取名为《独立评论》，用他们的话说，是"因为我们都希望永远保持一点独立的精神。不倚傍任何党派，不迷信任何成见，用负责的言论来发表我们各人思考的结果：这是独立的精神"。[②] 这种"独立的精神"正是自由主义精神的具体体现。后来，胡适在《独立评论一周年》一文中又对什么是"独立的精神"和具有"独立的精神的人"做了进一步阐释，他说："我们深深的感觉现时中国的最大需要是一些能独立思想、肯独立说话、敢独立做事的人。古人说的'贫贱不能移，富贵不能淫，威武不能屈'，这是'独立'的最好的说法。但在今日，还有两种重要条件是孟子当日不曾想到的：第一是'成见不能束缚'，第二是'时髦不能引诱'。现今有许多人所以不能独立，只是因为不能用思考与事实去打破他们的成见；又有一种人所以不能独立，只是因为他们不能抵御时髦的引诱。"[③]

然而就是这样一群具有"独立的精神"的自由主义知识分子，他们中的一些人却公开放弃了对民主和自由的追求，而选择了专制和独裁。这些人之所以公开放弃对民主和自由的追求，而选择专制和独裁，并不是他们对民主价值的认识发生了根本变化，而是在他们看来，在九一八事变后内忧外患日益严重的历史背景下，只有暂时地放弃个人自由，实行集权的专制或独裁，国家才有可能实现统一和富强，应对日益严重的民族危机，也

---

① 钱端升：《民主政治乎？极权国家否？》，《东方杂志》第 31 卷第 1 号，1934 年 1 月 1 日。
②《引言》，《独立评论》第 1 号，1932 年 5 月 20 日。
③ 胡适：《独立评论一周年》，《独立评论》第 51 号，1933 年 5 月 21 日。

才能够使中华民族在激烈的世界资本主义的经济竞争中以及在将要爆发的第二次世界大战中生存下来。因为与民主政治比较，专制或独裁更有利于权力的集中和运用，提高行政效率。比如，最先发表文章主张专制、从而引发争论的蒋廷黻就认为，当时中国的主要问题是地方割据，国家不统一，而要消除地方割据，建立统一的民族国家，就既不能搞原来那种祸国殃民的革命，也不能照搬西方的民主制度，而只能实行个人专制。他并列举了他之所以主张个人专制的三条理由：第一，中国的现状是数十人的专制，现在应该"拿一个大专制来取消这一些小专制"。而且从人民的立场上看，大专制比众多小专制要有利一些。第二，以个人专制来统一中国的可能性比其他任何方式的可能性要大些。因为破坏统一的不是人民，而是二等军阀，统一的问题就是取消二等军阀的问题。他们既以武力割据地方，那么，唯独以更大的武力才能够消灭他们。第三，旧专制之所以不能完成建国工作，是因为中国几千年来虽有朝代的变更，但无政制和国情的改变，环境始终是一样的，但现在的情况不同了，西方人除给我们极大的压力外，还给我们带来了科学机械，这种东西可以成为"改造中国，给她一个新生命"的有力武器。①

如果说蒋廷黻主张专制的出发点是为了实现国家统一的话，那么，钱端升主张独裁的出发点则是为了实现国家富强。他在《民主政治乎？极权国家否？》一文中认为，当时中国在一切方面尤其是经济方面是相当落后的，当务之急是如何奋起直追，尽快发展成为一个有实力的国家，以应付最可怕、最残酷的世界大战的来临。而要尽快发展成为一个有实力的富强国家，就先须"有一强有力的政府"，以增进人民的知识健康，增加人民的生产能力。"欲有一强有力的政府，则提倡民主政治不但是缓不济急，更是缘木求鱼。欲求达到英美那样的民治，即在最佳的情形之下，也非十年、二十年所可办到。而且即使得到英美那样的民治后，国家也是弱而无力，不足以与别的民族作经济上的竞争。"因此，他相信"中国所需要者也是一个有能力、有理想的独裁"，从而使国家具有极权国家的力量，以便在一二十年内实现沿海各省的高度的工业化，并使内地各省之农业与沿海各省之工业相依相辅，"只有这样，我们才能于下次世界大战时一方可以给敌人以相当的

---

① 蒋廷黻：《论专制并答胡适之先生》，《独立评论》第83号，1933年12月31日。

抵抗力，而一方又可以见重于友邦"。①

实际上，自1840年以来，尤其是甲午战争以后，对国家独立、富强和统一的渴望和追求，就一直是中国知识分子当然也包括自由主义知识分子的终极目标，而民主政治的建立，不过是实现这一目标的手段或工具而已。因此，一旦这一目标和他们所信仰的思想或价值发生矛盾时，他们便毫不犹豫地选择了前者。如清末时的梁启超选择"开明专制"，民初时的严复选择洪宪帝制，以及孙中山要求人们为了中华民族的解放和国家的独立，限制自己个人的自由，都是出于这一原因。这也是蒋廷黻、钱端升等人在民主与专制或独裁面前所以选择后者的根本原因所在。另一位极力主张新式独裁、并对苏俄做过实地考察的丁文江曾发出过宁肯做"苏俄的地质技师"，也不做"巴黎的白俄"的感叹，因为在他看来，"在今日的中国，新式的独裁如果能够发生，也许我们还可以保存我们的独立。要不然只好自杀或是做日本帝国的顺民了"，而他"宁可在独裁政治之下做一个技师，不愿意自杀，或是做日本的顺民！"②从已有的价值观念上来说，主张专制或独裁的蒋廷黻、钱端升、丁文江等人毫无疑义是一个自由主义者，但作为中国人，他们又是民族主义者，甚至首先是一个民族主义者。因此，当民族面临生死存亡的时候，他们首先关心的是民族的存亡问题，是如何救亡图存。至于民主和个人自由，则被他们暂时放到了次要的或从属的地位。换言之，在个人自由与国群自由的关系上，他们放弃了个人自由优先于国群（族）自由的自由主义基本原则，而认同了以国群（族）自由优先于个人自由为基本原则的民族主义。这正如美国学者夏绿蒂·弗思（中文名傅乐诗）在评价丁文江时所指出的那样：丁文江已经"从二十年代中主张民主程序的杰出人物统治论者和工具主义者，转移到1933年以后在中国鼓吹开明专政。像中国的其他西方自由派学生一样，他只有在考虑到统治如何才能奏效时，才关心民众参与政府事务的问题，而国家的目标不能通过民主方法达到这样一个结论，使他在原则上对民主制度产生怀疑"③。

① 钱端升：《民主政治乎？极权国家否？》，《东方杂志》第31卷第1号，1934年1月1日。
② 丁文江：《再论民治与独裁》，《独立评论》第137号，1935年1月27日。
③ 夏绿蒂·弗思：《丁文江——科学与新文化》，丁子霖、蒋毅坚、杨昭译，湖南科学技术出版社，1987，第197页。

其实，在民族危亡的紧急关头，不仅主张专制或独裁的蒋廷黻、钱端升、丁文江等人，在个人自由与国群（族）自由的关系上，放弃了个人自由优先于国群（族）自由的自由主义基本原则，而认同了以国群（族）自由优先于个人自由为基本原则的民族主义，就是主张民主、与他们进行争论的胡适、陶孟和、张奚若等人，事实上也在某种程度上放弃了个人自由优先于国群（族）自由的自由主义原则，而认同或服膺了以国群（族）自由优先于个人自由为基本原则的民族主义。胡适等人之所以反对蒋廷黻、钱端升、丁文江等人主张的专制或独裁，是因为在他们看来，专制或独裁并不能实现中国的统一或富强，从而挽救日益严重的民族危机。首先就中国的统一而言，胡适指出，在中国现代史上，武力统一过好几次了，但结果都没有实现统一。因为，一方面，中国知识思想界存在着"种种冲突矛盾的社会政治潮流"，而思想问题不是武力所能打倒和解决的。比如，今日的共产党以及无数"左"倾的青年，就不是单靠武力所能"扫净"的，武力也许可以破坏红军，特务队也许可以多捉拿几个"左"倾青年，"但那种种左冲右决的社会潮流"是武力不能统一的。另一方面，中国是一个国土面积很大而交通又十分落后的国家，各地之间存在着较大的差异，"这都是武力统一的绝大障碍"。[①] 退一万步说，即使更大的武力能够打倒蒋廷黻所说的那些破坏统一的"二等军阀和附和二等军阀的政客"，统一了国家，但这种统一也是暂时的，不能持久的。因为"国家的统一其实就是那无数维系各部分的相互关系的制度的总和。武力统一之后，若没有那种种维系，统一还是不能保持长久的"。他举例说，秦始皇并吞六国，实现了统一的局面，靠的是武力，"他把天下人的兵器收去了，却没有造成一些可以维系全国各部分的制度，所以他的帝国不久就瓦解了"。继秦朝而起的汉朝，"并没有收天下的兵器，然而汉朝不但保持了四百年的统一，还留下了两千年的统一规模"。汉朝是如何做到这一点的呢？就在于它实行了"各种维系全国各部分的制度，如统一的法律，统一的赋税，统一的货币，选举的制度等，都逐渐成立，并且实行有效了，所以人民渐渐感觉统一帝国的利益。四百年的统一是建筑在这些维系之上的。二千年的统一的民族国家，也就是建筑

[①] 胡适：《武力统一论》，《独立评论》第 85 号，1934 年 1 月 14 日。

在这些大维系之上的"。① 近二十多年来中国之所以不能统一，其根本原因也就在于"旧日维系统一的种种制度完全崩坏"，而新的维系统一的制度没有建立起来，从而导致了"各省缺乏向心力"和"割据的局面"的形成。本来国民党北伐的成功，给国家的统一"打开了一个新的局面"，但由于国民党实行的是"以党治国"，政权属于党权，而国民党是一个分裂的政党，党的分裂又导致了国家的分裂，并且呈现出"无法收拾"之势。② 和胡适一样，张培均也认为武力是统一不了中国的，回顾近一二十年的历史，不是没有进行过武力统一，吴佩孚的武力统一创之于先，国民党的武力统一（北伐）继之于后，但都"卒无成就"。旧军阀既去，新军阀又来，敌人之巢穴未捣毁，自己营垒已分化，辗转相杀，国无宁日。"此路之不通，已昭然若揭。"③ 其次就实现沿海各省的工业化来说，胡适指出，蒋廷黻提出"沿海各省的工业化"，这提法本身就是值得怀疑的问题，因为沿海各省根本上就缺少工业区域的基本条件，如煤、铁产地等等；况且在现时的国际形势之下，像中国这样一个没有海军的国家是无力保护它的沿海工业的。更重要的是，实现工业化与无限度地加强政府权力之间没有必然的联系，政府权力再大，也不能解决工业化所需要的资本、人才和原料。"所以如果独裁的要求只是为了'工业化沿海各省的目的'我们不信独裁是必要的。"④ 张熙若也指出，专制或独裁不仅不能实现中国的统一或富强，从而使中国度过国难，相反还会使国难进一步加重。因为要度过国难，首先就必须想尽一切方法唤起人人同仇敌忾的情绪，使人们能自动地、热烈地为国尽力，为国牺牲，但"独裁政治的结果，在平时是为自己制造奴隶，在外患深入时是代敌人制造顺民"。⑤

同样，胡适等人之所以主张民主，也是由于他们认为，民主更适合于中国，能使中国达于统一和民族国家的现代化，解决当前国家所面对的严重危机。因为，首先民主有利于最大限度地动员和团结全国各界力量一致对

① 胡适：《政治统一的意义》，《独立评论》第 123 号，1934 年 10 月 21 日。
② 胡适：《政治统一的途径》，《独立评论》第 86 号，1934 年 1 月 21 日。
③ 张培均：《内政的出路》，《主张与批评》第 2 期，1932 年 11 月 15 日。
④ 胡适：《中国无独裁的必要与可能》，《独立评论》第 130 号，1934 年 12 月 9 日。
⑤ 张熙若：《独裁与国难》，《大公报》1935 年 1 月 13 日《星期论文》。

外。九一八事变后第三天，上海光华大学教授王造时发表《日本帝国主义侵略东三省》的演讲，要求国民党结束训政，实行民主政治。这年 10 月，王造时又发表《救亡两大政策》，提出"对外准备殊死战争"和"对内取消一党专政"这样两个抗日救亡的基本政策，认为只有废除国民党的一党专政，开放党禁，返政于民，实行民主政治，让人民享有言论、出版、集会、结社等种种民主权利，全国人民才能万众一心，各党派才能通力合作，组织国防政府，共同抵御日本侵略。不久，他又和沈钧儒等上海各大学教授 200 多人，在联名致信参加宁粤和平会议的国民党全体代表时，再次强调了实行民主宪政的重要性，指出"人民为国家之主人，党治以来，主人之权利剥夺殆尽"，只有切实保障人民的各种民主权利，"迅速集中贤能，组织国防政府，共御外侮"，才能挽救国家和民族的危亡。① 张东荪也再三强调，专政不能造成举国一致对付外患的局面：因为政府在专政的制度下已经失去人民的信任，所以想举国一致去对付外患，也绝不会有结果，势必演成革命。我们要救亡图存，就必须实行民主政治。因为民主政治的特征之一是政党政治，而政党政治的最大好处，就是政党之间可以互相纠正对方的错误，带来"政治的弹性"。这种具有"政治的弹性"的国家，能使不合于人民的政治主张被淘汰，造成政府与人民利害的一致，从而能实现举国一致对外。② 其次，民主有利于实现国家统一。胡适指出：中国之所以是一个四分五裂的国家，没有实现统一的根本原因，就在于没有建立起一个能够"维系全国，把中央与地方连贯成一个分解不开"的新制度，从而使中央与各省密切地连贯起来，而民主政治之下的"国会制度"便具有将中央与各省密切地连贯起来的功能，因为"国会制度"是"中央与各省交通联贯的中枢，它是统一国家的一个最明显的象征，是全国向心力的起点。旧日的统一全靠中央任命官吏去统治各省。如今此事既然做不到了，统一的方式应是反其道而行之，要各省选出人来统治中央，要各省的人来参加中央的政治，来监督中央，帮助中央统治全国。这是国会的根本意义"。③ 胡适反复强

---

① 以上参见姜平、姜伟《爱国君子·民主教授——王造时》，江西教育出版社，1999，第 90—91 页。

② （张）东荪：《教训》，《再生》第 1 卷第 11 期，1933 年 3 月 20 日。

③ 胡适：《政治统一的途径》，《独立评论》第 86 号，1934 年 1 月 21 日。

调并要人们相信，民主政治下的国会制度一旦在中国建立起来，四分五裂的局面就能够结束，国家的统一也就指日可待。常燕生也非常赞同胡适的观点，认为中国的民族、文化、语言、文字以及经济生活，本来自很早以前起就是统一的，现在的问题只是政治不统一的问题，是地方与中央的离心倾向加剧的问题。既然目前中国迫切要解决的问题是政治的不统一的问题，那么，要实现中国的统一也只能采用政治的方法来解决，亦即实行民主政治。① 张培均同样认为，要"制裁军阀"，"破除割据"，实现国家的统一，"唯民主的力量"才能做到。他曾到四川等地游历，发现"民主舆论愈薄弱者，军人愈专横；民主舆论愈强毅者，军人愈畏缩"，由此可见，民主政治的有无，直接关系到国家的统一与否。②

总之，胡适等人反对专制或独裁，并不是由于专制或独裁不利于个人自由，而是由于专制或独裁不能实现国家的统一或富强；他们主张民主，也不是由于民主有利于个人自由，而是由于民主能实现国家的统一或富强，尽管他们有时也谈论和要求自由，但其目的在于说明只有给予人民言论、出版、思想等方面的自由，国家才可能实现真正的统一。这也就是说，是国家的统一或富强，而不是个人的自由，是他们思考和提出问题的出发点。用胡适 1933 年 12 月 3 日发表的一篇文章的话说："'取消党治'何尝不是一个很动听的名词？'保障人权'又何尝不是我们平日主张的？但我们要记得：……'人权'固然应该保障，但不可捐着'人权'的招牌来做危害国家的行动。'取消党治'固然好听，但不可在这个危急的时期借这种口号来发动内战。"③ 这样的话不正是九一八事变前国民党当局批评胡适等人搞人权运动的言论吗？就此而言，尽管胡适等人和蒋廷黻等人的主张不同，并为此展开过激烈争论，但他们思考和提出问题的出发点则都是国家的统一或富强。换言之，能否实现国家的统一或富强，是他们主张采纳什么政治制度或不主张采纳什么政治制度的唯一标准。

无独有偶。在"民主与独裁"争论发生的前后，以胡适为代表的中国自由主义知识分子曾发起过一场要求国民党结束训政、实行宪政的"民主宪

---

① 常燕生：《建国问题平议》，《独立评论》第 88 号，1934 年 2 月 4 日。
② 张培均：《内政的出路》，《主张与批评》第 2 期，1932 年 11 月 15 日。
③ 胡适：《福建的大变局》，《独立评论》第 79 号，1933 年 12 月 3 日。

政运动"。而他们发起"民主宪政运动"的主要理由或目的，便是国民党结束训政、实行宪政可以团聚人心，挽救国难。罗隆基在《训政应该结束了》一文中便指出，今日中国最大的病症是人心不统一。由于人心不统一，民族在精神上就不能成为一个统一的团体，国家也从而失去了基础，国家失去了基础，什么改革内政，应付外交自然也就成了一句空话，这是造成目前"国难"严重的主要原因。所以，"设法统一人心，是目前中国一切问题的先决问题"。而要统一人心，舍废除党治，结束训政别无他法。[1] 王造时认为中国的不统一是国民党的不统一造成的，而国民党之所以不统一，其根源又在于它的一党专政的训政制度。所以，要实现中国的统一，结束四分五裂的局面，唯一可行的方法，就是"结束训政，实行宪政"，国民党还政于民，让中国的老百姓享有充分的言论、出版、政治结社等种种自由。因为"有政治结社自由，国民才能组织起来；有组织，才有力量；有力量，才能制止军阀混战。有言论出版自由，社会才能产生舆论；有舆论，才有是非；有是非，才能监督政客捣乱"。也只有实行宪政，各党各派才可以公开竞争，才能够以法治代替人治，以选举代替开枪，政治势力有地方表达他们的政见，谁上台，谁下台，都由人民来决定。如是，军阀就不敢割据，不敢内战，国家的统一也就能实现。[2] 胡适也认为，中国目前最主要的问题，是如何收拾全国人心，挽救国难。而收拾全国人心、挽救国难的方法，"除了一致御侮之外，莫如废除党治，公开政权，实行宪政"，把政权还给人民。[3] 和他们在"民主与独裁"的争论中主张民主一样，胡适等人之所以要求国民党结束训政，实行宪政，并不是因为国民党结束训政、实行宪政有利于个人自由，而是因为国民党结束训政、实行宪政能够团聚人心，挽救国难。团聚人心，挽救国难，才是他们思考和提出问题的出发点。

　　如果我们把九一八事变之后的胡适等人与九一八事变之前的胡适等人做一比较，就会发现他们思考和提出问题之出发点发生了明显的位移。如本书第二卷第十五章第四节所述，九一八事变前，胡适等人曾发起过一场人权运动。在人权运动中，胡适等人批评国民党的一党专制，要求国民党

---

[1] 罗隆基：《训政应该结束了》，《独立评论》第171号，1935年10月6日。

[2] 王造时：《国民党怎么办？》，《主张与批评》第1期，1932年11月1日。

[3] 胡适：《政制改革的大路》，《独立评论》第163号，1935年8月11日。

制定约法，实行民主的目的，是为了保障人权。胡适曾明确指出："我们须要明白，宪法的大功用不但在于规定人民的权利，更重要的是规定政府各机关的权限。立一个根本大法，使政府的各机关不得逾越他们的法定权限，使他们不得侵犯人民的权利，——这才是民主政治的训练。程度幼稚的民族，人民固然需要训练，政府也需要训练。"① "我们要一个'规定人民的权利义务与政府的统治权'的约法，不但政府的权限要受约法的制裁，党的权限也要受约法的制裁"，"如果党不受约法的制裁，那就是一国之中仍有特殊阶级超出法律的制裁之外"，那就不是法治国了。② 罗隆基则从当时中国具体的时空条件出发，列出了 35 条在中国所需要的人权，并对人权、法律、民治、国家以及它们之间的相互关系进行了解释和厘定。他认为，"人权是做人的那些必须的条件。人权是衣，食，住的权利，是身体安全的保障，是个人'成我（为）至善之我'，享受个人生命上的幸福，因而达到人群完成人群可能的至善，达到最大多数享受最大幸福的目的上的必须条件"。国家是全体国民的团体，而非"某私人或某家庭或部分人集合的团体"专制的工具，国家的功用就是保障全体国民的人权，"保障人民生命上那些必须的条件"，国家的目的在"谋全民最大多数的最大幸福"，"国家的威权是有限制的，人民对国家服从的义务是相对的"。③ 从胡适、罗隆基的上述言论中可以看出，保障人权和个人自由，是他们思考和提出问题的出发点。也正是从这一出发点出发，在个人自由与国家自由的关系上，他们坚持的是个人自由优先于国群自由的自由主义原则。1930 年胡适在《介绍我自己的思想》一文中便写道："现在有人对你们说：'牺牲你们个人的自由，去求国家的自由！'我对你们说：'争你们个人的自由，便是为国家争自由！争你们自己的人格，便是为国家争人格！自由平等的国家不是一群奴才建造得起来的！'"④ 然而，到了九一八事变后，我们在胡适的文章中则很难找出类似的言论了。

胡适等人思考和提出问题的出发点在九一八事变前和九一八事变后之

---

① 胡适：《我们什么时候才可有宪法？》，《新月》第 2 卷第 4 号，1929 年 6 月 10 日。
② 胡适：《"人权与约法"的讨论》，《新月》第 2 卷第 4 号，1929 年 6 月 10 日。
③ 罗隆基：《论人权》，《新月》第 2 卷第 5 号，1929 年 7 月 10 日。
④ 胡适：《介绍我自己的思想》，《新月》第 3 卷第 4 号，1930 年 6 月 10 日。

所以会发生明显的位移，原因就在于九一八事变前，虽然日本不断在东三省和京津地区制造事端，为其日后的侵略中国寻找借口，但它还没有公开对中国进行军事侵略，因而中华民族与日本帝国主义之间的矛盾还不是那时社会的最主要矛盾，那时社会的最主要矛盾是国民党及其政权与人民大众之间的矛盾，尤其是南京国民政府建立后国民党的一党独裁以及打着训政的旗号对人民自由权利的肆意践踏，引起了自由主义知识分子的强烈不满。然而到了九一八事变后，日本帝国主义的军事侵略，使中华民族第一次真正感受到了生死存亡的严重危机，并且随着危机的不断加深，中华民族与日本帝国主义之间的矛盾逐渐取代了国民党及其政权与人民大众之间的矛盾而成了社会的最主要矛盾，包括自由主义知识分子在内的中国人民的民族主义激情也因此而急遽地高涨起来，如何救亡图存使中华民族免于亡国灭种的危险已成为国人首先必须思考和解决的一个问题。正如迈克尔·弗里登所说："民族主义只有在短暂的时段内变得极为重要，即在民族建构、征服、外部威胁、领土争议，或内部受到敌对族群或文化群体的主宰等危机时，民族主义才显得极为重要。"[1] 九一八事变后，日益加重的民族危机，使民族主义的重要性得到了最大的彰显。而彰显的结果之一，便是自由主义知识分子在个人自由与国群（族）自由的关系上，放弃或某种程度上放弃了个人自由优先于国群（族）自由的自由主义的基本原则，而开始认同或服膺了以国群（族）自由优先于个人自由为基本原则的民族主义。

　　1936 年 8 月 9 日出版的《独立评论》第 213 号转载有《胡适再见记》一文，该文是日本人室伏高信在胡适出席太平洋学术会议路过日本时就中日关系和他讨论后的记录整理，原文发表在东京《读卖新闻》上，其中有这样一段文字：交谈中胡适告诉室伏高信，"我虽然是个自由主义者，但是像我们这样的自由主义者已经成了少数了。……到了最近，民族主义已经获得压倒的势力，国家这个东西成了第一线，在现下的中国里是没有一种力量能够阻止这种大势的"。对此，室伏高信很有感慨地写道："我这时不仅想起去年夏天游历北平的情形，这位自由主义者在当时对于已经显著发展的

---

[1] 安东尼·史密斯：《民族主义——理论，意识形态，历史》，叶江译，上海人民出版社，2006，第 24 页。

民族主义的倾向，我总觉得他是看做一个反动的东西似的。"接着，室伏高信对胡适说："在日本都说是蒋介石独裁，可是，除了蒋氏政权而外，贵国将无统一之途，我们是这样想的。"胡适表示"这点我完全同感"。室伏高信又问胡适："在蒋氏政权下，贵国是向着独裁政治方面走呢，还是向着民主主义的方向？"胡适回答说："关于这一点，中国人倒不大注意。应该用什么方法是第二问题。无论甚么，没有比统一再要紧的，除此而外，全不是现在的问题。"对此，室伏高信再次很有感慨地写道："这是在去年夏天以前极力反对独裁政治主张民主政治的胡适之先生的言辞。若说是变说，自然是变说，而且是很鲜明的变说。可是，像这样一个人的变说，是谁使之然？不是中国的局势有以导之使然吗？那么，中国的新局势又是谁导之使然呢？……由外部所加的分裂政策，只有造成民族统一的反对效果：本来是个不朽的真理。"① 上述这段文字很形象地说明了在民族危机日益严重的情形下，像胡适这样的自由主义知识分子也已开始偏向了民族主义，国家的统一成为他们思考一切问题的出发点。

第三节　文化保守主义的新发展

和自由主义一样，文化保守主义同样是中国近代的一种主要社会思潮，九一八事变之前，尽管先后出现了清末以章太炎为代表的国粹派和新文化运动时期以梁启超、梁漱溟为代表的东方文化派，但总的来看，其时认同传统、反对西化的文化保守主义是一种背时之论，整个的社会趋向是向西方学习，从洋务时期的学习西方的器物文明，到戊戌辛亥时期的学习西方的制度文明，再到新文化运动时期的学习西方的精神文明，除国粹派和东方文化派等少数知识精英人物外，绝大多数人拥抱的是西方文化和西方文明，这也是新文化运动时期的"东西文化之争"尤其是"科学与人生观之争"中，东方文化派尤其是玄学派虽然在学理上占优，却得不到大多数人的认同、最终败

---

① 室伏高信：《胡适再见记》，《独立评论》第 213 号，1936 年 8 月 9 日。

下阵来的重要原因。然而到了九一八事变后，情况则发生了变化，因民族危机的加深，社会需要通过大力表彰和弘扬中国传统文化来树立起国民对民族、国家的自信心和凝聚力，于是，反思"整理国故"运动的西化和历史虚无主义倾向，研究中国历史、大力发掘和弘扬中国传统文化成了一种学术风尚。正是在这样的历史背景下，作为学派的现代新儒家开始形成。

一、对"整理国故"运动的反思

　　本书第二卷第九章第二节有一子目"整理国故，再造文明"，论述了新文化运动时期"整理国故"运动的兴起、目的、方法及其影响。九一八事变后，人们对新文化运动时期整理国故运动展开了反思。而引起反思的根源是思想和学术界对时局变化的认识。梁启超在《清代学术概论》中曾解析学术思潮的"衰落期"："凡一学派当全盛之后，社会中希附末光者日众，陈陈相因，固已可厌。其时此派中精要之义，则先辈已浚发无余，承其流者，不过掇摭末节以弄诡辩。且支派分裂，排轧随之，益自暴露其缺点。环境既已变易，社会需要，别转一方向，而犹欲以全盛期之权威临之，则稍有志者必不乐受，而豪杰之士，欲创新必先推旧，遂以彼为破坏之目标。于是入于第二思潮之启蒙期，而此思潮遂告终焉。此衰落期无可逃避之运命。"①梁启超所揭示学术思潮之兴衰转承，环境变化、社会需要占据重要的地位和作用。不难看出，就"整理国故"而言，先前对传统文化的批判心理到九一八事变后则显得不合时宜。因为在当时国家和民族面临着空前危机的历史背景下，摆在思想和学术界面前的首要任务，是如何通过对传统学术和文化的发掘和阐释，以提高国人的民族自信心、自豪感，从而树立起战胜日本侵略、实现民族复兴的勇气。

　　因此，九一八事变后，许多学者开始改变以前那种埋首于故纸堆中进行所谓纯学术研究的生活，而关心起时事政治来，甚至为政治而学术，希望学问能够"经世致用"，为民族和国家贡献一分力量。九一八事变后的第四天，夏承焘在他的日记中便满怀心事地写道："念国事日亟（日兵已陷吉林），犹敝心力于故纸，将贻陆沉之悔"，他忏悔自己在国难之际尚"沉醉

---

① 梁启超：《清代学术概论》，载《饮冰室合集》第 8 册，专集之三十四，第 3 页。

于故纸"。此后，他还多次表示："国难如此，而犹沉湎于此不急急务，良心过不去。拟舍词学而为振耻觉民文学"，"内忧外患如此，而予犹坐读无益于世之词书，问心甚疚"，[①] 希望自己的学问学术有所"益于世"。吴晗于1932 年 1 月致信胡适，针对日益严重的民族危机他慷慨表示："假如自己还是个人，胸膛中还有一滴热血在着的时候，这苦痛如何能忍受？"他告诉自己的老师，自九一八事变以来的"过去四个月，无时无刻不被这种苦痛所蹂躏，最初的克制方法，是把自己深藏在图书馆中，但是一出了馆门，就仍被袭击。后来专写文章，冀图避免此项思虑，但是仍不成功"。[②] 反思个人对待民族危难的应对之方，表明埋头于学问已难消弭自身对时代感受的痛苦。九一八事变不久，汤用彤南下庐山，在佛教圣地大林寺撰写《大林书评》，在序言中他对自己于民族危机日益加重之时埋首故纸堆从事纯学术研究而深感不安。他写道："时当丧乱，犹孜孜于自学，结庐仙境，缅怀往哲，真自愧无地也。"[③] 一向反对学术经世的顾颉刚于 1933 年底撰写了新一年的《个人计划》，称："年来的内忧外患为中国有史以来所未有，到处看见的都是亡国灭种的现象，如果有丝毫的同情心，如何还能安居在研究室里？"[④] 民族危难影响学者对学问的追求，再也不能心无旁骛地潜心学术，在故纸堆里追寻理想。更有学者毅然奔赴前线参加抗战。尹达在离开工作多年的史语所奔赴抗日前线前夕宣称："别了，这相伴七年的考古事业！在参加考古工作的第一年，就是敌人铁蹄踏过东北的时候，内在的矛盾燃烧着愤怒的火焰，使我安心不下去作这样的纯粹学术事业！……现在敌人的狂暴更加厉害了，国亡家破的悲剧眼看就要在我们的面前排演，同时我们正是一幕悲剧的演员！我们不忍心就这样的让国家亡掉，让故乡的父老化作亡国的奴隶；内在的矛盾一天天的加重，真不能够再埋头写下去了！我爱好考古，醉心考古，如果有半点可能，也不愿意舍弃这相伴七年的老友！但是我更爱国家，更爱世世代代所居住的故乡，我不能够坐视不救！我明知道

---

① 夏承焘：《天风阁学词日记》，浙江古籍出版社，1984，第 235、393、394 页。
② 吴晗：《致胡适》（1932 年 1 月 30 日），载中国社会科学院近代史研究所中华民国史组编《胡适来往书信选》中册，中华书局，1979，第 103 页。
③ 汤用彤：《〈大林书评〉序》，载《汤用彤学术论文集》，中华书局，1983，第 36 页。
④ 顾颉刚：《个人计划》，载顾潮编著《顾颉刚年谱》，中国社会科学出版社，1993，第 213 页。

自己的力量有限，明知道这是一件冒险历危的工作，但是却不能使我有丝毫的恐怖和畏缩！"①言语之间充分透露出一个学者的爱国之情，他内心学术与政治之间矛盾的纠缠，使他在万般无奈下只有舍弃学问以救国。此也体现出在民族危机、国家危难之下学者的政治责任感。

国难之下，思想和学术界开始反思"整理国故"运动中"非考据不足以言学术"之倾向的流弊。1932年《读书》月刊围绕大学国文系课程设置一事，发表文章称："近今学术上之考据之风大盛，即研究文学艺术者，亦惟以训诂历史相尚，而于文艺本身之价值反不甚注意。各大学国文系课程，往往文字训诂为重；其关于文学史之课程，内容亦多考证文人之生卒，诗文之目录，及其文法章句名物故事之类，而于文学批评与美术之品鉴忽焉。"②此主要针对文艺之价值而发生的评论。著名文学家闻一多也在1934年表示："训诂学不是诗。"③而朱自清更是批判那些"把诗只看成考据校勘或笺证的对象，而忘记了它还是一首整体的诗"的考据学者，是"诗人的劲敌"，他们的唯一特长，就是"把美人变成了骷髅"。④哲学家熊十力在强调胡适提倡的科学方法重要性的同时，也对胡适的"仅及于考据之业……无可语于穷大极深之业"提出了批评⑤。他指出"考据之科，其操术本尚客观。今所谓科学方法者近之。然仅限于文献或故事等等之探讨，则不足以成科学"⑥。史学家吕思勉于1935年底指出："考据之学，有其利亦有其弊；实事求是，其利也。眼光局促，思想拘滞，其弊也。学问固贵证实，亦须重理想。"他认为，学问可以分为上、中、下三乘，"凡研究学术，不循他人之途辙，变更方向自有发明，为上乘。此时势所造，非可强求。循时会之所趋，

① 转引自王泛森《民国的新史学及其批判者》，载罗志田主编《20世纪的中国：学术与社会（史学卷）》，山东人民出版社，2001，第107—108页。

② 凡：《书评：〈清华文史周刊专号〉》，《国立北平图书馆读书月刊》第1卷第9号，1932年6月。

③ 闻一多：《匡斋尺牍》，载《闻一多全集》第一卷，生活·读书·新知三联书店，1982，第356页。

④ 王瑶：《念朱自清先生》，载郭良夫编《完美的人格——朱自清的治学和为人》，生活·读书·新知三联书店，1987，第41页。

⑤ 熊十力：《纪念北京大学五十周年并为林宰平祝嘏》，载《国立北京大学五十周年纪念特刊》，第28页。

⑥ 熊十力：《读经示要》，载高瑞泉编选《返本开新——熊十力文选》，上海远东出版社，1997，第192页。

联接多数事实，发明精确定理者，为中乘。若仅以普通眼光，搜集普通材料，求得普通结论者，则下乘矣。此恒人所能也"。就考据而论，他写道："章太炎氏二十年前演讲，曾谓'中国学术坏于考据，拘泥事实，心思太不空灵，学术进步受其阻碍。'此说，予当时不甚谓然。今日思之，确有至理。一切学问，有证据者未必尽是；无证据者，未必尽非。非无证据，乃其证据猝不可得耳。此等处，心思要灵，眼光要远，方能辨别是非，开拓境界。"① 此种观点较之新文化运动时期的整理国故已有显著差别，希望能够对历史有所"发明"，而并非罗列材料。就是此前以考据见长的张荫麟、钱穆，这时也开始反思考据之流弊。张荫麟认为"考据史学也，非史学之难，而史才实难"，并且对"史学界又往往徇考据而忘通义，易流于玩物丧志之途"提出了尖锐批评。② 钱穆在其《中国近三百年学术史》中称："近人言治学方法者，率盛推清代汉学，以为条理证据，有合于今世科学之精神，其说是矣；然汉学家方法，亦惟用之训诂考释则当耳。学问之事，不尽于训诂考释，则所谓汉学方法者，亦惟治学之一端，不足以竟学问之全体也。"③ 以此指训诂考释之片面性，从而挖掘学术之多重意义。其他如朱谦之、常乃德、雷海宗等人也都纷纷对"整理国故"运动中"非考据不足以言学术"之倾向提出了批评。

思想和学术界对"整理国故"运动中"非考据不足以言学术"之倾向的批评，主要是为了配合民族精神、民族自信心的建构，因为此项工作不仅仅需要史实重建，更重要的是需要对"义理"进行阐释和发挥。比如，在20世纪20年代初，思想和学术界曾围绕屈原是否真有其人展开过讨论，胡适在"整理国故"思想的影响下认为屈原只不过是"箭垛式"的人物。但是到了抗战时期，屈原是否真有其人已不是学术界关心的重心，学术界关心或感兴趣的重心是，"屈原的诗篇为我们树立了多么崇高的爱国文学传统，鼓舞了几千年来民族的自豪感情和献身精神……我们今天的浴血抗战，也正是屈原精神继续存在的活见证。否认屈原的存在，对于抗战会有什么

---

① 吕思勉：《丛书与类书》，载《论学集林》，上海教育出版社，1987，第163页。
② 张荫麟：《跋〈梁任公别录〉》，载张云台编《张荫麟文集》，教育科学出版社，1993，第557页。
③ 钱穆：《中国近三百年学术史》上册，商务印书馆，1997，第444页。

好处呢？"① 通过对历史人物的研究，挖掘中国的爱国传统，振奋民族精神，提高民族凝聚力，以为民族复兴贡献力量。就是"整理国故"中的一些所谓的新派人物，这时也逐渐转变观点和态度，比如，傅斯年从以前的"疑古"走向"重建"，而顾颉刚则从"为学问而学问"到抱持经世致用的治学目的。这些显著的变化意味着他们对待传统态度的转变，希望能够运用中国优秀的传统文化以行救世之功用。

总之，面临空前的民族危难，如果继续遵循"整理国故"运动中新文化派人士批判传统文化的观点，则显然会对民族凝聚力、民族自信心的建构产生消极影响，从而不利于抗战和民族复兴。因此，"整理国故"运动发展至此，已经不合时宜。思想和学术界在反思此前"整理国故"运动的基础上，开始从"整理国故"转向"国故整理"，即通过对中国传统学术和文化的发掘与阐释，来增强民族的自尊心、自信心和自豪感，以建设民族新文化，抵御日本的侵略，从而实现中华民族的伟大复兴。

二、研究中国文化和历史热的兴起

九一八事变后，兴起了一股研究中国文化和历史的热潮。以文化研究为例，据不完全统计，民国时期出版的有关文化和中国文化史著作大约 50 种，其中大部分出版于九一八事变后。除著作外，还有大量的研究中国文化和文化史的文章发表。正如有的研究者指出的那样，"以文化史振奋民族精神"，提高民族的自信力，这是九一八事变后"许多学者研究文化史的目的"。② 王德华的《中国文化史略》出版于 20 世纪 30 年代中。他在该书的《叙例》就这样写道："中国人之应当了解中国文化，则无疑问，否则，吾族艰难奋斗、努力创造之历史，无由明了，而吾人之民族意识，即无由发生，民族精神即无由振起。……兹者国脉益危，不言复兴则已，言复兴，则非着重文化教育，振起民族精神不可。本书之作，意即在此。"③

从世界文明发展史的角度，追述中国文化昔日的辉煌，以说明中国文化是世界上最优秀的文化，这是九一八事变后思想和学术界"以文化史振

---

① 郑临川：《永恒的怀念·代序》，载《闻一多论古典文学》，重庆出版社，1984，第 2 页。
② 周积明：《本世纪上半叶中国文化史研究的特点》，《光明日报》1997 年 10 月 14 日，史学版。
③ 王德华：《中国文化史略·叙例》，正中书局，1936。

奋民族精神"、提高民族的自信力的一种努力。当时思想和学术界的一个基本观点是，中国文化发达最早，当其他文化尚在萌芽之际，中国文化即已经发展出许多成绩。王鲁季指出，中国悠久的历史和文化是任何其他国家都不可比拟的，"战国之世，为中国文化黄金时代，尔时撒克逊及日耳曼民族，恐犹在深山大泽之中，度其茹毛饮血之生活也"。就此而言，他得出结论：日耳曼人常说日耳曼民族是世界上最优秀之民族，但实际上，中国民族的历史要比日耳曼民族的历史悠久得多，因此，中国民族才是世界上最优秀之民族，中国文化才是世界历史中最悠久之文化。[1] "白云"也一再强调：中华民族是一个"极光荣极伟大的民族，他有极悠久的历史和极优秀的文化"，中国文化既不像"埃及人向死后去追求快乐与幸福，又不像印度人轻视现实的人生而趋于灭绝为唯一的目的"，而是能够兼有"世界各民族文化的优点而能集其大成"。早在周秦之际，中国文化就已蔚为大观，而那个时候的欧洲则还处在茹毛饮血的年代，甚至还"没有知道如何做人，如何生活；而我们当时，文物制度已经具备了"。更不用说汉、唐、元朝了，当时的中华民族可以说是"世界上最强最富的民族"，中国文化可以说是世界上影响最大、最具有创造力的文化。所以，"今日欧美人士凡研究过世界文明史的，没有不惊奇敬慕我们中国过去光荣的事迹"的，如德国大哲学家黑格尔在他所著的《历史哲学》一书就认为，"人类最古之世界，是中国人之世界，最古之文化，除中国的外，更无所谓文化也"。[2] 这从中可以看出他对悠久之中国文化的崇敬。

除历史悠久外，中国文化还对世界文化特别是西方文化产生过重要影响。如刘华瑞的《中国文化在国际上地位》一文，虽然也谈到了东方的高丽文化、安南文化、南洋文化以及日本文化由中国文化"挈乳而成"的情况，但重点介绍的是中国文化对欧洲文化的影响和贡献："欧洲昔日，因得东方文化灌溉与陶冶，遂有今日之灿烂文明，且欧洲至今日，仍不断吸收东方文物之菁华也。十六世纪至十八世纪间，中国文物在欧洲之地位，几成为当时欧洲文化中心。"如中国瓷器、漆器、丝织品、糊墙纸、画及建筑，"其作风造成欧陆整个洛可可派（Rococ）艺术"，儒学影响莱卜尼兹、

---

① 王鲁季：《论中国民族之精神》，《军需杂志》第 33 期，1935 年 10 月。
② 白云：《复兴中国民族的几个主要条件》，《社会主义月刊》第 1 卷第 9 期，1933 年 11 月 1 日。

福禄特尔及百科全书诸君子，其他如中国政治思想，为葛斯勒取为彼生平学说之源泉，水彩画源于采取中国之园景。至大哲歌德，与中国文艺发生密切关系后，可称为欧洲与东方交融之成熟期，18世纪初期，法国除倾慕中国文化外，鲜知其他，当是时，洛可可派工艺，受中国南部之美术珍品意趣灌溉，而哲学思想之启明，事实上亦确得中国北部性理派孔学之助力，至唯物学派之理论，直取自中国之国家经济原则耳。"此一世纪中，欧洲与中国之迩接，占欧洲文化史乘之重要地位。"[1] 何炳松在《中国文化西传考》一文中开宗明义：中国文化不仅对东方的朝鲜文化、日本文化、安南文化、暹罗文化、缅甸文化甚至现代土耳其民族文化产生过重要影响，而且也对西方的欧洲文化产生过重要影响。他分九个方面具体考察了中国文化的西传以及对欧洲文化的影响后指出，中国文化的西传，酝酿于16和17世纪，东西航路开通之后，到18世纪初年，经来华的天主教耶稣会传教士们的译介而传入欧洲。"欧洲的洛可可运动既受中国南部美术的影响而发皇，德法诸地启明运动的思想又受中国北部孔子一派唯理哲学的影响而大形进展，重农主义的经济学说亦大都取材于中国古代的文明，而最后'返诸自然'的主情运动又以中国式的园林为发泄热情的宫殿。中国文化统制欧洲的思想界几达百年之久。"尽管进入19世纪后，由于欧洲工业革命的兴起以及其他原因，中国文化对欧洲的影响几乎"完全终止"，而西方的"物质文化"则"几有全部侵占中国的趋势"，但近一二十年来，亦就是第一次世界大战后，欧洲人对中国老子的学说的兴趣日益浓厚，"现代欧洲的青年运动差不多就是一种崇拜老子的运动"。与此同时，曾被欧洲人遗忘了将近一个世纪之久的孔子学说也开始重新为欧洲人所重视。[2]

中国文化在世界文化中的重要地位，除了悠久的历史和对世界文化特别是西方文化产生过重要的影响外，还表现在其他各个方面。孙本文的《中国文化在世界上之地位》一文，就用五个"最"系统地总结了中国文化的世界地位，即中国文化为世界上"最纯粹的文化""发达最早的文化""史迹最富之文化""最悠久之文化"和"最大民族推行的文化"。也正因为这

① 刘华瑞：《中国文化在国际上地位（未完）》，《国光杂志》第10期，1935年10月16日。
② 何炳松：《中国文化西传考》，《中国新论》第1卷第3号，1935年6月1日。

五个"最"，决定了"世界各国不可不承认我国文化占有优越之地位"。① 向子渔则从政治、艺术及道德等方面，对中国文化进行了检视。在政治方面，我们拥有非常伟大的政治天才，如"周公，管仲，商鞅，诸葛亮，王安石诸人"。除了拥有这些伟大的政治人物外，我国的政治制度也有很多值得称道的地方。比如，我国的监察和考试两种制度不仅发展得最早，并且还形成了非常强大的力量。在思想方面，"孔孟的大同学说，至今尚为吾人乐道，墨子的兼爱，在学理上也有相当价值，二程、张载、朱熹、王阳明诸先生在世界文化史上也应有其相当地位"。在艺术方面，"我国历史上也不乏做好文章的，写好字的，画好图画的，以及作种种感人的音乐、诗歌、戏曲等等"。至于道德，"则孝悌忠信，礼义廉耻，至今仍为吾人立身处世所必具之美德。其他如善良风俗及习惯，在历史上亦在在皆是"。在向子渔的眼中，这些都是中国文化在各方面具有的伟大优美之处，并且在世界文化史上具有独特的地位。更重要的是，这些因素在今天，仍然是能为"吾人"提供借鉴的"资源"，是我们复兴民族文化的最有利条件。② 亚云则强调指出，过去五千年的历史中，中国对世界文化和文明的贡献是多方面的，而且"这些贡献，使世界各民族都不敢侧目而视"。尤其"在国家的物质原素上"，中国有四千万方里的土地和四万万五千万的人民，"且土地肥沃，蕴藏丰富，巍巍乎成为世界上的一个大国"。③

从一个比较的视角，也能看出中国文化在世界文化中的重要地位。张君劢在论述中国文化的特点以及对世界文化的贡献时，特别重视与古印度、古希腊、古埃及、古罗马文化的比较，并得出结论认为，中国人人种语言之纯一，文事武功之双方发展，文化根基之深厚，均有独到之处。"虽云理智稍逊于希腊，然亦非全不发达，其性情又宽厚而能持久，且善于蕴蓄实力，以图卷土重来，此殆吾族所以历四千余年之久而犹存欤。"④ 在另一篇文章中，张君劢进一步细化了中国优秀传统文化种种因素：（1）"儒家哲学之注重身心，

---

① 孙本文：《中国文化在世界上之地位》，《史地社会论文摘要月刊》第 3 卷第 9 期，1937 年 6 月 20 日。
② 向子渔：《怎样复兴中国文化》，《扫荡旬刊》第 32 期，1934 年 1 月 20 日。
③ 亚云：《复兴中国民族的基本条件》，《扫荡旬刊》第 9 期，1933 年 5 月 30 日。
④ 张君劢：《明日之中国文化》，商务印书馆，1935，第 148—157 页。

如佛学之博大精微，此思想史中之可表彰者也"；（2）"民本之精神，如乡约之制，如寓兵于农，此古代制度之可表彰者也"；（3）"吾国建筑，简易朴实，气象伟大，如云冈佛像之雕刻，如石涛之写意书，西人尤称道之不绝于口，此美术之可表彰者也"。① 这些文化因素具有普世意义，可以与世长存。

当然，无论是从世界文化史发展的角度去论证中国文化的历史悠久，还是强调中国文化对世界文化尤其是西方文化的重要影响，以说明中国文化在世界文化史上的重要地位，思想和学术界都不是为了发思古之幽情，而是为了"振奋民族精神"，增强民族自信心。比如，何炳松在具体考察了中国文化的西传以及对欧洲文化的影响后得出结论："其实平心而论，现代欧洲人的藐视中国文化，固然徒显示其浅陋；他们从前那样崇拜中国，甚至主张'全盘中国化'，亦未尚有点矫情。"但不管现代欧洲人藐视中国文化也好，还是从前欧洲人崇拜中国文化也罢，"我们应该明白中国的文化，自有其不朽的地方"。而这"不朽的地方"，决定了中国文化有实现复兴的可能。"日本到如今还不失为一个华化的国家，但他因能兼采西方科学之长，遂成世界强国之一，就是明证。"② 张一清在《中华民族对于世界文明伟大之贡献与夫中途衰微之原因及今后复兴之方略》一文中也一再强调，无论是精神文明，还是物质文明，我们中华民族和中华文化对世界的贡献都是相当伟大的，远远超过世界上其他任何民族和文化。与世界上其他一些古老的民族和文化，如埃及文化、巴比伦文化等相比，中国文化虽然和它们几乎是同时"开化"，但它们"早经沦丧"，成了历史的遗迹，只有中华民族和中华文化还"巍然独存，不知经若干之危难浩劫，而仍能保持其英雄之伟姿"。由此可知中华民族和中华文化"实得天独厚，具非常之优越性，始能树立此宏伟之业绩"。而这也正是我们今天能复兴中华民族和中华文化的根基。因此，我们在"承受吾祖先所创造之伟大的文化宝库"时，"应思及其创造之艰难，成功之匪易"，要"尽力揭开此宝库，加以整理"，并使之"发扬光大"，以实现中华民族和中华文化的伟大复兴。③

① 张君劢：《中华新民族性之养成》，《再生》第 2 卷第 9 期，1934 年 6 月 1 日。
② 何炳松：《中国文化西传考》，《中国新论》第 1 卷第 3 号，1935 年 6 月 1 日。
③ 张一清：《中华民族对于世界文明伟大之贡献与夫中途衰微之原因及今后复兴之方略》，《江西省立图书馆馆刊》第 2 期，1935 年 7 月。

如果说九一八事变后文化史研究的目的是为了"以文化史振奋民族精神",提高民族的自信力的话,那么,九一八事变后研究历史的目的则是为了宣传民族主义思想,直接服从或服务于反对日本侵略斗争的需要。比如,我们前面已经提到的著名史学家顾颉刚,在日本帝国主义侵略东三省、策划成立伪满洲国之后,即提出要加强中国民族史与地理学的研究,并与谭其骧、冯家升、史念海等人发起成立"禹贡学会",出版《禹贡》半月刊。除上述这些活动外,顾颉刚还创办过《大众知识》。这是一份颇有影响力的通俗杂志,辟有论文、传记、漫谈、文艺、书评等栏目,其中"传记"所针对的人物,包括中国优秀传统文化的代表孔子,出使西域沦落匈奴不改气节的苏武,出使西域开创丝绸之路的张骞,威震匈奴的李广,平定安史之乱的战将郭子仪,等等,这些历史人物多表现出优秀的民族气节与中华民族的优秀传统。顾颉刚将这些历史和历史人物的相关事迹通俗化,以进行广泛宣传,他同时也亲自撰文,发表《石敬瑭和赵德钧》《赵延寿和杜重威》等文章,利用历史上汉奸的丑恶罪行讽刺当时投降者的行为。

和顾颉刚相似,作为现代科学主义史学的代表人物,傅斯年一向以在中国建立严格的历史科学为己任。为此,他对"学以致用"的提法持坚决反对的态度,认为"史学的工作是整理史料",而"不是去扶持或推倒这个运动,或那个主义"。[①]然而,九一八事变后日甚一日的民族危机,使他的学术思想为之一变,决心以自己的学术研究为反对日本的侵略服务。为了驳斥日本人所散布的"满蒙在历史上非支那领土"之谬论,他邀集史学同人合撰《东北史纲》一书,并亲撰第一卷。在《卷首》引言中,他用大量的确凿史实,揭露日本人称"东北"为"满洲"的险恶用心。他指出,"满洲"一词,"既非本地名,又非政治区域名",它是随着列强在中国划分势力范围而通行起来的,其中"南满""北满""东满"等名词,"尤为专图侵略或瓜分中国而造之名词,毫无民族的、地理的、政治的、经济的根据"。因此,"东北"不能称之为"满洲"。他还通过对东北自远古以来历史文化的考证得出结论:"人种的、历史的、地理的,皆足以证明东北在远古即是中国之一体","东北之为中国,与江苏、福建之为中国又无二致也",自古就是中国的领

---

① 傅斯年:《中国学术思想界之基本谬误》,《新青年》第 4 卷第 4 号,1918 年 4 月 15 日。

土，所谓"满蒙在历史上非支那领土"之谬论，只是"名白以黑，指鹿为马"的妄说，根本不值一驳。[①]傅斯年撰写的《东北史纲》第一卷是研究"古代之东北"，主要叙述上古至隋代以前东北地区的民族分布、民族迁徙、区域关系、地理沿革等。尽管该书存在着这样或那样的问题或不足，但它的学术价值尤其是它的政治意义得到了学术界的充分肯定。这正如陈槃评价的那样："这部用民族学、语言学的眼光和旧籍的中地知识，来证明东北原是我们中国的郡县，我们的文化种族，和这一块地方有着不可分离的关系。这种史学方法和史识，是最现代的、科学的。"[②]劳干也评论说："《东北史纲》一书，除去对于古代民族的演变有一个正确的整理之外，并且对于东北一地对中国有深切的关系，尤其有一个精详的阐发。"[③]该书出版后，由著名学者李济将其主要部分译成英文送交当时正在中国考察的国际联盟李顿调查团。从李顿调查团后来提交给国联的报告看，他们虽然偏袒日本对东北的侵略，但也承认东北"为中国之一部，此为中国与各国共认之事实"。无可否认，调查团得出上述结论的依据是多方面的，但傅斯年等人所著的《东北史纲》也起了一定作用。

北京大学历史系教授朱希祖，面对九一八事变后日益严重的民族危机，痛感国难深重，于是重新研究南明史乘，以发扬民族精神。为了揭发日寇以华制华阴谋和汉奸们为虎作伥、卖国求荣的恶行，他又钩稽两宋史料，先后撰成《伪楚录辑补》6卷、《伪齐录校补》4卷、《伪齐国志长编》16卷，借古喻今，以昭告国人。另一位史学家柳诒徵同样激于民族大义，于九一八事变后印行《嘉靖东南平倭通录》、《俞大猷正气堂集》、郑开阳《杂著》、任环《山海漫谈》、《三朝辽事实录》、《经略复国要编》、《经武七书》等书，或在于说明东北蒙古自古代以来就是中国不可分割的一部分，或整理历史上抗击异族入侵的民族英雄事迹，借以激发国人的爱国守土热情。[④]著名史学家钱穆的《中国近三百年学术史》写于九一八事变之后，他在书中

---

① 傅斯年：《中国史纲》第一卷，中央研究院历史与语言研究所，1932，第2—3页。
② 陈槃：《怀念恩师傅孟真先生有述》，台北《新时代》第3卷第3期，1963年。
③ 劳干：《傅孟真先生与近二十年中国历史学的发展》，台北《大陆杂志》第3卷第1期，1953年。
④ 田亮：《抗战时期史学研究》，人民出版社，2005，第243、282页。

"特'严夷夏之防'",高扬以天下为己任的宋学传统,大力表彰明末清初诸儒的民族气节和操行,希望人们能加以继承和发扬。他在《自序》中写道:"斯编初讲,正值九一八事变骤起,五载以来,身处故都,不啻边塞,大难目击,别有会心。"[1] 其反抗外来侵略的写作意图跃然纸上。余英时就曾评论钱穆撰写《中国近三百年学术史》的学术主旨说:"《中国近三百年学术史》特'严夷夏之防',正是因为这部书在抗战前夕写成的。这时中国又面临另一次'亡国'的危机。因此书中'招魂'的意识表现得十分明显。"[2] 后来成为中国马克思主义史学"五老"之一的范文澜,于华北事变后开始偏离他长期信奉的正统汉学家的治学道路,而注重"学以致用",尝试以自己的史学作品来唤醒国人的民族意识,1935 年 12 月到 1936 年间,他编写出《大丈夫》一书,热情歌颂历史上那些用"血和生命"保卫中华民族根本利益的英雄人物。他在书前的《凡例》中写道:"本书志在叙述古人,发扬汉族声威,抗拒夷狄侵陵的事迹,所以历史上尽多堪作模范的伟人,因限于体例,概以省略。""每当外敌侵入中国的时候,总有许多忠臣义士,用各种方式参加民族间悲壮的斗争。有的事迹流传下来,有的连姓名都湮没了。他们拼出血和生命,去保证民族的生存,是永远应该崇敬的。本书所举二十余人,只是取其声名最著,做个代表的意思,读者千万不要忘了其余无数的忠义人。"[3] 该书 1936 年 7 月由上海开明书店出版后,受到热烈欢迎,成为教育读者尤其是广大青年积极爱国、投身抗日运动的好材料,至 1940 年 10 月印行了四版。[4]

概而言之,九一八事变后的历史研究呈现出如下三个趋向:

一是重视对中国历史尤其是中国通史的研究。一个国家的历史是这个国家和民族文化的重要载体。清代著名思想家龚自珍就说过:"灭人之国,必先去其史;隳人之枋,败人之纲纪,必先去其史;绝人之材,湮塞人之教,必先去其史;夷人之祖宗,必先去其史。"[5] 章太炎曾用庄稼与水分来比喻民

① 钱穆:《中国近三百年学术史·自序》,商务印书馆,1997,第 4 页。
② 余英时:《钱穆与中国文化》,上海远东出版社,1994 ,第 27 页。
③ 转引自陈其泰《范文澜学术思想评传》,北京图书馆出版社,2000,第 45—46 页。
④ 陈其泰:《范文澜学术思想评传》,第 50 页。
⑤ 龚自珍:《古史钩沉论二》,载《龚自珍全集》,上海人民出版社,1975,第 22 页。

族主义与国史的关系，认为要提倡民族主义就必须重视国史的研究，从数千年的历史中发掘出可供人们以资借用的民族主义材料。他还指出，一国种脉之存续多依赖于本国的历史，"国于天地，必有与立，非独政教饬治而已，所以卫国性、类种族者，惟语言历史为亟"①。对历史于民族和国家的重要意义，九一八事变后的历史学家们也有充分的认识。朱希祖曾论说"国亡而国史不亡，则自有复国之一日"，认为中国"民族之所以悠久，国家之所以绵延，全赖国史为之魂魄"，因而他主张开馆修史，"借历史以说明国家之绵延，鼓励民族之复兴"。②柳诒徵也认为，要讲民族主义，发挥爱国主义精神，就必须研究中国历史。他还认为，讲民族主义，鼓励民族精神，不能只讲岳飞、文天祥、史可法、林则徐等悲剧式的英雄人物，因为他们所处的时代是中国的衰弱时代，讲得太多，"不免使人丧气"，而应多讲中国历史上最为强盛的汉唐，用他的话说："欲求民族复兴之路，必须认清吾民族何时为最兴盛，其时之兴盛由于何故，使一般人知今日存亡危急之秋，非此不足以挽回溃势。"③为此，他在《国风》半月刊第 5 卷第 1 期发表了《从历史上求民族复兴之路》一文。历史学家缪凤林和邓之诚同样十分强调历史研究的重要性。缪凤林认为，"爱国雪耻之思，精进自强之念，皆以历史为原动力，欲提倡民族主义，必先昌明史学"④。邓之诚指出："二千年来，外患未尝一日或息，轩黄胄裔，危而复安，弱而能存，灭而再兴者何？莫非由群力群策得来。其艰难经历，非史事何由征之？故欲知先民缔造之迹，莫如读史"，"今诚欲救亡，莫如读史"。⑤

正是基于对国史于民族和国家之重要意义的上述认识，这一时期的史学家们都十分重视中国史尤其是中国通史的研究，先后有缪凤林的《中国通史纲要》（由南京钟山书局出版，共 3 册，第 1 册出版于 1931 年 9 月，第 2 册出版于 1933 年 2 月，第 3 册出版于 1935 年 8 月）、邓之诚的《中华二千年史》（由商务印书馆出版，1933 年 10 月初版时名《中国通史讲义》，

---

① 章太炎：《重刊古韵标准序》，载《章太炎全集》（四），上海人民出版社，1985，第 203 页。
② 傅振伦：《朱希祖传略》，载晋阳学刊编辑部编《中国现代社会科学家传略》（第五辑），山西人民出版社，1983，第 59 页。
③ 柳诒徵：《从历史上求民族复兴之路》，《国风》半月刊第 5 卷第 1 期，1934 年 7 月 1 日。
④ 缪凤林：《中国通史纲要》第 2 册，钟山书局，1933，第 25 页。
⑤ 邓之诚：《中华二千年史·叙录》，商务印书馆，1934。

次年再版时，经作者增加宋辽金元史，改名为《中华二千年史》）以及王桐龄的《中国全史》（出版者未详，《凡例》撰于1932年9月，初版时间未详）、章嵚的《中华通史》（商务印书馆1935年4月）、吕振羽的《殷周时代的中国社会》（上海不二书店1936年）等一批通史著作和断代史著作出版。

二是重视边疆史地和中华民族史的研究。近代以来，中国有过两次边疆史地研究高潮，一次是晚清的"西北史地学"研究，一次是民国尤其是20世纪三四十年代的"边政学"研究。据初步统计，民国时期成立的中国边疆学术研究团体共27个，其中24个成立于三四十年代，这其中又有12个成立于九一八事变之后和七七事变之前，它们是：西北协社（成立于1932年，地址北平，后迁西安，出版刊物《西北言论》）、西北问题研究会（成立于1932年，地址上海，出版刊物《西北问题季刊》）、开发西北协会（成立于1932年，1936年改名为西北建设协会，地址南京，后迁西安，出版刊物《开发西北》）、边疆政教制度研究会（成立于1933年，地址南京，出版刊物《边疆通讯》）、西北公学社（成立于1933年，地址北平，出版刊物《西北》）、西北论衡社（成立于1933年，地址北平，后迁西安，出版刊物《西北论衡》）、西北春秋社（成立于1934年，地址北平，出版刊物《西北春秋》）、禹贡学会（成立于1934年，地址北平，出版刊物《禹贡》半月刊）、边事研究会（成立于1934年，地址南京，出版刊物《边事研究》）、中国民族学会（成立于1934年，地址南京，出版刊物《西南边疆》月刊和《民族学报》）、边疆问题研究会（成立于1936年，地址北平，无出版刊物，但编有《燕京大学边疆问题研究会录报》）、边疆史地学会（成立于1937年，地址北平）。九一八事变后学术界之所以纷纷成立学术团体，出版刊物，重视边疆史地研究，一个重要原因便是日寇侵略引起边疆危机的不断加深，促使学术界关注和研究边疆史地问题，从而为抵御日寇侵略、解决边疆危机和实现中华民族伟大复兴寻找方法和出路。比如，顾颉刚、谭其骧等人在《禹贡学会募集基金启》中就写道："本会之创立，目的在研治沿革地理，并进而任实地调查之工作，以识吾中华民族自分歧而至混一之迹象，以识吾中华民族开辟东亚大地而支配之之方术，以识吾中华民族艰难奋斗以保存其种姓之精神，蕲为吾民族主义奠定坚实之基础，且蕲为吾全国人民发生融合统一之力量。"①按计划，他们先想做一些古代地理学研究的准备工作，但在"强邻肆虐，国之无日"的情况下，"遂不期而同集于民族主义旗帜之下；又以敌人蚕食我土地，四境首当其冲，则又相率而趋于边疆史地之研究"。②因为"求民族之自立而不先固其边防，非上策也"；而要"固其边防"，就必须"使居中土者，洞悉边情，以谋实地考查，沟通其文化，融洽其舆情"，这样才能"隐患渐除，边圉以固矣"。③边事研究会的发起人朱霁青、唐柯三等人表示，"边疆问题，就是中国存亡问题"④，他们发起成立边事研究会的目的，是要"研究边事问题，唤起国人注意边事，促进政府开发边疆，以期巩固国防、复兴中华民族"⑤。边事研究会成立后，即制订了三期工作计划。第一期工作计划，强调研究边疆现实、边疆与列强关系等问题；第二期工作计划，主要包括边疆专门问题的研究（设立边疆教育、政教、产业、贸易、交通、军事、金融、史地讨论会）、组织各种边疆专门问题演讲会进行演讲等；第三期工作计划，以政治区划为标准设立各种讨论会研究整个问题，其中包括外蒙、内蒙、东北、新疆、西康、西藏、青海等问题讨论会。⑥由边事研究会创办的《边事研究》，自 1934 年 12 月创刊，到 1942 年 3 月出版第 13 卷第 1、2 期合刊后停刊，前后近 8 年之久，据研究者的初步统计，共刊登论文几近 800 篇（其中包括社评、小说、同一边疆研究论著的分期刊载等），涉及边疆自然环境、地理沿革、社会政治、经济、文化、军事、国际关系等方面内容。⑦

在中华民族史研究方面，如前所述，中华民族形成较早，但民族意识十分淡薄，直到 1902 年梁启超才提出"中华民族"这一概念。自此以后，学术界虽然开始了对中华民族及其历史的研究，但直到九一八事变前，从事中华民族及其历史研究的学者并不多，除了梁启超的《历史上中国民族之

---

① 《禹贡学会募集基金启》，《禹贡》半月刊第 4 卷第 10 期，1936 年 1 月 16 日。

② 《禹贡学会研究边疆计划书》，《史学史研究》1981 年第 1 期。

③ 《边疆丛书刊印缘起》，《禹贡》半月刊第 6 卷第 6 期，1936 年 11 月 16 日。

④ 边事研究会：《发刊词》，《边事研究》创刊号，1934 年 12 月 1 日。

⑤ 边事研究会：《边事研究会总章》，《边事研究》创刊号，1934 年 12 月 1 日。

⑥ 边事研究会：《边事研究会总章》，《边事研究》创刊号，1934 年 12 月 1 日。

⑦ 段金生：《20 世纪三四十年代的中国边疆研究及其发展趋向》，《中国边疆史地研究》2012 年第 1 期。

观察》(1904)、杨度的《金铁主义说》(1907)、吴贯因的《五族同化论》
(1913)、夏德渥的《中华六族同胞考说》(1914)、梁启超的《中国历史上
民族之研究》(1922)等外，其成果也非常有限。九一八事变后，这一状况
有了根本改变，越来越多的学者投入到研究中华民族及其历史的队伍之中，
先后出版了一大批相关成果，著作就有易君左的《中华民族英雄故事集》
(江南印书馆 1933 年)、张其昀的《中国民族志》(商务印书馆 1933 年)、
王桐龄的《中国民族史》(北平文化学社 1934 年)、吕思勉的《中国民族史》
(世界书局 1934 年)、宋文炳的《中国民族史》(中华书局 1935 年)、缪凤
林的《中国民族史》(中央大学 1935 年)、吕思勉的《中国民族演进史》(上
海亚细亚书局 1935 年)、林惠祥的《中国民族史》(写于 1936 年，商务印
书馆 1939 年)、郭维屏的《中华民族发展史》(1936 年)等；除此还有大量
的文章，如赖希如的《中华民族论》、南丰的《中华民族之由来》、李梨的
《关于中华民族（中华民族的起源及其种族血统的源流之研究)》，等等，这
些成果"一定程度上冲破了传统史学体裁的束缚，构建了前所未有的中国
民族史学科的新型框架"①。

　　九一八事变后之所以有越来越多的学者投入到研究中华民族及中华民
族史的队伍中来，一个重要原因，就是日本帝国主义为了替自己侵略中国
寻找借口，挑拨中华民族内部各少数民族与汉民族的关系，以便达到分裂
中国并进而占领中国的目的，大肆制造和散布生活在中国边疆和西北地区
的蒙古族、藏族和回族等少数民族非中国民族论，越来越多的学者研究中
华民族及其历史，就是要通过自己的研究说明，中国自古以来就是一个多
民族的国家，生活在中国境内的各个民族，在长期的生产、生活和交往中，
在血缘上已形成你中有我、我中有你的关系，汉族有其他少数民族的血统，
其他少数民族也有汉族的血统，少数民族与少数民族之间也互有血统，生
活在中国边疆和西北地区、西南地区的蒙古族、藏族、回族和苗族等民族
都是中国人，是中华民族的一分子，他们和汉族以及其他民族的人民一道
共同创造了中国的历史和文化。这正如顾颉刚在《中华民族的团结》一文中

---

① 王东：《略谈中国早期民族史学科的建构——以林惠祥著〈中国民族史〉为中心》，《西北民
　　族大学学报》2006 年第 2 期。

指出的，"帝国主义的国家知道我们各族间的情意太隔膜了，就用欺骗手段来作分化运动，于是假借了各种机会用强力夺取我们的国土而成立某某国；又用金钱收买我国的奸徒，尽情捣乱，酝酿组织某某国。汉人马虎，他族上当，而敌人乃大收不劳而获之利。如果我们再不做防微杜渐的工作，预遏将来的隐忧，眼看我们国内活泼泼的各族将依次作了呆木木的傀儡而同归于尽了"①。

王桐龄在《中国民族史》中，根据孙中山的"五族共和"思想，认为汉族是中国民族的中心，满族、蒙古族、回族、藏族、苗族已全部或一大部分与汉族融合，成了中国民族的组成分子。就此而言，他一再指出："中国民族本为混合体，无纯粹之汉族，亦无纯粹之满人"，"中华民国为汉、满、蒙、回、藏、苗六族混合体，亦绝无单纯血统"②；"中国人民为汉、满、蒙、回、藏、苗六族混合体，不必互相排斥"③。他进而对杂居、通婚、改用汉姓、收他民族子弟为养子、接受语言文化、改变服色（风俗）等民族融合的方式和途径进行了归纳和考察，指出民族同化有自然同化和强迫同化两种方式，强迫同化又可分为逆同化（即少数民族同化汉族）和横同化（即少数民族互相同化），正是在各种同化的基础上，各民族之间早已形成你中有我、我中有你的血缘和文化关系。林惠祥在考察了中国历史上各民族之间的交往与融合后指出："历史上一民族常不止蜕嬗为现代一民族，而现代一民族亦常不止为历史上一民族之后裔。历史上诸民族永远相互接触，无论其方式为和平或战争，总之均为接触。有接触即有混合，有混合斯有同化，有同化则民族之成分即复杂而不纯矣。故从大体言之，可以指称古之某族之后即为今之某族，或云今之某族即为古之某族之裔。然当知此外尚有其他有关系之族，不能——指数也。"④ 因此，汉民族"不能自诩为古华夏系之纯种，而排斥其他各系"，其他各系也不能认为自己血统不同，而排斥汉民族，实际上"其他各族亦皆含有别系之成份，然大抵不如华夏系所含之复杂，如蒙古或含有匈奴、东胡、突厥之血统"⑤。各个民族之间

---

① 顾颉刚：《中华民族的团结》，《民众周报（北平）》第 2 卷第 3 期，1937 年 1 月 15 日。
② 王桐龄：《中国民族史·序》，北平文化学社，1934，第 1、2—3 页。
③ 王桐龄：《中国民族史》，第 669 页。
④ 林惠祥：《中国民族史》（上），商务印书馆，1993，第 8 页。
⑤ 林惠祥：《中国民族史》（上），第 40 页。

在血统上已经相互融合，都是中国民族的一部分。宋文炳的《中国民族史》重点探讨了中国的主体民族汉族的发展规律以及中国各民族的融合历史，认为除汉族外，中国境内还生活着满、蒙古、回、藏、苗等民族，并考察了各民族的起源、发展中的重大历史事件、与其他民族的融合、民族习俗及其生活状况等，他并形象地把"中华民族在往日同化的演进"比喻为"水波的一起一伏"，"有一次的混合，就要有一次的统合，前推后进，愈演愈广，所混合的成份益多，所活动的范围益大，所形成的势力亦益大"。① 具体来说，当汉民族强大之时，便向外扩张，深入到少数民族地区，而当各少数民族强大起来，民族矛盾较为尖锐的时候，汉民族就收缩，但这一时期的民族融合就深广。经过几千年"同化的演进"，无论汉族，还是满、蒙古、回、藏、苗等民族，都成了中国民族的一部分，而非中国之外的异民族。赖希如在《中华民族论》一文中也写道：今日中国境内大体可以分为六大民族，即汉、满、蒙古、回、藏及苗族。尽管就人类学上和民族学上看，汉族以及其他各族间当然有显著的分别，然而经过数千年长时期的接触，各族间互相交杂，在血统上实已混乱，"若细加分析，汉族的血统中，实包含有其他五族的若干成分，如满族之东胡、鲜卑、契丹、女真；蒙族之匈奴；回族之突厥、回纥；藏族之羌。元清两代，蒙族和满族之同化汉族，则尤为显著。至苗族如今云南之一部分进化的土司，亦渐已同化于汉族。此种同化，一方面是血统上的混合和生活上的同化，别方面是精神上接受汉族的文化，很自然地铸成了新中华民族团结的基础"②。顾颉刚在《中华民族的团结》一文中同样强调：现在所认为的汉、满、蒙古、回、藏的人民及其居住的区域，是在清代形成的。在清代以前，因为战争、征服、迁移和同化，各族间的血统已不知混合了多少次，区域也不知迁移了多少次，"所以汉族里早已加入了其他各族的血液，而其他各族之中也都有汉族的血液，纯粹的种族是找不到了"，尤其是汉族。相传孔子作《春秋》时，"诸侯用夷礼则夷之，夷而进于中国则中国之"，后人也都接受了这个见解，他只认文化之同而不认血统之异，所以只要愿意加入的就可收容，其

---

① 宋文炳：《中国民族史》，中华书局，1935，第 31 页。
② 赖希如：《中华民族论》，《中山文化教育馆季刊》第 2 卷第 4 期，1935 年冬季号。

血统尤为复杂。[1]

除了说明中国是一个多民族国家，生活在中国境内的各民族，在长期的生产、生活和交往中，血缘上已形成你中有我、我中有你的关系，这一时期的民族史研究，还致力于传播全民族整体化的"中华民族"或"中国民族"意识，"以激发团结抗战的力量，树立中华民族必将复兴的信念"。[2]比如，李梨在《关于中华民族（中华民族的起源及其种族血统的源流之研究）》一文中就写道："我们现在所说的中华民族，就狭义讲，是指的中国境内的汉族；就广义讲，是统指中国境内的各种族（就是汉、满、蒙古、回、藏以及苗）。普通一般说的中华民族，总是以汉族为主，而以满、蒙古、回、藏、苗为副，附带着混合说的，实际上，这几个种族的相互之间的关系，是非常深切的，是拆不开，分不散的，是休戚相关、苦乐与共的，所以对于中华民族这一名词，我们应该有这么一个概念，中华民族是包含有汉、满、蒙、回、藏六族而言。"[3]南丰的《中华民族之由来》一文也强调："所谓中华民族，当然是指近代中国境内各民族新结合的民族而言。这种结合有两方面的意义：一是历史上的意义，一是时与势的意义。"从历史上的意义来看，从商、周时代起，中国的各民族就逐渐向统一的路上走，中间虽经过许多冲突和波折，然而每在冲突平伏之后，统一的象征格外来得显著。至于时与势的意义，简单地说，是因为时代的需要和外力的压迫。迨至中山先生民族革命成功，"组织五族共和国家，中国境内各民族因为外来的恶势压迫和时代的需要"，而结合起来，"形成中华民族"；尽管目前这种结合还不十分稳固，但"以现在客观的事实，中国境内各民族不特有结合的可能，的确有结合的必要"。[4]傅斯年在《独立评论》第181号上发表《中华民族是整个的》一文，指出两千多年前，中国各地有些不同的民族，说些不同的方言，据有高下不齐的文化，但经过两千多年间的相互交往和同化，已形成为一个"说一种话，写一种字，据同一的文化，行同一的伦理，俨然

---

① 顾颉刚：《中华民族的团结》，《民众周报（北平）》第2卷第3期，1937年1月15日。

② 郑大华：《中国近代民族主义与中华民族自我意识的觉醒》，《民族研究》2013年第3期。

③ 李梨：《关于中华民族（中华民族的起源及其种族血统的源流之研究）》，《江苏反省院半月刊》第3卷第11期，1936年3月16日。

④ 南丰：《中华民族之由来》，《学校生活》第72期，1934年3月10日。

是一个家族"的民族，即中华民族。尽管在中华民族之上还"凭附"着一些少数民族，"但我们中华民族自古有一种美德，便是无歧视小民族的偏见，而有四海一家的风度"，并没有把少数民族作为外族看待，所以说，"'中华民族是整个的'一句话，是历史的事实，更是现在的事实"。①

傅斯年提出的"中华民族是整个的"这一思想由于有利于加强人们对中华民族的整体认同，因而很快为学术界所接受，并积极加以宣传。比如，王孟恕发表在《图书展望》1936 年第 4 期上的《关于中小学史地教材的一个中心问题——中华民族是整个的》一文就强调指出：史地教学的最后目的，是在养成儿童和青年们的国家观念和民族意识。正唯如此，我们这些担任史地教师的人们，应该拿这"中华民族是整个的"一个问题作我们设教的中心。在我们设教的时候，对这问题，应当予以极详尽的提示，然后我们的劳力才不会白费，我们要养成儿童和青年们的国家观念和民族意识的目的才有达到的希望。我们要使儿童和青年们知道，在自然环境上，中华民族是整个的，各方面都有"合则两利，离则两伤"的关系，他们于无形中自然会产生出爱护祖国的心理。我们还要使儿童和青年们知道，在精神训练上，中华民族是一贯的，历代的圣贤，于此曾有过艰巨的创造和惊人的成就，他们在兴奋下自会努力于发扬先业的准备。"这样，国家观念与民族意识的养成，自是当然的而也是必然的。要是不能如此的话，那我们的教授史地，可说是完全失败了的。"② 同一期的《图书展望》还刊有陈训慈的《历史教学与民族精神》一文，该文同样提出，我们在从事历史教学时，"应直接间接证实，中国民族是整个的，统一的，宽容的，而且伟大的"，以培养儿童和青年们对整个中华民族而非某一民族的认同及其民族意识。③ 一位署名"瀚"的作者，也是基督徒，1936 年在《圣公会报》第 29 卷第 1 期发表《中华民族是整个的》一文，其中写道：在目前"大好河山将完全色变"的紧急关头，"最有效的抵抗，非全国上下一心一德，彼此精诚团结，大家都觉得中华民族是整个的不可"。他还特别强调，作为一名基督徒，他"本

---

① 傅斯年：《中华民族是整个的》，《独立评论》第 181 号，1935 年 12 月 15 日。

② 王孟恕：《关于中小学史地教材的一个中心问题——中华民族是整个的》，《图书展望》第 4 期，1936 年 1 月。

③ 陈训慈：《历史教学与民族精神》，《图书展望》第 4 期，1936 年 1 月。

是服膺基督主义的"，但作为"中华民国的一份子"，"对于国事不可袖手旁观，尤其是处于现在情形之下，更应当有一种'我也是整个民族一份子的觉悟'"。国存与存，国亡与亡，皮之不存，毛将焉附？他因而希望广大基督徒要有一种"中华民族是整个的""我也是整个民族的一份子"的民族意识，"不作汉奸，不参加任何足以危害国家的运动，要做实际爱国的工作，比别人更肯牺牲。"[①] 楚人在为《现代青年》（北平）第 5 卷第 3 期写的"卷头语"：《中华民族是整个的》，第一句话便是："'中华民族是整个的！'这是我们四万万同胞都应当有的一个认识。"[②] 正因为"中华民族是整个的"，所以四万万同胞应当具有一种整个中华民族而非某一民族的民族认同和民族意识。

这一时期民族史著作的另一个主要内容便是对"中华民族外来说"的否定和批判。中国自古以来便是一个多民族的国家，但西方人对中国民族的起源则众说纷纭。早在 17 世纪，德国人基尔什尔在其著作《埃及谜解》和《中国图说》中提出埃及说，认为中国人是古埃及人的一个分支。1894 年，法国人拉克伯里在其著作《中国古文明西源说》中提出巴比伦说，认为传说中的中国人始祖黄帝是古巴比伦巴克族的酋长，率领其族人东迁到中国。此外，还有印度说、土耳其说、非洲说、澳大利亚说，等等。其中，以巴比伦说影响最大，此即通常所讲的"中国人种西来说"。清末民初的一些学者，如梁启超、刘师培、章太炎、黄节等人，大多接受过"西来说"的影响，当时编撰的一些中国历史和地理教科书也多采此说。但随着考古学、人类学等学科的发展，包括"西来说"在内的"中华民族外来说"开始为中国学者所质疑。1922 年，梁启超在《中国历史上民族之研究》一文中就明确表示："中华民族为土著耶？为外来耶？在我国学界上从未发生此问题。问题之提出，自欧人也……吾以为在现有的资料之下，此问题只能作为悬案。中国古籍所记述，既毫不能得外来之痕迹，若撷拾文化一二相同之点，攀引渊源，则人类本能不甚相远，部分的暗合，何足为奇？吾非欲以故见自封，吾于华族外来说，亦曾以热烈的好奇心迎之，惜诸家所举证，未足

---

① 瀚：《中华民族是整个的》，《圣公会报》第 29 卷第 1 期，1936 年 1 月 1 日。
② 楚人：《中华民族是整个的》，《现代青年》（北平）第 5 卷第 3 期，1936 年 11 月 15 日。

以起吾信耳。"①

　　九一八事变后，日益严重的民族危机，使越来越多的学者认识到，"中华民族外来说"不仅牵强附会，与历史事实不符，同时也不利于中华民族自信心的树立，而民族自信心的树立，对于抵御日本侵略，实现民族复兴，具有十分重要的意义。他们于是在著述中华民族史时，利用考古学、人类学的研究成果对"中华民族外来说"提出了否定和批评。吕思勉为了批驳"中华民族外来说"，他在《中国民族演进史》中专门设有一章（第二章）论述"中国民族的起源怎样"，指出无论从考古遗迹和文化遗存，还是从体质遗骸来说，都可以证实"中国民族的起源，虽然还不能得到十分满足的答复，而中国民族，居于中国土地之上已久，其文化亦为时已久，则似乎可以假定的"。他还利用了当时的周口店考古发掘，说明"中国有发生最古文化的可能。虽然不一定就是现在中国文化的前身，然而说中国本土，不能或未曾发生文化，而必有待于外来的传播，则总是不确的了"。②林惠祥的《中国民族史》从考古学的角度出发，竭力从历史文化遗存中寻找中国民族起源的证据，进而驳斥"中华民族外来说"等种种谬论。他指出，"蒙古利亚人种祖先发祥地在亚洲东部"的观点，"不过九文化区语法推测之辞，欲求确证全赖地下之史前材料"，"种族之分歧常由环境影响而后成，其初由母地分出之时想亦无甚差异，殆居住一地既久，方渐与他地他族发生歧异，而支族以成"。③因此，即使能确定蒙古利亚人种的发祥地，也不能断定某支族先在该地成立，然后又移居到某处，所以，"中华民族外来说"根本不能成立。缪凤林先后发表《中国民族西来辨》和《中国民族由来论》等论文，对"中华民族外来说"进行辩驳。后来在《中国民族史》和《中国通史要略》等书中，他又采用"稽之载籍"而"考之古物"的研究方法，不惜笔墨，引经据典，证明中华民族起源于本土，所谓"中华民族外来说"或"西来说"不过是"西方中心论"的一种偏见而已。他不否认中国古代文化与古巴比伦文化有某些相似之处，但相似不等于同源，因为文化乃人类所造，"人莫不有欲，欲莫不求达"，由于"禀赋环境之相似"，而造成文化上的某些相似

① 梁启超：《中国历史上民族之研究》，载《饮冰室合集》第 8 册，专集之四十二，第 2—3 页。
② 吕思勉：《中国民族演进史》，上海亚细亚书局，1935，第 26、27 页。
③ 林惠祥：《中国民族史》，商务印书馆，1939，第 23—24 页。

是很正常的现象。宋文炳的《中国民族史》在列举了"中华民族外来说"或"西来说"的种种观点后指出，中国民族的来源问题，"非根据文字兴起后，古代的半神半鬼的记载所能解决"的，因为此问题涉及文字还没有产生以前的历史，需要考古学家和人类学家发掘出大量的"地下数据"，而"西洋学者仅凭一部分的文字或古史的传说，以忆断中华民族的起源，结果非为附会，即属穿凿"。① 赖希如同样认为，就西方学者所使用的材料和得出的结论来看，并不能证明中华民族是来源于西方或中国之外。当然，他也承认，我们现在也还不能完全得出中华民族的起源与西方或外国没有任何关系的结论，要解决中华民族的起源问题，还有待于人类学家、考古学家的继续努力工作。②

　　为了帮助国人树立民族自信心，这一时期的民族史著作还特别重视对优秀民族文化的发掘和研究。吕思勉在《中国民族演进史》一书中，一方面批评了"偏狭主义者"的观点，即那种认为"自己的文化，就是世界上最优的文化；因而更进一步，说自己的民族，就是世界上最优的民族；再进一步，就要说自己民族，负有宣传文化的使命"的观点；但另一方面，他又要人们相信，"我们的民族，实在是世界上优等——即不是说最优——的民族，我们的文化，确是世界上伟大的文化。这是有真实的历史，做证据的"。③ 他认为与"西洋文化"和"印度文化"比较，以汉族文化为主体的中国文化的伟大主要体现在同化他族方面。因为，首先，"中国文化的特色，在于宽容、伟大。自己的文化，极其伟大，而对他人的文化，则极其宽容，几千年来，住在我们国内的弱小民族，保守其固有的语文、信仰、风俗……我们都听其自然，不加干涉"，这与"西洋文化"不同。西洋文化"总想用强力消灭他人的文化，使之同化于我"，因而引起了无数的冲突和纠纷。我们中国文化对于他人文化"绝不用强迫手段"，然"其所成就反较欧洲人为优"。其次，"中国人的理想，以'易'与'中庸'为其根本"。由于主张"易"，看一切事物都不是不变的，而且是应该变的，"所以易于吸收他族的文化"。由于主张"中庸"，其"自处"之道是"合理"。"人谁不要合理呢？要合理

---

① 宋文炳：《中国民族史》，中华书局，1935，第 11 页。
② 赖希如：《中华民族论》，《中山文化教育馆季刊》第 2 卷第 4 期，1935 年冬季号。
③ 吕思勉：《中国民族演进史》，第 12 页。

就不得不同化于我。现在未能合理的人，辗转迁流，又谁能不终归于合理呢？到归于合理，就同化于我了。"能以和平的手段同化他族，"这就是中国文化所以伟大之处"。①

世界上曾出现过几大文明古国，但除中国外，其他文明古国都已成为历史，成为遥远的美好记忆。为什么中国文明能薪火相传，历久弥新？其原因何在？王桐龄在《中国民族史》中从民族内在的文化方面对此进行了分析。他指出：中国是一个多民族国家，而汉族是中国的主体民族，中国文明之所以能延续下来，历久弥新，与汉族的"善蜕化"不无关系。"我中国建国之久，已历四千余年，与我国同时建国之埃及何在？美索波达米亚何在？墨西哥何在？秘鲁何在？而我则国犹如是，民犹如是，户口之多，有加于昔；虽内部经过许多变乱，外部受过许多骚扰，而我常能顺应环境，利用吾族文化，抵抗外族武力，每经一次战争，常能吸收外来血统，销纳之于吾族团体之中，使之融合无间；中间受过几多压迫，忍过几多苦楚，而卒能潜滋暗长，造成庞大无伦之中国者，曰惟善蜕化之故。"②"善蜕化"的生存、壮大和发展，不"善蜕化"的被淘汰乃至灭亡，这不仅是人类社会，也是生物界的普遍法则。面对自然环境的变化，生物界中有的生物被淘汰而消失，有的生物不仅存在下来并且得到发展壮大，其关键原因也就在于能不能"蜕化"，"能蜕化者则生，否则死。前世界之大动物，其灭种者何限；现世界之生物，其灭种者何限；曰惟不善蜕化之故"。例如，蚕，是小动物，初生时为卵，一变为成虫，再变为蛹，三变为蛾；蝶，也是小动物，初生时为卵，一变为虫，再变为蛹，三变为蝶；"乃能遗传其种族以至今日，曰惟善蜕化之故"。作为中国主体民族的汉族"善蜕化"是中国文明薪火相传、历久弥新的原因，那么，汉族为什么"善蜕化"呢？王桐龄的分析是：首先，"汉族性情喜平和，儒教主义尚中庸，不走极端，不求急进，此为善于蜕化之一大原因"。③其次，汉族"无种族界限"。这主要体现在以下几个方面：一是"对于外族之杂居内地者，向无歧视之见，故通婚之事自古有之"；二是"对于外族之归化者，例与以平等待遇，故登庸外族人

---

① 吕思勉：《中国民族演进史》，第201—202页。
② 王桐龄：《中国民族史·序论》，第3页。
③ 王桐龄：《中国民族史·序论》，第2页。

才之事自古有之"；三是"对于外民族杂居内地者，照例与之合作。在汉族全盛时代之西汉有然，在汉族战败时代两晋南北朝亦莫不如此"。[1] 王桐龄在书中以大量的图表和史实表明，在几千年的历史发展进程中，由于汉族"无种族界限"，族群意识十分淡薄，这导致了族际通婚、任用他族人士和与他族合作现象的大量存在，从而促进了汉族与他族之间的交往与融合，又由于与他族比较，无论社会经济还是制度文化，汉族长期处于先进地位，其结果他族在与汉族的交往与融合中纷纷被汉族所同化，甚至整族都"蜕化"成了汉族的一部分，"全国四亿人中，汉族竟占百分之九十五以上；其中经蜕化而来者固不少矣"。[2]

三是重视日本史特别是日本侵华史或中日关系史的研究。自甲午战争后，日本已逐渐取代英（国）俄（国）成为中国最危险的敌人。九一八事变的发生，更进一步暴露了日本想侵吞东北、进而觊觎华北以至将整个中国变成它的独占殖民地的侵略野心。古人云：知己知彼，才能百战不殆。要挫败日本的侵略，就必须对日本的历史与现状有较为清楚的了解。1932年12月6日，胡适在接受北平《晨报》的采访时曾指出："大凡一个国家的兴亡强弱，都不是偶然的。就是日本蕞尔三岛，一跃而成为世界强国，再一跃而成为世界五强之一，更进而为世界三大海军国之一。所以能够如此，也有它的道理。我们不可认为是偶然的，我们要抵抗日本，也应研究日本，知己知彼，百战百胜。"[3] 因此，九一八事变后的学术界十分重视日本史特别是日本侵华史或中日关系史的研究，仅成立的研究团体，就有上海日本问题研究所、南京日本研究会等，其创办的刊物有《日本》《日本研究》《日本评论三日刊》等。日本学者实藤惠秀在《现代中国文化的日本化》一文中就指出："这时中国研究日本的决心甚为强大，出版了许多日本丛书之类，固然有彼等本身研究所得者，但大多数是翻译日本人关于日本的著述的。尤其关于时局问题的书，更翻译得快。"他甚至断言："至少在（七七）事变前，日本知识阶级明了现代中国的程度，远不及中国知识阶级明了日本的

---

[1] 王桐龄：《中国民族史》，第36、37、116页。
[2] 王桐龄：《中国民族史·序论》，第2页。
[3] 胡明：《胡适传论》，人民文学出版社，1996，第795页。

程度。"① 据不完全统计，九一八事变后至 20 世纪 40 年代，"国内共出版日本侵略中国史专著达 13 部，国耻史 5 部，日本历史著译数部，有关论文不计其数"。② 在日本侵华史（或中日关系史）的研究中，有一部书不能不提，这就是王芸生编辑的《六十年来中国与日本》。

先是九一八事变发生不久，天津《大公报》即确定以"明耻教战"为今后的编辑方针，即一方面通过揭露日本侵略中国的历史，使全国民众能对国耻发生的原因、过程、结果有一全面的了解，从而"振起民众之精神"，"人人怀抱为国家争存亡之心理"，万众一心，保家卫国；另一方面向全国民众传授最基本的军事知识，包括武器的使用、伤员的护理，以及防空、自救等知识，以期任何人在任何时候都能负起保家卫国的责任。1931 年 10 月 7 日《大公报》的"社评"《明耻教战》在历数了"自前清海通以还，门户洞开，迭遭外侮"的事实后写道："前事不忘，后事之师。……今欲振起民众之精神，实宜普及历史之修养，使于历来国耻之发生，洞见本末，事后应付之方略，考其得失，然后俯察现状，研讨利害。……盖能知新旧国家耻辱之症结，洞察夫今昔彼我长短之所在，即可立雪耻之大志，定应敌之方策。"依据上述"明耻教战"的编辑方针，《大公报》随即采取了两项措施：一是出于"雪耻"的宗旨，指派汪松年、王芸生负责编辑甲午以来的日本侵华史，不久，汪松年因不擅长于此项工作而退出，遂改由王芸生独立承担；二是出于"教战"的需要，特开辟《军事周刊》，并聘请著名军事理论家蒋百里主编，向国民传授军事、防空和护理等方面的知识。该《军事周刊》于 1932 年 1 月 8 日创刊，1933 年 12 月 30 日停刊，共出版 89 期。

王芸生编辑的甲午以来的日本侵华史，自 1932 年 1 月 11 日开始，以《六十年来中国与日本》为题，在《大公报》上第一张第三版的显著位置上连载。《六十年来中国与日本》刊登后，引起社会的强烈反响。为满足社会需要，1932 年 4 月 30 日，天津大公报社出版部又出版了经王芸生补充增订的《六十年来中国与日本》单行本（第一卷），至 1934 年 5 月 4 日，全书

---

① 实藤惠秀：《现代中国文化的日本化》，《国立华北编译馆馆刊》第 2 卷。转引自王奇生《民国时期的日书汉译》，《近代史研究》2008 年第 6 期。
② 田亮：《抗战时期史学研究》，人民出版社，2005，第 35 页。

共七卷陆续出齐。[①]《大公报》主笔张季鸾在为《六十年来中国与日本》单行本所写的《序言》中，对出版该书的宗旨作了如下论述："……救国之道，必须国民全体先真耻真奋，是则历史之回顾，当较任何教训为深切。因亟纂辑中日通商以后之重要史实，载诸报端，欲使读本报者抚今追昔，慨然生救国雪耻之决心。……今为便于读者诸君保存之计，更加增补，印单行本问世……愿全国各界，人各一编，常加浏览，以耻以奋。自此紧张工作，寸阴勿废，则中国大兴，可以立待。事急矣！愿立于兴亡歧路之国民深念之也。"[②]其渗透于字里行间的民族主义和爱国主义的情感是何等的浓烈！

三、作为学派的现代新儒家的形成

现代新儒学发端于新文化运动时期。第一部对现代新儒学的思想方向的发展具有定位意义的著作是梁漱溟1921年讲演和出版的《东西文化及其哲学》。此书对中西方文化的比较，对文化之民族性和历史继承性的强调，对孔子儒家学说之生命智慧的肯定，对陆王心学的推崇，对唯科学主义的批判，对中国文化道路之中体西用式的选择，以及援西学入儒，努力结合西方柏格森生命哲学与中国儒家哲学的尝试，都在不同程度上对后来的现代新儒家产生过影响。[③]新文化运动时期另一部对现代新儒学的思想方向的发展具有定位意义的论著，是1923年张君劢在清华学校作的《人生观》演讲。张在《人生观》中提出的科学与哲学的分途，科学不能解决人生观问题，只有心性哲学才能揭示形上真理的基本主张，成了后来的新儒家学者所共同遵循的思想方向。[④]

作为一种文化和哲学思潮，现代新儒学虽然发端于新文化运动时期，但作为学派的新儒家则形成于九一八事变之后。这有两个方面的原因。首先，从历史背景来看：九一八事变后日益严重的民族危机，使人们认识到，当

---

① 该书虽号称《六十年来中国与日本》，但实际上只涉及从1871年中日订约到1919年五四运动前夜共48年的中日关系史或日本侵华史，至于其后到九一八事变凡12年的中日关系史或日本侵华史，王芸生因社务繁忙（主要是写《大公报》的"社评"）而未能完成。

② 张季鸾：《六十年来中国与日本》第一卷《序》，天津《大公报》1932年4月印行。

③ 参见郑大华《梁漱溟与现代新儒学》，《求索》2003年第2期。

④ 参见郑大华《张君劢与现代新儒学》，《天津社会科学》2003年第4期。

时的首要任务是如何团结人心，一致抗日，而作为中华民族数千年生活与斗争之结晶的传统文化，尤其是儒家文化，便很自然地就成了人们鼓舞士气、增强民族自信心和凝聚力，以反抗日本侵略的有力武器。因此，强调民族性和历史继承性，对民族文化充满自豪感和续统意识的儒学思想，如果说在新文化运动时期尚属背时之论的话，那么，到了九一八事变后则因民族救亡运动的日益高涨而为越来越多的人所同情和理解。现代新儒家也正是抓住了这一有利的历史机缘，而从事"儒学思想的新开展"的。其次，从现代新儒学自身的发展来看：经过长期的理论准备，特别是对西方哲学的理解和消化，新儒家的代表人物开始具备了创造比较系统、完整的理论体系的主观条件，尤其是一些曾留学欧美、对西方文化和哲学有相当研究的学者（如冯友兰、贺麟）的加盟，对推动作为学派的现代新儒家的形成起了非常重要的作用。

首先创立的现代新儒学哲学体系是熊十力的"新唯识学"。熊十力被公认为是现代新儒家的思想"泰斗"，其思想是连接第一代新儒家和1949年后活跃于台、港两地的第二代新儒家的"唯一之精神桥梁"。实际上就思想的发展逻辑、个人的生活经历和对生命的感受而言，熊十力当属于梁漱溟、张君劢的同时代人，只是他的学术思想的成熟和发生影响较梁、张二人稍晚。和梁漱溟一样，他的早年思想也曾"趋向佛法一路，直从大乘有宗唯识论入手。未几舍有宗，深研大乘空宗，投契甚深"[1]。1920年秋，经梁漱溟介绍，熊十力入南京支那内学院师从欧阳竟无研究佛学。1922年冬，应北京大学校长蔡元培之邀请，入北大教唯识学，初印《唯识学讲义》，忠于师说。次年尽毁前稿，开始草创以儒家精神为根本义的"新唯识论"。1931年九一八事变发生后，熊十力即刻表明自己的态度和旨趣："今外侮日迫，吾族类益危，吾人必须激发民族思想，念兹在兹！"[2]希望能够激发国人的民族思想以抗击日人的侵略。1932年初淞沪形势日趋紧张，1月25日，熊十力致电国民政府主席林森，表示要对日寇不宣而战。一·二八事变发生不久，他即亲赴上海慰问十九路军将士。这年，他积10年之功，出版了《新

---

① 熊十力：《体用论·赘言》，上海书店出版社，2009，第7页。
② 熊十力：《十力语要》卷一，辽宁教育出版社，1997，第14页。

唯识论》的文言文本。熊十力的好友、被贺麟称为"代表传统中国文化的仅
存的硕果"的马一浮对该书评价甚高，在该书的《序》中他写道："唯有以
见夫至赜而皆如，至动而贞夫一，故能资万物之始而不遗，冒天下之道而
不过，浩浩焉与大化同流，而泊然为万象之主，斯谓尽物知天，如示诸掌
矣。此吾友熊子十力之书所为作也。十力精察识，善名理，澄鉴冥会，语
皆造微。早宗护法，搜玄唯识，已而悟其乖真。精思十年，始出《境论》。
将以昭宣本迹，统贯天人，囊括古今，平章华梵。其为书也，证智体之非
外，故示之以《明宗》；辨识幻之从缘，故析之以《唯识》；抉大法之本始，
故摄之以《转变》；显神用之不测，故寄之以《功能》；征器界之无实，故
彰之以《成色》；审有情之能反，故约之以《明心》。其称名则杂而不越，
其属辞则曲而能达，盖确然有见于本体之流行，故一皆出自胸襟，沛然莫
之能御。尔乃尽廓枝辞，独标悬解，破集聚名心之说，立翕辟成变之义，
足使生、肇敛手而咨嗟，奘、基挢舌而不下。拟诸往哲，其犹辅嗣之幽赞
《易》道，龙树之弘阐中观。自吾所遇，世之谈者，未能或之先也。可谓深
于知化，长于语变者矣。"① 当然，由于《新唯识论》批判的对象是唯识宗
学说，因而也激起了以南京支那内学院师生为代表的佛学界的问难和攻击。
为了答复他人的问难，熊十力又撰写《破〈新唯识论〉》一书。《新唯识论》
文言文本和《破〈新唯识论〉》两书的出版，标志着熊十力的"新唯识学"
思想体系的基本形成。

　　对现代新儒学思想方向的发展具有定位之功的梁漱溟，于九一八事变之
前即已离开北京大学，先是到河南辉县百泉、后又到山东邹平从事"乡村
建设"运动，并亲自担任山东乡村建设研究院研究部主任。九一八事变后
不久（10 月 7 日），他即在《大公报》上发表《对于东省事件之感言》，公
开阐述其抗日主张，强调"日本欺压中国不只一次，是若干次数了。像这
种类似的事件，用强大的势力欺压弱小民族，也有百余年的历史"，我们应
该像印度的甘地和丹麦的格隆伟学习，"设法在促进国民之理性、组织、感
情、合作等等方面努力……以救中国"。② 在进行乡村建设运动的同时，梁漱

---

① 马浮（马一浮）:《新唯识论·序》，商务印书馆，2010，第 5—6 页。
② 梁漱溟:《对于东省事件之感言》，载《梁漱溟全集》第五卷，第 295、300 页。

溟还积极从事乡村建设的理论创作，先后完成和出版了《中国民族自救运动之最后觉悟》等一系列关于乡村建设理论的著作。而梁漱溟从事乡村建设的目的，是要"创造新文化，救活旧农村"，通过复兴农村来实现中华民族的复兴。

九一八事变后，另一位对现代新儒学思想方向的发展具有定位之功的张君劢，除摘译费希特的《对德意志国民演讲》、宣传民族复兴的思想外，还数次赴山西、山东、广东、云南等地，演讲和发表了《民族复兴运动》《思想的自主权》《学术界之方向与学者之责任》《中华民族复兴之精神的基础》《中华新民族性之养成》《中华历史时代之划分及其第三振作时期》等文。后来他将这些演讲文章汇集成书，以《民族复兴之学术基础》为名，于1935年6月由再生社出版。在是书中，张君劢视民族主义为立国的基本原则，认为近代欧洲国家所以强，原因就在于国民民族主义思想发达；中国近代所以弱，原因亦在于国民民族主义思想淡薄。他把日本帝国主义的侵略看成是中华民族复兴的一大转机，认为形成民族主义的外部条件，因日本侵略的刺激已经成熟，当今的根本问题是如何发展中华民族的民族思想。《民族复兴之学术基础》出版不久，张君劢又出版了另一部很重要的文化哲学著作——《明日之中国文化》。这是他在广州主持明德社和学海书院期间，将在明德社学术研究班与青年会所作《中国与欧洲文化之比较》系列演讲和旧作《中华民族文化之过去与今后之发展》合印而成。在此书的《自序》中他写道："中华民族之在今日，如置身于生死存亡之歧路中，必推求既往之所以失败，乃知今后所以自处之道；必比较各民族在历史中之短长得失，乃知一己行动之方向。"[1] 职是之故，张君劢在该书中探讨了人类文化的起源，分析了印度文化和欧洲文化的发展和特征，考察了中国过去三千年的文化史，分政治、社会、学术、宗教和艺术五个方面对中国过去文化做了一总的评判，并在此基础上提出了对未来文化的主张，即以"造成以精神之自由为基础的民族文化"为中国未来文化的"总纲领"。[2] 而所谓"精神之自由"，有表现于政治者，有表现于道德者，有表现于学术者，有表现

---

[1] 张君劢：《明日之中国文化·自序》，商务印书馆，1936，第1页。

[2] 张君劢：《明日之中国文化》，第121页。

于艺术、宗教者。"精神之自由"表现于政治上，必须改变几千年来在君主政体下形成的那种"命令式之政治，命令式之道德，与夫社会类此之风尚"，使国民能像西方人那样，"于自己工作，于参与政治，于对外时之举国一致，皆能一切出自于自动，不以他人之干涉而后然"。同时，切实保障人民的生命、财产、言论、结社以及参政议政之权利，一切政治上的设施都要以民意为前提，努力铲除"几千年来人民受统治于帝王，政治上之工作，等于一己之功名，故有意于致身显要者，争权夺利，无所不至"的现象。"精神之自由"表现于学术上，则不能像过去那样，专以利用厚生为目的，而缺乏游心邈远之精神自由，相反，应对于宇宙一切秘奥皆认为负有解决之义务；同时在思想上自受约束，而守伦理学之种种规则，并使学问家具有高远的想象力，以促进高深学术的发展。"精神之自由"表现于宗教上，应从一人一宗教下手，改革僧道习惯，养成真正的宗教信仰。"精神之自由"表现于艺术上，除继续保持旧日的成绩外，应努力扩大新的领域，创作出如但丁之《神曲》、歌德之《浮士德》那样的长篇诗文，使西方所具有的艺术形式，中国也具有。他相信，只要以"造成以精神之自由为基础的民族文化"为未来中国文化之新方向的"总纲领"，并循此总纲领"以养成四万万独立人格为祈向，其终也，人人以诚恳真挚之心，形诸一己之立身，形诸接人待物，形诸团体生活，形诸思想与政治，形诸国际之角逐"，那么，又"何患吾族文化之不能自脱于沉疴而臻于康强逢吉乎"？[①]

　　冯友兰是梁漱溟在北大任教时的学生，1918 年北大哲学系毕业，一年后考取公费出国留学生，到美国哥伦比亚大学研究院哲学系攻读博士学位，1923 年学成归国，先后任中州大学、广东大学、燕京大学和清华大学教授。1932 年一·二八事变发生，冯友兰以清华大学教职员公会对日委员会的名义致电国民政府，称："同人等以为沪战乃东北事变所引起，决不可局部解决，我军亦无在本国领土内自行退后之理。政府如对日妥协，将何以对已牺牲之将士、人民？"[②]表示出反对与日妥协的立场。在任燕京大学和清华大学教授期间，他致力于中国哲学史的教学与研究，1931 年他的《中国哲

---

① 张君劢：《明日之中国文化·自序》，第 2 页。
② 冯友兰：《三松堂全集》第十四卷，河南人民出版社，2001，第 115 页。

学史》脱稿，由上海神州国光社出版，1934 年完成《中国哲学史》全书的写作，旋即由商务印书馆分上、下两册出版，并列入"大学丛书"。这部 80 多万字的《中国哲学史》，是近代中国第一部比较系统比较完整的哲学教科书。在此之前的 1919 年，胡适在他博士论文《中国古代哲学方法之进化史》（译成中文时取名《先秦名学史》）的基础上，增扩改写并出版了一部《中国哲学史大纲》（卷上），这部书出版后虽然影响极大，不到三年，就再版七次，但它只写到先秦，所以充其量只能算是一半或三分之一的中国哲学史，而冯友兰的《中国哲学史》则从先秦一直写到明清，是一部完整的中国哲学史著作。该书出版后好评如潮，著名逻辑学家金岳霖和著名历史学家陈寅恪在审查报告中，也对该书给予了很高的评价。陈寅恪在审查报告中写道：

"窃查此书，取材谨严，持论精确，允宜列入清华丛书，以贡献于学界。兹将其优点概括言之：凡著中国古代哲学史者，其对于古人之学说，应具了解之同情，方可下笔。盖古人著书立说，皆有所为而发；故其所处之环境，所受之背景，非完全明了，则其学说不易评论。而古代哲学家去今数千年，其时代之真相，极难推知。吾人今日可依据之材料，仅为当时所遗存最小之一部；欲借此残余断片，以窥测其全部结构，必须备艺术家欣赏古代绘画雕刻之眼光及精神，然后古人立说之用意与对象，始可以真了解。所谓真了解者，必神游冥想，与立说之古人，处于同一境界，而对于其持论所以不得不如是之苦心孤诣，表一种之同情，始能批评其学说之是非得失，而无隔阂肤廓之论。否则数千年前之陈言旧说，与今日之情势迥殊，何一不可以可笑可怪目之乎？但此种同情之态度，最易流于穿凿傅会之恶习；因今日所得见之古代材料，或散佚而仅存，或晦涩而难解，非经过解释及排比之程序，绝无哲学史之可言。然若加以联贯综合之搜集，及统系条理之整理，则著者有意无意之间，往往依其自身所遭际之时代，所居处之环境，所熏染之学说，以推测解释古人之意志。由此之故，今日之谈中国古代哲学者，大抵即谈其今日自身之哲学者也；所著之中国哲学史者，即其今日自身之哲学史者也。其言论愈有条理统系，则去古人学说之真相愈远；此弊至今日之谈墨学而极矣。今日之墨学者，任何古书古字，绝无依据，亦可随其一时偶然兴会，而为之改移，几若善博者能呼卢成卢，喝雉成雉之比；此近日中国号称整理国故之普通状况，诚可为长叹息者也。今欲求一中国古代哲学史，能矫傅会之恶习，而具了解之同情者，则冯君此作庶几近之；所以宜加以表扬，为之流布者，其理由实在于是。"①

《中国哲学史》的出版，初步奠定了冯友兰在中国哲学界重要的学术地位。该书也很快取代胡适的《中国哲学史大纲》（卷上），成为当时最有影响的中国哲学史著作。究其原因，如本书第二卷第九章的附录《"但开风气不为师"——客观评价胡适的学术贡献》所指出的，胡适的《中国哲学史大纲》（卷上）充其量只是半部或三分之一中国哲学史，而冯友兰的《中国哲学史》是一部完整的中国哲学史这一原因外，另一重要原因，就是胡适的《中国哲学史大纲》（卷上）是以西方的科学主义精神为依归，通过对中国传统哲学思想的所谓解构，建立起符合西方学术观念的中国哲学史，而冯友兰的《中国哲学史》是以中国的人文主义精神为依归，通过对中国传统哲学思想的重新诠释，以实现中国哲学的现代转换。1936 年，冯友兰又把近几年来发表的中国哲学史方面的论文编成《中国哲学史补》一书，交由商务印书馆出版，就《中国哲学史》未能充分阐发的问题作了进一步的阐发。

和冯友兰一样，贺麟也是海归学者。他是 1926 年到美国留学的，先后在奥柏林大学、芝加哥大学和哈佛大学学习哲学，1930 年他在哈佛大学取得硕士学位后，放弃了继续攻读博士学位的机会，而是转赴德国柏林大学学习德国哲学，尤其是黑格尔哲学，直到 1931 年九一八事变前夕他才结束长达 5 年的留学生活，回到国内，任教于北京大学。九一八事变发生后，面对日本帝国主义的凶残侵略，贺麟不顾旅途劳顿，即应《大公报》文学副刊编辑吴宓建议，着手撰写《德国三大伟人处国难时之态度》的长文，向中国读者介绍歌德、黑格尔、费希特在普法战争时的爱国主义事迹，表彰他们的爱国主义精神，并号召国人向他们学习，积极投身于抗日救亡的斗争行列。该文于 1931 年 10 月 21 日开始在《大公报》文学副刊分七期连载，文笔生动，资料丰富，将传主的生平思想和爱国主义品格有机地结合起来，

① 陈寅恪：《冯友兰〈中国哲学史〉（上册）审查报告》，载冯友兰《中国哲学史》，商务印书馆，1934。

同时，它也深刻地表露出贺麟自身作为一个学者在国难当头的自我定位，以及他所具有的强烈的爱国意识和情感。这正如主编吴宓在1931年11月2日为该文所写的"按语"指出的那样："本年十一月十四日，为德国大哲学家黑格尔（1770—1831）逝世百年纪念。黑格尔之学，精深博大，为近世正宗哲学之中坚，允宜表彰。今贺麟君此篇虽为叙述黑格尔处国难时之态度而作，其中已将黑格尔之性行，及其学说之大纲及精义，陈说略备。且作者黑格尔之学，夙已研之深而信之笃。更取中国古圣及宋儒之思想，比较参证，融会贯通，期建立新说，以为中国今时之指针。故篇中凡描述黑格尔之处，亦即作者个人主张信仰及其成己化世之热诚挚意之表现也。"① 作为一位专攻西方哲学的学者，贺麟很清楚自己的责任不仅仅是把西方的哲学介绍到中国来，而应当借鉴和运用西方哲学的思想、理论和方法，来提高本民族的思维水平，创立自己的哲学思想体系。因此，他在翻译介绍黑格尔哲学等西方哲学的同时，开始把传统的儒家思想尤其是宋明新儒学中王阳明的心学同西方正宗的唯心主义哲学结合起来，试图创立自己的"新心学"哲学思想体系。当然，和冯友兰一样，这一时期贺麟还只是为创立自己的"新心学"思想体系做一些学术和理论上的准备工作，无论是冯友兰的"新理学"思想体系，还是贺麟的"新心学"思想体系，其最终建立都是在七七事变之后的全国抗战时期。

第四节　社会主义思潮的新变化

"社会主义"最早传入中国是在19世纪末20世纪初，先是外国传教士，后是资产阶级改良派和资产阶级革命派对它进行过介绍。由于社会主义与中国传统的兼爱、平等、大同思想有某些相似之处，加上受第一次世界大战，尤其是俄国十月社会主义革命和战后西方社会主义运动高涨的影响，新文化运动时期各种社会主义思想得到广泛传播，其中马克思主义的

① 《德国三大伟人处国难时之态度·按语》，《大公报·文学副刊》1931年11月2日。

科学社会主义一枝独秀，成了不少知识分子的信仰和理想追求。1921 年潘公展在《近代社会主义及其批评》一文中写道："一年以来，社会主义底思潮在中国可以算得风起云涌了。报章杂志底上面，东也是研究马克思主义，西也是讨论鲍尔希维主义，这里是阐明社会主义底理论，那里是叙述劳动运动底历史，蓬蓬勃勃，一唱百和，社会主义在今日的中国，仿佛有'雄鸡一鸣天下晓'的情景。"[①] 后来因国共合作的破裂，以及国民党推行的文化专制主义政策，知识分子的社会主义潮流曾一度走向低落。然而进入 30 年代，社会主义思潮在中国知识分子中再度兴起，借用胡适晚年的话说，谈论社会主义，主张走社会主义道路，在 30 年代已成为知识分子的一种风尚。

一、社会主义思潮的再度兴起

30 年代初社会主义思潮兴起的主要原因，一是 1929—1933 年的经济危机使资本主义世界深陷经济、政治、信仰灾难的深渊，资本主义的吸引力在危机中日益丧失；二是社会主义国家苏联的第一个五年计划却取得了辉煌的成就，创造了"孤岛繁荣"的奇迹，社会主义的魅力迅速彰显；三是在危机的打击下资本主义国家加强了对华经济掠夺，日本则悍然发动侵华战争，中华民族危机陡然增加，促使人们寻找新的出路。

第一次世界大战后，由于巴黎和会和华盛顿会议所构筑的凡尔赛—华盛顿体系暂时协调了各战胜国的利益，国际关系相对稳定，资本主义世界从而出现了短时间的繁荣期，其中美国发展尤其迅速，一跃成为整个资本主义世界经济运转的轴心。柯立芝总统 1928 年底离职前在给国会的告别咨文中满怀豪情地写道："全国可以满意地看看现在，乐观地展望将来。"[②] 可是 1929 年 10 月 29 日，纽约证券交易所出现了股票暴跌狂潮，从之前的 363 最高点骤然下跌了平均 40 个百分点。这一天被称之为"黑色星期二"。纽约股市的崩盘以悲剧的方式宣告了"永久繁荣"梦想的破灭和资本主义世界灾难的开始。危机像瘟疫一样迅速蔓延整个资本主义世界，殖民地半殖民地国家也深受其害。危机期间资本主义工业、农业、商业、金融等行业

---

① 潘公展：《近代社会主义及其批评》，《东方杂志》第 18 卷第 4 号，1921 年 2 月 25 日。
② 苏联科学院主编《世界通史》第九卷上册，吉林人民出版社，1975，第 214 页。

全面萧条。据统计，从 1929 年至 1933 年资本主义工业生产缩减了 1/3 多，世界贸易额削减近 2/3，失业工人达 3000 多万，数百万小农破产，无业人口颠沛流离，生活困苦。危机给资本主义经济造成了巨大的破坏，使资本主义的经济倒退了几十年，只有 20 世纪初的水平。"总之，现今经济恐慌，已将资本主义的经济退后二十五年了。目下的经济状况，已和一九〇〇年相差不远，这是无待于说明了。"① 尽管各资本主义国家为应付危机疲于奔命，殚精竭虑，一面力行微观的经济调控，一面致力宏观的理论模式的变革，然而经济危机却日益严重。危机不但重创了资本主义世界的经济，使其陷入绝境；同时也使资本主义深陷政治危机中，资产阶级的统治地位大大动摇。

随着经济危机的日益恶化，资本主义以往的吸引力在不断丧失。许多人对资本主义制度产生了疑虑乃至否定，资本主义出现了严重的信仰危机。（一）对资本主义前途的疑虑。危机的日益恶化，资本主义久困其中而束手无策，这让世人对资本主义能否继续存在产生疑虑。"代替着一九二八年末柯立芝的夸大的乐观论而出现于一九三二年末者，是对于资本主义社会制度的将来的深刻的怀疑。"② 对于经济危机，"各国之政治家如再不设法解决，求一出路，则现存之制度，颠覆堪虞矣"③。（二）对资本主义民主制度失去了以往的热情。经济危机使人们对资本主义的民主制度的"热心全变成冰冷了"，"对于民主政治的信仰，是已经死亡了"，"现在还有人愿为议会制度而捐躯吗"？④（三）对资本主义前途的否定。这时资本主义制度到了"末日"，趋于"死亡"之类的言论日见于报端。"此等恐慌的怒涛激荡整个的资本主义世界，今日世界的前途可说已步到四边临空的悬崖了。"⑤ 人们普遍感觉到"资本主义随着恐慌的狂潮，已一天一天走入没落的途中，美国如此，其他欧洲各国与日本都如此。'资本主义的末日！'这凄惨的呼声已响

---

① A.Minard 著，瀛洲译《世界经济的乐观和悲观》，《东方杂志》第 29 卷第 8 号，1932 年 12 月 16 日。

② Varga：《最近世界经济恐慌政治不安之总观察》，《读书杂志》第 3 卷第 5 期，1933 年 5 月 1 日。

③ 包玉琤：《鲁易乔治最近论世界经济之危机》，《国际》第 1 卷第 3 号，1932 年 9 月 1 日。

④ J.Barthelemy：《欧洲民主政治的危机》，《东方杂志》第 26 卷第 23 号，1929 年 12 月 10 日。

⑤ 周友苍：《通货膨胀政策与世界恐慌》，《东方杂志》第 30 卷第 3 号，1933 年 2 月 1 日。

彻全球了"①。就连英国大文豪萧伯纳也表达过此类观点。他访苏返英途经柏林时曾对新闻记者郑重地说："如果你在那个地方亲眼见过布尔希维克是什么东西，那末你一定能觉得资本主义快要灭亡了。"②

在资本主义世界陷入经济危机的同时，作为当时世界上唯一的社会主义国家的苏联却正在顺利地开展为期五年的经济建设运动，即苏联的"一五计划"。该计划从1928年开始到1932年结束，只用了四年零三个月就提前完成，取得了辉煌的成就。五年计划期间，苏联共新建了1500多个有现代技术装备的工业企业，并投入生产。拖拉机制造业、汽车制造业、飞机制造业、化学工业、机床制造业、现代农业机械制造业以及其他许多工业部门都建立起来了，初步形成了现代化的工业生产体系，向工业化的道路迈进了决定性的一步。1932年，苏联的工业总产值同1913年相比增加近2倍，重工业产值则超过1913年3倍多。③"一五计划"实施前，苏联还是一个以农业为主的落后国家，工业基础非常薄弱，技术陈旧落后。几乎没有汽车、拖拉机、飞机和机械制造业，没有自己独立、完整的工业体系。1925—1927年农业产值在国民经济总产值中占57.9%，农村人口占80%以上，工业人数只占人口总数的14.8%。④然而五年计划实施后，苏联的工业、农业、社会生活、文教事业、国际地位等方面都有极大的改观。整个世界都为之震惊，这被视为经济史上的一大奇迹。

苏联"一五计划"的成功令世人震惊，立即引起了时人的密切关注，时人把目光聚集到了这个苏维埃的国度上，有关苏联的言论占据了书报杂志的大量篇幅，苏联的建设成就、社会生活等方面的情况迅速为人们所了解。据中国的报刊报道或转载，一些国家还派出考察团到苏联进行深入考察，学习经验。他们到了苏联后大都深深被苏联人民的工作热情、政府官员的领导才能、工人的工作效率及巨大的建设成就所感动。美国奥斯丁建筑公司总经理十分佩服苏联官员的能力和奉献精神，访苏回国后很有感触地说，苏联官员虽然月薪不高，都乐于奉献，且能力极强，凭他们的能力，若在

① 叶作舟：《资本主义"计划经济"的检讨》，《东方杂志》第30卷第9号，1933年5月1日。
② 《苏联评论》（一），《申报》专论，1932年1月25日。
③ 苏联科学院主编《世界通史》第九卷上册，第300页。
④ 王祖绳主编《国际关系史》第五卷，世界知识出版社，1995，第41页。

美国"可得十倍的薪俸","苏俄虽然用的是委员制,但是他们的决断和执行,却比美国实业家还要敏捷"。他对五年计划赞不绝口,说它"的确是一个很伟大的计划"。[①]另一名美国人艾迪博士,是虔诚的基督教信徒,俄国革命后,先后四次去过苏俄。他在《苏俄的真相》一书中写道:"没有别的国家能像苏联那样的要借着自己的统计,又用了全副精神去供给人民的需要。并且要使国家的经济,在生产与消费方面的各部分,都能和人民的需要相适合。"[②]苏联人民火热的工作热情深深感染了前来访问、游历的外国人,"一般国民燃烧着的工作热情,使我们外国人看了真是触目惊心。……触目惊心的是苏联许多大的建设的事业慢慢把美国在世界上'最大''第一'的地位压倒了。触目惊心的是美国陷入经济恐慌的深渊,而苏联已经开始走上经济的蜜月"[③]。

同样,苏联"一五计划"的成功自然也引起了中国知识分子的密切关注,以苏联为主题的报刊书籍开始如雨后春笋般地涌现,如1930年《俄罗斯研究》月刊创刊,1931年10月《苏俄评论》月刊创刊,1934年《中国与苏俄》创刊。《读书杂志》第3卷第7期设统制经济特辑(1933.9.1),《申报月刊》第2卷第8号设"苏联研究"专题。就连一向保守,以"无偏无党"为宗旨的《申报》也刊登了许多有关苏联的文章,并于1932年1月25日开始在"专论"一栏中连载了数篇《苏联论》。恪守"不党、不卖、不私、不盲"训条的《大公报》也大谈苏联,且把《苏联五年计划成功史》誉为"记者不可不读"之书。《东方杂志》《益世报》《时事月报》《独立评论》《国际》《国闻周报》《生活周刊》等影响较大的报章杂志均刊登了关于苏联的专论。除文章外,还出版了大量介绍苏联"一五计划"和苏联各方面情况的图书,如《苏俄革命惨史》《苏俄合作制度》《苏俄经济生活》《苏俄五年计划之工程》《苏俄新兴的教育与实际》《苏俄政治制度》《苏联五年计划奋斗成功史》《现代苏联政治》《苏俄的新剧场》《苏俄革命与宗教》《苏俄计划经济》(上、中、下)《苏俄劳动之保护》《苏俄新法典》《苏俄之东方经

[①] Frederick A.Van Fleet:《一个美国人对苏俄近况的略述》(骏声译),《东方杂志》第28卷第7号,1931年4月10日。

[②]《苏联评论》(一),《申报》专论,1932年1月25日。

[③] 蔼如:《苏联真的要赶上美国吗?》(上),《新生》第1卷第3期,1934年2月24日。

济政策》《五年计划》《今日之苏俄：我们能从它学得什么》《苏俄妇女》《外国佬俄革命之研究》《苏俄农业生产合作》《苏俄五年计划概论》《苏俄新教育》《苏俄的五年计划》（上、下）《五年计划故事》《苏俄的经济组织》《苏俄妇女与儿童》《苏俄公民训练》《苏俄农业政策》《苏俄新经济政策》《苏俄政治之现状》《掀天动地之苏俄革命》等。以苏联为题材的书籍占领了30年代很大一部分图书市场。依据《申报月刊》第2卷第7号末页《申报丛书》栏上的新书信息统计，由《申报月刊》社出版的12种书籍中，关于兵器的2种，关于日本的5种，关于苏联的也是5种。这些文章和书籍内容丰富，详尽地叙述了苏联的历史变迁、政治体制、外交政策、国防运动、生产建设、经济动向、农工现状、教育事业、婚姻家庭、文体娱乐等等。大到国家方针大计，小至百姓生活点滴，无一不见诸笔端，无一不引起人们的兴趣。

为了更深入地了解苏联，还有不少人到苏联进行实地考察，并将他们在苏联的所见、所闻和所感写成旅行游记或随笔，其中较为著名的有胡愈之的《莫斯科印象记》、曹谷冰的《苏俄视察记》、蒋廷黻的《欧游随笔》、丁文江的《苏俄旅行记》等。这些游记和随笔出版或在报刊上发表后受到了读者的热烈欢迎。1932年2月13日，天津《大公报》上登出了这样一份声明，"爱读《苏俄视察记》者注意：市面发现伪翻版，奉告诸君勿上当。本书为本报记者曹谷冰先生于二十年（1931年）三月奉社命赴俄考察，历时五月，所撰对于苏俄五年计划过程中之工业生产、国防军备以视察之所得，忠实记述……初版一万部，未经出书即已售罄，预约当即，赶印再版一万五千部亦经售完，当经翻印三版。因销数畅旺，近来北平等处忽发现伪翻版，书本印刷恶劣，错误滋多，图画漏略，纸张极坏，除究查外特此广告"[1]。有关苏联的游记和随笔受欢迎的程度由此可见一斑。

苏联"一五计划"的成功所彰显出的社会主义的诱人魅力，激起了人们对社会主义的向往和对社会主义苏联的关注，并在知识分子中兴起了一股社会主义思潮。

30年代社会主义思潮兴起的另一原因是民族危机的刺激。资本主义国

---

[1] 天津《大公报》1932年2月13日。

家在经济危机的打击下加强了对落后国家和地区的掠夺，甚至是赤裸裸的武力入侵。中国是资本主义国家的东方大市场，危机爆发后中国自然成了资本主义国家转嫁危机的对象，美、英等加强了对中国的商品倾销和投资，日本则直接采取武装入侵，悍然发动九一八事变，侵占中国的富庶的东北，并将战火烧到上海。《塘沽协定》签订后，日本疯狂加强对中国的经济掠夺，成立"日满经济圈"，将东三省置于其直接掌控之下。

九一八事变后民族危机的陡然加剧，激发了人们的爱国热情。知识分子对中国危难局势深为忧虑，急切盼望找到一条摆脱困境、复兴民族的出路。"风雨如晦，鸡鸣不已，危舟将倾，惟求共济，愿国人有以教之！""国际间政治经济之关系，瞬息万变，稍纵即逝，中国处此楚歌四面之下，其将何以自存！"[①] 不少知识分子认为西方社会"真正的病根乃是在于资本主义的生产方式，此一生产方式的特征就是生产手段的私有性和生产本身的社会性"[②]。"一般明了资本主义罪恶的人"，"一定是不主张中国进入资本主义的"。[③] 于是他们把目光转向国力蒸蒸日上的苏联，希望走社会主义道路来挽救民族危机。

二、社会主义思潮兴起的表现

社会主义思潮再次兴起于 30 年代伊始，于苏联"一五计划"完成和资本主义经济危机最严重的 1932—1933 年到达高潮，其后由于民族危机的加深引起的民族主义思潮的高涨而逐渐趋向低落，并最终被掩盖于抗日战争的浪潮之下。概而言之，这股思潮大致可以分为谈论苏联和社会主义、探讨苏联社会主义"一五计划"成功的原因以及对社会主义的集体诉求这样三个既有联系而内涵又各有不同的层次。

（一）谈论苏联（尤其是"一五计划"）和社会主义。经济危机期间，自由主义经济政策的失败自然使得自由主义在思想界的阵地日益缩小。霍布斯鲍姆曾指出："纵贯整个大灾难的时代，政治自由主义在各地面临大撤退，到 1933 年希特勒登上德国总理宝座之际，自由阵营败退之

①《新中华》发刊词，1933 年 1 月 10 日。
② 启琴：《评统制经济运动》，《申报月刊》第 2 卷第 10 号，1933 年 10 月 15 日。
③ 孙静生：《产业革命与中国》，《申报月刊》第 2 卷第 7 号，1933 年 7 月 15 日。

势更加剧了。"[①] 国际范围内自由主义的失势也自然要影响到中国的思想界。自由主义思潮的退缩使社会主义思潮得到伸张。如前所述，随着苏联"一五计划"的成功，中国思想界掀起了一股谈论苏联（尤其是苏联的"一五计划"）和社会主义的热潮。据本书对 30 年代初《东方杂志》《独立评论》《申报月刊》《读书杂志》《大公报》等 33 种刊物很不完全的统计，有 100 多人在这 33 种刊物上发表过 200 多篇谈论苏联（尤其是苏联的"一五计划"）和社会主义的文章（其中不包括大量的译文）。下表是这些刊物发表的谈论苏联（尤其是苏联的"一五计划"）和社会主义文章的数量统计。

刊物名称	篇数统计	刊物名称	篇数统计
《东方杂志》	35	《独立评论》	26
《国闻周报》	8	《申报月刊》	12
《读书杂志》	19	《申报》	10
天津《大公报》	11	《四十年代》	4
《大道》	5	《青年界》	2
《世界杂志》	2	《新社会》	4
《中国杂志》	3	《朝晖》	4
《生存月刊》	3	《晨光》	2
《新地》	4	《社会评论》	3
《国际译报》	7	《平民杂志》	5
《新中国》	2	《新生》	2
《中国与苏俄》	5	《心声》	2
《俄罗斯研究》	5	《民声周报》	2
《再生杂志》	8	《自决》	3
《生活周刊》	8	《复兴月刊》	7
《中央日报》	1	《行健月刊》	1
《经济学季刊》	1	33种	216

　　在谈论苏联和社会主义的作者中，也包括胡适、丁文江、张君劢、罗隆基等一些自由主义的知识分子。如胡适早在 1926 年便发表了赞美社会主

---

① 霍布斯鲍姆：《极端的年代》上册，江苏人民出版社，1999，第 160 页。

义的言论："十八世纪的新宗教信条是自由、平等、博爱。十九世纪中叶以后的新宗教信条是社会主义。"①同年他游历苏联时发表了"我们这个醉生梦死的民族怎么配批评苏俄"的感慨。他认为："苏俄虽是狄克推多，但他们却真是用力办教育，努力想造成一个社会主义的新时代。依此趋势认真做去，将来可以由狄克推多过渡到社会主义的民治制度。"②30 年代初，受苏联"一五计划"成功的影响，胡适对社会主义更是大加赞赏。他说："难道在社会主义的国家里就可以不用充分发展个人的才能了吗？难道社会主义的国家里就用不着有独立自由思想的个人了吗？难道当时辛苦奋斗创立社会主义共产主义的志士仁人都是资本主义社会的奴才吗？我们试看苏俄现在怎样用种种方法来提倡个人的努力（参看《独立》第一二九号西滢的《苏俄的青年》，和蒋廷黻的《苏俄的英雄》），就可以明白这种人生观不是资本主义社会所独有的了。"③不久在《一年来关于民治与独裁的讨论》一文中，他称苏联的"现代独裁政治"是"人类历史上的新局面"，它的特色"不仅仅在于政权的集中与宏大，而在于充分集中专家人才，把政府造成一个完全技术的机关，把政治变成一种最复杂纷繁的专门技术事业，用计日程功的方法来经营国家人民的福利"。④正是在胡适的主持下，30 年代初在知识分子中有着广泛影响力的《独立评论》发表了不少谈论苏联和社会主义的文字。以地质学者身份考察苏联后的丁文江也对苏联产生了不少兴趣，回国后，他在《独立评论》上连载《苏俄旅行记》一文，向中国读者介绍他在苏联的所见、所闻和所感。他甚至语惊四座："只要共产党肯放弃它攻城略地的政策，我们不妨让它占据一部分的土地，做它共产主义的试验。"⑤对老朋友的这番表白，胡适做过如下解释："在君的几个结论都可以说是很自然的，因为他对于苏俄向来怀着很大的希望，不但希望苏俄的大试验能成功，并且认为苏俄有种种可以成功的条件。"⑥张君劢把苏联所实行的社会主义计划经济视为人类的一条新路，"俄国给予我们的教训不是思想上的新

---

① 胡适：《我们对于西洋近代文明的态度》，《现代评论》第 4 卷第 83 期，1926 年 7 月 10 日。
② 胡适：《欧游道中书（二）》，载《胡适全集》第 3 卷，第 50—51 页。
③ 胡适：《个人自由与社会进步——再谈五四运动》，《独立评论》第 150 号，1935 年 5 月 12 日。
④ 胡适：《一年来关于民治与独裁的讨论》，《东方杂志》第 32 卷第 1 号，1935 年 1 月 1 日。
⑤ 丁文江：《废止内战的运动》，《独立评论》第 25 号，1932 年 11 月 6 日。
⑥ 胡适：《丁文江的传记》，载《胡适全集》第 19 卷，第 533 页。

趋向，而乃是在实行上指示许多的实施方法与经验。我们以为这个有计划的经济之实施在经验上与方法上是人类最可宝贵的一件事"①。他在吸取苏联社会主义计划经济的基础上，提出了他的国家社会主义的主张。在他看来，今后中国经济建设的目标一是"民族自活"，二是"社会公道"，而要实现"民族自活"和"社会公道"这两大目标，其经济建设就"既不能如英国之放任主义，以私有企业之主体建设国民经济，亦不能采取共产主义之主张，以阶级斗争为手段，将私有企业制度整个打倒，代之以整个的国有企业"，而"惟有采取国家社会主义而已"。②亦就是将资本主义的私人经济与社会主义的计划经济加以调和，在保存私有财产的同时实行社会主义的计划经济。罗隆基和王造时在他们分别主编的《益世报》和《主张与批评》上也发表了不少有关苏联和社会主义的言论。

　　这里需要指出的是，30年代初，中国知识分子中谈论苏联（尤其是"一五计划"）和社会主义的人，并非都是社会主义者，其中有不少人和胡适、丁文江一样，他们之所以谈论苏联和社会主义，表达出对苏联和社会主义的好感，主要是受了资本主义的经济危机和苏联"一五计划"成功的影响。

　　（二）探讨苏联"一五计划"成功的原因。苏联"一五计划"的成功与资本主义世界的经济危机形成了鲜明的对照。一方面是经济危机使资本主义国家的工业、农业、商业、金融等行业出现了全面萧条；另一方面是苏联的"一五计划"使苏联从一个落后的农业国一步跨进了先进的工业国行列。正如时人在谈到苏联"一五计划"成功的意义时所指出的那样："五年计划所以有极重要的世界历史的意义，不单因为它本身的伟大的成功，最主要的还因为这个计划的实现，正是在整个资本主义世界卷入普遍的日益深刻的经济和政治的危机中而不能自拔的时候。五年计划把苏联和其他资本主义国家划分为两个截然不同的世界。"③苏联"一五计划"的成功与资本主义的经济危机形成的鲜明对照就不能不使中国在谈论苏联"一五计划"成功的同时也对其成功的原因进行深刻的思考。他们大多从制度层面与信仰层面思考苏联经济成功的原因，即：制度上，苏联确立了社会主义制度，

① 记者：《我们所要说的话》，《再生》创刊号，1932年5月20日。
② 张君劢：《立国之道》，桂林，1938，第172页。
③ 白苇：《苏联劳动民众的生活》，《申报月刊》第2卷第6号，1933年6月15日。

实行计划经济；信仰上，苏联人民信仰马克思主义，以马克思主义为指导思想。下面是他们对这两个原因的分析。

第一，制度层面原因的分析。英国剑桥的一位政治经济学教授坦言："苏联在四年三月中完成五年计划之大部是无可否认的事实。在同一时期中各资本主义国家的生产却有了很大的降落。五年计划证明在社会主义制度下的工业，其能力远胜资本主义制度下的工业。"① 这话得到了中国思想界不少人的赞同，他们也认为社会主义制度比资本主义更能促进生产力的发展。这主要体现在：一方面，公有制实现了生产与分配的合理，提高了人民的主人翁地位，进而提高全社会的生产积极性。"只有在社会主义的制度下，生产与分配才有合理的处置。现在主要资本主义国家所遭遇的严重经济恐慌，大部是由于生产与分配方法不合理的缘故。"② 他们认为计划经济是"人类社会历史之高度发展的经济形态"，因为它"不是以生产关系支配人类，而是由人类自己来支配生产关系"。③ 通过观察，他们发现"一五计划"期间苏联人的生产热情极高，不论性别、年龄、职业，都尽职尽责投身社会主义建设，掀起了建设社会主义的热潮。"苏联的工农群众，没有颓废，消沉，失望和堕落的情绪，他们都是活泼的，勇敢的，坚决的，耐劳的，团结在苏维埃政府的周围，孜孜矻矻，以建设新社会为前提，向着他们所祈望的目标热烈地从事建设。"④ 尤其是"苏联的无产阶级，因为他们明白他们自己的统治阶级的地位，他们遂如是的施展他们的精力，如是的表示他们对社会主义的忠诚，并如是迅速地发展他们政治工程文化的意义，其结果使苏联第一次的五年计划的发展，很胜利地成功，而有第二次五年计划的进行"⑤。另一方面，他们认为社会主义实行的是公有制，公有制的社会主义比私有制的资本主义更容易实行计划经济。当时许多人把苏联成功的秘诀归功于计划经济，而把资本主义世界经济危机的爆发归因于自由经济。1933年初《东方杂志》上一篇文章写道："近年来东西各国实业巨擘、学术专家、

① 白苹：《苏联劳动民众的生活》，《申报月刊》第 2 卷第 6 号，1933 年 6 月 15 日。
② 张良辅：《中国现代化的障碍和方式》，《申报月刊》第 2 卷第 7 号，1933 年 7 月 15 日。
③ 张耀华：《苏联计划经济之理论与实际》，《申报月刊》第 2 卷第 7 号，1933 年 7 月 15 日。
④ 克多：《苏联工农生活的素描》，《东方杂志》第 30 卷第 2 号，1933 年 1 月 16 日。
⑤ 杜若：《苏联的科学与政治》，《东方杂志》第 28 卷第 22 号，1931 年 11 月 25 日。

政界名流以及新闻记者、教育家、文学家和工人代表团等等，前往苏俄考察者，回国后大都对苏俄表示同情之美感，有的甚至替它大事鼓吹，以为苏俄成功之秘诀，在于它的社会经济制度，因为这个制度是有计划的，有组织的，它与制造恐慌、产生失业贫困、酝酿冲突战争的资本主义截然不同。"① 此种言论为知识分子中不少人在思考中国出路时对社会主义道路尤其是对计划经济的选择提供了理论上的支持。

第二，信仰层面原因的分析。他们指出苏联经济之所以成功是因为苏联人民信仰的是马克思主义，正是在马克思主义的指导下，苏联人民才能取得"一五计划"的成功。比如张季同（即张岱年）在天津《大公报》上便撰文指出："现在苏俄即完全依遵马克思主义的理论而实践，由新社会关系之确立，而能创造新生活。"② 同时他们还运用马克思主义政治经济学的原理分析经济危机产生的根源并找到了根治危机的药方，即他们认识到经济危机是资本主义制度造成的，是生产力与生产关系矛盾的必然产物。资产阶级为追求利益无限扩大生产，造成生产无政府状况，这势必引起经济危机。资本主义制度一日未灭，危机就一日不会根除。《东方杂志》第 27 卷上的一篇文章就写道："今日经济恐慌的基本原因，是资本主义的外壳，已经包容不了资本主义自己所造成的生产力，而残酷地阻碍生产力往前发达。"③ 同期的另一文章也指出生产力与购买力之间的不平衡，即生产过剩与购买力低下是"资本主义生产关系基本的矛盾点"，"这种矛盾为资本制度永远的病态；他循环着市场的好坏而表现出病态的轻重"。④《东方杂志》第 28 卷上发表的一篇文章指出危机是与资本主义制度结合在一起的且带有周期性，经济危机"是起于资本主义制度的本身，与资本主义制度是不能分离的。恐慌的根源，是资本主义制度中各种利益相互间之深刻的冲突，其发生，带着有规律之周期性"⑤。同时有的文章对资产阶级学者把危机的原因归结于

① 志远：《苏俄第二届五年计划之鸟瞰》，《东方杂志》第 30 卷第 1 号，1933 年 1 月 1 日。
② 张季同（张岱年）：《辩证唯物论的人生哲学》（续），《大公报·世界思潮》第 67 期，1934 年 3 月 8 日。
③ 朱介民：《最近世界经济恐慌之发展》，《东方杂志》第 27 卷第 24 号，1930 年 12 月 25 日。
④ 仲英：《最近世界经济大势与美国》，《东方杂志》第 27 卷第 24 号，1930 年 12 月 25 日。
⑤ Maxim Litvinov：《苏维埃之国际经济政策》（许逸上译）《东方杂志》第 28 卷第 20 号，1931 年 10 月 25 日。

战债的观点提出了批评，指出战债不是危机爆发的原因，只是加深了危机，战债赔款即使取消，危机也会因资本主义制度的存在而爆发。"他们开始向经济恐慌的原因反省了，在混乱的氛围中，他们聪明地（？）发现唯一的病根——战债赔款问题。他们认为战债赔款是世界经济的致命伤，取消战债赔款，世界经济三年来的缠绵膏肓的大病，就可霍然而起"，"赔款战债之不成为恐慌的原因，不须多说。即使没有赔款战债，恐慌也还是依资本主义之内在的自然法则而必然要爆发的，同样，即使取消赔款战债，世界经济恐慌也不会克服"。^① 除《东方杂志》外，《申报》和《读书杂志》等刊物也发表了不少持相同观点的时评或文章，这些时评或文章还进一步指出根除危机不是权宜之计所能成功的，因为"今日世界经济恐慌之侵袭，其症结实在于生产力与生产关系之矛盾。然此现象之发生，断非出于偶然，而此现象之消灭，更断非用'头痛医头脚痛医脚'之方法所得奏功，已为识者所共信"。^② "事实告诉我们，由某种社会制度酿成的恶害，只能在那种制度根本改造过来之后，才有根本救治的可能。"^③

（三）**对社会主义的集体诉求。** 强烈的民族危机感和落后感迫使知识分子要对救亡图存方式及民族复兴道路做出思考和抉择，于是 30 年代初就"中国向何处去"进行了几次大的讨论或论争。在这些讨论或论争中，我们不难看出一些知识分子对资本主义已失去信心甚至不抱任何希望，《国闻周报》主笔马季廉就明确指出："现在的资本主义早已踏上没落的阶段"，"为立国久远计，我们不应拾资本主义的唾余"。^④ 在对资本主义失去信心的同时，他们大多对社会主义敞开了火热的怀抱，认为今后的中国应该走社会主义的道路。用"觉一"的话说："余谓社会主义之将至，因解决今日经济问题，稍有常识者皆作此答案耳。"^⑤ 胡适在晚年也回忆道："当时，一班知识分子总以为社会主义这个潮流当然是将来的一个趋势。"^⑥ 这种思想在《东方

---

① 张耀华：《赔款战债问题与世界经济恐慌》，《东方杂志》第 30 卷第 3 号，1933 年 2 月 1 日。
② 仁：《欧洲经济之新趋势》，《申报·时评》1932 年 8 月 14 日。
③ 道明：《由自由主义经济到统制主义经济》，《读书杂志》第 3 卷第 7 期，1933 年 9 月 1 日。
④ （马）季廉：《宪政能救中国？》，《国闻周报》第 9 卷第 18 期，1932 年 5 月 9 日。
⑤ 觉一：《柯尔论资本主义与社会主义》，《平明杂志》第 3 卷第 2—3 期合刊，1934 年 2 月 1 日。
⑥ 胡适：《从〈到奴役之路〉说起》，载欧阳哲生编《胡适文集》（12），北京大学出版社，1998，第 834 页。注：该文未收入《胡适全集》。

杂志》1933 年"新年的梦想"征文、1933 年《申报月刊》的"中国现代化问题讨论"和 1931—1934 年"中国社会史论战"中得到集中体现，人们在对未来中国的美好期待和深沉思索的同时，不同程度地体现了他们对未来中国发展道路的社会主义取向，真实地反映了 30 年代初期知识分子对社会主义的集体诉求。

"新年的梦想"征文中的社会主义取向。1932 年 11 月 1 日，《东方杂志》就"（一）先生梦想中的未来中国是怎样（请描写一个轮廓或叙述未来中国的一方面）？（二）先生个人生活中有什么梦想（这梦想当然不一定是能实现的）？"这两个问题向全国各界知识人物发出"新年的梦想"的征文约 400 份，到 12 月 5 日截止，共收到 160 多份答案，其中 142 份答案刊登在 1933 年 1 月 1 日出版的《东方杂志》第 30 卷第 1 号上（没有刊登的，或篇幅过于冗长，或内容与征文原旨不符）。这 142 份答案的作者"以中等阶级的自由职业者为最多，约占了全数的百分之九十。自由职业者中间尤以大学教授、编辑员、著作家及新闻记者、教育家为最多。……合计约占总数百分之七十五"，用《东方杂志》记者的话说，这些"'梦'虽然不能代表四万五千万人的'梦'，但是至少可以代表大部分知识分子的'梦'"[①]。就中国发展道路而言，梦想未来中国为没有阶级压迫、消除贫富差别、废除私有制度的社会主义社会的就有 20 多篇，而明确主张走资本主义道路的寥寥无几。这是 30 年代初期知识分子一次较为全面、真实的民意调查，客观地反映了知识分子关于立国方略的思想取向。身为国民党中央监察委员的辛亥老人柳亚子梦想未来世界是一个社会主义大同世界，中国是其中的一部分，在这大同世界里，"没有金钱，没有铁血，没有家庭，没有监狱，也没有宗教；各尽所能，各取所需；一切平等，一切自由"。女作家谢冰莹梦想中的未来世界也是一个没有国界、没有民族、没有阶级区别的大同世界，"而中国就是这一组织系统下的细胞之一，自然也就是没有国家、没有阶级、共同生产、共同消费的社会主义的国家"。神州国光社编辑胡秋原则表达得非常简洁，他说："我是一个社会主义者，我的'梦想'，当然是无须多说的。"燕京大学教授郑振铎梦想未来的中国为"一个伟大的快乐的国土"，

---

① 记者：《〈新年的梦想〉读后感》，《东方杂志》第 30 卷第 1 号，1933 年 1 月 1 日。

"我们将建设了一个伟大的社会主义的国家；个人为了群众而生存，群众也为了个人而生存"。《读书杂志》特约撰述员严灵峰梦想未来中国将要达到"各尽所能各取所需"的地步。《生活周刊》主编邹韬奋梦想中的未来中国是共同劳动、共享平等的社会主义社会："人人都须为全体民众所需要的生产作一部份的劳动，不许有不劳而获的人，不许有一部份榨取另一部份劳力结果的人"；"人人在物质方面及精神方面都有平等的享受机会，不许有劳而不获的人"；"政府不是来统治人民的，却是为全体大众计划、执行，及卫护全国共同生产及公平支配的总机关"。读者张宝星梦想未来中国实行计划经济，实现经济组织社会主义化，"经过详细缜密的调查计算之后，实行计划经济。把中国工业化，电气化，把农业集体化机器化。把私有资本的成分渐渐减少，到最后是经济组织完全社会主义化"。小说家郁达夫梦想"将来的中国，可以没有阶级，没有争夺，没有物质上的压迫，人人都没有、而且可以不要'私有财产'"。裕丰纱厂的毕云程"梦想未来的中国，没有榨取阶级，也没有被榨取阶级，大众以整个民族利益为本位，共同努力，造成一个社会主义的新中国"。暨南大学教授李石岑梦想的未来中国，"经过若干年军阀混战之后，又经过几次暴动之后"，走上了"社会主义之路"。①

"现代化问题讨论"中的社会主义方式。 如果说"新年的梦想"征文反映了九一八事变后的 30 年代知识分子对社会主义大同世界的向往，那么，"现代化问题讨论"则体现了九一八事变后的 30 年代知识分子对中国现代化之道路的社会主义思考。1933 年 7 月《申报月刊》第 2 卷第 7 号上发表的"中国现代化问题号"特刊，把现代化问题作为中国发展的总问题提出来进行讨论。这次讨论主要围绕两个问题进行："一、中国现代化的困难和障碍是什么？要促进中国现代化，需要甚么几个先决条件？""二、中国现代化当采取那一个方式，个人主义的或社会主义的；外国资本所促成的现代化，或国民资本所自发的现代化？又实现这方式的步骤怎样？"② 当时知识分子名流如陶孟和、吴觉农、吴泽霖、金仲华、郑学稼、周宪文、樊仲云等人

---

① 上引均见《新年的梦想》，《东方杂志》第 30 卷第 1 号，1933 年 1 月 1 日。
②《编者之言》，《申报月刊》第 2 卷第 7 号，1933 年 7 月 15 日。

参加了讨论，共发表文章 26 篇（16 篇专论，10 篇短文），洋洋十万余言。
粗略统计：讨论中明确主张走个人主义道路即私人资本主义道路的仅 1 人
（唐庆增），明确主张兼采资本主义和社会主义之长的 1 人（诸青来），明
确主张社会主义方式的 8 人（杨幸之、罗吟圃、陈彬龢、戴蔼庐、张良辅、
李圣五、樊仲云、吴觉农），其余人对此没有表达意见。这是知识分子对民
族危机、经济恐慌及苏联计划经济的思索与反馈，反映了知识分子中的很
大一部分人对社会主义道路的理性追求，特别是对苏联的社会主义计划经
济的青睐。杨幸之在《论中国现代化》一文中认为，中国的现代化不仅是
生产技术的现代化，更重要的是分配制度的改善。"目前的问题不仅是在于
'生产'，而尤在于'分配'，假如分配制度不善，则生产技术之改进，恰足
以招致大众的祸殃，以活人者适足以杀人。"而资本主义经济危机的惨状就
是由于制度的不完善造成的。所以，摆在国人面前的路只有两条，一条是
资本主义道路，另一条是社会主义道路。"资本主义现在已临到第三期恐慌
了，日薄崦嵫，历史早已为它掘好了坟墓，丧钟的撞响，只是时间上的问
题。而另一方面社会主义国家的苏联，则正以加速的步武走向胜利的前途，
第一次五年计划既已成功，第二次五年计划又已开始。无论是工业劳动者
或是农业劳动者他们所焦灼的，所孜孜以从事的，不是个人财富的累积，
而是社会主义国家之基础的建设巩固与世界社会主义之前途的争取。这和
资本主义体系下的世界对照，恰是两个世界，两个历史范畴。我想，假如
我们不愿长此困于泥泞之中，则在这样的对照之下，何去何从？无论是谁，
都该知所选择罢！"[1] 戴蔼庐在文章中更明确指出，中国的现代化应采用社
会主义方式而不能走个人主义道路。因为"采用个人主义的方式（资本主义
方式——引者），未免和世界潮流背驰。许多现代化，根本上便以社会主义
为基础，如果不采用社会主义的方式，是绝对没有希望的"；"许多现代化是
以社会主义为根基的，一旦采用个人主义的方式是绝对办不通的，我虽然
看到现在中国个人主义的势力很大，但是决不能因此削足适履"；"现代化本
身非社会主义不可的"。[2] 罗吟圃也表达过类似的观点。他指出，只有走社会

---

[1] 杨幸之：《论中国现代化》，《申报月刊》第 2 卷第 7 号，1933 年 7 月 15 日。
[2] 戴蔼庐：《关于中国现代化的几个问题》，《申报月刊》第 2 卷第 7 号，1933 年 7 月 15 日。

主义道路中国才有希望。中国的个人资本主义力量过于弱小不能完成改良技术促进生产力发展的历史任务。"在内外层层叠叠的高压状态底下的中国，个人的资本薄弱得可怜，试问怎样改良生产技术而增加生产力呢？如果决心依照社会主义所主张一样，把生产机关收归公有，实行社会主义的政治的，经济的政策，有计划的，图谋根本上使中国现代化，则中国的前途才有希望。""在中国目下的现况，无论从那一方面观察起来，经济上的个人主义（资本主义——引者）是万万不能施行的。使中国现代化，最急需的是在整个地实行社会主义的统制经济和集体生产。中国的国民经济的复兴和进展，绝对不能依靠那些很少数附庸于国际资本主义的暴富户。"在这里罗吟圃极力强调了苏联模式的社会主义计划经济的立国道路，力主以苏联为榜样进行社会主义现代化。① 陈彬龢从现代化的先决条件与方式的角度阐述了社会主义的必要性，他说："中国的现代化，自然要排斥殖民地化与资本帝国主义的个人主义化，而采取社会主义的现代化。因为现代化已不是帝国主义的时代，而是打倒帝国主义的时代了。""所以我们处在世界经济恐慌的狂潮中，处在国际资本主义的四面楚歌中，只有学苏联实现五年计划的孤军奋斗，应当用国民资本来促进。"② 樊仲云认为现代化的唯一前提是"打倒帝国主义"，中国社会的发展方向一定是社会主义。他说："说到中国的现代化，在二三十年前，其意义不消说就是资本主义化，但是在这资本主义制度已生破绽，濒于没落的今日，则无疑的是指那走向高于资本主义制度的过程而言。"这过程即"由前资本主义走向社会主义"。③ 吴觉农的《中国农业的现代化》一文认为，中国农业现代化的方式应该采用社会主义方式："中国农业的现代化，应该采哪一种方式？这当然不是改良主义的个人方式；而应该采用社会主义的方式了。"④ 张良辅在《中国现代化的障碍和方式》一文中明确写道："至于中国现代化当采取那一种方式，那么第一这当然是社会主义的。只有在社会主义的制度下，生产与分配才有合理的处置。现在主要资本主义国家所遭遇的严重经济恐慌，大部是由于生产与分配方

---

① 罗吟圃：《对于中国现代化问题的我见》，《申报月刊》第 2 卷第 7 号，1933 年 7 月 15 日。
② 陈彬龢：《现代化的方式与先决条件》，《申报月刊》第 2 卷第 7 号，1933 年 7 月 15 日。
③ 樊仲云：《中国现代化的唯一前提》，《申报月刊》第 2 卷第 7 号，1933 年 7 月 15 日。
④ 吴觉农：《中国农业的现代化》，《申报月刊》第 2 卷第 7 号，1933 年 7 月 15 日。

法不合理的缘故"。①

"中国社会史论战"中的社会主义思想。 本书第二卷第十六章中已经论及，早在 1931 年思想界就以《读书杂志》为阵地展开了"中国社会史论战"，论争持续了几年。论战的核心问题是两个：一、中国经济性质问题；二、中国往何处去的问题。《读书杂志》从 1931 年底至 1934 年 4 月共刊登 4 辑"中国社会史论战"特辑，收录中外学者论文 50 余篇。参与论战的大多是知识分子的名人，他们分别是新思潮派（斯大林派）的王学文、潘东周、吴黎平等；动力派（托派）的严灵峰、任曙、刘镜园、李季、王宜昌、杜威之等；新生命派（蒋介石派）的陶希圣、陈邦国、朱伯康；改组派（汪精卫派）的陈公博、顾孟余、王法勤等；此外还有《读书杂志》派的胡秋原、孙倬章、王礼锡等人。尽管各派的政治立场分歧很大，对中国社会性质的认识各不相同，但大部分论战文章体现了对资本主义的批判和对苏联社会主义计划经济的赞赏。如《读书杂志》的胡秋原写道："世界经济的恐慌，已经日益趋于绝境。帝国主义为挽救他不可救药的恐慌，唯有磨牙吮血，向殖民地及劳动者加紧剥削，并且准备重新分割市场的战争了。""然而，在另一世界的苏联，则在不同的状态。1928—1929 到 1932—1933 的所谓五年计画，以庞大而惊人的计画与成功而前进，在工业化、电气化、社会化的口号之下，以'四年完成五年计画'的决心，雷厉风行地进行，确实获得可敬的成绩。"② 不少论战文章明确主张中国应走社会主义的道路。如孙倬章在分析比较中俄两国国情的基础上指出，中国如要发展生产力，就必须走社会主义革命的道路。他说："俄国资本主义发展的开幕，与西欧资本主义先进国，同一个时代；然在一九一七年以前，其发展的程度，不及现在的中国，此由封建势力阻碍之故。十月革命后，彻底肃清封建势力，实行新经济政策，和五年计划，其生产力发展的速度，为任何资本主义先进国所不及。故欲使中国生产力尽量发展，必彻底推倒帝国主义和封建势力"，走社会主义道路。③ 刘镜园认为"中国经济的发展是生产关系的问题，

---

① 张良辅：《中国现代化的障碍和方式》，《申报月刊》第 2 卷第 7 号，1933 年 7 月 15 日。
② 胡秋原：《资本主义之"第三期"与日本暴行之必然性》，《读书杂志》第 1 卷第 7—8 期合刊，1932 年 1 月 1 日。
③ 孙倬章：《中国经济的分析》，《读书杂志》第 1 卷第 4—5 期合刊，1931 年 11 月 1 日。

而不是生产技术的问题"。所谓生产关系问题，也就是走社会主义的道路问题。[①] 陈邦国指出中国是经济落后的半殖民地国家，由于国际资本主义的压制和本国军阀的混战，因此本国经济即使有所发展但也是不充分的。如果中国屈服于帝国主义的程度越深，则中国资本主义发展就越趋于殖民地化。因此中国社会历史的发展就只有一条路——社会主义道路。他说："中国社会之历史的发展，只有一条可能的前途，即社会主义的。""我们应力争这一前途的发展。""要求的终是我们的！"[②]

三、社会主义思潮兴起的特点

与新文化运动时期兴起的社会主义思潮比较，30年代初的社会主义思潮体现了如下两个显著特点：一是浓厚的计划经济气息；二是缺少学理上的建树。

（一）**浓厚的计划经济气息**。如果说新文化运动时期社会主义思想着眼的是社会主义的伦理价值，即从资本主义的私有制度所必然产生的贫富差别和阶级剥削、阶级压迫着眼，而主张财产公有、消灭剥削和人人平等的话，那么30年代初社会主义思想强调的则是社会主义的计划经济。这是30年代初社会主义思潮不同于新文化运动时期社会主义思潮的一个显著特点。此时社会主义思潮中浓厚的计划经济气息无疑是世风所致。1930—1935年各国许多有影响力的政治界、经济界人士云集于苏联，探寻其经济成功的秘诀。他们大多视计划经济为苏联经济成功的不二法门。于是"计划"一词成为政界最时髦的名词。比利时、挪威的社会民主党开始采用"计划"。英国政府于1930年成立了经济咨询委员会，备受英政府尊重的元老索特爵士特出版了名为《复苏》的书鼓吹计划经济。年轻一代的保守党人士中有不少人以计划派发言人自居，如后来任首相的麦克米伦。"甚至连以反共为标榜的纳粹德国，也剽窃了苏联的点子，于1933年推出所谓的'四年计划'。"[③]

---

① 刘镜园：《中国经济的分析及其前途之预测》，《读书杂志》第2卷第2—3期合刊，1932年3月30日。

② 陈邦国：《中国历史发展的道路（续）》，《读书杂志》第2卷第11—12期合刊，1932年12月20日。

③ 霍布斯鲍姆：《极端的年代》上册，江苏人民出版社，1999，第138页。

法国和意大利则重组一些曾经存在的计划机构，如法国的法国国立委员会、意大利的协同组合全国会议等。

　　这股计划经济劲风自然也征服了中国的知识分子，他们对计划经济特别青睐。国内很多有影响的报刊如《东方杂志》《申报月刊》《读书杂志》《大公报》《时事月报》《独立评论》《国际》《国闻周报》《生活周刊》等都刊登了有关计划经济的专论文章或是开辟了专栏。如《读书杂志》第3卷第7期的统制经济特辑（1933年9月1日），《申报月刊》第2卷第7号的笔谈会（1933年7月15日），《新中华》第1卷第15期的统制经济特辑（1933年8月10日）等。30年代初这股计划经济热潮浸染了整个思想界。因此30年代初社会主义思潮充满了浓厚的计划经济气息。这主要体现在三个方面：

　　第一，把经济危机的发生和苏联经济的繁荣归因于是否实行计划经济。当时很多人（不管是"左"倾者还是右倾者）认为，资本主义世界之所以发生以生产过剩为特征的经济危机，原因在于资本主义国家实行的是自由经济而不是计划经济。自由经济下，资本家为追求利润可任意扩大生产，从而造成了生产的盲目扩大，最终酿成经济危机。"资本主义最初以自由竞争为主，虽有促进进步发明等之效力，但其流弊极大，产业受其淘汰者不知凡几，并足以召起社会之恐慌。盖自由竞争中生产者各不相谋，生产之多寡恒受物价之支配，物价高，则共同提高生产。结果供过于求，各业均发生生产过剩……社会至此发生绝大恐慌与绝大混乱。"[1] "世界资本主义恐慌之一般的原因是什么呢？这一般的原因，就存在于资本主义中所特有的经济组织之内在的矛盾。资本家的生产之特征，第一便是生产之无政府状态。"[2] 他们认为苏联经济成功的秘诀就在于计划经济的实施，因为这一经济制度的优势在于使社会生产与分配处于政府计划和组织之下，既不会造成生产的浪费也不会导致经济危机。"近年来东西各国实业巨擘、学术专家、政界名流以及新闻记者、教育家、文学家和工人代表团等等，前往苏俄考察者，回国后大都对苏俄表示同情之美感，有的甚至替它大事鼓吹，以为苏俄成功之秘诀，在于它的社会经济制度，因为这个制度是有计划的，有

---

① 马寅初：《资本主义欤共产主义欤》，《东方杂志》第28卷第24号，1931年12月25日。
② 杨秉薄：《一九三〇年国际情势概观》，《青年界》创刊号，1931年3月10日。

组织的，它与制造恐慌、产生失业贫困、酝酿冲突战争的资本主义截然不同。"①

第二，视计划经济为社会主义的本质属性。不少社会主义的主张者把计划经济看作是社会主义的本质属性，而视自由经济（市场经济）为资本主义的固有特征。计划经济是"社会主义经济制度的特点"，自由经济是"资本主义的神髓"。②二者格格不入，甚至相互对立。"社会主义的计划经济体系与资本主义的无政府的经济体系全然异其性质，且为两个根本对立的体系。"③这种认识是建立在所有制性质基础上的。基于这种认识，他们得出如下结论：（一）计划经济实施的条件是公有制，即只有在生产资料公有的前提下才能实施。计划经济在私有制的资本主义世界绝对不能够成功地实施。"在计划经济的下面，必须将一切的生产手段——土地、矿山、富源、工业、银行、交通、大商业等——社会化。这样才可以全盘自由的统计筹划，不会受到实施上的任何阻碍。""实行计划经济，人剥削人的社会关系，至少是大产业主、地主，以及各种寄生阶级的必须消灭。"④"资本主义的神髓是消费者有需求的自由，生产者有创造的自由，这都是计划经济所不容许的，加以各国都还没有健全的社会主义政党，所以资本主义下实行计划经济显然是不可能的。"⑤（二）资本主义的统制经济与社会主义的计划经济虽然存在某些类似但实际上却是根本不同的。这种根本不同的原因在于："一面是从财产公有制的原则产生的，一面是从财产的私有制的原则产生的。"⑥"苏联计划经济与资本主义统制经济，在字义上固极相似。但在其实质上则显然有极大之区别。即苏联计划经济彻底收一切生产手段为公有，否定企业自由。"⑦（三）即使资本主义实行了计划经济但其效果却是消极的，无异于饮鸩止渴，只能加速资本主义的灭亡。"资本主义底'经济统制'是只会成为救济资本主义经济之破绽而失败的'产业合理化'第二。"⑧"计划经济在

---

① 志远：《苏俄第二届五年计划之鸟瞰》，《东方杂志》第30卷第1号，1933年1月1日。
② 马季廉：《资本主义能否施行计划经济》，《国闻周报》第10卷第6期，1933年2月13日。
③ 张耀华：《苏联计划经济之理论与实际》，《申报月刊》第2卷第7号，1933年7月15日。
④ 寒松：《统制经济与计划经济》，《生活周刊》第8卷第46期，1933年11月18日。
⑤ 马季廉：《资本主义能否施行计划经济》，《国闻周报》第10卷第6期，1933年2月13日。
⑥ 伍忠道：《统制经济与中国农业》，《读书杂志》第3卷第7期，1933年9月1日。
⑦ 伟：《论统制经济》，《申报·时评》1933年9月24日。
⑧ 克己：《风靡世界的经济统制论》，《东方杂志》第30卷第9号，1933年5月1日。

社会主义下是积极的，但在资本主义下却是消极的。""原来资本主义国家的所以竞施计划经济，即为弥补资本主义内部的矛盾所发生之缺陷，头痛医头，脚痛医脚，全是一种消极的救济策罢了"，"资本主义国家想用计划经济的手段，以挽救其垂危的历史命运，结果反而促进这历史的命运之早日到临"。①

　　第三，社会主义计划经济救国论。苏联"一五计划"的成功凸显了社会主义计划经济的强大优势，一时间计划经济风靡全球。中国也不例外，一些人对苏联的社会主义计划经济表现了极大的热情，认为中国要摆脱贫穷落后的包袱，实现民族复兴，绝不能步资本主义后尘，只有追随苏联的社会主义计划经济道路。因为社会主义计划经济具有如下优点：生产资料不属于资本家私有而由社会公用；劳动者劳动的结果不再是为资本家、地主赚取利润与地租，而是为了自身生活状态的改善；生产不是服从追求利润和盲目的价格法则，而是服从社会的需要和计划的指导；分配不是由购买力决定，而是由劳动来决定；劳动人民自身的主人翁地位能自觉地实现。总之，如张耀华所说，社会主义计划经济是"人类社会历史之高度发展的经济形态"，因为它"不是以生产关系支配人类，而是由人类自己来支配生产关系"。②生活在战火不断、灾荒连年、经济凋敝、民不聊生的困境中的人们易于对理想社会产生深切向往，苏联"一五计划"的成功无疑给在痛苦中挣扎的人们带来了福音，苏联式的以计划经济为特征的社会主义自然成了众望所归。于是，这时期社会主义计划经济救国的呼声甚高。《国闻周报》的马季廉高呼："计划经济是社会主义经济制度的特点，是现今世界经济必然的出路。"③罗吟圃则在关于"现代化"讨论时说："在中国目下的现况，无论从那一方面观察起来，经济上的个人主义（资本主义——引者）是万万不能施行的。使中国现代化，最急需的是在整个地实行社会主义的统制经济和集体生产。……把生产机关收归公有，实行社会主义的政治的、经济的政策，有计划的图谋根本上使中国现代化，则中国的前途才

①　叶作舟：《资本主义"计划经济"的检讨》，《东方杂志》第 30 卷第 9 号，1933 年 5 月 1 日。
②　张耀华：《苏联计划经济之理论与实际》，《申报月刊》第 2 卷第 7 号，1933 年 7 月 15 日。
③　马季廉：《资本主义能否施行计划经济》，《国闻周报》第 10 卷第 6 期，1933 年 2 月 13 日。

有希望。"①

（二）**缺乏学理上的建树**。新文化运动时期各种社会思想体现了明显的学理化趋势。甘蛰仙在 1922 年曾指出，所谓思想的学理化就是思想"受科学的洗礼"，"把科学的方法与精神，明明告给大众，总觉是最近四年思想界的最大特色"。②新文化运动时期的社会主义思想主要是以新文化运动为载体得以传播的，而新文化运动的精神就是民主与科学。因此，逻辑上新文化运动时期社会主义思想自然带有深厚的学理色彩。事实亦是如此。新文化运动时期社会主义追随者与反对者展开了几次激烈的论争，如"问题与主义之争"（实际上，如本书第二卷第十章指出的，"问题与主义之争"，很难算得上是一次激烈的论争）、"社会主义之争"、"无政府主义之争"等，社会主义者对反对者的诘难均一一作了学理上的回答。这些论争把社会主义思潮一浪接一浪地推向高涨。当时进入论战的流派非常庞杂，有实用主义、科学社会主义、无政府主义、国家社会主义、基尔特社会主义等流派。这些论争的文章共计 151 篇，参加论争的人数达 90 人之多。③社会主义追随者从学理上对阶级斗争、唯物史观、剩余价值、社会主义含义、社会主义本质、社会主义目的、社会主义实施条件、社会主义所有制、社会主义分配制、社会主义人生观、社会主义家庭观以及无产阶级专政与自由、平等关系等理论均做了比较系统的阐述。李大钊早在《我的马克思主义观》一文中对唯物史观、政治经济学和科学社会主义三者的血肉联系做了初步阐述，指出这三者"都有不可分的关系，而阶级竞争说恰如一条金线，把三大原理从根本上联络起来"。④在"问题与主义之争"中李大钊又对胡适的改良主义主张予以反驳，坚持了中国问题应"根本解决"的革命主张。李达在"社会主义之争"中对社会主义的目的做了简洁的解释，他说："社会主义简单说起来，就是救经济上的不平均的主义。"⑤蔡和森在批评无政府主义时说，"马

---

① 罗吟圃：《对于中国现代化问题的我见》，《申报月刊》第 2 卷第 7 号，1933 年 7 月 15 日。

② 甘蛰仙：《最近四年中国思想界之倾向与今后革新之机运（未完）》，《晨报·副刊》1922 年 12 月 2 日。

③ 此组数据是根据《中国现代哲学史资料汇编续集》第 19 册《总目》（辽宁大学哲学系、中国哲学史研究室 1984 年编，所载篇目由笔者统计所得。同一人不累计，如陈独秀、蔡元培参加 3 次论战，李大钊、胡适等人参加 2 次论战都分别计为 1 人）。

④ 李大钊：《我的马克思主义观》，《新青年》第 6 卷第 5 号，1919 年 5 月。

⑤ 鹤（李达）：《社会主义的目的》，《国民日报》副刊《觉悟》，1919 年 6 月 19 日。

克思的学理由三点出发：在历史上发明他的唯物史观，在经济上发明他的资本论，在政治上发明他的阶级战争说"，并指出无产阶级专政是"客观的，必然的"。[①] 他们不但牢牢抓住了社会主义这一革命理论武器，而且渐渐认识到了民众的力量。尽管他们对社会主义的解读与诠释显得有些青涩、稚嫩，但他们显然已认识到了社会主义丰富的内涵与广袤的外延。他们的社会主义思想经历了从社会主义内涵到外延的发展，休现了由理论到实践的渐进。因此他们的社会主义思想不仅具有重要的实践价值，而且体现了重要的学理价值。

相比之下，30 年代初谈论和主张社会主义的人虽然不少，但他们中的大多数人并不是出于对社会主义的信仰，而是出于对资本主义经济危机的失望和对苏联"一五计划"成功的赞赏而谈论或主张社会主义的，加上 30 年代初民族危机的日益严重，挽救民族危亡是摆在中华民族面前的首要任务，因此，很少有人在此基础上思考社会主义的学理问题。所以与新文化运动时期比较，30 年代初期思想界的社会主义思潮在学理上就显得非常的浅显。1933 年初《东方杂志》"新年的梦想" 142 篇征文中，虽然有 20 多篇表了对社会主义的诉求，但几乎没有一人从学理的层面对社会主义加以阐述，只是一味强调社会主义计划经济的地位。同年 7 月《申报月刊》的"现代化问题讨论" 26 篇征文中，虽有 8 篇明确表达了对社会主义道路的向往，但所有的作者都未能对社会主义展开充分的学理论证。

诚然，"计划经济"在 30 年代初确实牵引了世人的心弦。"'经济统制'、'统制经济'、'计划经济'现在变成了时代的标语，世界议论的洪水了……皆鼎沸于论坛，酿成一般经济学教授不在讲坛上纵谈'经济统制'就不足以显其本色的样子。"[②] 社会主义的谈论者和主张者对计划经济进行孜孜不倦地解读、诠释本无可厚非，因为他们的目的在于倡导中国走社会主义计划经济的道路以挽救民族危亡。然而他们漂浮于"计划经济"的洪流之上，纠缠于"计划经济"与"自由经济"之间，忽视了对社会主义的理性解读，把计划经济看作是社会主义的本质属性，是包治中国社会百病的灵丹妙药。

[①] 蔡和森：《马克思学说与中国无产阶级》，《新青年》第 9 卷第 4 号，1921 年 8 月 1 日。
[②] 克己：《风靡世界的经济统制论》，《东方杂志》第 30 卷第 9 号，1933 年 5 月 1 日。

这显然是对计划经济的误解:一方面这是对计划经济功能的误解。计划经济同市场经济一样,只是经济运行的一种方式。中国的疾病并不是这一剂药方可以治愈的,他们犯了经济运行机制万能论的毛病。另一方面是对计划经济与社会主义两者关系的误解。计划经济不是社会主义本质属性,不带有社会性质,资本主义国家也可以实行计划经济,社会主义国家同样可以有市场经济。经济运行机制不是区分社会性质的标尺。

产生上述误解的原因在于:一、他们对计划经济缺乏系统的分析,对其广泛性和实践基础缺乏深入的研究,对实施计划经济的艰巨性认识不足,亦未找到实现它的现实力量;另外,此时计划经济的概念也是非常模糊的,没有一个清晰统一的标准,多是浮于表面的争论。他们只看到计划经济在苏联所取得的巨大成绩,淡化了苏俄人民为之所作的长时间的准备,未能认识到苏联"一五"计划的成功实施实际上是长期的渐进过程。十月革命后苏俄的经济政策历经几次演变,先后经历了"战时共产主义政策""新经济政策"和"计划经济政策"几个发展阶段。从革命的成功到第一个五年计划的实施,苏联人民已整整准备了11年,奠定了进行大规模建设的物质基础。且在十月革命前,俄国资本主义比中国民族资本主义发展充分,兼有政治上的独立优势。和苏联不同,此时的中国不仅民族不独立,国民经济也非常落后,到1937年,大陆居民平均每100万人只有11英里的铁路,每3万人共一辆货车,每5万人才有一辆公共汽车。[①] 在这样的条件下,要实行社会主义的计划经济谈何容易。二、他们对计划经济的热衷在很大程度上是对计划经济风行一时的非理性反应。当时曾有人指出:"迩来美国许多资本家、社会主义家的种种统制计划,和欧西人民的理论研讨,都是几年来经济衰落的反响。在我们中国,这个时髦名词,忽然的几月之间,这样风起云涌的,我疑是欧美海风带过来的余波,碰着顽石,激成大浪",而不是对苏俄计划经济进行认真深入地研究后得出的结果。[②]30年代初的社会主义的谈论者和主张者缺乏对计划经济精深的思考,对其本质、实施条件、优缺点的认识存在不少误区。他们错误地把社会主义等同于计划经济,把

---

① 罗荣渠:《现代化新论——世界与中国的现代化进程》,北京大学出版社,1993,第325页。
② 守愚:《统制经济与全国经济委员会》,《独立评论》第70号,1933年10月1日。

资本主义等同于自由经济。事实上计划经济与自由经济都是经济运行方式，与社会性质是资本主义还是社会主义并无必然的联系。它们各有所长，也各有不足。计划经济具有事先性、整体性、宏观性和自觉性等特点，它的长处在于，能够进行经济预测，制定国民经济发展战略，在宏观上规划和控制资源配置，进行总量控制、重大结构调整和生产力合理布局；但也有不足之处，即对复杂多变的社会需求难以适应，信息滞后，易于产生计划脱离实际，浪费资源，效率低、效益差等缺陷。自由经济具有事后性、微观性、自发性、灵活性等特点，其长处是使经济活动遵循价值规律的要求，让生产者在市场中自然完成优胜劣汰；但它对经济总量平衡和大的结构调整却无能为力，对垄断性行业和损人利己的经济活动也缺乏有力的制约，这是它的致命弱点。由于此时计划经济的优势因苏联"一五计划"的成功得到彰显，其不足被慷慨地忽略了；而自由经济的弱点则因经济危机的日益深重而凸显，其长处被苛刻地打了折扣，因而他们把本来不带有社会性质的经济调节手段看成是社会制度范畴内的东西，否定了资本主义实施计划手段的可能，对资本主义自身的调节能力缺乏应有的客观认识，无论是对资本主义即将灭亡的预测，还是对社会主义光明前途的乐观，都带有理想的主观色彩。

由于忽视了对社会主义的理性解读，把计划经济与社会主义等同了起来，因此和新文化运动时期的社会主义宣传者和追随者不同，30 年代的社会主义谈论者和主张者在思考社会主义时涉及较多的是生产与分配的问题，而对于社会主义与人生观、社会主义与家庭、社会主义与人的发展关系等则很少有人涉及。罗吟圃算是 30 年代初谈论社会主义的佼佼者，但他对社会主义的理解仅限于对社会主义所有制和社会主义自由。他说："社会主义最重要的含义是废除生产机关的私有制，尤其是主张社会大众应该握住国民经济的最高权，如土地、铁路、矿产、银行等……社会主义并不是绝对的劫夺个人的自由，而是主张个人要自由，应该在以社会全体的自由为前提的范畴内。资本主义社会里头仅仅是资产阶级的人才得享受自由，但在社会主义里面，真正的自由却是人人都得享受的。"[1] 这种对自由的理解显然

---

[1]　罗吟圃：《对于中国现代化问题的我见》，《申报月刊》第 2 卷第 7 号，1933 年 7 月 15 日。

没能超过新文化运动时期的前辈们。新文化运动时期陈独秀就曾指出，资本主义社会的自由是资本家"自由虐待劳动者"，造就的是"自由的资本阶级"，劳动阶级的枷锁镣铐是"自由主义将他带（戴）上的"，"德谟克拉西到（倒）成了资产阶级护身符"。[①]李大钊则在《自由与秩序》中说："我们所要求的自由，是秩序中的自由；我们所顾全的秩序，是自由间的秩序。"[②]

正因为缺少新文化运动时期那样的理论建树，所以新文化运动时期诞生了一大批社会主义的思想明星，如李大钊、陈独秀、李达、瞿秋白、恽代英、蔡和森等人，而 30 年代初的社会主义思想明星则寥寥无几。这也许是导致学术界对 30 年代初思想界的社会主义思潮关注不够的原因之一。这里尤要指出的是，新文化运动时期的社会主义者，如李大钊、陈独秀、李达、瞿秋白、恽代英、蔡和森等人，是把社会主义作为一种不同于资本主义的社会制度加以理解和追求的，所以社会主义既是一种经济制度，也是一种政治制度，换言之，社会主义在经济上要实行公有制，消灭阶级和剥削；在政治上要建立工农政权，实行无产阶级专政。但与此不同，以报刊编辑、大学教授为中坚的 30 年代的社会主义的宣传者和主张者是把社会主义作为一种经济制度加以理解和认同的，即从所有制形式、社会分配形式、社会生产等领域来理解社会主义的，这也是他们中很多人既要求在中国实行西方的民主政治，又主张采纳苏联的社会主义的一个重要原因。抗战胜利后一些中间党派、政治团体和知识分子所主张的西方的政治民主加苏联的经济民主的所谓"第三条道路"，其思想渊源便是 30 年代对社会主义的这一认识。

受 1929 年资本主义经济大危机尤其是苏联"一五计划"的影响而在中国知识分子中兴起的这股社会主义思潮，尽管到了 30 年代中叶后由于民族危机的加深引起的民族主义思潮的高涨而逐渐走向低落，但它对中国历史发展的影响是深远的，自此以后，计划经济是社会主义的本质属性这一得自于对苏联"一五计划"的认识，被不少人视为绝对真理而加以信奉，直到改革开放以后，人们才逐渐认识到，无论是市场经济，还是计划经济，实

---

① 陈独秀：《谈政治》，《新青年》第 8 卷第 1 号，1920 年 9 月 1 日。
② 李大钊：《自由与秩序》，《少年中国》第 2 卷第 7 期，1921 年 7 月 15 日。

际上都是经济运行的一种方式，它与社会性质是资本主义还是社会主义并无必然的联系，资本主义国家也可以实行计划经济，社会主义国家同样可以有市场经济。

第五节　法西斯主义思潮的新出现

法西斯主义是 20 世纪上半叶出现的鼓吹种族主义、专制主义和对外侵略扩张的政治理论、运动和政权形式。用"铁"与"血"的手段实行专制独裁，奴役国内人民，对外发动侵略战争，是法西斯主义的实质。法西斯主义在 1920 年代传入中国，中国共产党成立初期将反对"阶级革命"视为法西斯主义的标志并对其进行了批判。[①] 国民党于 20 年代末在形式上统一全国后，尤其是九一八事变后，以蒋介石为核心的国民党统治集团开始寻找为其统治服务的理论，他们公开打出法西斯主义的招牌，鼓吹并推行法西斯主义理论和主张，而且动员国家政权的力量，组织法西斯主义的许多组织，尤其是"中统"和"军统"两大法西斯特务组织，在三四十年代的中国社会中，其势力无孔不入。数以百千计的宣传法西斯主义的书籍、文章先后出版和发表。蒋介石集团还把宣扬法西斯主义与宣扬封建伦理道德结合起来，从而形成了中国的封建法西斯主义。法西斯主义思潮兴起后，受到了中国共产党和进步思想界的批判。

一、思想界对德、意法西斯主义的介绍、认同和批判

法西斯主义是第一次世界大战后出现的一种最反动的国际性社会政治思潮。第一次世界大战后期俄国爆发了十月革命，在世界上建立起第一个社会主义国家，西方世界出现了资本主义和社会主义两大阵营的对垒；第一次世界大战后，西欧主要资本主义国家的无产阶级革命汹涌澎湃，德国爆发了十一月革命，匈牙利成立了苏维埃共和国，英国、意大利、美国、日

---

① 参见张文涛《一九二〇年代中国共产党人对中国"法西斯"的批判》，《党史研究与教学》2018 年第 3 期。

本也爆发了大规模的工人运动，战胜国因分赃不均而矛盾重重，战败国和自觉分赃太少的国家内部局势动荡不安。正是在这种背景下，法西斯主义首先在意大利出现。1919 年 2 月，墨索里尼组织了"战斗的法西斯团"，以打倒自由主义政府、反对共产党、国家强权化和再现意大利辉煌为纲领。此后，法西斯势力在意大利迅速发展，墨索里尼于 1922 年 10 月 31 日进军罗马，在意大利初步建立了法西斯政权。由于法西斯掌权后意大利经济恢复较快，这对于急于摆脱战后国内和国际局面困难重重的德国是一个巨大的刺激，所以德国以希特勒为首的法西斯分子，极力效仿意大利，成立德国国家社会主义工人党（简称"国社党"，音译"纳粹"），建立军事武装，组织暴动。由于魏玛共和国的软弱无能，法西斯势力得隙以乘，希特勒终于在 1933 年 3 月当选为德国元首，开始在德国全方位地实行法西斯统治。第一次世界大战后日本政党政治获得短期发展而夭折，军部法西斯势力逐渐控制了日本政局。经过一系列政变，1936 年法西斯统治正式确立。20 世纪二三十年代，除意、德、日三国法西斯建立政权外，西班牙也建立起了法西斯政权，拉美国家法西斯势力也十分猖獗，英、美、法等国内法西斯势力也有相当影响。这样，法西斯主义成为第一次世界大战后世界范围内的政治思潮和政治力量。法西斯主义无固定的理论体系和哲学思想。墨索里尼在《法西斯主义论》中是这样阐述的：第一，否认和反对和平，不相信永久和平之可能；第二，否认和反对马克思主义，反对唯物史观和阶级斗争，深信英雄创造历史；第三，否认和反对民主政治，否认群众可倚仗其多数的力量指挥人类，认为民主政治容易形成政治低效能和不负责任；第四，否认和反对自由主义，认为无论政治、经济，还是文化、社会诸方面，专制主义才是世界潮流；等。为应付 1929 年至 1933 年世界经济大危机，法西斯主义在各国有不同的发展，但大致具有下列共同点：第一，民族沙文主义。鼓吹对外扩张和种族优越论，如希特勒宣称要用德国的剑为世界上最优秀的日耳曼民族的犁开辟疆土。第二，国家机能主义。以政治万能和集权为信条，强调国家权力万能和至高无上，国民应无条件为之牺牲。第三，反对议会主义和民主政治。认为议会政治不能应付严重的局势，容易形成党派之争，只有集权和独裁才能有效地行使权力。第四，唯力主义。行动能证明和解决一切，而行动需要力即集团的暴力作基础，所以要造成一种慑服一切、超越一切的力。第五，反对阶级斗争。宣扬整体利益超越阶级利益。

法西斯主义作为一股世界范围内的政治思潮于 20 世纪 20 年代初传入中国，张太雷注意到"欧战后意大利一班退伍的军官，受了段农迪阿（D'annunzio）的爱国行动的激刺，组织了一个小小团体，叫做法西斯党，专以屠杀罢工工人为事，不法横行，政府无敢干涉，这样的猖獗有了两年，至去年底居然用武力取得意大利的政权"，"法西斯主义颇有推广全世界之势，日本、中国亦有法西斯党的足迹，法西斯行为亦日益加厉"。[①]1922 年 5—6 月，陈独秀在广东高师的讲演中提到"反动的意大利的法西斯蒂党不独握了意大利的政权，而且成了国际运动；他们已在法、德做君主复辟的运动，美国也都有他们的组织，日本也有了他们的运动，中国上海也有他们的党员了"。[②]一些报刊如 1921 年 7 月 10 日出版的《东方杂志》第 18 卷第 13 号刊出署名"W"的《意大利新选举之经过》一文，介绍了墨索里尼领导的法西斯运动，次年该刊又先后发表了尚一的《意大利政潮之剖析》、署名"T"的《意国政界之变革》等文章，介绍墨索里尼生平等情况；胡愈之 1923 年在《东方杂志》发表《意国伟人慕沙里尼的生平》《德国也有棒喝团革命》《棒喝主义与中国》《西班牙的棒喝团革命》《棒喝主义的一年》等介绍意大利、德国、西班牙法西斯主义的系列报道。但总的说来，这一时期法西斯主义在中国的影响不大。

思想界部分人士把法西斯主义引入中国，很大程度上是因为他们认为它对第一次世界大战后德、意等国的崛起发挥了关键性作用，故而觉得可以用法西斯主义这一西方新起的思潮来拯救积贫积弱的中国，有的进一步提出了"法西斯蒂救中国"的主张。如胡愈之在他的报道中就曾指出："现代国家政治失去重心之后，就不免走上两条道路：一是极端复古的棒喝主义；一是急进的社会主义"，"在资本主义列强的迫压底下，也决不容产生红色化的中国。那么也许只有狄克推多式的反动的棒喝主义的革命，足以收拾目前的时局了"，棒喝主义离理想的平民政治还很远，"在黑衫党的威压下，

---

① 张太雷：《法西斯主义之国际性》，《前锋》创刊号，1923 年 7 月 1 日。

② 陈独秀：《关于社会主义问题——在广东高师的讲演》，载《陈独秀文章选编》中册，生活·读书·新知三联书店，1984，第 298 页。

秩序虽安定些，人民的自由却被剥夺尽了，意国就是一个现成榜样。不过在我国要是真有以国家主义为前提的政团出现，真有慕沙里尼那样的英杰产生，那么棒喝主义也未始不是无办法中的一个办法"。①他在《意国伟人慕沙里尼的生平》一文中指出"棒喝主义简而言之就是国家主义加军人思想"，并称"慕沙里尼是一个热烈的爱国主义者"。②这一时期出现的国家主义派与法西斯主义在思想观点上有一些相似之处，如都鼓吹国家主义，鼓吹"民族优胜论"，反对马克思主义，因此，国家主义者很自然地对法西斯主义、对墨索里尼抱有好感，他们称赞墨索里尼使"意大利起了一种显著的变化，意大利人的人格也提高了好多"，并称"若拿中国国家主义的理论和政策看来……含有意大利棒喝团的意味"，"中国国家主义团体能与意大利棒喝团相同"，认为中国目前"恰与当年的意大利出于同一情境"，"欲挽今日之中国"舍法西斯主义别无他路。③

到了二三十年代之交，亦即20年代末到九一八事变前，介绍、宣传法西斯主义的文章和著作多起来。朱公振在《世界新主义评论》一书中把"棒喝主义"作为一种新主义进行介绍，称"棒喝主义是什么？说得简括些，就是军人思想的国家主义，从前德意志的军阀主义者，高喝德意志超过一切，现在意大利的棒喝主义者，也高喝意大利超过一切。他们所梦想的，是罗马帝国的复活。他们所努力的，是从加富儿加里波的以来传统的意大利民族运动，使一般以热血挽救祖国的壮士，指挥一切，执行一切，组织强有力的政府，使意大利超出于世界之上；这便是棒喝主义的根本宗旨。慕沙里尼是棒喝主义的倡导者"。④刘奚叔在《慕沙里尼统治下的意大利》一书中认为棒喝主义是对社会主义的一种反动，指出"民治运动发展的时候，大约可以安静政治的纷扰，然而独裁政治便追踪地出现，社会主义怒潮般的急进，似乎可以洗荡无产阶级的呻吟了，然而棒喝主义掀波地笼罩了南欧的空气。所以世界是始终矛盾和双镳并扬的，然而仅有这样才可以谋进步，

---

① 化鲁（胡愈之）：《棒喝主义与中国》，《东方杂志》第20卷第19号，1923年10月10日。
② 化鲁（胡愈之）：《意国伟人慕沙里尼的生平》，《东方杂志》第20卷第3号，1923年2月10日。
③《意大利的棒喝团与中国的国家主义》，《国魂周报》第37期，1927年1月1日。
④ 朱公振：《世界新主义评论》，世界书局，1929，第43页。

求前途的曙光！棒喝主义的产生，是意大利社会党跋扈的结果，而社会党能在全意那样专横，是完全利用欧战的时机，所以我们对于意大利欧战后的国内情境，应先有明了的观察"。① 此外，印维廉编辑的《世界政党史》（中央图书局 1927 年刊本）有"意大利棒喝团的产生"等章节；唐卢锋在其编著的《现代名人传》（世界书局 1931 年版）中有"棒喝主义者慕沙里尼""意大利棒喝团内阁"等内容。除著作外，还有不少介绍法西斯主义译著的出版，如费利俄著、孙茂柏和陶纤纤译《意大利勃兴中之慕沙里尼》（南京书店花牌楼书局 1928 年版），高畠素之著、龙绍臣译《棒喝主义》（华通书局 1929 年版）等。

　　1931 年九一八事变发生后，在民族危机不断加深、民族主义意识不断高涨、民族主义文艺运动兴起的背景下，加上国民党的极力推动，法西斯主义被作为一种救国理论、救国工具而被一些知识分子，尤其是具有国民党背景的知识分子所推介、宣传，并发展为一种社会思潮。胡秋原在论及中国法西斯主义的兴起时提到，"民国 22 年，政府之刊物多有介绍及效法德意政体之文章。最初公开办以'法西斯蒂'为名之杂志殆为周毓英（原创作社左翼作家）"②。周毓英于 1900 年出生于江苏宜兴，早年到上海谋生，二三十年代参加过创造社、左联等左翼文化团体，编辑过《创造》《洪水》等杂志并发表了一些文章，1931 年 8 月被左联开除，后来成了 CC 系的成员。他于 1933 年 3 月创办《社会主义月刊》，该刊一直到 1934 年 6 月停刊，共出版 2 卷 16 期，"周毓英创办的《社会主义月刊》，是 30 年代中国法西斯主义思潮中最具代表性的刊物"，"还是第一个在中国宣传法西斯主义的刊物"，所刊文章多宣传法西斯主义，如《法西斯蒂与中国革命》《东北问题的世界观及中日法西斯蒂的前途》《德国政权归希特勒》《法西斯蒂在中国社会之基础》《介绍希特勒》《青年法西斯蒂》《论法西斯蒂》《Technocracy 与法西斯蒂》《德国法西斯蒂运动》《希特拉传》《法西斯蒂的技术》《中国法西斯蒂的前途》《与胡汉民先生论法西斯蒂》《法西斯蒂与中国出路》《法西斯蒂革命的步骤》《国民党与法西斯蒂运动》《"世界大势所趋"——法西

① 刘奚叔：《慕沙里尼统治下的意大利》，民智书局，1929，第 28 页。
② 胡秋原：《一百三十年来中国思想史纲》，（台北）学术出版社，1973，第 135 页。

斯蒂》《法西斯蒂与三民主义》《德意志国家社会党法西斯下的三大企业联盟》《从历史上的国家观说到法西斯主义的国家观》《日本的法西斯运动》《论中国法西斯蒂应取之策略》等，在《社会主义月刊》刊出的 143 篇文章中，"周毓英以本名或各种笔名发表的至少有 52 篇"。① 他于 1934 年底选取其中 19 篇编成《法西斯蒂与中国革命》一书，由民族书局出版，用周自己的话说："这里搜集的文稿，多半是作者主编《社会主义月刊》的时候用不同的笔名发表的。第一辑全是直接讨论法西斯蒂的问题，第二辑中则是根据着法西斯蒂的观点讨论中国的经济文化等问题。最后的三篇附录，觉得对法西斯蒂理论的了解可以多一点帮助，便也搜了进去。"② 《社会主义月刊》的撰稿者们视法西斯主义为挽救国家、复兴民族的对症良药。周毓英就指出："九一八东三省事变突发，老弱的中国被日本施行开刀宰割，亡国的惨痛刺醒了麻痹的慢性病的中华民族，有毅力的志士奋然愿以热血来救国。在这潮流下，那法西斯蒂在中国社会便蠢然思动……许多从各政党各组织脱退出来或未脱退而怀着不满意的青年志士，都跃跃然的要起来组织法西斯蒂，完成一个革囊样的组织，把四万万七千万的一盘散沙的同胞盛放在法西斯蒂的革囊里。"③ 他强调"殖民地的国家，尤其是像中国那样的次殖民地的国家，只有法西斯蒂才是一条出路"④。而且法西斯主义兴起是中国也不能例外的世界潮流，他说："资本主义的没落，民主政治的崩溃，共产主义的碰壁，法西斯蒂的抬头，已成了世界潮流，在这狂暴的潮流下面，各国都将先先后后趋向于法西斯蒂，中国自然也不能例外。"⑤ 在陈穆如看来："'法西斯主义救中国'，自从上海及东北中日战后，我们就常常听到这样的话。自然法西斯主义经过无数的报纸与杂志介绍之后，已成为大家所注目的东西了。"他认为中国需要法西斯式的严密组织与铁血精神，并主张将国民党改造成这样的政党，指出"今后的中国革命无非是：'三民主义（正确主义）+ 法西斯蒂（有力的组织）'。这个意思就是说中国国民党的三民主义，要注射

---

① 张文涛：《周毓英与 20 世纪 30 年代的中国法西斯主义》，硕士学位论文，北京师范大学，2010，第 12 页。
② 周毓英：《法西斯蒂与中国革命·序》，民族书局，1934，第 1 页。
③ SW（周毓英）：《法西斯蒂与中国革命》，《社会主义月刊》第 1 卷第 1 期，1933 年 3 月 1 日。
④ 钟秀（周毓英）：《青年法西斯蒂》，《社会主义月刊》第 1 卷第 4 期，1933 年 6 月 1 日。
⑤ SW（周毓英）：《与胡汉民先生论法西斯蒂》，《社会主义月刊》第 1 卷第 8 期，1933 年 10 月 1 日。

入法西斯蒂的新的血液，才有出路"。① 冠山也撰文表达了"法西斯主义救中国"的思想，他对当时国家命运极为忧虑，称"沈阳吉林陷落了，黑龙江陷落了，锦州陷落了，山海关陷落了，热河陷落了，长城一带与滦东各县陷落了。虽说自鸦片战争以来，中国无时无刻不在外患的威胁之下，然而像这样的丧土失地，还是第一次。本来内部的贫乏与不安，已经使国本动摇，民生日蹙，现在再加上这样严重的外患，在内外夹攻之下，使中国民族的运命，几如风中残烛，使每个国民，处于水深火热之中。中国究竟往何处去？究竟什么是中国人民的出路？这是每个中国人民所必须了解的"。他指出近代有四种民族自救方式，这就是苏俄式的共党主义革命、土耳其式的民族革命、法国式的民主革命、意大利式的法西斯蒂革命，"这四种方式中，那一种合适于中国的国情？那一种可以作为我们的楷模？"他通过比较后认为，"以上四种方式——苏俄式的，土耳其式的，法兰西式的，意大利式的——已有三种（前之三种）是不适于中国现状的。除此四种方式以外，尚有一种没有成功过的方式，就是社会民主主义。但是这种社会民主主义在中国更没有实现的可能"。因为"社会民主主义是一种调和资产阶级与无产阶级的一种改良主义，只有在资本主义极度发达的国家"，如以前的德国以及英法等国才有实现的可能。他由此得出结论："只有'法西斯蒂'是濒于绝境的国家的自救的唯一工具。意大利在大战以后，几有国亡家破之叹，如果没有法西斯蒂运动，则意大利只有覆亡的前途，决没有复兴的希望。德意志也是一样。经过了战败的牺牲，德意志已到了绝望的境地，共产党与社会民主党都不能把德意志从重重的压迫之下解救出来，然而'法西斯蒂'的运动，拯救了德意志的运命。因此，'法西斯蒂'的运动，可说对于一切濒于死亡的国家与民族的起死回生的唯一的仙丹。回顾我们中国，现在处境之危，尤甚于昔日之意大利与德意志。苏俄式的共产主义，法国式的民主革命，土耳其式的民族革命，以及社会民主主义运动等，都不能解决中国的危机，已如上述。所以除了仿效意大利德意志的法西斯蒂精神，以暴力奋斗外，决没有其他出路"，"只有努力于法西斯蒂运动，只有法西斯蒂是挽救中国民族运命的法宝"。②

---

① 陈穆如：《法西斯蒂与中国出路》，《社会主义月刊》第 1 卷第 7 期，1933 年 9 月 1 日。
② 冠山：《国民党与法西斯蒂运动》，《社会主义月刊》第 1 卷第 7 期，1933 年 9 月 1 日。

需要指出的是，在法西斯主义传播过程中，其中包括 1933—1937 年法西斯主义思潮达到高潮时，思想界的态度并非一致，当时真正主张中国应该效仿德、意法西斯主义的只是少数具有国民党背景的知识分子，绝大多数知识分子清醒地认识到了法西斯主义的危害性并对其进行过激烈批评。学者徐有威曾对 20 年代《东方杂志》和《国闻周报》所载有关法西斯主义问题的著述做过统计和分析：这两份刊物刊载的有关文章共 127 篇，其中文章 99 篇，译文 28 篇。28 篇译文中，有 25 篇的基调是反法西斯主义的，"其原稿的撰稿人多为世界著名的反法西斯斗士"。99 篇文章的基本倾向，也是批判法西斯主义，"作为中国知识界代表的这两份杂志撰稿人深受辛亥革命和五四运动的熏陶，他们以资产阶级民主政治为利器，敏锐深刻地解剖了法西斯主义这一时代的怪物，对其反动本质进行了不遗余力的揭露和批判"。他们"普遍认为，法西斯主义纯属一种反动运动，它反对资产阶级民主政治，反对共产主义和自由主义，其兴起从根本上讲只不过是得逞一时的暂时现象。他们毫不动摇地一致公认法西斯主义不能救中国"。[1] 就是早先一度认同过法西斯主义的个别作者，随着法西斯主义极端国家主义等倾向的进一步暴露，也从原来的肯定和赞赏转向了否定和批判。如曾主张以"棒喝主义"来"收拾目前的时局"的胡愈之，1926 年 2 月在《东方杂志》上就撰文指出："棒喝团是近年在意大利新兴的一种秘密组织，在意大利文的原名叫 Fascisti。这个名字有三种译名：一，棒喝团，是译义的；二，法西斯太，是译音的；三，泛系党，是音义兼译的"，他列举了法西斯主义的特征如"极端的国家主义；武力主义；反德谟克拉西、反议会政治；反共产主义、反阶级斗争；拥护资产阶级；以党治国；英雄主义"后强调："现在全世界对于共产主义反动非常猛烈，棒喝团是想利用这种反动心理，以造成国际的反革命组织，与第三国际对抗。"[2] 到了 30 年代，随着法西斯主义思潮在中国的兴起，批判法西斯主义的人也越来越多起来。徐有威继续以《东方杂志》和《国闻周报》为中心，考察了"30 年代自由主义知识分

---

[1] 徐有威：《从 20 年代〈东方杂志〉和〈国闻周报〉看中国知识界对法西斯主义的评析》，《党史研究与教学》1997 年第 4 期。

[2] 胡愈之：《棒喝运动——国际问题研究之三》，《东方杂志》第 23 卷第 3 号，1926 年 2 月 10 日。

子的意大利法西斯主义观"，并得出结论：这两份杂志的"大多数撰稿人认为，意大利法西斯的独裁制犹如吗啡等药剂，虽然能在短时期内给人以强大的幻境，但实际上不过是一时得逞的暂时现象，其背后隐藏着巨大的危机。……其对内实行残酷的独裁专制，对外推行穷兵黩武的扩张政策，终究是玩火自焚，走向灭亡的"。"这些撰稿人通过深入的研究和分析，对法西斯主义给予了自然而深刻的批判，发出了'法西斯主义不能救中国，中国不需要法西斯主义的呐喊'。"①

二、国民党法西斯主义的形成及其内容和特点

1927 年南京国民政府建立后，尤其是九一八事变后，在国民党的推动下，中国思想界兴起了一股宣传和介绍法西斯主义的热潮。国民党、蒋介石不仅宣扬和介绍法西斯主义思想，而且力图在中国建立起法西斯主义的独裁统治。

蒋介石起初对法西斯主义并没有给予太多关注，在南京国民政府成立时还尽量撇清与法西斯主义的关系，后来公开谈论法西斯主义的演讲和文章也不多。在 1931 年 5 月 5 日的"国民会议"上，蒋介石首次公开谈论法西斯主义，被认为第一次亮出法西斯主义旗帜。他在会议开幕词的演讲中指出当今世界有三种政治理论：一种是共产主义之政治理论，主张阶级斗争，"此种残酷手段，尤不适于中国产业落后情形，及中国固有道德，中国亦无需乎此"；二是自由主义之政治理论，"主张民治，高唱自由者，各据议席，任其论安言计，动引西人，亦不过群疑满腹，众难塞胸，今岁不征，明年不战，使共产党军阀坐大于中原也"。以上两种理论均不可取。三是法西斯主义之政治理论，"本超象主义之精神，依国家机体学说为根据，以工团组织为运用，认定国家为至高无上之实体，国家得要求国民任何之牺牲，为民族生命之绵延"。他认为中国"举国所要求者，为有效能的统治权之行施"，以"解除民众痛苦"，"完成中国统一"，所以法西斯理论正适合

---

① 徐有威、王林军：《1930 年代自由主义知识分子的意大利法西斯主义观——以〈东方杂志〉和〈国闻周报〉为中心的考察》，载郑大华、邹小站主编《中国近代史上的自由主义》，社会科学文献出版社，2008，第 266、268 页。

于今日之中国。① 从上述言论中，可以看出蒋介石之法西斯主义有三个方面的含义：第一，国家至上；第二，民族至上；第三，效能至上。效能不完全是指行政效率，其中也包含消灭共产党。蒋介石还说自己的统治与法西斯有区别，因为自己的统治是有限的，"训政"结束，法西斯主义也就结束。1933 年 9 月 20 日，蒋介石在星子县爱莲池的演讲中进一步阐述了他对法西斯主义的理解："各国法西斯蒂共同的基本精神"，"第一是民族的自信，凡是一个法西斯蒂一定相信自己的民族是一个最优秀的民族，认识自己民族过去的历史是最光荣的历史，自己民族的文化是最优秀的文化"；"第二是要一切军事化，凡是法西斯蒂，其组织，其精神，其活动，一定统统能够军事化。所有的党员，虽然不是普通的所谓军队，虽然不在军队里面当兵，但是无论在家庭里、工厂里、政府机关里，总之无论在什么地方，什么时候，无论做什么事情，统统是在军队里一样过生活，就是要有军人的习惯和精神，军队的组织和纪律，换句话说，统统要服从、牺牲、严肃、整齐、清洁、确实、敏捷、勤劳、秘密，质素朴实，共同一致，坚强勇敢，能为团体、为党、为国来牺牲一切"；"第三是领袖的信仰。法西斯蒂最重要的一点，就是绝对信仰一个贤能的领袖。除他之外，再没是（有）什么第二个领袖或第二个主义，就是完全相信一个人！所以无论是其团体内的组织，有干部委员，干事，都不相干，就是只相信他领袖一个人！一切事情要他领袖来最后决定，我们现在就要认定中国非有一个领袖，非大家绝对信仰这一个领袖，不能改造国家，不能完成革命。所以以后你们要知道：法西斯蒂的特质，就是只有领袖一个人，除这一个人之外没有第二个。所以一切的权力和责任也都集中于他领袖一个人……我们那一天入了这个革命的团体，亦就自那一天起将我自己的一切权利，生命，和自由幸福都完全交给团体交给领袖了！决没有第二个思想和第二个精神，只有这一点，我们才可以真正叫做一个法西斯蒂！"②

正是以蒋介石发表的这两次演讲为契机，国民党出现了一股宣传、介绍和主张法西斯主义的狂潮。据不完全统计，1932 年至 1936 年间，以出版、

---

① 蒋中正：《国民会议开幕词》，《新中华杂志》第 1 卷第 1 期，1931 年 5 月 5 日。

② 蒋中正：《如何做革命党员："实在"为革命党员第一要义——中华民国二十二年九月二十日在星子县爱莲池对干部同志讲》，载《总统蒋公思想言论总集》卷十一，第 565、566—567 页。

宣传、介绍法西斯书籍和墨索里尼、希特勒、蒋介石的言论与传记为主的书局就达数十家之多，如提拔书店、正中书局、光明书局、黎明书局等，出版了夏含华的《墨索里尼与法西斯蒂》（光华书局 1933 年）、萧文哲的《日本法西斯蒂运动》（光华书局 1933 年）、萧文哲的《法西斯蒂及其政治》（神州国光社 1933 年）等数百种图书。宣传、介绍和主张法西斯主义的报刊先后发行也有百余种，主要有《中国日报》《晨报》《中国革命》《汗血》《老实话》《社会新闻》《社会主义月刊》《前途》等，其中尤以"CC 系"的《社会主义月刊》和"力行社"的《前途》为代表。一些亲国民党的知识分子也以《文化建设》《时代公论》等刊物为主要阵地，加入到了宣传、介绍和主张法西斯主义的行列。

　　一个主义、一个政党、一个领袖，是国民党法西斯主义的基本内容和灵魂。早在 1928 年 7 月，蒋介石就提出了"一个主义""一个政党"的口号。他说，"现在主义的派别很多，有狭隘的国家主义，有在中国不适合的共产主义，有在千万年以后或能实现的无政府主义；这些主义，都不合于中国建设之用"，"我们中国要在二十世纪的世界谋生存，没有第二个适合的主义，只有依照总理的遗教，拿三民主义来做中心思想，才能统一中国，建设中国；如果中国各派的思想不能统一，中国的建设定是非常困难的。因此，我们现在只有研究总理的三民主义，拿来作建设的方针。至于共产主义、国家主义，与无政府主义等等，都是外国的宣传，不适合中国的需要，我们决不能盲从附和，害己害人"，"我们要确定三民主义，是中国最适用的一个中心思想，要拿三民主义来统一全国的思想"，"要确定总理三民主义为中国唯一的思想，再不好（许）有第二个思想，来扰乱中国"。他又指出"我们要建设健全的一个国家，要在国际上得到平等的地位，我们必须以党治国"。① 他在 1929 年发表的《为什么要有党》的演说中明确主张"以党治国，就是国民党治国"，认为"三民主义没有实现以前，如果允许各种主义、各种党派，在国里面活动，我们真正革命党一定要失败，国民党失败，不仅是一党的失败，而且是国家的失败，民族的失败。所以现在革命没有

① 蒋中正：《中国建设之途径——中华民国十七年七月十八日在北平招待各界讲》，载《总统蒋公思想言论总集》卷十，第 322、323 页。

成功以前，帝国主义没有打倒以前，三民主义没有实现以前，不能够再有第二个党起来攻击国民党使国民党失败"。① 很明显，蒋介石搞一个主义、一个政党，其目的就是反对共产主义和共产党，所以，具体说来蒋介石法西斯主义的内容之一就是反共。"一个领袖"是指针对国民党内部派系纷争而言的。孙中山先生去世后，国民党四分五裂，多次公开分道扬镳，蒋介石、胡汉民、汪精卫、孙科等各派为争夺中央权力，互相争斗，水火不容。蒋介石希望以法西斯主义的"一个领袖""领袖独裁"为其实现个人独裁服务。1933 年 7 月 18 日，他在庐山军官训练团演讲时宣称："军队的信仰一定要集中"，"第一就是要使全军信仰惟一的主义，第二就是要使全军能信仰惟一的最高统帅"，"大家要知道，今天并不是因为我做了统帅，就要大家信仰我，就是政府叫任何人来做统帅，大家也要一样的信仰他！总之，我们全体士兵和各级官长，对于自己的上官，尤其是统帅必须绝对的服从！"② 稍后，他又一次来到军官训练团演讲，这次他强调国民党全体党员要服从领袖，他说："革命团体的一切，都要集中于领袖；党员的精神，党员信仰要集中，党员的权力以及党员的责任，也要集中，党员所有的一切都要交给党，交给领袖；领袖对于党的一切，党员的一切，也要一肩担负起来！所以每个党员的精神和生命，完全是与领袖须臾不可分离的。因此，所有的党员和领袖当然要同患难，共生死，领袖的生命就是全体革命党员的生命，全体革命党员的生命就是领袖的生命！"③ 这正如学者所指出的那样，"这两篇讲话虽然没有直接提到法西斯主义，但蒋介石要树立个人权威，建立个人独裁的野心与法西斯极权主义的精神基本上是一致的"④。一些鼓吹法西斯主义的人也纷纷借法西斯主义"领袖独裁"的理论，为树立蒋介石独裁统治大造舆论。他们说："一个国家的政治，与其由民主的虚名而陷于腐败、

---

① 蒋中正：《为什么要有党——十八年七月在北平视察党务时讲演》，《中央周报》第 82 期，1929 年 12 月 30 日。
② 蒋中正：《革命军官须知——中华民国二十二年七月十八日对军官训练团全体教官讲》，载《总统蒋公思想言论总集》卷十一，第 306 页。
③ 蒋中正：《革命的心法：诚——中华民国二十二年九月二十一日在庐山军官团讲》，载《总统蒋公思想言论总集》卷十一，第 579—580 页。
④ 崔之清主编《国民党政治与社会结构之演变 1905—1949》中编，社会科学文献出版社，2007，第 702 页。

没落，当然不如由一个才干和道德高超的领袖去执行独裁……与其把政治的任务仰望于一般盲目无能的民众，实不如专责于一个英勇贤明的领袖。"①蒋介石本人虽然公开谈论"一个领袖"的时候不多，并表示过这个"领袖"并不必是自己担任。但实际上，他支持鼓吹法西斯分子的人制造"领袖独裁"的舆论，并默许他们把自己视为这个"独裁领袖"的当然唯一人选。所以具体说来，实行专制独裁统治是蒋介石法西斯主义的又一个内容。总之，蒋介石法西斯主义的内容就是要在中国实行他个人的独裁统治，消灭国民党内的派系之争和铲除中国共产党。

　　"力行哲学"和封建的伦理政治是国民党法西斯主义的理论支撑。1932年5月《淞沪停战协定》签订后，蒋介石纠集几十万兵力对红军进行第四次"围剿"。5月16日，他发表了《自述研究革命哲学经过的阶段》，6月6日又发表《要抵抗日本帝国主义先要抵抗日本武士道的精神》的讲演，提出"力行哲学"。他说："古往今来宇宙之间，只有一个行字才能创造一切。"因此，"行的哲学为唯一的人生哲学"。蒋介石之"行"字是孙中山的"知难行易"之消极发展，又将王阳明的"知行合一""致良知"等糅合进去。孙中山的"行"字有两个方面的含义：一是"以行求知"；二是"因知以进行"，"能知必能行"。孙中山所强调的是革命道理难以知晓，一旦明白应该力求实行。蒋介石的"所谓行，是天地间自然之理，是人生本能的天性"，他把"行"先天化、神秘化了。既然"行"是本性，"知"就不必去探求了，只要有先知先觉者指教后知者即可了。蒋介石说"行就是人生"，行的目的是"行仁"，"力行就是革命"。要"行"必须要有智、仁、勇三大德的革命精神，其原动力是"出乎大公，本乎至诚"，"行的极致就是杀身成仁"。②总之，蒋介石"行"的哲学的基本内容和中心目的，用周恩来的话说，"是要人民于不识不知之中，盲目地服从他，盲目地去行"③。蒋介石有时又把其哲学叫做"诚的哲学"，其"诚"就是王阳明"致良知"的翻版。他说诚"起

---

① 《中国政治之前途》，《前途》第1卷第8号，1933年8月1日。
② 《蒋介石先生讲演：要抵抗日本帝国主义先要抵抗日本武士道的精神》，《人民评论（北平）》第13号，1933年8月1日。
③ 周恩来：《论中国的法西斯主义——新专制主义》，载《周恩来选集》上卷，人民出版社，1980，第146页。

于心意，而着于事物"，"诚就是一切事业的原动力"，"诚是修己治人的根本"。又说"诚则无物"。总之，人们对任何事物——对于蒋介石统治当然不例外，只有一个"诚"字就行了，有了"诚"字作原动力，就像虔诚的宗教教徒一样，有了用之不竭的原动力，就敢于向最危险的方向去"实干、硬干、快干"，"不成功，便成仁"。如同"力行哲学"一样，"诚"的哲学同样是要求人民不要怀疑蒋介石的统治，只管为其效命就行了。这同样是一种地道的愚民哲学。

封建的伦理政治是蒋介石法西斯主义的政治哲学。蒋介石主要以儒家经典《大学》和《中庸》为思想统治的工具。蒋介石自称继承了尧舜孔孟以来的道统，他给自己的部属亲自讲授"《大学》之道"和"《中庸》之要旨"，尤其推崇《大学》，视其为修己治人的法宝，称"《大学》为古今中外最精微博大完美高尚之政治哲学"[1]；"《大学》一书，不仅是中国正统哲学，而且是现代科学思想的先驱，无异是开中国科学的先河"[2]。蒋介石在极力推崇《大学》之道后，把孙中山先生的三民主义曲解为《大学》之道的现代翻版，而且用封建的政治学说、伦理学说为其法西斯主义制造理论依据。

封建性是国民党法西斯主义的基本特点。蒋介石法西斯主义渗透着封建专制主义的政治思想和伦理观念。例如关于国家观，蒋介石根据法西斯的"国家是伦理的、绝对的、统一的、万能的精神实体"说法，声称"国家是一个有生命的超乎一切的集体组织。他的全部机构，就是一个完密的生命全体，每个国民，就是构成这个生命全体的一个细胞"。所以，人民只有尽义务而无权利。蒋介石利用这种国家理论提倡"中国魂"，认为"国家因为有灵魂才有生命，才能生存，如果国家失去了这个灵魂，这个国家便没有生命，就是要灭亡的。所以说，国家的盛衰存亡，即系于国魂强弱兴替"[3]。而中国的所谓"国魂"，就是"四维"（礼义廉耻）、"八德"（忠孝仁爱信义和平）。他把中国传统的伦理道德同法西斯主义结合起来。蒋介石法西斯主义的封建性还表现在对封建思想的继承上，特别是在伦理思想和教育思想中

---

① 蒋中正：《大学之道（上）》，《黄埔季刊》第 4 卷第 3—4 期合刊，1942 年 12 月 30 日。
② 蒋中正：《大学之道（下）》，《黄埔季刊》第 4 卷第 3—4 期合刊，1942 年 12 月 30 日。
③ 蒋中正：《中国魂》，《训政月报》第 16 期，1936 年 1 月。

反映最为明显。他提倡恢复所谓中国固有文化、传统思想，提倡尊孔读经。

国民党法西斯主义的另一个特点是欺骗性。蒋介石深知孙中山在中国人民心中有着崇高的地位，所以虽然他十分欣赏法西斯主义，但他却不敢公开抛弃孙中山亲手制定的三民主义，不主张公开提"三民主义法西斯"的口号，而赞赏"三民主义之复兴""三民主义为体，法西斯主义为用"的提法。这样悄悄地在孙中山三民主义中加进了法西斯主义货色，从而使得法西斯主义能够蒙骗一部分人。

蒋介石虽然十分推崇法西斯主义，其党羽也形成了一股势力，法西斯主义在中国也有了一定的市场，但仅此还不够，蒋介石又从各个方面采取了一系列措施，以保障其法西斯主义政策的推行。国民党法西斯主义的保障体系，大致说来有以下几个方面：

第一，在中央建立一党专制和个人大权独揽的政治制度。在 1928 年 2 月 2 日召开的国民党二届四中全会上，蒋介石当选为国民党中央常务委员会和军事委员会主席。同年 10 月国民政府公布了《训政纲领》，用法律形式确认了国民党的一党专政。纲领规定，训政时期，由中国国民党全国代表大会代表国民大会领导国民行使政权，闭会期间，政权即由国民党中央执行委员会行使。同时，在国民党中央执行委员会内设一个"中央政治会议"，作为全国实行"训政"的最高指导机关，指导监督国民政府的活动，而由蒋介石就任中央政治会议主席，这就不仅使其控制了中央政治会议，从而也控制了国民党和国民政府。1929 年 3 月，国民党"三大"进一步规定，由国民党领导全体国民，人民只有服从国民党，才能享受国民之权利，这样孙中山提出的人民的选举、罢免、创制、复决四种政治权利就被剥夺了。接着国民党又颁布了《中华民国国民政府组织法》《行政组织法》，规定国民政府由行政、立法、司法、考试、监察五院组成，分别负责各项治权，但是国民政府委员、主席和五院院长是由国民党中央委员会决定的。这样，孙中山设想的人民的"政权"和政府的"治权"完全被国民党独揽，最后由蒋介石一人决定。在 1931 年 5 月召开的国民会议上，又制定了《中华民国训政时期约法》，把国民党的一党专政作为一种政治制度，用"国家大法"的形式肯定下来，成为"法统"，但《约法》还没有规定蒋介石个人独裁的条文。这并非蒋介石不愿意这么做，而是因为当时他还无力这样做，但个人独裁一直是他所追求的目标，并在抗战时期得以实现。

第二，在地方上推行封建的保甲统治。保甲制度源于西周，明清时期有很大发展，民国成立后，保甲制度逐渐告终，具有地方自治性质的间邻制开始在农村兴起。南京政府建立初期也曾遵照孙中山"地方自治"遗训，从1929年6月起，在全国推行县—区—间—邻的基层政权建设。但由于中国共产党在农村势力的发展，蒋介石又搬出中国传统的保甲制度，对基层社会进行严密控制。1931年6月首先在江西修水等43县试行"编组保甲，清查户口"，接着将保甲制推行到江西全省。次年8月又颁布了《剿匪区内各县编查户口条例》，极力推行实行保甲制度：以户为单位，设户长；十户为甲，设甲长；十甲为保，设保长。保甲实行"连坐法"，规定一户"犯罪"，各户均受株连。这样就把人们禁锢起来，使人民处于白色恐怖之中。保甲制的初衷是要反对共产党，配合国民党对苏区和红军的军事"围剿"。但后来保甲在全国范围内推行开来，成为国民党奴役和压迫人民的残酷手段。由于地方政权的变更和赋税的加重，士绅逐渐退出权力圈子，基层政权出现流氓化、地痞化倾向，基层官吏凭借权力任意鱼肉百姓，而国民政府也借以实行恐怖政策，达到其实行法西斯专制独裁的目的。

第三，建立特务组织，实行白色恐怖政策。蒋介石特务组织主要是"中央俱乐部"（即CC系）和复兴社，后来两组织发展为"中统"和"军统"。CC系亦称"中央俱乐部"。1927年8月，蒋介石指使陈果夫纠合潘公展、程天放等人为骨干，秘密建立。1928年1月，陈果夫任国民党中央组织部副部长代行部长职务，CC的秘密组织与活动得到了公开合法的保护。它们不仅控制着国民党中央党部，而且还控制了一部分省党部。后来"中央俱乐部"内部成立了"中央调查统计局"，隶属于国民党中央组织部，称为"中统"。CC系和中统采取绑架、暗杀等恐怖活动，一大批中国共产党人和国民党内部不同政见人士死于CC之手。九一八事变后，为加强其法西斯独裁统治，蒋介石又于1932年以"民族复兴"为名，成立了复兴社。复兴社又称"蓝衣社"，是国民党军事系统的特务组织，其前身是原黄埔同学会中的蒋介石嫡系和"南昌行营谍报科"，其骨干有贺衷寒、邓文仪、康泽、戴笠等。复兴社的组织原则是下级绝对服从上级，牺牲个人自由，绝对服从领袖。为推动国民党法西斯化，复兴社的活动从三大运动入手：一是"新军建设运动"，即"派干部到部队监视军官，使士兵法西斯化"；二是"党的建设运动"，即"以断然手段扫荡党内一切反动分子，收容杂色势力置于本社势力之下，使各级党部法西斯化"，然后"一切权力集中于领袖"；三是所谓"基金建设运动"，即"没收军阀政客财产归本社"，并向英、美借款。蓝衣社的中心纲领在于建立"领袖独裁"，奉蒋介石为领袖，由蒋介石担任其组织最高职务，而其社员对于蒋介石，则强调蒋介石个人的"绝对权威"，要"秉承领袖意志，体会领袖甘苦"。在决定斗争方式时，应"基于拥护并扩大本会会长的政治主张及威信"。1932 年后 CC 系和复兴社势力迅速膨胀，如复兴社由开始时的 40 余人，发展到抗战前约 10 万人，并形成不同派系，主要有戴笠的特务系、陈诚的军事系、康泽的别动系和贺衷寒的政训系。他们彼此明争暗斗，互相排挤。由于 CC 系和复兴社渗透到军队、文教、财政各个系统，所以有很大的势力，凡是与其政见不合者，他们就采取盯梢、恐吓、绑架、监禁和暗杀等手段，消除异己分子。总之，CC 系和复兴社这两大特务组织成为蒋介石推行法西斯主义政策的强有力的工具。

第四，在文化上推行法西斯的文化专制主义。它主要体现在两个方面，一是文化"围剿"，一是法西斯主义教育。30 年代无产阶级左翼文化得到了迅速发展，蒋介石在与之进行笔墨斗争的同时，还借助法西斯特务组织，查禁进步书刊，捣毁进步文化团体，对进步作家、革命学生，使用跟踪、恐吓、绑架、暗杀等手段，进行拘捕、监禁和杀害。在文化"围剿"的同时，蒋介石还竭力推行法西斯主义教育，如军队精神教育、党化教育、尊孔读经等。

第五，在社会生活上推行所谓"新生活运动"。1933 年复兴社分子邓文仪等向蒋介石建议，复兴民族应从革命生活做起，于是 1934 年蒋介石在南昌发起了"新生活运动"。2 月 19 日，蒋介石在南昌行营扩大总理纪念周上发表《新生活运动之要义》的演讲，提出"今后全体国民应开始实践合乎礼义廉耻的新生活运动"，并认为"合乎礼义廉耻适于现代生存的新生活运动是目前救国建国与复兴民族一个最基本最有效的革命运动"。[1] 此后，蒋介石

---

[1] 蒋中正：《新生活运动之要义——中华民国二十三年二月十九日在南昌行营扩大总理纪念周讲》，载《总统蒋公思想言论总集》卷十二，第 70、77 页。

又做了《新生活运动之中心准则》《新生活运动的意义和目的》《新生活运动之真义》等演讲。5 月 15 日，他向全国发布手订的《新生活运动纲要》。新生活运动，按蒋介石的解释就是"提倡礼义廉耻的规律生活，以礼义廉耻之素行，习之于日常生活衣食住行四事之中"，用所谓"社会教育"的方式，使一般国民能够"整齐""清洁""简单""朴素""迅速""确实"，达到生活军事化、生产化和艺术化。[1] 新生活运动发端于抗战前，抗战期间又有新的积极的发展，战后基本消失。新生活运动是在"新"的名义下，打着"民族复兴"的旗号，披着三民主义的外衣，用封建主义伦理纲常规范人民言行，抵制和肃清共产主义，推行法西斯主义的社会教育运动。一是"新生活"借"新"之名行封建主义之实。"新生活"本是新文化运动健将们为冲决封建罗网而倡导的。但蒋介石的新生活却反其道而行之，要求恢复固有道德，提倡礼义廉耻，用封建的伦理道德去规范人们的日常生活。二是新生活运动打着民族复兴的旗号，推行法西斯主义。蒋介石的"民族复兴"思想和运动在一定程度上受了德国的影响，成立"力行社""复兴社"等法西斯团体，企图借以改造国民党，并实行国民生活军事化，具体推行新生活运动军事训练，强化国民党地方基层组织，重整保甲制度。三是新生活运动是为了配合蒋介石剿共、反共、防止和清除共产主义思想在中国传播。四是用封建之伦理道德规范和禁锢人民言行，巩固和强化统治秩序。如新生活运动对人们的服装、娱乐都有一些无谓的要求。总之，新生活运动就是要国民老老实实、规规矩矩地遵循中国传统伦理道德，心甘情愿地接受蒋介石法西斯独裁专制统治。当然，客观地说，新生活运动也还有其他一些积极含义，比如，新生活运动曾列入"国防计划"，并与国民精神建设运动相结合，在一定程度上为抗日做了精神上和物质上的准备。另外，新生活运动对培养人民新的生活习惯也有它的积极意义。

三、国民党法西斯主义与德、意法西斯主义的差异

国民党版的法西斯主义形成的背景与德国、意大利等国的法西斯主义是不同的，因而国民党版的法西斯主义与德国、意大利等国的法西斯主义有

---

[1] 蒋中正:《新生活运动纲要》,《大公报》1934 年 5 月 15 日。

着明显差异。这种差异主要表现在以下三个方面：

　　第一，德、意法西斯主义对外主张的是民族侵略主义、大国沙文主义，基于种族主义的侵略扩张是法西斯主义的典型特征，但国民党、蒋介石的法西斯主义则是防御型的民族主义，其主张法西斯主义的目的不是为了对外侵略扩张，相反中国是法西斯主义侵略扩张的受害者。

　　德国、意大利，包括后来的日本法西斯主义的共同特征是以社会达尔文主义、种族主义世界观为基础的极端民族主义。德、意法西斯主义者把"弱肉强食，适者生存"的自然法则视为社会运行的法则，大肆宣扬本民族的优越性，宣扬"强者必须统治弱者"，"优等种族"应该奴役"低等种族"，"优等种族"负有统治世界的使命，主张对异族进行歧视、排斥，鼓吹通过战争与武力为本民族争夺"生存空间"，奉行民族沙文主义、侵略扩张主义以至种族灭绝政策。希特勒在1933年1月30日出任德国总理后宣称："首先，我国人民必须从既无希望又无秩序的国际主义中解放出来，接受一种有意识，有步骤的狂热的民族主义的教育。"[1] 墨索里尼指出："我们创造了我们的神话。神话是一种信仰，是一种激情，民族就是我们的神话，我们其他一切都服从这个神话，这种崇高。"[2] 正是在这种极端民族主义的指引下，德、意、日法西斯发动了疯狂的一系列对外扩张的侵略战争，并挑起了第二次世界大战。

　　作为一个弱国、被侵略国家的政治领导人，加上受中国传统思想文化的影响，蒋介石不可能主张对外侵略扩张，他所主张的民族主义是防御性的，主张"恢复民族的精神"，保持"民族的自信"，主张抵御日本帝国主义的侵略。周恩来在1943年8月16日发表的《论中国的法西斯主义——新专制主义》一文中谈到，"蒋介石国民党既还抗战以抵抗日本侵略者，为什么叫他做法西斯主义呢？我们回答：正因为这样，所以毛泽东同志叫他做中国的法西斯主义了。民族侵略主义是法西斯主义的一种特征，不是唯一的特征。季米特洛夫报告中讲的法西斯主义的四种特征，除了民族侵略主义这

① 德尼兹·加亚尔、贝尔纳代特·德尚：《欧洲史》，蔡鸿滨、桂裕芳等译，海南出版社，2000，第544页。
② 沃尔特·拉克尔：《法西斯主义：过去、现在、未来》，张峰译，北京出版社，2000，第32页。

一点外，中国法西斯主义都是具有的"①。按蒋介石的理解，法西斯主义包括
"民族的自信""一切军事化""绝对信仰一个领袖"三个方面，而不包括民
族侵略主义。②民族侵略主义并不是法西斯主义的唯一特征，蒋介石也没有
宣传民族侵略主义，他主要是宣扬"绝对信仰一个领袖"，认为这是"法西
斯蒂最重要的一点"。这与德国、意大利等国的法西斯主义以种族歧视、对
外扩张为显著特征，是有所不同的。

第二，德、意法西斯主义对内公开否认民主宪政，实行赤裸裸的独裁
统治，蒋介石虽然对独裁情有独钟，但由于各种原因，真正的独裁统治到
了全国抗战爆发后才逐渐建立起来，他在口头上也始终表示要遵循孙中山
的"革命程序"论，不仅没有公开否认过宪政，相反还多次许诺要实行"宪
政"，还政于民。因此与德、意法西斯主义比较，国民党、蒋介石的法西斯
主义更具有其欺骗性。

德、意法西斯主义是一种极端独裁形式，它公开抛弃议会民主，代之
以恐怖的法西斯独裁统治。墨索里尼上台后，于1923年1月建立了"超越
和凌驾于原有的政治机构之上"的法西斯大委员会，于1925年1月宣布国
家法西斯党为意大利唯一合法政党并控制了政府，建立了法西斯独裁统治。
希特勒于1933年1月30日上台后，2月即炮制了国会纵火案并通过打击
共产党、社会民主党控制了国会；于3月23日迫使国会通过"授权法"即
《消除人民和国家痛苦法》，规定将由国会掌握的立法权暂时移交给内阁，
联邦政府有制定法律的权力，政府总理有权起草和公布法律并使法律立即
生效，使总理集立法权与行政权于一身；此后，希特勒根据"授权法"所给
予的权力取缔了共产党及各政党组织，实现了纳粹党的一党专政。他又在
1934年8月兴登堡总统病逝后宣布《国家元首法》，规定总统职务与总理合
二为一，使自己独揽了全国所有大权，成为不受法律约束的独裁者。

有别于德、意法西斯主义公开以独裁取代民主、解散议会，否认民主宪
政，蒋介石并没有公开否认过宪政，相反却一再表示要按孙中山"革命程
序"论的设计，以"训政"为过渡，迈向宪政，还政于民。1931年5月5

① 周恩来：《论中国的法西斯主义——新专制主义》，载《周恩来选集》上卷，第147页。
② 蒋中正：《如何做革命党员："实在"为革命党员第一要义——中华民国二十二年九月二十日
在星子县爱莲池对干部同志讲》，载《总统蒋公思想言论总集》卷十一，第565—567页。

日，蒋介石在国民会议的演讲中就指出："每国各有其客观的环境，世间决无可以完全移植之政治，此总理之必须融汇中外学说，研究国内实况，而后可以定医国之不易良剂也。主权属于全体人民，系总理所亲定，最后之目的，在于民治，而所以致民之道，则必经过训政阶段，挽救迫不及待之国家危难，领导素无政治经验之民族，自非借经过较有效能的统治权之行施不可，况既明定为过渡之阶段，自与法西斯蒂理论有别。"① 后来，他在《三民主义之体系及其实行程序》中又对三民主义与法西斯主义进行过比较，强调"法西斯主义注重民族主义，却不重视民权和民生主义，而且法西斯主义者的民族主义，只注重自己民族的利益，忽视其他民族的利益"。② 而且在他的执政过程中，每当其统治发生危机时，蒋介石就以实行所谓宪政来欺骗人民。这也是全国抗战时期先后能兴起两次民主宪政运动的重要原因（详见本卷第二十三章）。毛泽东在1940年2月发表的《新民主主义的宪政》的讲演中就曾告诫党内同志和善良的人们不要为蒋介石的所谓实行宪政的欺骗宣传所迷惑："现在有些历来反对宪政的人，也在口谈宪政了。他们为什么谈宪政呢？因为被抗日的人们逼得没有办法，只好应付一下。而且他们还提高嗓子在叫：'我们是一贯主张宪政的呀！'吹吹打打，好不热闹。多年以前，我们就听过宪政的名词，但是至今不见宪政的影子。他们是嘴里一套，手里又是一套，这个叫做宪政的两面派。这种两面派，就是所谓'一贯主张'的真面目。现在的顽固分子，就是这种两面派。他们的宪政，是骗人的东西。……他们口里的宪政，不过是'挂羊头卖狗肉'。他们是在挂宪政的羊头，卖一党专政的狗肉。"③ 毛泽东在文中所说的"两面派"和"顽固公子"，指的就是蒋介石和国民党。

为了欺骗人民，把自己打扮成孙中山的忠实信徒，蒋介石还多次否认自己要当中国的希特勒和墨索里尼。1927年4月18日，蒋介石在南京国民政府成立大会的发言中回应了社会舆论对其转向法西斯主义的担忧，表示自己是总理的忠实信徒。他说："有许多人批评我说，蒋介石现在做了土耳其的基玛尔，或者说蒋介石已做了意大利的蒙梭利尼（墨索里尼——引者），

---

① 蒋中正：《国民会议开幕词》，《新中华杂志》第1卷第1期，1931年5月5日。
② 蒋中正：《三民主义之体系及其实行程序》，《精神动员》第2卷第1期，1941年4月1日。
③ 毛泽东：《新民主主义的宪政》，载《毛泽东选集》第二卷，第735—736页。

这种议论就是要形容蒋介石是一个军事独裁者罢了。各位同志，我蒋介石还不配做基玛尔，也不配做蒙梭利尼的。我只要做我们总理的一个忠实信徒，本党的一个忠实党员，就是我们总理的三民主义实行者。如果我有违反总理主义的时候，随便哪一个同志，都可以来打倒我，都可以来枪毙我。我蒋介石绝对不会做蒙梭利尼，如果我弄得中国发生一个'法西斯蒂'的时候，那末随便哪一个同志都可以惩罚处分我的。现在我对于本党和政府，只有鞠躬尽瘁死而后已。对于个人生死成败一切置之度外，只希望党权真正能提高起来，总理的事业能够由我们各位继续下去，使得我们总理的精神真正不死。"[1]1932 年 7 月 9 日，天津《大公报》"电询组织'法昔司蒂'之有否"，蒋介石回电表示："人欲仿效意大利之所谓法西斯蒂之组织，来强行之于中国，是何异共产党欲以中国为共产化。故中正可以坦白直率，答复贵报曰：中正生为中国国民党之党员，死为中国国民党之党魂，只知中国革命的组织，惟有一个中国国民党的组织。"[2]他强调："我们中国人只讲一个形式，实际上什么事情不能同外国人一样的实在来做"，许多事情在外国可以成功，但在中国要变形、要失败，"同样的，外国有法西斯蒂，现在我们中国也有法西斯蒂，但是中国的法西斯蒂有其名，无其实"，"中国既不能如俄国有一个史达林，又不能如意大利的莫索利尼，德国的希特拉，甚至以议会为政治中心的，如英国的麦克唐纳，以民主为政治基调的，如美国独断专行的罗斯福，都不能产生，所以一般人看起来，以为中国无论你们变什么花样，他们料到你们这个花样总变不成功，最后不过学得一个三不像，必到失败为止。他们所谓法西斯蒂当然是指我们这一般人，所以他们种种的讥评，统是讥评我们"[3]。

第三，与德、意法西斯主义的理论来源于西学不同，国民党、蒋介石的法西斯主义的思想资源主要以中国传统思想，尤其是以封建主义思想为主。

---

① 《蒋总司令在庆祝国府会之演说》，《申报》1927 年 5 月 4 日。

② 《蒋委员长严词辟谣：生为国民党党员，死为国民党党魂：电覆大公报关于法西斯蒂之询问》，《中央日报》1932 年 7 月 11 日。

③ 蒋中正：《如何做革命党员："实在"为革命党员第一要义——中华民国二十二年九月二十日在星子县爱莲池对干部同志讲》，载《总统蒋公思想言论总集》卷十一，第 560—561 页。

　　德、意法西斯主义主要有五个基本理论，这就是"种族优越论""国家至上论""领袖至上论""意志至上论""暴力和强权真理论"。希特勒就极力鼓吹日耳曼民族是世界上最"优秀"的种族，世界上其他民族都应接受日耳曼民族的领导；犹太民族是世界上最"低劣"的种族，不应该生存于世界，所以要对它实行种族灭绝。希特勒这一理论的来源就是主张"优胜劣汰，弱肉强食"的"社会达尔文主义"。再如"国家至上论"，希特勒认为日耳曼人的国家利益高于一切，个人利益要绝对服从国家利益，并鼓吹日耳曼民族的国家既优秀又强大，理应实行扩张主义，侵略和占领别的国家，所以"国家至上主义"，也就是"国家沙文主义"。德国历史上的国家主义便是这一理论的源头活水。又如"领袖至上论"，它来源于德国哲学家尼采的"超人"学说。尼采把人分为两类，一类是少有的具有非凡的智慧和能力的"超人"，一类是占绝大多数庸庸碌碌、盲目服从的"庸人"，"超人"是历史的创造者，有责任领导和驱使"庸人"，而"庸人"要绝对服从"超人"的领导和指挥，充当"超人"创造历史的工具。希特勒正是利用了这一学说，大搞个人独裁和崇拜，并通过纳粹党和"党卫军"，大肆鼓吹对自己的狂热信仰。"意志至上论""暴力和强权真理论"，其理论来源也都是西学。如"意志至上论"，就源于尼采的"唯意志论"。尼采认为意志就是力量，只要意志坚强，就没有办不成的事情。而要实现自己的意志，首先就必须握有权力。他于是创造了"权力意志论"这一概念，认为人生的目的就在于掌握权力和发挥权力，以权力来"扩张自我"。希特勒深受尼采这一学说的影响，他的自传体《我的奋斗》一书所鼓吹的，就是坚强意志和主观奋斗精神可以战胜一切。

　　国民党、蒋介石的法西斯主义的思想资源则是以中国传统思想，尤其是封建主义思想为主，提倡力行哲学，提倡"四维八德"的传统道德，提倡封建的复古思想，将"三民主义"儒学化、封建化。因此，被人们批判为是封建法西斯主义。比如，蒋介石虽然对法西斯主义的"民族的自信"颇为赞赏，要求相信我们的民族"最为优秀"，但他的理论来源不是基于"社会达尔文主义"的"种族优越论"，而是基于中华民族和中华文化的悠久历史，基于中华民族和中华文化的生生不息，他说："我们要坚确自信我们的民族悠久的历史，文化悠美的光荣，现在世界上那一个国家都不如我们！

无论苏俄，意大利，英国，美国，他们的历史，文化都没有我们中国这样悠久，这样优美。——日本人更不足和我们比较。我们祖宗所造成的历史文化，既如此伟大，现在到了我们子孙手里，不仅没有继续发扬，反要衰落，倒霉，给人家来欺侮压迫，甚至要亡国灭种，我们自己扪心自问，应该如何惭愧！应该如何知耻奋发！我们相信自己的民族，是一个最优秀的民族，我们都是历代圣祖神宗的化身，所以我们民族，固有的智能，现在虽然一时否塞，但仍旧可以由我们手里恢复转来，并且要发扬光大！"正是基于上述认识，蒋介石提出："'格致诚正修齐治平'为我们民族最高的文化，忠孝仁爱信义和平——就是'礼义廉耻'，为我们民族固有的道德，智仁勇三者为我们民族传统的精神，三民主义为我们民族革命惟一的原则，而归纳之于'诚'。因此我们要做革命党员必先要以精诚来保持固有的道德和传统的精神，才能复兴民族最高的文化。"①蒋介石、国民党理论家在诠释三民主义时，宣扬所谓的"孔孙道统说"，强调三民主义是以我国传统的伦理思想与政治思想做基础的。

四、共产党人对法西斯主义的批判

中国共产党在当时的各种政治力量中，率先开展了对法西斯主义的批判，开展了对国民党、蒋介石的法西斯主义的批判，开展了反对日本法西斯主义的斗争并揭开了世界反法西斯战争的序幕，率先举起了国际反法西斯统一战线的旗帜。

开启对法西斯主义的批判。早在 1920 年代初，中国共产党人、进步思想界对当时传入中国的法西斯主义就进行过批判，重点是批判法西斯主义仇视社会主义、反对阶级斗争的观点。1922 年 11 月 8 日，蔡和森在《向导》第 9 期发表《法西斯蒂与意大利资产阶级专政》一文，对墨索里尼夺得政权进行评论，称之为"在资本主义世界的政治状况中，现出一种特别凶恶的变形"。②1923 年 6 月 6 日，陈独秀在《中国土匪也来了！》一文中指出："意大利之法西斯蒂党，其反动的理想与行动，简直是土匪，他们近来在意

---

① 蒋中正：《如何做革命党员："实在"为革命党员第一要义——中华民国二十二年九月二十日在星子县爱莲池对干部同志讲》，载《总统蒋公思想言论总集》卷十一，第 562、565—566 页。
② 和森：《法西斯蒂与意大利资产阶级专政》，《向导》第 9 期，1922 年 11 月 8 日。

大利的成功，并在德国法国恢复帝制的运动，不但是世界工人阶级之危机，并且是世界资产阶级的民主政治之危机，日暮途穷的欧洲官僚资产阶级利用他来救济一时之急，真是引虎自卫。所以欧美、日本开明的资产阶级分子，都把意大利的资产阶级捏着一把汗。中国已被土匪闹的不得了，不料上海大陆报记者又要介绍外国土匪到中国来……大陆报记者一面诬蔑俄国布党和中国土匪联给（结），一面他自己却介绍意大利的土匪给中国商人，请问他是何居心？"[1]同年 6 月 15 日，瞿秋白在《新青年》季刊撰文，分析、批判了意大利法西斯主义，称意大利法西斯夺权"尤其是资本进攻之政治方面最显著的现象"[2]。7 月，张太雷在《前锋》创刊号上发表的《法西斯主义之国际性》一文中认定，"法西斯党完全是资产阶级的工具而无疑"。[3]同年 12 月，萧楚女在《中国青年》第 11 期上发表《教育界的法西塞蒂"国学"！》一文，指责当时的国学运动"是一般教育界底老朽流氓和野心军阀相勾结的'法西塞'运动"。[4]1924 年 7 月，针对法西斯主义分子在上海从事宣传活动，中国也有人组织"醒狮社""大江会"等具有某些法西斯主义色彩的团体，陈独秀的《法西斯党与中国》一文指出，"意大利法西斯党穷凶不法，世界上那一国不知道"。[5]同年 9 月，蔡和森在评论广州商团事变时认为："这次事变的教训：第一是证明国民党右派为反革命的法西斯蒂。"[6]彭述之随后撰文也强调，广州商团"是中国历史上法西斯蒂的武装反革命之第一次出现，并且是在远东历史上法西斯蒂的武装反革命之第一次出现"。[7]

批判国民党、蒋介石的法西斯主义。20 年代后期，国人对法西斯主义的关注有所升温，中国共产党人开始将蒋介石集团视为中国的法西斯并进行批判。1927 年 3 月，《中国青年》杂志撰文称蒋介石为"'墨索里尼是吾

---

[1] 陈独秀：《中国土匪也来了！》，《向导》第 28 期，1923 年 5 月 23 日。

[2] 瞿秋白：《现代劳资战争与革命：共产国际之策略问题》，《新青年》季刊 1923 年第 1 期，1923 年 6 月 15 日。

[3] 张太雷：《法西斯主义之国际性》，《前锋》创刊号，1923 年 7 月 1 日。

[4]（萧）楚女：《教育界的法西塞蒂"国学"！》，《中国青年》第 11 期，1923 年 12 月 29 日。

[5] 陈独秀：《法西斯党与中国》，《向导》第 72 期，1924 年 7 月 2 日。

[6] 蔡和森：《商团事件的教训》，《向导》第 82 期，1924 年 9 月 10 日。

[7] 述之：《广东商团事变之根本原因及其对中国国民革命上所与之教训》，《向导》第 88 期，1924 年 10 月 21 日。

师'的国货法西斯蒂"。①1927 年蒋介石发动了四一二政变并建立了南京国民政府，随后汪精卫集团制造七一五政变，很快引起了中国社会、中国共产党对其走向法西斯主义的担忧、警觉与批判。②1927 年 5 月 1 日，《中国共产党第五次全国代表大会为"五一"节纪念告中国民众书》提出了"工农商学兵一致联合起来打倒蒋介石""反对法西斯蒂的恐怖"等口号。③5 月 8 日，尹宽在《向导》发表《资产阶级叛逆后的中国时局》一文，认为蒋介石"背叛革命后"，"另立党部及政府与武汉国民政府对抗"，"利用不觉悟的游民无产阶级造成法西斯运动"。④5 月 30 日，瞿秋白在《向导》刊文，指出蒋介石等"镇压革命的手段"，"完全是法西斯蒂主义"。⑤8 月 7 日，中共中央八七紧急会议发布了《中国共产党为汉宁妥协告民众书》，指出"武汉的所谓国民政府及所谓国民党中央，已经公开的和南京、上海的反革命党以至于蒋介石妥协了"，"他们并且学蒋介石一样用法西斯蒂的办法来摧残工农群众"。⑥1929 年 7 月，瞿秋白在共产国际执行委员会第十次全体会议上发表演讲："南京政府热烈的欢迎意大利的法西主义。我不晓得这些事实有甚么意义？是法西主义不是？称这个为法西主义，在科学观点上也许是错误的；但这并不重要。重要的，是民族资产阶级，不仅在中国而且在其尚未拿到政权的印度，已经开始以民族和社会的虚伪名义拿恐怖和专政的方法来压迫工农运动。我们必须注意，既然知道在德国在英国在美国等垄断资本的统治，已开始变成'社会法西主义'之公开专政，那么帝国主义的政权，垄断的财政资本的政权，在殖民地，必将由确定的方式表现出来。"⑦蒋介石在 1931 年 5 月 5 日召开的国民会议上发表被称为"亮出法西斯主义旗号"的训词后，瞿秋白立即撰写《国民会议上蒋介石说些什么？》一文，

① 《国货"法西斯脱"》，《中国青年》第 160 期，1927 年 3 月 26 日。

② 参见张文涛《"借魂还尸"与"清党"反共——也论 20 世纪 30 年代中国法西斯主义的兴起》，《河北师范大学学报》2012 年第 4 期。

③ 《中国共产党第五次全国代表大会为"五一"节纪念告中国民众书》，载中央档案馆编《中共中央文件选集》第三册，中共中央党校出版社，1989，第 114—115 页。

④ 尹宽：《资产阶级叛逆后的中国时局》，《向导》第 195 期，1927 年 5 月 8 日。

⑤ （瞿）秋白：《五卅二周纪念与国民革命联合阵线》，《向导》第 196 期，1927 年 5 月 30 日。

⑥ 《中国共产党为汉宁妥协告民众书》，《前锋》第 2 期，1927 年 9 月 12 日。

⑦ （瞿）秋白：《共产国际在目前殖民地革命中的策略——瞿秋白同志在十次全体会议上的演讲》，《布尔塞维克》第 3 卷 1 期，1930 年 1 月 15 日。

针对国民党以训政时期作为宪政时期的过渡阶段之设计指出："国民党和法西斯蒂的分别，只是规定了这种法西斯蒂式的'较有效能的统治权'是过渡阶段，此外还要比法西斯蒂多一个将来的'大同国的'鬼把戏。这样说来，现在这个过渡阶段是什么东西呢？岂不明明白白是法西斯蒂的'过渡阶段'吗？"据此，他将国民党的政治理论概括为五个阶段："第一个过渡阶段是军政时期——军阀主义——杀工农兵士！第二个过渡阶段是训政时期——法西斯蒂主义——杀工农兵士！第三个过渡阶段是宪政时期——资产阶级的民治主义——杀工农兵士！第四个过渡阶段是世界大同——帮帝国主义——杀天下的工农兵士！第五个大概是'中国的'三民主义平天下，同化一切异族，使归于孔孙蒋的道统了罢。"①

　　1931年九一八事变后，由于国民党的大力推动，法西斯主义逐渐形成一种有影响的社会思潮。中国共产党人对国民党、蒋介石的法西斯主义的批判也因此而更为激烈。1933年3月13日，在上海出版的中共中央理论刊物《斗争》发表了《中央宣传部关于反对叛徒斗争的提纲》，指出"共产国际十二次全会在分析了目前国际形势以后，认为现在摆在各国共产党面前的三大任务之一，就是要与反动和法西主义作斗争，于此可见这个问题的严重与迫切了"。"帝国主义国民党为了镇压反帝和反国民党的斗争，首先就是进攻苏区，以挽救其垂死的统治，遂采取最残酷的法西斯蒂的白色恐怖来对付革命的群众，首先就是摧残革命的领袖——中国共产党"。②《斗争》刊物还先后发表了《法西斯在中国》《中国法西斯土地政策》等系列文章，批判国民党的法西斯主义。1933年9月，中共中央宣传部在《关于中国法西斯蒂的提纲》中指出："为了更凶猛的摧残中国无产阶级的先锋队——共产党，为了镇压反帝反国民党的一切革命运动，为了进攻民众的苏维埃政权与英勇的工农红军，以挽救地主资产阶级垂死的反动统治，于是法西主义便在中国出现了。法西主义是中国地主资产阶级反动统治的新的欺骗手段，这不是表示反动统治力量之加强，而是表示它的力量之削弱。"《提纲》强调："中国法西主义，与西欧各国的法西主义虽有共同之点（疯狂的白色

---

① （瞿）秋白：《国民会议上蒋介石说些什么？》，《布尔塞维克》第4卷3期，1931年5月10日。
② 《中央宣传部关于反对叛徒斗争的提纲》，载《中共中央文件选集》第九册，第118、119页。

恐怖，摧残共产主义先锋队，压迫无产阶级和劳动群众的革命斗争），但是它有种种特点。如果帝国主义国家的法西主义是财政资本的政党，那么封建残余占优势的中国的法西主义，不能不是地主资产阶级的反动统治的派别。如果帝国主义国家的法西主义以民族主义去实行'对外政策上极端的帝国主义侵略的野心'（'国际纲领'），那么成了帝国主义工具的中国反动统治的法西主义，却在'民族主义'的幌子之下实行出卖民族利益和替帝国主义侵略作清道夫。如果西欧各国的法西主义是在统一的独立国内而能采取独立的政策，那么，殖民地化的中国的法西主义，只能采取以帝国主义意志为转移的政策，适应〈对〉中国瓜分共管的政策，绝不能使中国走向独立统一。"《提纲》认为"中国法西主义的社会支柱，建筑在地主资产阶级反动统治的最反动的一部分力量〈上〉，主要的是军队，警察，民团，侦探，官僚，政客，革命叛徒和上层知识分子等等"，"中国目前的法西斯蒂运动，是以卖国罪魁蒋介石军阀为主动且为他所御用的工具"。《提纲》还指出，"法西斯蒂的纲领和基本政策，不外是：投降帝国主义，反对苏联，准备帝国主义强盗战争，实行白色恐怖的法西斯蒂专政，镇压共产党及其所领导的一切革命运动，首先是苏维埃与红军，以加深经济的浩劫，民族的危机，使中国完全殖民地化"。《提纲》再三强调："法西斯蒂运动的加强，法西斯蒂恐怖的加紧，把反对法西斯蒂的任务尖锐地摆在我们面前"，并就如何开展反法西斯蒂的斗争进行了布置，即：开展广泛的反法西斯蒂的宣传鼓动工作，向广大的群众解释法西斯蒂整个政策的反动性，使群众明白法西斯蒂是革命最凶恶的仇敌；同时"拿具体的事实给群众证明：中国面前摆着两条道路，而法西斯蒂是把中国引到瓜分共管的经济浩劫的道路，只有苏维埃的道路才是中国独立解放领土完整的道路"；发动各种反法西斯蒂的群众斗争，反对白色恐怖，争取集会结社言论出版等自由；建立反法西斯蒂的群众组织，在广大的下层统一战线基础上，团结一切反法西斯蒂的分子，进行反法西斯主义的斗争；号召与动员群众组织革命的武装自卫；在世界反帝大会中开展反法西斯主义的运动。[①]11月7日，中共中央发布《为十月

---

① 《中央宣传关于中国法西斯蒂的提纲（1933年9月1日）》，载《中共中央文件选集》第九册，第324、324—326、334—335页。

革命十六周年纪念宣言》，号召"革命学生们，城市贫民们"，起来反对国民党的教育及其统治。"你们的失学，贫困，灾难，法西斯蒂的恐怖，使得你们再不能忍受了。怎样办呢？和工农群众一块儿去斗争吧，反对国民党拿教育经费去进攻红军，反对关闭学校，反对法西斯蒂教育"①。1934 年 1 月 8 日，中共中央的《关于"一二八"两周年运动的决议》谴责"以蒋介石卖国贼为首的蓝衣社，企图以法西斯蒂的盗匪行为与恐怖手段，来挽救国民党于最后崩溃。不管他们如何高喊'法西斯蒂救中国'，然而实际上法西斯蒂是帝国主义最忠实的走狗，是最露骨的卖国贼"②。三天后（1 月 11 日），中共中央、共青团中央又再次发表宣言，谴责国民党法西斯蒂的残暴行径，指出"国民党的白色恐怖，国民党的法西斯蒂绑匪的猖獗，不过暴露他们的统治地位的危急，暴露着他们临死的发狂和挣扎，暴露着他们在这开展着的国内阶级斗争里，更加削弱，更加崩溃"，号召"建立广大的真正反对帝国主义的反法西斯主义的统一战线"。③

举起国际反法西斯统一战线的旗帜。1933 年 6 月 20 日，中共中央理论刊物《斗争》发表了《为建立反对法西斯蒂的统一战线告各国工人》，指出"法西独裁在德国的公开成立，向全世界千百万的工人提出了建立反对资产阶级法西斯蒂进攻的统一战线的必要问题"，"鉴于法西斯蒂正在团结全世界反动势力来对付德国无产阶级，所以号召各国共产党，就再试试经过社会民主党的关系，与社会民主党的工人群众建立统一战线。共产国际执行委员会坚决的相信，这样做去，建立在阶级斗争上的无产阶级的统一战线，足以抵抗资本家与法西斯蒂的进攻，特别加速一切资本主义剥削的必然没落"。④ 中国共产党根据共产国际指示，对法西斯主义进行谴责、批判，并号召建立国际反法西斯统一战线。1933 年底，共产国际执委十三次全会通过《法西主义战争危险与各国共产党底任务》的提纲，中共中央对该提纲进行了讨论，于 1934 年 4 月 12 日通过《关于国际十三次全会提纲的决定》，指

---

① 《中国共产党中央委员会为十月革命十六周年纪念宣言》，载《中共中央文件选集》第九册，第 370 页。
② 《中共中央关于"一二八"两周年运动的决议》，载《中共中央文件选集》第十册，第 14 页。
③ 《中共中央、共青团中央关于国民党法西斯蒂绑架上海各校学生宣言》，载《建党以来重要文献选编（一九二一——一九四九）》第十一册，第 21—27 页。
④ 《为建立反对法西斯蒂的统一战线告各国工人》，《斗争》第 22 期，1933 年 8 月 15 日。

出："由于法西主义在中国的增长及其欺骗群众的武断宣传之加强（'新生活'运动等等），必须加强思想上与行动上反对法西主义的斗争。"在反对法西主义的思想斗争方面，必须：（1）揭露以蒋介石为首的中国法西斯蒂的利用"民族主义"的武断宣传，而实行卖国辱国与替帝国主义侵略做清道夫的面目，"着重地'在群众面前揭破法西斯蒂，既不是社会主义者，也不是一个新制度的支持者，而是资本的奴仆和走狗'，特别是中国法西斯蒂是中国地主资产阶级中最反动的派别，是帝国主义手中最忠实的工具和奴仆"。（2）说明中国的地主资产阶级的各派（南京广东北平）政权实质上都已经是法西主义的专政，他们之间冲突只不过是关于法西斯蒂专政的方式与方法的争论与反映各个帝国主义者之间的冲突。国民党整个地在法西斯蒂化，同时在国民党之中又形成公开的法西斯蒂的一派，这派正在争取整个国民党"蜕变"为法西斯党来实行全国的完全的公开的法西斯蒂专政。把法西斯蒂与国民党对立起来，将是极大的错误。（3）揭露中国法西斯蒂反对苏联的战争挑衅宣传，及欢迎帝国主义世界大战的舆论制造的每一步骤，指出卖国的法西斯蒂是强盗战争的欢迎者与反苏联战争中帝国主义的走卒。同时要求"反对法西斯蒂专政与恐怖"，并"将反对法西〈斯〉蒂的斗争与反对五次'围剿'争取苏维埃在全中国的胜利联结起来"。[1] 西班牙反法西斯战争爆发后不久，1937 年 5 月 15 日，毛泽东在延安代表中国共产党、中国工农红军和中华苏维埃政府致信西班牙人民，对西班牙政府和人民反对德意法西斯及西班牙法西斯势力的斗争表示支持和声援，指出西班牙人民现在所进行的战争是世界上最神圣的战争，"中国共产党现在以反对日本法西斯蒂的斗争来帮助和鼓励你们西班牙的人民"，"我们相信，最后的胜利一定是你们的"。[2]

抗日战争全面爆发后，中国共产党大力倡导建立东方国际反法西斯统一战线，1937 年 8 月召开的洛川会议提出：在不丧失领土主权的范围内，与一切反对日本侵略主义的国家订立反侵略的同盟，及抗日的军事互助协定；拥护和平阵线，反对德、日、意侵略阵线。1938 年 2 月，毛泽东在延安反

---

①《中央关于国际十三次全会提纲的决定》，载《中共中央文件选集》第十册，第 213—215 页。
② 共产国际《国际通讯》的《中国抗日战争》专号，1937 年 12 月。

侵略大会上提出了"三个反侵略的统一战线"的思想，即：中国的统一战线、世界的统一战线、日本人民的统一战线。同年 3 月，他再次指出现在"世界上有三个统一战线——国际的、中国的以及日本国内的"。[①]1941 年 6 月 22 日苏德战争爆发。毛泽东在为中共中央所写的《关于反法西斯的国际统一战线》的"党内指示"指出：目前共产党人在全世界的任务是动员各国人民组织国际统一战线，为着反对法西斯而斗争，为着保卫苏联、保卫中国、保卫一切民族的独立和自由而斗争。"在目前时期，一切力量须集中于反对法西斯奴役。"故此，他提出"中国共产党在全中国的任务"之一，就是"在外交上，同英美及其他国家一切反对德意日法西斯统治者的人们联合起来，反对共同的敌人"。[②]

---

① 毛泽东：《对陕北公学毕业同学的临别赠言》，载《毛泽东文集》第二卷，第 105 页。
② 毛泽东：《关于反法西斯的国际统一战线》，载《毛泽东选集》第三卷，第 806 页。

第 二 十 章

中国向何处去：
内忧外患中思想界的争论和选择

　　进入 30 年代，国际形势发生了重大变化，这就是法西斯主义的兴起。在国内，九一八事变后，日本帝国主义的侵略激起了全国人民的强烈反对。然而与中国人民积极开展反日斗争相反，国民党和南京国民政府却置国家民族安危于不顾，实行"不抵抗主义""攘外必先安内"的所谓国策，从而使外患日益加深，中华民族面临着亡国灭种的现实危险。与此同时，国内天灾人祸频发，社会矛盾复杂尖锐，国民党内部的权力纷争也越演越烈。面临空前严重的内忧外患，一向以天下之忧为己忧的知识分子不能不再次思考中国向何处去的问题，并为此围绕中国政治制度是民主还是独裁，中国经济发展是"以工立国"还是"以农立国"，中国文化出路是"西化""全盘西化"还是"中国本位"，展开了激烈论争。发生于全民族抗战爆发之前的新启蒙运动，虽然历时不长，但在中国近代思想史上有着重要的历史地位。

第一节　政治制度：民主还是专制或独裁？

　　建立一种什么样的政治制度才能使中国摆脱严重的民族危机，缓和尖锐的社会矛盾，实现国家的统一，从而保证中华民族能在激烈的国际竞争中，尤其是在即将爆发的世界大战中生存下来，这是一向以天下之忧为己忧的知识分子于九一八事变后的30年代所思考的一个重要问题。一些原本信仰民主政治的自由主义分子，"感觉到中国过去二十年的空名共和的滑稽，和中国将来试行民主宪政的无望，所以也不免对于那不曾试过的开明专制抱着无穷的期望"。[1]1933年12月10日，亦即"福建事变"发生后不久，蒋廷黻在《独立评论》第80号上发表《革命与专制》一文，认为中国现在的局面是"不革命没有出路，革命也没有出路"，中国还不是一个民族国家，而要使中国成为一个民族国家，就得像英、法、俄等国一样经过一个专制时期，以"个人专制"作为向民族国家过渡的方法。[2]接着《东方杂志》又刊出了钱端升的《民主政治乎？极权国家乎？》的文章，认为民主政治"缓不济急"，不能用来应付中国当前的需要，中国需要的"是一个有能力、有理想的独裁"。[3]蒋、钱的文章发表后，立即遭到胡适的批评，争论由此展开。除蒋、钱、胡三人外，其他一些在学术界和舆论界比较有影响的人物如丁文江、吴景超、陈之迈、张佛泉、张熙若、胡道维、张君劢、张东荪、陶孟和、陶希圣、罗隆基、常燕生、萧公权等人也先后投入了这场争论。争论涉及的问题虽然很广泛，但主要争论的是民主政治与独裁政治的价值比较，民主政治与独裁政治的现状分析和中国应行民主抑或独裁这三个问题，从中可以看出内忧外患中自由主义知识分子的两难选择。

一、民主政治与独裁政治的价值比较

　　民主政治与独裁政治的价值比较是30年代民主与独裁之争的主要问题

---

① 胡适：《再论建国与专制》，《独立评论》第82号，1933年12月24日。
② 蒋廷黻：《革命与专制》，《独立评论》第80号，1933年12月10日。
③ 钱端升：《民主政治乎？极权国家乎？》，《东方杂志》第31卷第1号，1934年1月1日。

之一。在一些争论者看来，与独裁政治比较，民主政治具有不可克服的严重弊病。张弘在《专制问题平议》一文就指出："民治主义的本身确有不能讳言的缺点"，具体而言，民主政治的缺点主要表现在三个方面：一是道旁筑室、效率太低，而有些事情是非当机立断不可的，不容许从容讨论；二是一人一票、一票一值的假定错误，抹杀了人与人之间智慧和政治经验的不平等；三是真正的民意不能实现。表面观之，民主政治取决于投票，是多数人的政治，但实际上，"所谓多数，实是少数"，因为投票者在总人口中常常只占少数，加上选票中贿赂、收买、威吓、讲情面之风盛行，这就更使得真的民意无从表现反映出来。① 署名"忧患生"的作者则以美国为例，揭露了所谓民主政治的虚伪性。他说："美国是民主政治的始祖，民主政治的要塞"，"生而平等"的口号也是美国革命先辈最早提出来的。然而，美国人虽然把"生而平等"的口号喊得震天响，但事实上在美国不仅白人和黑人以及其他有色人种之间是不平等的，后者受到前者的种族歧视，而且就是白人之间，也没有实现真正平等，"大王的穷奢极欲，小工的烂额焦头，一样的亚当子孙，而有两种社会的阶级"。据此，忧患生得出结论："民主政治根本上就是一个骗人的公式、一个迷人的幻梦"。② 既然民主政治本身具有不可克服的严重弊病，所以张弘和"忧患生"主张放弃民主，实行独裁。

对于张弘、忧患生所指出的民主政治的这些缺点，多数争论者并不避讳，他们承认"凡是一种制度，都有它的优点和劣点，民主政治也是一样"③，但相对于其他政治尤其是独裁政治来说，民主政治"更为合理"一些。④ 吴惟平在《论民主》一文中承认现在的民主政治有人民代表违反民意、议会政党争权夺利和行政效率低下等"弊病"，但他同时又认为，这些弊病并无损于民主政治的原则，民主政治的原则非但"对此实无须负担连带的责任"，相反，它们都可以在民主的原则上加以有效的纠正。因为那种种弊病，完全出自民主政治的运用上，并非出自民主政治的原则上，"民主主义的原则上，并无容许人民代表可以违反民意的规定，亦无容许政党互相

① 张弘：《专制问题平议》，《独立评论》第 104 号，1934 年 6 月 10 日。
② 忧患生：《民主政治乎？》，《独立评论》第 135 号，1935 年 1 月 13 日。
③ 吴惟平：《论民主》，《再生》第 2 卷第 5 期，1934 年 2 月 1 日。
④ 邹文海：《选举与代表制度》，《再生》第 2 卷第 3 期，1933 年 12 月 1 日。

对立互相争夺的一条，更无不许行政敏活，不许政府有力的一回事"。和民主政治不同，独裁政治的"劣点"不仅"实在太多"，而且都是些"不可救药的大缺点"。概而言之，一是独裁领袖来历不明，不能取得人民长期的信任；二是独裁领袖的健康有限，一旦死亡或残废，则后继无人；三是独裁领袖非万能之人，不可能驾御一切；四是独裁领袖作为个人，其思想必有所偏，事事凭他一人的好恶，难免流为专制和暴虐。据此，吴惟平强调指出："民主主义的原则是颠扑不破的。无论它过去曾经发生何等不良的现象，我们都只能从那民主主义的运用上去谋补救，断断乎不能因噎废食，对整个的民主发生怀疑"，而主张什么独裁政治。[1] 邹文海在《选举与代表制度》一文中也认为，"民主政治虽有它的缺点，但仍不失为今日比较适宜的制度"。因为，第一，它能激发人民的爱国心。卢梭说过，要人民爱国，首先要使人民觉得这个国家有所可爱。实行民主政治的国家，人民在政治上虽不能发号施令，但有充分的力量制裁政府，自由的思想，公开的言论，能时时给野心家以警告，使他们不敢逾越职权范围。定期的选举和不定期的创制和复决，能时时提醒统治者，使他们知道治权是从人民这一方面来的，"不特不能为人民之害，反且以增进全体福利为职志"。这样的国家，当然是最可爱的，生在这样国家的人民，自然也最知道如何爱护他们的国家。第二，它能增进人民的知识能力。民主政治需要于国民的知识是很多的，同时它亦能给国民以增加知识能力的机会，使他们从不晓得选举到会选举，从不知道参政到会参政，所以有人认为民主国家是一所大学校，每个国民都能在这所学校中得到大量的知识。第三，民主政治是最合正义的政治。因为：（一）它是最合理的，能够给任何个人、任何团体和任何阶级以平等竞争的机会，使其各尽所能，各取所需；（二）它是最有用的，能够容纳任何个人、任何团体和任何阶级的优点，既反对阶级专政，也不搞个人独裁。基于上述三点理由，邹文海相信，民主政治"虽然是阶级独裁和一党专政所讥笑的对象，但它是公正的，无私的，不做一阶级的朋友，也不做一阶级的仇敌。它虽不能永生，但亦不致今日就完毕它的生命"。[2] 吴景超同样

---

① 吴惟平：《论民主》，《再生》第 2 卷第 5 期，1934 年 2 月 1 日。
② 邹文海：《选举与代表制度》，《再生》第 2 卷第 3 期，1933 年 12 月 1 日。

认为，尽管民主政治有种种弊端，但就价值而言，它是各种政治制度中最好的一种政治制度。因为：第一，民主政治是理智的政治，谁能说服大众，谁就能取得政权；第二，民主政治是自由的政治，无论是反对言论，还是赞成言论，都有充分发表的机会；第三，民主政治是和平的政治，政权的更替取决于选票的多少，而不取决于武力；第四，民主政治是大众的政治，凡是公民都有选举和被选举的权力。①

罗隆基则通过对民主政治与独裁政治的理论比较，充分肯定了民主政治的价值。他指出：民主与独裁在它们的理想上有个基本的不同点，那就是对人的态度问题。民主承认各个人有各个人的个性、人格和价值，承认各个人的幸福就是团体的幸福，团体的幸福是各个人幸福的总和。因此，民主政治的理想是拿人做出发点的。而独裁政治却与此相反，它视人为达到团体目的的工具，为了团体的利益而主张牺牲个人的个性、人格和价值。因此，独裁政治的理想的出发点不是人，而是团体（国家或民族）。而所谓团体的幸福，实际上也就是作为团体之主人的独裁者的个人幸福。由于其理想的出发点不同，所以无论在人生哲学上，或在他们所形成的各种制度上，民主政治与独裁政治都具有以下三个不同的原则：

（一）民主政治承认个人的平等，独裁政治不承认个人的平等；

（二）民主政治承认个人的自由，独裁政治不承认个人的自由；

（三）民主政治承认个人的幸福，独裁政治不承认个人的幸福。

以教育为例，罗隆基对民主政治与独裁政治上述三个不同的原则做了进一步的分析。他指出，民主承认个人的平等，所谓平等不是指的天赋人权派的"人生而平等"，或生物学上的人人平等，而是个性的平等，人格的平等，或者说是做人的机会和权利的平等。因此，民主国家的教育以普及为原则，天才高的人有了教育，固然"成其至善之我"；天才低的人有了教育，亦能"成其至善之我"。"至善之我"虽不必有同样的价值，但彼此都有进步，胜于无教育的我，这就是民主教育的理想和目的。独裁政治不承认人的平等，结论自然是有些人配受教育，有些人不配受教育，教育的机会和权利在人与人之间是不平等的。民主承认个人的自由，所谓自由指的也不

---

① 吴景超:《中国的政制问题》,《独立评论》第 134 号，1935 年 1 月 6 日。

是天赋人权派的"生而自由"的自由，或轻视法律、随心所欲的自由，而是个性发展、人格培养的自由，人有个性，人有人格，人有自己不同的思想，而思想在主观上很难判定是非曲直。因此，民主教育的目的在训练思想的方法，却不强迫配置思想的内容。而独裁则不然，它认定有些人天生有思想，有些人天生无思想，认定思想在主观上有是非曲直，并且以为独裁者的思想为是为直，以被独裁者的思想为非为曲，教育的目的就在强非以从是，强曲以从直。因此，独裁教育强调的是思想统一、言论统一和文化统一。民主和独裁虽都讲幸福，但民主讲的是个人幸福，而独裁讲的是团体幸福，判定团体幸福的又是独裁者自己。因此，在教育上，民主教育的目的和方法在于增加个人谋取个人幸福的能力，或者在质上、量上增加普通人的幸福；独裁教育的目的和方法是制造适宜合用于团体幸福的工具，从而使团体的分子更好地为独裁者个人服务。[1]

张君劢在比较民主政治与独裁政治的价值之前，首先确定了三条立国准绳："第一，国家政事贵乎敏活切实；第二，社会确立平等基础；第三，个人保持个性自由。"[2]依循这三条准绳，张君劢判定民主政治和独裁政治是瑕瑜互见，各有利弊。就民主政治而言，其优点在于：第一，人民的基本权利受宪法保障，所以能自由发表意见，而无被压迫之痛苦；第二，政府的大政方针和预算，皆须预先向民众表示，或取决于民众的同意，政府无法妄作非为；第三，政府有不法之举动，人民有权依法提出弹劾；第四，政府的行动，法律的变更，皆须根据宪法，惟其如是，人民所享有的权利与保障，不会因领导人或执政党的上台、下台而被取消或变更；第五，人民有思想信仰等自由，学问家、政治家与技术家能致力于新学说、新理想与新发明；第六，各党各派不论其所代表的是贵族资本家，还是平民百姓，大家皆可自由地发表意见或提出议案，至于这些意见或议案能否被实行，取决于它能否为人民所同意；第七，实行地方自治，人民自治能力因此养成；第八，民主政治以和平方式解决政见之争，而不诉诸武力；第九，民主政治富有伸缩性；第十，民主政治靠宪法和其他种种法律维系一切，没

---

[1] 罗隆基：《民主与独裁之理论的比较》，《自由评论》第 12 期，1936 年 2 月 21 日。

[2] 张君劢：《国家民主政治与国家社会主义（上篇）》，《再生》第 1 卷第 2 期，1932 年 6 月 20 日。

有"人存政举、人亡政息"之虞。一句话，民主政治的好处是给人民以参政权，保障思想、言论和个性发展之自由。民主政治的缺点则在于：政出多门，有"筑室道谋，三年不成"之弊端。独裁政治与民主政治相反，它的优点是权力集中，国家行政统一，施政敏捷灵活，而缺点则在牺牲了个人自由。

在30年代民主与独裁的争论中影响最大、引起批评也最多的是胡适对于民主政治与独裁政治的比较：民主政治是"幼稚园的政治"，独裁政治是"研究院的政治"。他在《再论建国与专制》一文中写道："我有一个很狂妄的僻见：我观察近几十年的世界政治，感觉到民主宪政只是一种幼稚的政治制度。"① 不久，在《中国无独裁的必要与可能》一文中胡适又进一步指出："民主政治是幼稚园的政治，而现代式的独裁可以说是研究院的政治。……英美都是民主政治的发祥地，而专家的政治却直到最近期才发生，这正可证明民主政治是幼稚的，而需要最高等的专门技术的现代独裁乃真是最高等的研究科政治。"

就"幼稚园的"民主政治与"研究院的"独裁政治之价值的比较而言，胡适指出，首先，"幼稚园的"民主政治是"常识的政治"，"研究院的"独裁政治是"专家的政治"，"常识的政治"易得，而"专家的政治"难为，因此，民主政治比起独裁政治来说，"最适宜于训练一个缺乏政治经验的民族"。其次，"幼稚园的"民主政治较"研究院的"独裁政治的另一好处，"在于给多数平庸的人（阿斗）有个参加政治的机会"，使他们每逢时逢节都得到选举场里想想一两分钟的国家大事，"画个诺、投张票"；而"研究院的"独裁政治与此不同，它只允许少数"阿斗专政"，却"不让那绝大多数阿斗来画诺投票"，不给他们以任何参加政治的机会和权力。与此相联系，胡适认为，"幼稚园的"民主政治较"研究院的"独裁政治的第三个好处是，"民治国家的阿斗不用天天干政，然而逢时逢节他们干政的时候，可以画'诺'，也可以画'NO'"。而"独裁政治之下的阿斗，天天自以为专政，然而他们只能画'诺'而不能画'NO'"。所以，民主国家有失政时，还有挽救的法子，法子也很简单，只消把"诺"字改作"NO"字就行了。独裁国家的阿

① 胡适：《再论建国与专制》，《独立评论》第82号，1933年12月24日。

斗无权可以设一个"NO"字，一切取决于独裁者的个人意志，就是独裁者残民以逞，他们也只能听之任之。①

胡适的文章发表后，受到了不少人的批评。首先起来批评胡适的是他的老朋友、主张独裁的丁文江。丁氏在《民主政治与独裁政治》一文中批评胡适的民主政治是"幼稚园的政治"的理论"是不可通的"。因为事实已经证明，民主宪政有相当成绩的国家，都是政治经济最丰富的民族。反过来说，政治经济比较缺乏的民族，如俄、如意、如德，都放弃了民主政治，采用了独裁制度。民主政治虽然只要有选举资格的选民好好地使用他的公权，但这是世界上最难做的一件事，到目前为止，所有实行民主政治的先进国家都还没有做到这个地步。②丁文江对胡适的批评，得到了另一位独裁论者程天放的响应。程在《时代公论》第3卷第46号上发表的《民主与独裁》一文中，批评胡适对民主政治和独裁政治的价值比较，犯了一个很大的错误，而犯错误的原因，是由于他拿18、19世纪的英美式的民主政治，来和近十年中出现的新式独裁政治做比较。18、19世纪时候的民主，国家对经济完全采取放任政策，也不需要多少专家，但是现在不同，现在政府所管的事务一天比一天复杂，经济统制的范围一天比一天扩大，民族间经济竞争一天比一天剧烈，在这样的情况下，无论是独裁，还是民主，都需要特别的英杰和多数专家，才能够胜任愉快。就此而言，民主政治和独裁政治一样，也是专家政治。③应该说，丁文江和程天放的批评确实击中了胡适的要害，胡适的目的是要证明实行民主政治比实行独裁政治更容易些，更适合中国这样国民缺少政治经验的国家（详后），但他把民主政治说成是"幼稚园的政治"，则只能得出民主政治在程度上还不如独裁政治的结论。

正因为胡适对民主政治和独裁政治的上述比较在理论上存在着明显的漏洞，因此，除受到丁文江、程天放等独裁论者的批评外，也受到了一些赞成民主政治的人们的批评，如王希和在《论建国与专制》中就写道："我赞同胡适之先生所主张的民主宪政，但我不十分相信民主宪政乃是最幼稚

---

① 胡适：《中国无独裁的必要与可能》，《独立评论》第130号，1934年12月9日。
② 丁文江：《民主政治与独裁政治》，《独立评论》第133号，1934年12月30日。
③ 程天放：《民主与独裁》，《时代公论》第3卷第46号，1935年2月8日。

的政治制度。……国家大事固然要取决于民众，然而这般民众乃是知识分子，而不是器量狭小，而又下愚的。民主社会里，固然不必有特出的英才，然而最有才能的须放在最适宜的地位。再者，民主政治之下，社会的原则是平等与自由，各人虽有职务的不同，但没有阶级的差别。在民主社会里，人民智识大约都是平均的发展，而不是畸形的偏在，所以在表面看来，民主政治就好像是最幼稚的政治制度了。民主政治一方面，固然可以训练民众，但另一方面，有相当训练的民众也是民主政治所以成功的最必要的条件。"① 朱亦松也批评胡适对民主政治与独裁政治的比较：（一）使人认为民主政治还劣于独裁政治；（二）使人认为民主政治程度低些，独裁政治程度高些，现代的民主国家都要发展到独裁政治那里去；（三）主要是受了民主政治等于议会政治之学说的影响。②

在当时众多的批评胡适者中，真正有分量有水平的批评者是清华大学政治学教授张熙若。他认为胡适对民主政治的认识至少犯了两个方面的错误。第一，逻辑不通：民主政治有各种程度的不同，如果说它程度低时可称为"幼稚园的"政治制度，那么，等它发展到很高程度时，是否又称它为"大学的政治制度"？胡适说"我们不妨从幼稚园做起，逐渐升学上去"，试问升学后所升之"学"是高度的民主政治呢，还是专制与独裁？若是高度的民治，那时是否还能算为"幼稚园的政治"？如果是专制与独裁，难道在胡适的心目中民主政治在程度上竟比专制和独裁还低，其用处只是为后者做预备工具？第二，与事实不合。如丁文江等人所批评的那样，需不需要"出类拔萃"的"专门技术人才"，并不是由政治（民主或独裁）决定的，而是由国家的现代化程度决定的，现代化程度越高，所需要的"专门技术人才"就越多，反之，则越少。除此，张熙若认为，胡适的"民主政治"最适宜于训练缺乏政治经验的民族的说法，"也不见得正确"。就欧美各国的实际而言，德意俄是缺乏政治经验的民族，但它们却行的是独裁政治，相反具有丰富的政治经验的英美法各国，行的倒是民主政治。③

---

① 王希和：《论建国与专制》，《再生》第 2 卷第 5 期，1934 年 2 月 1 日。

② 朱亦松：《关于民治与独裁的一个大论战（下）》，《再生》第 3 卷第 4—5 期合刊，1935 年 7 月 15 日。

③ 张熙若：《民主政治当真是幼稚的政制吗？》，《独立评论》第 239 号，1937 年 6 月 20 日。

实际上，张熙若指出，民主政治不仅不是"幼稚园的政治制度"，相反，"在原则上及大体上，乃是人类的聪明至现时止所发明的最高明的政治制度"。因为：第一，民主政治的最高精神便在于它以所谓"被治者的同意"作一切政治设施或活动的根据。这包含积极与消极两方面的含义：从积极方面来讲，治者的一切政治设施或活动需得到"被治者"的同意；从消极方面来讲，治者又要容忍并接受被治者的不同意见。而独裁政治则只许人民同意，而不许人民持反对的意见。用通俗的话说，民主政治"以理服人"，而独裁政治"以力服人"。第二，由于第一个原因，因此实行民主政治需要两个条件，一是一般人民须有相当的知识和了解普通政治的能力；二是一般人民对政治制度有极大的兴趣和关心。而"政治的知识与兴趣"都是教育的结果，都不是本能的表现，都不是幼稚的反应，所以民主政治需要有相当的政治训练才有实现的可能。第三，现代的民主政治离不开代议制度，但是代议制度若要运用得宜，使它达到代表民意的目的，则是很不容易的，至少不是幼稚的简单方法所能解决的。总之，张熙若指出，"在政治原理方面，在实现条件方面，在实际运用方面……民主政治并非如胡适之先生所说是一种幼稚的政治制度，反之，它实在是一种极高明极高等的政治制度"。①

二、民主政治与独裁政治的现状分析

和比较民主政治与独裁政治之不同价值相联系的是对民主政治与独裁政治之现状的分析。在一些争论者看来，由于经济、社会的变迁和国际间竞争的加剧，民主政治正走向衰颓，而独裁政治则开始兴盛起来，并将取代民主政治而成为世界政治制度的发展潮流。钱端升在《民主政治乎？极权国家乎？》一文中就以大部分篇幅讨论了这一问题。他写道，20世纪初年是民主政治的时代，那时稍具进步眼光的人们都认民主政治为绝对良好的制度，然而第一次世界大战的结局，却成了"民主政治最后一次的凯旋"。从此，民主政治开始衰颓了下去。他认为，民主政治之所以会衰颓，有两个最大原因：一是无产阶级的不合作，二是民主政治不能应付现代经济问

---

① 张熙若：《我为甚么相信民治》，《独立评论》第240号，1937年6月27日。

题。如果说无产阶级的不合作还不能算为民主政治本身的弱点的话，那么，民主政治不能应付现代经济问题则是它本身所具有的无法补救的致命弱点。因为现代国家的经济职务是相当繁重的，加上现在又是经济的民族主义汹涌澎湃的时代，国与国的经济战至为激烈，这就要求国家能够根据情况的变化采取一些敏捷迅速的紧急措施。然而，在民主国家，国家的权力受到种种限制，这就造成民主国家的生产和消费不能维持应有的均衡，从而导致生产力的发展迟缓，结果民主国家在国与国的经济战中往往处于不利的地位。

与民主政治的衰颓相反，独裁政治在第一次世界大战后则成了不少国家竞相采用的政治制度。其中有影响的就有意大利、土耳其和德国。由于独裁国家的国家权力是无限的，所以它们能够采取一些民主国家无法采取的经济、社会和文化措施，国家既可以经营民主国家所从未经营的事业，也可以限制民主国家所绝不敢限制的个人权利。因此，独裁政治对内可以消除各职业及各阶级间无谓的纷扰及自相抵制，对外则可以举全国的力量以应付国际间的经济竞争。他进一步指出：民主政治的衰颓和独裁政治的兴盛决不是一时的偶然现象，而是现代经济制度所造成的一种必然趋势，他并且断言，由于近年来经济的民族主义的空前发达，"第一，民主政治是非放弃不可的"；"第二，紧接民主政治而起的大概会是一种独裁制度"；"第三，在民族情绪没有减低以前，国家的权力一定是无所不包的——即极权国家"。①

张金鉴也以第一次世界大战的结束为民主政治由盛转衰和独裁政治突飞猛进的标志。他在《民主主义在今日》一文中写道，第一次世界大战不少人认为是英美法之民主主义对德奥俄之专制主义的决战，但其结果却使所谓民主主义的胜利，成了独裁政治的突飞猛进。战后，不仅意大利、土耳其、德国和东方日本建立起了独裁统治，就是以民主主义旗帜自谥的美国，其民主党登台后，也一反该党一向主张的州权主义，而采取极度集权的专制政策。曾经风靡世界、被人视为政治最高理想的民主主义，在独裁政治的打击下，出现了"崩溃分解不可收拾之惊人局面"。他认为民主政治的"崩

<hr />

① 钱端升：《民主政治乎？极权国家乎？》，《东方杂志》第31卷第1号，1934年1月1日。

溃"，有其社会、政治和经济诸方面的原因。

首先就社会原因而言，张氏指出，现代民主政治是建立在"自由主义"基础之上的，而自由主义的基础是所谓"平等"，自由主义能否成功，关键要看组成社会的分子是否能立于一律"平等"的地位。如果人民在社会上不能获得平等的机会与地位，则"自由主义"的美名必为在社会上占优势的分子或阶级所假借以利用，以满足其私人利益，使所谓自由平等的民主主义发生根本动摇。"平等"的实现与否虽然对民主政治的命运关系至大，但在过去或现在那些所谓民主国家里，"平等"并没有真正实现过。既然"平等"没有实现，因此，以平等为基础的自由主义和以自由主义为基础的民主政治也就不能不因此而土崩瓦解。其次，就政治原因而论，张金鉴认为，"今日民主主义之崩溃，实国际政治之无政府状态有以促成之"。他指出，近年以来，各帝国主义国家为争夺国外市场，竞相扩军备战，国家观念荡激入云，国际贸易一落千丈，国际金融风翻云涌，于是形成了国际政治的无政府状态。国际政治的不合理竞争和无政府状态的形成，又使各资本主义国家内部发生了经济大恐慌。各国为了对内谋经济的恢复和社会秩序的稳定，对外谋国际间的竞争和海外市场的维持，就不得不采取一些"有力""有效"且"迅速"的紧急措施，首先就必须放弃"多言""群愚"和"自由"的民主政治，实行敏捷灵活的独裁政治，于是民主政治土崩瓦解，而独裁政治则应运兴盛起来。再次，从经济原因来看，"今日独裁政治之汹涌澎湃，实经济的国家主义有以助长促进之"。张氏写道，自欧战以后，各国皆高唱经济的国家主义，以谋经济上的自给自足，一方面高筑关税壁垒，采取"比额制度"，以防止外货流入；一方面则鼓励对外贸易，实行"倾销政策"，以谋出口增加。这种以"出超"为国家唯一利益的国家经济主义，不仅足以造成国际贸易的不振和混乱，也使国内经济因此而反蒙不良的结果，加上资本垄断所形成的大量生产过剩，从而导致了世界经济的大萧条。各国为了挽救危机，摆脱萧条，纷纷在"为应付经济的战争"的口号下，放弃民主政治，而采行独裁政治。张金鉴最后指出，民主政治的崩溃和独裁政治的兴盛，从根本上来说，实是资本主义制度发展的必然结果。因为资本主义的实质是"营利经营"和"自由竞争"。要"营利"，就不会顾及社会的实际需要，而为无计划无组织的盲目生产；要"竞争"，就不会为整个社会着想，仅为个人或少数人的利益而经营，结果必形成经济界的无政府状态。在此混乱局面下，自然会有人高唱统制之说，以垄断措施和专制政策而谋补救。此外，资本主义国家里工资矛盾的激化和无产阶级阶级意识的日益发达，也是一些国家放弃民主而采行独裁，以维护资本家阶级根本利益的重要原因。①

《大公报》的一篇社评《世界政治思潮与中国》也表达了与钱端升、张金鉴相同的看法。"社评"认为当时世界主要有三大政治思潮，即以苏俄为代表的无产阶级专政，以意德为代表的法西斯主义独裁和以英美为代表的民主主义议会政治。欧战以前，以英美为代表的民主主义议会政治"势力最盛"，但"迄至最近，形势大异"。以美国议会之有力，今乃授权总统，紧急处分，以应付经济大萧条；英国政党政治，壁垒森严，今乃为支持危局实现了工党与保守党的合作。故此，是篇"社评"得出了民主政治已江河日下，正在日益走向衰落的悲观结论。②

除钱端升、张金鉴和天津《大公报》"社评"的作者外，朱蔚如、张弘、忧患生等也都认为当今世界政治潮流的发展趋势是放弃民主，采行独裁。朱蔚如甚至耸人听闻地宣称："德谟克拉西将要到字典中去找寻她的意义，后此的婴孩，也将要听着他的老年的爸爸谈到德谟克拉西，正好像听到古代神话故事一样的津津有味呢！"③

但与钱端升、张金鉴等人相反，在胡适一些人看来，民主政治并没有衰颓，独裁政治也没有兴盛起来，它更不可能取代民主政治而成为世界政治发展的潮流和归趋。胡适在《一年来关于民治与独裁的讨论》一文中就钱端升对民主政治与独裁政治的现状分析提出了批评。他指出，钱氏得出民主政治正在衰颓和独裁政治日益兴盛之结论的两个主要观点都是错误的。第一，钱氏说"欧战的结局实为民主政治最后一次的凯旋"，钱氏固然可以举意、土、德诸国作为论证，但历史的大趋势不能完全取决于十几年的短期事实。如果把眼光放得远一些，那么，我们也可以说欧战的结局不仅不是"民主政治最后一次的凯旋"，相反，"实在是民主政治进入一个伟大的新发

① 张金鉴：《民主主义在今日》，《东方杂志》第 31 卷第 4 号，1934 年 2 月 16 日。
② 《世界政治思潮与中国》，《大公报》1933 年 7 月 16 日。
③ 朱蔚如：《德谟克拉西的前途》，《时代公论》第 3 卷第 7 号，1934 年 5 月 11 日。

展的开始"。这个新发展在量的方面是民主政治差不多征服了全欧洲，在质的方面是无产阶级的政治权力的骤增与民主政治的日益社会化。前者的表现有苏俄的无产阶级专政和英国工党的两度上台执政，后者的表现是社会主义运动的高涨。据此，胡适指出，凡能放大眼光观察世变的人，都可以明白 18、19 世纪的民主革命和 19 世纪中叶以后的社会主义运动，并不像钱端升等人所认为的那样是两个相反的潮流，乃是一个大运动的两个连贯又相补充的阶段，乃是民治运动的两个连续的大阶段。所以，我们可以说，欧战以来十几年中，民主政治不但不曾衰颓过，相反，在量的方面有了长足的进展，在质的方面也走上了一条更伟大的新发展的道路。钱端升们的最大错误，就在于他们以英美的民治主义为正宗，把凡在形式上不符合英美模式的民治主义，如苏俄的社会主义，都视成了民主政治的衰颓。第二，钱端升把"经济的民族主义"认作需要统制经济的重要原因，而统制经济的要求又是独裁政治"无可幸免"的主要原因，是忽略了一些同样重要的事实。（1）因受自然资源、经济组织和历史条件的限制，"经济的民族主义"并不是每个国家都能做到的，全世界在天然资源上和经济组织上都充分够此资格的只有美、俄、英三国，以及日、意、法、德，共七国。（2）为应付危机，欧洲已有一些国家在试行各种自由组合的合作制度，如消费合作、生产合作、运输合作等，并且取得了很好的成绩。这种合作制度显然不是独裁政治下的经济统制。（3）英美近年的国家行政权力的扩大与计划的经济运用，并不意味着这两个国家已放弃民主政治，而向独裁政治的方向发展，其目的也不是如钱端升所说是为了"经济的民族主义"的推进，或为了"预备民族间的斗争而起"，而是为了救济国内的经济恐慌。总之，胡适指出，钱端升一是把民主政治的意义下得太狭窄了，所以他不能承认欧战后民主主义的新发展；二是把"经济的民族主义"看得太普遍了，故武断地得出了哪一个国家都不能幸免统制经济，因此也就不能幸免独裁政治的错误结论。①

　　朱亦松也批评了钱端升对于民主政治与独裁政治之现状的分析。他首先指出，钱端升分析民主政治与独裁政治之现状的大前提——战后民主政治

---

① 胡适：《一年来关于民治与独裁的讨论》，《东方杂志》第 32 卷第 1 号，1935 年 1 月 1 日。

已经衰颓——是错误的，因为民主政治与其说产生于欧洲，毋宁说产生于英德瑞士诸国更确切些，而这些真正能代表民主政治的国家并没有放弃民主政治。他承认战后英美行政部门的权力有了扩大，但是这种权力的扩大并没有违背民主政治的基本原则，行政部门在法律上仍对议会和人民负责。因此，在朱亦松看来，人们不仅不能像钱端升那样把英美行政部门权力的扩大与独裁政治相提并论，而视为民主政治衰颓和独裁政治兴盛的例证，相反应该把它看成是民主政治形式的新发展，"是民主政治前途的一个最可庆贺的事件"。接着，朱亦松批评了钱端升对欧战后民主政治所以衰颓的两大原因的认识。就第一个原因而言，他指出，战后不仅没有发生所谓无产阶级对民主政治的不合作问题，相反从一开始独裁政治就遭到了无产阶级的坚决反对。从第二个原因来看，他认为那也纯粹是钱氏的"虚构"。实际上钱氏本人对这一问题的看法就存在着矛盾，钱氏既认为民主政治不能应付现代国家的经济问题，但同时又指出英美也有可能用"一种知识阶级及资产阶级的联合"来实现统制经济，而所谓"知识阶级及资产阶级的联合"是不能称独裁政治的。[①]

　　蒋廷黻虽然是主张中国实行专制的代表人物，但他对于民主政治与独裁政治的现状分析又与同样主张中国采行独裁政治的钱端升大相径庭。他在《三种主义的世界竞争》一文中认为，当时世界主要是三种主义间的竞争，这就是以苏俄为代表的共产主义，以日德意为代表的法西斯主义和以英美法为代表的自由主义，在这三种主义的竞争中，"前途最黑暗的莫过于法西斯主义"。因为就天然物产资源而论，法西斯主义的日德意三国远在共产主义的苏俄和自由主义的英美法之下，它们是七强之中经济最不能自给自足的。从法西斯主义本身来看，由于它对外侵略扩张，国际得不到任何同情，对内加重人民负担，导致国内矛盾尖锐激化，所以，其失败是可"预期的"。和法西斯主义必然失败不同，蒋廷黻认为，"将来的天下不是共产主义的，就是自由主义的"。当然，就苏俄的共产主义和英美法的自由主义比较而言，尽管蒋廷黻认为在目前"双方互有短长"，但他更希望也更相信

---

① 朱亦松：《关于民治与独裁的一个大论战（下）》，《再生》第 3 卷第 4—5 期合刊，1935 年 7 月 15 日。

英美法的自由主义会在三种主义的世界竞争中取得最后的胜利，成为世界政治的发展潮流。①

三、中国的政治出路是民主还是专制或独裁

无论是比较民主政治与独裁政治的价值，还是分析民主政治与独裁政治的现状，其目的都是为了对中国政治出路做出选择。因此，中国应行民主，抑或独裁，就成了 30 年代民主与独裁之争的焦点问题。具体地说，当时主要有三种不同的主张，即专制或独裁论，民主论和修正的民主政治论。

（一）专制或独裁论：在 30 年代民主与独裁的争论中，首先站出来公开主张专制的是清华大学历史学教授蒋廷黻。我们前已提到 1933 年 12 月 10 日，即福建事变发生后不久，他在《独立评论》第 80 号上发表《革命与专制》一文，主张以专制求统一，因此而引发了这场争论。在此文中他认为中国近二十年来的革命，甚至动机十分纯洁的革命，其结果都成了"败家灭国"的"奢侈品"，不仅人民的生命财产损失惨重，国土国权也因此而大量丧失。究其原因，就在于中国没有经历一段如同英国的顿头（Tudor）王朝、法国的布彭（Bourbon）王朝和俄国的罗马罗夫（Romanov）王朝那样的专制时期，还没有建立一个民族国家，完成建国的第一步工作。具体而言，第一，中国仍旧是个朝代国家，不是个民族国家，一般公民的公忠是对个人或家庭或地方的，不是对国家的；第二，中国的专制政治始终把皇室以外一切可做政权中心的阶级和制度作为摧残打击的对象，这样皇室一倒，国家就成了一盘散沙，缺少可做新政权中心的阶级；第三，在专制政体下，中国的物质文明太落后了，我们一起来革命，外人就能渔利，而我们几乎无任何抵抗力量。据此，蒋廷黻认为，中国不能再搞革命了，"我们没有革命的能力和革命的资格"，而应先行一段时期的专制，利用专制的力量把国家建设成为一个统一的民族国家，然后"才是用国来谋幸福"。②

蒋文发表后，立即引起了胡适的批评，他连续在《独立评论》第 81 号和第 82 号上发表了两篇批评文章。针对胡适的批评，蒋又写《论专制并答

胡适之先生》一文，进一步阐述自己主张专制的理由。他不同意胡适关于中国已是一个民族国家的观点，而认为中国人没有国家民族观念，只有省界县界地方观念，只有割据意识。为了消除地方割据，建立统一的民族国家，就只能实行个人专制。

当时支持蒋廷黻，主张新式独裁的有钱端升。如果说蒋廷黻主张专制的出发点是为了实现国家统一，那么，钱端升主张独裁的出发点则是为了增强国家实力。蒋廷黻、钱端升的有关观点，详见本卷第十八章第二节的相关内容。

和蒋廷黻、钱端升不同，丁文江主要是从"有无可能"和"是否必要"两个方面论述自己主张独裁之理由的。首先，就"有无可能"而言，丁文江指出："在今日的中国，独裁政治与民主政治都是不可能的，但是民主政治不可能的程度比独裁政治更大。"因为实行民主政治，不仅"要有普通的教育，完备的交通，健全的政党，宽裕的经济"，而且需要普选，需要人民有丰富的政治经验，这些条件中国都不具备，"中华民国的人民百分之八十或是七十五以上是不识字的，不识字的人不能行使选举权"。如果实行独裁政治，并不需要完全具备这些条件，至少也"不至于如此的苛刻"。其次，从"是否必要"方面来说，丁文江指出，当时中国是内战不断，外患严重，不久还有可能发生空前的经济恐慌，在没有度过这双重国难之前，"民主政治根本谈不到，独裁政治当然是不可避免的"。既然独裁政治既有"可能"，又非常"必要"，因此，丁文江斩钉截铁地宣称：中国除"试行新式的独裁"之外没有其他什么道路可供选择。目前我们应该努力的就是使新式独裁于短时期内成为现实，而"放弃民主政治的主张就是这种努力的第一个步骤"。至于如何才算是"新式独裁"，他提出了以下四条标准：

一、独裁的首领要完全以国家的利害为利害；

二、独裁的首领要彻底了解现代化国家的性质；

三、独裁的首领要能够利用全国的专门人才；

四、独裁的首领要利用目前的国难问题来号召全国有参与政治资格的人的情绪与理智，使他们站在一个旗帜之下。[1]

---

[1] 丁文江：《民主政治与独裁政治》，《独立评论》第133号，1934年12月30日。

　　程天放也"是赞成中国现在采用独裁制的"。程赞成采用独裁政治的理由，犹如丁文江，"不是就理论上讲独裁政治比民主政治好，是就现在中国实际情形讲，独裁政治有成功的可能，而民主政治几乎完全无成功的可能"。他指出：就意大利与英法的历史比较而言，大家都承认意大利的国民，在政治的训练、政治的兴趣、政治的知识方面，都远远不如英美两国的国民，然而意大利则做到了完全的独裁，而英美的民主则只做到一半，这两国的政权并没有真正掌握在全体选民手中。这说明独裁政治远比民主政治容易实现。中国人民的程度，不但比不上英美，连意大利都不如，实行民主政治，根本没有成功的希望，而实行独裁政治倒有一些成功的可能。除从"可能"方面陈述了自己主张独裁的理由外，程氏也从"必要"方面对比做了进一步的阐述。他认为当时中国"处于最危险的地位"，一方面强邻日本的侵略一天紧似一天，国家随时都有灭亡的危险，另一方面国民经济的衰落又一天甚于一天，全国人民至少有大半在死亡线上挣扎。因此，对外如何挽国家于将倾，对内如何救人民于水火，就成了中国当前最严重最急迫的问题。要挽国家于将倾，就必须充实国力，扩充军备，以便有能力抵抗强邻日本的侵略；要救人民于水火，就要开发富源，增加生产，以提高大多数人民的生活水平。而要充实国力，扩充军备，开发富源，增加生产，不仅需要许多专家去研究制订计划，而且更需要一个权力集中、意旨统一的政府做发动机，领导人民去实现这些计划。所以，独裁政治不可避免。[①]

　　当时赞成独裁论的还有张弘、忧患生、徐道麟等人，除张弘、忧患生主要是从价值方面着眼来反对民主，主张独裁外，其他人和丁文江、程天放一样避开了民主政治与独裁政治的价值评判，主要是从"可能"与"必要"上立论，赞同独裁政治的。

　　（二）民主论：在30年代民主与独裁的争论中，民主论的代表人物要算胡适了，他先后在《独立评论》《东方杂志》和《大公报》等报刊上发表了《建国与专制》（《独立评论》第81号）、《再论建国与专制》（《独立评论》第82号）、《武力统一论》（《独立评论》第85号）、《政治统一的途径》（《独立评论》第86号）、《一年来关于民治与独裁的讨论》（《东方杂志》第32

---

① 程天放：《民主与独裁》，《时代公论》第3卷第46号，1935年2月8日。

卷第 1 号）、《中国无独裁的必要与可能》（《独立评论》第 130 号）、《答丁
在君论民主与独裁》（《独立评论》第 133 号）以及《从民主与独裁的讨论
里求得一个共同政治信仰》（《大公报》1935 年 2 月 17 日《星期论文》）等
一系列反对专制独裁、主张民主的文章。概而言之，胡适在这些文章中提
出了以下一些观点：

（1）中国无独裁的必要。前面已经论及，蒋廷黻、钱端升等人认为，
中国要统一政权，建立民族国家，或增强国力，实现沿海各省的工业化，
就必须实行专制，用一个大的武力（军阀）来取消二、三等武力（军阀），
或实行新式独裁，建立起极权制度。正如本卷第十八章第二节中指出的，
胡适的看法与他们则正好相反，认为中国无实行独裁的必要，因为独裁既
不能实现国家的统一，也无助于中国的工业化。①

（2）中国无独裁的可能。中国之所以无独裁的可能，主要体现在三个
方面：第一，中国今日没有能独裁的人，或能独裁的党，或能独裁的阶级。
在《再论建国与专制》一文中胡适写道："一般人只知道做共和国民需要较
高的知识程度，他们不知道专制训政更需要特别高明的天才与知识。……专
擅一个偌大的中国，领导四万万个阿斗，建设一个新的国家起来，这是非
同小可的事，决不是一班没有严格训练的武人政客所能梦想成功的。今日
的领袖，无论是那一党那一派的健者，都可以说是我们的'眼中人物'，而
我们无论如何宽恕，总看不出何处有一个够资格的'诸葛亮'，也看不出
何处有十万五万受过现代教育与训练的人才可做我们专政的'诸葛亮'。"②
第二，中国今日没有什么大魔力的活问题可以号召全国人民的情绪与理智，
使全国能站在某个领袖或某党某阶级的领导之下，造成一个新式专制的局
面。通过对土耳其、意大利和德国等独裁国家的考察，胡适发现，凡独裁
国家，除人才之外，还需要有一个富于麻醉性的热点问题，用以煽动和抓
住全国人心，使之成为强有力的政权基础。但中国这几十年中，排满的口
号过去了，护法的口号过去了，打倒帝国主义的口号过去了，甚至"抗日
救国"的口号也只引起一阵子的热心。据此，胡适问道，既然抗日救国都

① 胡适：《中国无独裁的必要与可能》，《独立评论》第 130 号，1934 年 12 月 9 日。
② 胡适：《再论建国与专制》，《独立评论》第 82 号，1933 年 12 月 24 日。

不能成为号召全国人的情绪与理智，促成全国的团结的活问题，难道我们
还能妄想指出一个蒋介石或者别的什么介石来做一个新的全国结合的中心
吗？① 第三，中国民族今日的智慧够不上干那需要高等智识与技术的现代独
裁政治。胡适指出，现代独裁政治并不是单靠一个圣明的领袖，尽管领袖
占有极其重要的位置，而且还要靠那无数的专门人才，而人才对于"我们
这样一个知识太低、经验又太幼稚的民族"，是十分缺乏的。且以意大利
为例。意大利有两个一千年的大学，五百年以上的大学则遍地皆是。除此，
还是整个欧洲做他的学校和训练场所。所以，意大利的人才很充足。而中
国虽号称五千年文明古国，却没有一个满四十年的大学，没有培养和训练
专门人才的场所，这种情形下，"专门人才的训练从那里来？领袖人才的教
育又从那里来？"故此，胡适得出结论，"在这最近的将来，（中国）怕没
有试行新式独裁政治的资格"。②

（3）民主政治"最适宜于训练一个缺乏经验的民族"。我们在前面已经
论及，胡适的一个重要观点就是认为民主政治是"幼稚园的"和"常识的"
政治，而独裁政治是"研究院的"和"特别英杰的"政治，特别英杰不可
得，而常识则比较容易训练。中国是一个既缺乏人才，广大人民又缺少政
治训练的国家，因此，只有民主政治"最适宜于收容我们这种幼稚阿斗"。③

在 30 年代民主与独裁的争论中另一位反对独裁，主张民主的有力人物
是张熙若。和胡适一样，张也反对蒋廷黻的以武力和专制来统一中国的主
张。他指出，由于自由平等、个人解放以及其他许多新时代之思想的作用，
武力和专制是统一不了中国的。人们可以咒骂这些新思想，但这些新思想
并不会因人们的咒骂而消失。蒋廷黻举英国的顿头王朝（即都铎王朝）和法
国的布彭王朝（即波旁王朝）为专制独裁成功的例证，然而，它们之所以成
功，一个重要原因是当时这些新思想还不十分发达和成熟。如果顿头王朝
和布彭王朝的君们晚生一百几十年，那么，无论他们如何"圣明"也不会
成功，而且还会像他们的继承者查理士第一和路易十六那样被人民所推翻，
送上断头台。当然，张熙若也承认，中国需要统一，需要打倒消灭那些二、

---

① 胡适：《再论建国与专制》，《独立评论》第 82 号，1933 年 12 月 24 日。
② 胡适：《中国无独裁的必要与可能》，《独立评论》第 130 号，1934 年 12 月 9 日。
③ 胡适：《再论建国与专制》，《独立评论》第 82 号，1933 年 12 月 24 日。

三等军阀。但他认为，打倒军阀，消除内乱，统一国家，这是包括民主政府在内的任何政府的责任，而非专制或独裁政府所拥有的特权，从国家的统一方面绝对得不出非专制或独裁不可的结论。就专制或独裁与国难的关系而言，张熙若认为，专制或独裁不仅不能使中国渡过国难，相反会使国难进一步加重。因为要渡过国难，首先就必须想尽一切方法唤起人人同仇敌忾的情绪，使人们能自动地、热烈地为国尽力，为国牺牲，但"独裁政治的结果，在平时是为自己制造奴隶，在外患深入时是为敌人制造顺民"。据此，张质问独裁论者："难道今日中国作奴隶的人还不多？作顺民的人还太少？还须特别制造吗？"①

在批评专制论或独裁论的同时，张熙若也陈述了自己之所以主张民主的理由。概括起来，张的理由有两点：其一，从价值方面来说，民主政治值得学习。如前所论，张认为民主政治是人类目前为止最高明的政治制度，既然是最高明的政治制度，那就值得中国学习，这是一个不应忽略的价值问题。其二，从操作方面来说，民主政治能够学习。由于各种工具的发达，社会进化的进程有了明显的加快，从前数百年做不到的事情如今十数年就做到了。随着社会的进步，中国人的知识程度与昔日相比近年有了提高，并且会越来越高。"所以就是在'学会的可能'方面讲，只要我们肯真心努力去学（民主政治），并不是没有把握的。"②

除胡适和张熙若外，北京大学政治学教授胡道维也是反对独裁、主张民主的有力人物。1935 年 2 月胡在《国闻周报》第 12 卷第 6—7 期上发表《中国的歧路——为民治与独裁问题就商于丁文江先生及时下诸贤》一长文，对各种专制或独裁论提出了批评。他首先指出，中国处在今日局势中的当务之急，外要抵抗武力的侵略，内要实行物质的建设，而完成这两项任务的前提条件，是消除割据，实现全国统一。要实现全国统一，就必须增强中央政府的力量，因为一个风雨飘摇中的软弱无能的中央政府，绝不能应付这样重大的局面。但是实现全国统一，建立强有力的中央政府，并不像蒋廷黻等人所主张的那样，一定要实行专制或独裁，"难道中央非独裁或专

---

① 张熙若：《独裁与国难》，《大公报》1935 年 1 月 13 日《星期论文》。
② 张熙若：《我为甚么相信民治》，《独立评论》第 240 号，1937 年 6 月 27 日。

制就不能强有力吗？我们若将充分的威权赋予全体中央政府而不授给某个人，岂不是一样的可能巩固中枢吗？一样的可以实现统一吗？一样的可以御外侮谋建设吗？"他认为，一国政府能否应付内外的特殊环境，是权威力量充分不充分的问题，而不是执掌权力的人数多少的问题。天下一人的清政府，权力执掌在皇帝一人之手，但它仍然逃脱不了被推翻的命运。牵制频仍的美国联邦政府，实行的是三权分立，然而它却做到了民富国强的地位。由此可见，专制或独裁和国家统一之间并没有必然的因果联系。

胡道维在文中重点批评了丁文江的独裁论。他指出，丁氏根据"中华民国的人民百分之八十或七十五以上是不识字的，不识字的人不能行使选举权"，而断言"民主政治在中国今日不可能的程度远在独裁政治之上"，这在19世纪以前是"大家应该承认的"，但到了19世纪中叶以后，人们已经逐渐地觉悟到知书识字并不是选举权的必要条件。民主政治诚然是建设在普选权之上的，但选举权则不一定要以知书识字为基础。实际上，在美国，许多不识字的黑人和外国侨民也时常参加总统或国会的选举，但并没有像人们所担心的那样发生洪水猛兽般的灾祸。胡道维认为，现在选举权的唯一条件，是要人们具有一定的政治常识，就此言之，丁氏说"民主宪政有相当成绩的国家，都是政治经验最丰富的民族"，这是完全正确的，但人民若没有参加政治的机会，又怎会有政治经验呢？没有政治经验，当然也就不会有政治常识。"所以说锻炼人民政治常识的唯一方法，还是只有多给人民以参加政权的机会——换句话说，还是只有实行民治。"①

其他民主论者，如社会学家陶孟和、清华大学政治研究所学生宋士英、山东大学政治学教授杜光埙等，也大都是从国难时期中国应行、也能行民主政治这一立场来反对专制或独裁论，主张民主的。

（三）修正的民主政治论："修正的民主政治论"（又称之为"民主独裁以外之第三种政治"）的提出者是国社党领导人张君劢。1932年5月，张在《再生》杂志的创刊号上和张东荪、胡石青以记者的署名联合发表《我们所

---

① 胡道维：《中国的歧路——为民治与独裁问题就商于丁文江先生及时下诸贤（未完）》，《国闻周报》第12卷第6期，1935年2月18日。

要说的话》，首次提出了"修正的民主政治"的主张。后来在《国家民主政治与国家社会主义》(《再生》第 1 卷第 2 期)、《民主独裁以外之第三种政治》(《再生》第 3 卷第 2 期)等文中，又对这一主张做了进一步的阐述。和胡适、张熙若等民主论者一样，张君劢也坚决反对蒋廷黻的武力统一论。他指出，蒋廷黻主张中国应像英国的顿头王朝、法国的布彭王朝和俄国的罗马罗夫王朝那样先行一段时期的专制，以武力统一中国，这是"拿欧洲十五、六、七世纪的时代，比喻中国的现在局面，是不恰当的"，因为，中国的不统一，并不是封建制度的残余局面，而有其他方面的原因：第一，是中国的幅员过于广大，各地缺乏必要的联系；第二，是人民不识字，无知识，不能辨别政治上的是非利害；第三，是身居中央者，不遵守国法，因而引起地方革命。所以要实现统一，关键在于发展交通，提高人民的知识程度和使身居中央者成为一个能容纳众流、知人善任、毫无私心的人，而这些都不是专制和武力所能解决的。①

在批评蒋廷黻的武力统一论的同时，张君劢也对丁文江的"民主政治在中国比独裁政治更不可能"的观点提出了批评。他指出，要判定民主政治在中国有无实行的可能，首先必须搞清实行民主政治的条件在中国具备还是不具备。所谓实行民主政治的条件，在张氏看来，主要包括五个方面：第一，有选举人的调查；第二，选举人参加选举，公开检查票额时，不至于调换或毁灭票子证据；第三，选举结果出来后，大家能让多数党执掌政权；第四，假定没有多数党，各党能联合起来组织政府；第五，遵守各国普遍应有的政治道德。就民主政治的这五个条件来看，张君劢认为，有的中国已经具备。譬如，民国以来虽没有过一次准确的选举人名册，但是在不正确的调查之中，选民确实来选举过，来开票过，只要有公正的监督人，只要执政党和反对党都不雇人乱填选票，不调换票柜内的票子，公正的选举在中国不是不可能的。再如教育会长、商会会长和学生班长都可以用选举方法选举出来，这说明少数服从多数的习惯，中国人也不是完全没有。因此，我们"只能说中国程度上还不是十分够得上（民主政治），而不能说民主政治在中国比独裁更不可能"。至于丁文江所举新式独裁的四条标准，

---

① 张君劢：《民主独裁以外之第三种政治》，《再生》第 3 卷第 2 期，1935 年 4 月 15 日。

张认为，它是一切现代国家（无论民主还是独裁）都具有的，而非独裁政治仅有的特点。

张君劢虽然与胡适等民主论者一样，反对蒋廷黻、丁文江的独裁论，但他又与胡适等民主论者不同，他不仅承认独裁政治具有"举国一致""注重力行"和"权力集中"三大优点，并且认为"我们国家处在这个时期，尤其是在今日严重国难期中，以上三点，皆是我们政府组织中所应具备的，三件之中，有一不备，这个政府就不适宜于解决今后的困难"。[1]

基于以上认识，张君劢提出了"修正的民主政治"的主张，所谓"修正的民主政治"，用张本人的话来解释，"就是超于独裁政治与议会政治外，要求一种第三种政治"。这种第三种政治，既要坚持民主政治的个人自由的基本精神，又要充分吸取独裁政治的"举国一致""注重力行"和"权力集中"的优点，以实现个人自由与政府权力之间的平衡与和谐。因为在张君劢看来，"权力者，所以便行政之执行，自由者，所以保障社会文化与个人思想。二者各有范围，若为之区分适当，则一方得敏捷之政府，他方得自由发展之个人，固有兼容并存之可能"。[2]他并且指出，这种实现了个人自由与政府权力之平衡与和谐的"第三种政治"，"乃真是真正的民主政治"，而胡适等民主论者所主张的英美式的议会民主，"却是根据民主原则而生有偏弊的政治制度"。[3]实际上，就实质而言，张君劢的所谓"修正的民主政治"，是在民主政治的框架内向独裁政治的方向修正。

《再生》杂志的王希和也是"修正的民主政治"论的积极主张者。不过他不是称这种"修正的民主政治"为"民主独裁以外的第三种政治"，而称的是"民主独裁制"。和张君劢一样，王希和既不同意蒋廷黻的武力统一论，也不赞成胡适的在中国实行完全的民主政治的主张。就蒋氏的武力统一论而言，王希和认为：第一，以武力或以更大武力打倒小武力是一种得不偿失的方法；第二，利用武力或个人专制也绝不能启发人民的忠心，且容易引起社会总崩溃；第三，中国现今不仅没有能专制的人，而且也没有能服从专制的人。此外，以个人专制独裁来统一中国乃是一种背时代、违

---

[1] 张君劢：《民主独裁以外之第三种政治》，《再生》第3卷第2期，1935年4月15日。
[2] 张君劢：《国家民主政治与国家社会主义》，《再生》第1卷第2期，1932年6月20日。
[3] 记者：《我们所要说的话》，《再生》创刊号，1932年5月20日。

人心的方法。其次，就胡适的主张来论，王希和指出，他在价值判断上赞同胡适的民主政治论，但是，由于中国的教育不普及和民众缺乏必要的政治训练，所以，仅仅实行民主政治又是不够的。"万一弄不好，还会生出流弊来"。因为，第一，在民主政治下，民选的国会虽能使全国政治的向心力加强，但是国会内以向来缺乏政治经验的代表相聚一堂，"公说公有理，婆说婆有理"，结果必使政治的进行遇到极大的阻碍，所谓政治责任和行政效率无从谈起；第二，胡适的民主政治，实际上指的是英美式的代议政治，在英国维多利亚女王时代，由于当时政府管理的范围狭小，我们也许说它是一种教育民众的利器，但到了现代，国家所管理的事务日益繁多，所引起的问题也日益复杂，缺乏政治经验的民族是不能实行这种代议政治的。

专制或独裁在中国行不通，纯粹的民主政治弄不好又会生出流弊来，那么，中国究竟应该采行何样的政治制度呢？王希和认为，中国应该采行的政治制度只能是建立在民主政治基础之上的中央政府在行政方面的独裁，也就是所谓的"民主独裁制"。因为在他看来，当时中国最重大而且最主要的问题不是谁应统治这个国家，而是如何先建立一个像样的国家问题。由于中国的疆域太大，交通不便，教育幼稚，凡可以作为建国之用的物质的与心理的基础都不具备，因此只有中央政府在行政方面实行专制独裁，尔后才能创立一个有效的行政制度，才能贯彻一切计划，从而使现代国家的规模得以建立起来。但是，这种行政方面的独裁又必须以民主政治为基础，"行使政权者须注意人民的意向，同时须受人民的监督"，惟其如是，政府才能给予人民以实质上的利益，而不致滥用权力。另一方面人民对政府也才能产生普遍的信仰，自然而然地成为政府的拥护者。这也就是他所主张的民主独裁制："一方面是要保障人民的自由，一方面也要顾到国家的权力；前者除给予人民的自由外，在现状之下，最大用处，就是杜绝一般野心家的口实，免得他们借救国救民的好名有所企图；后者乃是一种较经济的，较敏捷的方法，使一盘散沙的、经济落后的国家，容易渐趋于现代化。"[1]

---

[1] 王希和：《论建国与专制》，《再生》第 2 卷第 5 期，1934 年 2 月 1 日。

朱亦松也对"修正的民主政治"的主张做过说明。他指出，中国民主政治的当前问题，是自由与权力妥协的程度问题，此问题对目前中国具有极大的实际政治意义，我们只有先认清了这个问题，并使之得到圆满的解决之后，国家对外方可以言抵抗侵略，而谋民族之生存暨安全；对内方可以维持和平，加速度地促进社会之发展暨进步。具体而言，朱亦松认为，鉴于当时中国所面临的内忧外患的严重危机，首先必须建立一个强有力的中央政府，以便分期实行一种国家全盘根本计划，但同时中央政府又必须建立在民治精神的基础之上，以便保障个人的自由，而不致使它发展成为一个任何形式的独裁政府。

那么，怎样才能实现自由与权力的妥协，既使政府有充分的权力，又能保证它建立在民治精神的基础上，不至于成为独裁政府呢？对此，朱亦松主张：第一，由宪法规定建立此强有力政府的理由，在于完成一个分期实现的国家全盘根本计划。此项计划，经政府提出，征得国会同意后，即与宪法有同等重要性，而为政府所必须分程逐项履行，国会有质问督促政府权，有议决预算决算权，和弹劾主管部长权，但无推翻整个政府之权。除此，国会对于宣战、媾和、缔约，都有同意权。第二，在宪法里须规定废除一切不基于社会功效的人为的不平等。此外，亦须规定人民有言论、出版、集会、结社和身体等自由权。第三，在宪法里对于财产权虽然承认，但须明白规定其获得和行使，必不得违反公众福利，以防止 18 世纪以来西洋人重视财产权所造成的那种空前严重的经济问题和社会问题在中国的出现。第四，在宪法里面须明文规定设立一个由各种从事于生产的职业团体选举代表组织而成的全国经济议会，并使它成为全国经济计划的咨询和建议机关。第五，中央国会议员应完全采用区域选举法选举产生，但不必明文规定某区域，必得选举本区域公民为其议员。第六，设立强有力的司法独立制度，司法官员虽由行政首脑委派，但行政首脑没有黜退他们的权力，法官超出一切党派之上，其地位受法律的严格保护。[①]

---

① 朱亦松：《新时代的民治主义》，《再生》第 1 卷第 9 期，1933 年 1 月 20 日。

四、自由主义知识分子的困境

前面我们已经指出，这场争论是关心国家命运的一些知识分子为挽救民族危机而寻找更适合中国的政治制度的争论。就争论者的身份来看，他们大多是一些具有"独立精神"的自由主义知识分子，但其中一些人却放弃了对民主和自由的追求而选择了专制和独裁。这些人之所以放弃对民主和自由的追求而选择专制或独裁，并不是他们对民主价值的认识发生了根本变化（除个别人外，他们中的大多数对民主价值持的是肯定态度），而是在他们看来，在当时内忧外患日益严重的历史背景下，只有实行专制或独裁，国家才有可能实现统一和富强，应对日益严重的民族危机，也才能够使中华民族在激烈的世界资本主义的经济竞争中以及在将要爆发的第二次世界大战中生存下来。因为与民主政治比较，专制或独裁更有利于权力的集中和运用，提高行政效率。而且就中国的实际情况来看，专制或独裁，更适合于中国经济不发达、教育落后、民众识字率低的国情。

在当时的历史背景下，他们把民族的存亡放在头等重要的位置，这不仅无可非议，而且应该给予充分的肯定。他们的问题不在当他们追求的最终目标与他们所信仰的思想或价值发生矛盾时选择了前者，而在于"他们的这种选择是以一个假设命题为基础的，即只有实行专制政治，才能保证国家统一，挽救民族危亡。这个假命题在理论上是不成立的"。[1] 当然，我们也承认，传统的以代议制为特色的西方民主制度的确存在着种种弊端，尤其是权力的相互制衡，使国家在面临重大的突发事变甚至战争的威胁面前不能及时做出反应，这也是 30 年代后，面对日益严重的经济、政治危机和战争威胁，一些老牌的西方民主国家纷纷采取措施加强行政权力的主要原因。就此而言，蒋廷黻、钱端升、丁文江等人对传统的以代议制为特色的西方民主制度的批评并非无的放矢。就中国的具体国情来看，实行西方民主政治制度的条件的确也没有完全具备，交通不便，文盲众多，民众没有受过最基本的民主政治的训练，不知民主为何物，这些都是事实，如果不顾一切地照抄照搬西方的民主政治制度，结果只能是画虎不成反类犬，民初民主政治制度实践的失败就是其明证。参与讨论并赞成民主政治的吴景超在

---

① 徐宗勉、张亦工等：《近代中国对民主的追求》，安徽人民出版社，1996，第 417 页。

《中国的政制问题》一文便指出："在今日的中国，或因法律上有阻碍，或因民众的程度不够，或因新习惯还未养成"，实行民主政治制度的条件"并没有充分实现。在条件还未完备的时候，便要把在英美实行而有成效的民主政治，硬搬到中国来，结果是一定重蹈民国初年的覆辙，使民众对于民主政治更加一层的厌恶而已"。[1] 于此而言，丁文江认为民主政治在中国没有实行的可能，也有其一定的道理，似乎不能一概否定。问题的关键在于：面对西方民主政治制度的弊端，人们是因噎废食，抛弃民主政治而选择比民主政治的弊端不知要多多少倍的专制或独裁，还是想方设法在民主政治制度的体制内采取一些必要的措施，以防止至少减少其弊端的发生？面对中国实行民主政治制度条件的不完全具备，人们是知难而退，放弃对民主政治制度的选择，还是做出努力，在实践中培植实行民主政治制度的条件，探索出一条适合中国具体国情的政治民主化的道路？作为一个自由主义的知识分子，选择的应该是后者。用吴景超的话说："凡是赞成民主政治的人，都应该努力，在中国的环境中，培植……民主政治的条件。"[2] 蒋廷黻、钱端升、丁文江等人却计不出此，选择了前者，无怪乎要受到人们的指责。他们把希望寄托在蒋介石的自我完善上，想通过他的所谓"新式独裁"来实现国家的统一和挽救日益严重的民族危机。但事实证明，这只能是一厢情愿而已。

争论的另一方即民主论者，特别是他们的代表人物胡适，在当时国际国内都有不少人对民主政治持怀疑甚至反对态度的情况下，仍然坚持其自由主义的信仰和立场，坚持以民主政治为中国政治制度的选择，这值得肯定。然而他们又过于理想主义化，对民主政治制度的弊端，尤其是对在中国实行民主政治的具体国情缺乏清醒的认识，面对专制或独裁论者提出的民初民主政治制度实践失败的问题，提出的封建军阀对民主政治制度的破坏，提出的中国不具备实行民主政治制度的条件，胡适只是以"有一连兵能解散的国会，就有一连兵不能解散的国会"作答，以"民主政治制度更适合中国这样的缺乏政治经验的民族"作答，而没有认真分析民初民主政治制

---

[1] 吴景超：《中国的政制问题》，《独立评论》第134号，1935年1月6日。
[2] 吴景超：《中国的政制问题》，《独立评论》第134号，1935年1月6日。

度的实践之所以失败的真正原因，没有令人信服地说明民主政治制度在中
国有其实行的可能性。所以综观对于中国的政治出路是民主还是专制或独
裁的争论，民主论者的理由显得无力而苍白。相比较而言，修正的民主政
治论者，既坚持以民主政治为中国政治制度的选择，又能认识到传统的以
代议制为特色的西方民主政治制度的弊端，并针对这些弊端提出了具体的
补救措施，力争实现个人自由与政府权力的平衡与和谐。当然，在当时国
民党统治的时代，修正的民主政治论也只能停留在理论的设计上，是根本
不可能实现的。

第二节 经济发展："以农立国"还是"以工立国"

20 世纪的 30 年代，中国思想界曾围绕中国经济发展的道路问题发生过
一场激烈争论，争论的一方是以梁漱溟为代表的主张复兴农村的"以农立国"
论者，另一方是以吴景超为代表的主张繁荣都市的"以工立国"论者，除此
也有人主张"第三条路"和"先农后工"，"发展农业资本主义"。检讨这场争
论，不仅有其学术价值，对于我们今天的经济建设也有其现实的借鉴意义。

一、"以农立国"论的由来

"以农立国"论是一种具有普遍意义的社会经济思潮，其特征为反都市
化和工业化，憎恶现代工业社会和都市生活，向往或企图维护和恢复农村
那田园牧歌式的生活情趣和生产方式。这种"以农立国"论在亚非拉许多
不发达的国家和地区出现过，其中尤以我国最为活跃。实际上它是我国经
济长期落后，农民小生产者如汪洋大海之历史传统的反映。

受西方工业化产生的种种弊端，尤其是第一次世界大战的影响，早
在 20 年代初，就有人提出过"以农立国"的主张，其代表人物是章士钊。
1923 年 7 月，章在《中华农学会报》第 42 期上发表《业治与农》一文，主
张"吾国当确定国是，以农立国，文化治制，一切使基于农"，而反对"兴
工业以建国"。因为在他看来，当时的社会是"方病大肿"，而其病源"为

工业传染之细菌"，如果"以工济之，何啻以水济水，焉有效能"，更何况
"吾艺术之不进，资本之不充，组织力之不坚，欲其兴工业以建国，谈何容
易，即曰能之，当世工业国所贻于人民之苦痛何若，昭哉可观，彼正航于
断港绝潢而不得出，吾扬帆以穷追之，毋乃与于不智之甚"。① 是年11月，
章士钊又以"行严"的笔名写了《农国辨》一文，进一步阐述他的"以农立
国"主张，并对"农国"和"工国"之间的异同做了一番比较，强调：中国
只能"返求诸农，先安国本"，否则，如果"去农而之工"，必将"未举工
国之实，先受工国之弊，徘徊歧路，进退失据"。② 当时发表文章支持章士钊
"以农立国"主张的有董时进、龚张斧等人。董时进文章的标题就叫作《论
中国不宜工业化》，其主要观点是：工业国存在着工厂倒闭、工人失业、社
会斗争激烈等"瑕疵"，中国无须"自蹈陷阱"，追求所谓"工业化"，而应
坚守传统的"以农立国"的立场，因为"农业国之人民，质直而好义，喜
和平而不可侮。其生活单纯而不干枯，俭朴而饶生趣。农业国之社会，安
定太平，鲜受经济变迁之影响，无所谓失业，亦无所谓罢工"。③

　　章士钊、董时进等人宣扬的"以农立国"论，曾遭到主张中国应早日实
现工业化的早期马克思主义者恽代英、杨明斋和激进民主主义者杨铨等人
的批评。恽代英写有《中国可以不工业化乎？》（署名戴英，文载1923年
10月28日《申报》），杨明斋写有《评〈农国辨〉》，杨铨写有《中国能长
为农国乎？》（文载1923年10月28日《申报》），其中尤以杨明斋的《评
〈农国辨〉》写得最有声色。《评〈农国辨〉》虽然只是杨明斋所著《评中西
文化观》一书的第三卷，但文字要比《农国辨》一文长出许多倍，评论的方
法是先摘录章文的基本观点，然后逐一进行批驳。最后，在"总解释"中，
又着重阐述了"五千年的历史循环在今大变动之所以然是由于农化为工"
这一基本命题，并针对章士钊的观点，用自己的语言，通过大量生动事例，
阐明了马克思主义的一个基本观点，即："政治法律大部分是维持经济的组
织及其社会道德习惯与秩序的，今其经济情形已变，则前之政治法律自然

---

① 章行严：《业治与农》，《中华农学会报》第42期，1923年7月。
② 行严（章士钊）：《农国辨》，《新闻报》1923年11月1—2日。
③ 董时进：《论中国不宜工业化》，《申报》1923年10月25日。

的随之而失其效用。"① 对于杨明斋的《评〈农国辨〉》，有的研究者评价甚高，认为它"是中国早期马克思主义者宣传中国应走工业化道路的珍贵文献"②。

继章士钊之后，主张"以农立国"最有力的是以王鸿一为代表的村治派。1929 年在冯玉祥及其部下韩复榘的支持下，彭禹廷、梁耀祖、王怡柯、梁漱溟等人在河南辉县百泉镇成立了一所以培养村治人才为目的的学校——河南村治学院。同时他们还创办了一份《村治》月刊，宣传其村治主张和理论。当时经常在《村治》上发表文章的有王鸿一、茹春浦、米迪刚、王惺吾、尹仲材、梁漱溟等人。人们通常把集合于村治学院和《村治》杂志的这些人统称为"村治派"。村治派的代表人物和精神领袖是王鸿一。"村治"一词就是王鸿一首先使用的。河南村治学院和《村治》月刊也是经他活动才得以成立和创刊的。梁漱溟 1930 年写《主编本刊〈村治〉之自白》时就承认："鸿一先生实在是我们的急先锋。他能标揭主义；他能建立名词；他能草订制度。"③

王鸿一是山东郓城的大地主，曾任山东省教育专员和省议会副议长，与冯玉祥、阎锡山关系密切，思想比较保守。1921 年暑假，梁漱溟应山东教育厅之聘，到济南作了 40 天的"东西文化及其哲学"的讲演，其讲演稿整理出版后使他成为了现代中国最著名的文化保守主义者和现代新儒学的开启者，而邀请梁漱溟讲演的人就是王鸿一。1923 年章士钊的《农国辨》发表后，深得王鸿一的赞同，他曾嘱梁漱溟作函介绍自己去拜访章氏（因梁和章是老熟人），当面与章讨论"以农立国"的问题，然因故未能成行。1924 年王鸿一与河北定县翟城村的米迪刚合作共同创办了《中华报》，请尹仲材为主笔，组成一个研究部，希望从"以农立国"的原则讨论一个具体的建国方案。经过一段时间的讨论，研究部出版了一本《建国刍言》，内容先谈原理，后提出一份由王鸿一起草的《中华民国治平大纲草案》。草案共 17 条，其中第一条规定了"传贤民主政体"，第二条规定了"农村立国制"。④1929

① 转引自罗荣渠主编《从"西化"到现代化——五四以来有关中国的文化趋向和发展道路论争文选》，北京大学出版社，1990，第 152 页。

② 罗荣渠：《现代化新论——世界与中国的现代化进程》，北京大学出版社，1993，第 367 页。

③ 中国文化书院学术委员会编《梁漱溟全集》第五卷，第 16 页注①。

④ 梁漱溟：《主编本刊〈村治〉之自白》，载《梁漱溟全集》第五卷，第 15—16 页。

年 3 月《村治》月刊在北平创刊后（此刊得到阎锡山的资助），王鸿一又连续发表了《建设村本政治》和《中国民族之精神及今后之出路》等文章，宣传他的"以农立国"的思想。他指出：中国以农业立国，已有数千年之久。由农业生活及家庭制度二者相互之关系，递经演进，形成十姓百家。全国人民，十九皆在农村，而城市区域不过因经济政治之关系，构成临时聚合的团体，其居民十九也来自田间。所以城市不过是变相的农村而已。既然全国绝大多数的居民都居住在农村，那么中国的政治、经济和文化都应以农村为基础，为重心。就政治而言，即应建设村本政治。"惟村本政治，一切权利，根本在民，政权操于民众，治权始于乡村，权力无由而集，阶级无由而生，全国农村组织划一，权虽分而仍无害于统一。"① 他特别强调学术与政治之结合的意义，认为以后建设方针，应确定一面由学术上积极阐发教养精神，而使学者惕然于推恩尽性，服务乡里之本分；一面由政治上积极实施教养原则，痛革中国专制传统和西洋传统之积弊，而使政权操于民众，治权始于乡村。"合学术思想政治制度二者，共同归宿于教养，植基于村本。"② 几乎与王鸿一同时，茹春浦、段掞庭、王惺吾、谢仁声等人也先后在《村治》月刊上发表了《村治之理论与实质》《进一步的认识村治制度》《建设村治与村治前途的障碍》《村治与三民主义》《村治之危机与生机》等文，宣传"农村立国"思想。后来这些文章被编为《村治之理论与实施》一书，1930 年由《村治》月刊社作为《村治丛书》之一种出版。

"村治派"没有存在多久。1930 年 7 月 26 日王鸿一在北平逝世。不久，中原大战爆发，河南村治学院被河南省代理主席张钫下令关闭。原村治学院的部分同人迁到山东邹平，在新任山东省主席韩复榘的支持下于 1931 年 6 月正式成立了山东乡村建设研究院，并改"村治"为"乡村建设"。王鸿一的逝世和河南村治学院的关闭，尤其是山东乡村建设研究院改"村治"为"乡村建设"，标志着"村治派"已不复存在。从此，主张"以农立国"最有力的是梁漱溟和他代表的"乡村建设派"。

其实，梁漱溟的"以农立国"思想由来已久。据他自己介绍，1923 年

---

① 王鸿一：《建设村本政治》，《村治》月刊第 1 卷第 1 期，1929 年 3 月 15 日。
② 王鸿一：《建设村本政治》，《村治》月刊第 1 卷第 1 期，1929 年 3 月 15 日。

春他在山东曹州中学演讲时就已提出"农村立国"的主张；对 1924 年王鸿
一起草的《中华民国治平大纲草案》中规定的"传贤民主政体"和"农村
立国制"，他也"颇点头承认"。但那时他虽有"以农立国"的思想，但对
"以农立国"能否解决中国经济问题还有些怀疑，"不敢信鸿一先生他们几
位从那主观的简单的理想，能解决中国的经济问题，而经济问题又是关系
一切的重大问题"。[①] 所以他曾谢绝过王鸿一要他参加《中华报》研究部的邀
请，也没有应王鸿一之约为《建国刍言》写一序文。直到 1927 年后，受中
国共产党领导的农民运动的影响 [②]，他才基本消除怀疑，相信中国问题只有
从农村入手才能得到解决。为此，他先去广东劝说广东省主席李济深实验
他的"乡治"计划，后又到河南参与河南村治学院的筹建，最后成为山东
乡村建设研究院的实际领导人，并先后发表了《中国民族自救运动之最后
觉悟》（1933 年出版）、《乡村建设论文集》（1934 年出版）、《乡村建设大意》
（1936 年出版）和《乡村建设理论》（1937 年出版）等一系列主张"以农立
国"，宣传乡村建设思想的论著和文章。

这里需要指出的是，梁漱溟虽然主张以农立国，但和章士钊、董时进等
人有两点不同，第一，他是理论与实践兼而有之，以其理论指导其乡村建
设实验活动，因此他的"以农立国"论的影响也更大些；第二，他并不完全
反对中国发展工业，而是主张以农为本，先振兴农业，然后"从农业引发
工业"，他反对的只是走西方和日本"从商业发达工业"的道路。据此，他
提出的经济建设的"方针路线"是："散漫的农民，经知识分子领导，逐渐
联合起来为经济上的自卫与自立；同时从农业引发了工业，完成大社会的
自给自足，建立社会化的新经济构造。"他再三强调此"方针路线"包含有
三个"要点"："一、非个人营利，也非国家统制，而是从农民的联合以达于
整个社会的大组织；二、从农业引发工业，而非从商业发达工业；三、从
经济上的自卫自立入手，以大社会自给自足为归，自始即倾向于为消费而
生产，最后完成为消费而生产，不蹈欧美为营利而生产的覆辙。"[③]

---

① 梁漱溟：《主编本刊〈村治〉之自白》，载《梁漱溟全集》第五卷，第 15—17 页。
② 参见郑大华《梁漱溟传》，人民出版社，2001，第 226—227 页。
③ 梁漱溟：《乡村建设理论》，载中国文化书院学术委员会编《梁漱溟全集》第二卷，山东人民
    出版社，1990，第 495—496 页。

　　为什么中国的经济只有以农为本，"从农业引发工业"，而不能像欧美日本那样，走发展资本主义工商业，"从商业发达工业"的路呢？概括梁漱溟的观点，有以下几个方面的理由：

　　其一，农业生产是中国国民经济几千年来的基础，关系着最大多数国民的生活，因此，以农为本，"促兴农业"，乃是巩固国本，为最大多数国民谋利益之需要。他说："本来我们缺乏工业，最急需的是工业，工业受限制应当最受不了。然而不然。工业是进一步的要求，农业是活命的根源。原来的农业底子若被破坏，便无活命。"不仅商业、金融业、工业、交通运输无一不受农业形势的影响，而且"军界、政界、教育界更是靠农民吃饭"，"所谓'民以食为天'，问题之急，莫急于此"。[①]

　　其二，国际国内环境，不允许中国走欧美日本发展资本主义工商业，"从商业发达工业"的路子。他指出："1.近代资本主义的路，今已过时，人类历史到现在已走入反资本主义的阶段，所以不能再走此路；2.近代工商业路为私人各自营谋而不相顾的，不合现代国家统制经济、计划经济之趋势。在今日国际间盛行倾销政策下威胁太大，亦无发展余地；3.中国没有一个近代工商业所需要的政治环境，（政府安定秩序，让工商业发达，兼能保护奖励其发达，）所以不能走此路。"[②]

　　其三，中国在农业上的根基要比工业上的根基厚一些，因此，促兴农业较发展工业的有利条件为多，（1）工业生产的要件是资本（指机器及一切设备），农业生产的要件是土地。土地在我们是现成的，资本是我们所缺乏的。（2）工业生产需要大量动力，而少要人工，农业生产需要大量人工，而少要动力。人工在我们是现成的，工业上所需动力不是现成的。（3）工业生产得找市场，不要说国外市场竞争不来，就国内争回市场来说，一则适值中国人购买力普遍降低，二则正在外国人倾销政策之下，恐怕很少希望。农业生产极富于自给性，当此主要农产品还不能自给时，似乎不致像经营工业那样愁销路。"总之，当前的问题，既在急需恢复我们的生产力，增进我们的生产力；而农业与工业比较，种种条件显然是恢复增进农业生产力

---

①　梁漱溟：《乡村建设理论》，载《梁漱溟全集》第二卷，第500—504页。
②　梁漱溟：《乡村建设理论》，载《梁漱溟全集》第二卷，第157页。

切近而容易。"①

其四，农业发展，农村繁荣之后，工业才有可能兴盛，而工业的兴盛，又将进一步促进农业的发展，相辅相成，互为因果。首先，从农业生产方面来看，他指出："我们口说恢复农业生产力，复兴农村，而其实旧农业旧农村是无法规复的。农业在今日亦是只有两途，一是毁灭，一是进步……进步而后存在；果能存在，必已进步。而所有进步的技术，没有不是科学化的，没有不是工业化的。"这样在农业的发展进步中，许多工业自然会相缘相引而俱来。例如从土壤肥料等农业化学上问题，而引出化学工业；从农具农业机械农业工程，又引出机械工业等；从农产加工农产制造，亦将引出许多工业。诸如此类，都是相因而至的。其次，从农民消费方面来看，他指出，"从农业引发工业，更从工业推进农业；农业工业叠为推引，产业乃日进无疆。同时也就是从生产力抬头而增进购买力，从购买力增进而更使生产力抬头；生产力购买力辗转递增，社会富力乃日进无疆"。②

第五，西方各国工业化过程中出现的种种弊端，说明中国不应走西方各国的老路，而只能走"促兴农业"，"从农业引发工业"的路子。

二、对"以农立国"论的批评

梁漱溟的"以农立国"论及其实践——乡村建设实验遭到了吴景超、陈序经等人的批评。由于批评者的文章大多发表在胡适主编的《独立评论》杂志上，有人又称他们为"独立评论派"。1933 年 8 月，吴景超率先在《独立评论》第 62 号上发表《知识分子下乡难》一文，针对梁漱溟的关于乡村建设实验必须发挥知识分子作用的观点，指出要知识分子下乡搞乡村建设，用意虽然美好，但是不可能的。事实上知识分子不但不肯下乡搞乡村建设实验，相反还有集中于都市的趋势。他认为知识分子所以不能下乡有四个方面的原因：一是乡村缺乏容纳知识分子的职业；二是乡村缺乏知识分子研究学问的设备；三是乡村中物质文化太落后，不能满足知识分子生活上的需要；四是社会环境不适宜知识分子下乡。吴景超就此断言，想通过知

---

① 梁漱溟：《乡村建设理论》，载《梁漱溟全集》第二卷，第 504—505 页。
② 梁漱溟：《乡村建设理论》，载《梁漱溟全集》第二卷，第 508—509 页。

识分子下乡搞乡村建设，来解决中国问题，这是行不通的。[1]

此文发表后，或许是因为它本身就缺乏说服力，因此没有产生多大的社会反响。真正产生社会反响的是吴景超1934年9月发表在《独立评论》第118号上的《发展都市以救济农村》一文。吴在该文中着重批评了梁漱溟提出的中国经济只能走促进农业以引发工业、发展乡村以繁荣都市的道路的思想，而认为中国经济应该走发展都市以救济农村、实现工业化的发展道路，并阐述了如何发展都市以救济农村、实现工业化的具体方法，即：一、兴办工业，使一部分农民迁入城市，以解决农村人口过剩；二、发展交通，货畅其流，以解决农产品过剩；三、扩充金融机构，在各地遍设支行和代理处，"一方面吸收内地的现金，来做生产的事业；一方面又可放款于内地，使农民减轻利息上的负担"。[2]

犹如吴景超所预料的那样，该文发表后，立即引起了梁漱溟以及一些梁漱溟的支持者的辩护和反驳。于是，针对梁漱溟等人的辩护和反驳，吴景超又先后发表《我们没有歧路》和《再论发展都市以救济农村》等文，进一步批评"以农立国"论。他称"以农立国"论为"经济上的复古论"，并明确表示自己对于一切的复古运动，不能表示同情，对于这种经济上的复古论，尤其反对。他认为中国的经济发展不能走"以农立国"的路，而应走"以工立国"（他又称之为"以各种实业立国"）的路，因为"以农立国"的路"是以筋肉方法生产的路"，而"以工立国"的路"是以机械方法生产的路"，前一条路"使人贫穷"，"使人愚笨"，"使人短命"，后一条路"使人富有"，"使人聪明"，"使人长寿"。前一条路的代表是中国，后一条路的代表是美国。这也是中国贫弱而美国富强的根本原因。由此他得出结论："生存在今日的世界中，我们只有努力走上工业化的路，才可以图存。"[3]不久，他的《第四种国家的出路》一书由商务印书馆出版。吴景超在书中将世界上所有国家分为四种，他认为第四种国家亦即中国的出路是实现工业化，发展都市以救济乡村，并对当时方兴未艾的乡村建设运动进行了批评，认为它解决不了中国农民的生计问题。

---

[1] 吴景超：《知识分子下乡难》，《独立评论》第62号，1933年8月6日。
[2] 吴景超：《发展都市以救济农村》，《独立评论》第118号，1934年9月16日。
[3] 吴景超：《我们没有歧路》，《独立评论》第125号，1934年11月4日。

　　吴景超对梁漱溟"以农立国"论及其实践——乡村建设的批评得到了陈序经、王子建、贺岳僧等人的响应。1934 年 11 月，主张全盘西化的陈序经在《独立评论》第 126 号上发表《乡村文化与都市文化》一文，着重批评了梁漱溟称西洋文化为都市文化，中国文化为乡村文化，认为乡村建设的目的就是要以中国乡村文化为主而吸取西洋都市文化，从而创造出一种中西合璧的新文化的观点。他指出，文化可概括都市与乡村，而都市与乡村则不能概括文化，所以梁漱溟称西洋文化为都市文化、中国文化为乡村文化这不合逻辑。至于新文化的创造，在他看来，"与其说是依赖于乡村，不如说是依赖于都市"。因为梁漱溟"所谓以乡村为主体为根据而成为高度的中国文化"，在物质方面，是以农业为本的乡村的农业生产；在社会方面，是以宗教为本的乡村的宗族制度；在精神方面，是以保守为本的乡村只知有乡，不知有国、有世界，只知因袭、复古，不知进取、图新的旧思想：而这些正是造成"中国数千年来的文化之所以停滞而不能发达的一个很重要的原因"。[①] 接着陈又相继发表《乡村建设运动的将来》和《乡村建设理论的检讨》等文，从实践与理论两个方面对乡村建设运动提出了尖锐批评，认为梁漱溟的文章和著作有一种"复古的趋向"，而这种"复古的趋向"是导致乡村建设实际工作没有取得多少成效的一个重要原因。他还批评了梁漱溟的从农业引发工业、发展乡村以繁荣都市的观点，而主张优先发展工业，尽快实现中国的工业化，因为"中国工业苟不发展，则农业出路也成问题"。他表示，他并不否认梁漱溟及其支持者提出的农业是工业的基础，农业不发展，则工业不易发达的观点，但发展工业与重视农业并不矛盾，"欧美工业发达的国家并不轻视农业。事实上，人们今日的农业之发达，也为我们所望尘莫及"。[②]

　　贺岳僧的文章开门见山便指出："很明显的，关于怎么挽救中国经济衰落的危急，现在有两派不同的主张。"一派以梁漱溟为代表，主张复兴农村；一派以吴景超为代表，主张开发工业。"主张复兴农村者，我可以名之为向后倒退派；主张开发工业者，我可以名之为向前推进派。"他明确表

① 陈序经：《乡村文化与都市文化》，《独立评论》第 126 号，1934 年 11 月 11 日。
② 陈序经：《乡村建设理论的检讨》，《独立评论》第 199 号，1936 年 5 月 3 日。

示，自己"是赞成后一派的主张"。他之所以赞成后一派主张，是因为在他看来，只有优先发展工业，"迅速的利用机械生产来代替手工生产"，实现工业化，才能抵御帝国主义的经济侵略，挽救中国的危亡，解决中国的经济问题。针对梁漱溟等人提出的农业提供人们的生活必需品，所以"即使以发展工业为目的，也必须以振兴农业为手段"的观点，贺岳僧指出，这种观点"在表面上好像能够自圆其说，其实则完全认错了时代，忽视了人类所以进化的原则，忽视了分工的利益，忽视了供给与需要的相互关系，更忽视了产业革命所给予大多数人类的福利"。因为根据美国等工业化国家的经验，工业发展了，必然会促进农业的发展，如纺织业发展了，需要的棉花就会增多，农民就能扩大种棉面积。所以"农业与工业，是互为目的，互为手段，而不是偏于一方面了"。①

王子建的文章批评梁漱溟和其他"以农立国"论有四点错误：第一，闭关自守，想把中国从近代的工业社会，拉回到"经济自给的社会去"，所以他们强调农业生产的重要性，希望建立自给自足的农本社会。第二，认识不清农业与工业的关系，觉得凡事都应该从"农"出发，以农业来引发工业，然而很多的事例是工业引发农业。第三，没有理解"'农业'和'工业'二者的性质"，他们所说的工业是乡村工业，实质是"利用农隙的一种农村副业"，这种"农村副业"性质的所谓工业是抵挡不住帝国主义工业品的倾销的。第四，错误地认为"中国将永久不能走上近代工商业路"，因为他们提出"中国将永久不能走上近代工商业路"的理由，一是说"资本主义工商业已过时"，把"资本主义"与"工业化"画了等号；二是说"近代工商业路为私人各自营谋，不合现代国家统制经济、计划经济之趋势"，而没有认识到工业也可以实行国家的统制经济；三是说中国不具备"近代工商业路所需政治条件"，如安定的秩序，政府的保护和奖励等，"难道农业建设就不需要安定的秩序，不需要保护和奖励吗？"就此，王子建提出，中国的经济发展只能走工业化的道路，"不但要建设工业化的都市，同时还要建设工业化的农村——也就是农业的工业化"。②

---

① 贺岳僧：《解决中国经济问题应走的路》，《独立评论》第131号，1934年12月16日。
② 王子建：《农业与工业》，天津《益世报》1934年12月8日。

三、反驳"以工立国"论

对于吴景超、陈序经等人的批评，梁漱溟及其支持者进行了辩护和反驳。1935 年 6 月，梁漱溟在山东乡村建设研究院主办的《乡村建设》杂志上发表《往都市去还是到乡村来？——中国工业化问题》一文，开篇便写道：近来"《独立评论》载有吴景超先生及胡（适）先生几位的文章，认为我们到乡村来的路子不对。他们几位的思想是感受西洋近代潮流，今日的美国是他们认为很好的世界；个人主义，自由主义，近代工商业文明，是他们所满意憬憧的东西。本来信仰什么，憬憧什么世界，含有个人'好尚'问题在内；个人好尚尽可自由，实用不着反对。不过他们希望中国社会仍走个人主义，自由竞争，发达工商业，繁荣都市的路，则为主观的梦想，我敢断定是做不到的事"。接着他进一步分析了中国的经济发展之所以只能走"以农立国"的路，而不能走"以工立国"的路的原因："工业和农业有一根本不同的地方：就是工业竞争性大，农业则较和缓。我们用土法种地，比较可以立足；而用土法开工厂，是完全不行的。……再则工业生产的重要条件是资本机器，适为我们所最缺；而农业生产的重要条件为土地，这在我们是现成的。"当然，他再次重申他并不反对发展工业，但发展工业必须先要发展农业，"这第一因为工业后进国照例必以农业出口，换回机器，而后工业可兴；第二是在我们的经济生活上目前急须喘气，增加农业生产是可能的，马上于工业上想办法实无可能"。总之，他强调指出："中国根干在乡村，乡村起来，都市自然繁荣。……所以此刻我们唯有到乡村来，救济乡村，亦即救济都市；如往都市去，不但于乡村无好处，于都市亦无好处——路线恰好如此。"①

一位名叫姚溥荪的作者，从三个方面反驳了吴景超等人的"以工立国"论。首先，他指出，"在今日世界经济恐慌之狂澜中，列强都以实行统制经济相号召"，在此情况下，要实现工业化，则"非有强有力的中央政府"实行保护工业化的政策不可，"然而环顾国内，则仍属四分五裂，中央与省区各自为政"，加上关税不能自主，资本主义列强工业品的大量倾销，"努

---

① 梁漱溟：《往都市去还是到乡村来？——中国工业化问题》，《乡村建设》第 4 卷第 28 期，1935 年 6 月 1 日。

力实现工业化的企图"，根本没有成功的可能。其次，"中国若欲企图工业化"，必须解决市场问题，而当时中国的工业品根本无能力在国际市场上与人竞争，其市场只能在国内。"但中国为农业国家，百分之八十以上的人口住居乡村；农村没落，经济滞涩，其购买力当亦必随之低落"。加上各种苛捐杂税，农民生活十分困苦，根本没有余力购买工业品。"试问工业之产品既失却农村最大之主顾，尚有畅销之可能否？"所以，要"使国家有早日实现工业化的机会，似尤非先复兴农村不可"。再次，中国农村的没落，既不能促进工业发展，为工业品提供市场，又无法安定社会秩序，使农民安居乐业，而农民占全国人口的百分之八十，他们不安定国家也就不能安定，"故为救民族于危亡"计，应优先发展农业，复兴农村。①

　　针对吴景超在《发展都市以救济农村》一文中提出的兴办工业、发展交通、扩充金融机构等实现工业化的三条方法，李炳寰、刘子华和万钟庆在他们各自发表的文章中提出了不同意见。关于兴办工业，李炳寰虽然承认工业是万分急需的，但同时他又指出如果把工业都设在大城市中，不仅不会像吴景超认为的那样使进城的农民"有立足之地，就是那些留在乡下的农民因争食者减少，生活也可以舒服些"，相反，只会使"都市无立足之地者更多，农村破产益烈"。②刘子华同样承认"兴办工业是发展都市的急务"，然而他又指出，在不平等条约没有废除、帝国主义侵略无法抵御的情况下，都市工业是不可能发展起来的。③万钟庆对于发展都市工业提出三点意见：（一）农业中并非无路可走，乡村建设可以解决农村人口过剩问题；（二）兴办工业，不一定都要在都市，除积极发展乡村工业外，也可以在农村兴办轻工业，甚至重工业，因为与都市相比，农村在土地、劳力和原料方面有它的优势；（三）工业的发达，有赖于粮食及原料，也即是农业的发展，所以"欲求民族工业之发展"，首先应该发展农业。④关于发展交通，他们都认

---

① 姚溥荪：《不复兴农村中国也可以工业化吗？》，《独立评论》第137号，1935年1月27日。
② 李炳寰：《评吴景超之〈发展都市以救济农村〉》，《众志月刊》第2卷第1期，1934年10月15日。
③ 刘子华：《评吴景超的〈发展都市以救济农村〉》，《锄声》第1卷第4—5期合刊，1934年11月1日。
④ 万钟庆：《发展都市必先救济农村——读吴景超先生〈发展都市以救济农村〉与〈我们没有歧路〉后》，《民间》半月刊第1卷第17期，1935年1月10日。

为，发展交通可以加强乡村与都市的联系，扩大农产品的销路，是救济农村的好方法，但在目前中国仍受帝国主义经济侵略和掠夺的情形下，发展交通的结果，只会便利帝国主义商品的倾销，从而加剧农村的破产，用他们的话说："在此交通动脉为外人所把持之情形下，铁路与航运只不过为推销舶来品的运输机关，所以中国今日交通最便利的地方，洋货的侵入更为敏捷，农村的破产更为厉害。"[1]"交通发展到那里，帝国主义者经济侵略的巨爪也就伸张到那里。"[2]"既遍设铁路，也不过助长外货的畅销，促进农村之破产而已。"[3]因此他们认为，"言发展交通，至少须先把外人操持下的交通权收回，并一面确立产业上保护制度，然后我国农工可以互受其利；否则侈谈发展交通，有何裨益，欲图救济农村之效，不更其渺茫乎？"[4]至于扩充金融机构，李炳寰指出，农村的破产，以及治安环境的恶劣，"使银行家对于农村的放款投资全存了戒心"，他们是不可能像吴景超主张的那样，在农村遍设金融机构，放款于"破产中的农村"的。[5]万钟庆也认为，"在今日农村破产情形之下，期望都市的金融机关负起放贷于内地的责任，又谈何容易"，因此与其期望都市的金融机关向农村放款，还不如"唤起农民自行组织互助社，经由互助社以转贷于社员"。[6]而这正是乡村建设实验的内容之一。

万钟庆还对吴景超的"以农立国"的路"是以筋肉方法生产的路"，"使人贫穷"，"使人愚笨"，"使人短命"；而"以工立国"的路"是以机械方法生产的路"，"使人富有"，"使人聪明"，"使人长寿"的说法提出了批评。因为，第一，落后与"以农立国"并没有必然的联系，实际上，凡是落后的国家，都是农业不发达的国家，而先进的国家，亦非不重视农业，这些国家不仅工业发达，农业也同样居于世界的先进水平。第二，"铲除文盲的运

---

① 万钟庆：《发展都市必先救济农村——读吴景超先生〈发展都市以救济农村〉与〈我们没有歧路〉后》，《民间》半月刊第1卷第17期，1935年1月10日。
② 刘子华：《评吴景超的〈发展都市以救济农村〉》，《锄声》第1卷第4—5期合刊，1934年11月1日。
③ 李炳寰：《评吴景超之〈发展都市以救济农村〉》，《众志月刊》第2卷第1期，1934年10月15日。
④ 万钟庆：《发展都市必先救济农村——读吴景超先生〈发展都市以救济农村〉与〈我们没有歧路〉后》，《民间》半月刊第1卷第17期，1935年1月10日。
⑤ 李炳寰：《评吴景超之〈发展都市以救济农村〉》，《众志月刊》第2卷第1期，1934年10月15日。
⑥ 万钟庆：《发展都市必先救济农村——读吴景超先生〈发展都市以救济农村〉与〈我们没有歧路〉后》，《民间》半月刊第1卷第17期，1935年1月10日。

动，不因工农立国而有差别"，乡村建设运动主张"以农立国"，但它也非常重视教育，重视扫除文盲。第三，是工国还是农国，这并不决定人的寿命长短，实际上，"工业国家，工业劳动者多，工作之环境恶劣，死伤与老衰"的现象很普遍，而"农业生活，充满自然的优越，所欠缺者不过为医药及保健的设备，但此等事业的举办，较诸工业卫生为易"。由此可见，吴景超的说法不能成立。[①]

四、其他主张的提出及争论

除主张复兴农村的"以农立国"论和主张繁荣都市的"以工立国"论外，有人还提出了不同于这两者的其他主张。如郑林庄既不同意梁漱溟等人的"以农立国"论，但他同时又认为，"在中国今日所处的局面下，我们不易立刻从一个相传了几千年的农业经济阶段跳入一崭新的工业经济的阶段里去。我们只能从这个落伍的农业社会逐渐地步入，而不能一步地跨入那个进步的工业社会里去。在由农业社会进于工业社会的期间，应该有个过渡的时期来做引渡的工作。换言之，我认为我们所企望的那个工业经济，应该由现有的这个农业经济蜕化出来，而不能另自产生。因此，我们现在所应急图者，不是吴先生所主张的如何在农业之外另办都市的工业，而是怎样在农村里面办起工业来，以作都市工业发生的基础"。这也就是他所谓的有别于"以农立国"论和"以工立国"论的"第三条路"。为什么不能走吴景超所主张的"都市工业"的路而只能走他所主张的"农村工业"的路呢？概括郑林庄的观点，他认为发展"都市工业"需要三个条件：（一）一个能够自主的国民经济；（二）一片可做工业化必然产生的过剩生产的销售之尾闾的土地；（三）一群真实的科学家和有科学意识的民众。这三个条件中国一个都不具备。而发展"农村工业"的有利条件则较多：（一）农村工业是分散的，多少可以免除帝国主义的束缚；（二）农村工业主要是满足农民生产生活所需，是自给自足的，不需要向外与工业先进国家争夺市场；（三）它不需要根本的"改造"，而只要在现有条件下进行"改良"。[②]

---

① 万钟庆：《发展都市必先救济农村——读吴景超先生〈发展都市以救济农村〉与〈我们没有歧路〉后》，《民间》半月刊第 1 卷第 17 期，1935 年 1 月 10 日。
② 郑林庄：《我们可走第三条路》，《独立评论》第 137 号，1935 年 1 月 27 日。

对于郑林庄提出来的既不同于复兴农村的"以农立国"论，又与繁荣都市的"以工立国"论有别的所谓"第三条路"，即发展"农村工业"的路，主张"以工立国"的张培刚提出了不同意见。他在《第三条路走得通吗？》一文中开篇便写道："我们承认中国经济建设，应走上工业化的路径，同时也承认由农业社会的阶段不能一蹴而达到工业社会的阶段。但是农村工业是否能作为二者间的一架桥梁，在目前的中国，究竟能否使国民经济的基础树立起来"，他的看法与郑林庄是不同的。接着他一一批驳了郑林庄提出的发展农村工业的所谓有利条件：第一，分散的农村工业和集中的都市工业一样，在帝国主义经济侵略之下，也不能免除帝国主义的束缚和压迫。第二，自给自足的农业在洋货倾销下免不了破产，同样，"洋货倾销的结果，不但使农村工业不能做到自供自给，且并其本身亦将因此种竞争而不得不衰亡"。第三，对集中的都市工业和分散的农村工业来说，都需要"一群真实的科学家和有科学意识的民众"，否则，不仅集中的都市工业发展不起来，分散的农村工业也不可能得到正常的发展。就此而言，张培刚指出：在机器日益代替人工、经济上的一切组织也都日益标准化和合理化的 20 世纪 30 年代的今天，工厂制度代替家庭制度，工厂生产代替家庭生产，实现国民经济的工业化已是一种必然的趋势，"在这个时候，提倡农村工业，尤其是把农村工业当作走上工业经济的过渡方法，自然是倒行逆施。因为这样做来，不但是农村不能走上工业化之路，而工业本身倒反回到产业革命以前的那种工业制度去了"，所以"中国经济建设前途，是走不通农村工业这条路的，换言之，农村工业这条路，不能达到都市工业的发展"。[1]

面对张培刚的批评，尤其是张培刚说他提倡"农村工业"是要"回到产业革命以前的那种工业制度"，因而是"倒行逆施"的指责，郑林庄又在《独立评论》上发表《论农村工业》一文，专门就他的"农村工业"进行了界定："我们现在所谈的农村工业，就是目前大规模都市工业的分散化。它在形式上和技术上间或与集中的工业不一式一样，但它却保持了集中工业的神髓"，即"科学与工业的密接关系"。因此，尽管与集中的都市工业相比，分散的农村工业"在活动的范围上"不那么广大，"在机械利用的程度

---

[1] 张培刚：《第三条路走得通吗？》，《独立评论》第 138 号，1935 年 2 月 17 日。

上"也比较简单，"但我们却不能因此就指它是落伍的"。因为"机械使用的直接效果是产生了今世西方文明一致崇拜的效率，可是效率这东西并不单凭机械的简单与复杂而生高下"。我们绝不能一看"农村工业"就把它与"国内现有的农村工业"等同起来，从现有农村工业在外国工业品的倾销下纷纷破产的事实，而得出"它是没有前途的"的结论。[①]

犹如郑林庄，漆琪生也既不赞成吴景超等人提出的繁荣都市的"以工立国"论，同时对梁漱溟等人提出的复兴农村的"以农立国"论提出了批评，而是认为现阶段的国民经济建设应先农而后工，将重心放置在农业上面，工业立于次要的地位，但在农业建设完成之后，要尽快地将重心放置到工业建设上，实现中国的工业化。在农业建设的方式上，他主张"将中国农业生产方式彻底的资本主义化，农村经济的生产关系极度的合理化与高度化"。[②] 所以，有人称他为"过渡期的农业资本主义派"[③]。

为什么不赞成吴景超等人提出的繁荣都市的"以工立国"论呢？因为在漆琪生看来，繁荣都市的"以工立国"论没有实现的可能性，"不能解救中国经济衰落的危机"。他在《中国国民经济建设的重心安在——重工呢？重农呢？》一文中指出：中国国民经济之建设，在现阶段之所以不可能以工业化为重心，走繁荣都市的"以工立国"的路，原因有二，"一则由于帝国主义势力之抑制与摧毁，再则由于商品市场之狭滞与杜绝"。这也是"中国民族工业自近世纪以来，即只有步武没落夷亡的悲惨"的境遇的根本原因。退一步说，即使工业化能够进行，其结果不仅"不能解救中国经济衰落的危机"，相反会使危机进一步加深。因为，第一，工业化必将进一步导致农村资本流向都市，从而"愈增加紧农村资金缺乏，农村金融紧迫"，"激化农村经济的危机，进而激化国民经济全般的危机"。第二，在目前，中国只能够"发展为帝国主义所需要的粗制工业，与原料品改造工业，以供给帝国主义的精工业之生产"，但是这样的工业发展，对于中

---

① 郑林庄：《论农村工业》，《独立评论》第 160 号，1935 年 7 月 21 日。
② 漆琪生：《中国国民经济建设的重心安在——重工呢？重农呢？》，《东方杂志》第 32 卷第 10 号，1935 年 5 月 16 日。
③ 袁聘之：《论中国国民经济建设的重心问题——重农重工问题之探讨》，《东方杂志》第 32 卷第 16 号，1935 年 8 月 16 日。

国的国民经济没有任何好处，"反而将因为替帝国主义提供侵略中国市场之资源与原料"，使中国经济进一步衰落下去。第三，工业化的实质，是以机械代替人工，在中国劳动力大量过剩的情况下，以工业化为重心，"则不仅不能解决农村过剩人口的问题，并且还将制造出大批的都市之过剩人口"，进一步加深社会危机。[①]

至于梁漱溟等人提出的复兴农村的"以农立国"论，漆琪生认为，复兴农村这本身没有错，因为中国的经济发展只能以农业为重心，"走农村建设这条路"，他并且从八个方面论述了中国的经济发展之所以只能以农业为重心，"走农村建设这条路的理由及其可能性"。梁漱溟等人的错误在于："绝对的主张农业是中国国民经济的根本，只有彻头彻尾的将这国家根本巩固坚实，保持着中国固有的特色，方有出路，方是正轨。他们不独在现阶段中不主张工业化，就是将来亦不同意积极的工业化，他们认工业化只有在帮助农业发展的意义下始可遂行。"也正是基于这一错误认识，梁漱溟等人搞的乡村建设，"放弃了最重要而最核心的新的合法则的农业生产关系之建立，不从新的农村经济体制之建设入手，而只从皮毛的或抽象的局部方面着眼，所以他们活动的结果，对于整个农村经济之改善，农村危机之解救，固属无望而失败，即是头痛医头，脚痛医脚的暂时的局部效果，亦难实现"。[②]

漆琪生的文章先后在《东方杂志》《文化建设》等刊物上发表后，引起了袁聘之的批评，他认为漆琪生的发展农业资本主义的主张与梁漱溟的复兴农村的"以农立国"论和吴景超的繁荣都市的"以工立国"论一样，也"不能解救中国国民经济的危机"。因为造成近代"中国农村经济破产的主要原因，不是内在的农业生产之落后，而是外来的帝国主义之商品侵入与穷乡僻野，构成一种帝国与农村间的剥削关系，帝国主义对农村不断的残酷榨取"，而漆琪生提出的发展农业资本主义的主张并不能解决"帝国主义之商品侵入"的问题。帝国主义商品之所以会侵入，是"由于中国民族工业之不发达，日渐衰微"；中国民族工业之所以不发达，日渐衰微，"乃是由

---

① 漆琪生：《中国国民经济建设的重心安在——重工呢？重农呢？》，《东方杂志》第32卷第10号，1935年5月16日。

② 漆琪生：《由中国国民经济建设论目前农村之出路》，《文化建设》第1卷第9期，1935年6月10日。

于帝国主义之经济的政治的压迫，而非由于中国农村经济之破产，以及农民购买力之减低"。漆琪生不从解除"帝国主义之经济的政治的压迫"，以振兴中国民族工业入手，而企图通过发展资本主义农业来"解救中国国民经济的危机"，这只能是一厢情愿的空想。更何况"资本主义化的农业建设"，一方面不仅解决不了千百万过剩人口的失业问题，相反还会使农村失业人口增多，"以致农业劳动大众愈益贫困化"，同时资本主义的农村经济生产关系，是一种农业资本家对农业劳动者的剥削关系，在这种关系之下，日益贫困化是广大劳动者面临的唯一命运；另一方面，易引起农业资本家与广大日益贫困化的劳动者的矛盾斗争，致使社会动荡，农民不能安居乐业。总之，袁聘之指出，"农业资本主义，不能救济农村经济，更不能解救中国经济之危机……若勉强行之，结果不惟不能救济农村经济，恐整个的国民经济，亦因民族工业之没落，日趋于覆亡之途，使中华民族愈加殖民地化而已"。

　　发展资本主义农业"不能解救中国国民经济的危机"，那什么样的经济发展道路才能"解救中国国民经济的危机"呢？袁聘之认为，"解救中国国民经济的危机"的唯一正确的道路，是"发展民族工业"。就此而论，他认为吴景超等人主张繁荣都市，"以工立国"，尽快实现经济的工业化，这没有错，他们的错误主要在"主张中国民族工业建设，应追踪欧美，走向资本主义道路"，而"没有看到资本主义经济到现在已经自身发生不能解决的矛盾，已经腐朽到不能继续存在的程度，已经走向死亡的道路了！"在此情况下，中国如果还要走资本主义经济的道路，既无必要，也没可能，"因为一则时代已经过去，二则在帝国主义经济侵略的环攻中，自由的、自生的、散漫的、无计划无组织的经济建设，决不能与帝国主义经济对抗，而迅速的发展起来"。在袁聘之看来，发展民族工业，"应走民生主义之计划经济的道路，因为民生主义的计划经济，不偏重于消极的限制，而偏重于积极的发展，把整个的中国国民经济建设，放在完整的通盘的国家计划之下去施行"，这样"能使人民与政府合作，群策群力，把中国国民经济建设起来"。①

---

① 袁聘之：《论中国国民经济建设的重心问题——重农重工问题之探讨》，《东方杂志》第32卷第16期，1935年8月16日。

五、对争论的评议

以上是 30 年代思想界关于中国经济发展道路的争论的一些主要观点和主张。就这些主要观点和主张来看，其争论的焦点在于：是促进农业以引发工业，还是发展工业以救济农业，抑或先农后工？亦即中国的经济发展是走"农化"的道路，还是走"工化"的道路，或者走先"农化"后"工化"的道路的问题，用许涤新批评的话说，"是集中在侧重那一生产部门的问题。像这样的争论，似乎是把握不住问题的本质的"。[①] 因为无论是走"农化"的道路，还是走"工化"的道路，或者走先"农化"后"工化"的道路，都先对外必须打倒帝国主义，对内推翻封建主义，以扫除帝国主义侵略和封建主义压迫对中国经济发展的严重阻碍。作为"中国农村派"[②] 重要成员的千家驹在评论这场争论时便指出："中国应该走工业化或农业化的路？应以工业来引发农业或以农业来引发工业？这我以为只是一个形式逻辑的问题，双方的论战是不会达到什么结果的。辩论的问题是：在中国目前半殖民地的状况下，乡村建设前途的可能性如何？它能否走得通？工业化前途的可能性又如何？它的阻碍又在那里？"[③] 然而对这些根本性的问题，无论是以梁漱溟为代表的"以农立国"论者，还是以吴景超为代表的"以工立国"论者，以及主张"第三条路"的郑林庄和主张"发展农业资本主义"的漆琪生等人，都很少涉及。梁漱溟认为中国之所以不能走欧美日本发展资本主义工业化，"从商业引发工业"的老路，一个重要原因就在于中国缺乏发展资本主义工商业的国际国内环境：国际上帝国主义竞相倾销商品，国内政治秩序极不安定。那么，"促兴农业"，走"从农业引发工业"的路，难道就没有这两个问题？实际上帝国主义的商品倾销，封建主义的残酷剥削，以及连年的天灾人祸，是造成二三十年代我国农村经济衰败的重要原因。[④] 但梁漱溟则认为，造成二三十年代我国农村经济衰败的根本原因，是

① 许涤新：《关于中国以何立国的问题》，重庆《新华日报》1940 年 6 月 4 日。
② 中国农村派是 30 年代一个由共产党学者和接受党的领导与马克思主义的党外学者组成的学术团体，因他们的文章大多发表在《中国农村》杂志上，故名。
③ 千家驹：《中国的歧路：评邹平乡村建设运动兼论中国工业化问题》，天津《益世报·农村周刊》第 57 期，1935 年 4 月 6 日。
④ 参见郑大华《民国乡村建设运动》第一章《乡村建设运动的时代背景》，社会科学文献出版社，2000，第 1—65 页。

西方文化的输入和我们学习西方的不伦不类引起的中国传统文化的失落或崩溃。他在《乡村建设大意》一书中就写道，乡村建设运动的兴起，起于乡村的破坏，而引起乡村破坏的原因，一是天灾人祸，二是风气改变。如果说天灾人祸历代都有，近几十年只是加重而已，那么风气改变则是几千年来未有之大变局，这表明乡村破坏程度已经很深。而引起风气变化的原因是西方文化的输入。因为"中国人既与西洋人见面之后，中国文化便发生了变化。自变法维新一直到现在，其中有好几次的变化，有好些地方变化；尤其是近几年来，更一天一天地在那里加深加重加速地变，这样也变，那样也变，三年一变，二年一变，孙猴子有七十二变，中国人变的也和他差不多了。……旧的玩艺几乎通统被变的没有了！中国乡村就在这一变再变七十二变中被破坏了"[1]。以吴景超为代表的"以工立国"论者在批评梁漱溟等人的"以农立国"论时，虽然从不同方面论证了"以农立国"的行不通，但他们却没有认识到"以农立国"之所以行不通的根本原因，就在于梁漱溟等人对中国社会缺乏正确的认识，不承认帝国主义的商品倾销、封建主义的残酷剥削以及连年的天灾人祸造成了二三十年代我国农村经济的严重衰败，因此，只有对外打倒帝国主义，实现民族独立，对内推翻封建主义，人民获得解放，促进农业才有可能；相反他们试图在维护现存社会制度和秩序的前提下实现社会改良，从事以兴办教育、改良农业、流通金融、提倡合作、办理地方自治、建立公共卫生保健制度以及移风易俗为主要内容的乡村建设。改良性质的乡村建设虽然能在某种程度上解决农民（尤其是自耕农）生产生活中的一些困难，但并不能从根本上解决农业的衰落，实现农村经济的复兴。在这个问题上，以吴景超为代表的"以工立国"论者和以梁漱溟为代表的"以农立国"论者一样，也是社会改良主义者。他们虽然提出了优先发展工业、实现工业化的主张，但没有回答在帝国主义和封建主义的双重压迫下，中国的民族工业有无生存和发展的可能。如吴景超在《我们没有歧路》一文中面对"以农立国"论者提出的"工业已经给帝国主义包办，市场已为帝国主义垄断，关税已受帝国主义支配，在这种种的压迫之

---

[1] 梁漱溟：《乡村建设大意》，载中国文化书院学术委员会编《梁漱溟全集》第一卷，山东人民出版社，1989，第607—608页。

下，本国的工业实无发展的余地"的责难，只是以一句"努力去征服困难，也许有出头之一日"作答。① 主张"第三条路"的郑林庄和主张"发展农业资本主义"的漆琪生等人也是如此，他们认识到了帝国主义的侵略是造成中国经济落后，乃至破产的重要原因，但都没有回答他们所提出的"第三条路"和"发展农业资本主义"的主张能否免除帝国主义的侵略问题。此其一。

其二，无论是以梁漱溟为代表的"以农立国"论者，还是以吴景超为代表的"以工立国"论者，以及主张"第三条路"的郑林庄和主张"发展农业资本主义"的漆琪生等人，都没有弄清农业与工业、乡村与城市在整个国民经济中的辩证关系，或片面强调了农业和乡村的重要性，因此而主张复兴农村，"以农立国"；或片面强调了工业和城市的重要性，因而主张繁荣都市，"以工立国"；或者是二者的折中，"先农后工"。实际上，在整个国民经济中，农业是基础，工业是主导，工业需要农业提供充足的粮食、原料和广阔市场，农业需要工业提供先进的农业机器、化肥、农药和其他优质价廉的生产生活用品，离开农业，工业不可能得到稳固发展，离开工业，要健康地发展农业也是不可能的。这场争论结束后，翁文灏在探讨中国经济发展的道路时，指出了"以农立国"论者和"以工立国"论者的各自片面性，认为中国是一个农业古国，农民约占全国人口的五分之四，农业生产在国民经济中占有"头等重要的地位"，出口贸易也是以农业为大宗，中国的经济建设不能不以农业为中心，同时中国又是一个工业非常落后的国家，为了加强国防，提高文明水平，增进人民福利，使我国跻于现代国家之林，我们又必须大力发展工业，尽快实现经济的工业化，因此，"以农立国"论和"以工立国"论"各有其长处，分开来看，都觉太偏，合起来说，才是正道，二者是相辅相成，而不可分的"。翁氏因而综合二者之所长，提出中国的经济应该走"以农立国，以工建国"的发展道路。②

其三，如梁漱溟等人批评的那样，以吴景超为代表的"以工立国"论者具有明显的西化取向，他们往往是以西方或美国为准绳来反观中国的都市和乡村，缺乏对中西尤其是中美不同国情的真正了解。他们主张中国走

---

① 吴景超：《我们没有歧路》，《独立评论》第 128 号，1934 年 11 月 4 日。
② 翁文灏：《以农立国，以工建国》，《现代农民》第 4 卷第 8 期，1941 年 8 月 10 日。

西方国家所走过的工业化道路，但没有对中西不同的历史和社会背景进行认真的分析。李炳寰就批评吴景超对中国及世界的经济结构缺乏深刻认识，不是从实际国情出发，而是照抄照搬西方尤其是美国的经验，"因此把殖民地化的、瓜分前夜的中国都市，比之一九二七年号称金融王国的美国之'纽约、芝加哥'。并将中国之工业比之美国之工业，将中国河北省之农村比之芝加哥附近之农村"；未能正确认识中国都市的性质，以及不可能发展的根本原因，"因此竟一心的羡慕着，各帝国主义之物质文明，希望把它照样的，搬进中国的都市，使中国都市全变作市街栉比、繁华富丽的'空中楼阁''东方之纽约'"。[①] 而以梁漱溟为代表的"以农立国"论者，保守主义的倾向则十分明显，梁漱溟本人从新文化运动时期起就是中国最著名的文化保守主义者。

当然，尽管存在着上述问题，但这场争论有它重要的思想意义，无论是以梁漱溟为代表的"以农立国"论者，还是以吴景超为代表的"以工立国"论者，以及主张"第三条路"的郑林庄和主张"发展农业资本主义"的漆琪生等人，都提出了一些值得我们重视的有价值的思想和主张。如梁漱溟等人认识到中国是一个农业国家，发展工业必须以农业为基础，注意经济发展过程中的工业与农业、城市与乡村、生产与消费的协调问题，力求探索出一条超越西方工业化模式，并符合中国国情的经济发展道路，以避免欧美日本工业化过程中所出现的那种工业剥削农业、城市掠夺乡村、生产与消费相脱节的流弊在中国重现。虽然他们的探索并不成功，但探索的本身则值得肯定，如何使工业与农业、城市与乡村、生产与消费协调发展，这仍然是我们今天从事经济建设时要着力加以解决的难题。至于主张"以工立国"的吴景超等人，他们认识到中国是一个需要工业化最迫切的国家，只有工业化才能使中国富强，才能使中国图存，尤其是他们中有的人提出了"不但要建设工业化的都市，同时要建设工业化的农村——也就是农业的工业化"的主张，使工业化与农业相结合，从而极大地丰富了工业化的内容和含义。尤其需要指出的是，通过这场争论，中国人对于经济发展道路的

---

① 李炳寰：《评吴景超之〈发展都市以救济农村〉》，《众志月刊》第 2 卷第 1 期，1934 年 10 月 15 日。

认识上升到了一个新水平，开始认识到发展农业与发展工业相辅相成，互为条件，不存在谁主谁辅、谁先谁后的问题，并在此基础上提出了诸如"以农立国，以工建国"一类的"具有中国特色的工业化思想"。[①] 这些都是宝贵的思想财富，值得我们认真地总结。

第三节　文化出路："中国本位"还是"全盘西化"

新文化运动时期，以杜亚泉、梁漱溟为代表的东方文化派与以陈独秀、胡适为代表的新文化派曾围绕东西文化问题展开过激烈论战。新文化运动时期的东西文化论战，到 20 年代后期逐渐沉寂下来，因为大革命的武器批判压倒了思想战线上的批判武器。但仅过几年，文化争论又烽烟四起。先是 1934 年 1 月广州《民国日报》副刊《现代青年》专栏发表岭南大学教授陈序经于上年底在中山大学的演讲——《中国文化之出路》，并由此在广州思想文化界引发了一场规模不大的文化论争。接着，1935 年 1 月，王新命、何炳松等十名教授联名发表《中国本位的文化建设宣言》，于是继新文化运动时期的东西文化论战之后，又一场大规模的文化论战在全国展开。但这次论战没有持续多久，到 1936 年春夏之交就基本结束。论战的双方主要是以十教授为代表的本位文化派和以胡适、陈序经为代表的西化派，同时西化派内部围绕"全盘西化"也有争论。

一、"中国本位的文化建设"的提出

1935 年 1 月 10 日，王新命、何炳松等十名教授联名在《文化建设》第 1 卷第 4 期上发表《中国本位的文化建设宣言》(以下简称《宣言》)。《宣言》是经过几个月的酝酿准备写成的。内容分为三部分：一、为什么要提出本位文化建设？《宣言》的回答是：中国在文化领域中已经消失，已失去它的特征，"要使中国能在文化领域中抬头"使它失去的特征得到恢复，就"必

[①] 罗荣渠：《中国近百年来现代化思潮演变的反思》，载罗荣渠主编《〈从"西化"到现代化——五四以来有关中国的文化趋向和发展道路论争文选〉代序》，第 28 页。

须从事中国本位的文化建设"。二、检讨过去。《宣言》认为，中国文化曾在古代"大放异彩"，在世界上占有过"很重要的位置"，春秋战国是"隆盛期"，但从汉代以后"中国文化就停顿了"，此后便一直是"因袭的东西"。而鸦片战争和五四运动后发生了严重的生存危机，因西方文化的威胁，"古老的文化起了动摇"。近代以来的几次文化运动，包括新文化运动，不仅没有使危机得到解决，相反还造成了中国在文化领域中的消失。三、如何从事本位文化建设？《宣言》只笼统提出"不守旧，不盲从，根据中国本位，采取批评态度，应用科学方法来检讨过去，把握现在，创造将来"，并没有提出任何切实可行的具体方案。①

　　十教授于此时联名发表这样一个文化宣言，绝不是偶然的，而有其深刻的时代和政治背景。1924—1927年的大革命，不仅没有解决中国社会的根本矛盾，相反大革命后建立起来的国民党政权，对内实行独裁，对外妥协退让，致使阶级矛盾和民族矛盾日益尖锐。为了维护统治，国民党一方面调动大军，对共产党的"苏区"进行"围剿"；另一方面加强思想控制，并于1934年3月成立了"中国文化建设协会"，以CC派首领陈立夫为理事长，发行《文化建设》月刊，鼓吹"中体西用"的文化建设主张，希望以此统一整个思想文化界。十教授的《宣言》反映的就是国民党的这种加强思想统治的要求。实际上十教授都是国民党党员，是国民党内有名的笔杆子。《宣言》从酝酿、发表，到发表后引起讨论，也都是在国民党特别是陈立夫的策划下进行的，得到了"中国文化建设协会"的大力支持。《宣言》首先就是发表在该协会的机关刊物《文化建设》上的。《宣言》发表后，该协会即函告各地分会，要求它们对本位文化建设主张"作广大深切之宣传与研究"。

　　在国民党和陈立夫所控制的"中国文化建设协会"的大力支持下，《宣言》发表后立即引起了巨大的社会反响，并形成所谓"中国本位文化建设运动"。各种官方报刊竞相发表社评、社论和文章，大力推崇、宣扬《宣言》的观点和主张。"中国文化建设协会"在各地的分会，相继组织召开所谓"中国本位文化建设座谈会"，讨论、学习、宣传《宣言》。1月19日，上

---

① 王新命、何炳松等：《中国本位的文化建设宣言》，《文化建设》第1卷第4期，1935年1月10日。

海"中国本位文化建设座谈会"首先召开，参加者有大学教授、新闻机构负责人及政府官员等20多人。3月，"中国文化建设协会"北平分会发起举办了旨在宣传本位文化建设的"大学生文化讲演竞赛会"。"中国文化建设协会"河北分会不仅组织了保定"中国本位文化建设座谈会"，而且还创办了《文化前哨》杂志，出专刊宣传十教授的本位文化建设主张。4月，十教授在《文化建设》上发表启事，就本位文化建设问题，举办有奖征文，以"集思广益……求教于国内鸿博"。国民党的御用文人们纷纷挥笔上阵，为十教授助威呐喊。一些文化保守主义者也非常欣赏《宣言》的保守主义的文化立场，欢呼它对新文化运动的清算，认为《宣言》提出的以"中国为本位"的文化建设原则，为中国未来文化建设指明了方向。更有人将《宣言》的发表说成是"国民睡梦中的一声警钟"，"众生迷路时的一个指针，国家民族危急存亡之际的一条出路"，"实为今日救国之要途"。[①] 据不完全统计，自1935年1月10日《宣言》发表到5月10日十教授登出《我们的总答复》，仅5个月时间内，发表的支持、称赞、宣传和配合《宣言》的大小文章就达100多篇。

当然，《宣言》发表后也立即遭到了包括西化派在内的不少人士的抨击。3月20日，西化派的主要代表人物胡适在天津《大公报》的《星期论文》专栏上发表《试评所谓"中国本位的文化建设"》一文（该文后又刊发在4月7日出版的《独立评论》第145号上），对十教授的主张提出了严厉批评。接着，陈序经、张佛泉、张熙若、严既澄、常燕生、梁实秋、熊梦飞、李麦麦等也相继发表文章，批评《宣言》。从这些文章的内容看，胡适一些人对《宣言》的批评主要集中在两方面。一是批评它的保守主义的文化取向，指出十教授所提出的"中国本位的文化建设"的主张不过是早年洋务派"中体西用"论的翻版（这方面的具体情况详见下一节）。二是批评它的政治目的，即反映了国民党人加强思想统治的要求。燕京大学副校长刘廷芳就《宣言》的政治目的提出如下三个问题要求十教授公开回答，即：（一）此次中国本位文化建设运动有无政治背景？（二）诸位对于文化统制问题取何种态度？（三）此次运动最后的目的是什么？[②]

---

① 许性初：《从五四运动说到〈一十宣言〉》，《文化建设》第1卷第5期，1935年2月10日。
② 《中国本位文化建设宣言各方舆论之反响·刘廷芳之意见》，《文化建设》第1卷第6期，1935年3月10日。

面对胡适一些人的批评，十教授纷纷撰文作答，并于 1935 年 5 月 10 日抛出了一个《我们的总答复》，他们一方面以进为退，抓住西化派特别是陈序经的"全盘西化"论不放，狠批"全盘西化"的理论错误；另一方面他们又以退为进，一再声明自己"不仅反对守旧和盲从，就是所谓'中体西用'的主张也在我们摈弃之列"，因为"中体西用"论者将中国说成是"精神文明"，西方说成是"物质文明"，要以中国"精神文明"为"体"，吸取西方"物质文明"之"用"，但实际上"物质和精神是一个东西的两方面，根本不能分离"，体用也是一样，"有什么体便有什么用，有什么用必有什么体"，所以说"中体西用"是不通的理论。然而，十教授在声明自己不赞成"中体西用"论的同时，却又坚持认为"今后的文化建设应以中国为本位"，而"中国本位的基础"就是中国此时此地"特殊的需要"。"应着这种特殊需要而产生的文化，当然和闭关时代的中国文化或世界列强的文化不同，而我们所揭橥的中国本位文化建设，就应以这种特殊需要为基础。"① 显而易见，十教授的保守主义的文化立场并未改变。另外，他们的回答也回避了批评者对《宣言》的政治目的的批评。

尽管十教授的《宣言》因得到官方的支持而轰动一时，但由于它的保守主义的文化取向，特别是为国民党文化统制服务的政治目的，使它失去人心，得不到思想文化界绝大多数人的同情和支持，再加上胡适等人对它大张旗鼓地批判，它的影响日益缩小，因它而起的所谓"中国本位文化建设运动"到 1936 年春夏之交就草草收场了（当然这与民族危机的空前严重也有关系）。

二、关于"本位文化"的争论

前已论及，十教授的《中国本位的文化建设宣言》发表后，立即引起了西化派的反击，并就《宣言》提出的"本位文化"建设与以十教授为代表的本位文化派进行了激烈论战。概而言之，论战主要围绕以下几个问题展开：

第一，对中国实情的分析。十教授提出"本位文化"建设的一个重要理由，是认为中国文化的落后和中国社会的落后是中国自身文化的丧失造成的。他们在《宣言》中写道："中国在文化的领域中是消失了；中国政治

① 王新命、何炳松等：《我们的总答复》，《文化建设》第 1 卷第 8 期，1935 年 5 月 10 日。

的形态、社会的组织和思想的内容与形式，已经失去它的特征。由这没有
特征的政治、社会和思想所化育的人民，也渐渐的不能算得中国人。所以
我们可以肯定的说，从文化的领域去展望，现代世界里面固然已经没有了
中国，中国的领土里面也几乎已经没有了中国人。"① 但在西化派看来，中国
今日的"大患"不在中国文化的丧失，"中国特征的丧失"，而在"中国旧
有种种罪孽的特征"保存得"太多""太深"。"政治的形态，从娘子关到
五羊城，从东海之滨到峨嵋山脚，何处不是中国旧有的把戏？社会的组织，
从破败的农村，到簇新的政党组织，何处不具有'中国的特征'？思想的内
容与形式，从读经祀孔，国术国医，到满街的性史，满墙的春药，满纸的
洋八股，何处不是'中国的特征'？"正是由于"中国的特征"保留得"太
多""太深"，"所以无论什么良法美意，到了中国都成了逾淮之橘，失去了
原有的良法美意"。②

由于对中国实情的认识不同，西化派和本位文化派对于新文化运动的
评价也大相径庭。本位文化派认为，"中国在文化的领域中"之所以会"消
失"，原因就在于近代的几次文化运动，特别是新文化运动，"轻视了中国
空间时间的特殊性"，其结果不仅未能解决中国文化的存在问题，相反导致
了中国文化的失落。③ 与本位文化派否定新文化运动相反，西化派则充分肯
定新文化运动的历史功绩。他们指出，新文化运动的功绩之一，是认识到
观察中国文化是否发展，"必须依着国际水平来测量"，而不能只从中国的
传统中去寻求；功绩之二，是认识到只承认西洋文化的"器"或"用"，而
不承认它的"道"或"体"，或只承认它的"物质"，而不承认它的"精神"
这种二元论调的错误；功绩之三，是认识到中国固有文化不符合现代生活
和社会环境，中国要进步，就必须把所谓"中国文化的特征"，如多妻制、
束胸、缠足、男女不平等、迷信、安命、保守、忠孝、贞操等统统"扔到
厕所去"。他们还一针见血地指出，十教授现在要为"被有革命意义的五四

---

① 王新命、何炳松等:《中国本位的文化建设宣言》,《文化建设》第 1 卷第 4 期, 1935 年 1 月
10 日。

② 胡适:《试评所谓"中国本位的文化建设"》,《独立评论》第 145 号, 1935 年 4 月 7 日。

③ 王新命、何炳松等:《中国本位的文化建设宣言》,《文化建设》第 1 卷第 4 期, 1935 年 1 月
10 日。

新文化运动扔到厕所去了"的这些"中国文化的特征"而惋惜，并要把它们重新拾起来，这难道"不是五四运动的否定么？不是回到'皮毛的和改良的''中学为体，西学为用'时代去了么？"①

　　第二，对中西文化的认识。本位文化派认为，绵延数千年的中国传统文化尽管有其不足，有其糟粕，但精华是主要的，这是中国历史所以能延续数千年，形成四万万人的大民族，并始终屹立在世界东方的一个重要原因。因此，中国传统文化不仅不能一概否定，而且还应发扬光大，使之成为今天中国新文化建设的根基。对于中国传统文化之精华的存在，除个别人外，西化派一般都是肯定的。但他们又认为，不能夸大中国文化精华的量，从整体上说，中国传统文化已不适应现代社会的需要，是创造新文化的障碍，不应像本位文化派主张的那样去发扬光大。他们还进一步指出，中国固有文化之精华的保存，"这要在我们的文化已经欧化、近代化之后才有可能，这犹之数千年来的中医虽保有一部分医药的经验，但要发扬这一部分医药经验却非待中国的新医学发达之后不可。不这样，而强使现在的文化建设'具有中国的特征'，定会阻止中国走向近代文明之路"。故此，西化派认为现阶段的文化运动不是以中国传统文化为新文化的建设的根基，而是"明白的表示必须欧化、近代化。肯定地说，便是中国需要资本主义化"，换言之，"中国文化运动之欧化和近代化的目的是应明白提出的"。②

　　与上一问题相联系的是如何看待西方文化中的糟粕。无论本位文化派，还是西化派，一般都承认西方文化中确实有糟粕存在，如"历史的惰性""拜金主义""性史、春药、洋八股"等，他们对这一问题的争论主要集中在两点上：一是西方文化之"糟粕"的量的估价。本位文化派把西方文化之"糟粕"说得十分严重，甚至认为它已陷入了"慢性的恐慌"。但在西化派看来，西方文化的"糟粕"并不像本位文化派说的那么严重，与中国文化的"糟粕"相比，是微不足道的。有人还宣称，西方文化中不好的东西，也要比中国传统文化中最坏的东西好千百倍。二是如何吸收西方文化。本位文化派认为，既然西方文化有"糟粕"，那么，我们在吸收西方文化时就

①　李麦麦：《评〈中国本位的文化建设宣言〉》，《文化建设》第1卷第5期，1935年2月10日。
②　李麦麦：《评〈中国本位的文化建设宣言〉》，《文化建设》第1卷第5期，1935年2月10日。

应"取长舍短，择善而从"。但西化派认为，"在这个优胜劣败的文化变动的历程之中，没有一种完全可靠的标准可以指导整个文化的各个方面的选择去取"的。[①] 所以，引进西方文化就不能先存一个"精华"与"糟粕"的区分，而应让它与中国文化自由接触，经自然选择的作用，淘汰其"糟粕"，存留其"精华"。

第三，中国文化的出路是中国本位，还是西化？这是西化派与本位文化派争论的焦点。我们已经指出，十教授提出的文化建设原则就是以中国为本位。对于十教授的这一主张，西化派予以了严厉抨击。胡适在《试评所谓"中国本位的文化建设"》一文中指出，十教授提出的本位文化建设原则是早年张之洞的"中学为体，西学为用"主张"最新式的化装出现"，无一句不可以用来替顽固反动军阀"何键、陈济棠诸公作有力的辩护的"。因为何、陈也不主张八股小脚，也不反对工业建设，他们所谓的新政建设标榜的也是"取长舍短，择善而从"，他们的读经祀孔也可以挂在"'去其渣滓，存其精英'的金字招牌"之下，他们所要建立的也正是中国本位的文化。[②] 陈序经在《评〈中国本位的文化建设宣言〉》中也指出，虽然十教授标榜"不守旧"，"不复古"，但就其主张的实质来看，它"却是一个复古与守旧"的宣言。即使不说它完全守旧，那也是 35 年前张之洞的"中学为体，西学为用"的翻版。[③] 西化派在批评本位文化派的同时，也提出了自己对中国文化出路的主张。他们虽都认为"我们四万万人如果想继续在这世界上生存，便非西化不可"[④]，但在具体的提法上却存有不同。归纳起来有以下几种提法：

一是"充分西化"说。这是胡适提出来的，并得到严既澄等人支持。他们主张"虚心接受这个科学工艺的世界文化和它背后的精神文明，让那个世界文化充分和我们的老文化自由接触，自由切磋琢磨，借它的朝气锐气来打掉一点我们的老文化的惰性和暮气"[⑤]。

二是"根上西化"说。提出这一主张的是张佛泉。他在《西化问题之批

① 胡适：《试评所谓"中国本位的文化建设"》，《独立评论》第 145 号，1935 年 4 月 7 日。
② 胡适：《试评所谓"中国本位的文化建设"》，《独立评论》第 145 号，1935 年 4 月 7 日。
③ 陈序经：《评〈中国本位的文化建设宣言〉》，载冯恩荣编《全盘西化言论续集》，岭南大学学生自治会，1935，第 98—99 页。
④ 张佛泉：《西化问题之批判》，《国闻周报》第 12 卷第 12 期，1935 年 4 月 1 日。
⑤ 胡适：《试评所谓"中国本位的文化建设"》，《独立评论》第 145 号，1935 年 4 月 7 日。

判》一文中写道："我所主张的可以说是从根上或说是从基础上的西化论"，即整个地改造中国人的头脑，将中式的头脑换成一个西式的头脑，将《论语》式的头脑换成一个柏拉图《共和国》式的头脑。如果不换头脑，不彻底地从根上改造，中国人是永远也逃不开那些陈旧却很有力的窠臼的。所以"从根上西化才是我民族的出路"。①

　　三是"全盘西化"说。陈序经是这一说的代表人物。赞同这一说的还有郑昕、冯恩荣等人。他们认为文化是一有机系统，不可分开，"以及今日西洋文化的优胜地位，所以取其一端，应当取其整体；牵其一发，往往会动到我们全身"。因此之故，对于西方文化，只能采取全盘接受的态度，"而不能随意的取长去短"，"我们要吸收西洋的科学，我们就不得不连西洋文化的其他方面……也都吸收过来"。这"其他方面"，包括"很不容易除去的渣滓"。既吸收科学，也吸收渣滓，当然也就是"全盘西化"。②

　　四是"西体中用"说。这是熊梦飞在《谈"中国本位文化建设"之闲天》中提出来的，他并把它具体分解成"四大原则"，即：（一）全盘的吸收西洋文化之根本精神；（二）局部的吸取西洋文化之枝叶装饰；（三）运用西洋文化根本精神，调整中国固有之优美文化，剔除中国固有之毒性文化；（四）中西文化动向一致之条件下，保留中国民族特征，加以中国民族创化，成为一种新文化。③

　　针对西化派的批评、诘难，本位文化派纷纷作文，除为自己的本位文化建设主张辩解外，他们集中地批评了西化派的西化主张，特别是陈序经的"全盘西化"论。他们认为西化道路在中国根本走不通。因为，第一，西方有西方的时地背景，中国有中国的时地背景，由于时地背景不同，中国不可能西化。第二，所谓"西化"，其实质就是资本主义化，而"十九世纪标举个人自由的大旗的资本主义，在工业后进的中国不能通用"。中国通用的是"三民主义"。④ 他们批判"全盘西化"论"反客为主"，"自甘毁灭"，其

---

① 张佛泉：《西化问题之批判》，《国闻周报》第 12 卷第 12 期，1935 年 4 月 1 日。
② 陈序经：《再谈"全盘西化"》，《独立评论》第 147 号，1935 年 4 月 21 日；《评〈中国本位的文化建设宣言〉》，载《全盘西化言论续集》，第 103 页。
③ 熊梦飞：《谈"中国本位文化建设"之闲天（三）》，《文化与教育》第 52 期，1935 年 4 月 30 日。
④ 陶希圣：《为什么否认现在的中国——答胡适〈试评所谓中国本位的文化建设〉》，《文化建设》第 1 卷第 7 期，1935 年 4 月 10 日。

最大错误是认为"中国固有的文化纵有可存，也不应存；西方文化纵有可舍，也不应舍"。①

三、关于"全盘西化"的争论

"全盘西化"一词最早是胡适于 1929 年提出来的。但从胡适前后的言论和主张来看，他并不真正主张"全盘西化"。真正主张"全盘西化"论的是时任广东岭南大学教授的陈序经。1933 年底陈在中山大学作《中国文化之出路》的演讲，主张"全盘西化"，不久演讲稿刊登在广州《民国日报》副刊《现代青年》专栏上，并由此而在广东引发了一场规模不大的文化论战。当时参加论战的除陈本人外，还有许地山、谢扶雅、张磬、陈安仁、张君劢、卢观伟、吕学海、冯恩荣等。1934 年初商务印书馆又出版了陈序经的《中国文化之出路》一书。该书的主要内容是批评文化上的复古派和折中派，进一步阐述"全盘西化"的理由和主张。到 1935 年十教授发表《中国本位的文化建设宣言》，陈序经以"全盘西化"论与之论战。但陈氏的主张一提出，却遭到了不少人的批评。这些批评成了 30 年代文化论战的一个组成部分。当时批评"全盘西化"论的意见非常庞杂，归纳起来，大致可分为两类：一类是以十教授为代表的本位文化派，一类是反对"本位文化"主张、并与十教授展开激烈论战的西化派（当然也包括那些并不明确主张西化的人，如吴景超）。从当时的实际情况来看，对"全盘西化"论真正作出有理论深度批评的是西化派，而不是保守的本位文化派。概而言之，西化派内部的批评与争论主要围绕陈氏提出的"全盘西化"的理由展开。

陈序经主张"全盘西化"的理由之一，是认为文化是一个整体，分开不得，它表现出来的各方面都有连带及密切的关系，如果因内部或外来势力的冲动使某一方面发生变更，那么，其他方面也必然会受其影响，发生变更。"所以我们要格外努力去采纳西洋的文化，诚心诚意的全盘接受他，因为他自己本身上是一种系统，而他的趋势，是全部的，而非部分的。"② 但在吴景超看来，陈氏的"文化本身是分开不得"的说法只含有一部分的真理。

---

① 王新命、何炳松等：《我们的总答复》，《文化建设》第 1 卷第 8 期，1935 年 5 月 10 日。
② 吴景超：《建设问题与东西文化》，《独立评论》第 139 号，1935 年 2 月 24 日。

他承认火车头与轨道这两种文化单位是分不开的，男女同学与社交这两种文化单位也是分不开的，人们不能一方面采纳西洋的火车头，一方面还保存中国的土路；一方面采纳西洋的男女同学，一方面还保存男女授受不亲的封建礼教。但从以上这两个例子中，不能推导出所有文化的各个部分都分开不得的结论。譬如，我们采纳了西洋的电灯，不一定要采纳西洋的跳舞；采纳了西洋的科学，也不一定要采纳西洋的基督教。故此，吴氏认为："文化的各部分，有的分不开，有的是分得开。别国的文化，有的我们很易采纳，有的是无从采纳"，因而"全盘西化"的理论，根本上"不能成立"。①张佛泉也批评陈序经的观点"未免太过"。他指出：如果像陈氏所说的那样，采取旁人的文化必须"批发"，不能"零售"，采其一端就必须取其整体，牵一发就不能不动全身，"那末接受文化岂不倒变成了极简单的一件事了么？文化既是这样机械（或说是这样有严密的组织）的，岂不是只学了其中任何一样，便立刻可以得到其整个文化了么？"②

　　认为"西洋文化的确比我们进步得多"，中国文化一切都不如人，这是陈序经主张"全盘西化"的又一条主要理由。他在《中国文化之出路》的演讲中强调：西洋文化无论在思想上，艺术上，科学上，政治上，教育上，宗教上，哲学上，文学上，都比中国的好。后来在《关于全盘西化答吴景超先生》一文中他又指出：我们"不能不承认中国文化，无论在那一方面，都比不上西洋文化"；"从东西文化的程度来看，我们无论在文化那一方面，都没有人家的那样进步。……从东西文化的内容来看，我们所有的东西，人家通通有，可是人家所有的很多东西，我们却没有。从文化的各方面的比较来看，我们所觉为最好的东西，远不如人家的好，可是我们所觉为坏的东西，还坏过人家所觉为最坏的千万倍"。③既然西方文化各方面都比中国文化好，那么陈氏的结论自然是："我们为什么不全盘彻底的采纳（西洋文化）？"④对于陈序经的这一观点，绝大多数的西化派是不赞成的。张熙若就批评陈氏对西方文化和中国文化都缺乏"充分的认识和深确的了解"，其观

———————————

① 吴景超：《建设问题与东西文化》，《独立评论》第139号，1935年2月24日。
② 张佛泉：《西化问题之批判》，《国闻周报》第12卷第12期，1935年4月1日。
③ 陈序经：《关于全盘西化答吴景超先生》，《独立评论》第142号，1935年3月17日。
④ 陈序经：《中国文化之出路》，广州《民国日报》1934年1月15日。

点"过于笼统过于武断"，因为西洋好的东西虽然很多，但并不是"甚么都好"；中国要不得的东西确实不少，但也不是"甚么都要不得"。比如，他举例说，中国的艺术造诣就向来极高，在许多方面比之西洋都毫不逊色，就是今天有教养的西洋人见了也佩服得五体投地。另外，中国的坛庙宫殿式的建筑也很有特色，能够将美丽与庄严两个原则配合到天衣无缝的圆满境界，如北京的故宫世界上就没有其他建筑能与之媲美。如此等等，说明中国文化并不像陈序经认为的那样一切都不如西洋文化。① 梁实秋在《自信力与夸大狂》一文中也认为"'全盘西化'是一个不幸的笼统名词，因为似是认定中国文化毫无保存价值，这显然是不公平的"，在梁氏看来，中西文化互有短长，尽管西方文化优长者多，中国文化优长者少，但这并不能得出中国文化各方面都不如西方文化的结论。②

陈序经主张"全盘西化"的第三条主要理由，是认为"西方文化是世界文化的趋势。质言之，西洋文化在今日就是世界文化"③。他在《东西文化观》一书中写道："所谓西洋文化，可以叫做现代文化，或是世界的文化。她是世界文化，因为世界任何一国都是采纳这种文化。她是现代文化，因为世界任何一国，都是朝向这种文化。简单的说，西洋的文化，是现代世界的文化。"正因为西洋文化是现代世界文化，所以中国如果要做现代世界的一个国家，就"应当彻底采纳而且必须全盘适应这个现代世界的文化"。④ 把西方文化说成是世界文化，这显然是一种西方中心主义的文化观。因为除西方文化外，世界上还有许多其他民族或地区的文化，如中国文化，印度文化，非洲文化，印第安人文化，等等，西方文化仅仅是世界文化的一个组成部分。认为西方文化就是世界文化，这不仅是陈序经，也是绝大多数西化派的基本共识，是他们主张西化的理论出发点之一。所以西化派在批评陈序经的"全盘西化"论时，很少有人对此进行批评。他们只是指出，西方文化内容复杂，其中"包含许多互相冲突、互不两立的文化集团。独裁制度是西化，民主政治也是西化；资本主义是西化，共产主义也是西化；个人

---

① 张熙若:《全盘西化与中国本位》,《国闻周报》第 12 卷第 23 期, 1935 年 6 月 17 日。
② 梁实秋:《自信力与夸大狂》, 天津《大公报》1935 年 6 月 9 日《星期论文》。
③ 陈序经:《中国文化之出路》, 广州《民国日报》1934 年 1 月 15 日。
④ 陈序经:《东西文化观》,（台北）牧童出版社, 1976, 第 166、176 页。

主义是西化，集团主义也是西化；自由贸易是西化，保护政策也是西化"。
所谓"全盘西化"，究竟是化入独裁制度，还是化入民主制度呢？是化入资
本主义，还是化入共产主义呢？由此可见，"西方文化本身的种种矛盾，是
主张全盘西化者的致命伤"。①

　　面对吴景超、张佛泉等人的诘难，陈序经又先后作《关于全盘西化答
吴景超先生》《再谈全盘西化》《从西化问题的讨论里求得一个共同信仰》
等文，为自己的"全盘西化"的理由辩护。关于第一点，他坚持认为文化
是不可分的，各个部分存在着一种"互有连带的关系"。人们有时把文化
的各部分（如精神，物质）分别开来，这纯粹是为了研究上的便利起见，
而不能说明文化各个部分不是统一的整体。②关于第二点，他承认西洋文化
在今日还没有达到"完美至善的地位"，中国文化也有它的优长之处，但
就整体而言，"中国文化根本上既不若西洋文化之优美，而又不合于现代
的环境与趋势，故不得不彻底与全盘西化"。全盘西化，也许免不去所谓
西洋文化的一些短处，"可是假使我们而承认西洋文化之长为百分之六十，
中国文化之长为百分之四十，我们若能全盘西化，则我们至少有了二十分
的进步"。③关于第三点，他也承认西方文化内容复杂，"五光十色，斑驳陆
离"，但"总而观之"，他又认为西方文化"有共同的基础，共同的阶段，
共同的性质，共同的要点"，所以"全盘西化"的结果，不会出现无法克
服的矛盾。④

　　除"全盘西化"的理由外，陈序经与胡适还就"文化惰性"和"全盘
西化"的含义问题发生过争论。先是 1935 年 3 月，胡适为了辩驳自己不像
陈序经所说的那样是"文化折衷派"，于《独立评论》第 142 号的《编辑后
记》中发表声明，说"文化折衷论"是"不可能"的，自己"完全赞成陈序
经先生的全盘西化论"。但同时他又指出："文化自有一种'惰性'，全盘西
化的结果自然会有一种折衷的倾向。……现在的人'折衷'，说'中国本位'
都是空谈。此时没有别的路可走，只有努力全盘接受这个新世界的新文明。

---

① 吴景超：《建设问题与东西文化》，《独立评论》第 139 号，1935 年 2 月 24 日。
② 陈序经：《从西化问题的讨论里求得一个共同信仰》，《独立评论》第 149 号，1935 年 5 月 5 日。
③ 陈序经：《关于全盘西化答吴景超先生》，《独立评论》142 号，1935 年 3 月 17 日。
④ 陈序经：《关于全盘西化答吴景超先生》，《独立评论》142 号，1935 年 3 月 17 日。

全盘接受了，旧文化的'惰性'自然会使他成为一个折衷调和的中国本位新文化。"① 胡适的上述声明表明，他只是把"全盘西化"作为引进西方文化的一种手段，在结果上他又认为"全盘西化"是不可能的。陈序经对胡适声明赞同自己的"全盘西化"论表示欢迎，但对胡氏所说的"文化惰性"以及这种"惰性"必然会把文化的变革控制到折衷调和路上去的理论又甚为不满。因为在他看来，文化虽有"惰性"，然而全盘西化后，文化的惰性就会消失，而文化惰性的消失，也就是中国固有文化的消失，全盘西化的实现。为反驳胡适的观点，他专门写了篇《再谈全盘西化》。文中指出："我并不否认文化是有惰性的。然而正是因为这种惰性成为西化的窒碍物，所以主张全盘西化。全盘西化论，在积极方面，是要使中国的文化能和西洋各国的文化，立于平等的地位，而'继续在这世上生存'；消极方面，就要除去中国文化的惰性。所以若能全盘西化，则惰性自然会消灭。"故此，他指出，胡适所讲的"文化的惰性自然会把我们拖向折衷调和上去"的现象，只能当作东西文化接触以后的一种过渡时期的畸形的现象。这种现象的存在，在时间上或许很久，但其趋势，则是在全盘的路上。②

关于"全盘西化"的含义。胡适批评"全盘西化"有一点语病，因为严格说来，"全盘"含有百分之百的意思，百分之九十九还算不得"全盘"，而百分之百的"全盘"是根本不可能的。这也是他后来建议以"充分西化"或"尽量西化"代替"全盘西化"的一个主要原因。但在陈序经看来，"全盘西化"不仅可能，而且也不存在胡适所说的语法上的"毛病"。因为，虽然从严格意义上说百分之百才能称"全盘"，但从普通意义上说百分之九十九，甚至百分之九十五亦可称"全盘"。他举了这样一个例子：他和他的几位同事，有好几次都因故没有参加学校教职员工的"全体"合影，但挂在墙上的照片依然写的是"本校职员全体摄影"。至于他本人，他"相信百分之一百的全盘西化不但有可能性，而且是一个较为完善较少危险的文化的出路"。③

---

① 胡适：《编辑后记》，《独立评论》第 142 号，1935 年 3 月 17 日。
② 陈序经：《再谈全盘西化》，《独立评论》第 147 号，1935 年 4 月 21 日。
③ 陈序经：《全盘西化的辩护》，《独立评论》第 160 号，1935 年 7 月 21 日。

四、争论推动了对中西文化的认识

发生于30年代的这场文化论战，就其论战双方的身份和争论的主要问题来看，无疑是新文化运动时期东西文化论战的发展和延伸。但由于时移势异，与新文化运动时期的东西文化论战比较，30年代的这场文化争论在以下几个方面认识有了进步。

首先，是对文化之民族性和时代性的认识。本书第二卷第十一章第二节中已经指出，文化是民族性与时代性的集合体。但在新文化运动时期的东西文化论战中，争论的双方对文化的民族性和时代性都缺乏全面、正确的认识，新文化派一般比较强调文化的时代性，而忽略甚至不承认文化的民族性，东方文化派则一般比较强调文化的民族性，而忽略甚至不承认文化的时代性。但到了30年代的这场文化论战，这种现象有了一定改变。西化派面对十教授提出的《中国本位的文化建设宣言》，尤其是《宣言》对新文化运动轻视了"中国时间空间的特殊性"的批评，他们在强调文化之时代性的同时，不得不思考和回答"新文化应不应有民族性和应该有什么样的民族性以及这种民族性又如何和时代性相适应这样一些文化建设中更深刻的问题"。[1] 因此，除个别人外，多数西化派并不否认未来的中国新文化应具有中国的民族特征。如熊梦飞的《谈"中国本位文化建设"之闲天》一文提出了"西体中用"的"四大原则"，其中第四条是："中西文化动向一致之条件下，保留中国民族特征，加以中国民族创化，成为一种新文化"，文中并就这第四条原则做了进一步的说明，指出："一国有一国特征，犹之乎：'人心之不同，各如其面'。"此种特征由三个方面构成：一是自然环境，二是生理遗传，三是历史文化。外来文化的引进"必须与三者相适应"，"而后能树立巩固之基础"。这也就是所说的"文化之民族的色彩"。具体而言，如引进西方的机器工业到中国，发动是用汽力，还是用水力或电力？是先引进重工业，还是轻工业？这就要看中国的自然环境来决定。又如学习欧美法令规定中国学龄和婚龄，就不能抄袭任何一国成法，而要根据中国人

---

[1] 陈崧：《三十年代关于文化问题之争》，载中国社会科学院近代研究所科研组织处编《走向近代世界的中国——中国社会科学院近代史研究所成立40周年学术讨论会论文选》，成都出版社，1992，第754页。

生理发育情况来决定。如此等等。该文还特别强调了引进外来文化要考虑中国民族特征，亦即所谓"国情"的重要性，认为"中国六十余年，维新变法革命之所以失败，由于不明国情，欧化者'削足适履'，以致'橘过淮南为枳'，欧美议会政治，搬到中国就成为猪仔政治"。[①] 和西化派一样，本位文化派面对西化派的复古主义的责难，也不得不思考和回答"发扬自己固有的文化要不要使其具有时代性的问题"。十教授在《我们的总答复》中就声明，他们反对复古，相信文化的形态应随着时地的需要而变动、而发展，"倘认现代的中国人不容再营封建时代的生活，那就不应当持保守的态度来阻止文化的演进，还必须扶着时代的大轮，努力踏上日新又日新的前程"[②]。文化之民族性和时代性及其关系被凸显出来并得到讨论（尽管讨论还不充分），这是 30 年代文化论战的一个进步。

其次，是对中国文化和西方文化的认识。在新文化运动时期的文化论战中，论战双方大多持一种僵硬的、形而上学的文化观，好就一切都好，坏就一切都坏，不是全盘肯定，就是全盘否定。但到了 30 年代的文化论战，虽然持这种文化观的人还有，然而已是少数，多数人能够不同程度地采取分析的态度。以西化派为例。除陈序经等极个别人外，其他人（如张佛泉、张熙若、梁实秋、熊梦飞，甚至包括胡适）都能在充分肯定西方文化的同时，又指出它存在的问题，如历史的惰性，生活的奢侈，拜金主义，人与人的不平等……有人甚至称现代西方的阶级斗争、国际斗争之残酷为"西方文化之癌"；在激烈批判中国固有文化的基础上，又承认它还具有某些精华，不能简单抛弃。正是由于能对中西文化持分析的态度，所以西化派中的绝大多数人不赞成陈序经的"全盘西化"论，认为西方文化的内容非常复杂，既有各种不同的甚至相对立的主义、学说和流派，也有各种不同性质、不同层次的组成部分，引进西方文化要有选择，有取舍（当然他们选择、取舍的标准不尽相同），并主张根据不同性质的西方文化，采取不同的引进方法。如吴景超就把西方文化分成四部分，对于第一部分的西方文化，"我们愿意整个的接受，而且用它来代替中国文化中类似的部分"，如西方文化中的自然科学、医学等等；对于第二部分西方文化，"我们愿意整个的

---

① 熊梦飞：《谈"中国本位文化建设"之闲天（三）》，《文化与教育》第 52 期，1935 年 4 月 30 日。
② 王新命、何炳松等：《我们的总答复》，《文化建设》第 1 卷第 8 期，1935 年 5 月 10 日。

接受，但只用以补充中国文化中类似的部分"，如哲学、文化等等；对于第三部分西方文化，"我们愿意用作参考，但决不抄袭"，如资本主义的大生产方法是可取的，然而其唯利是图的动机则要抛弃；对于第四部分西方文化，"我们却不客气的要加以排弃"，如迷信的宗教、儿戏的婚姻等等。[1] 熊梦飞、张佛泉等也主张对不同的西方文化不同对待。正如有的研究者指出的那样，对西方文化作如此区分，虽然不见得科学，但它至少说明"30年代中国的文化界，已经对'西方文化'有了更深入的了解"[2]。

第三，是对西化和现代化的认识。在新文化运动时期的文化大论战中，没有人使用过"现代化"或"近代化"的概念，论战双方在争论中国文化的出路时主要围绕"东方化"（"中国化"）还是"西方化"展开。但到了30年代的文化大论战，不仅提出了"现代化"的概念，而且已有人主张用"现代化"取代"西化"和"中国化"，并对"现代化"和"西化"作了初步的界定和区分。如张熙若的《全盘西化与中国本位》一文在批判了"全盘西化"论和"中国本位文化"论后写道："我们今日大部分的事物都应该'西化'，一切都应该'现代化'。如此说来，现代化是与西化有分别的了？当然。为讨论方便计，我们不妨说：西化差不多是抄袭西洋的现成办法，有的加以变通，有的不加变通。现代化有两种：一种是将中国所有西洋所无的东西，本着现在的知识，经验，和需要，加以合理化或适用化……另一种是将西洋所有，但在现在并未合理化或适用的事情，与以合理化或适用化，例如许多社会制度的应用和改良（这也并不是不可能的，许多地方还是必需的）。比较起来，第一种的现代化比第二种的现代化在量的方面一定要多些，但第二种的在质的方面或者要重要些。若是有人愿拿'现代化'一个名词包括上文所说的'西化'，那当然也可以，不过不要忘记：现代化可以包括西化，西化却不能包括现代化。这并不是斤斤于一个无谓的空洞名词，这其中包含着许多性质不同的事实。复杂的社会情况是不容许我们笼统的。"[3] 接着，文章就中国现代化的努力方向提出了四条具体主张：第一，发

---

[1] 吴景超：《答陈序经先生的全盘西化论》，《独立评论》第147号，1935年4月27日。

[2] 陈崧：《三十年代关于文化问题之争》，载《走向近代世界的中国——中国社会科学院近代史研究所成立40周年学术讨论会论文选》，第768页。

[3] 张熙若：《全盘西化与中国本位》，《国闻周报》第12卷第23期，1935年6月17日。

展自然科学，这是现代化的根本基础，这个基础若不巩固，一切都是无源之水，不能发扬光大；第二，促进工业发展，一个国家若无现代工业，平时无法生活，战时无法应战，国家也因此无法生存；第三，提倡现代各种学术，没有现代学术也不能成为一个现代国家；第四，思想方面的科学化，以使我们的思想、态度和做事的方法都现代化、效率化和合理化。尽管张氏对"现代化"和"西化"的界定及其关系的区分有不太准确的地方，但他认识到"现代化"不等于"西化"这不能不说是认识上的一大进步。刘契敖的《中国本位意识与中国本位文化》一文也认为，"'科学化'与'近代化'并不同'欧化'同义，所以我们虽科学化近代化而不必欧化"[1]。

除上述这些认识外，30 年代的文化论战还讨论了在新文化运动时期的东西文化论战中没有或很少讨论过的文化能否选择、有无选择的标准、文化的模仿与创造、文化与民族意识等问题。另外，"全盘西化"论一提出来就遭到猛烈批判，实质上主张"中体西用"的十教授面对人们的批评不得不声明反对"中体西用"论。他们在《我们的总答复》中强调：他们不仅反对守旧，也反对"所谓'中体西用'的主张"，因为"'中体西用'论者以为西方的物质文明有其可贵的地方，中国的精神文明也有可贵的地方，如果用中国的精神文明支配西方的物质文明，那就是最合理的凑合。抱着这种见解的人，大抵是认物质和精神之间有一不可逾越的铁限，物质的进步和精神的进步全无关系，西方的物质文明没有灵魂，中国的精神文明没有躯壳，所以应该把中国的精神文明和西方的物质文明两相凑合，砌成一体。其实不然。物质和精神是一个东西的两个方面，根本不能分离。我们不能说中国仅有精神的文明，亦不能说西方仅有物质的文明。说到体用，有什么体便有什么用，有什么用必有什么体；说什么中体西用，那简直就是不通！"[2] 这些都说明与新文化运动时期比较，中国思想文化界对文化问题的认识与探索有了一定的进步。

尽管发生于 20 世纪 30 年代中叶的这场文化争论，因民族危机的空前严重而到 1936 年春夏之交就已基本结束，前后不过一年多点时间，但通过这场论争，人们开始超越"中体西用""中国本位""西化"或"全盘西化"

---

① 刘契敖：《中国本位意识与中国本位文化》，《文化建设》第 1 卷第 9 期，1935 年 6 月 10 日。
② 王新命、何炳松等：《我们的总答复》，《文化建设》第 1 卷第 8 期，1935 年 5 月 16 日。

这种二元对立的思维模式，而提出了一种新的"综合创新"的文化思想。1937年5月2日，张申府在《北平新报》上发表《五四纪念与新启蒙运动》一文，他在文中提出：要创造一种新的文化，"不应该只是毁弃中国传统文化，而接受外来西洋文化，当然更不应该是固守中国文化，而拒斥西洋文化；乃应该是各种现有文化的一种辩证的或有机的综合。一种真正新的文化的产生，照例是由两种不同文化的接合"。而要实现文化的综合创新，"对于中国文化，对于西洋文化，都应该根据现代的科学法更作一番切实的重新估价，有个真的深的认识"。[①]一年后，他在《抗战建国文化的建立发端》一文中又写道："不论怎样厌恶故旧，但令中国民族存在，中国旧来的文化必会部分地存在。不论怎样拒斥欧化，一部分的欧洲的东西也是已经拒绝不了了的。因此，今日建立新的文化问题，就是如何可以使得中西两方可以合拍：中国最好的东西可以保持而且光大下去，西洋最好的东西也可以真正地移植过来，融合起来。要作到这个，中学为体，西学为用，中主西奴的办法，固然不会达到目的。一般的中西混杂，也不会成功，而且不伦不类，也应非我们所欲。真正要产生出一个新的文化来，与对于哲学一样，唯一可采的方式或涂术，也只是有机的化合。先对于中西文化都有甚深的了解。同时注意到时代的趋势，历史的可能，两方都有所扬弃，有所取舍，更努力于物质基础的打点布置。今日真正要自觉地建立一个新的文化，只有如此。否则，或不管过去的传统，或不管当前的环境，必都是徒然的。"[②]"综合创新"的文化思想，强调中西文化的融合性及融合的辩证性、有机性。因此，它的提出无疑是中国思想界谋求中国文化出路的一大理论成果。

第四节　新启蒙运动的兴起及其评价

新启蒙运动又称"新五四运动"或"第二次新文化运动"，是全民族抗战爆发之前，由共产党人和一些左翼知识分子，其中包括同情共产党的自

---

① 张申府：《五四纪念与新启蒙运动》，《北平新报》1937年5月2日。
② 张申府：《抗战建国文化的建立发端》，《战时文化》创刊号，1938年5月25日。

由主义知识分子发起的，以继承和发展以新文化运动为代表的中国近代启蒙运动的启蒙精神、建立广泛的思想文化上的抗日民族统一战线为目标的思想文化运动，是中国启蒙运动史上又一重要事件。它历时不长，但在中国近代思想史上有其重要的历史地位。

一、新启蒙运动的发起与展开

华北事变后，日本帝国主义企图侵占整个中国的阴谋暴露无遗，中华民族面临着日益严重的生存危机。中国共产党根据共产国际"七大"精神，提出了建立抗日民族统一战线的主张，并改"反蒋抗日"方针为"逼蒋抗日"和"联蒋抗日"方针。与此相一致，中国共产党在思想文化运动上也发生了转变，即从原来的"左"倾"关门主义"，转变为思想文化上抗日民族统一战线的建立。1937 年 11 月，李初黎在《十年来新文化运动的检讨》一文中指出，思想文化运动上的这种转变，"在华北事变以后，已经部分地开始，而正式的转变，是在国际七次代表大会的决议到了上海以后，许多做文化工作的同志，才更明了了国内外的形势，更彻底了解了民族统一战线的意义，于是在运动上才大胆地全部地开始转变。旧的组织如左联、社联等解散了，成立了各种新的组织。在文学上提出了'国防文学'的口号，在社会科学上提倡了反日反汉奸的爱国主义与民主主义思想。这一个时期，是一个转变的时期，同时也是今后文化运动的准备阶段"[1]。

1935 年 12 月 9 日，北平爆发了一二·九爱国学生运动。一二·九爱国学生运动后，刘少奇出任中共北方局书记。他甫一上任，便根据中共中央的决议和指示精神，对白区工作中的关门主义、冒险主义进行了批判，指出其危害，提出要在党内肃清"关门主义与冒险主义"，建立"广泛的民族统一战线"[2]；并改组了北方局，任命陈伯达为宣传部部长。正是在抗日民族统一战线日趋形成的时代背景下，陈伯达等中共理论工作者联合一些左翼知识分子，其中包括一些同情共产党的自由主义知识分子，发起了新启蒙运动。

---

[1] 李初黎：《十年来新文化运动的检讨》，《解放》周刊第 1 卷第 24 期，1937 年 11 月 20 日。
[2]《刘少奇选集》上卷，人民出版社，1981，第 23、43 页。

1936 年 9 月，上海《读书生活》发行了一个纪念九一八事变的专辑，陈伯达在上面发表《哲学的国防动员——新哲学者的自己批判和关于新启蒙运动的建议》一文，首次提出"新启蒙运动"的口号。陈伯达写道：大革命失败后，许多先进分子从事在理论上重新武装自己，经过革命的再生、九一八事变和华北事变，每次都给了理论以新的充实，新的武装，新哲学也在艰难的行程中确立了自己坚固的阵地。但是新哲学者并没有很好地利用这个阵地，尽自己应当尽的任务，这主要表现在两个方面：第一，新哲学者对于中国的旧传统思想缺乏有系统的深刻的批判，而这种旧传统思想目前正为帝国主义者（特别是东洋帝国主义者）和卖国贼用来奴役中国人民意识的有力工具，不和这种旧传统思想做无情的斗争，就等于放走了最主要的敌人，同时也等于抛弃了最广大的民众。第二，新哲学者大部分关于哲学的写作中，还没有很好地和现实的政治结合起来，没有很好地用活生生的中国政治实例来阐释辩证法，使唯物辩证法在中国问题中具体化起来，更充实起来。因此，"当着目前民族大破灭危机的面前"，新哲学者"应该和一般的人民争斗结合起来"，组织哲学上的救亡民主的大联合，发起一个大规模的新启蒙运动，"一方面要努力不倦地根据自己独立的根本立场，站在中国思想界的前头，进行各方面之思想的争斗，从事于中国现实之唯物辩证法的阐释；另一方面则应该打破关门主义的门户，在抗敌反礼教反独断反迷信的争斗中，以自己的正确理论为中心，而与哲学上的一切忠心祖国的分子，一切民主主义者、自由主义者，一切理性主义者，一切唯物主义的自然科学家，进行大联合阵线"。为此，他倡议建立新启蒙运动的组织机构"中国新启蒙学会"或"中国哲学界联合会"，并规定了"中国新启蒙学会"或"中国哲学界联合会"基本纲领：继续并扩大戊戌、辛亥和"五四"的启蒙运动，反对异民族的奴役，反对礼教，反对独断，反对盲从，破除迷信，唤起广大人民之抗敌和民主的觉醒。为了实现这个纲领，他提出了开展新启蒙运动的基本路径、方法和主要任务：第一，整理和批判戊戌以来的启蒙著作；第二，接受"五四"时代"打倒孔家店"的号召，继续对于中国旧传统思想、旧宗教，做全面的、有系统的批判；第三，阐发帝国主义者在中国之文化侵略，以及中国旧礼教如何转成帝国主义者麻醉中国人民的工具；第四，系统地介绍西欧的启蒙运动及其重要的著作，介绍世界民族解放的历史及其理论；第五，大量地介绍新哲学到中国来，并应用新哲学到中国各方面的具体问题上去；第六，在各地经常举行哲学的公开讲演会、辩论会；第七，帮助民间组织广泛的"破除迷信"的组织，组织各种式样的无神会；第八，和世界的文化组织、思想界名流，建立联系，请求他们不断地援助中国民族解放的事业，援助中国人民的新启蒙运动；第九，组织大百科全书的（编辑）委员会。他最后希望广大"新哲学研究者"对他的建议提出"批评、补充或援助，来共同发起这个伟大的新启蒙运动"，并强调"这是目前救亡运动的一部分"。[①]

接着（1936 年 10 月 1 日），陈伯达又在《新世纪》第 1 卷第 2 期上发表《论新启蒙运动——第二次的新文化运动——文化上的救亡运动》一文，就新启蒙运动的有关问题做了进一步阐述。他在回顾了中国近代启蒙运动的历程后强调指出：新启蒙运动，也是文化上的救亡运动，是对戊戌以来的启蒙运动的继承和发展，"是五四以来更广阔、而又更深入的第二次新文化运动"。他并比较了新启蒙运动与新文化运动的相同和差异，就相同而言，新文化运动的"民主与科学"的口号为新启蒙运动所接受，但要与"目前的一般救亡运动相联接"；从差异来看，除了"时代的歧异"，更主要的是体现在指导思想上："新文化运动之哲学上的基础，虽然当时已有动的逻辑抬头，但动的逻辑并没有占领支配的地位，占领支配地位的，一般地说来，还是形式逻辑，但我们目前的新启蒙运动之哲学上的基础，动的逻辑却无疑地是占着支配的地位。大革命以来，动的逻辑的逐渐巩固和扩大自己的阵地，才使目前新启蒙运动的提出成为可能。新哲学者乃是目前新启蒙运动的主力，动的逻辑之具体的应用，将成为目前新启蒙运动的中心，而且一切问题，将要借助于动的逻辑，才能作最后合理的解决。"陈伯达这里所说的"形式逻辑"和"动的逻辑"，分别指的是资产阶级的唯心主义与形而上学和马克思主义的唯物辩证法。在陈伯达看来，新文化运动与新启蒙运动的最大差异，是指导思想的不同：新文化运动的指导思想是资产阶级的唯心主义和形而上学（形式逻辑），而新启蒙运动的指导思想是马克思

[①] 陈伯达：《哲学的国防动员——新哲学者的自己批判和关于新启蒙运动的建议》，《读书生活》第 4 卷第 9 期，1936 年 9 月 10 日。

主义的唯物辩证法（动的逻辑）。他尤其强调了建立文化上的联合战线的重要性，"我们要和一切忠心祖国的份子，一切爱国主义者，一切自由主义民主主义者，一切理性主义者，一切自然科学家……结合成最广泛的联合阵线"。①

　　陈伯达这两篇文章的发表，标志着新启蒙运动的兴起，同时也为新启蒙运动奠定了思想和理论基础。亲历过新启蒙运动的何干之就曾指出，陈伯达的这两篇文章"可说是新启蒙运动最初的呼喊，也可说是新启蒙运动的奠基石，在这里，对于文化上的救亡主义，反武断主义，文化上的大联合，文化上的民主主义，已划出了一个轮廓。为什么新文化运动要以爱国主义为依归，以民主主义大联合为前提，来'反对传统'，'开发民智呢'？在这两篇文章里，这点已有了原则的规定了"②。之后，陈伯达又相继发表了《思想的自由与自由的思想——再论新启蒙运动》《论五四新文化运动》《思想无罪——我们要为"保卫中国最好的文化传统"和"争取现代文化的中国"而奋斗》等文，继续阐述他的新启蒙运动的主张，不仅提出了"思想自由"的口号，号召要摆脱一切传统思想的镣铐，而且提出一切进步人士应团结起来，建立思想文化上的抗日统一战线。

　　首先响应陈伯达新启蒙运动倡议的是艾思奇。艾思奇在读了陈伯达的《哲学的国防动员》和《论新启蒙运动》两文后，立即在 1936 年 10 月 11 日出版的《生活星期刊》双十特辑（第 1 卷第 19 号）上发表《中国目前的文化运动》一文，表示"目前是要再来一个新的运动了"，并对"新的运动"的性质做了进一步的阐述。他指出，"新的运动"是"以爱国主义为直接的主要内容的"，但"这种爱国主义的文化运动"又具有"完全"的"民主主义的性质"，并且"是要在民主主义的精神之下结合成文化上的联合阵线"，不论是资本主义的文化要素也好，封建的文化要素也好，不论是实验主义也好，社会主义也好，"只要你所发挥的是有用美点，都竭诚欢迎你到这运动中来"。他最后希望"国内的文化以及其他读者"认真看看陈伯达的那两

① 陈伯达：《论新启蒙运动：第二次的新文化运动——文化上的救亡运动》，《新世纪》第 1 卷第 2 期，1936 年 10 月 1 日。
② 何干之：《近代中国启蒙运动史》，载《何干之文集》第二卷，北京出版社，1993，第 115 页。

篇文章，因为陈在文章中"发表了很精彩的意见"。① 何干之在他的《近代中国启蒙运动史》中指出："艾思奇先生在《生活星期刊》双十特辑所发表的《中国目前的文化运动》就是紧接着陈先生的提出的一个响应"，"不用说是受了陈伯达的暗示而写的。在某一意义下，又可说是补充了陈先生的意见，从此以后，人们对于新启蒙运动，已不是谈论什么应该不应该的问题，而进到来估量它是一个什么问题了；从此以后，稍微关心着时局动向的文化人，都来研究这一运动中的个别问题，讨论个别问题的内容性质了"。② 尽管艾思奇的《中国目前的文化运动》一文"补充了"陈伯达的"新启蒙运动"的意见，但他并没有直接使用"新启蒙运动"一词，而是用的"新的运动"。这说明在运动的兴起时期，包括艾思奇在内一些人士对"新启蒙运动"的用法是有不同意见的。后来艾思奇在《论思想文化问题》一文中也承认："有人以为这名词（指新启蒙运动——引者）用在目前的思想文化运动上是不大妥当，理由是：启蒙运动是资本主义势力主导的文化运动，而目前中国的文化运动却不是这一回事。名词的争论，本来并没有第一等的重要性，即使不必要揭新启蒙运动的旗帜，目前的思想文化仍可以照常推进。"但经过深思熟虑后他承认："在事实上，我们的思想文化的性质，仍是属于启蒙运动的范畴的，启蒙运动的意义其实并不在谁主导的问题，而在于运动本身的性质和任务的问题，在自由主义的、反独断的方面，现在的思想文化的任务和过去的启蒙运动是有着共通点的。"③ 因而不久，"新启蒙运动"一词开始便出现在了艾思奇文章的标题和内容中，如他发表在《文化粮食》创刊号上的文章，其题目就叫《新启蒙运动和中国的自觉运动》，主要是说明中国近代史上爱国主义的发展，说明新启蒙运动的爱国主义与以前的辛亥革命、五四运动的爱国主义的相同与差异。他发表在《国民》周刊第 1 卷第 8 期上的文章，也是以《什么是新启蒙运动》为标题的，主要是说明中国近代史上启蒙运动的发展过程，以及新启蒙运动对以前旧启蒙运动的继承和超越，他指出："为什么叫新启蒙运动呢？因为中国过去的新文化运动（以五四为最高峰）是一种启蒙运动，而现在的这一个文化运动和它有共同

---

① 艾思奇：《中国目前的文化运动》，《生活星期刊》第 1 卷第 19 号，1936 年 10 月 11 日。
② 何干之：《近代中国启蒙运动史》，载《何干之文集》第二卷，第 116 页。
③ 艾思奇：《论思想文化问题》，《认识月刊》创刊号，1937 年 6 月 15 日。

的地方"，也有"不同的地方"，就相同而言，它们"有同样的任务和要求"；从不同来看，由于旧启蒙没有完成自己的任务和要求，而新启蒙则必须完成它，因此"不论在方法上"还是"性质上"，新启蒙与旧启蒙运动都"有很大的分别了"。[①]

　　新启蒙运动的倡议也得到了北平的张申府的响应。张申府早年曾参与创建中国共产党，是中国共产党最早的党员之一，也是朱德和周恩来的入党介绍人，还曾参与创办黄埔军校，后来在中共第四次代表大会上因在统一战线问题上与参会的其他代表发生争执而自动脱党。在陈伯达提出"新启蒙运动"的主张时，张申府是清华大学的知名教授，"此前张申府与陈伯达已有交往，陈伯达曾以中国大学教师的身份采访过当时已是著名哲学家的张申府，他们讨论了辩证唯物主义的问题，张申府还为陈伯达提供了他所需要的有关历史和哲学方面很有价值的意见"[②]。实际上，张申府自己也早有发动一场新启蒙运动的想法，用他自己的话说，"至少在三四年前编《世界思潮》时，已有这个意思。那时我所说的与现在我所说的，根本上无甚差异"[③]。另据美国学者舒衡哲研究，1936 年秋，张申府和陈伯达还曾一起讨论过新启蒙运动的有关问题，并制定了一份具体计划。[④] 所以，这年的 8 月 29日，亦即陈伯达发表《哲学的国防动员——新哲学者的自己批判和关于新启蒙运动的建议》一文、正式提出"新启蒙运动"之前不到 1 个月，张申府在《人人周报》第 1 卷第 12 期上发表的《目前需要的几件事》中就使用了"新启蒙运动"一词："听说有人要发起一种新启蒙运动，反迷信，反武断，反盲从。这都很好。但似可更加上一个积极的内容，便是要诉于理性。"该文重点谈的是如何建立"救亡联合战线"问题，认为要建立"救亡联合战线"，在消极方面，要扫除种种"联合的障碍"；在积极方面，"需要个理性运动"。[⑤] 从张申府文中的这句"听说有人要发起一种新启蒙运动"判断，美国学者舒衡哲说张申府和陈伯达曾一起讨论过新启蒙运动的有关问题，这似

---

① 艾思奇：《什么是新启蒙运动》，《国民》第 1 卷第 8 期，1937 年 6 月 25 日。
② 欧阳军喜：《论新启蒙运动》，《安徽史学》2007 年第 3 期。
③ 张申府：《什么是新启蒙运动？》，载《张申府文集》第一卷，河北人民出版社，2005，第189 页。
④ 转引自欧阳军喜《论新启蒙运动》，《安徽史学》2007 年第 3 期。
⑤ 张申府：《目前需要的几件事》，载《张申府文集》第一卷，第 149 页。

乎是能够成立的。待陈伯达倡导"新启蒙运动"的文章公开发表后，张申府一方面联络中共地下党员、中国大学吴承仕以及张友渔、程希孟、黄松龄、张郁光、田佩之、吴觉先等北平各大学 40 多位教授，计划在"星期天文学会"的基础上，发起成立"启蒙学会"，从而"担任起分析批判说明指导等工作，以促进新时代的到来"；① 另一方面又先后发表了系列文章予以响应和支持，如他 1936 年 11 月 14 日发表在《人人周报》第 1 卷第 19 期上的《哲学与救亡》、1936 年 12 月 13 日发表在《民声报》上的《科学与民主》等，但和艾思奇的文章一样，这些文章也都没有使用"新启蒙运动"一词，他使用"新启蒙运动"一词并作为文章标题的，最早的是 1937 年 5 月初分别发表在《北平实报》上的《什么是新启蒙运动？》和《北平新报》上的《五四纪念与新启蒙运动》，用何干之的话说，这两篇文章的"字数很少，但却有很深的含蓄，是值得吟味的"。② 在《什么是新启蒙运动？》一文中张申府强调："今日的新启蒙运动"是对历来启蒙运动的继承和发展，"启蒙运动最积极的内容是发扬理性"，而今日的"新启蒙运动"在发扬理性方面"最要作到两桩事：一、就是思想的自由与自发。二、就是民族的自觉与自信"。③ 在《五四纪念与新启蒙运动》一文中张申府提出："在思想上，如果把五四运动叫作启蒙运动，则今日确有一种新启蒙运动的必要，而这种新启蒙运动对于五四的启蒙运动，应该不仅仅是一种继承，更应该是一种扬弃。"④ 当然，作为具有自由主义思想倾向的知识分子，或者说是自由主义者，张申府对"新启蒙运动"含义的理解，尤其是思想自由、理性等问题的理解，与陈伯达、艾思奇等中共理论工作者的理解是有明显差异的。这个问题我们将放在本节第三子目中去讨论，此不展开。

尽管南（上海）有艾思奇、北（北平）有张申府等人的响应，但在最初的几个月间，新启蒙运动的倡议并未引起当时文化界的普遍关注，撰写文章响应和支持的人并不多。因为此时正值关于"国防文学"的论战刚刚息

---

① 《启蒙学会宣言》，参见吴承仕同志诞生百周年纪念筹委会编《吴承仕同志诞生百周年纪念文集》，北京师范大学出版社，1984，第 250 页。
② 何干之：《近代中国启蒙运动史》，载《何干之文集》第二卷，第 123 页。
③ 张申府：《什么是新启蒙运动？》，载《张申府文集》第一卷，第 190 页。
④ 张申府：《五四纪念与新启蒙运动》，载《张申府文集》第一卷，第 191 页。

争之时，大家渴望新思潮、新运动的诞生，但又担心和"国防文学"一样，爆发新的"名词纠纷"，因此，"对新名词的出现持审慎的态度，主张新思潮不必拘泥于名称"。① 借用柳湜的《国难与文化》一书的话说："'新启蒙运动'、'爱国主义'……我们暂时也都可以不管它，我们所要认明的只是它的特点，它与过去的有什么不同处。"② 这也是艾思奇、张申府在开始时文章中没有用"新启蒙运动"一词的重要原因。新启蒙运动真正引起文化界人士普遍关注并广泛地开展起来是在 1937 年 2 月国民党五届三中全会以后。由于这次会议接受了宋庆龄等人提出的恢复孙中山三大政策、联合抗日的主张，全国政治上出现了大团结、大联合的局面，这为文化界的大团结、大联合创造了条件，"此次会议也因此成为新启蒙运动的转折点"。③1937 年 5 月 4日，是五四运动 18 周年的纪念日，伴随着纪念日的到来，思想和文化界出现了一个讨论新启蒙运动的高潮。在上海，"为究明这个运动（指'新启蒙运动'——引者）的本质起见"，《读书月报》编辑部组织了一场"新启蒙运动座谈会"，出席座谈会的艾思奇、吴清友、何干之、李凡夫、夏征农、葛乔、凌青、柳乃夫、陆诒、刘群等人，就新启蒙运动的发展经过、社会基础、主要内容、历史特点、发展方向及推进方法等进行了讨论并达成共识，为新启蒙运动的深入开展做了理论准备。座谈会还对"目前的几种偏向"提出了批评，针对"有许多人以为文化运动做了政治的尾巴"和"有许多人以为文化运动应该走在政治的前面"这两种主要的"偏向"，座谈会认为，"文化和政治应该是相辅而行的"，因为政治和文化都是"社会经济的上层构造"，"两者不可分离而独立存在，并且是互相影响的，它不能勉强地人为地从政治上被分离开来"。座谈会还特别强调了"新启蒙运动"的"广泛性"，认为"一切国内少数民族如回藏苗夷等族的文化，也当批判地包容、保留下来。总之，这个运动应当是极其广泛的，同时是民主统一的"。④ 在北平，《现实月报》首先以"特辑"的形式来纪念"五四"，"响应和推进新启蒙运动，开始引起了普遍的关注"。随后《北平新报》《华北呼声》《动向》

---

① 黄岭峻：《新启蒙运动述评》，《近代史研究》1991 年第 5 期。
② 柳湜：《国难与文化》，载《柳湜文集》，生活·读书·新知三联书店，1987，第 717 页。
③ 欧阳军喜：《论新启蒙运动》，《安徽史学》2007 年第 3 期。
④ 艾思奇、吴清友等：《"新启蒙运动"座谈》，《读书月报》创刊号，1937 年 5 月 15 日。

《新文化月刊》等纷纷效仿，刊发五四纪念特刊，仅 5 月这一个月，北平各报纸上就发表了 36 篇讨论新启蒙运动的文章，涉及"怎样重新估计'五四'的价值、怎样批判地接受'五四'未完成的工作，和怎样开展新启蒙运动"等问题，并且提出了一个鲜明的口号"纪念五四，是要开展新启蒙运动"。除报刊发表纪念五四运动文章，开展新启蒙运动外，"北平文化团体和救亡团体也召开了许多纪念座谈会，热烈地讨论着这些问题"。[1]5 月 19 日，经过半年多的筹备，"启蒙学会"正式宣告成立，选举张申府、黄松龄、张郁光、吴觉先、程希孟等九人为组织干事，并发表了《启蒙学会宣言》。同日公布的《启蒙学会组织简章》称，该学会的宗旨是"研究学术，阐扬文化，推进新启蒙运动"，并提出了"科学与民主""思想自由""追求真理，反对封建和奴化思想"等倡议，得到思想和文化界的广泛响应。

新启蒙运动的开展，也引起了保守分子的反对。1937 年 5 月 24 日，北平教授联合会主席、北平师范大学物理系教授杨立奎在《华北日报》上发表《斥灭伦丧德的新启蒙学会》一文，攻击"启蒙学会的人拿忠孝节义五伦八德当做毒素，要把他一点一滴的洗净，这样绝伦灭德的枭獍，竟然在北平文化界里发现"，想到这些，他气得"眼睛睁裂，牙根咬碎"，他因而号召"全国教育界人都赶快起来"，与"启蒙学会"中的"文化界的败类"进行斗争。随即他又发表"声讨张申府等"的通电，说什么北平张申府等人的"组织启蒙学会，反对礼教，诋毁忠孝节义、五伦八德为陈腐毒素，蛊惑青年，自行绝灭馨净，狂悖荒谬，亘古无伦"，他"不敢坐视，誓以全力铲除此灭伦丧心之枭獍"。5 月 26 日，他再次发表《辟"新启蒙运动"》的书面谈话，继续辱骂张申府等人反对礼教，诋毁忠孝节义、五伦八德，认为"五伦起于万物灵长之人类之天性，并非教条，故古今中外，无或违者"；"孝悌忠信礼义廉耻，为维持人类社会安宁秩序之必要"。[2]遭到攻击的启蒙学会的张申府等人联名刊登启事，声明他们发起"启蒙学会"，不过是为了研究学术，阐扬文化，检讨和推进新启蒙运动，"现当草创尹始，并未发表任何意见及文字，自无反对礼教之言论"，指出杨立奎的通电和谈话是颠倒事实，

---

① 非白：《新启蒙运动在北平》，《月报》第 1 卷第 7 期，1937 年 7 月 15 日。
② 杨立奎：《反新启蒙运动》，《文摘》第 2 卷第 1 期，1937 年 7 月 1 日。

公然诽谤。张申府也告诉专为此事采访他的记者，"启蒙二字本意在求开明，就是理性运动，反对盲从，反对武断，反对迷信，与礼教毫无关系，杨氏此种态度，可谓无的放矢，同人等（尊）重理性，无与其答辩必要"。另一位学会的负责人也在接受记者的采访时称："启蒙学会原系平市各大学一部分教授为联络感情，互研学术，并谋促进社会文化事业而组织……故杨氏诋毁本会各点实属无的放失，意图诽谤个人，另含作用，本会决置之不理。"在杨氏发表书面谈话的同一天，北平的《北平新报》刊发李何林的文章，从三方面批驳了杨氏前一天的通电：一、杨氏对新启蒙会的主张未认清；二、该会目前除组织简章外，并无任何文字发表；三、认为杨氏通电与"解聘教授"大有关系。最后该文强调："文化思想斗争，需要光明磊落，而且要拿出货色来，阴谋诡计以及政治压力，都适足以得到相反的结果。"①不久，署名非白的《新启蒙运动在北平》一文也对杨立奎的攻击进行了反击，指出："总观杨氏的文电内容，除了骂街以外，反对新启蒙运动的理由，仅为'反礼教'这一点。在'五四'以后十八年的今日，尚有人如丧考妣的拥护'礼教'，本是一出滑稽剧，但是杨氏的反新启蒙运动，并不是单纯的个人的思想问题，而是代表了一种反动的政治倾向。"该文强调："新启蒙运动，和各国的启蒙运动一样，也是一种思想解放运动，当然反对一切约束民众思想的教条。但新启蒙运动的主要对象，并不像'五四'时代专为着'打倒'一切旧的教条，而是着重起发一切旧教条的合理性和积极性，使陷入虚伪礼教中的广大民众觉醒。团结在民族解放旗下，担负起保卫祖国的责任。由此可知杨氏的反对是别有用意。"该文最后写道：杨氏对新启蒙运动的诋毁和谩骂，并无毁于新启蒙运动，相反它"更发动起了文化界一切中立的和落后的份子，对新启蒙运动热烈地拥护。同时对杨氏的谩骂，持着冷静的态度作理论的讨论，显示出新启蒙运动者的理性主义的特色，这可以说北平新启蒙运动已走上了高阶段的发展"。②

随着新启蒙运动的展开，更多的中共理论工作者和左翼文化人加入到了新启蒙运动中，并推动着新启蒙运动走向高潮。1937 年 6 月，艾思

---

①《文化斗争：新启蒙运动的争战》，《读书月报》第 1 卷第 2 号，1937 年 6 月 15 日。
② 非白：《新启蒙运动在北平》，《月报》第 1 卷第 7 期，1937 年 7 月 15 日。

奇主持的《认识月刊》在上海创刊，成为上海新启蒙运动的理论阵地，其开辟的"思想文化问题特辑"，相继发表了陈伯达的《思想的自由与自由的思想——再论新启蒙运动》、艾思奇的《论思想文化问题》、何干之的《中国新文化运动的社会基础》、胡绳的《谈理性主义》等讨论新启蒙运动的文章，产生了一定的社会影响。与此同时，周扬、胡乔木、孙冶方、郭沫若、李达等人也纷纷发表文章，支持新启蒙运动，展开对新启蒙运动的研讨。

正当新启蒙运动蓬勃开展之时，1937 年 7 月，七七事变发生，中国进入全民族抗战时期。七七事变后不久，北平、上海相继沦陷，艾思奇、周扬、何干之等人从上海奔赴延安，陈伯达绕道天津、青岛，也辗转到了延安。《认识月刊》仅出版两卷便被迫停刊，新启蒙学会也已名存实亡，可以说作为一场新思想新文化运动，新启蒙运动到 1937 年底即已基本结束。此后，只有何干之、张申府、陈唯实等个别人在新的形势下，做一些新启蒙运动的总结和倡导工作。

何干之曾多次撰文建议思想界要"下最大的决心，分工合作，来整理批评中国思想史"，因为"这一段血泪交流的史迹，是我们最优秀的黄帝子孙不顾艰难辛苦，冲破一切网罗，振起我们爱国爱民族的精神的最光荣的一页"。[①] 他自己身体力行，经过半年的努力，完成了一部 10 余万字的《近代中国启蒙运动史》，1937 年 12 月上海初版，两个月后又出了二、三版，全书共分七章，第一章探讨"启蒙运动的意义及其社会基础"，第二至五章分别论述和评价了"新政派的洋务运动""戊戌维新运动""'五四'新文化运动"和"新社会科学运动"，第六章"国难与新启蒙运动"和第七章"目前思想文化问题"是全书的重点，主要是对新启蒙运动的总结和阐释。在书的最后何干之呼吁，新启蒙运动应该从"性质"的讨论转向"应用"，以便更好地为抗战服务。抗战全面爆发后，张申府先是撤退到汉口，后又转往重庆，继续撰写文章，为新启蒙运动鼓与呼。1939 年底，他将自己所写的有关新启蒙运动的文章结集出版，取名为《什么是新启蒙运动》。同年，陈唯实也出版了《新人生观与新启蒙运动》一书，全书分五讲，前三讲讨论

---

① 何干之：《新启蒙运动与哲学家》，《国民》第 1 卷第 13 期，1937 年 7 月 30 日。

"大时代的人生观"，第四讲"努力实行新启蒙运动"和第五讲"再论实行新启蒙运动"，就新启蒙运动的意义、任务、性质以及如何实施等问题提出看法。这一年（1939 年），陈伯达也将自己多年来的论文以《思想和哲学》为名结集出版，第一部分定名为"新启蒙运动论文续集"。作为延安时事问题研究会的主要成员之一，陈伯达又把新启蒙运动的讨论文章编入到 1940 年出版的《抗战中的中国文化教育》一书中。最后一篇关于新启蒙运动的文章，是张申府 1940 年 7 月 10 日发表在《中国教育》第 1 卷第 2 期上的《科学运动与新启蒙运动》一文。

二、新启蒙运动的特点或主要内容

曾亲历过新启蒙运动的何干之在他的《近代中国启蒙运动史》一书中，认为新启蒙运动有四个特点，即："（一）新启蒙运动是思想文化上的爱国主义运动；（二）新启蒙运动是思想文化上的自由主义运动；（三）新启蒙运动是理性运动；（四）新启蒙运动是建立现代中国新文化的运动。"他并强调指出："这四个特点，是有密切联系的。目前思想文化运动（即新启蒙运动——引者）是以抗敌救亡、民族解放为依归，以自由研究、自由发表、自由批判、自由讨论为前提，来发扬理性，说话做事，要有根据，广泛的深入的批判一切中国西洋的文化，以建立现代中国新文化的运动。"[①] 实际上，何干之所说的新启蒙运动的这四个特点，也可以说是新启蒙运动的主要内容。

（一）新启蒙运动是思想文化上的爱国主义运动。新启蒙运动发生的背景，是华北事变后，日本帝国主义企图侵占整个中国的阴谋暴露无遗，中华民族面临着日益严重的生存危机，陈伯达等人发起新启蒙运动的主要目的就是要救中国，用陈伯达在《思想无罪——我们要为"保卫中国最好的文化传统"和"争取现代文化的中国"而奋斗》一文中的话说："启蒙思想不是别的，乃是救中国的思想"[②]，爱国主义也因而构成了新启蒙运动的主要内容。陈伯达的《论新启蒙运动——第二次的新文化运动——文化上的救亡

① 何干之:《近代中国启蒙运动史》，载《何干之文集》第二卷，第 124 页。
② 陈伯达:《思想无罪——我们要为"保卫中国最好的文化传统"和"争取现代文化的中国"而奋斗》，《读书月报》第 1 卷第 3 号，1937 年 7 月 15 日。

运动》一文，首先回顾了中国近代启蒙运动的发展历程：戊戌变法运动开
其端，谭嗣同的《仁学》、康有为的《大同书》，"代表了这一时期的启蒙
思想"；辛亥革命续其绪，把法国大革命关于"自由、平等、博爱"变成了
"一时流行的口头禅"；新文化运动有发展，不仅"启蒙运动"成了"文化
上的群众运动"，而且"文化运动"还实现了与"爱国运动"的"融和"，"当
时新文化运动的战士，都同时是爱国运动的战士，而爱国运动的战士，同
时也都成了新文化运动的战士"。但大革命失败后，复古主义、神秘主义盛
行，帝国主义者和汉奸卖国者为了磨灭中国人民的爱国意识，大力提倡和
鼓吹复古、尊孔、礼佛、迷信和神秘主义，企图"利用这一切文化上的麻
醉，使中国人民安分守己，听天由命，逆来顺受，使侵略者得顺利地来吞
灭我们全民族"。因此，面对日本帝国主义的侵略，我们"要组织全民族的
抵抗，来挽救民族大破灭的危机"，就"必须唤起全民族自我的觉醒"；而
要"唤起全民族自我的觉醒"，我们就"需要自由，需要理性，需要光明，
需要热，需要新鲜的空气，需要奋斗，需要集体的力"，需要"反对异民族
的奴役，反对旧礼教，反对复古，反对武断，反对盲从，反对迷信，反对
一切的愚民政策。这就是我们当前的新启蒙运动——也就是我们当前文化
上的救亡运动"。[①] 在《思想的自由与自由的思想——再论新启蒙运动》一文
中陈伯达再次强调指出："新启蒙运动是民主主义的思想运动，是爱国主义
的思想运动。说是民主主义的，就是说：思想的自由与自由的思想。说是
爱国主义的，就是说：这种思想的自由与自由的思想，在目前是为着唤醒
四万万同胞起来保卫我们垂危的祖国。"[②] 艾思奇在《中国目前的文化运动》
一文中也写道："这一个运动是怎样的东西呢？这是以爱国主义为直接的主
要内容的文化运动。"这一运动的发生，是由于民族敌人的猛烈进攻的刺
激，是由于亡国的危机迫切，是由于民族的敌人不仅要灭我们的国家，而
且正在用种种的方法要灭我们民族的文化，使我们在文化上也成为他们的
奴隶。敌人要叫我们修改教科书，要叫我们毁灭一切的爱国文化运动。"在

---

① 陈伯达：《论新启蒙运动——第二次的新文化运动——文化上的救亡运动》，《新世纪》第 1
卷第 2 期，1936 年 10 月 1 日。

② 陈伯达：《思想的自由与自由的思想——再论新启蒙运动》，《认识月刊》创刊号，1937 年 6
月 15 日。

这样的情形下所产生的新的文化运动"，就必然是"以爱国主义为直接的主要内容"的。①《读书月报》编辑部组织的"新启蒙运动"座谈同样强调："在民族危机深重的今日，我们需要的正是真正的爱国主义。所以'新启蒙运动'必须具有真实的爱国精神。"②中华民族面临的不仅是日益严重的生存危机，同时还有日益严重的文化危机，"我们的文化，我们的新文化，正在遭逢着被毁灭的危机。我们的侵略者和各种式类的汉奸要我们回返到'中古的'时代"③，而文化危机与民族危机又互为因果，中国不仅有亡国的危险，也有文化消亡的危险，所以需要一场新启蒙运动；而新启蒙运动产生之后，就必然要服从和服务于救亡图存，以爱国主义为自己的主要内容。这正如何干之在《近代中国启蒙运动史》中所指出的："国难产生了新文化运动（即新启蒙运动——引者），而新的文化运动又以解除国难、以爱国主义为依归。"④

为了最大化地发挥新启蒙运动的爱国主义功能，新启蒙运动的思想家们还对爱国主义的内涵进行了新的丰富多彩的阐释。艾思奇在《论思想文化问题》一文中指出："并不是说每一种思想文化都一定要挂上爱国的招牌"，任何一种思想，或做任何一件事情，只要是以"爱国主义或民族解放为依归"，是"在爱国救亡的总目标下做"的，就是爱国主义。比如经济建设，只要有利于民众生活的改善，从而有利于增强民众抗敌救亡的信心，就是爱国主义的，并不是非要称之为国防经济建设不可。"我们不口口声声谈爱国，只问一种文化思想在终结的效果上是不是于民族有利，只要求它结局要能够提高民族的力量。"这也就是说，评判爱不爱国、是不是爱国主义的标准，主要是看其结果是否于民族有利，于提高民族力量有利，凡是有利于民族、有利于民族力量提高的，就是爱国主义。对爱国主义的这种较为宽泛的解释，无疑扩大了爱国主义的群众基础，在号召建立抗日民族统一战线，宣传抗日救亡方面有它的积极意义。该文甚至提出，"在爱国救亡的总目标下做。在这样的目标下，有些封建的文化遗留品（当然是极个别的，极少的，

---

① 艾思奇：《中国目前的文化运动》，《生活星期刊》第 1 卷第 19 号，1936 年 10 月 11 日。
② 艾思奇、吴清友等：《"新启蒙运动"座谈》，《读书月报》创刊号，1937 年 5 月 15 日。
③ 陈伯达：《论新启蒙运动——第二次的新文化运动——文化上的救亡运动》，《新世纪》第 1 卷第 2 期，1936 年 10 月 1 日。
④ 何干之：《近代中国启蒙运动史》，载《何干之文集》第二卷，第 127 页。

如旧戏中有民族意义的脚本等）如果还不失却意义的话，也不必一定要废弃。又如宗教，如果反宗教是于民族统一有害的话，就不必太性急地去做它（但相反的时候就要坚定地做）"。① 在《新启蒙运动和中国的自觉运动》一文中艾思奇又提出，新启蒙运动虽然是五四启蒙运动的继承和发展，但它"不是五四运动时代的单纯反封建文化的运动，而是要把一切文化应用到有利于民族生存的方面，国难的紧迫也不容许我们完全推翻什么或建立什么，我们只能随时随地采取一切可用的工具去应付国难"，这也就是爱国主义。比如，他举例说："打倒孔家店"，这是五四文化运动的中心口号之一，实际上到现在"打倒孔家店"也没有完全实现，因为孔家店又被我们的民族敌人所利用了，但我们现在要做的，并不是要彻头彻尾地把孔家店打倒，而只是要打倒它被我们的民族敌人所利用的部分，同时又要找出它的好的部分，使那些相信孔家店的人能觉悟到自己民族的地位，从而投身于救国运动。② 和艾思奇一样，何干之也反对无论"什么东西，开口闭口都离不开爱国这两个字"的做法，认为爱不爱国，关键不在于是否把"爱国"挂在口头上，而在于它的客观效果，"我们说新启蒙运动是爱国主义运动，只是就它的效果上，就终归的目的上说，即是，无论一篇科学论文，或是一篇文学作品，只要它是现实的反映，对于我们认识目前的局势有好处，那就可以说是爱国主义"。③

实际上，中国的理论工作者之所以要对爱国主义的内涵进行新的丰富多彩的阐释，其目的是团结一切可团结的力量，以建立起广泛的民族抗日统一战线。我们在前面已提到，陈伯达认为新文化运动的指导思想是资产阶级思想（形式逻辑），而新启蒙运动的指导思想是马克思主义（动的逻辑），但他同时又强调指出："新启蒙运动结合的范围，仍是广泛的，对于动的逻辑之承认与否，绝不是这种结合的标志。新启蒙运动结合的标志，乃是保卫祖国，开发民智。我们的救亡阵线，包括着各种复杂的社会层。这些复杂的社会层各有不同的利益，而且各有不同的动机，来参加这一致的救亡运动，所以，新启蒙运动必要尽量把握每一部分人之积极一面。对于任何

---

① 艾思奇：《论思想文化问题》，《认识月刊》创刊号，1937 年 6 月 15 日。
② 艾思奇：《新启蒙运动和中国的自觉运动》，《文化食粮》第 1 卷第 1 期，1937 年 3 月 20 日。
③ 何干之：《近代中国启蒙运动史》，载《何干之文集》第二卷，第 125 页。

部分的人，都要绝对求全，这是不可能的。"比如，他举例说：有的人不愿反对孔子，反对宗教，但愿传布爱国的思想，进行救亡的宣传，我们就要联合他，决不能因他不反对孔子、反对宗教而抛弃他，不与他联合。再比如，有的人在某些问题上是非理性主义者，在某些问题上又是理性主义，如赞成全国大联合，赞成民主制度，我们也要联合他，决不能因他在某些问题上的非理性主义而与他分道扬镳。又比如，有的人对参加爱国运动并不积极，却仇视愚民的传统思想，反对神道设教，反对复古，反对独断与盲从，反对传统的历史观，这就间接地帮助了救亡运动，我们还是要联合他。即使有的人主张中国需要"本位救国"，反对学习外来的进步思想，但如果他们真的主张保卫祖国，反对守旧和复古，我们也要联合他。总之，"新启蒙运动必要在反对宗派主义的基础上，才能够广阔地开展起来"。① 不久在《思想的自由与自由的思想——再论新启蒙运动》一文中陈伯达郑重声明："新启蒙运动并不是如某些人所说，是属于'左翼'的。不，新启蒙运动是一切爱国文化人、一切理性主义者、一切民主主义者、一切科学家、一切平民教育者、一切开明的教育家……的共同文化运动。"既然新启蒙运动"是全国文化人"的"共同文化运动，而不是'左翼'的文化运动"，因而他"希望从事这种新文化运动的人，必要严谨地提防自己宗派"，要进行文化斗争，"但民族统一的运动是绝对不受文化斗争限制的，民族统一是容纳着一切不同信仰的人们"，就是说我们在文化上反对独断，反对迷信，但对于那些迷信任何独断、任何宗教的同胞，我们不但不应反对他们，而且要尽力避免刺激他们的宗教感情和家族感情号召他们合作，以引导他们到民族斗争的旋涡中，使他们能够在争斗中克服自己的迷信，这点是极重要的。忽视了这点，则将造成极大的错误。②

（二）**新启蒙运动是思想文化上的自由主义运动**。要建立起广泛的抗日民族统一战线，动员数万万同胞投身抗日救亡运动，以挽救民族危机，首先要清除他们思想上的愚昧和盲从；而要清除他们思想上的愚昧和盲从，

---

① 陈伯达：《论新启蒙运动：第二次的新文化运动——文化上的救亡运动》，《新世纪》第1卷第2期，1936年10月1日。
② 陈伯达：《思想的自由与自由的思想——再论新启蒙运动》，《认识月刊》创刊号，1937年6月15日。

最根本的办法是要解放他们的思想。陈伯达在《思想的自由与自由的思想——再论新启蒙运动》中指出："二千余年来在专制主义的淫威下，中国人民被独断（教条）和迷信剥夺了思想，中国人民的物质生活，过的是奴役和饥饿，而精神生活所过的，则是愚昧和盲从。数十年来中国人民在文化上的奋斗，就是要摆脱这种愚昧和盲从的桎梏。"然而不幸的是，数十年来中国人民在文化上的奋斗，都"因革命的中折，而受了许多极苦痛的遭遇"，其结果不仅愚昧和盲从的桎梏依然如故，而且随着民族危机的加深，作为"民族危机的一种反映"，中国的思想界也发生了严重危机，复古主义泛滥，封建迷信盛行，独断与偏见主宰着人们的头脑。陈伯达认为："挽救目前思想界的危机，唯一的道路就是思想的大解放；要扫清数万万同胞数千年来的愚昧，使他们能普遍走上救国的觉醒，唯一的道路也就是思想的大解放。"所谓"思想大解放"，概括地说，就是"每人都应有自由思想的权利，每人都应有自由的思想，每人都应有批评的权利，每人都可以被批评"，这也就是新启蒙运动的主要内容。"我们所提出的新启蒙运动，其内容总括来说，就是思想的自由与自由的思想。"那什么是"思想的自由和自由的思想"呢？按照陈伯达的解释："所谓思想的自由，就是说：应该废止思想上外来的权威，思想应该从外来的权威独立起来。一切关于思想的外来镣铐（物质的镣铐），都不应存在。所谓自由的思想，就是说：应该唤起每人的自觉，每人都应当思想，都应当对于所遇见的任何事物，从事批判，每人都应当重新估值一切，都应当摆脱传统思想的束缚（精神的镣铐），从事发现自己的真理。"[①] 在《思想无罪——我们要为"保卫中国最好的文化传统"和"争取现代文化的中国"而奋斗》一文中陈伯达再次强调："我们认为要提倡民族解放和人类解放的道德，那就不应当束缚人们的思想，不应当用教条和独断来规定人们的信仰，人们应该有思想的自由与自由的思想，因而使他们都能成为卫国殉国、为社会正义而牺牲之真正的自觉战士。"[②] 和陈伯达一样，张申府也认为思想自由是新启蒙运动的核心或主要内容，他在《什

---

① 陈伯达：《思想的自由与自由的思想——再论新启蒙运动》，《认识月刊》创刊号，1937 年 6 月 15 日。
② 陈伯达：《思想无罪——我们要为"保卫中国最好的文化传统"和"争取现代文化的中国"而奋斗》，《读书月报》第 1 卷第 3 号，1937 年 7 月 15 日。

么是新启蒙运动？》一文中写道："什么是启蒙运动呢？就字面说，启蒙就是开明的意思。再分别说，启蒙就是打破欺蒙，扫除蒙蔽，廓清蒙昧"；而要"打破欺蒙，扫除蒙蔽，廓清蒙昧"，就心须做到"两桩事"："一、就是思想的自由与自发；二、就是民族的自觉与自信。"[1]不久，在《新启蒙运动的当前使命》一文中，他进一步把思想的自由与文化的民主联系起来："新启蒙运动是民族主义的自由民主的思想文化运动，新启蒙运动要求思想的自由与自由的思想，新启蒙运动号召文化的民主或民主的文化。"[2]艾思奇则称新启蒙运动为"思想文化上的自由主义"运动，而依据他的解释，"自由主义是指各种思想文化的自由发表、自由批判和自由论争"。因此，他同时又称新启蒙运动为"思想文化上的民主主义"运动。[3]柳湜同样强调思想自由对于目前文化运动的重要意义，他认为在目前的阶段，既不需要左的口号，也不需要右的口号，我们所需要的是"尽可让思想自由发展，如果一定要有一个限制，就是只要合于'民主'的，不管什么思想都得让它存在，让它自由发展……因此我们今后的文化运动，不仅要有比'五四'时代更大的范围，还要比'五四'时代有更多的自由"[4]。

思想文化上的自由是与政治上的民主相联系的，二者互为因果，相辅相成，在目前抗敌救亡的运动中，缺一不可。用张申府的话说："今日是中国团结救亡、民族解放、争取自由、民主政治的时代。今日的新启蒙运动，就是适应这个时代的思想方面、文化方面的运动。因此，这个运动，也可说就是社会发展到这个阶段的民族主义的自由民主的思想文化运动。"[5]政治上的民主运动，是调动人们的民族热情，团结各党各派的力量，汇合全国的人力物力为抗敌救亡而奋斗；而与之相呼应的思想文化上的新启蒙运动，是让各种思想自由存在，自由发展，自由辩论，尽量发挥它们固有的聪明才智，为抗敌救亡运动服务。就此而言，何干之指出："民主政府与思想自

---

[1] 张申府：《什么是新启蒙运动？》，载《张申府文集》第一卷，第189—190页。

[2] 张申府：《新启蒙运动的当前使命》，转引自欧阳军喜《论新启蒙运动》，《安徽史学》2007年第3期。注：《张申府文集》第一卷未收录此文，通过"晚清民国期刊全文数据库"，也未查到此文。

[3] 艾思奇：《论思想文化问题》，《认识月刊》创刊号，1937年6月15日。

[4] 柳湜：《国难与文化》，载《柳湜文集》，第719页。

[5] 张申府：《什么是新启蒙运动？》，载《张申府文集》第一卷，第190页。

由可以说就是目前抗敌救亡中相互为用的两座支柱"，我们在要求思想自由时，不可放弃对建立民主政府的要求，"只有民主的政府、民主的宪法，才能集中全国的人力、物力，在共通的目标下，为国家民族流着最后的一滴血"。① 在艾思奇看来，没有与政治的民主主义经济的民生改善相配合，这是以新文化运动为代表的"旧启蒙运动"留给我们的教训之一，"五四运动的发生，与欧美的资本主义启蒙运动有同样的社会基础，但它没有像欧美的启蒙运动那样在政治经济上实现了自己的成果"；而新启蒙运动"应该和政治上的民主主义、经济上的民生改善等配合着"，亦即在争取思想自由的同时，也要争取政治民主和民生改善，三者缺一不可。②

当然，思想自由，并非是无原则的自由，"并不是说封建思想、汉奸思想、颓废思想也有自由存在、自由发展的机会"。思想自由是有界限和标准的，这个界限和标准就是"新启蒙运动的终极目的"，即："反对异民族的侵略，争取祖国的独立自由"。凡是与"新启蒙运动的终极目的"相违背、"不两立的思想当然不能让它自由存在、自由发展"；反之，"凡是文化思想在终极的效果上有利于民族，能够提高民族力量，对于抗敌救亡有一点一滴的贡献的，都应当许可它自由存在，自由发展"。③ 基于这一原则，陈伯达、何干之等人对朱光潜所主张的思想自由提出了批评。

先是 1937 年 4 月 4 日，北大教授朱光潜在天津《大公报》上发表《中国思想的危机》一文，对中国旧思想的因袭性、保守性进行了批判，同时也感到了思想运动的发展困境，"中国知识阶级在思想上现在所能走的路只有两条，不是左，就是右，决没有含糊的余地。所谓'左'，就是主张推翻中国政治经济现状，采马克思的唯物史观，实行共产主义，这个旗帜是很鲜明的，观者一望而知。至于所谓'右'，定义所不容之下，这个暧昧的标签之下，包含一切主张维护现状者，虽不满意于现状而却不同情于苏联与共产主义者，虽同情于苏联与共产主义而却觉到现时中国尚谈不到这一层者，甚至于不关心政治而不表示任何态度者。政治思想在我们中国已变成一种宗教上的'良心'，它逼得我们一家兄弟们要分起家来。思想态度相同

---

① 何干之：《近代中国启蒙运动史》，载《何干之文集》第二卷，第 129 页。

② 艾思奇：《什么是新启蒙运动》，《国民》第 1 卷第 8 期，1937 年 6 月 25 日。

③ 何干之：《近代中国启蒙运动史》，载《何干之文集》第二卷，第 129—130 页。

而其余一切尽管天悬地隔，我们仍是同路人；一切相似而思想态度不一致，我们就得成仇敌。我们中间有许多人感到这种不能不站在某一边的严重性是一种压迫"。他认为"思想上只有是非真假而无所谓左右"，我们应该学会怀疑，不轻下判断，不盲从任何派别的所谓"领袖"，也不迷信任何思想和文化的所谓"权威"，我们从多方面的虚心的探讨中会明白每一个问题都可能有诸多不同的看法，所谓的绝对真理是极难寻求的，只有比较方见是非优劣，集思才能广益。"思想的最大的障碍是任私见武断，而成功的要诀则在自由研究与自由讨论。"①朱光潜的文章发表后引起了许多人的共鸣，狄超白和沈于田对此还进行了激烈的争论，各自表达了自己对思想与信仰、自由与统一的看法。当然也受到了何干之、陈伯达等中共理论工作者的批评。何干之批评朱光潜的"不是左，也不是右，右不好，左不好，白是坏的，红的更坏"的"思想自由说"中的"所谓思想，是超乎左右之上的不可知的东西"，并讥笑他"不愧是康德教授的高足"，因袭了康德的"世界是不可知的"学说，认为"目前思想自由的对象，也是不可知的，所以他的思想自由说只剩下一种研究的方法，'自由研究与自由讨论'"。②陈伯达则公开表示，"我对于许多事实的了解，和朱光潜先生所了解的并不一样"③。

　　其实，中共的理论家们并不反对朱光潜所提出的"自由研究与自由讨论"，但他们认为"自由研究与自由讨论"是有前提条件的。何干之在《近代中国启蒙运动史》中写道：思想自由，并不是说"你对、我对、他对、大家对"的一团和气，也不是"你不对、我不对、他不对，但是大家混在一起"的是非不分，一团和气，作为一种待人的态度，是对的，但作为一种追求真理的方法，那就不对了。"思想自由，除了在救国第一的旗帜下，让大家自由，各有一长的，都贡献出他的长处之外，是自由研究，自由发表，自由批判，自由论争。"他举例说：我有唯生史观的方法，你有实验主义的方法，他有唯物史观的方法，还有二元论的方法，好！大家不必强求一致。你不应该无条件地否定我，我也不应该用什么盾来压死你，大家尽管

① 朱光潜：《中国思想的危机》，天津《大公报》1937年4月4日。
② 何干之：《近代中国启蒙运动史》，载《何干之文集》第二卷，第130页。
③ 陈伯达：《思想的自由与自由的思想——再论新启蒙运动》，《认识月刊》创刊号，1937年6月15日。

各尽各的最大努力，来进行研究，并将研究成果发表出来，仁者见仁，智者见智，不必强求一致，也可以相互批评。不一定对方的批评是天经地义的，或许只对了一半，或许全不对，或许全对了，于是在批评之后又来论争，论争时大家都应拿出自己的"货色"来，你说人家不对，为什么不对，要说出理由；人家批评你，你不服，为什么不服，也要说出理由。"只要大家是服从真理，经过了研究、发表、批评、论争之后，是可能与真理逐渐接近的。"①

何干之、艾思奇等中共的理论家们特别强调了"自由批评、自由论争"对于思想自由的重要意义。何干之批评了那种认为"自由批评、自由论争"会影响团结、影响抗敌救亡统一战线的建立的观点，"是杞人忧天的标本"。在他看来，思想的不同、思想的摩擦是不可避免的，因为思想的不同、思想的摩擦是社会的不同、社会的摩擦在"文化上的反映"，"不取消社会的摩擦，思想的摩擦是永远存在的"。有思想的不同、思想的摩擦就会有思想的批评和思想的论争，"我们不怕各派思想的摩擦，因为各派虽互相摩擦着，但也有共处一堂各得其所的共通要求，批评论争就是为了求最低限度的一致，因为一种正确的主张，一个合理的结论，是经过许多人的研究论争才得到的。只有批评与论争，是非曲直方才大白于天下"，所以，"思想自由"，并不是说不能批评和论争，关键在于批评和论争的态度。"过去那种我代表真理，我就是真理的批评，那种自己是百分之百正确、而别人都是百分之百的错误的武断态度，是要不得的。"如果批评者的批评的态度是诚恳的，而不是虚伪的，是友谊的，而不是敌对的，是说服的，而不是骂倒的，是为了推动一派思想或思想家的前进，而不是为了排斥他打倒他，那么冲突是可以避免的，也不会影响团结和抗敌救亡统一战线的建立。从批评者论争者这方面看，批评论争更有着十分重要的意义。因为"批评是扬弃的过程，积极的'扬'它，消极的'弃'它，经过一扬一弃，再来一个新的综合，相对真理是这样砌积起来接近绝对真理的"。历史的发展，历史的前进，实际上也是一个扬弃的过程，没有戊戌的维新思想，就不会有辛亥的三民政策；没有辛亥的三民政策，就不会有五四运动；没有五四运

---

① 何干之：《近代中国启蒙运动史》，载《何干之文集》第二卷，第130—131页。

动，又怎么会有新社会科学运动和目前的新启蒙运动呢！[①]艾思奇也对那种认为"论争会妨碍统一，立场会引起对立"，因而主张"放弃立场，专求统一"的观点提出了批评，他指出，论争和立场之所以会妨碍统一，原因在于论争时"采取着旧来的独断的排他的态度"，倘若我们在论争时不忘了大家思想目标的一致性，承认民族的远大目标需要大家的共同努力才能实现，因而不采取这种"旧来的独断的排他的态度"，那么论争不仅不会妨碍统一，相反还能真正地促进统一，实现统一。"因为真正的正确的意见，是要在论争中才能够愈练愈精，愈练愈显的。不从论争中去求得统一，想简单地放弃各人的意见，那么，我们到那里去找正确的意见来统一我们呢？"[②]柳湜则反对思想定于一尊，反对实行思想统治，认为你个人的爱红爱白，那是你个人的事，人们不应该管你，应该让你自由，但"绝不允许你用红白作统治的标帜，不能让红白束缚人家的思想的解放"，只有这样，"思想运动才能活泼、充实，中国民族的'灵魂'才能再生"。[③]

（三）新启蒙运动是理性运动。作为一场在抗日救亡大潮背景下发起的文化运动，新启蒙运动必然要高举理性主义的大旗，号召民众运用理性，摆脱自己依附于权威的地位。作为新启蒙运动的发起者，陈伯达对新启蒙运动的理性主义特征或内容做了论述。他指出，新启蒙运动既是"思想大解放的运动，批判的运动，同时也即是理性运动。张申府先生在他的《五四纪念与新启蒙运动》一文中说得很对：'这个启蒙运动必是理性运动，必然要反对冲动，裁抑感情，而发扬理性……启蒙的本意本在开明，没有理性，如何能有开明？'"[④]何干之直接就称"新启蒙运动是反武断、反独断、反垄断的三反运动"，亦即"理性运动"。[⑤]他在《近代中国启蒙运动史》中写道：我们之所以称新启蒙运动是"理性运动"，"是强调思想的积极面。每个人都要有理性，都应运用思想方法，不应感情用事，常起冲动，想一个问题，做一桩事情，都应该问为什么要这样。不盲从、不迷信、不武断、有理性、

---

① 何干之：《近代中国启蒙运动史》，载《何干之文集》第二卷，第131—132页。
② 艾思奇：《论思想文化问题》，《认识月刊》创刊号，1937年6月15日。
③ 柳湜：《国难与文化》，载《柳湜文集》，第719页。
④ 陈伯达：《思想的自由与自由的思想——再论新启蒙运动》，《认识月刊》创刊号，1937年6月15日。
⑤ 何干之：《新启蒙运动与哲学家》，《国民》第1卷第13期，1937年7月30日。

有思想、有头脑"①。在新启蒙运动的思想家中，最为强调新启蒙运动的理性
特征或内容的是张申府。他在《什么是新启蒙运动？》一文中指出，新启蒙
运动是启蒙运动在当今的开展，而"凡是启蒙运动都必有三个特性：一是理
性的主宰；二是思想的解放；三是新知识新思想的普及"；"启蒙运动最积极
的内容是发扬理性。理性的第一要点是说话做事有根有据，而所谓有根有
据，第一在事实，第二在逻辑"。② 不久，在陈伯达所引的《五四纪念与新启
蒙运动》一文中，张申府再次将"理性运动"确定为新启蒙运动三项内容中
的第一项内容："关于这个新启蒙运动的内容，有三点特别可举：第一，这
个启蒙运动必是理性运动。"他在该文中强调指出："认识五四的意义，发扬
五四的影响，补足五四的欠缺，除了加紧努力于五四所对付的对外问题外，
不但在宣传上，而且在实践上，推动这个新启蒙运动，应是今日一桩最当
务之急。而这个运动的总标语，一言以蔽之，应该是理性。"③ 几乎与《什
么是新启蒙运动？》和《五四纪念与新启蒙运动》同时，张申府还发表了
《理性的必要》一文，他开宗明义便写道："这些年来，我总感觉到理性的必
要。我深相信，没有理性，人类是不会走到一种比较着好些的状况的。因
为这样子，对于现在需要的新启蒙运动，我既主张要更以理性为内容；对
青年们谈起怎样思想来，我也主张要以理性为出发点。"④ 此后，他又在《实》
《一二·九运动在教育上的使命》《战时生活·战时教育·新启蒙运动·新
的青年运动》等文中，多次强调新启蒙运动应以理性为主要内容。

新启蒙运动的思想家们之所以主张以理性为新启蒙运动的主要内容，是
因为只有理性才有可能使人们不迷信，不盲从，不武断；只有理性才有可
能使人们不固执成见，不拘守偏见；只有理性才有可能使人们不畏惧权威，
不因袭传统；只有理性才有可能使四万万同胞从愚昧、盲从和迷信的生活
状态中解放出来，实现真正的思想的自由和自由的思想，从而参加抗敌救
亡运动。尤其是这最后一条理由，是以陈伯达为代表的中共理论工作者们
以理性为新启蒙运动主要内容的重要原因。柳湜在《国难与文化》一书中写

---

① 何干之：《近代中国启蒙运动史》，载《何干之文集》第二卷，第 134 页。
② 张申府：《什么是新启蒙运动？》，载《张申府文集》第一卷，第 189、190 页。
③ 张申府：《五四纪念与新启蒙运动》，载《张申府文集》第一卷，第 191、193 页。
④ 张申府：《理性的必要》，载《张申府文集》第一卷，第 187 页。

道："今日中国的思想阵线，真的左派并不真的是大多数，真正新式的右派，更是少数的少数，最大多数的是可左可右的老百姓。他们还在封建意识的残梦里。今日中国出现的思想斗争，如果单从数量来说，那只是少数和少数的斗争，大多数人并未参加。"① 对于柳湜的这一观点，何干之特别赞同，认为"这几句话的确道破了目前思想界的病根"。他指出：过去在思想阵线中，的确只有不两立的两派斗争，的确只有最少数与最少数的抗争，而大多数老百姓，都在封建思想的残垒中过着他们的愚昧、盲从、迷信的生活。我们谈唯物的人生观，老百姓却相信天命；我们研究唯物辩证法，老百姓却迷信《太上感应篇》；我们写《子夜》，老百姓却看《封神榜》。思想既有这样悬殊，而启蒙运动者又放弃了最大多数人的精神生活不顾，于是敌人就乘虚而入，利用中国固有的传统思想，做奴役老百姓的有力工具。"我们放走了思想上最主要的敌人，放弃了万千群众，这一思想的不平衡，恐怕是没有伦比的罢。"② 中共的理论家们之所以要发起新启蒙运动，用陈伯达的话说，就"是要把四万万同胞从复古、独断、迷信、盲从的愚昧精神生活中唤醒起来，要使四万万同胞过着有文化的，有理性的，光明的，独立的精神生活"，所以他们一再强调："启蒙是大众的"启蒙。③

"要把四万万同胞从复古、独断、迷信、盲从的愚昧精神生活中唤醒起来"，新启蒙运动的思想家们特别强调要反对迷信、偏见、独断和盲从。张申府在《什么是新启蒙运动？》一文反复指出："凡是启蒙运动必然反迷信、反武断、反盲从、反权威、反传统"，"也可以说，武断、独断、垄断，都是启蒙运动所必反"。④ 何干之也再三强调："凡有复古、偏见、武断、盲从、迷信、因袭这一类非理性的'思想'，都要在理性的审判台下被看作不合理的东西。对于一切，都要重新估量它的价值，还它的本来面目。"⑤ 艾思奇的重点在反独断，他认为"独断是封建制度的特征，迷信、传统的教义等都是在独断的形态之下存在着的"，独断与合理主义相反，不是建立在理性的认

---

① 柳湜：《国难与文化》，载《柳湜文集》，第718页。
② 何干之：《近代中国启蒙运动史》，载《何干之文集》第二卷，第135页。
③ 陈伯达：《思想的自由与自由的思想——再论新启蒙运动》，《认识月刊》创刊号，1937年6月15日。
④ 张申府：《什么是新启蒙运动？》，载《张申府文集》第一卷，第189页。
⑤ 何干之：《近代中国启蒙运动史》，载《何干之文集》第二卷，第134页。

识基础上的。资本主义文化中的民主主义与独断是冲突的，所以资本主义文化的建立要以打破独断为前提条件。但由于中国资产阶级革命没有完成，资本主义文化并没有真正地完全建立起来，独断因而还到处存在，如读经的提倡，礼教的恢复，以及不顾事实，滥用公式，固执己见，听不进别人的意见等，这些都是独断的表现，它们对"新思想的自由发展"构成了极大的"妨碍"。因此，新启蒙运动的任务之一，就是要提倡理性，打破独断。[①]

新启蒙运动的思想家们在强调反偏见、反独断、反盲从的同时，又提出了反偏见、反武断、反盲从时应注意的问题。陈伯达指出：反偏见、独断和盲从，这绝不是说，和我意见不合，而别人主张的，就是偏见和独断，那些不同意我的意见，而同意别人的意见，就算是盲从。偏见和独断的特点，就在于拒绝批判，拒绝新真理的发现；而盲从的特点，就在于对事物不思想，不批判。"我们了解了这种偏见、独断和盲从的特点，我们才能够真正洞彻现在中国思想的危机。否则，反对偏见和独断的，自己倒先陷在偏见独断中了。"[②] 何干之认为，在反武断、独断和垄断时，我们既要反对愚民政策和愚昧思想这些来自"右"方的"最有害最丑恶的武断、独断和垄断"，同时也要反对"不根据事实，只滥用公式，或毫无根据而死守着自己的偏见"这类来自"左"方的"武断、独断和垄断"，尤其是后一种"武断、独断和垄断"已成为"目前思想运动中一个顽强的毒瘤"，严重影响着抗敌救亡统一战线的建立。比如，在目前民族危难的关头，民族利益是高于一切的，全国上下，团结御侮，这是民族利益高于一切的具体体现，无论他以前做过什么事，是友军还是敌军，只要他现在能加入抗敌救亡运动，我们就应该团结他，和他结成统一战线，"但是'左'方独断者，公式主义者，都举出'经济性'这三个字"，说甲因经济关系不能爱国，乙因经济关系也不能爱国，结果"放走了许多有力的分子在爱国阵线之外"。他批评"左"方独断者，"把统一运动，看作是资本主义发展的一种社会运动，看作是由封建制转为资本制的过渡形式。以一个公式来读历史，曲解了人力聚合离散的基础"，那不是革命，不是进步，"那是公式主义，那是独断"。何干

---

① 艾思奇：《论思想文化问题》，《认识月刊》创刊号，1937 年 6 月 15 日。
② 陈伯达：《思想的自由与自由的思想——再论新启蒙运动》，《认识月刊》创刊号，1937 年 6 月 15 日。

之强调：我们在反独断时，"提防的不仅是右方散布出来的独断，尤须警戒'左'方散布出来的似是而非的独断。右方的独断是容易分辨出来，'左'方的独断，外貌上虽然装作很前进的样子，而骨子里却干着挂羊头卖狗肉的勾当"。而提防"左"方这种"勾当"的最好方法，也只有"'反对冲动，裁抑感情而发挥理性'罢了"。①

如果说不迷信、不偏见、不武断、不盲从是理性的消极内容的话，那么，理性的积极内容就是宣传科学、实践科学。张申府在《五四纪念与新启蒙运动》一文中就明确指出：新启蒙运动是理性运动，"不迷信、不武断、不盲从，应该只是这个运动的消极内容。积极方面，应该更认真地宣传科学法，实践科学法"，因为科学法的特点"是切实，是唯物，是数量的，解析的（或说分析的）"，是反对"笼统幻想"，反对"任凭感情冲动"的。我们说新启蒙运动也是理性运动，而"理性的极致是辩证与解析。唯物，客观，辩证，解析，便是现代科学法的观点与内容，在这个新启蒙运动中应该特别表现的"。② 这里尤需指出的是，张申府所讲的科学，不仅仅指的是自然科学或社会科学，更指的是一种科学的方法论，一种科学的世界观和人生观。他在《科学与民主》一文中指出："要使科学影响一般人生，改变人的心习思想，那么，科学方法，科学精神，科学态度，科学脾气，更大有培植的必要。"他并对"有人提倡科学，以为街上有了电车汽车，屋里安上电灯电话电铃电扇，就够了。更有人提倡科学，提倡理工，而意思乃在造就些驯服的机器"的现象提出了批评，认为"那便与科学的本意更其背道而驰"。③ 不久在《战时生活·战时教育·新启蒙运动·新的青年运动》一文中张申府又写道："中国提倡科学本也已有多年。真正懂得科学的却不多。口口声声科学的人常是只知道科学可以造出坚甲利兵，只知道科学可以利用，而不知道科学可以正德，不知道科学也有科学的世界观，科学更有科学的方法论。"④ 大力提倡科学的方法论、世界观和人生观，这是张申府新启蒙

① 何干之：《近代中国启蒙运动史》，载《何干之文集》第二卷，第136—137页。
② 张申府：《五四纪念与新启蒙运动》，载《张申府文集》第一卷，第191—192页。
③ 张申府：《科学与民主》，载《张申府文集》第一卷，第174页。
④ 张申府：《战时生活·战时教育·新启蒙运动·新的青年运动》，载《张申府文集》第一卷，
第215页。

思想的特点之一。张申府新启蒙思想的另一特点，就是把理性与唯物辩证法联系在一起，他一再强调"理性的极致是辩证与解析"，强调"自然科学的发达与辩证唯物论的开展"对于理性的积极意义。[1] 在新启蒙运动的思想家中，另一位把理性与唯物辩证法联系起来的是胡绳。他在《谈理性主义》一文中，反驳了有人提出的新启蒙运动以理性主义为旗帜是"搞唯心主义"，因为 17、18 世纪的理性主义就是唯心主义的观点，他在考察了 17、18 世纪的理性主义后写道：17、18 世纪的理性主义是新兴阶级的斗争武器，新兴阶级用理性主义来打击愚蠢的迷信，来给实证的自然科学开道，"用'唯心主义'四个字是抹煞不掉十七、十八世纪的理性主义的进步性的，而且理性主义不但不等于'唯心主义'，反而是和唯物论在各种不同的程度上相结合的，因为理性主义要求对于事物做清醒的、自由的观察，不根据教条而根据必然的法则来思考。在这一意义上，理性主义是和直觉主义、独断主义对立的"。[2]

（四）新启蒙运动是建立现代中国新文化的运动。 新启蒙运动的思想家们认为，新启蒙运动不仅是爱国主义、自由主义的文化运动、理性运动，更"是建立现代中国新文化的运动"[3]。陈伯达就明确指出："在新启蒙运动中，在我们的批判运动中，我们对于文化，不只要能'破'，而且要能立。我们的启蒙运动，和先前启蒙运动不同的历史本质，就是我们已有能力在批判中来具体地从事指出中国历史现实的合理法则，合理地扬弃中国的旧文化，创造中国的新文化。"[4] 何干之也再三强调："新启蒙运动的信条与目标"，就是"以爱国主义为目的，以自由主义为方法，来提倡理性思想，而达到建立现代中国新文化"。[5] 如何建立现代中国新文化呢？他们提出了以下几项原则。

第一，新文化必须具有民主和科学的精神。新启蒙运动的思想家们一再强调：新启蒙运动是新文化运动的继承和发展，而新文化运动就是以民主

---

[1] 张申府：《五四纪念与新启蒙运动》，载《张申府文集》第一卷，第 193 页。
[2] 胡绳：《谈理性主义》，《认识月刊》创刊号，1937 年 6 月 15 日。
[3] 何干之：《新启蒙运动与哲学家》，《国民》第 1 卷第 13 期，1937 年 7 月 30 日。
[4] 陈伯达：《在文化阵线上》，上海生活书店，1939，第 33 页。
[5] 何干之：《近代中国启蒙运动史》，载《何干之文集》第二卷，第 141 页。

和科学为旗帜的。陈伯达在《论新启蒙运动——第二次的新文化运动——文化上的救亡运动》一文中就指出："五四时代的口号，如'打倒孔家店'、'德赛二先生'的口号，仍为我们的新启蒙运动所接受"，并且"这些口号的接受，也就是我们和五四时代的人物合作的要点"。①发起新启蒙运动后，陈伯达还专门写了篇文章《我们还需要德赛二先生》，强调新启蒙运动"应该重新整理和扩大《新青年》时代的'德赛二先生'的运动"②。张申府尽管反对把民主和科学称之为"德先生"和"赛先生"，认为那"不过是一种文人的结习，其实很违反了科学与民主的真义。这样子提倡科学与民主，无异南辕而北辙"，他因而主张不要把民主和科学称之为什么先生和小姐，就叫民主与科学，但他强调，实行民主，提倡科学，"已是今日的天经地义"，中国如想要生存下去，"这就是必须遵循的出路"。③在《科学与民主》一文中他写道：民主与科学是西洋文明的两大贡献，在中国也提倡许多年了，新文化运动就是以民主和科学为旗帜的，但是现在社会上封建思想还很普遍，政治上官僚武断的恶习还很流行，鬼神迷信还如此深入人心，物质建设、利用厚生之道还这样落后，国号虽称民国，但并未实行民治，城乡生活虽然受到了科学的影响，但"人民心习思想上"还看不出科学精神的效力。"在这种情形下，显然仍大有把科学与民主重新加以提倡的必要。"④

当然，由于时代的不同，新启蒙运动的思想家们所讲的民主和科学，又包含有新文化运动的民主和科学没有包含的内容，借用陈伯达的话说，"五四时代的口号，如'打倒孔家店'，'德赛二先生'的口号，仍为我们的新启蒙运动所接受，而同时需要以新酒装进旧瓶，特别是要多面地具体地和目前一般救亡运动相联结"。⑤"新酒装进旧瓶"的一个重要方面，就是把提倡民主和科学与抗敌救亡运动结合起来。张申府就一再强调：抗敌救国，"需要联合，需要团结。但联合团结，没有民主是必不行的。中国政治上社

① 陈伯达：《论新启蒙运动——第二次的新文化运动——文化上的救亡运动》，《新世纪》第1卷第2期，1936年10月1日。
② 陈伯达：《真理的追求》，新知书店，1937，第19页。
③ 张申府：《科学与民主》，载《张申府文集》第一卷，第174、173页。
④ 张申府：《科学与民主》，载《张申府文集》第一卷，第173页。
⑤ 陈伯达：《论新启蒙运动：第二次的新文化运动——文化上的救亡运动》，《新世纪》第1卷第2期，1936年10月1日。

会上应该实行民主"，这是抗敌救国的"十分迫切"的需要。而要实行民主，就要切实保障人民的信仰、思想、言论、出版、集会、结社、爱国救国的自由，因为"没有这种种自由，人民不得发挥独立的意趣，各方面力量必然难得集中"，科学也无法进步，所以，"争取这种种信仰、思想、言论、出版、集会、结社、爱国救国的自由，显然就是提倡科学，实行民主，联合抗战的先决条件"。他之所以反对独裁，也是因为独裁救不了中国，只有民主才能救中国。他说：有人固然主张独裁，但要独裁，在"中国现在，屈辱到这个地步，危急成这样局面"的背景下，必须先履行三个条件：一是对外能御敌，二是能容纳众意，三是能集中一切力量，在当时没有人能满足这三个条件，所以就不可能独裁，只能实行民主。① 这里需要指出的是，新启蒙运动的思想家们虽然都提倡民主和科学，强调中国新文化要有民主与科学的精神，但身为中共理论工作者的陈伯达、艾思奇、何干之等人所讲的民主，与作为自由主义知识分子的张申府所讲的民主，其含义有所不同。概而言之，陈伯达等人所讲的民主是无产阶级民主或人民民主，而张申府所讲的民主是新文化运动时期所讲的民主，亦即是资产阶级民主。此是后话，在此不论。

第二，新文化必须普遍化、大众化和民族化。新启蒙运动的思想家们在反思以新文化运动为代表的中国旧启蒙运动时认为，"旧启蒙运动没有努力在广泛的民众中去建立新文化"②，这是旧启蒙运动之所以成效不佳、最终未能完成其启蒙任务的原因之一。艾思奇就指出：新文化运动所提出来的任务，反对迷信愚蒙，建立科学的民主的思想等，都在极不彻底的状态之下停滞着，新的文化完全说不上建立，所有的只是片断零星的成绩，并且也只是保存在极少数人的手里，"没有达到普遍化大众化的地步"。比如，新文化运动弃用文言文，提倡白话文，这自然是划时代的进步，但谁又能否认，"白话文现在仍限制在少数知识分子的圈子里，百分之八十以上的民众不是还没有读书的幸福吗？"③ 何干之也批评新文化运动的主要任务，虽然说是反对儒教，提倡理性，但"新文化运动"的反孔教运动，除在少数知识

---

① 张申府：《科学与民主》，载《张申府文集》第一卷，第173—175页。
② 艾思奇：《什么是新启蒙运动》，《国民》第1卷第8期，1937年6月25日。
③ 艾思奇：《什么是新启蒙运动》，《国民》第1卷第8期，1937年6月25日。

分子中，种下了革命的种子外，可以说和大多数民众毫不相干。[1] 陈伯达同样强调：新启蒙之所谓理性运动，决不是旧理性运动的简单再版，而是新的理性运动。之所以是新的理性运动，原因之一就是它面向的是人民大众，而非少数精英阶级。就此意义上而言，"我们的新启蒙运动是五四以来更广阔，而又更深入的第二次新文化运动"[2]。正是在反思以新文化运动为代表的中国旧启蒙运动的基础上，新启蒙运动的思想家们提出了新启蒙运动要"使新文化的普遍性达到最大限度"[3] 的任务和目标。陈唯实就明确指出："新启蒙运动，最主要的意义是进行大众的文化运动，普及与深入大众的一种文化运动。……尤其是救亡如救火的情形下，文化运动要在实行全国抗战中尽它应尽的任务，必须以最大的努力，深入到群众中去。不然，谈不到新启蒙运动。"[4] 为了实现这一任务和目标，他们提出新启蒙运动者"工作方式上，应该进行民主的大转变"，即：由亭子间中、图书馆中、科学馆中的个人工作，转向文化界的大众，转向作坊和乡间中的大众；和一切科学家联合，去做民间的科学化运动；和一切平民教育者、一切小学教员、一切开明的教育者、一切文字改革者及一切大中小学生联合，去做民间的通俗教育运动，废除文盲运动，各种式样的破除迷信运动；转变教育群众的死板方式，认识到将"由简体字到新文学"的口号落实到广大落后群众中的现实意义；和一切新文学家联合，消灭那荒唐、迷信、诲淫、诲盗的旧小说、旧鼓词，把最广大的下层社会读者夺取过来；在一切文学艺术范围，应该强调"人的文学""国民文学""通俗文学""为人生而艺术"的口号，用这些口号把一切开明的文学家艺术家团结起来，创作出更多的人民群众喜闻乐见的文学和艺术作品。[5] 他们特别强调"语文运动"的作用，认为"现在我们的语文运动，不仅继续白话文运动，而更把它大众化，发展一个拼音的新文字运动，只有用这个工具，才能使农工群众接受新思潮"。[6]

---

[1] 何干之：《近代中国启蒙运动史》，载《何干之文集》第二卷，第135页。
[2] 陈伯达：《思想的自由与自由的思想——再论新启蒙运动》，《认识月刊》创刊号，1937年6月15日。
[3] 艾思奇：《什么是新启蒙运动》，《国民》第1卷第8期，1937年6月25日。
[4] 陈唯实：《抗战与新启蒙运动》，扬子江出版社，1938，第2页。
[5] 陈伯达：《思想的自由与自由的思想——再论新启蒙运动》，《认识月刊》创刊号，1937年6月15日。
[6] 齐伯岩：《五四运动与新启蒙运动（二）》，《读书月报》第1卷第2号，1937年6月15日。

新文化不仅要普遍化、大众化，而且还要民族化。这是张申府在《五四纪念与新启蒙运动》中提出来的。他指出："新思想新知识的普及固然是启蒙运动的一个要点，但为适应今日的需要，这个新启蒙运动的文化运动却应该不只是大众的，还应该带些民族性。处在今日的世界，一种一国的运动，似乎也只有如此，才能有力量。"同时，他也强调，民族的自觉与自信固然是今日的中国所需要的，但我们不可因民族性而忽略了国际性，也不可因国际性而忽略了民族性，就好像我们不能因大同而不讲小康，也不能因小康而不讲大同一样，这两方面都不能顾此失彼。[①]他后来的《启蒙运动的过去与现在》一文在讲到新启蒙运动与西方历史上的启蒙运动的不同时又强调：中国的新启蒙运动，"不但要与救亡运动相配应，更是民族的，以前的启蒙运动还有一个特点是个人主义，这在今日也必然要变成大众的，集体的，而且是建设的"[②]。民族化的提出，是张申府对新启蒙运动的一大贡献。

第三，新文化必须体现"中西综合"的原则。正如本章第三节所指出的，中国文化向何处去？当时有两种主张：一是主张全盘西化，二是主张中国本位，并为此展开过争论。新启蒙运动的思想家们对这两种非此即彼、非中即西的主张是持否定态度的，他们认为中国新文化应该体现中西综合的原则。张申府就曾明确指出："在文化上，这个新启蒙运动应该是综合的"，它"所要造的文化不应该只是毁弃中国传统文化，而接受外来西洋文化，当然更不应该是固守中国文化，而拒斥西洋文化；乃应该是各种现有文化一种辩证的或有机的综合。一种真正新的文化的产生，照例是由两种不同文化的接合"。他尤其对全盘西化论进行了批判，认为"一种异文化（或说文明）的移植，不合本地的土壤，是不会生长的"。[③]陈伯达也再三强调：新启蒙运动"对于过去中国最好的文化传统，应该接受而光大之。同时我们还要接受世界一切最好的文化传统和文化成果。我们还要在中国多方面地创造新文化，我们要为'现代文化的中国'而奋斗。如果不是这样，那末，我们就只简单地走到'整理国粹'的泥坑中去了。为'现代文化的

---

① 张申府：《五四纪念与新启蒙运动》，载《张申府文集》第一卷，第 192 页。
② 张申府：《启蒙运动的过去与现在》，载《张申府文集》第一卷，第 292 页。
③ 张申府：《五四纪念与新启蒙运动》，载《张申府文集》第一卷，第 192 页。

中国'而奋斗，这是我们新启蒙运动的着重点"①。

要实现"中西综合"的原则，"对于中国文化，对于西洋文化，都应该根据现代的科学法更作一番切实的重新估价，有个真的深的认识"，这样才可以真正做到"文化的综合"。②作为新启蒙运动的发起者，陈伯达和"过去启蒙思想家一样，反对吃人的旧伦理和旧教条"，并多次表达出他对"数十年来最勇敢站在思想界最前头，向虚伪的吃人的旧道德旧礼教宣战的代表者"的敬意，因为在他看来，"这种人吃人的旧伦理是奴隶的伦理，是容忍敌人灭亡中国的'伦理'"。但他同时又"郑重声明：我们并不是要推翻全部中国旧文化的传统，我们对于旧文化的各种传统，都采取了批判的态度，好的，我们要继承下来，并给以发扬；不好的，我们就决不顾惜"。比如，他举例道：戊戌时代叶德辉的《翼教丛编》，新文化运动时期康有为、林琴南等人所极力保卫的"国粹"，实际上都"是中国文化最可笑、最庸俗、最无用甚至最野蛮的渣滓"，真正的"国粹"是谭嗣同、孙中山等人借以发挥的大同思想，章太炎、胡适整理出来的古代哲学的精华，钱玄同、顾颉刚、郭沫若等人努力探索的古代文化的真价值。就此而言，谭嗣同、孙中山、章太炎、胡适、钱玄同、顾颉刚、郭沫若等人才"是真正'国粹'的真正保卫者，而现在我们也正在继续着这样的事业，我们是为保卫中国最好的文化传统而奋斗的"。③其他新启蒙运动的思想家对中国传统文化大多持的也是这种态度。张申府在《实》一文中就写道："一般启蒙运动本是反传统的，但今日的新启蒙运动则应该对传统采取批判态度，不应只是废弃，而应该是扬弃，不应只是革除，而应该是沿革。"④他还提出了"打倒孔家店"，"救出孔夫子"的口号。⑤所谓"打倒孔家店"，"救出孔夫子"，据张申府的解释，"就是认为中国的真传统遗产，在批判解析地重新估价，拨去蒙翳，剥去渣滓之后，是值得接受承继的"。⑥

---

① 陈伯达：《思想无罪——我们要为"保卫中国最好的文化传统"和"争取现代文化的中国"而奋斗》，《读书月报》第1卷第3号，1937年7月15日。
② 张申府：《五四纪念与新启蒙运动》，载《张申府文集》第一卷，第192页。
③ 陈伯达：《思想无罪——我们要为"保卫中国最好的文化传统"和"争取现代文化的中国"而奋斗》，《读书月报》第1卷第3号，1937年7月15日。
④ 张申府：《实》，载《张申府文集》第一卷，第196页。
⑤ 张申府：《什么是新启蒙运动？》，载《张申府文集》第一卷，第190页。
⑥ 张申府：《论中国化》，载《张申府文集》第一卷，第304页。

三、新启蒙运动内部的思想分歧①

我们前面已经提到，作为具有自由主义思想倾向或者说是自由主义者的张申府，对于"新启蒙运动"含义的理解，尤其是思想自由、理性主义等问题的理解，与陈伯达、艾思奇等中共理论工作者的理解是有明显差异的。这种差异所反映出的是新启蒙运动内部的思想分歧。

首先表现在对新启蒙运动之性质的看法上。为什么叫"新启蒙运动"呢？据陈伯达的解释，因为"新启蒙运动"既与18世纪法国的启蒙不同，也与中国近代以来以新文化运动为代表的启蒙运动有别。18世纪法国的启蒙运动是"市民的启蒙运动"。所谓"市民的启蒙运动"也就是资产阶级的启蒙运动，"市民"和"第三等级"都是资产阶级的代名词。而新启蒙运动则是"由另一种的历史掌舵人来引路，来担戴。在这种新历史的情形之下，启蒙运动显然不是法国启蒙运动之简单的再版"。他并且强调，这是"最深刻的最现实的辩证法，而不是法利赛文士的诡辩"。从陈文前后的意思来看，这里所讲的"另一种的历史掌舵人"，指的就是无产阶级，"新启蒙运动"也就是无产阶级的启蒙运动，所以它"不是法国启蒙运动之简单的再版"。②陈唯实讲得更为明确："我们中国现在讲新启蒙运动，在国际国内各方面的情形，大多和当时法国不同，所以中国在抗战胜利民族独立以后，是可以造成非资本主义的而是〔且〕更合理的国家，这是因为时代不同、人物不同的缘故。"③所谓"人物不同"，也就是阶级不同，法国启蒙运动是资产阶级的运动，而新启蒙运动是无产阶级的运动。《读书月报》编辑部组织的"新启蒙运动"座谈也持同样的看法：法国的启蒙运动"是在第三身分领导下的运动"，但"中国的第三身分，因为受了半殖民地性的限制，显然不能完成这个任务"，所以现在的中国新文化运动，亦即新启蒙运动，"不能像法国一样只停止第三身分的要求上。眼光必须要看得远大些，现阶段

---

① 该子目的撰写主要是受了欧阳军喜的《论新启蒙运动》（《安徽史学》2007年第3期）一文的启发，并参考了该文，在此表示感谢。

② 陈伯达：《思想的自由与自由的思想——再论新启蒙运动》，《认识月刊》创刊号，1937年6月15日。

③ 陈唯实：《抗战与新启蒙运动》，第5页。

的文化运动一定要把更前进的更新的文化纳入考虑之中"。①

　　新启蒙运动也不是中国近代以来以新文化运动为代表的启蒙运动之简单的再版。为了解释新启蒙运动为什么不是中国近代以来以新文化运动为代表的启蒙运动之简单的再版，陈伯达写了篇《论中国的自我觉醒》的文章，他运用唯物辩证法的否定之否定规律，说明戊戌变法是对洋务运动的否定，而辛亥革命又是对洋务运动和戊戌变法的否定之否定，正是从辛亥革命起，中国的"自觉运动"从"自在"阶段发展到了"自为"阶段。进入"自为"阶段后，中国的"自觉运动"也经历过否定之否定的演变。辛亥革命是肯定，1925—1927年的大革命是否定，目前的爱国运动是否定之否定，但也不是辛亥革命之简单的复旧。②陈伯达的这篇文章主要是从"中国的自我觉醒"的层面，说明作为爱国运动的新启蒙运动与此前的爱国运动的相同与差异，他并没有对新启蒙运动的性质作明确的说明。对此作明确说明的是艾思奇。陈伯达的《论中国的自我觉醒》发表后，艾思奇写了篇《新启蒙运动和中国的自觉运动》，他在陈伯达《论中国的自我觉醒》一文的基础上，对辛亥革命、新文化运动、1925—1927年大革命和新启蒙运动的"主体"进行了分析。他指出：辛亥革命是民主主义性质的，其"主体"是资产阶级，如果这一"主体"强大的话，辛亥革命是可以成功的。但由于"这一个主体在中国是太薄弱了，它还是依赖着各地封建军阀势力的帮忙，才算推翻了专制政府，同时也就被封建势力和各帝国主义所利用，形成了一个名义上统一而实际上分裂的半封建国家"。新文化运动之所以"是一个猛烈的反封建文化的运动"，原因就在于"中国的资产者层在世界大战中间渐渐发育健全起来了，它已经能独立地站立起来，向封建势力进攻"。而"一九二五——二七年的运动的特征，就在于主体的相当成长"，这一在"一九二五——二七年的运动"中"相当成长"起来的"主体"，到新启蒙运动时"已形成了主要的力量"，不像辛亥革命时的资产阶级"那么薄弱。固此，这一个运动（指新启蒙运动——引者）里即使联合了一部分封建势力，是不会被封建势力所利用，而是把封建势力引导到有利于民族生存的

---

① 艾思奇、吴清友等：《"新启蒙运动"座谈》，《读书月报》创刊号，1937年5月15日。
② 陈伯达：《论中国的自我觉醒》，《新世纪》第1卷第3期，1936年11月1日。

方面去"。① 艾思奇这里所讲的"成长的主体"，很显然指的是无产阶级。所以新启蒙运动就性质而言，也就是无产阶级的启蒙运动。《读书月报》编辑部组织的"新启蒙运动座谈会"也认为，新文化运动时期的启蒙运动是以"第三身分"为领导的，但是到了这一个时期运动的性质便改变了，现在的新文化运动是较新文化运动时期的新文化运动为更高阶段的发展，是新文化运动时期的新文化运动的更深入，更扩大，而决不是再回到新文化运动时期去。所以参会者认为，把已经改变了"性质"的现在的新文化运动称之为"新启蒙运动"有些"欠妥"。②

我们在张申府的文章中，是找不到上述这样的明示或隐喻的，尽管如我们已指出的那样，张申府也认为新启蒙运动不同于中国近代以来以新文化运动为代表的启蒙运动，是对中国近代以来以新文化运动为代表的启蒙运动的继承和扬弃，用他在《什么是新启蒙运动？》中的话说："五四时代的启蒙运动，实在不够深入，不够广泛，不够批判。在深入上，在广泛上，在批判上，今日的新启蒙运动都需要多进几步。"③但这种不同，只是启蒙的深度、启蒙的广度和批判的力度的不同，而非运动的性质的不同，性质上他认为与新文化运动的性质一样，是资产阶级的启蒙运动。这可以从他对理性一词含义的解释上看出来。

与此相联系的是新启蒙运动的指导思想的问题。既然新启蒙运动性质上是无产阶级的启蒙运动，那么，这一运动的指导思想就只能是马克思主义的唯物辩证法，也就是陈伯达在《论新启蒙运动——第二次的新文化运动——文化上的救亡运动》一文中所说的"动的逻辑"（见本节第一子目）。与此相联系，以陈伯达为代表的一些中共理论工作者认为，这一运动的领导者当然也只能由无产阶级的先锋队——中国共产党来担任，具体来说也就是由他们来担任，在陈伯达的《哲学的国防动员——新哲学者的自己批判和关于新启蒙运动的建议》一文中这些中共理论工作者被称之为"新哲学者"（见本节第一子目）。正因为以陈伯达为代表的一些中共理论工作者认为新启蒙运动应该由自己来领导，所以陈伯达在该文中便以新启蒙运动的领导

① 艾思奇：《新启蒙运动和中国的自觉运动》，《文化食粮》创刊号，1937 年 3 月 20 日。
② 艾思奇、吴清友等：《"新启蒙运动"座谈》，《读书月报》创刊号，1937 年 5 月 15 日。
③ 张申府：《什么是新启蒙运动？》，载《张申府文集》第一卷，第 190 页。

者的口吻写道："在抗敌反礼教反独断反迷信的斗争中"，"新哲学者"要"以自己的正确理论为中心"，建立起文化上的抗敌统一战线，即使是一些唯心主义者，"如果他们能够保留相当理性主义的残余，这就是我们可以和他们进行联合阵线的起点。事实告诉我们：我们这里的哲学上理性主义者（即使是唯心论的，而且还是片面的理性主义，而且内中有理性主义与非理性主义的矛盾，有极浓厚的非理性主义的倾向）曾是一些较热心，努力，或较倾向于救亡运动的人，而且容易与我们组织一个哲学上的抵抗反礼教的联合阵线，容易与我们共同进行新启蒙运动（不管是暂时的）"。他又指出："我们这里的旧哲学界中，有些倾向新哲学，而事实上不完全站在新哲学的立场的哲学家（张申府，张季同也是其中之一），对于这些哲学家，新哲学者不应该因为他们的错误，而就干脆地否认了他们；新哲学者应该用善意的批判，来纠正这些哲学家的错误。我们必要注意这些旧哲学家转向新哲学之伟大的意义。"① 类似的语言和词句在张申府的文章中是根本找不到的。因为张申府认为，新启蒙运动是不需要指导思想和领导者的。

　　除了在新启蒙运动的性质、指导思想和领导者方面的认识之不同外，以陈伯达为代表的中共理论工作者们与张申府还在民主、自由、理性、新文化的内涵等理解方面存在着差异。

　　我们在前面已经论及，新启蒙运动的思想家们都认为新文化必须具有民主和科学的精神。不过，中共理论工作者在新启蒙运动中所主张的"民主"，不再是少数人享有权利的资产阶级民主，而是大多数人民群众享有权利的人民民主或无产阶级民主。齐伯岩就指出：我们要发动全民族的抗战，首先是要把全民族从新旧麻醉的桎梏中解放出来，这便是新启蒙运动的主要任务。"在这一点上，我们新启蒙运动，认为'五四'的口号依然有它的积极性，'打倒孔家店''德赛二先生'的口号，我们还需要。"不过，接受"五四"的口号，并不是要把历史重演一遍，"因为'时代'和'撑舵者'的不同，口号的内容也完全不同了"。比如，他举例说："'五四'时代所提倡的民主主义，'撑舵者'是民族资产阶级，他们要解放的，能受到'民主'

---

① 陈伯达：《哲学的国防动员——新哲学者的自己批判和关于新启蒙运动的建议》，《读书生活》第4卷第9期，1936年9月10日。

恩惠的，也不过是他们的一个阶级而已。现在我们需要的民主，是解放全民族的民主主义，'撑舵者'是绝对多数的阶级。从这个根本不同，把两个时代完全变成两个极端的社会。"① 在张申府那里，我们是找不到类似的文字的。

新启蒙运动的思想家们都强调思想自由是新启蒙运动的主要内容或核心内容，但中共理论工作者并不反对思想统一，他们反对的只是以权力来统一思想，对于以自由竞争来统一思想他们是赞成和支持的。"这便是他们主张的思想自由的真正含义。"② 章汉夫、何干之、艾思奇、周扬、李凡夫、夏征农通过讨论后一致表示，"对参加这个思想运动的各思想不同的个人和派别，并不要求其放弃各自的基本思想或立场。马克斯主义者也好，自由主义者也好，尽管保持各自的立场，从这些立场上说话。向他们要求的唯一的一点，就是从各自的立场，尽情的发挥，阐明这运动中应有的具体内容，在讨论争辩中，发挥各自的力量和优点。不同意见要在批判中求统一"③。何干之在《近代中国启蒙运动史》中也指出：思想运动的最高盟约是民族利益高于一切，在这一前提之下，各种思想都有自由存在、自由发展的权力。这就是思想自由。但思想自由并不否定思想运动的领导权。"领导权是存在的。历史上无论哪一次联合阵线的抗争，是少不了领导的作用，古今中外，都没有例外。"领导权虽然存在，但在目前中国的实际环境中，大家都不要去无谓地争夺领导权。因为"国民是服从真理，并不是服从权威，谁的思想最接近真理，谁在民族抗争的过程中，尽了最大的努力，证明了他们的思想体系最接近真理，自然而然的，它最有资格去领导群伦"。"在思想自由的天地里"，谁都有领导的资格，但最终谁能胜出，取得领导权，则由国民决定，由真理决定，这体现的正是思想自由的原则。这就好像竞赛，但与商品竞赛不同，商品竞赛是排他的、独断的竞赛，最终只有一个赢家，其他都是输家；而思想竞赛应该是"友爱的、扶助的"竞赛，是没有赢家和

---

① 齐伯岩：《五四运动与新启蒙运动（二）》，《读书月报》第 1 卷第 2 号，1937 年 6 月 15 日。
② 欧阳军喜：《论新启蒙运动》，《安徽史学》2007 年第 3 期。
③ 汉夫等：《现阶段的中国思想运动》（集体讨论），转引自欧阳军喜《论新启蒙运动》，《安徽史学》2007 年第 3 期。

输家的"真正的共存共赢的竞赛"。① 因为何干之相信，中国共产党人的思想体系最接近真理，因而在自由竞赛中，国民自然会选择中国共产党，中国共产党也就能够成为思想的领导者。

中共理论工作者们还"提出了思想自由的界限问题"。② 它包含三个层面的内容。首先，中共理论工作者们认为，思想自由并非是无原则的自由，与"反对异民族的侵略，争取国家的独立自由"这一"新启蒙运动的终极目的"相背离的"封建思想、汉奸思想、颓废思想"等是不能让它们有"自由存在、自由发展的机会"的（参见本章第三子目的有关内容）。其次，思想自由不是放任思想的自由发展，而"是以本社会阶层为目标"的思想自由。章汉夫就指出："我们不应该把思想自由单看成解放思想束缚，还应该把它作为引导人们的思想走上真理的必要条件。我们不是机械的提出什么来代替，却也不能任那解放了的头脑去乱想，只是以本社会阶层为目标去想。"③ 再次，尊重不同思想的自由发展，但这并不妨碍对民众思想的正确引导。艾思奇、夏征农等人就再三强调，"在思想运动中，不强自由主义信仰马克斯主义，也不强后者相信前者，更不强一般人相信这种或那种主义。可是，追求真理，使一般人认识和追随真理，却是不可忽视的目标"④。据此，研究者得出结论：以陈伯达为代表的中共理论工作者们"所主张的思想自由并不是绝对的自由，这与自由主义者所提倡的那种'绝对'自由是不同的"⑤。

无论是中共理论工作者们还是张申府也都认为新启蒙运动是理性运动，尤其是张申府在新启蒙运动的思想家中对理性最为强调。但他们对理性的理解是不同的。张申府所讲的理性是一种认识事物的态度或方法。对此，张申府在《理性的必要》一文中进行了说明。他说"理性究竟是怎么一回事，说明并不很易。但显著的特点，却也不难指出"：第一，说话要有根据，不造谣生事。第二，看人论事是客观的，解析的，有分别，有分量，

---

① 何干之：《近代中国启蒙运动史》，载《何干之文集》第二卷，第 132—133 页。
② 欧阳军喜：《论新启蒙运动》，《安徽史学》2007 年第 3 期。
③ 汉夫：《提出几个关于思想运动的问题》，转引自欧阳军喜《论新启蒙运动》，《安徽史学》2007 年第 3 期。
④ 艾思奇等：《现阶段的中国思想运动》（集体讨论），转引自欧阳军喜《论新启蒙运动》，《安徽史学》2007 年第 3 期。
⑤ 欧阳军喜：《论新启蒙运动》，《安徽史学》2007 年第 3 期。

不因此害彼，也不含混笼统。第三，认识事物必力求圆融，而不拘执，不只看一方面，只作一方面认识。第四，对人是宽容的，体谅的，肯为他人着想，而不轻凭己见抹杀异己，必贵自由，必主民主，必重说服，必尚理而不尚力。更言之，"有理性的人必是不迷信，不盲从，不武断，不固执成见，不拘守偏见，不畏惧权威，不因袭传统的。切实，客观，解析，圆融，是有理性的人的总态度"。① 实际上张申府所讲的理性，也就是西方思想家们所讲的理性。所以他后来在《启蒙运动的过去与现在》一文中在引用了康德的《对于什么是启蒙运动的回答》后写道：康德的回答"这是历来对于启蒙运动一个最明切、最被传诵的指示"②。但在以陈伯达为代表的中共理论工作者们看来，张申府所讲的理性是"旧理性"，他们提倡的是一种"新理性"，所以他们一再强调，新启蒙运动是"新的理性运动"或"新理性运动"。那么什么是"新理性"呢？"新理性"就是马克思主义的唯物辩证法，也就是陈伯达在《论新启蒙运动——第二次的新文化运动——文化上的救亡运动》一文中所说的"动的逻辑"。后来，他在《文化上的大联合与新启蒙运动的历史特点》一文中又指出："我们的理性运动乃是新的理性运动，什么是所谓'新理性运动'呢？就是说，我们要废除民族压迫和封建制度的不合理，同时我们又不要像十八世纪启蒙运动以另一种不合理的社会来代替一种旧的不合理的社会，我们要由保卫祖国大抗战运动的合理，由民族解放和封建残余解除的合理，转变到新的社会的合理。"③ 很显然，陈伯达在这里所讲的理性，已是"一种对合理社会制度的政治诉求"④。这与他所讲的新理性是"动的逻辑"亦即马克思主义的唯物辩证法并不矛盾，因为按照马克思主义的原理，哲学不仅要认识世界，更重要的是要改造世界。

新启蒙运动的思想家们都认为新启蒙运动的内容之一是要建立起一种新文化，并提出了建立新文化的几项原则，但他们对"新文化"之含义的理解是不同的，概而言之，陈伯达的"新文化"是以"动的逻辑"亦即马克思主义的唯物辩证法为核心的，而张申府的"新文化"的核心则是西方哲

---

① 张申府：《理性的必要》，载《张申府文集》第一卷，第 187 页。
② 张申府：《启蒙运动的过去与现在》，载《张申府文集》第一卷，第 289 页。
③ 陈伯达：《文化上的大联合与新启蒙运动的历史特点》，转引自欧阳军喜《论新启蒙运动》，《安徽史学》2007 年第 3 期。
④ 欧阳军喜：《论新启蒙运动》，《安徽史学》2007 年第 3 期。

学，尤其是罗素哲学与辩证唯物论的综合。他在《启蒙运动的过去与现在》一文中就强调：中国的新启蒙运动要比 18 世纪西方的启蒙运动应"更进一步"，即"由经验论变到逻辑经验论，由唯物论进到辩证唯物论"。他又说：中国的新启蒙运动并不是孤立的，"现在欧美表面上虽是无同样的号召，但实际上正有一种类似的运动进行着"。他不仅把美国史学家鲁宾逊（J.H. Robinson）、英国的文学家威尔斯（Wells），以及最近《大众算学》和《市民科学》的作者生物学家霍格本（Hogben）等都视为新的启蒙运动"主要的代表"，而且认为他们都深受"罗素在显扬理性、普及新知与思想解放上的成就"的影响，"自然科学的发达与辩证唯物论的流行、科学与社会的结合已经成一种风气了"。① 这是值得新启蒙运动学习的。不久，在《悼吴检斋先生》一文中他更明确提出："现代国际学术界两个最进步的潮流，一个是新唯物派，一个是新百科全书派，两派在形式上都是综合的，而新启蒙运动则正是中国土壤产生的，与抗战建国适应的，这两个潮流的合流。"②

　　张申府和陈伯达在理性、新文化等问题上认识的差异，最集中地反映在后来张申府所写的《五四的当年与今日》和陈伯达针对此文所写的《论"新哲学"问题及其他——致张申府先生的一封公开信》中。那是 1940 年 5 月，为纪念五四运动 21 周年，张申府应邀在《中苏文化》第 6 卷第 3 期上发表《五四的当年与今日》一文，他写道：三年前纪念五四运动时，他写了一篇文章（即《五四纪念与新启蒙运动》），提出理性的主宰，思想的解放，新知识新思想的普及这三点是新启蒙运动的主要内容，"眼见新启蒙运动的重要更加甚了。配合今日的需要，也为适应世界的潮流，而且推进世界的潮流，我愿意在今日，更重提出三点来。便是：一、社会与学术的配应；二、哲学与人生的结合；三、理性与热情的调谐"。又说："我深信于此大有'一种新哲学的可能'。这种新哲学，我以为可以叫作'新解析哲学'，也可以叫作'新逻辑经验论'。一方是继逻辑经验论而起的，一方也是逻辑经验论与辩证唯物论的结合。"他尤其强调了理性的重要作用，指出：今日特别需要理性，"没有理性，不但不能成社会建国家，没有理性，更不能过太平，

---

① 张申府：《启蒙运动的过去与现在》，载《张申府文集》第一卷，第 292—293 页。
② 张申府：《悼吴检斋先生》，载《张申府文集》第一卷，第 337 页。

或过到太平"。① 陈伯达看了张申府的这篇文章后，感到有给张申府"写封信的必要"了。在这封信里，陈伯达着重阐述了他在新哲学、理性问题上的看法，并谈及他在新启蒙运动上与张申府的思想分歧。关于新哲学的问题，陈伯达指出，哲学的历史是反映社会斗争的历史，而哲学内部最重要的斗争从来就是唯物论与唯心论两条路线的斗争。所谓"逻辑经验论"或"逻辑实在论"本质上"是对新兴阶级的反动，是对于辩证唯物论的反动"，"是主观唯心论、是神秘主义、是信仰主义的辩护，是辩证唯物论的不可调和的敌人"，企图把他们拉到一起，"以'创造'一种所谓'新解析哲学'或'新逻辑经验论'"，在事实上，这完全不是拥护辩证唯物论。这"只能是一种毫无意义的折衷主义企图，而且实质上只能是一种唯心论的翻版"。但实际上，"除了辩证唯物论，没有什么'新哲学'。近代许多所谓'新哲学'，在基本上都不过是陈腐的唯心哲学的花样翻新"。他再三强调："我们不能把帝国主义时代垂死的资产阶级之毫无生气的哲学思潮，当成二十世纪主要的思潮，不能把新兴的、如日方升而百战百胜的近代劳动者之哲学——辩证法唯物论放在陈腐的庸俗的哲学（如你上段话所说的'主潮'）之后一个微末的地位（即你所谓'一部分'）。"关于理性，陈伯达指出，"理性"有"新""旧"之分，他们所讲的是新的"理性"而不是旧的"理性"，新"'理性'的涵义，就思想和哲学的方法来说，乃是反复古，反神学，反独断，反盲从的意思；就对于我们社会发展所了解的内容来说，乃是反帝反封建的新民主主义到社会主义"。他并强调指出：对于"理性"可以有各种不同的理解，可以是唯物论的理解，可以是唯心论的理解，可以是二元论的理解。"我们之所谓'理性'，实质上，就是主张对于客观存在理解，对于现实生活的理解，对于具体历史的理解（显然的，只有唯物辩证法才能真正达到这样的'理性'）。"就此而言，"理性并不是一切的主宰，存在是第一，而理性却是第二，'理性'并不能创造出'社会'或'国家'"，相反，"而是一定的'社会'或'国家'创造出理性"。关于新启蒙运动，陈伯达指出："你对于新启蒙运动是很热心的，特别是你从平津出来以后，写了不少文

---

① 张申府：《五四的当年与今日》，《中苏文化》第 6 卷第 3 期，1940 年 5 月 5 日。注：该文没有收入《张申府文集》，现收入《张申府文集》第一卷第 428—432 页的《五四当年与今日》一文，原载于 1942 年 5 月 1 日出版的《群众》周刊上，与该文内容不同。

章，不过我总有些感觉，在这个问题上，我们之间有些意见是很值得来讨论的。比如，上述关于理性的问题，就是其中之一。当时我对于这运动的主要的了解是要求'思想的大解放'。我们当时是希望全国文化界思想界在这个目标上团结起来，应该强调这点，才不会使当时这个运动的真正意义为之迷糊。我们不能有这种看法，好像新启蒙运动是代表了一切。我始终认为，当时这运动只能是整个抗日救国运动的一部分，这运动不能代替整个抗日救国运动，也不能代表一切。"①

四、新启蒙运动的影响与局限

尽管新启蒙运动从发起到基本结束，只有短短的一年多时间，而真正引起思想和文化界关注，能称之为运动或思潮也就几个月，但它的影响则是深远的。

第一，"中国化"思想对"马克思主义中国化"之提出的影响。在新启蒙运动的思想家中，最先提出"中国化"的是陈唯实。1936年6月，陈唯实在《通俗辩证法讲话》提出了"辩证法之实用化和中国化"的主张。他说：现在很多讲唯物辩证法的学者，把它讲得"非常玄妙神秘，说了许多极抽象的名词，使人听了莫名其妙。最要紧的，是熟能生巧，能把它具体化、实用化，多引例子或问题来证明它。同时语言要中国化、通俗化，使听者明白才有意义"。②不久，陈伯达在《哲学的国防动员——新哲学者的自己批判和关于新启蒙运动的建议》一文中，批评"新哲学者"所写的哲学著作，多数没有很好地和现实的政治结合起来，没有很好地用活生生的中国政治实例来阐释辩证法，使唯物辩证法在中国问题中具体化起来，更充实起来，其结果，"新哲学"往往就变成了"空谈"。因此，他希望"新哲学者"应立即实行自我批判，要永远记住伟大哲人的一句话："哲学家只说明了世界，但任务是在于改造世界"，不只是在口头上，而是"要在自己的工作范围内"，面对"中国民族和社会的斗争"，面对"在血腥中、在饥饿中之现

---

① 陈伯达：《论"新哲学"问题及其他——致张申府先生的一封公开信》，《中国文化》第1卷第5期，1940年7月25日。
② 陈唯实：《通俗辩证法讲话》，上海新东方出版社，1936，第7页。

实的中国人民大众"。①陈伯达在这里虽然没有直接使用"中国化"一词，但
"中国化"的意思还是很明显的。正是从"中国化"这一要求出发，不久在
《思想的自由与自由的思想——再论新启蒙运动》一文中，陈伯达对艾思奇
等人在哲学通俗化大众化方面的局限性提出了批评。他指出："艾思奇对于
哲学之通俗化的试作，也算是划时代的，可是其中也还有潦草的地方，而
特别与中国历史诸现实的联结，还是不够。一直到现在，我们还没有关于
中国社会史的伟大著作。一直到现在，我们还没有关于现代中国经济的伟
大著作。一直到现在，我们还没有关于中国思想史的伟大著作。"②

　　1937 年 11 月 14 日，陕甘宁特区文化协会在延安成立，中共中央书记
处书记、中宣部部长张闻天作了《十年来文化运动的检讨及目前文化运动
的任务》的长篇报告，指出今后文化界的任务，第一要适应抗战，第二要
大众化、中国化。不久，陈伯达根据张闻天的报告，起草了《我们对于目
前文化运动的意见》，指出："文化的新内容和旧的民族形式结合起来，这是
目前文化运动所最需要强调提出的问题，也就是新启蒙运动与过去启蒙运
动不同的主要特点之一。苏联各民族文化的伟大发展的经验，在这点上正
是足资我们深刻的参考的。从我们过去一切文化运动的经验已证明了出来，
忽视文化上旧的民族形式，则新文化的教育是很困难深入最广大的群众的。
因此，新文化的民族化（中国化）和大众化，二者实是不可分开的。"③此后，
陈伯达发表的有关思想文化的文章中，"'通俗化''中国化'成了主题"④。
1938 年 7 月 1 日，《解放》周刊第 43—44 期合刊推出纪念中国共产党成立
17 周年和抗战一周年特辑，除了毛泽东、朱德、刘少奇、林彪、张闻天、
林伯渠等中共领导人的文章外，陈伯达的《我们继续历史的事业前进》一
文也被选入其中。陈伯达在文中指出，中国是一个半殖民地半封建的国度，
有许多自己民族的特点，有许多特殊的历史斗争条件，马克思列宁主义在

---

① 陈伯达：《哲学的国防动员——新哲学者的自己批判和关于新启蒙运动的建议》，《读书生活》
　　第 4 卷第 9 期，1936 年 9 月 10 日。
② 陈伯达：《思想的自由与自由的思想——再论新启蒙运动》，《认识月刊》创刊号，1937 年 6
　　月 15 日。
③ 陈伯达：《我们对于目前文化运动的意见——为纪念中国共产党成立十七周年而作》，《解放》
　　第 39 期，1938 年 5 月 22 日。
④ 欧阳军喜：《论新启蒙运动》，《安徽史学》2007 年第 3 期。

中国的应用，就需要具体地估计到这些特点和历史条件，并根据这些特点和历史条件，对马克思列宁主义的原则，"善于加以具体的发挥和充实，善于规定自己的奋斗方法和步骤"。17年来中国共产党奋斗的历史，就是根据自己的民族特点，根据自己民族的许多历史斗争条件，"来运用马克思列宁主义，而为自己民族解放的事业，为中国人民解放的事业而奋斗的。事实上证明：马克思列宁主义在中国的出现及其发展，就正因为它是适合国情的，它合于我们民族将来的事业，也完全合于我们民族现在奋斗的事业"。对于中国传统文化，陈伯达表示在信奉马列主义的同时，我们也要"继承中国一切最好的固有文化传统，中国一切最优秀的学说"，中国共产党人是近代以来"一切优秀启蒙思想的继承者，是中国古代一切最优秀文物的继承者"。①

　　艾思奇最早使用"中国化"一词是在1938年4月，他在《哲学的现状和任务》指出："现在需要来一个运动；哲学研究的中国化、现实化的运动。过去的哲学只做了一个通俗化的运动，把高深的哲学用通俗的词句加以解释，这在打破从来哲学的神秘观点上在使哲学和人们的日常生活接近，在使日常生活中的人们也知道注意哲学思想的修养上，是有极大意义的，而且这也就是中国化现实化的初步，因为如果没有几分（虽然很少）做到了中国化现实化，是不能够获得相当成果的。然而在基本上，整个是通俗化并不等于中国化现实化。因此它也没有适应这激变的抗战形势的力量，而另一方面，因为整个并没有做到中国化现实化，所以也不够充分的通俗化。"②就在艾思奇提出马克思主义哲学"中国化""现实化"后一个月，另一位新启蒙运动的思想家柳湜也使用了"中国化"的提法。1938年5月，他在张申府创办的《战时文化》创刊号上发表《抗战以来文化运动的发展》一文，其中写道："我们在理论上不仅自我的要求提高，要求世界新的文化的吸收，但同时提出了反对无原则的洋化，反对死硬的贩运洋货，我们欢迎古今中外一切人类的劳动的经验的结晶的世界文化，但我们同时提出我们要融化它，要中国化它。我们要求适合我们今日的生活的新文化，但同时我们提

---

① 陈伯达：《我们继续历史的事业前进——为纪念中国共产党成立十七周年而作》，《解放》第43—44期合刊，1938年7月1日。
② 艾思奇：《哲学的现状和任务》，《杂志》第1卷第4期，1938年6月25日。

出继承我们最好的传统文化，发扬民族的固有的文化，保卫我们的民族文化。这种自觉是过去任何文化阶段所没有的。"[①] 稍早于艾思奇和柳湜，张申府提出了"科学中国化"的主张。1938 年 3 月 26 日，张申府发表《关于文化政策》一文提出：我们在推广科学时，不仅要特别注意科学法（算数的经验主义），科学精神，科学态度，科学脾气，还应使科学成为中国的，"不但要中国科学化，同时也要科学中国化。使中国对科学有其极特色的贡献，使科学在中国有其极特殊的特色"[②]。

以上是毛泽东 1938 年 10 月在中共中央六届六中全会上做《论新阶段》的报告中正式提出"马克思主义中国化"这一命题之前，新启蒙运动的思想家们关于"中国化"的提法。虽然现在无法判定毛泽东在提出"马克思主义中国化"之前是否阅读过陈伯达、艾思奇等人的文章，受过他们提出的"中国化"思想的影响，但陈伯达、艾思奇到达延安后和毛泽东都有较密切的交往，尤其是艾思奇，很受毛泽东的重视。实际上早在艾思奇到达延安之前，毛泽东就读过他 1936 年出版的《大众哲学》，这年（1936 年）10 月 22 日，毛泽东给在西安做统战工作的叶剑英、刘鼎写信，要他们"买一批通俗的社会科学自然科学及哲学书"，而且"要经过选择真正是通俗的而又有价值的"，其中特别提到《大众哲学》和柳湜的《街头讲话》。[③]1938 年 10 月，艾思奇一行经西安到达延安后，毛泽东在欢迎他们一行的集会上发表讲话：现在搞"大众哲学"的艾思奇来了，我们热烈欢迎。过去我们山中无老虎，猴子称大王，这回可好了，真正的老虎来了。喜悦之情溢于言表。毛泽东也认真阅读过他的另一本哲学著作《哲学与生活》（1937 年上海读书生活出版社），曾写有 19 页 4000 多字的《艾著〈哲学与生活〉摘录》，并致信艾思奇，称赞《哲学与生活》是他的"著作中更深刻的书，我读了得益很多"[④]，同时对差异和矛盾的问题作了略有不同意见的批注。"陈伯达在发起'新启蒙运动'特别是在他的成名作《真理的追求》一书出版之后，就开始引起远在延安毛泽东的注意。"[⑤]陈伯达到达延安后，先后担任过陕北

① 柳湜：《抗战以来文化运动的发展》，《战时文化》创刊号，1938 年 5 月 25 日。
② 张申府：《关于文化政策》，载《张申府文集》第一卷，第 250 页。
③《毛泽东文集》第一卷，人民出版社，1993，第 453 页。
④ 中共中央文献研究室编《毛泽东书信选集》，人民出版社，1983，第 112 页。
⑤ 叶永烈：《陈伯达传》上，人民日报出版社，1999，第 168 页。

公学、中共中央党校、马列学院教员和中宣部出版科科长，一次偶然的机会，其突出的理论分析能力被毛泽东发现，从此受到毛泽东重用。1938 年秋，延安成立"新哲学会"，陈伯达和艾思奇都是这个团体的领头人，陈伯达并执笔撰写《新哲学会缘起》，发表于 1938 年 9 月《解放》周刊。1939 年，经毛泽东提名，陈伯达调到毛泽东办公室工作，任"中央军委主席办公室副秘书长"。而当时毛泽东为中央军委主席，因此陈伯达实际上就是毛泽东办公室副秘书长。毛泽东给陈伯达拟定了四项任务，即四个研究课题："抗战中的军事""抗战中的政治""抗战中的教育""抗战中的经济"。在毛泽东的直接指导下，陈伯达做了大量的资料搜集工作。陈伯达说，是毛泽东帮助了他，把他的研究工作的注意力从古代转向现实生活。从此，陈伯达便一直在毛泽东身边工作。从艾思奇、陈伯达和毛泽东的亲密关系来看，毛泽东对他们两人的思想，包括"中国化"思想是应该有所了解的。

　　毛泽东在中共六届六中全会上提出"马克思主义中国化"这一命题后，新启蒙运动的思想家们立即作出了响应：一是身处延安的新启蒙运动的思想家（主要是中共理论和思想文化工作者）对马克思主义中国化进行了理论论证，其代表人物是艾思奇，他先后发表了一系列有关马克思主义中国化的论述，对马克思主义中国化理论做出过重要贡献（详见本卷第二十三章第一节）；一是身处国统区的新启蒙运动的思想家对中国化问题进行了理论思考，其代表人物是张申府。1939 年 2 月，张申府在《战时文化》第 2 卷第 2 期上发表《论中国化》一文，他在引用了毛泽东在中共六届六中全会上发表的关于马克思主义中国化的那段讲话后写道："我们认为这一段话的意思完全是对的。不但是对的，而且值得欢喜赞叹。由这一段话，更可以象征出来中国最近思想见解上的一大进步。"他在文中强调：改革中国是为了中国，外来的东西用在中国，就应该中国化，也只有中国化，才有可能发生效力。①

　　第二，新文化要具有"民主与科学"的精神，并且要普及化、大众化和民族化的思想对"新民主主义文化"之提出的影响。我们在前面已经论及，新启蒙运动的特点或主要内容之一，就是要建立中国新文化，新启蒙运动的思想家们并且提出了建立中国新文化的基本原则，其中包括新文化必须

---

① 张申府：《论中国化》，载《张申府文集》第一卷，第 304 页。

具有民主和科学的精神，并且要普及化、大众化和民族化。众所周知，民主和科学是新文化运动的两面旗帜，新启蒙运动的思想家们提出新文化必须具有民主和科学的精神，是对新文化运动的继承和发展。大众化和民族化也不是新启蒙运动首先提出来的，早在新启蒙运动之前，艾思奇就出版过《大众哲学》一书，影响很大。但新文化要具有"民主与科学"的精神，并且要普及化、大众化和民族化是新启蒙运动的思想家们为适应全国抗战的需要而提出来的，所以提出后，尤其是大众化和民族化的提出很快就为进步的思想界和文化界所接受。1938 年 10 月，毛泽东在中共中央六届六中全会上做《论新阶段》的报告中不仅提出了"马克思主义中国化"这一命题，其中也讲到了民族化的问题。我们前面已经提出，毛泽东提出"马克思主义中国化"这一命题后，新启蒙运动的思想家们立即做出了响应，张申府发表《论中国化》一文。在该文中，他在对中国化问题进行理论思考的同时，也进一步阐述了新文化必须是民主的、科学的、大众的、民族的观点。他写道：毛泽东关于"马克思主义中国化"的那段文字"的意思与新启蒙运动的一个要求完全相同。新启蒙运动很可以说就是民族主义的科学、民主的思想文化运动。对于自己传统的东西是要扬弃的。所谓扬弃的意思，乃有的部分要抛弃，有的部分则要保存而发扬之，提高到一个更高的阶段"。"我们一方面主张社会科学化，科学社会化，把科学与社会密切结合在一起；一方面主张中国科学化，科学中国化。""新启蒙运动反对奴化，同时要求新知识新思想的普及，科学的通俗化，学问的大众化。要通俗化，大众化，当然必须先中国化，本国化，本土化。同时，反对奴化，不但反对作自己古人的奴隶，传统权威的奴隶，实在更反对作外来的东西的奴隶。此外，我所拟的新启蒙运动的纲领之一是'自觉与自信'，中国化岂不正是自觉与自信的一个表示？"① 张申府把新启蒙运动定义为"民族主义的科学、民主的思想文化运动"，并且就新文化必须科学化、大众化、民族化展开了论述，从而明确了新启蒙运动的目标：建设民主的、科学的、大众的、民族的新文化。

---

① 张申府：《论中国化》，载《张申府文集》第一卷，第 304—305 页。注：《张申府文集》收入的该文有很多点校错误，如原文"第四，新启蒙运动反对奴化"，《文集》中变成了"第四，新启蒙运动反对文化"。本引文根据发表的原文进行了更正。

　　张申府的这篇文章发表于 1939 年 2 月 10 日。1940 年 1 月，毛泽东在《中国文化》杂志的创刊号上发表《新民主主义的政治与新民主主义文化》（收入《毛泽东选集》时改为《新民主主义论》）一文，第一次系统地阐述了有关中国新民主主义革命的理论，尤其是新民主主义的政治、经济和文化问题。在谈到新民主主义的文化时，毛泽东指出，所谓新民主主义文化，首先是"民族的。它是反对帝国主义压迫，主张中华民族的尊严和独立的。它是我们这个民族的，带有我们民族的特性"。其次是"科学的。它是反对一切封建思想和迷信思想，主张实事求是，主张客观真理，主张理论和实践一致的"。再次是"大众的，因而即是民主的。它应为全民族中百分之九十以上的工农劳苦民众服务，并逐渐成为他们的文化"。总之，"民族的科学的大众的文化，就是人民大众反帝反封建的文化，就是新民主主义的文化，就是中华民族的新文化"，就是中国文化发展的方向。①接着，张闻天也在《中国文化》第二期上发表了《抗战以来中华民族的新文化运动与今后任务》一文，进一步就"中华民族新文化的内容与实质""中华民族的新文化与旧文化""中华民族的新文化与外国文化"诸问题做了阐述。他指出，中华民族的新文化必须是"民族的""民主的""科学的"和"大众的"。所谓"民族的"，即"抗日第一，反帝，反抗民族压迫，主张民族独立与解放，提倡民族的自信心，正确把握民族的实际与特点的文化"；所谓"民主的"，即"反封建，反专制，反独裁，反压迫人民自由的思想习惯与制度，主张民主自由、民主政治、民主生活与民主作风的文化"；所谓"科学的"，即"反对武断、迷信、愚昧、无知，拥护科学真理，把真理当作自己实践的指南，提倡真能把握真理的科学与科学的思想，养成科学的生活与科学的工作方法的文化"；所谓"大众的"，即"反对拥护少数特权者压迫剥削大多数人，愚弄欺骗大多数人，使大多数人永远陷于黑暗与痛苦的贵族的特权者的文化，而主张代表大多数人利益的、大众的、平民的文化，主张文化为大众所有，主张文化普及于大众而又提高大众"。他并强调指出，"上述新文化的四个要求是有机的联系着的。真正民族的，必然是民主的，科学的，大众的。但任何一种主义，一种学说，只要对于上述要求中的一个要求或一

---

① 毛泽东：《新民主主义论》，载《毛泽东选集》第二卷，第 706—709 页。

个要求中的一点要求有所贡献，即可成为新文化的一个组成部分。任何一个主义，一种学说包办新文化的企图，都是有害的"。①

就毛泽东、张闻天对"新民主主义文化"的论述来看，与张申府的观点有很多相一致的地方，而张申府的观点实际上也是新启蒙运动的发起和参与者们的共同主张。我们已经指出，以陈伯达为代表的中共理论工作者和作为同情中共的自由主义知识分子的张申府在新启蒙运动的性质、指导思想、领导者以及民主、自由、理性、新文化的内涵等认识和理解上存在着种种差异，但对于建立新文化的原则，即新文化要具有"民主与科学"的精神，并且要普及化、大众化和民族化，他们的观点和主张是完全一致的，没有任何不同。应该说毛泽东、张闻天"新民主主义文化"的提出与新启蒙运动的思想家们的影响有一定的关联性。我们前面已经讲到，艾思奇、陈伯达到了延安后，与毛泽东交往甚密。1939年，经毛泽东提名，陈伯达调到毛泽东办公室工作，任"中央军委主席办公室副秘书长"。也就是这一年，陈伯达将自己多年来的论文以《思想和哲学》为名结集出版，第一部分定名为"新启蒙运动论文续集"。从陈伯达自与毛泽东建立起联系后，所写的重要文章、出版的著作都要送毛泽东、请毛泽东批评指正这一习惯看，该书他也应该送给了毛泽东。张闻天与艾思奇、陈伯达也多有交往，因为张是当时中共中央的宣传部部长，而艾和陈是当时延安有名的马克思主义理论工作者，都曾在张的直接领导下工作，陈伯达没有到毛泽东身边工作之前，毛泽东写给陈伯达的信，都是通过张闻天转交给陈伯达的。有交往就会有思想交流。毛泽东对张申府也很关注，有一次毛泽东宴请一位美国记者，陈伯达作陪。席间，毛泽东问起陈伯达有关北平文化界的情况，尤其是张申府的近况。因为张申府是毛泽东的老熟人，在张申府自动退党之前，他们都是中共党员，党的领导干部。

至于新启蒙运动的局限，主要体现在新启蒙运动的"关门主义"的倾向。本来陈伯达等人发起和倡导新启蒙运动的目的，是要肃清"关门主义与冒险主义"，实现思想界和文化界的大团结、大联合，从而建立起广泛

① 张闻天：《抗战以来中华民族的新文化运动与今后任务》，载张闻天选集编辑组编《张闻天文集》第三卷，中共党史出版社，1994，第38—39页。

的抗敌救亡统一战线，但正如我们在上一子目中已分析的那样，由于以陈伯达为代表的一些中共理论工作者把新启蒙运动定性为无产阶级的新文化运动，新启蒙运动的指导思想是马克思主义的唯物辩证法，新启蒙运动的领导者是无产阶级的先锋队中国共产党，具体来说也就是中共理论工作者，因而他们在民主、自由、理性含义和新文化内容等诸多方面与以张申府为代表的非中共的自由主义知识分子都存在着认识和理解的不同，表现出"关门主义"的倾向。当时就有人批评新启蒙运动"范围过小，面目过左"①，因而也就很难得到思想界和文化界的广泛认同和支持。当时发文讨论、支持新启蒙运动的，除张申府等少数非中共的思想界和文化界的人士外，基本上都是清一色的中共理论工作者和思想文化工作者。新启蒙运动之所以到了 1937 年底就基本结束了，一方面，是由于七七事变发生后，进入了全民族抗战时期，中华民族所面临的生死存亡危机，使启蒙运动不得不让位于救亡运动；另一方面，则与新启蒙运动所表现出的"关门主义"的倾向有关，正如研究者指出的那样："新启蒙运动提倡者的本意就是要使这一运动适应'民族大破灭危机'的需要的，既然如此，那么民族危机进一步加深时，这一运动就应该如火如荼地搞起来，可为什么反倒停止了呢？这只有一种解释，就是'新启蒙'的口号并不适合抗战形势的需要。"②之所以"不适合抗战形势的需要"，原因就在于新启蒙运动的"关门主义"的倾向，它反对"关门主义"，但实际上又把许多非中共的思想界和文化界人士挡在了"新启蒙运动"的门外。也正是由于它的"关门主义"的倾向，中共领导人毛泽东、张闻天等从来没有使用过"新启蒙运动"这一提法。陈伯达、艾思奇等人到了延安后，也不再发文提倡和宣传"新启蒙运动"了，至多只是将原来的文章结集出版，或做一些总结工作。因此，1937 年底后，只有留在国统区的非中共人士张申府还在那里继续为新启蒙运动鼓与呼。

---

① 江凌：《开展中国新文化运动》，《国际知识（天津）》创刊号，1937 年 5 月 15 日。
② 房德邻：《再评 1930 年代的新启蒙运动》，载郑大华、邹小站主编《中国近代史上的激进与保守》，社会科学文献出版社，2011，第 381—382 页。

第 二十一 章

中国革命的历史转折：从"左"倾教条主义到马克思主义正确路线在中共中央领导地位的确立

  1931 年九一八事变发生后，国内阶级矛盾仍然十分尖锐，但中日民族矛盾逐步上升为主要矛盾。中国共产党一方面坚持武装斗争，在农村开辟革命根据地，建立起十多个苏维埃地方政权，并在此基础上于 1931 年 11 月成立了中华苏维埃共和国临时中央政府，继续武装反抗国民党反动派；另一方面坚决反对日本帝国主义对中国的侵略，在东北组织抗日义勇军、抗日联军武装进行抗日斗争的同时，又发动和组织全国人民尤其是青年学生，掀起了声势浩大的反日爱国运动，如一二·九运动（详见本卷第十八章第三节）。与此同时，白区工作也得到了一定的开展，成立了有鲁迅参加和领导的中国左翼作家联盟。然而王明"左"倾教条主义的危害导致了第五次反"围剿"失败，红军被迫进行战略转移。1935 年 1 月 15 日至 17 日于长征途中召开的遵义会议，开始确立了以毛泽东为主要代表的马克思主义正确路线在党中央的领导地位，中国革命由此转危为安。随着日本帝国主义侵吞灭亡中国的野心日益暴露，以毛泽东为主要代表的中国共产党人，提出了从国内战争向民族战争转变的战略策略，并以工农民主政权理论、农村包围城市道路的完整理论、从国内战争向民族战争转变的战略策略思想和"马克思主义中国化"这一重大命题的提出为标志，发展和丰富了新民主主义革命理论。这一切表明，毛泽东思想已基本形成。

第一节　革命发展与王明"左"倾教条主义的危害

1931 年九一八事变发生前后即 1930—1933 年期间，苏区革命深入开展并达到土地革命战争时期的高峰，创建了十余个根据地；党在国民党统治下的白区也发展了党组织和其他组织，开展了群众革命斗争，以鲁迅为代表的左翼文学运动取得了重要成就。然而，王明"左"倾教条主义在党内的错误指导，造成了第五次反"围剿"失败和长征初期的重挫。"左"倾路线的错误给革命根据地和白区革命力量造成极大损失。

一、苏区革命深入与苏维埃革命理论的发展

红军在取得三次反"围剿"战争胜利后，中央苏区、鄂豫皖、湘鄂赣等根据地得到迅速壮大，各红色区域在武装斗争、土地革命、政权建设、经济建设等方面取得了重要成就，相关理论、政策也有了新发展。

武装斗争方面，红军和根据地发展壮大，取得了第四次反"围剿"战争胜利。各个苏区致力于扩大和巩固红军，不断开辟和拓展红色区域，一度取得很大成绩。早在 1930 年 10 月，中共闽西特委就做出过《关于扩大红军决议案》，提出"鼓动群众当红军"，"要加紧政治鼓动，使群众了解目前政治形势与扩大红军的意义和我们的任务，不要用欺骗的虚荣的鼓动口号。要联系到群众切身利益与地方斗争，要经常的作深入普遍的宣传，在日常生活上去鼓动，要使扩大红军成街读〔谈〕巷议的材料，特别要加紧在斗争中去鼓动"。[①]1933 年 2 月 8 日，苏区中央局在《关于在粉碎敌人四次"围剿"的决战前面党的紧急任务决议》中提出"在全中国各苏区创造一百万铁的红军来同帝国主义国民党军队作战。在这一总的目标之下，赣闽两省一二月份扩大红军的数量必须于二月廿日完成，从二月廿日起到三月廿日止，赣闽两省必

---

① 《中共闽西特委扩大会关于扩大红军决议案》，载《闽西革命史文献资料》第四辑，中共龙岩地委党史资料征集研究委员会、龙岩地区行政公署文物管理委员会，1983，第 285 页。

须输送一万新战士到前方（赣七千，闽三千）"①。同年6月6日，苏区中央局又发出《关于扩大红军的决议》，重申了"创造一百万铁的红军"的任务，总结了扩大红军的经验与方法，如：要达到动员最广大的工农群众，让他们最热烈地自愿加入红军，只有坚决地深入阶级斗争，彻底解决土地问题；彻底实行优待红军条例；有计划地领导政府、青年团、工会、贫农团、妇女代表会和一切群众团体的组织，发动各个组织的群众加入红军；赤少队是扩大红军的最主要的群众组织基础，党要以最大的力量，加强对于赤少队的领导，健全赤少模范队的组织，建立赤少队的经常教育与训练；等等。②除此之外，还要扩大红军的宣传使红军数量快速增加、红色区域不断扩大。1933年的5月因扩大红军成效显著，被称之为"红五月"，仅江西"在红五月扩大红军的动员中，突破了二万五千人，创造了四个师，强大了二十三军"③。土地革命战争时期全国红军最多时达到30万人。1933年2月至3月，朱德、周恩来等运用前三次反"围剿"的成功经验，坚持正确的作战指导思想，指挥红一方面军取得了中央苏区第四次反"围剿"战争的胜利。

土地革命方面，继续探索党的土地革命路线、政策。临时中央强制推行"地主不分田""富农分坏田"的"左"倾土地政策，反对毛泽东为代表的正确土地革命路线，如1931年8月30日的《中央给苏区中央局并红军总前委的指示信》就指责中央苏区"对于消灭地主阶级与抑制富农政策，还持着动摇的态度"④。1933年初，临时中央迁入中央根据地后继续指责苏区原先实行的限制而不是实际上消灭富农经济、给地主以生活出路的土地政策。同年2月，临时中央责成处于被排挤地位的毛泽东通过苏维埃政权系统推进查田运动。6月1日，苏区中央政府发出《关于查田运动的训令》，指出"现在各苏区，尤其是中央苏区，尚有广大区域，没有彻底解决土地问题"，要求"进行普遍的深入的查田运动"，"把一切冒称'中农'、'贫农'的地主富农，完全清查出来，没收地主阶级的一切土地财产，没收富农的

① 《苏区中央局关于在粉碎敌人四次"围剿"的决战前面党的紧急任务决议》，载《中共中央文件选集》第九册，第65页。
② 《中共苏区中央局关于扩大红军的决议》，载中共中央文献研究室、中央档案馆编《建党以来重要文献选编（一九二一——一九四九）》第十册，中央文献出版社，2011，第262—263页。
③ 《红五月扩大红军的伟大胜利》，《红色中华》第86期，1933年6月17日。
④ 《中央给苏区中央局并红军总前委的指示信》，载《中共中央文件选集》第七册，第357页。

土地及多余的耕牛、农具、房屋，分配给过去分田不够的及尚未分到田的工人、贫农、中农，富农则分与较坏的劳动份地"。① 次日，苏区中央局又做出《关于查田运动的决议》，提出党的策略路线是"依靠在雇农及贫农（农村中无产阶级及半无产阶级），与中农群众结成巩固的联盟，并使雇农群众在查田运动中起先锋队的领导作用，来消灭地主阶级的残余势力，削弱富农经济上的势力与打击他们窃取土地革命果实的企图"②。随着查田运动的开展，"左"的错误愈演愈烈，对根据地造成的危害也愈加明显。这理所当然地遭到了以毛泽东为代表的苏区广大干部群众的抵制。毛泽东尽最大可能把查田运动引导到健康发展的轨道上来，以便最大限度地减少"左"倾错误造成的损失。1933 年 6 月 14 日，毛泽东在《查田运动的群众工作》一文中指出，"查田运动是一个剧烈的残酷的阶级斗争，必须发动最广大群众热烈起来参加斗争，形成群众运动，才能保障阶级路线的正确执行，才能达到消灭封建残余势力的目的"；"查田运动的策略，是以工人为领导者，依靠贫农，联合中农，去削弱富农，消灭地主"，强调富农与地主有区别，"消灭富农的倾向是错误的，同时不应该把富农成分当做地主待遇"；"对中农的策略——联合中农，是土地革命中最中心的策略，中农的向背，关系土地革命的成败。所以要反复向群众说明这个策略，说明侵犯中农利益的绝对不许可的"。他再三强调，"查田运动是查阶级，不是按亩查田。按亩查田，要引起群众恐慌，是绝对错误的"；"查阶级是查地主富农阶级，查剥削者，查他们隐藏在农民中间而实在不是农民的人，查这些少数人，决不是查中农、贫农、工人的阶级，因此不得挨家挨户去查"；"通过阶级就是决定阶级成分，是对这个人决定'生死'的时候，故要十分谨慎"；"如果过去有通过错了的，如把中农当富农，富农当地主，地主当富农，应该推翻原案"。③ 6 月 14 日，《在八县查田运动大会上的报告》中他再次指出：查田运动的阶级路线"是以工人为领导，依靠贫农，联合中农，去削弱富农，消

① 《中华苏维埃共和国中央政府关于查田运动的训令》，载《建党以来重要文献选编（一九二一——一九四九）》第十册，第 253、255 页。
② 《中共苏区中央局关于查田运动的决议》，载《建党以来重要文献选编（一九二一——一九四九）》第十册，第 259 页。
③ 毛泽东：《查田运动的群众工作》，载《毛泽东文集》第一卷，第 269—272 页。

灭地主"①。8月29日，他在《斗争》报上发表《查田运动的初步总结》一文，认为从6月八县查田大会后，查田运动已经成了一个广大的群众运动，取得了伟大的胜利，但有些地方放弃查田运动的领导，有些地方竟对地主、富农投降。文章着重指出：必须迅速纠正侵犯中农利益的"左"倾错误，要让侵犯中农的危险唤起全体党员的注意，要"'严厉打击任何侵犯中农利益的企图'。因为这是目前查田工作中已经明显表现出来了的十分严重的危险"，"已经没收了中农的土地财产的地方，苏维埃人员要向当地中农群众公开承认自己的错误，把土地财产赔还他"。②在毛泽东的主持下，查田运动取得了显著成绩，据1933年7、8、9三个月的统计，中央苏区共计查出地主6988家、富农6638家，从被查出的地主、富农手中收回土地317539亩，没收地主现款和富农捐款共计606916元。③但同时受中共中央"左"倾错误的影响，查田运动也存在"左"的错误，新查出的地主、富农中有一些是中农，甚至是贫雇农和工人。9月8日，中共中央通过了《关于查田运动的第二次决议》，承认查田运动存在"重要的错误和缺点，应该迅速的纠正过来"，错误和缺点如"侵犯中农的事实到处发生着"，"把富农当地主打的事实"也有发现等，但总的基调还是"彻底开展查田运动""无情的打击一切对地主富农的妥协动摇"。④10月10日，临时中央政府通过了毛泽东主持制定的《关于土地斗争中一些问题的决定》，对土地斗争中涉及的一系列政策问题做出了明确规定，包括关于劳动与附带劳动的区别、地主与富农的区别、富农与富裕中农的区别、富裕中农与其他中农的区别，贫民问题，知识分子问题，游民无产者问题，地主、富农兼商人的问题，债务问题等，共20个问题。决定指出：劳动是区别富农与地主的主要标准。富裕中农是中农的一部分，它同其他中农不同的地方，在于有轻微剥削；它同富农不同的地方，在于其剥削收入不超过全年总收入的百分之十五。知识分子不

---

① 毛泽东：《在八县查田运动大会上的报告》，载《论查田运动》，晋察冀新华书店，1947，第6页。
② 中共中央文献研究室编《毛泽东年谱（1893—1949）》（修订本）上卷，中央文献出版社，2013，第410页。
③《中华苏维埃共和国中央执行委员会与人民委员会对第二次全国苏维埃代表大会的报告》，《红色中华》（第二次全苏大会特刊）第3期，1934年1月26日。
④《中共中央关于查田运动的第二次决议》，载《建党以来重要文献选编（一九二一——一九四九）》第十册，第509—510页。

应看作一种阶级成分，其阶级成分依其所属阶级确定。一切地主、富农出身的知识分子，在服从苏维埃法令的条件下，应充分利用他们为苏维埃服务。地主、富农兼商人的，其商业及与商业相连的财产等不没收。这个决定，主要纠正"左"的偏向，同时也受历史局限存在某些"左"的错误。如仍规定地主不分田、富农分坏田等。① 同日，临时中央政府批准了毛泽东6月下旬起草的《怎样分析阶级》（收入《毛泽东选集》第一卷时改名为《怎样分析农村阶级》），该文提出了如何分析地主、富农、中农、贫农、工人的原则，阐明了不同阶级的划分标准。文章指出："占有土地，自己不劳动，或只有附带的劳动，而靠剥削农民为生的，叫做地主"，"军阀、官僚、土豪、劣绅是地主阶级的政治代表，是地主中特别凶恶者"。"富农一般占有土地。但也有自己占有一部分土地，另租入一部分土地的。也有自己全无土地，全部土地都是租入的。富农一般都占有比较优裕的生产工具和活动资本，自己参加劳动，但经常地依靠剥削为其生活来源的一部或大部。""中农许多都占有土地。有些中农只占有一部分土地，另租入一部分土地。有些中农并无土地，全部土地都是租入的。中农自己都有相当的工具。中农的生活来源全靠自己劳动，或主要靠自己劳动。""贫农有些占有一部分土地和不完的工具；有些全无土地，只有一些不完全的工具。一般都须租入土地来耕，受人地租、债利和小部分雇佣劳动的剥削。中农一般不要出卖劳动力，贫农一般要出卖小部分的劳动力，这是区别中农和贫农的主要标准。""工人（雇农在内）一般全无土地和工具，有些工人有极小部分的土地和工具。工人完全地或主要地以出卖劳动力为生。"② 该文对纠正中央苏区土地斗争中的错误偏向和正确解决土地问题起了指导作用，是新民主主义时期土地改革的纲领性文献。毛泽东在查田运动中的纠"左"努力后又遭受挫折，1934年3月15日人民委员会发布《关于继续开展查田运动的问题》的训令，使"左"倾错误进一步扩大，给苏区革命事业造成了恶果。

　　苏区在深入开展土地革命的同时，还领导革命根据地的经济建设，并取得了很大成就。毛泽东对经济建设进行了初步探索，提出了新民主主义经

---

① 中共中央文献研究室编《毛泽东年谱（1893—1949）》（修订本）上卷，第412页。
② 毛泽东：《怎样分析农村阶级》，载《毛泽东选集》第一卷，第127—129页。

济的基本思想。1933 年 8 月，他在江西南部十七县经济建设工作会议上做了《必须注意经济工作》的讲演，阐明了革命根据地经济建设的方针、政策和工作方法。他强调了根据地进行各项必要的和可能的经济建设事业的重要性，指出经济建设是为着粉碎敌人第五次"围剿"的彻底胜利；为着争取物质上的条件去保障红军的给养和供给；为着改善人民群众的生活，由此更加激发人民群众参加革命战争的积极性；为着在经济战线上把广大人民群众组织起来，并且教育他们，使战争得着新的群众力量；为着从经济建设去巩固工人和农民的联盟，巩固工农民主专政，加强无产阶级的领导。他批评了经济建设上的两种错误观点：一种观点认为在革命战争环境中没有进行经济建设的可能，要等战争最后胜利了，有了和平的安静的环境才能进行经济建设。这种观点不了解如果不进行经济建设，革命战争的物质条件就不能有保障，人民在长期战争中就会感觉疲惫。另一种观点以为经济建设已经是当前一切任务的中心，而忽视革命战争，离开革命战争去进行经济建设。这种观点不明白，在现在的阶段中经济建设必须是环绕着革命战争这个中心任务的，进行经济建设的目的，正是为了保障革命战争的胜利；只有在国内战争完结之后才说得上也才应该说以经济建设为一切任务的中心。他还强调了做好经济工作的正确领导方式和工作方法：要从组织上动员群众；动员群众的方式不应该是官僚主义的；经济建设运动的开展，需要很大数量的工作干部，而干部是从土地斗争、经济斗争、革命战争中锻炼出来的；经济建设不仅和战争的总任务不能分离，和其他的任务也不能分离。[1] 毛泽东在《必须注意经济工作》中阐明的关于经济建设的思想，指导了红色区域经济建设工作，从而有力地支援了人民革命战争；其中关于经济工作要有正确的领导方式和工作方法、正确处理经济建设与其他任务关系等思想，对当前经济工作仍具有现实意义。1934 年 1 月，毛泽东在中华苏维埃第二次全国代表大会代表大会上做了《我们的经济政策》《关心群众生活，注意工作方法》的报告，说明了根据地经济建设取得的成绩，进一步明确了根据地经济建设的方针政策与任务。他在《我们的经济政策》的演讲中指出，"我们的经济政策的原则，是进行一切可能的和必须的

---

[1] 毛泽东：《必须注意经济工作》，载《毛泽东选集》第一卷，第 119—120、123—125 页。

经济方面的建设，集中经济力量供给战争，同时极力改良民众的生活，巩固工农在经济方面的联合，保证无产阶级对于农民的领导，争取国营经济对私人经济的领导，造成将来发展到社会主义的前提"；"我们的经济建设的中心是发展农业生产，发展工业生产，发展对外贸易和发展合作社"，"在目前的条件之下，农业生产是我们经济建设工作的第一位"；"现在我们的国民经济，是由国营事业、合作社事业和私人事业这三方面组成的"，要大力发展国营经济和合作社经济，同时"我们对于私人经济，只要不出于政府法律范围之外，不但不加阻止，而且加以提倡和奖励"，"尽可能地发展国营经济和大规模地发展合作社经济，应该是与奖励私人经济发展，同时并进的"；"从发展国民经济来增加我们财政的收入，是我们财政政策的基本方针"，"财政的支出，应该根据节省的方针。应该使一切政府工作人员明白，贪污和浪费是极大的犯罪"。[①] 他在《关心群众生活，注意工作方法》中要求"深刻地注意群众生活的问题，从土地、劳动问题，到柴米油盐问题"，"真心实意地为群众谋利益，解决群众的生产和生活的问题"；要求注意工作方法，"不反对官僚主义的工作方法而采取实际的具体的工作方法，不抛弃命令主义的工作方法而采取耐心说服的工作方法，那末，什么任务也是不能实现的"。[②] 在临时中央政府和毛泽东的直接领导下，苏区经济建设事业取得了很大成绩。据统计，农业生产收获量，1933 年与 1932 年相比，中央苏区增加了 15%，闽浙赣区增加了 20%；到 1934 年 3 月，中央苏区有较大的军需工厂 33 座。

工农民主政权建设方面，成立了临时中央政府，开始了局部执政实践，并形成了较为系统的政权建设思想，在中共政权建设史上具有重要的伟大意义。（详细内容见本书第二卷第十六章第四节第三子目）中国共产党在进行土地革命的同时，也十分重视政权建设。1931 年 11 月 7 日至 20 日，在江西瑞金召开了中华苏维埃第一次全国代表大会，通过了《中华苏维埃共和国宪法大纲》《中华苏维埃共和国宪法土地法令》《中华苏维埃共和国劳动法》《中华苏维埃共和国关于经济政策的决定》《红军问题决议案》《中华

---

① 毛泽东：《我们的经济政策》，载《毛泽东选集》第一卷，第 130—134 页。
② 毛泽东：《关心群众生活，注意工作方法》，载《毛泽东选集》第一卷，第 138、140 页。

苏维埃共和国宪法临时政府对外宣言》《中华苏维埃共和国宪法告中国工人与劳动群众》《中国的革命的职工运动的任务》等文件；大会选举产生了以毛泽东为主席的中华苏维埃共和国临时中央政府。1934 年 1 月 21 日至 2 月 1 日，中华苏维埃第二次全国代表大会在瑞金召开，通过了修正的《中华苏维埃共和国宪法大纲》和《关于苏维埃经济建设的决议》《苏维埃建设决议案》等文件；毛泽东做了《我们的经济政策》和《关心群众生活，注意工作方法》的报告；选举毛泽东等 175 人为中华苏维埃共和国第二届中央执行委员会委员，毛泽东继续当选为中央执行委员会主席。中共关于工农民主共和国的理论，在中华苏维埃第一、第二次全国代表大会通过的上述文件中有较为集中的阐述，即：工农民主共和国的国体是工农民主专政，根本的政治制度是工农兵代表大会制度。工农民主共和国的理论，描绘了一个比较系统的以工人阶级为领导、以工农联盟为基础、以社会主义为前途的国家蓝图，为人民民主专政理论提供了重要基础。当然，由于受当时"左"倾路线的影响，工农民主共和国理论也有它的局限性，如把资产阶级与地主阶级相提并论，都作为"工农民主专政"的专政对象，在对待资产阶级、富农上有一些"左"的规定。

二、白区工作的开展和鲁迅与左翼文学运动

在红军和根据地发展的同时，中共在白区（国统区）的工作也逐步开展了起来。1928 年 5 月，中央发出《关于在白色恐怖下党组织的整顿、发展和秘密工作》的通告，对前一段白区工作的经验教训进行了总结，指出最近几个月党组织遭受重大破坏、中央政治局委员罗亦农在上海牺牲，固然是因为反动统治向我们猛烈地进攻，但本党组织不适用于秘密工作的环境实为重大关键。通告提出了严密党的各级组织，使党的秘密工作与公开工作结合起来，尽量利用一切公开及半公开的机会去团结工农群众，强调"秘密工作之意义不是缩小党的活动范围脱离群众去求党的安全隐密的政治主张，而是如何使党的政治主张更能普遍深入组织更能接近群众，随时能够领导群众的斗争而不致遭受军警侦探的破获，所以运用公开机会去团结广大群众是白色恐怖下的党部最重要的任务"；提出整顿党的组织使其适合秘密工作环境，"使敌人不易破获党的机关与组织，或者破获一部分而不致连

带到其他的部分"，并"注意秘密技术"。① 同年 10 月，由周恩来主持起草的
《关于湖北组织问题决议案》中概括了秘密工作的 6 条原则：要深入群众，
必须找正当在业的工作人员；机关要少而秘密，要职业化与社会化；开会
人数要少，时间减短，开会时要留人在外；指导机关集体分工，同时每个
负责人要能够了解全部情形，能够解答各种问题，注意养成各级党部能够
独立解决问题的能力；全省交通网要有严密的布置，几个交通路线要避免
互相知道；技术工作人员要尽可能地减少，一切技术事件尽量地秘密。② 经
过艰苦复杂的斗争，大革命失败后遭受严重损失的党在白区的各项工作得
到了恢复和发展。到 1930 年上半年，全国党员发展到 12 万人以上，在各
大城市产业工人中建立了 229 个支部。1933 年夏秋间，中央局成立白区工
作部，由陈云兼任白区工作部部长，同时成立了中共中央局白区工作委员
会。1934 年 1 月，六届五中全会在《给二次全苏大会党团的指令》中指出：
"为了开展革命战争的胜利，加强苏区周围的白区工作，开展苏区周围的游
击战争，建立新的游击队与苏区，是极端重要的"，要求"苏维埃政府尤其
是各边区的苏维埃政府必须用一切力量与方法去进行在白区群众中以及白
军士兵中的宣传与组织的工作，广泛的宣传苏维埃革命和目的，宣传苏维
埃已经给与工农的利益，经常进行拥护苏维埃红军的行动"。③

　　中共在白区的工作推动了国统区各界救亡运动的开展。在中国共产党直
接领导下，中国左翼作家联盟于 1930 年 3 月 2 日在上海中华艺术大学（今
多伦路 201 弄 2 号）举行成立大会，领导成员有鲁迅、夏衍、冯雪峰、冯
乃超、周扬等，曾任中共主要负责人的瞿秋白在其间发挥了重要作用。成
立大会通过的《中国左翼作家联盟行动纲领》指出：作为解放斗争的武器，
"只有和历史的进行取同样的步伐的艺术，才能够唤喊它的明耀的光芒"，
艺术家"不能不站在历史的前线，为人类社会的进化，清除愚昧顽固的保
守势力，负起解放斗争的使命"；"帝国主义的资本主义制度已经变成人类进

①《中央通告第四十七号——关于在白色恐怖下党组织的整顿、发展和秘密工作》，载《中共中
　央文件选集》第四册，第 200—203 页。
② 中共中央文献研究室编《周恩来年谱（一八九八——一九四九）》，中央文献出版社、人民出版
　社，1989，第 145—146 页。
③《五中全会给二次全苏大会党团的指令》，载《中共中央文件选集》第十册，第 76 页。

化的桎梏，而其'掘墓人'的无产阶级负起其历史的使命，在这'必然的王国'中作人类最后的同胞战争——阶级斗争，以求人类彻底的解放"，"我们不能不站在无产阶级的解放斗争的战线上，攻破一切反动的保守的要素，而发展被压迫的进步的要素"；因此，"我们的艺术是反封建阶级的，反资产阶级的，又反对'稳固社会地位'的小资产阶级的倾向。我们不能不援助而且从事无产阶级艺术的产生"。[①]该纲领明确宣布文艺为无产阶级的解放斗争服务，体现了鲜明的阶级立场，也存在明显的缺点，如提出"反对'稳固社会地位'的小资产阶级"，而在民主革命阶段不但不应提反对小资产阶级，还应慎提"反资产阶级"。

鲁迅在成立大会上做了题为《对于左翼作家联盟的意见》的讲话，认为"倘若不和实际的社会斗争接触"，"倘不明白革命的实际情形"，"'左翼'作家是很容易成为'右翼'作家的"，并有针对性地对左联工作提出了四点意见：对于旧社会和旧势力的斗争，必须坚决，持久不断，而且注重实力；战线应该扩大，要吸取"在前年和去年，文学上的战争是有的，但那范围实在太小，一切旧文学旧思想都不为新派的人所注意，反而弄成了在一角里新文学者和新文学者的斗争，旧派的人倒能够闲舒地在旁边观战"的教训；应当造出大群的新的战士，尤其要重视对"能操马克斯主义批评的枪法的"青年战士的培养，同时，"在文学战线上的人还要'韧'。所谓韧，就是不要像前清做八股文的'敲门砖'似的办法"；联合战线是以有共同目的为必要条件的，"我们战线不能统一，就证明我们的目的不能一致，或者只为了小团体，或者还其实只为了个人，如果目的都在工农大众，那当然战线也就统一了"。[②]这是在中国现代文学史上率先提出了文艺要为"工农大众"服务并指出左翼文艺家要和实际的社会斗争接触。

"左联"的成立，标志着中国革命文学发展进入一个新阶段。它曾有组织有计划地致力于马克思主义文艺理论的宣传和研究，批判各种错误的资产阶级文艺思想，提倡革命文学创作，进行文艺大众化的探讨，培养了一批革命文艺工作者，促进了革命文学运动的发展。它在国民党统治区内领

[①]《中国左翼作家联盟的成立》，《拓荒者》第 1 卷第 3 期，1930 年 3 月 10 日。
[②] 鲁迅：《对于左翼作家联盟的意见》，载《鲁迅全集》第四卷，人民文学出版社，1981，第 233—238 页。

导革命文学工作者和进步作家，对国民党的反革命文化"围剿"进行了英勇顽强的斗争，在粉碎这种"围剿"中起了重大的作用。也正因此，它遭到了国民党的破坏与镇压。被称为"左联五烈士"的李伟森（左翼文化工作者而非左联成员）、柔石、胡也频、殷夫、冯铿于 1931 年 2 月 7 日被秘密杀害于上海龙华国民党警备司令部。与国民党接近的文人王平陵、朱应鹏、范争波、黄震遐等发起了"民族主义文艺运动"，他们于同年 6 月 1 日发表《民族主义文艺运动宣言》，把无产阶级文艺运动与"保持残余的封建思想"的文艺并称为"两个极端的思想"，指责"自命左翼的所谓无产阶级的文艺运动，他们将艺术'呈献给"胜利不然就死"的血腥的斗争'"；强调"文艺底最高的使命，是发挥它所属的民族精神和意识"，"文艺的最高意义，就是民族主义"。①

　　针对国民党的镇压与"民族主义文艺"的主张，"左联"和瞿秋白、茅盾、鲁迅等发表宣言、文章进行了谴责与批判。1930 年 8 月 4 日，"左联"执委会通过的《无产阶级文学运动新的情势及我们的任务》，将所谓"民族主义文艺派"定性为"文学上的法西斯蒂组织"。瞿秋白在 1931 年 8 月 20 日发表的《屠夫文学》（后改名《狗样的英雄》）一文中指出：帝国主义的列强和中国各地各派各系的绅商需要战争，需要势力范围，需要杀人放火，"因此，中国绅商就定做一批鼓吹战争的小说，定做一种鼓吹杀人放火的文学。这就叫做民族主义的文学"②。茅盾在 1931 年 9 月发表的《"民族主义文艺"的现形》一文中指出"国民党维持其反动政权的手段，向来是两方面的：残酷的白色恐怖与无耻的麻醉欺骗。所以在一九三○年上半期普罗文艺运动既震撼了全中国的时候，国民党一方面扣禁左翼刊物，封闭书店，捕杀作家，而另一方面则嗾使其走狗文人号召所谓'民族主义文艺'"；揭露民族主义文艺派"他们的所谓'民族'实在只是统治阶级……他们所谓'民族的利益'，就是统治阶级的利益"。③鲁迅在同年 10 月 23 日发表的《"民族主义文学"的任务和运命》一文指出，所谓"民族主义文学"，实

---

① 《民族主义文艺运动宣言》，载《中国新文学大系 1927—1937 第二集·文学理论集二》，上海文艺出版社，1987，第 431—434 页。

② 史铁儿（瞿秋白）：《屠夫文学》，《文学导报》第 1 卷第 3 期，1931 年 8 月 20 日。

③ 石萌（茅盾）：《"民族主义文艺"的现形》，《文学导报》第 1 卷第 4 期，1931 年 9 月 13 日。

质上是帝国主义殖民政策下的流氓政治所产生的"流尸"文学，"是一向在尽'宠犬'的职分"的"宠犬派文学"，对于帝国主义"是有益的，这叫做'为王前驱'"。因为"从帝国主义的眼睛看来，惟有他们是最要紧的奴才，有用的鹰犬，能尽殖民地人民非尽不可的任务：一面靠着帝国主义的暴力，一面利用本国的传统之力，以除去'害群之马'，不安本分的'莠民'。所以，这流氓，是殖民地上的洋大人的宠儿，——不，宠犬，其地位虽在主人之下，但总在别的被统治者之上的"。①

为了纪念被国民党杀害的"左联五烈士"，鲁迅先后撰写了《柔石小传》《中国无产阶级革命文学和前驱的血》《为了忘却的记念》等文章，批判国民党对无产阶级革命文学的摧残和对革命进步青年的屠杀。他在《中国无产阶级革命文学和前驱的血》中开篇便写道："中国的无产阶级革命文学在今天和明天之交发生，在诬蔑和压迫之中滋长，终于在最黑暗里，用我们的同志的鲜血写了第一篇文章。"他指出：我们的这几位同志虽然"被暗杀了，这自然是无产阶级革命文学的若干的损失"，我们也感到非常悲痛，"但无产阶级革命文学却仍然滋长，因为这是属于革命的广大劳苦群众的，大众存在一日，壮大一日，无产阶级革命文学也就滋长一日。我们的同志的血，已经证明了无产阶级革命文学和革命的劳苦大众是在受一样的压迫，一样的残杀，作一样的战斗，有一样的运命，是革命的劳苦大众的文学"。②两年后，鲁迅在《为了忘却的记念》中又写道："前年的今日，我避在客栈里，他们却是走向刑场了；去年的今日，我在炮声中逃在英租界，他们则早已埋在不知那里的地下了；今年的今日，我才坐在旧寓里，人们都睡觉了，连我的女人和孩子。我又沉重的感到我失掉了很好的朋友，中国失掉了很好的青年，我在悲愤中沉静下去了，不料积习又从沉静中抬起头来，写下了以上那些字……不是年青的为年老的写记念，而在这三十年中，却使我目睹许多青年的血，层层淤积起来，将我埋得不能呼吸，我只能用这样的笔墨，写几句文章，算是从泥土中挖一个小孔，自己延口残喘，这是怎样的世界呢。"③其字里行间，充满了对"左联五烈士"的怀念，对国民党罪行

---

① 鲁迅：《"民族主义文学"的任务和运命》，载《鲁迅全集》第四卷，第311—312页。
② 鲁迅：《中国无产阶级革命文学和前驱的血》，载《鲁迅全集》第四卷，第282—283页。
③ 鲁迅：《为了忘却的记念》，载《鲁迅全集》第四卷，第488页。

的控诉，对黑暗社会的批判。

1936 年春，根据抗日救亡运动形势发展的需要，为了建立文艺界抗日民族统一战线，"左联"自动解散。这年 10 月 19 日，鲁迅与世长辞。为追悼左翼文学运动的灵魂人物鲁迅先生，中国共产党中央委员会和中华苏维埃共和国中央政府发表了《告全国同胞和全世界人士书》，称鲁迅先生是"中国文学革命的导师，思想界的权威，文坛上最伟大的巨星"，他的逝世"使我们中华民族失掉了一个最前进最无畏的战士，使我们中华民族遭受了最巨大的不可补救的损失"。"鲁迅先生一生的光荣战斗事业做了中华民族一切忠实儿女的模范，做了一个为民族解放社会解放为世界和平而奋斗的文人的模范，他的笔是对于帝国主义汉奸国贼军阀官僚土豪劣绅法西斯蒂以及一切无耻之徒的大炮和照妖镜，他没有一个时候不和被压迫的大众站在一起，与那些敌人作战。""中国共产党中央委员会和中华苏维埃人民共和国中央政府号召全国民众，尤其是文学界，一致起来继续鲁迅先生光荣的事业，继承鲁迅先生的遗志，为中华民族的解放而奋斗，为中国大众的解放而奋斗，为世界和平而奋斗。"[①] 后来，毛泽东在《新民主主义论》中再次对鲁迅先生的一生做出了高度评价，称鲁迅为"文化新军的最伟大和最英勇的旗手"。他指出："鲁迅是中国文化革命的主将，他不但是伟大的文学家，而且是伟大的思想家和伟大的革命家。鲁迅的骨头是最硬的，他没有丝毫的奴颜和媚骨，这是殖民地半殖民地人民最可宝贵的性格。鲁迅是在文化战线上，代表全民族的大多数，向着敌人冲锋陷阵的最正确、最勇敢、最坚决、最忠实、最热忱的空前的民族英雄。鲁迅的方向，就是中华民族新文化的方向。"[②]

三、王明"左"倾教条主义及其对中国革命的危害

中国共产党在开辟中国革命新道路、进行土地革命和推进白区工作的过程中，曾连续出现"左"倾错误，即 1927 年 11 月至 1928 年 4 月的"左"倾盲动错误、1930 年 6 月至 9 月李立三的"左"倾冒险错误和 1931 年 1 月

---

① 《中国共产党中央委员会中华苏维埃人民共和国中央政府为追悼鲁迅先生告全国同胞和全世界人士书》，载《中共中央文件选集》第十一册，第 103、105 页。
② 毛泽东：《新民主主义论》，载《毛泽东选集》第二卷，第 698 页。

至 1935 年 1 月遵义会议前的王明"左"倾教条主义错误，特别是王明"左"倾教条主义在党内长达四年的错误领导，导致了中央革命根据地第五次反"围剿"失败和长征初期的重挫，给苏区和白区革命力量造成极大损失。

1927 年 11 月，由瞿秋白主持召开的临时中央政治局扩大会议上通过了《中国现状与党的任务决议案》。《决议案》一方面正确地号召一切革命力量在共产党领导下，坚决反对帝国主义，推翻国民党的反动统治；坚决领导农民暴动，实行农村割据、没收地主阶级的土地归农民耕种；组织工农革命军开展游击战争，等等。但另一方面却不承认革命形势暂时处于低潮，认为国民党新军阀的统治已处于崩溃的边缘；提出所谓"中国革命的无间断的性质"，"现在的革命斗争，已经必然要超越民权主义的范围而急遽的进展；中国革命的进程，必然要彻底解决民权主义任务而急转直下的进于社会主义的道路"①。党的六大后，中共中央着重纠正了"左"倾盲动的错误。

当时发生的国民党新军阀混战尤其是 1930 年 5 至 10 月的中原大战，使党内一些领导人对革命形势做了过于乐观的估计，"左"倾冒险错误再度升温。1930 年 6 月 11 日，时任中央政治局常委兼中共中央秘书长和宣传部部长的李立三主持召开政治局会议，通过了由其起草的《新的革命高潮与一省或几省首先胜利（一九三〇年六月十一日政治局会议通过目前政治任务的决议）》，提出了一省或数省首先胜利的开始，就是革命转变的开始，并提出了一系列"左"的政策。决议对革命形势做了错误估计，认为"中国经济政治的根本危机，在全国任何一处都是同样继续尖锐化，没有丝毫根本的差别，因此在中心城市爆发了伟大的工人斗争，必然形成全国革命高潮，并且这一伟大斗争的本身，就是全国革命高潮到来的标志"，"总的形势，都表明中国新的革命高潮已经逼近到我们的前面了"并"有极大的可能转变成为全国革命的胜利"，还认为中国革命一爆发就有"掀起全世界的大革命，全世界最后的阶级决战到来的可能"。决议坚持"城市中心论"的错误观点，认为"没有中心城市的武装暴动，决不能有一省与几省的胜利。不特别注意城市工作，想'以乡村包围城市'，'单凭红军来夺取城市'，是一种极错误的观念"。决议混淆民主革命和社会主义革命的区别，提出"民

---

① 《中国现状与党的任务决议案》，载《中共中央文件选集》第三册，第 454、453—454 页。

主革命的胜利必然转变为社会主义的胜利"，"革命胜利的开始，革命政权建立的开始，就是革命转变的开始，中间决不会有丝毫间隔的"。[①]决议在对革命形势错误估计的情况下，强调进攻路线，要求在国民党统治区组织工人罢工和暴动，组织农民、兵士暴动；在革命根据地组织红军向大城市进攻；提出了以武汉为中心的全国中心城市起义和集中所有红军主力攻打中心城市的冒险计划。李立三"左"倾冒险主义错误，给革命事业造成了严重危害。同年 9 月 24 日至 28 日，瞿秋白、周恩来在上海主持召开党的扩大的六届三中全会，纠正李立三的错误。

中共扩大的六届三中全会后，由于共产国际的干预，党内又产生了王明"左"倾教条主义的严重错误。王明（1904—1974），原名陈绍禹，安徽六安县金家寨（今属金寨县）人。1920 年考入安徽省立第三甲种农业学校。1924 年入国立武昌商科大学，在此期间接受了社会主义思想的影响，加入了中国共产党。1925 年底至 1929 年 3 月，在莫斯科中山大学学习，得到了先为副校长后为校长的米夫的赏识，进行了一系列宗派活动。1929 年回国后，曾经在《红旗》《布尔塞维克》等报刊上发表多篇文章，系统地宣传"左"的思想和主张。他虽然对李立三的"左"倾错误有过批评，但其观点也是"左"倾的，后来形成了比"立三路线"更"左"的"王明路线"。李立三的错误明明是"左"的，王明反而认为它是右的，就是因为王明的许多看法比李立三等的看法更"左"。约写成于 1930 年 11 月的《两条路线》（即《为中共更加布尔塞维克化而斗争》），是王明"左"倾教条主义的政治纲领。1931 年 1 月，在共产国际代表米夫的支持下，王明在中共六届四中全会上当选为中央政治局委员，实际上掌握了党的最高领导权，使王明"左"倾教条主义统治中央达四年之久。

王明在中山大学期间，较系统地学习了马列主义理论，读了一些马、恩、列、斯的原著。但他缺乏中国革命实践经验，只会死记硬背马列主义的本本，这就打下了他把马列主义教条化和把苏联经验神圣化的教条主义的思想基础。大革命失败后，以毛泽东为主要代表的中国共产党人致力于

[①]《新的革命高潮与一省或几省首先胜利（一九三〇年六月十一日政治局会议通过目前政治任务的决议）》，载《中共中央文件选举》第六册，第 117—121、123、126 页。

探索中国革命的新道路，逐步产生了以农村为中心、"农村包围城市，武装夺取政权"的思想，王明则一直坚持以城市工人武装暴动夺取政权的"城市中心论"思想。1928 年中共六大前夕，王明等人编译了供"六大"代表阅读的《武装暴动》小册子。小册子编了"十次暴动的丰富经验"，十次都是城市暴动，其中中国四次，即上海工人三次武装起义和广州起义。没有编进把从城市退却和向农村进军结合起来的秋收起义，反映了编者对"城市中心论"模式的迷信。王明以"韶玉"的笔名为小册子写了序言。在序言中，他指责重视农村游击战争为"儿戏暴动的倾向"，强调农村游击战争要服从城市工人武装暴动。他说："在武装群众的工作中必须对于工业城市的无产阶级加以最大的注意，绝不能把工人阶级的武装暴动看成对于乡村游击战争的简单响应或补充。谁不懂只有工业城市，是暴动的组织中心，谁不懂只有无产阶级是暴动的领导力量，谁就对于马克思主义的暴动策略丝毫也不懂。"[①] 王明主编的小册子对党的"六大"产生了消极的影响。同年底，王明又编了一本四万多字的小册子，即《广东暴动纪实》。小册子对广州起义做了较高的评价，但也反映了王明对城市武装暴动的热衷。他总结了广州起义失败的一些具体原因，但没有指出当时苏维埃政权在中心城市是无法长期坚持的，没有提到起义部队占领广州后，应果断地撤出广州，到广大的乡村去建立根据地。相反，他强调广州起义是最近将要胜利的全国大暴动的预演，中国革命要照搬"十月革命的经验"，中国革命的胜利一定是"中国十月"的胜利。王明回国后，先后积极鼓吹"立三路线"，后又以反立三路线为名，把"左"倾冒险主义推向高峰。他在《目前军阀战争与党的任务》《两条路线》(后改名为《为中共更加布尔塞维克化而斗争》)等论著中，鼓吹工人城市武装暴动，夸大中国资产阶级民主革命中的社会主义成分，混淆民主革命和社会主义革命的界限，提出一系列"左"倾错误观点。

关于中国革命形势问题，王明对革命形势做了极端夸大的估计。他在《目前军阀战争与党的任务》一文中指出："此次军阀混战是整个世界及整个中国的政治经济危机尖锐化的具体表演"，"结果是使中国过去一切统治方式（自北洋军阀至国民党）完全宣告破产，使中国各派统治阶级都加速

[①] 韶玉（王明）:《〈武装暴动〉的序言》,《布尔塞维克》第 2 卷第 6 期，1929 年 4 月 1 日。

崩溃"。① 他在《两条路线》中认为，随着"革命的爆发一天一天的接近。从全国形势一般看来，新的革命运动的高潮日益增长，实在是不可争辩的事实"②。王明过高估计了中国革命形势，促使其产生了完全脱离中国革命实际的狂热想法，完全不顾敌我力量对比而执行冒险进攻路线。

　　关于中国革命性质问题，王明夸大资产阶级民主革命中的社会主义成分，把反对资产阶级作为民主革命的主要任务。斯大林和共产国际都认为中国革命的性质是资产阶级民主革命，因此，王明口头上也承认中国革命现阶段是资产阶级民主革命。但在具体宣传中，他却把资产阶级与帝国主义、封建主义并列作为革命的对象，认为革命任务是反帝反封建反资产阶级。这就是把反对资产阶级的社会主义革命任务包括在资产阶级民主革命中，超越了资产阶级民主革命的内容和范围，超越了历史阶段。他在《与一个工人同志的谈话》中，明确地把资产阶级当成革命对象。他说："我们现在的革命，一定要反对资产阶级；中国资产阶级投降帝国主义，妥协了封建军阀，成为中国反革命的主要力量之一。它剥削中国工农，压迫中国工农，屠杀中国工农，与帝国主义、买办、军阀、官僚、豪绅一样的残酷。现阶段中国革命任务的完成，只有在同时彻底反对中国资产阶级的条件下，才能做到。"他提出，"我们现在的革命，绝对不是为了要使资本主义发展"，而是"要像没收地主土地一样，没收资本家的财产"，绝不能不动资本家的财产，绝不允许中国资本家继续握有工厂、矿山、铁路、轮船、银行……去继续剥削中国工人阶级来发展中国的资本主义。③ 他在《两条路线》中，一面说，"现在阶段的中国革命还是资产阶级民主革命的性质"；一面又说，革命应超越中国资产阶级民主革命的范围，把后一阶段的革命任务提到现在阶段来完成，提出"现在阶段革命之所以还成为资产阶级民主性，是因为工人阶级反对资本主义的斗争"，实际上又否认了中国革命的资产阶级民主革命性质。王明和李立三在中国革命性质问题上的观点是一致的，李立三

---

① 韶玉（王明）:《目前军阀战争与党的任务》,《布尔塞维克》第 3 卷第 4、5 期合刊，1930 年
　　5 月 15 日。
② 陈绍禹（王明）:《为中共更加布尔塞维克化而斗争》，载《建党以来重要文献选编
　　（一九二一—一九四九）》第八册，第 122 页。
③ 慕石（王明）:《与一个工人同志的谈话》,《红旗》第 54 期，1929 年 11 月 16 日。

也曾强调民主革命必须反对资产阶级。但王明在《两条路线》中却批评李立三不懂中国资产阶级革命的特点，批评李立三"不了解中国革命的现在阶段上已经怒号着伟大斗争：反帝国主义的民族解放斗争，反封建余孽的斗争，反资产阶级的斗争"。[1] 在王明看来，中国资产阶级民主革命的特点是除了反帝反封建以外，还要反对资产阶级。因此，王明比李立三更积极地强调民主革命要反对资产阶级。同反资产阶级相联系，王明还把富农当成民主革命的对象。他在《极可注意的两个农民意识问题》一文中，提出要坚决地、不动摇地、丝毫不放松地反对富农，提出谁不赞成反对富农，就是"农民意识"。他在《两条路线》中，更夸大了反富农斗争。为进行反资产阶级、反富农斗争，他夸大资本主义在中国社会经济中的比重，只提中国是半殖民地国家，而不提中国是半殖民地半封建国家。既然把资产阶级、富农当成革命对象，革命的动力也就被大大削弱。王明重复了共产国际的大革命时期四个阶级、武汉时期三个阶级、大革命失败后两个阶级的说法。他在《两条路线》中写道："中国现在革命阶段的革命主要动力是：工人阶级、雇农和贫农，中农是巩固的同盟者，加上城乡的广大的半无产阶级成分和小资产阶级的下层。"[2] 他把民族资产阶级和上层小资产阶级赶出了革命动力的行列，使革命队伍里只剩下工人和农民两个阶级。王明把反对资产阶级和反帝反封建并列，提出没收中国资产阶级的财产，宣称现在阶段的中国资产阶级民主革命只有在坚决反对资产阶级的斗争中才能得到彻底的胜利，他甚至把上层小资产阶级也看成是革命的对象。这是超越资产阶级民主革命的"左"倾错误观点。毛泽东后来曾提出，资产阶级是一个带两面性的阶级，如何处理同资产阶级的关系，是党的路线正确与否的重要问题。他还指出，现阶段中国多了一个帝国主义，多了一个封建主义，少了一个资本主义，因此，新民主主义的经济纲领主要内容之一，应该是保护私人资本主义。即使在社会主义革命的一定历史时期内，仍要允许资本主义在不操纵国计民生的范围内继续存在。自称马克思主义理论家的王明并不懂

---

① 陈绍禹（王明）：《为中共更加布尔塞维克化而斗争》，载《建党以来重要文献选编（一九二一——一九四九）》第八册，第117页。

② 陈绍禹（王明）：《为中共更加布尔塞维克化而斗争》，载《建党以来重要文献选编（一九二一——一九四九）》第八册，第117页。

这些道理。

　　关于中国革命道路问题，王明坚持城市中心论。1929年12月，他在《广州暴动二周年纪念》一文中强调："只有中国工农兵群众继续广州暴动的精神，以武装暴动的手段，根本推翻帝国主义在华的统治，打倒帝国主义指挥下的买办地主资产阶级联盟的国民党军阀政权，建立工农兵代表苏维埃政府，是唯一正确的手段！"[①]他仍相信中国革命应走"广州暴动"式的道路，仍把城市武装暴动看成夺取中国革命胜利"唯一正确的手段"。他既然把城市武装暴动的手段看成是"唯一正确的"，也就排斥了毛泽东等人正在开拓的农村包围城市的革命道路。他在颂扬了一番"广州暴动"的模式后，便鼓吹曾连续三次举行武装起义的上海工人应按广州暴动的经验搞"第四次暴动"。他在《"第三次暴动"与"第四次暴动"》一文中，断言中国将来的武装暴动，是广州暴动的继续，上海工人群众必须研究广州暴动的经验，才能搞好第四次上海暴动。他认为，国际国内的革命形势都使工农兵武装暴动的任务日益逼近，鼓动上海工人群众要时时准备搞"第四次暴动"。王明在《目前军阀战争与党的任务》一文中，又按"城市中心论"的模式，提出了以武汉为中心的首先胜利的主张。他认为武装暴动夺取政权的任务已摆在党的面前，即使一时难以夺取全国政权，也已出现了一省与几省首先胜利的前途。根据当时条件，武汉及附近各省最有可能首先突破，因此，要力争革命在武汉及附近胜利的前途尽速实现。不久，李立三主持制订了组织武汉等中心城市暴动和集中全国红军进攻武汉等中心城市的计划，但城市武装暴动均遭失败。李立三、王明等人鼓吹的"城市中心论"在实践中破产了，然而王明在《两条路线》中仍坚持"城市中心论"，他要求白区工作在政治上、组织上、群众基础上准备和创造武装起义的一切必要前提，要求苏区红军"依照军事政治的环境，进而能够占领一个或者几个工业的行政的中心城市"[②]。王明始终相信只有俄国革命的模式才是正确的。以毛泽东为代表的中国共产党人根据中国国情，开辟了农村包围城市的革命道路，盲目搬用外国革命模式的"城市中心论"终于被摒弃。

---

① 慕石（王明）：《广州暴动二周年纪念》，《布尔塞维克》第2卷第11期，1929年12月5日。

② 陈绍禹（王明）：《为中共更加布尔塞维克化而斗争》，载《建党以来重要文献选编（一九二一—一九四九）》第八册，第131页。

关于革命转变问题，王明急于实现从民主革命向社会主义革命转变，是急躁冒进的革命转变论者。他认为，革命转变不是在全国范围内基本完成民主革命任务后开始，而是在民主革命的过程中，在一个或几个大城市取得胜利后，立即向社会主义革命转变。他反复宣扬民主革命的个别胜利，就是社会主义革命的开始。他在《广州暴动二周年纪念》一文中说："广州暴动如果胜利了，毫无疑义的是中国资产阶级民主革命的最后完成，转变到无产阶级革命的正式开始。"① 他认为只要一个大城市取得胜利，中国革命就由资产阶级民主革命转变到无产阶级社会主义革命。他在《反对两个严重错误的倾向》一文中，强调资产阶级民主革命和社会主义革命的成分是"错杂着"的，认为"现在阶段的中国革命，在新高潮到来之时，有很快的转变到社会主义革命的前途"。② 他善于给别人扣帽子，提出如果谁不认识民主革命中存在着社会主义的成分，谁不认识新高潮到来之时就开始转变，谁就走上了"二次革命论"的错误道路。他在《为什么不组织雇农工会》一文中，更明确地提出"革命转变问题已经迫切地摆在我们目前"③。似乎中国在大革命失败不久后，就应转变到社会主义革命了。他批评毛泽东等人建立农村根据地、搞土地革命是"右倾"，有可能使"革命转变的前途沦于幻想"。在《两条路线》中，王明继续混淆民主革命与社会主义革命的界限，急于向社会主义革命转变，提出中国革命在一省数省的胜利，就是革命转变的开始。这就陷入了"左"倾冒险的革命超越论。毛泽东在《新民主主义论》中批驳了"左"倾空谈主义。他指出：中国革命必须分两步走，第一步是新民主主义，第二步才是社会主义。只有先完成了反帝反封建的民主革命任务，才能谈社会主义。他还指出，第一步的时间是相当长的，绝不是一朝一夕所能成就的。他批评某些人"毕其功于一役"的纯主观的想法，指出把社会主义的任务拿到民主主义时期来完成，那是空想，是真正的革命者所不取的。毛泽东的论述，可以帮助我们认识王明革命转变论的错误。

王明在其他问题上，如党的任务、党的组织路线、反倾向斗争等方面，

---

① 慕石（王明）：《广州暴动二周年纪念》，《布尔塞维克》第 2 卷第 11 期，1929 年 12 月 5 日。
② 王明：《反对两个严重错误的倾向》，载《王明言论选辑》，人民出版社，1982，第 65 页。
③ 王明：《为什么不组织雇农工会？——农民意识——尤其是富农意识作怪》，载《王明言论选辑》，第 106 页。

也宣传了"左"的错误观点。由于"左"倾教条主义政治路线与军事路线的恶性发展，导致了第五次反"围剿"失败，红军被迫进行战略转移。1934年10月中旬，中共中央、中央军委率中央红军主力8.6万人撤离中央苏区，开始进行二万五千里长征。"左"倾教条主义的危害极其严重，导致了除陕甘以外各主要根据地的丢失与党在白区组织的严重破坏，以及红军长征初期的重大损失；到1934年底，中央红军从出发时的8.6万人锐减到3万人左右。中国革命再次陷于低谷，面临彻底失败的危险。

第二节　毛泽东在中共中央领导地位的确立

在王明"左"倾教条主义使中国革命形势再次跌入低谷之际，长征途中于1935年1月召开的遵义会议，"事实上确立了毛泽东同志在党中央和红军的领导地位，开始确立以毛泽东同志为主要代表的马克思主义正确路线在党中央的领导地位，开始形成以毛泽东同志为核心的党的第一代中央领导集体，开启了党独立自主解决中国革命实际问题新阶段，在最危急关头挽救了党、挽救了红军、挽救了中国革命"，"这在党的历史上是一个生死攸关的转折点"。①遵义会议集中解决了当时具有决定意义的军事和组织问题，而长征到达陕北后召开的瓦窑堡会议尤其是六届六中全会在继遵义会议着重解决军事路线问题和组织问题后，开始努力解决政治路线问题。党制定出抗日民族统一战线的新策略，开创了中国革命的新局面。

一、遵义会议：一个生死攸关的转折点

1935年1月15日至17日召开的遵义会议事实上确立了毛泽东同志在党中央和红军的领导地位，开始确立以毛泽东同志为主要代表的马克思主义正确路线在党中央的领导地位；开始形成以毛泽东同志为核心的党的第一代中央领导集体；开启了党独立自主解决中国革命实际问题新阶段。"马克思主义正确路线"包括了政治路线、军事路线、思想路线、组织路线等，

---

① 《中共中央关于党的百年奋斗重大成就和历史经验的决议》，《人民日报》2021年11月17日。

毛泽东在《中国革命战争的战略问题》《战争和战略问题》等著作中，强调过"马克思主义的政治路线""马克思主义的军事路线"的重要性。

遵义会议着重解决当时党内所面临的最迫切的军事路线问题和组织问题，集中批评了"左"倾教条主义在军事指挥上的错误，肯定了毛泽东关于红军作战的基本原则。会议首先由博古（秦邦宪）做关于第五次反"围剿"的总结报告，他在报告中强调客观原因，包括敌人的过分强大、白区和各苏区的配合不够、根据地的政府和群众组织对战争的支援不力等，以此为"左"倾冒险主义错误辩护。张闻天做了批判"左"倾军事路线的报告（又称"反报告"），全面、系统地批判了博古、李德在军事领导上的一系列错误，得到与会大多数同志的赞同。毛泽东做了长篇发言，发言批评博古在向大会报告中谈到的第五次反"围剿"失败的主要原因是敌强我弱等观点，认为第五次反"围剿"失败的主要原因是军事指挥上和战略战术上的错误；指出博古和李德以单纯防御路线代替决战防御，以阵地战、堡垒战代替运动战，以所谓"短促突击"的战术原则支持单纯防御的战略路线，从而被敌人以持久战和堡垒主义的战略战术打败，使红军招致损失；强调这一路线同红军取得胜利的战略战术的基本原则是完全相反的。毛泽东的意见，得到大多数与会者的支持。[①] 会议主要根据毛泽东发言的内容，委托张闻天起草《中央关于反对敌人五次"围剿"的总结的决议》，该决议于 2 月 8 日经在云南威信县境召开的政治局会议正式通过后印发。决议指出博古关于五次"围剿"总结的报告"基本上是不正确的"，批评总结报告"过分估计了客观的困难，把五次'围剿'不能在中央苏区粉碎的原因归罪于帝国主义国民党反动力量的强大，同时对于目前的革命形势却又估计不足，这必然会得出客观上五次'围剿'根本不能粉碎的机会主义的结论"；还指出"我们工作中还有许多严重的弱点"，"但决不应该以为这些弱点的存在乃是不能粉碎五次'围剿'的主要原因"。决议指出：博古关于五次"围剿"总结的报告"对军事领导上战略战术基本上是错误的估计，却又不认识与不承认，这就使我们没有法子了解我们红军主力不能不离开中央苏区与我们不能在中央苏区粉碎'围剿'的主要原因究竟在那里。这就掩盖了我们在军事领导

---

① 中共中央文献研究室编《毛泽东年谱（1893—1949）》（修订本）上卷，第 442 页。

上战略战术的错误路线所产生的恶果。红军的英勇善战，模范的后方工作，广大群众的拥护，如果我们不能在军事领导上运用正确的战略战术，则战争的决定的胜利是不可能的。五次'围剿'不能在中央苏区粉碎的主要原因正在这里"。决议所批评的"左"倾教条主义在军事领导上战略战术的错误包括：以单纯防御路线（或专守防御）代替了决战防御，并以所谓"短促突击"的战术原则来支持这种单纯防御的战略路线；以全线出击代替"诱敌深入"，企图在全部战线同时阻止敌人；以分散兵力代替集中兵力，"单纯防御路线的领导者为了抵御各方面敌人的前进，差不多经常分散（主要是一，三军团的分散）兵力。这种分兵主义的结果，就使我们经常处于被动地位，就使我们的兵力处处薄弱，而便利于敌人对我们各个击破"；以阵地战、堡垒战代替运动战，"五次战争中由于对于堡垒主义的恐惧所产生的单纯防御路线与华夫同志的短促突击理论，却使我们从运动战转变到阵地战，而这种阵地战的方式仅对于敌人有利，而对于现时的工农红军是极端不利的"；等等。决议强调："我们在军事上的单纯防御路线，是我们不能粉碎敌人五次'围剿'的主要原因，一切企图拿党的正确的路线来为军事领导上的错误路线做辩护（如 ×× 同志的报告，华夫同志的发言）是劳而无功的。"①

马克思主义政治路线是中国共产党的生命线，是党领导革命事业取得胜利的基本保证。在大革命初期和中期，由于有正确政治路线的指引，北伐战争取得了胜利，但后期发生了陈独秀右倾机会主义错误，使大革命归于失败。土地革命战争前期，以毛泽东为主要代表的中国共产党人开辟了"农村包围城市，武装夺取政权"的革命道路，使红军和根据地获得迅速发展，但从 1931 年 1 月开始统治中共中央达四年之久的王明"左"倾冒险主义使革命遭受严重挫折。遵义会议没有明确提出解决政治路线问题，甚至为了集中解决军事问题与组织问题一般地肯定"党中央的政治路线无疑义的是正确的"，但由于会议结束了"左"倾教条主义在中央的统治，事实上确立了毛泽东同志在党中央和红军的领导地位，因此也推动了党的政治路线转变。

遵义会议在批评"左"倾教条主义领导者的军事错误时，把他们"不能在军事上运用正确的战略战术"归结为"右倾机会主义"错误。会议通过

---

① 《中央关于反对敌人五次"围剿"的总结的决议（遵义会议）》，载《中共中央文件选集》第十册，第 452—474 页。

的决议指出：军事上的单纯防御路线是我们不能粉碎敌人五次"围剿"的主要原因，"是一种具体的右倾机会主义的表现"，指出"一切企图拿党的正确路线来为军事领导上的错误路线做辩护（如××同志的报告，华夫同志的发言）是劳而无功的"，批评"华夫同志等则适足表现其战略问题上一贯的机会主义的倾向"；指出单纯防御路线"是由于对于敌人的力量估计不足，是由于与〔对于〕客观的困难，特别是持久战堡垒主义的困难，有了过分的估计，是由于对于自己主观的力量特别是苏区与红军的力量估计不足，是由于对于中国革命战争的特点不了解"；决议将反对军事上的单纯防御路线的斗争，定性为"反对党内具体的右倾主义的斗争"，认为"这种斗争在全党内应该开展与深入下去"。① 将"左"倾教条主义所犯军事路线错误定性为"右倾机会主义"显然是不合适的，但说明当时中央政治局已经认识到单纯防御路线不只是军事路线的错误，而是与政治路线上的错误密切相关，是政治路线错误在军事上的表现，"在当时中国共产党的语境里，所谓'右倾机会主义'的错误，就是一种严重的政治错误"②。陈云在《遵义政治局会议传达提纲》中就明确指出："国内战争中军事指挥是党的总的政治路线的一个主要的部分。"③ 军事指挥问题是当时最大、最紧迫的政治问题，对"左"倾教条主义军事路线的否定与批判，对以毛泽东为代表的军事路线的肯定与支持，必然推动着政治路线的转变。

遵义会议也从政治上对"左"倾教条主义领导人的政治错误提出了批评，提到了"政治路线的错误"问题。总结决议批评了"过去书记处与政治局自己对于军委的领导是非常不够的"，对于扩大红军、物资保障比较重视，"对于战略战术方面则极少注意"；严厉批评了博古"代表中央领导军委工作"所犯的严重错误，指出"这种错误对于××同志不是整个政治路线的错误，而是部分的严重的政治错误。但这一错误如果坚持下去，发展

① 《中央关于反对敌人五次"围剿"的总结的决议（遵义会议）》，载《中共中央文件选集》第十册，第469页。
② 李东朗：《遵义会议与党的政治路线的转变》，载中共遵义市委办公室、中共遵义市委政策研究室、中共遵义市委党史研究室编《遵义会议永放光辉——纪念遵义会议80周年论文集》，中共党史出版社，2015，第32页。
③ 陈云：《遵义政治局扩大会议传达提纲》，载中共中央党史资料征集委员会、中央档案馆编《遵义会议文献》，人民出版社，1985，第36页。

下去，则必然会走到整个政治路线的错误"。①

　　毛泽东后来曾经几次谈到遵义会议在改变党的政治路线中所起的作用。1941 年 9 月 10 日，他在中共中央政治局扩大会议所做《反对主观主义和宗派主义》报告中指出："遵义会议，实际上变更了一条政治路线。过去的路线在遵义会议后，在政治上、军事上、组织上都不能起作用了，但在思想上主观主义的遗毒仍然存在。"② 同年 10 月 13 日，他在中央书记处工作会议上指出："一九二七年下半年，是陈独秀右倾机会主义统治时期，其思想是机械唯物论的。立三路线与苏维埃后期是'左'倾机会主义时期，是主观主义与形式主义。四中全会虽在形式上克服了立三路线，但在实际政策上没有执行正确的转变。遵义会议后，又恢复了按辩证法行事，即按实际办事。"③ 1942 年 11 月 21、23 日，他在中共中央西北局高级干部会议上谈道："十年内战时期，有马列主义对非马列主义的斗争。遵义会议以后，党的政治路线、思想路线和组织路线是比较正确的，但党内还有很大的缺点，党内产生了一种自由主义坏倾向。"④ 1943 年 11 月，他在中央政治局会议上指出："遵义会议以后的路线和遵义会议以前的路线，是马列主义和非马列主义的区别。……遵义会议只集中解决军事路线，因为中央在长征中，军事领导是中心问题。当时军事领导的解决差不多等于政治路线的解决。"⑤ 可见，在毛泽东看来，遵义会议既推动了军事路线的转变，同时也推动了政治路线的变更；遵义会议以前的政治路线是"非马列主义"的，遵义会议后党的政治路线是比较正确的；遵义会议集中解决的是军事路线问题，而军事路线的解决，也"差不多等于政治路线的解决"。

二、中共政治路线的转变："从土地革命战争转变为民族革命战争"

　　遵义会议后，党的政治路线实现了"从土地革命战争转变为民族革命战争"。1935 年 12 月 17 日至 25 日，亦即中共中央和红一方面军结束长征、

①《中央关于反对敌人五次"围剿"的总结的决议（遵义会议）》，载《中共中央文件选集》第十册，第 470—471 页。
② 中共中央文献研究室编《毛泽东年谱（1893—1949）》（修订本）中卷，第 327 页。
③ 中共中央文献研究室编《毛泽东年谱（1893—1949）》（修订本）中卷，第 332—333 页。
④ 中共中央文献研究室编《毛泽东年谱（1893—1949）》（修订本）中卷，第 412 页。
⑤ 中共中央文献研究室编《毛泽东年谱（1893—1949）》（修订本）中卷，第 480 页。

刚到达陕北不久，中共中央在瓦窑堡召开政治局扩大会议，讨论全国政治形势和党的策略路线问题、军事战略问题。张闻天做关于政治形势和策略问题的报告，刚从苏联回到国内的张浩做关于共产国际七大精神的传达报告。毛泽东发表重要讲话，他强调：中国共产党的战略方针是坚决的民族革命战争，应该把国内战争与民族战争联系起来，一切战争都要在民族战争的口号下进行；大革命失败后，资产阶级虽然追随了蒋介石，但资产阶级是具有两面性的阶级，在民族矛盾日益上升为社会主要矛盾的背景下，资产阶级是可以争取的。会议通过的《中央关于目前政治形势与党的任务决议（瓦窑堡会议）》在谈到"目前形势的特点"时指出："目前政治形势已经起了一个基本上的变化，在中国革命史上划分了一个新时期，这表现在日本帝国主义变中国为殖民地，中国革命准备进入全国性的大革命。""因此，党的策略路线，是在发动，团聚与组织全中国全民族一切革命力量去反对当前主要的敌人：日本帝国主义与卖国贼头子蒋介石。不论什么人，什么派别，什么武装队伍，什么阶级，只要是反对日本帝国主义与卖国贼蒋介石的，都应该联合起来，开展神圣的民族革命战争，驱逐日本帝国主义出中国，打倒日本帝国主义的走狗在中国的统治，取得中华民族的澈底解放，保持中国的独立与领土的完整。只有最广泛的反日民族统一战线（下层的与上层的），才能战胜日本帝国主义及其走狗蒋介石。"[1] 决议认为，"中国工人阶级与农民，依然是中国革命的基本动力。广大的小资产阶级群众，革命的智识分子是民族革命中可靠的同盟者"；"一部分民族资产阶级与军阀"则有可能中立、同情或参加反日反汉奸卖国贼的斗争，"党应该采取各种适当的方法与方式，争取这些力量到反日战线中来"；甚至"在地主买办阶级营垒中间，也不是完全统一的。……党亦应使用许多的手段，使某些反革命力量暂时处于不积极反对反日战线的地位"。[2] 决议还主张建立"国防政府与抗日联军"，认为"反日反卖国贼的民族统一战线之最广泛的与最高的形式，就是国防政府与抗日联军的组织"。所以，尽管"中国人民反日反卖国贼的

---

① 《中央关于目前政治形势与党的任务决议（瓦窑堡会议）》，载《中共中央文件选集》第十册，第 598、604 页。

② 《中央关于目前政治形势与党的任务决议（瓦窑堡会议）》，载《中共中央文件选集》第十册，第 605 页。

方式，是多样的"，但"共产党员应该不放松一切机会去发动，组织与领导各种方式与各种程度的斗争，把这些斗争引导到国防政府与抗日联军的阶段"。"一切反日反卖国贼的分子"，不论他们代表什么阶级、什么政治派别、什么社会团体、什么武装力量，"都可以加入国防政府"。"一切反日反卖国贼的武装队伍，都可以加入抗日联军。""国防政府与抗日联军是全中国一切反日反卖国贼力量的联合战线的政权组织，也是反日反卖国贼的民族革命战争的统一领导机关。在阶级意义上说来，他是在反日反卖国贼共同目标之下的各阶级联盟。"①

两天后，亦即 1935 年 12 月 27 日，毛泽东根据瓦窑堡会议精神，在党的活动分子会议上做《论反对日本帝国主义的策略》的报告。报告深刻分析了九一八事变和华北事变以来中国国内政治关系的新变化，对中国共产党的抗日民族统一战线的策略和方针进行了充分说明，并以大量事实批驳了中国共产党内存在的"左"倾关门主义倾向，认为"目前的时局，要求我们勇敢地抛弃关门主义"。报告还对小资产阶级、民族资产阶级进行了深刻的分析，指出"民族资产阶级是一个复杂的问题"，他们曾参加过 1924—1927 年的大革命，"随后又为这个革命的火焰所吓坏"，站到了革命的敌人蒋介石集团一边。但"在今天的情况下"，由于日本帝国主义的侵略使中日之间的民族矛盾上升为社会的主要矛盾，民族资产阶级有起变化的可能性，亦即"在斗争的某些阶段，他们中间的一部分（左翼）是有参加斗争的可能的。其另一部分，则有由动摇而采取中立态度的可能"。所以，中国共产党要在抗日的条件下，努力争取和民族资产阶级重新建立统一战线，使他们站到斗争的一边来。实际上，报告指出，即使在地主买办阶级营垒中也不是完全统一的，"我们要把敌人营垒中间的一切争斗、缺口、矛盾，统统收集起来，作为反对当前主要敌人之用"。报告在谈到中国共产党的目前任务时指出，"目前是大变动的前夜。党的任务就是把红军的活动和全国的工人、农民、学生、小资产阶级、民族资产阶级的一切活动汇合起来，成为一个统一的民族革命战线"；"党的基本的策略任务是什么呢？不是别的，就

---

① 《中央关于目前政治形势与党的任务决议（瓦窑堡会议）》，载《中共中央文件选集》第十册，第 606—607 页。

是建立广泛的民族革命统一战线"。① 毛泽东的报告在瓦窑堡会议精神的基础上，明确提出了以后中国共产党的任务，是建立广泛的抗日民族统一战线，将土地革命战争转变为民族革命战争。

瓦窑堡会议是从遵义会议后到全民族抗战爆发前中国共产党召开的一次重要会议。"它表明党已经克服'左'倾冒险主义和关门主义，制定出抗日民族统一战线的新策略，使党在新的历史时期将要到来时掌握了政治上的主动权；表明党在继遵义会议着重解决军事路线问题和组织问题之后，开始努力解决政治路线问题；表明党在总结经验教训的基础上，正在从中国的实际情况出发，创造性地开展工作。"②

继遵义会议着重解决军事路线问题和组织问题之后，瓦窑堡会议"开始努力解决政治路线问题"，但在解决政治路线问题的过程中也出现过曲折，"一九三七年十二月会议时，由于王明的回国，进攻中央路线，结果中断了遵义会议以后的中央路线"。③ 王明于 1931 年 10 月接替瞿秋白任中国共产党驻共产国际代表团负责人，他于 1937 年 11 月回国后以各种形式向毛泽东和中央挑战，使遵义会议以来形成的党的正确政治路线遭到严重干扰。这年的 12 月 9 日至 14 日，中共中央召开政治局会议，王明在会上做《如何继续全国抗战与争取抗战胜利呢？》的报告，批评洛川会议以来党中央采取的路线、方针、政策，否认统一战线中的独立自主原则，主张"一切经过统一战线"。王明表示他代表着共产国际和斯大林，使毛泽东在十二月会议上陷于孤立。毛泽东于 1943 年 11 月的中共中央政治局会议上做了发言，说 1937 年的十二月会议上自己"只对持久战、游击战为主、统一战线中独立自主原则是坚持到底的"④。毛泽东于 1937 年 12 月 11 日、12 日的发言说：统一战线的总方针要适合于团结御侮。在统一战线中"和"与"争"是对立统一的，八路军和游击队是全国军队的一部分，但是在政治工作上、官兵团结上、纪律上、战场上起模范作用。过去我们反对国民党派大官来是必要的，因为西安事变后国民党要派大批人来侮辱和破坏红军，应该拒绝。国民党与共产党谁吸引谁这个问题是存在的，不是说要将国民党吸引到共产党，而是要国民党接受共产党的政治影响。如果没有共产党的独立性，便会使共产党降低到国民党方面去。我们所谓独立自主是对日本作战的独立自主。战役战术是独立自主的。抗日战争总的战略方针是持久战。红军的战略方针是独立自主的山地游击战。①12 月 25 日，刚刚出任长江局书记的王明起草并擅自以中国共产党名义发表《中国共产党对时局宣言》，宣称"我国军民在国民政府军事委员会委员长蒋先生领导之下"，"开始形成了我统一的国家政权和统一的国家军队"，提出要"巩固和扩大全中国的统一的国民革命军"，做到"统一指挥、统一纪律、统一武装、统一待遇、统一作战计划"。②在 1938 年 2 月 27 日至 3 月 1 日召开的中共中央政治局会议上，王明坚持其在十二月政治局会议上的右倾主张，附和国民党"只要一个军队"和"统一军令"的叫喊，强调在军事上要服从国民党的统一领导。这次会议决定派任弼时立即去莫斯科，向共产国际说明中国抗战情况和国际关系等。

同年 3 月底，任弼时抵达莫斯科，4 月 14 日代表中共中央向共产国际提交了《中国抗日战争的形势与中国共产党的工作和任务》的书面报告，5 月 17 日又向共产国际执委会主席团做口头报告。报告在谈到中国抗日战争形势时指出：中国抗战虽面临困难，"就目前的情形看，在中国坚持抗战的力量，还是超过主和投降派的力量。……军队虽受相当重大损失，但所有前线抗战将领尚未灰心，更无整个部队叛变投敌……在国民党元老当中，如孙科、冯玉祥、于右任、张继、邵力子等，现在是坚决主张继续抗战的。他们有政治上的号召作用，但因无实力，也不能起决定作用。在政府中有决定意义的蒋介石，今天还是表示要坚决抗战的。全国人民和国民党内大部分党员是不愿投降而需要抵抗到底的"③。报告在谈到抗日民族统一战线时

---

① 中共中央文献研究室编《毛泽东年谱（1893—1949）》（修订本）中卷，第 42 页。
②《中国共产党对时局宣言——巩固国共两党精诚团结，贯澈抗战到底，争取最后胜利》，载《中共中央文件选集》第十一册，第 410、412 页。
③ 任弼时：《中国抗日战争的形势与中国共产党的工作和任务》，载《建党以来重要文献选编（一九二一—一九四九）》第十五册，第 309—310 页。

指出："十二月政治局会议，认为此次以国共合作为基础的抗日民族统一战线，是长时期的。并且指出，目前抗日战争的任务与动力，同苏维埃革命时代有了一些基本上的改变，即：过去中国党六次大会上规定的任务，是打倒一般帝国主义和消灭中国封建势力，推翻国民党政权，建立工农苏维埃，革命的动力是工农；现在抗日战争中的任务，则只是打倒日本帝国主义与国内的亲日汉奸，和国民党合作，建立民主共和国（这个共和国并不是非资本主义的或社会主义的国家），革命动力不仅只是工农，而且包括了民族资产阶级与小资产阶级。认为这一与国民党合作的统一战线，不仅是我党策略上的改变，而是带着战略上改变的性质。因此与国民党合作的时期是很长的"；"与各党派合作的抗日民族统一战线的基本条件就是抗日。一切抗日的力量，都可以而且应该合作，提出'抗日高于一切'、'一切服从抗日'的口号。民主与改善民生的要求，应服从于抗日的基本利益，提出的要求不应过高与过左"；"在民族统一战线中，各党派在共同纲领之下，共同奋斗，不是谁去削弱谁的力量，而是互相帮助，互相发展，共同领导，共同负责……各个党派保持自己组织上的独立性与批评自由，但批评应当是善意的而不是恶意的攻击。指出我党在与其他党派合作中，一方面要反对投降主义，另方面又要反对关门主义的倾向"。① 报告还提到蒋介石"想引诱中国共产党成为他底下的一个派别，即想要共产党加入国民党内，成为一个派别，取消共产党的组织"，国民党顽固分子并提出了"中国只能有一个主义，一个政党，一个领袖，一个政府，一个军队等口号"；针对蒋介石和国民党顽固分子"消灭共产党的企图"，毛泽东发表了谈话，在理论上与实际上对"消灭共产党的企图"进行了揭露和批驳，引起了很好的反应，自此以后，蒋介石和国民党顽固分子再也不提"一个党、一个主义等类口号"了。② 报告谈到了八路军在抗日战争中的作用与近况，指出"八路军去年八月即由陕西向山西北部开进，参加晋北的战争"，到达山西后，"确定了下列方针"："第一，采取运动战游击战的作战方针，不用当时国民党军队单从

① 任弼时：《中国抗日战争的形势与中国共产党的工作和任务》，载《建党以来重要文献选编（一九二一——一九四九）》第十五册，第312—313页。
② 任弼时：《中国抗日战争的形势与中国共产党的工作和任务》，载《建党以来重要文献选编（一九二一——一九四九）》第十五册，第315—316、317页。

正面防守办法"；"第二，在八路军作战的过程中，加紧做组织与武装地方居民的工作。在敌人后方，创造游击战争的根据地"；"第三，加紧八路军内部的政治工作，及对敌军的瓦解工作，建立与居民的亲密关系等"。报告强调指出，"红军改编为国民革命军后，仍然保持共产党的绝对领导"。① 通过任弼时的报告了解了中国抗战与中共实际情况后，共产国际对中共政治路线转变表示了肯定与支持。6月11日，共产国际执行委员会批准了《中国共产党代表团声明》，该声明强调了扩大和加强抗日民族统一战线的重要性，声明指出：抗日民族统一战线已经建立，"但这个统一战线还不够广泛，不够巩固。它的扩大和加强是中国进行胜利自卫的决定性条件。抗日民族战线应该包括中国一切抗日党派和政治团体"，"中国共产党深信，全面加强抗日民族统一战线的政策将保证我国人民对日本侵略者的彻底胜利"。② 共产国际通过的《关于中共代表团声明的决议》"表示完全同意共产党的政治路线，并表示共产国际支持中国人民反对日本侵略者的解放斗争"。③ 共产国际通过的《就中共中央代表的报告通过的决议》再次表示"中共的政治路线是正确的"，指示中共"应大力支持""应该真诚地支持"蒋介石、国民政府抗日，同时"大胆地发展抗日民族统一战线不仅不排除，而且首先要求全面地在政治上和组织上加强共产党本身。党的加强、党的独立性和团结正是进一步发展民族统一战线，进而胜利地继续同日本侵略者进行武装斗争的主要保障"。④

7月初，王稼祥回国，临行前共产国际执行委员会总书记季米特洛夫接见了他和中共代表团其他成员并特别叮嘱要求支持毛泽东作为党的领袖。

---

① 任弼时：《中国抗日战争的形势与中国共产党的工作和任务》，载《建党以来重要文献选编（一九二一—一九四九）》第十五册，第 322、327 页。

② 《中国共产党代表团声明》，载中共中央党史研究室第一研究部译《共产国际、联共（布）与中国革命档案资料丛书》第十八卷《联共（布）、共产国际与抗日战争时期的中国共产党（1937—1943.5）》，中共党史出版社，2012，第 91、93 页。

③ 《共产国际执行委员会主席团关于中共代表团声明的决议》，载《共产国际、联共（布）与中国革命档案资料丛书》第十八卷《联共（布）、共产国际与抗日战争时期的中国共产党（1937—1943.5）》，第 94 页。

④ 《共产国际执行委员会主席团就中共中央代表的报告通过的决议》，载《共产国际、联共（布）与中国革命档案资料丛书》第十八卷《联共（布）、共产国际与抗日战争时期的中国共产党（1937—1943.5）》，第 97—99 页。

王稼祥在 9 月 14 至 27 日召开的中共中央政治局会议上传达了共产国际指示和季米特洛夫的意见：中共一年来建立了抗日民族统一战线，政治路线是正确的，中共在复杂的环境和困难的条件下真正运用了马列主义。中共中央领导机关要以毛泽东为首解决统一领导问题，领导机关要有亲密团结的空气。这次政治局会议实际上是六届六中全会的预备会议，通过了六届六中全会议程，决定由毛泽东代表中央做政治报告，为六届六中全会的成功召开奠定了基础。

为了总结抗日战争与抗日民族统一战线的经验，科学地分析抗日战争的形势，纠正王明右倾投降主义错误，明确党在民族战争中的地位，坚持党在统一战线中的独立自主原则，以争取抗日战争的胜利，中国共产党于 1938 年 9 月 29 日至 11 月 6 日在延安召开了扩大的六届六中全会。9 月 29 日，扩大的六届六中全会开幕，毛泽东被推选为全会主席团成员，并在会上宣布全会议事日程。同日，主席团决定以毛泽东名义写信给蒋介石，信中说："此次敝党中央六次全会，一致认为抗战形势有渐次进入一新阶段之趋势。此阶段之特点，将是一方面更加困难，然又一方面必更加进步，而其任务在于团结全民，巩固与扩大抗日阵线，坚持持久战争，动员新生力量，克服困难，准备反攻。"[1] 该信由周恩来在 10 月 4 日当面交给蒋介石。10 月 12 日下午、13 日下午、14 日下午和晚上，毛泽东在会上代表中共中央政治局在六中全会做题为《抗日民族战争与抗日民族统一战线发展的新阶段》（该报告以《论新阶段》为题发表在 1938 年 11 月 25 日出版的《解放》第 57 期）的政治报告。报告指出，抗日战争在武汉失守后将过渡到一个新阶段——战略相持阶段，"抗日战争发展到了新的阶段之时，同时即是抗日民族统一战线发展到一个新的阶段之时"，新阶段中将遇到比以前更多的困难，"中国抗日民族统一战线不是表示其对于困难之无能，而是表示其具有克服困难之伟力，就必须认真的巩固统一战线与扩大统一战线。并且应该懂得：长期的战争必须有长期的统一战线才能支持，战争的长期性与统一战线的长期性，是不能分离的"；抗日战争的新阶段中，抗日民族统一战线必须以新的姿态出现，"这种新姿态，就是统一战线的广大的发展与

---

[1] 中共中央文献研究室编《毛泽东年谱（1893—1949）》（修订本）中卷，第 93—94 页。

高度的巩固"。①又说："必须保持加入统一战线中的任何党派在思想上、政治上和组织上的独立性，不论是国民党也好，共产党也好，其他党派也好，都是这样。"②报告重申党的纪律：个人服从组织，少数服从多数，下级服从上级，全党服从中央。11月5日、6日，毛泽东做结论报告。结论讲了五个问题，其中第三个问题是"民族统一战线的长期性"，后以《统一战线中的独立自主问题》为题编入《毛泽东选集》。他针对王明的右倾投降主义，对民族斗争与阶级斗争的关系、共产党在统一战线中的独立自主原则做了论述。他说："总之，我们一定不要破裂统一战线，但又决不可自己束缚自己的手脚，因此不应提出'一切经过统一战线'的口号。'一切服从统一战线'，如果解释为'一切服从'蒋介石和阎锡山，那也是错误的。我们的方针是统一战线中的独立自主，既统一，又独立。"③结论所讲第四个问题为"战争与战略问题"，收入《毛泽东选集》时题为《战争和战略问题》。六届六中全会根据毛泽东所作《抗日民族战争与抗日民族统一战线发展的新阶段》政治报告，通过了《抗日民族自卫战争与抗日民族统一战线发展的新阶段》政治决议案，重申党独立自主地放手组织人民抗日武装斗争的方针，确定把党的主要工作放在战区和敌后。会议决定撤销长江局，设立中原局和南方局。这次全会批准了以毛泽东为代表的中央政治局的路线，推动了中共各项工作的迅速发展。

1945年，毛泽东"在党的七大的讲话中把六中全会与遵义会议相提并论，称之谓中国共产党历史上两个重要关键的会议。他还说六中全会是决定中国命运的，没有六中全会，今天的局面就不会有这样大"。④六届六中全会的伟大意义之一，就是再次确认和批准了以毛泽东为主要代表的党中央的正确路线，基本上纠正了王明右倾投降主义错误，毛泽东在党中央的领导地位，继遵义会议事实上的确立之后，又在六届六中全会上得到了进一步的确立。

---

① 毛泽东：《论新阶段（抗日民族战争与抗日民族统一战线发展的新阶段——一九三八年十月十二日至十四日在中共扩大的六中全会的报告）》，载《中共中央文件选集》第十一册，第595、604页。

② 毛泽东：《中国共产党在民族战争中的地位》，载《毛泽东选集》第二卷，第524页。

③ 毛泽东：《统一战线中的独立自主问题》，载《毛泽东选集》第二卷，第540页。

④ 冯蕙：《六届六中全会与马克思主义中国化》，《毛泽东邓小平理论研究》1999年第2期。

第三节　由国内战争向民族战争转变的战略策略思想

在中共中央率领红军北上到达陕甘地区前后，日本帝国主义利用国民党的不抵抗主义政策，制造华北事变，试图把华北变成"第二个东北"。面对全副武装的民族敌人的不断侵略，中国共产党为建立抗日民族统一战线、实现全民族的全民族抗战，制定了抗日民族统一战线策略，将"工农共和国"改为"人民共和国""民主共和国"，实行了从国内正规战到抗日游击战的军事战略转变，并调整了各方面的政策。

一、"抗日民族统一战线"的初步形成和对孙中山"三民主义"评价的转变

中国共产党始终把统一战线作为改变政治力量结构、推动社会革命与社会进步的重要法宝。在大革命时期，中共提出建立革命联合战线，促成了第一次国共合作；在土地革命战争时期，中共通过工农民主统一战线扎根农村，开辟了"农村包围城市，武装夺取政权"的中国革命新道路；在日本帝国主义加紧侵华、民族矛盾成为社会主要矛盾的背景下，中共提出联合抗日主张、制定抗日民族统一战线策略，推动了全民族抗战的实现。从国内战争到民族战争，中共的统一战线策略从建立工农民主统一战线转变到主张建立抗日民族统一战线。

1931 年九一八事变发生以后，抗日民族统一战线的策略思想即已萌生，正如周恩来所指出："抗日民族统一战线的酝酿时间很长，差不多'九一八'以后就逐渐向着这个方向发展。"[①] 九一八事变发生后，中日民族矛盾逐步上升为主要矛盾，国内阶级关系随之发生变化。根据国内外形势的变化，中国共产党逐步形成了抗日民族统一战线思想。抗日民族统一战线思想在1932 年 4 月以中华苏维埃共和国临时政府名义发布的《对日宣战通电》、

---

① 周恩来：《论统一战线》，载《周恩来选集》上卷，人民出版社，1980，第 190—191 页。

1933 年 1 月以中华苏维埃临时政府和工农红军革命军事委员会名义发表的《为反对日本帝国主义侵入华北愿在三个条件下与全国军队共同抗日宣言》、1933 年 6 月以中华苏维埃共和国临时政府名义发表的《为反对国民党出卖华北平津宣言》、1933 年 1 月 26 日中共驻共产国际代表团（简称中共代表团）向中共东北党组织发出的《中央给满洲各级党部及全体党员的信》（《一·二六指示信》）、1934 年 4 月以中国民族自卫委员会筹备会名义提出的《中国人民对日作战的基本纲领》、1934 年 7 月 15 日以中华苏维埃临时政府和工农红军革命军事委员会名义发表的《为红军北上抗日宣言》等文件中都有体现，如《对日宣战通电》所提出的"以民族革命战争驱逐日本帝国主义出中国"的口号及其他文电、通告中提出的"进行民族革命战争""建立反帝运动统一战线"等提法，可以说是中国共产党抗日民族统一战线思想的萌芽。《一·二六指示信》进一步提出了"除下层统一战线外，在某种程度和范围内，或能实行上层的统一战线"。当然，《一·二六指示信》又特别强调："必须牢记着下层统一战线，［必须］是我们活动的基础。任何的上层统一战线都只有在我们能够抓紧坚固的下层统一战线和上层处于下层革命情绪的威胁下的时候，才可能和有用。"①

　　遵义会议后，由于中共的政治路线实现了"从土地革命战争转变为民族革命战争"，建立广泛的抗日民族统一战线更进一步提上了中共中央的议事日程，成为中国共产党的主要政治诉求和任务，如 1935 年 8 月 1 日由中国共产党驻共产国际代表团草拟，同年 10 月 1 日以中华苏维埃共和国中央政府和中国共产党中央委员会的名义在法国巴黎出版的《救国报》上发表的《为抗日救国告全体同胞书》（即《八一宣言》）、这年 11 月 13 日中共中央发表的《为日本帝国主义吞并华北及蒋介石出卖华北出卖中国宣言》、11 月 28 日以中华苏维埃共和国中央政府和中国工农红军革命军事委员会发布的《抗日救国宣言》、12 月 25 日瓦窑堡会议通过的《中央关于目前政治形势与党的任务决议》以及这月 27 日毛泽东在党的活动分子会议上所作的《论反对日本帝国主义的策略》的报告等，都充分阐述了建立广泛的抗日民族统

---

① 《中央给满洲各级党部及全体党员的信——论满洲的状况和我们党的任务》，载《中共中央文件选集》第九册，第 31、31—32 页。

一战线的重要性、必要性以及如何建立抗日民族战线的方针和策略，并提出了"停止内战，一致抗日"的口号，呼吁各党派、各军队、各界同胞停止内战，集中一切国力为抗日而奋斗。但在瓦窑堡会议（包括瓦窑堡会议）前，中国共产党的方针是"反蒋抗日"。此后，中国共产党根据形势的发展，及时将过去"反蒋抗日"的方针调整为"逼蒋抗日""联蒋抗日"的方针，尤其是"西安事变"的和平解决，促成了全民族抗战爆发前抗日民族统一战线的初步形成（详细内容参见本卷第十八章第一节第二子目《共产党从"反蒋抗日"到"逼蒋抗日"再到"联蒋抗日"方针的转变》）。

在抗日民族统一战线初步形成的过程中，中国共产党对于孙中山三民主义的认识和评价也发生了变化。中国共产党对孙中山三民主义的认识和评价是随着国共两党关系的变化以及共产党从幼年走向成熟而发展变化的。1924 年 1 月，国民党召开第一次全国代表大会，并发表大会宣言，对三民主义进行了新的阐释，使孙中山的三民主义从旧三民主义发展成为新三民主义，从而为国共实现第一次合作奠定了政治基础和思想基础。所以，国民党第一次全国代表大会闭幕不久（1924 年 2 月），中共中央三届二次执行委员会议通过的《同志们在国民党工作及态度决议案》，对中国共产党和国民党合作的必要性做了进一步的阐述，"中央希望全国同志务须明了，本党所以必须与国民党合作，因就中国眼前之经济状况，必须经过民主主义的国民革命，这是国民党对于中国的历史的使命"。同时，《决议案》指示中国共产党员："国民党此次议定之宣言书，为国民党精神之所寄托。我们的同志，应站在国民党立脚点上，根据此宣言书，努力向国民党党内党外宣传。"[①] 因此，在孙中山逝世之前，共产党人主要集中于对国民党《第一次全国代表大会宣言》的宣传上，而对于孙中山的三民主义则宣传不多。1925 年 3 月孙中山逝世后，戴季陶从反共分共的目的出发，用儒家的孔孟思想对三民主义进行新的解释，三民主义变成了戴季陶主义。中国共产党为了维护国共两党合作的政治基础和思想基础，对戴季陶主义进行了批判（详见本书第二卷第十四章第四节）。在批判戴季陶主义的同时，中国共产党开始认识到对三民主义进行积极论述和阐释的重要性。1925 年 11 月 25 日中

---

① 《同志们在国民党工作及态度决议案》，载《中共中央文件选集》第一册，第 222、224 页。

共中央发出的《第六十五号通告》指出："和国民党右派的争斗，在宣传上我们应改变以前的态度，变消极的不谈三民主义而为积极的解释三民主义，各地可在国民党党员中组织三民主义学会，根据国民党第一次大会宣言，及我们的理论，解释三民主义，以巩固并发展国民党左派的理想。解释三民主义时，不可多涉理论，最重要的是用如何方法，如何力量，才能使三民主义实现。要多举事实，说明离开阶级争斗，便无法防止资产阶级的妥协，实现民族主义；便无法使工农奋起使全国最大多数的人民得到民权；便无法使资产阶级承认节制资本，地主阶级承认平均地权，实现民生主义，更进一步非到共产社会，民生主义不能算完满成功。"[1] 根据中共中央这一通告精神，孙中山逝世后中国共产党人对于三民主义的阐述虽然多了起来，但基本上停留在肯定它的反帝反封建的革命性上，而少有对它做深入的理论分析。如毛泽东在为《广东省党部代表大会会场日刊》所写的《发刊词》中就是这样阐释三民主义的："我们的伟大领袖孙中山先生应乎中国被外力、军阀、买办、地主阶级重重压迫的客观环境，为我们定下了革命的三民主义。……孙中山先生看清楚我们主要的敌人是帝国主义，于是定下了革命的民族主义。又看清楚帝国主义借以剥削中国人民的重要工具，是军阀、大商买办阶级和地主阶级，又定下了革命的民权主义与民生主义。革命的民族主义叫我们反抗帝国主义，使中国民族得到解放。革命的民权主义叫我们反抗军阀，使中国人民自立于统治地位。革命的民生主义叫我们反抗大商买办阶级，尤其是那封建宗法性一切反动势力根本源泉之地主阶级，使中国大多数穷苦人民得享有经济幸福。"因此，他认为："怎样使革命的三民主义在广东实现，乃是广东同志的唯一工作。"[2] 这一时期中国共产党人缺少对孙中山的三民主义做深入的理论分析，固然与当时斗争的需要和策略有关，但与这时候的中国共产党还处于幼年时期，没有成熟，还没有把马克思主义的普遍原理同中国革命的具体实践很好地结合起来，不能更科学地分析和评价孙中山的三民主义也有一定的关系。

---

[1]《中央通告第六十五号——与国家主义派及国民党右派斗争问题》，载《中共中央文件选集》第一册，第525—526页。

[2] 毛泽东：《〈广东省党部代表大会会场日刊〉发刊词》，载《毛泽东文集》第一卷，第15—16页。

四一二反革命政变、四一五反革命政变和七一五反革命政变后，第一次国共合作彻底破裂，轰轰烈烈的大革命宣告失败。大革命失败的初期，中共还没有完全放弃与国民党左派联合的想法，如1927年8月21日中共临时中央政治局常委会通过的《中国共产党的政治任务与策略的议决案》就主张"中国共产党应当组织工农暴动于革命的左派国民党旗帜之下"，因为"国民党是各种革命阶级的政治联盟之特殊的形式"，"是一种民族解放运动之特别的旗帜"，"中国共产党现在不应当让出这个旗帜，使一般叛徒篡窃国民党的名号"。[1] 但到了这年的9月，中共便放弃了这一想法，在9月19日中共中央政治局会议通过的《关于"左派国民党"及苏维埃口号问题决议案》中承认："中央以前复兴左派国民党的估计不能实现……以后关于组织群众的革命斗争，当然无论如何说不上再在国民党的旗帜下进行。"[2] 这年12月30日发布的《中央通告第二十五号——对国民党的工作》中，中共中央不仅更进一步"命令同志一律退出国民党，并绝对实行反国民党的工作"，而且还要求中共的各级党部"根据中央的策略和布报的文章在理论上批评孙中山的三民主义，驳斥国民党一切反革命的决议和宣传"。[3] 以此《通告》为起点，中国共产党开始了对三民主义的批判。受"左"倾冒险主义尤其是王明"左"倾教条主义错误的影响，"共产党人对三民主义的批判，有一个明显的特征，即由对蒋汪等背弃革命的新三民主义的批判发展到对孙中山新三民主义的全盘否定"[4]。比如，作为中共理论家和领导人的瞿秋白就曾先后发表《三民主义倒还没有什么？》（1927年12月7日）、《马克思主义还是民生主义？》（1927年12月9日至1928年1月5日）、《民权主义与苏维埃制度》（1928年1月21日至29日）、《世界革命中的民族主义》（1928年2月5日至11日）、《三民主义的清算》（1932年1月2日）等一系列批判孙中山"三民主义"的文章。以他的《三民主义的清算》为例，其中批判"三民主义"的"民族主义"是"竹杠论"，即"中国人民应当老死拿住

① 《中国共产党的政治任务与策略的议决案》，载《中共中央文件选集》第三册，第335—336页。
② 《关于"左派国民党"及苏维埃口号问题决议案》，载《中共中央文件选集》第三册，第369—370页。
③ 《中央通告第二十五号——对国民党的工作》，载《中共中央文件选集》第三册，第588、589页。
④ 赫坚：《中国共产党对三民主义认识的演变研究（1921—1949）》，东北师范大学博士学位论文，2012，第38页。

一枝竹杠，替帝国主义当苦力，不应当讲世界主义，去联合各国被压迫的民众"；批判"三民主义"的"民权主义"是"阿斗论"，即"民众不应当有自由，不应当有权力，民众是阿斗，应当把全权交给诸葛亮式的政府或者（国民党）党部"；批判"三民主义"的"民生主义"是"大贫小贫论"，即"禁止阶级战争，用大炮、机关枪对付反抗小贫的大贫阶级"。文章最后认为，"国民党把国家、把人民、把自己的党，弄到现在这个地步，正因为切实实行了孙总理自己亲口说的三民主义。……问题的确在于三民主义之本身"。[1] 同样作为中共领导人的蔡和森也对孙中山三民主义予以了全盘否定，他在《国民党反革命统治下的辛亥革命纪念》一文中写道："孙中山的三民主义恰好是代表不彻底的薄弱的狡猾的中国资产阶级之本性……他的民族主义原本是富强主义，与任何帝国主义可以妥协的，他的民权主义加上军政训政的限制，结果只是反民权的党权主义，即资产阶级专制主义，他的民生主义是反对阶级斗争防止社会革命的，他的平均地权是反对土地革命的……。"[2]

然而到了1936年后，一方面是华北事变彻底暴露了日本帝国主义企图侵吞整个中国的狼子野心，中日之间的民族矛盾激化起来；一方面是遵义会议开始确立了以毛泽东为主要代表的马克思主义路线在中共中央的领导地位，王明"左"倾教条主义的错误得到一定程度的纠正。正是这两方面的原因，再加上国民党内部发生分化，一部分国民党元老和将领要求蒋介石结束内战进行抗日，中国共产党为推动广泛的包括各个党派、各个阶级、各个政治集团的抗日民族统一战线的形成，开始重新肯定和正面评价孙中山和他的三民主义。1936年6月20日，中国共产党在《中共中央致国民党二中全会书——提议停止内战一致抗日》中写道："我们相信贵党有不少的军政领袖与党员，同样是中华民族最好的子女，没有忘记孙中山先生伟大的反帝国主义的革命精神。"[3] 1936年8月25日，中共中央在《中国共产党

① 瞿秋白：《三民主义的清算》，载《瞿秋白文集·政治理论编》第七卷，人民出版社，2013，第367—370页。
② 蔡和森：《国民党反革命统治下的辛亥革命纪念》，载《蔡和森文集》（下），人民出版社，2013，第975页。
③ 《中共中央致国民党二中全会书——提议停止内战一致抗日》，载《中共中央文件选集》第十一册，第46页。

致中国国民党书》中又提出，中国共产党希望同国民党内有觉悟的爱国人士，"组织坚固的民族统一战线，去反对全民族的最大敌人——日本帝国主义"，"恢复孙中山先生革命的三民主义精神，重振孙中山先生联俄联共与农工三大政策，把自己的'心思才力'去'贯澈'革命的三民主义与三大政策的'始终'，'贯澈'孙中山先生革命遗嘱的'始终'，坚决的担负起继承孙中山先生革命事业的责任"。[①]1937 年 4 月 3 日，中共中央在《国民党三中全会后我们的任务——中央宣传部宣传大纲》中专列了《共产党对三民主义的态度》一节，指出："中国共产党现在依然赞助革命的三民主义，主张恢复孙中山先生的三民主义，继续孙中山先生的革命的精神。"[②]这年的 5 月 3 日，毛泽东在《中国共产党在抗日时期的任务》中表示："共产党是否同意三民主义？我们的答复：是同意的。"[③]

　　这里需要指出的是，1936 年后中国共产党重新肯定的三民主义，是国民党第一次全国代表大会通过的《宣言》所阐释的三民主义，亦即"革命的三民主义"或"新三民主义"，它是第一次国共合作的思想基础和政治基础。毛泽东在《中国共产党在抗日时期的任务》中就明确指出，"三民主义有它的历史变化。孙中山先生的革命的三民主义，曾经因为孙先生与共产党合作加以坚决执行而取得人民的信仰，成为一九二四年至一九二七年的胜利的革命的旗帜。……因此，重新整顿三民主义的精神，在对外争取独立解放的民族主义、对内实现民主自由的民权主义和增进人民幸福的民生主义之下，两党重新合作，并领导人民坚决地实行起来，是完全适合于中国革命的历史要求"。中国共产党有自己的最高纲领和最低纲领，其最高纲领，亦即"社会主义和共产主义"的纲领，"是和三民主义有区别的"；但最低纲领，亦即"共产党的民主革命纲领，与国民党第一次全国代表大会所宣布的三民主义的纲领，基本上是不相冲突的。因此，我们不但不拒绝三民主义，而且愿意坚决地实行三民主义，而且要求国民党和我们一道实行三民主义，

---

①《中国共产党致中国国民党书》，载《中共中央文件选集》第十一册，第 85 页。
②《国民党三中全会后我们的任务——中央宣传部宣传大纲》，载《中共中央文件选集》第十一册，第 172 页。
③ 毛泽东：《中国共产党在抗日时期的任务》，载《毛泽东选集》第一卷，第 259 页。

而且号召全国人民实行三民主义"。① 此后，中国共产党都是在毛泽东这一评价和阐释的基础上来评价和阐释孙中山的三民主义的。

二、从"工农共和国"到"人民共和国""民主共和国"的转变

前面已经提到，中共中央于 1935 年 12 月 17 日至 25 日召开的瓦窑堡会议，根据九一八事变以来国内政治形势和阶级关系的新变化尤其是华北事变后民族矛盾进一步上升的形势，提出了建立广泛的抗日民族统一战线的方针。为了适应建立广泛的抗日民族统一战线的要求，会议通过的《中央关于目前政治形势与党的任务决议》决定把"苏维埃工农共和国"改为"苏维埃人民共和国"。决议指出："为了使民族统一战线得到更加广大的与强有力的基础，苏维埃工农共和国及其中央政府宣告，把自己改变为苏维埃人民共和国。把自己的政策，即苏维埃工农共和国的政策的许多部分，改变到更加适合反对日本帝国主义变中国为殖民地的情况。这些政策的改变，首先就是在更充分的表明苏维埃自己不但是代表工人农民的，而且是代表中华民族的。"② 这意味着政权不再仅仅归属于工农，而应归属于一切抗日的阶级、阶层和党派；苏维埃人民共和国所执行的政策，不仅体现工农利益，而且要体现一切抗日的阶级、阶层和党派的利益，体现中华民族的利益。12 月 27 日，毛泽东在《论反对日本帝国主义的策略》报告中也说明了从"苏维埃工农共和国"改变为"苏维埃人民共和国"的口号，指出之所以做出这种改变，"是因为日本侵略的情况变动了中国的阶级关系，不但小资产阶级，而且民族资产阶级，有了参加抗日斗争的可能性"。③ 1936 年 1 月 27 日，中共中央发出的《为转变目前宣传工作给各级党部的信》指出："要在群众中解释苏维埃工农共和国改为苏维埃人民共和国，及苏维埃各种政策的改变，如中立富农、给革命小资产阶级以选举权及被选举权、抗日反蒋的军官及士兵一律优待、优待民族工商业资本家及土地劳动经济选举法等，为的正是团结更广大的不愿当亡国奴的中国人迅速去直接对日作战，解救

① 毛泽东：《中国共产党在抗日时期的任务》，载《毛泽东选集》第一卷，第 259 页。
②《中央关于目前政治形势与党的任务决议（瓦窑堡会议）》，载《中共中央文件选集》第十册，第 609—610 页。
③ 毛泽东：《论反对日本帝国主义的策略》，载《毛泽东选集》第一卷，第 158 页。

中国的危亡。"① 从工农共和国到人民共和国，表明了中国共产党国家建设理论的进一步发展，既强调了"人民共和国应当首先代表工人和农民的利益"，"工人农民是这个共和国的基本群众"，坚持了工人阶级在人民共和国的领导地位和工农联盟的主导地位，体现了中国共产党是中国工人阶级的先锋队；又扩大了政权构成的阶级范围与代表性，指出人民共和国代表了"工农及其他人民的全部利益"、代表了"中华民族的利益"，体现了中国共产党又是中华民族的先锋队，适应了建立最广泛的抗日民族统一战线的需要。②

在中共中央决定将"反蒋抗日"改为"逼蒋抗日"后，考虑到"人民共和国"的提法不易为蒋介石集团接受，又改"人民共和国"为"民主共和国"。1936 年 8 月 25 日，《中国共产党致中国国民党书》中称全国人民"要求一个真正的民主共和国"，"要求一个为他们自己谋利益的民主共和政府"，宣布"我们赞助建立全中国统一的民主共和国"，表示"在全中国统一的民主共和国建立之时，苏维埃区域即可成为全中国统一的民主共和国的一个组成部分，苏区人民的代表将参加全中国的国会，并在苏区实行与全中国一样的民主制度"。③9 月 17 日，中共中央政治局通过《关于抗日救亡运动的新形势与民主共和国的决议》，决定将"人民共和国"改为"民主共和国"。该决议指出，"中央认为在目前形式〔势〕之下，有提出建立民主共和国口号的必要，因为这是团结一切抗日力量来保障中国领土完整和预防中国人民遭受亡国灭种的残〔惨〕祸的最好方法，而且这也是从广大的人民的民主要求产生出来的最适当的统一战线的口号"，"民主共和国不但能够使全中国最广大的人民群众参加到政治生活中来，提高他们的觉悟程度与组织力量，而且也给中国无产阶级及其首领共产党为着将来的社会主义的胜利而斗争以自由活动的舞台"。④9 月 23 日，毛泽东在与斯诺于延安的谈话中认为，为了实现国共联合抗日，必须建立民主共和国，支持成立一个有国会的代议制政府。同月，他为国共两党谈判起草《国共两党抗日救

①《中央为转变目前宣传工作给各级党部的信》，载魏建国主编《瓦窑堡时期中央文献选编》上，东方出版社，2012，第 155 页。

② 毛泽东：《论反对日本帝国主义的策略》，载《毛泽东选集》第一卷，第 158—160 页。

③《中国共产党致中国国民党书》，载《中共中央文件选集》第十一册，第 82—83 页。

④《中央关于抗日救亡运动的新形势与民主共和国的决议》，载《中共中央文件选集》第十一册，第 95 页。

国协定草案》，《协定草案》共分 8 条，其中规定：为了实行对日武装抗战，实行抗日救国联合战线，建立民主共和国。1937 年 1 月 20 日，共产国际向中共提出"从苏维埃体制转变为在民主基础上的人民革命管理体制"，"将苏维埃政府变为人民革命政府"，"只在中心城市保留苏维埃，并且不是作为政权机构，而是作为群众组织"。① 同月 24 日，毛泽东在政治局常委会议上指出：我们现在申明不待民主共和国成立就愿意成为统一的区域，一种是民族革命政府，一种是人民革命政府，我们苏区是人民革命政府。② 1937年 2 月 10 日，中共中央致电中国国民党五届三中全会，表示苏维埃政府改名为中华民国特区政府。2 月 15 日，中共中央发出宣传大纲，提出苏维埃政府改名为中华民国特区政府。2 月 24 日，中共中央政治局常委会议决定：特区政府名义暂时不变动，中华苏维埃共和国中央政府西北办事处工作由林伯渠负责，暂时不成立苏区工作委员会。5 月 15 日，中华苏维埃共和国中央政府西北办事处通过《陕甘宁边区议会及行政组织纲要》，开始使用"陕甘宁边区"名称。9 月 6 日，中共中央正式将中华苏维埃共和国中央政府西北办事处更名为"陕甘宁边区政府"。

三、从"国内正规战"到"独立自主的抗日游击战"的战略转变

毛泽东在《战争和战略问题》中谈到过中国革命战争包括"革命的阶级战争和革命的民族战争"，且当时正是进入抗日民族革命战争的阶段。随着国内战争向民族战争转变，中国革命战争的军事战略也面临着"国内正规战争和抗日游击战争之间的转变"的调整。③ 为促进从"国内正规战"到"抗日游击战"战略转变的实现，毛泽东在《抗日游击战争的战略问题》《战争和战略问题》等论著、指示中，对国内革命战争的战略战术进行了总结，对适时实现军事战略转变进行了部署、阐述。

1927 年大革命失败后，中国共产党的八七会议提出了土地革命与武装

---

① 《共产国际执行委员会书记处给中共中央的电报》，载中共中央党史研究室第一研究部译《共产国际、联共（布）与中国革命档案资料丛书》第 15 卷《联共（布）、共产国际与中国苏维埃运动（1931—1937）》，中共党史出版社，2020，第 252 页。
② 中共中央文献研究室编《毛泽东年谱（1893—1949）》（修订本）上卷，第 646 页。
③ 毛泽东：《战争和战略问题》，载《毛泽东选集》第二卷，第 550 页。

反抗国民党统治的总方针，发动了南昌八一起义等一系列武装起义，创建了井冈山等革命根据地，探索出一条适合中国国情的革命道路，即以土地革命为中心内容、以武装斗争为基本形式、以农村根据地为战略基地，农村包围城市、武装夺取政权的道路。在各地发动武装起义后，红军开展了艰苦卓绝的游击战争。毛泽东提出了建设新型人民军队的思想，并在领导红军反"围剿"斗争中提出在敌强我弱条件下广泛开展游击作战的指导性方针，总结出"敌进我退，敌驻我扰，敌疲我打，敌退我追"的"十六字诀"，党和人民军队建设思想、武装斗争思想发展了起来。

经过三年游击战争，红军发展到 13 个军，约 10 万人，而国民党军阀正忙于混战，在此背景下红军在 1930 年到 1931 年间进行了整编，由此开始了从游击战到运动战的战略转变。毛泽东指导了红军实行从游击战到运动战的战略转变，提出了"打得赢就打、打不赢就走""分兵以发动群众、集中以应付敌人""在运动战中消灭敌人"的运动战思想，并在 1935 年 1 月遵义会议召开后成功指挥了"四渡赤水"等战役。毛泽东在遵义会议上作了发言，对"左"倾冒险主义的军事路线进行了批判。遵义会议通过了《中央关于反对敌人五次"围剿"的总结的决议》，肯定了毛泽东的军事路线，决议指出："我们的战略路线应该是决战防御（攻势防御），集中优势兵力，选择敌人的弱点，在运动战中，有把握的去消灭敌人的一部或大部，以各个击破敌人，以澈底粉碎敌人的'围剿'。然而在反对五次'围剿'的战争中却以单纯防御路线（或专守防御）代替了决战防御，以阵地战堡垒战代替了运动战，并以所谓'短促突击'的战术原则来支持这种单纯防御的战略路线。"[1]1935 年 2 月，中共中央在《告全体红色指战员书》中提出："为了有把握的求得胜利，我们必须寻求有利的时机与地区去消灭敌人，在不利的条件下，我们应该拒绝那种冒险的没有胜利把握的战斗。因此红军必须经常的转移作战地区，有时向东，有时向西，有时走大路，有时走小路，有时走老路，有时走新路，而唯一的目的是为了在有利条件下，求得作战

---

[1]《中央关于反对敌人五次"围剿"的总结的决议（遵义会议）》，载《中共中央文件选集》第十册，第 454 页。

的胜利。"①《告全体红色指战员书》体现了毛泽东在运动战中歼灭敌人的军事思想。

为总结第二次国内革命战争的经验，毛泽东于1936年12月撰写了《中国革命战争的战略问题》，对遵义会议决议有关论断进行了进一步论述，系统阐明了中国革命战争的特点、规律与战略思想。该著作共分五章，原是毛泽东计划给陕北红军大学所作题为《中国革命战争的战略问题》的讲义。他后来在接见外宾时谈道："一九三六年，红军大学要我去讲革命战略问题。好，我就看参考书，考虑怎样总结国内革命战争的经验，写讲义。我看了国民党的军事材料，看了日本、俄国和西欧国家的一些军事著作，其中包括克劳塞维茨的军事著作，也看了一点苏联编的军事资料和中国古代的兵书孙子兵法等，主要是总结中国十年内战的经验。写的讲义题目是《中国革命战争的战略问题》，还没有写完，还有关于战略进攻、政治工作、党的工作等问题，因为西安事变发生，没有工夫再写。主要部分写好了，我就不讲了。有书，你们看就是了。红军大学的同志帮了我的忙，他们不叫我教书，我就不会去写。当教员也有好处，可以整理思想。"②

毛泽东在第一章《如何研究战争》中从一般与特殊的关系出发，提出"我们不但要研究一般战争的规律，还要研究特殊的革命战争的规律，还要研究更加特殊的中国革命战争的规律"；指出革命战争包括"革命的阶级战争和革命的民族战争"，而"中国革命战争——不论是国内战争或民族战争，是在中国的特殊环境之内进行的"，"在一般战争和一般革命战争的规律之外，又有它的一些特殊的规律"③；强调既要从战役性和战术学角度研究局部性的战争指导规律，又要从战略学角度研究全局性的战争指导规律。

毛泽东在第二章《中国共产党和中国革命战争》中指出："自一九二四年开始的中国革命战争，已经过去了两个阶段，即一九二四年至一九二七年的阶段和一九二七年至一九三六年的阶段；今后则是抗日民族革命战争

---

① 《共产党中央委员会与中央革命军事委员会告全体红色指战员书》，载《中共中央文件选集》第十册，第491页。

② 《中越两党两国要共同对敌》，载中共中央文献研究室、中国人民解放军军事科学院编《建国以来毛泽东军事文稿》下卷，军事科学出版社、中央文献出版社，2010，第241页。

③ 毛泽东：《中国革命战争的战略问题》，载《毛泽东选集》第一卷，第171页。

的阶段。这三个阶段的革命战争，都是中国无产阶级及其政党中国共产党所领导的。"党在领导前两个阶段中国革命战争中发生了右倾和"左"倾错误，"过去的革命战争证明，我们不但需要一个马克思主义的正确的政治路线，而且需要一个马克思主义的正确的军事路线。十五年的革命和战争，已经锻炼出来这样一条政治的和军事的路线了。今后战争的新阶段，我们相信，将使这样的路线，根据新的环境，更加发展、充实和丰富起来，达到战胜民族敌人之目的"。①

毛泽东在第三章《中国革命战争的特点》中分析了中国革命战争的特点与规律。他认为中国革命战争有四个主要的特点：第一，中国是经过了一次革命的、政治经济发展不平衡的、半殖民地的大国，"不愁没有回旋的余地"，"准备好了红军的种子，准备好了红军的领导者即共产党，又准备好了参加过一次革命的民众"；第二，敌人的强大，红军的敌人国民党建立了全国性政权而且相对稳定，得到了全世界主要反革命国家的援助，军队数量大且武器和其他军事物资的供给比起红军来要雄厚得多，控制全国的政治、经济、交通、文化的枢纽或命脉；第三，红军的弱小，"红军的数量是少的，红军的武器是差的，红军的粮食被服等物质供给是非常困难的"；第四，共产党的领导和土地革命，"红军虽小却有强大的战斗力，因为在共产党领导下的红军人员是从土地革命中产生，为着自己的利益而战斗的，而且指挥员和战斗员之间在政治上是一致的"。②第一、第四个特点规定了中国红军可能发展和可能战胜敌人，第二、第三个特点规定了中国红军不可能很快发展和不可能很快战胜敌人，规定了战争的持久，而且弄得不好的话还可能失败。这两方面同时存在着，即是说，既有顺利的条件，又有困难的条件，这是中国革命战争的根本规律。这些特点规定了中国革命战争的指导路线及其许多战略战术的原则，规定战略方向如进攻时反对冒险主义，防御时反对保守主义，转移时反对逃跑主义；反对红军的游击主义，却又承认红军的游击性；反对战役的持久战和战略的速决战，承认战略的持久战和战役的速决战；反对固定的作战战线和阵地战，承认非固定的作战战

---

① 毛泽东:《中国革命战争的战略问题》，载《毛泽东选集》第一卷，第 183、186 页。
② 毛泽东:《中国革命战争的战略问题》，载《毛泽东选集》第一卷，第 188—191 页。

线和运动战；反对击溃战，承认歼灭战；反对战略方向的两个拳头主义，承认一个拳头主义；反对大后方制度，承认小后方制度；反对绝对的集中指挥，承认相对的集中指挥；反对单纯军事观点和流寇主义，承认红军是中国革命的宣传者和组织者；等等。

毛泽东在第四章《"围剿"和反"围剿"——中国内战的主要形式》中指出，中国内战的特点，是"围剿"和"反围剿"的长期地反复，也就是攻防两种战斗形式的长期地反复。从游击战争开始的那一天起，红色游击队或红军、革命根据地就经常遇着敌人的"围剿"，"'围剿'反复的形式何时结束？据我看来，如果内战延长的话，那是在敌我强弱对比起了根本变化之时"[1]。

毛泽东在第五章《战略防御》中强调坚持积极防御，反对消极防御，"积极防御，又叫攻势防御，又叫决战防御。消极防御，又叫专守防御，又叫单纯防御。消极防御实际上是假防御，只有积极防御才是真防御，才是为了反攻和进攻的防御。据我所知，任何一本有价值的军事书，任何一个比较聪明的军事家，而且无论古今中外，无论战略战术，没有不反对消极防御的"[2]。他强调实行战略退却，反对军事冒险主义，指出"战略退却，是劣势军队处在优势军队进攻面前，因为顾到不能迅速地击破其进攻，为了保存军力，待机破敌，而采取的一个有计划的战略步骤"。从战略退却到转入反攻，"选择和造成有利于我不利于敌的若干条件，使敌我力量对比发生变化"，这些"有利于我不利于敌"的条件是：积极援助红军的人民；有利作战的阵地；红军主力的全部集中；发现敌人的薄弱部分；使敌人疲劳沮丧；使敌人发生过失。[3]他强调集中兵力，反对军事平均主义"两个拳头打人"的说法，指出"在有强大敌军存在的条件下，无论自己有多少军队，在一个时间内，主要的使用方向只应有一个，不应有两个"[4]。他强调打运动战，"打得赢就打，打不赢就走"，"走"是为了"打"，"阵地战，对于我们，不但防御时基本地不能用它，就是进攻时也同样不能用"，不过，"基本的是运动战，并

---

① 毛泽东:《中国革命战争的战略问题》，载《毛泽东选集》第一卷，第 196 页。
② 毛泽东:《中国革命战争的战略问题》，载《毛泽东选集》第一卷，第 198—199 页。
③ 毛泽东:《中国革命战争的战略问题》，载《毛泽东选集》第一卷，第 203、206—207 页。
④ 毛泽东:《中国革命战争的战略问题》，载《毛泽东选集》第一卷，第 225 页。

不是拒绝必要的和可能的阵地战"。① 他强调中国革命的战略指导方针是"持久"而不应是"速决"，"因为反动势力的雄厚，革命势力是逐渐地生长的，这就规定了战争的持久性"，不过"战略的持久战"与"战役和战斗的速决战"要结合起来，"在战役和战斗上面争取速决，古今中外都是相同的"。②

《中国革命战争的战略问题》表明十年内战时期党的武装斗争思想有了较大的发展，是毛泽东军事思想形成的标志，丰富和发展了马克思主义关于革命战争的理论。

抗日战争全面爆发后，中共中央鉴于敌强我弱形势与红军特点，确定了在总的持久战方针下红军应执行的方针，强调了开展独立自主的山地游击战。毛泽东及时强调实现从国内正规战到抗日游击战的战略转变，强调抗日游击战争的战略地位。1937 年 7 月 23 日，毛泽东在《反对日本进攻的方针、办法和前途》一文中提出"确定游击战争担负战略任务的一个方面，使游击战争和正规战争配合起来"③。8 月 1 日，张闻天、毛泽东致函周恩来等，提出"在整个战略方针下执行独立自主的分散作战的游击战争，而不是阵地战，也不是集中作战，因此不能在战役战术上受束缚"④。8 月 4 日，他们在《对国防问题的意见》中指出，"正规战与游击战相配合，游击战以红军与其他适宜部队及人民武装担任之，在整个战略部署下给与独立自主的指挥权"，"担任游击战之部队，依地形条件及战况之发展，适当使用其兵力。为适应游击战性质，原则上应分开使用而不是集中使用"。⑤8 月下旬，毛泽东在洛川会议上代表政治局所作关于军事问题和国共关系问题报告中将红军作战方针概括为：独立自主的山地游击战，包括有利条件下消灭敌人兵团与在平原发展游击战争，但着重于山地。此后，毛泽东多次就开展独立自主的山地游击战做出指示。9 月 21 日，毛泽东致电彭德怀指出："今日红军在决战问题上不起任何决定作用，而有一种自己的拿手好戏，在这种拿手戏中一定能起决定作用，这就是真正独立自主的山地游击战（不是运动

---

① 毛泽东：《中国革命战争的战略问题》，载《毛泽东选集》第一卷，第 228、230 页。
② 毛泽东：《中国革命战争的战略问题》，载《毛泽东选集》第一卷，第 233—234 页。
③ 毛泽东：《反对日本进攻的方针、办法和前途》，载《毛泽东选集》第二卷，第 346 页。
④《关于红军作战原则的指示（一九三七年八月一日洛甫、毛泽东致周恩来、博古、林伯渠）》，载《中共中央文件选集》十一册，第 299 页。
⑤ 毛泽东：《对国防问题的意见》，载《毛泽东文集》第二卷，第 3—4 页。

战）。要实行这样的方针，就要战略上有有力部队处于敌之翼侧，就要以创造根据地发动群众为主，就要分散兵力，而不是以集中打仗为主。"[①]9月23日，毛泽东致电彭雪枫等，提出"游击战争主要应处于敌之翼侧及后方，在山西应分为晋西北、晋东北、晋东南、晋西南四区，向着进入中心城市及要道之敌人，取四面包围袭击之姿势，不宜集中于五台山脉一区，集中一区是难以立足的"[②]。9月25日，毛泽东致电周恩来等，强调："整个华北工作，应以游击战争为唯一方向。一切工作，例如民运、统一战线等等，应环绕于游击战争。华北正规战如失败，我们不负责任；但游击战争如失败，我们须负严重的责任。……要告诉全党（要发动党内党外），今后没有别的工作，唯一的就是游击战争。"[③]在上海、太原沦陷后，八路军在山西、华北进行分兵，分赴各地开辟抗日根据地，开展抗日游击战争，实现了从国内正规战争到抗日游击战争的军事战略转变。

毛泽东在1938年11月6日六届六中全会所作《战争和战略问题》报告中分国内战争和民族战争两个过程阐释了党的军事战略变化。他指出国内战争的过程大体上可以分两个战略时期，"在前期，主要的是游击战争；在后期，主要的是正规战争"，但所谓正规战争是中国型的，只表现在集中兵力打运动战和指挥上、组织上的某种程度的集中性和计划性方面，其他则仍是游击性的，低级的，是一种"提高了的游击战"。在抗日战争的过程中就我党的军事任务来说也大体分为两个战略时期，"在前期（包括战略防御和战略相持两个阶段），主要的是游击战争；在后期（战略反攻阶段），主要的将是正规战争"。因此，国内战争与抗日战争两个过程和四个战略时期之间存在着三个战略转变："第一个，国内游击战争和国内正规战争之间的转变。第二个，国内正规战争和抗日游击战争之间的转变。第三个，抗日游击战争和抗日正规战争之间的转变。"[④]如前所述，经过三年游击战争后，红军在1930—1931年间进行整编并开始了从游击战到正规战的战略转变，但转变曾遇到很大困难，一是要反对沉溺于游击性而不愿向正规性转变的

① 毛泽东：《关于实行独立自主的山地游击战方针》，载《毛泽东文集》第二卷，第19页。
② 毛泽东：《关于在山西开展游击战争的意见》，载《毛泽东文集》第二卷，第21页。
③ 毛泽东：《整个华北工作应以游击战争为唯一方向》，载《毛泽东文集》第二卷，第23页。
④ 毛泽东：《战争和战略问题》，载《毛泽东选集》第二卷，第549—550页。

右的地方主义和游击主义的倾向，这种倾向在做了艰苦的教育工作后逐渐地转变过来；二是要反对过分重视正规化的"左"的集中主义和冒险主义的倾向，这种倾向在遵义会议后得到了纠正。这是第一个转变。至于"由抗日游击战争到抗日正规战争的第三个转变"要到抗日战争后期，"这时的军队将获得高度的集中性和组织性，作战将获得高度的正规性，大大减少其游击性，低级的将变到高级的，中国型的将变到世界型的。这将是战略反攻阶段中的事业"。①

目前进行的"第二个转变"即"国内正规战争和抗日游击战争之间的转变"，不同于处于国内战争过程中的"第一个转变"和处于民族战争过程中的"第三个转变"，它"处于两个不同的战争过程之间"，处于国内战争向民族战争转变的过程中；作战对象从内部变为外部、从阶级敌人变为民族敌人，"敌人是新的，即日本帝国主义，友军是过去的敌人国民党（它对我们仍然怀着敌意），战场是地域广大的华北（暂时的我军正面，但不久就会变为长期的敌人后方）"。在这种情况下，"必须把过去的正规军和运动战，转变成为游击军（说的是分散使用，不是说的组织性和纪律性）和游击战，才能同敌情和任务相符合。但是这样的一个转变，便在现象上表现为一个倒退的转变，因此这个转变应该是非常困难的"。② 正因为从正规战到游击战"在现象上表现为一个倒退的转变"，所以红军指战员有的一时难以理解、难以转过弯，"曾经在中央和一部分军事干部之间发生过严重的争论"。经过毛泽东等领导人反复强调实行分兵、开展独立自主的山地游击战争，广大干部适时地接受了中央的正确指导，战略转变得以顺利实现。毛泽东高度评价了实现从国内正规战到抗日游击战军事战略转变的历史意义，指出："这一转变关系于整个抗日战争的坚持、发展和胜利，关系于中国共产党的前途非常之大，只要想一想抗日游击战争在中国民族解放命运上的历史意义，就会知道的。中国的抗日游击战争，就其特殊的广大性和长期性说来，不但在东方是空前的，在整个人类历史上也可能是空前的。"③

---

① 毛泽东：《战争和战略问题》，载《毛泽东选集》第二卷，第550—551页。
② 毛泽东：《战争和战略问题》，载《毛泽东选集》第二卷，第550—551页。
③ 毛泽东：《战争和战略问题》，载《毛泽东选集》第二卷，第551页。

第四节　马克思主义思想路线的初步提出和发展

中国共产党在长期的革命、建设、改革的实践中，形成、确立、发展与不断完善了一条马克思主义的思想路线或者说认识路线，其基本内容是：一切从实际出发，理论联系实际，实事求是，在实践中检验和发展真理。对其精髓的概括不断完善：延安时期毛泽东提炼出"实事求是"，改革开放开启、重新确立党的思想路线时邓小平概括为"解放思想，实事求是"，中共十六大报告发展为"解放思想，实事求是，与时俱进"，中共十八大报告将"解放思想，实事求是，与时俱进，求真务实"明确为辩证唯物主义和历史唯物主义一以贯之的科学精神。党的"思想路线"酝酿于井冈山时期，毛泽东1930年5月写成的《反对本本主义》一文中形成了中国化马克思主义思想路线的最初表述，1937年7、8月间写作的《矛盾论》《实践论》奠定了马克思主义思想路线的哲学基础，六届六中全会首次提出"马克思主义中国化"这一重大命题使马克思主义思想路线得到了进一步发展。

一、《反对本本主义》：马克思主义思想路线初步提出

党的思想路线是党制订各时期各阶段包含政治路线、组织路线、群众路线在内的基本路线的理论基础，是正确贯彻和执行党的路线方针政策的重要保证，是中国化马克思主义与革命、建设、改革不断推进的思想指南。

早在井冈山时期，毛泽东就提到了"思想路线"概念，提出了思想路线问题，他在1929年6月给林彪的信中指出："我们是唯物史观论者，凡事要从历史和环境两方面考察才能得到真相。我现举出了自有四军以来的历史问题的各方面，以证明近日的问题（军委问题，但原则问题）只是历史的结穴，历史上一种错误的思想路线上的最后挣扎。"这是毛泽东第一次使用"思想路线"这一概念。他在信中强调"共产主义者的思想和行动总要稍为科学一点才好，而一部分同志则恰恰与科学正相反对"。他批评形式主义者"对这些实际的理由一点不顾及，只是形式地要于前委之下、纵委之上硬生

生地插进一个军委，人也是这些人，事也是这些事，这是什么人都明白在实际上不需要的"。他质问道："实际弄得不好，形式上弄得再好看又有什么用处呢？！"①同年12月，他在主持起草的《古田会议决议》中明确提出了"纠正主观主义"问题，提出"教育党员用马克思列宁主义的方法去作政治形势的分析和阶级势力的估量，以代替主观主义的分析和估量"，"使党员注意社会经济的调查和研究，由此来决定斗争的策略和工作的方法"。②这两点后来被表述为"马克思主义的普遍真理与中国革命的具体实践相结合"的思想原则。

1930年5月毛泽东在《反对本本主义》一文中再次使用了"思想路线"这一概念，他说："那些具有一成不变的保守的形式的空洞乐观的头脑的同志们，以为现在的斗争策略已经是再好没有了，党的第六次全国代表大会的'本本'保障了永久的胜利，只要遵守既定办法就无往而不胜利。这些想法是完全错误的，完全不是共产党人从斗争中创造新局面的思想路线，完全是一种保守路线。这种保守路线如不根本丢掉，将会给革命造成很大损失，也会害了这些同志自己。"③《反对本本主义》原名《调查工作》，是毛泽东在做了寻乌调查后写成的，全文约5000字，是他最早的一篇马克思主义哲学著作。用毛泽东后来的话说，这里所反对的"本本主义"，其实就是"教条主义"，因为当时还没有"教条主义"一词。④

《反对本本主义》一文提出了"没有调查，没有发言权"这个马克思主义认识论的中国化表述。⑤毛泽东强调开展调查研究，主张通过开展调查研究找到解决问题的办法，"一切结论产生于调查情况的末尾，而不是在它的先头"，"调查就像'十月怀胎'，解决问题就像'一朝分娩'"；他批评"许多巡视员，许多游击队的领导者，许多新接任的工作干部，喜欢一到就宣

---

① 毛泽东：《给林彪的信》，载《毛泽东文集》第一卷，第74、70、71、72页。
② 毛泽东：《中国共产党红军第四军第九次代表大会决议案》，载《毛泽东文集》第一卷，第84—85页。
③ 毛泽东：《反对本本主义》，载《毛泽东选集》第一卷，第115—116页。
④《中共中央关于认真进行调查工作问题给各中央局，各省、市、区党委的一封信》，载中共中央文献研究室编《建国以来重要文献选编（一九二一——一九四九）》第十四册，中央文献出版社，2011，第200页。
⑤ 金民卿：《中国化马克思主义初步形成的重要标志——〈反对本本主义〉的思想价值及其当代启示》，《马克思主义研究》2010年第4期。

布政见，看到一点表面，一个枝节，就指手画脚地说这也不对，那也错误。这种纯主观地'瞎说一顿'，实在是最可恶没有的。他一定要弄坏事情，一定要失掉群众，一定不能解决问题"。[①]他强调调查研究要注意调查的对象是社会阶级，而不是片段的社会现象，同时要采用科学的调查方法，否则"调查的结果就像挂了一篇狗肉账，像乡下人上街听了许多新奇故事，又像站在高山顶上观察人民城郭。这种调查用处不大，不能达到我们的主要目的"[②]。1931年4月2日，毛泽东在《总政治部关于调查人口和土地状况的通知》中，对"没有调查，没有发言权"的论断做了补充和发展，提出"我们的口号是：一，不做调查没有发言权。二，不做正确的调查同样没有发言权"。[③]

毛泽东要求破除把马克思主义神秘化的倾向。"我们说马克思主义是对的，决不是因为马克思这个人是什么'先哲'，而是因为他的理论，在我们的实践中，在我们的斗争中，证明了是对的。我们的斗争需要马克思主义。我们欢迎这个理论，丝毫不存什么'先哲'一类的形式的甚至神秘的念头在里面。读过马克思主义'本本'的许多人，成了革命叛徒，那些不识字的工人常常能够很好地掌握马克思主义。马克思主义的'本本'是要学习的，但是必须同我国的实际情况相结合。"[④]他对那种脱离实际情况、只知道照抄照搬经典作家的个别词句的教条化倾向提出了严厉批评，并指出："我们需要'本本'，但是一定要纠正脱离实际情况的本本主义。"[⑤]在《星星之火，可以燎原》一文中他写道："马克思主义者不是算命先生，未来的发展和变化，只应该也只能说出个大的方向，不应该也不可能机械地规定时日。"[⑥]

毛泽东再三强调必须从中国国情出发，从中国革命具体实际出发来制定中共的斗争策略，而不能一味守着"国际路线"与俄国经验不动摇，更不能把"国际路线"与俄国经验神圣化、教条化。实际上，"中国革命斗争的胜利要靠中国同志了解中国情况"[⑦]。后来《在扩大的中央工作会议上的讲话》

---

① 毛泽东：《反对本本主义》，载《毛泽东选集》第一卷，第110页。
② 毛泽东：《反对本本主义》，载《毛泽东选集》第一卷，第113页。
③ 毛泽东：《总政治部关于调查人口和土地状况的通知》，载《毛泽东文集》第一卷，第267—268页。
④ 毛泽东：《反对本本主义》，载《毛泽东选集》第一卷，第111—112页。
⑤ 毛泽东：《反对本本主义》，载《毛泽东选集》第一卷，第112页。
⑥ 毛泽东：《星星之火，可以燎原》，载《毛泽东选集》第一卷，第106页。
⑦ 毛泽东：《反对本本主义》，载《毛泽东选集》第一卷，第115页。

中毛泽东更进一步明确指出："中国这个客观世界，整个地说来，是由中国人认识的，不是在共产国际管中国问题的同志们认识的。共产国际的这些同志就不了解或者说不很了解中国社会，中国民族，中国革命。对于中国这个客观世界，我们自己在很长时间内都认识不清楚，何况外国同志呢？"①

毛泽东指出正确的斗争策略只能来源于实践，来源于群众斗争的过程之中。"共产党的正确而不动摇的斗争策略，决不是少数人坐在房子里能够产生的，它是要在群众的斗争过程中才能产生的，这就是说要在实际经验中才能产生。因此，我们需要时时了解社会情况，时时进行实际调查。"他因而呼吁广大共产党员和革命同志，要"到斗争中去！到群众中作实际调查去！"②比如，我们要制定出"正确的斗争策略，确定哪些阶级是革命斗争的主力，哪些阶级是我们应当争取的同盟者，哪些阶级是要打倒的"，我们就先要明了"各阶级现在的以及历史的盛衰荣辱的情况"；而要明了"各阶级现在的以及历史的盛衰荣辱的情况"，我们就要"到斗争中去""到群众中去"，对社会各个阶级和阶层进行深入的调查。"我们调查农民成分时，不但要知道自耕农，半自耕农，佃农，这些以租佃关系区别的各种农民的数目有多少，我们尤其要知道富农，中农，贫农，这些以阶级区别阶层区别的各种农民的数目有多少。"③

《反对本本主义》一文提出马克思主义的"本本"，"必须同我国的实际情况相结合"、正确策略"要在群众的斗争过程中才能产生的"、"中国革命斗争的胜利要靠中国同志了解中国情况"，体现了作为毛泽东思想活的灵魂的三个基本点，即实事求是、群众路线和独立自主的思想。它较早把调查研究作为哲学认识论提出，把它提高到科学世界观和方法论的高度，使马克思主义认识论增添了独具中国特色的内容，提出了党的实事求是思想路线的初步思想。它批评了当时党内盛行的"唯书""唯上"的错误倾向，率先吹响了反对本本主义亦即教条主义的号角，初步提出了马克思主义基本原理同中国实际相结合的原则，在毛泽东思想的形成过程中具有重要的历史地位。

---

① 毛泽东：《在扩大的中央工作会议上的讲话》，载《毛泽东文集》第八卷，第299—300页。
② 毛泽东：《反对本本主义》，载《毛泽东选集》第一卷，第115、116页。
③ 毛泽东：《反对本本主义》，载《毛泽东选集》第一卷，第113—114页。

二、《实践论》《矛盾论》：马克思主义思想路线的理论基础

鉴于教条主义与经验主义尤其是重教条轻实践的教条主义给党的事业所造成的严重危害，为着用马克思主义的认识论观点去揭露和批判党内的经验主义特别是教条主义——主观主义的错误，毛泽东于 1937 年 7 月撰写了《实践论》，深刻阐述了实践与认识的相互关系，强调了认识对社会实践、对生产和阶级斗争的依赖关系；于同年 8 月撰写了《矛盾论》，阐述了矛盾的普遍性和特殊性的相互关系，强调矛盾的特殊性、具体情况具体分析。《实践论》和《矛盾论》是毛泽东撰写的《辩证法唯物论讲授提纲》中的两节，曾在抗日军政大学讲授；"两论"的写作标志着毛泽东哲学思想体系的形成，为马克思主义哲学中国化、为批判主观主义尤其是教条主义奠定了世界观与方法论的理论基石，为中共的马克思主义思想路线从哲学原理上做了深刻论证，是中国共产党思想理论建设的经典著作。

《实践论（论认识和实践的关系——知和行的关系）》，通过揭示认识和实践的关系——知和行的关系，系统阐释、丰富了辩证唯物论的认识论观点，分析了"左"倾、右倾错误产生的认识论根源。其基本框架、基本内容包括四个方面：

第一至第五段论述了实践的地位和作用。（1）实践是认识的来源。人类的生产活动是最基本的实践活动，是决定其他一切活动的东西，人的认识主要地依赖于物质的生产活动，人们结成一定的生产关系，以解决人类物质生活问题，这是人的认识发展的基本来源；人的社会实践还有阶级斗争、政治生活、科学和艺术的活动等多种其他形式，其他形式的社会实践尤其是阶级斗争，给予人的认识发展以深刻的影响。（2）实践是认识发展的动力。人类社会的生产活动是一步又一步地由低级向高级发展，因此，人们的认识，不论对于自然界方面，对于社会方面，也都是一步又一步地由低级向高级发展，即由浅入深，由片面到更多的方面。（3）实践是人们对于外界认识的真理性的标准。判断认识或理论之是否真理，不是依主观上觉得如何，而是依客观上社会实践的结果如何而定。真理的标准只能是社会实践。（4）实践是认识的目的。理论的基础是实践，又转过来为实践服务。认识本身不是目的，认识的最终目的是指导实践，认识世界是为了改造世

界。实践的观点是辩证唯物论的认识论之第一和基本的观点。

第六至十八段揭示了认识的发展过程。（1）人类认识经过感性认识、理性认识两个阶段。人们在实践过程中开始只是看到事物的现象方面，看到各个事物的片面，看到各个事物的外部联系，这是认识的感性阶段，就是感觉和印象的阶段；在这个阶段，人们还不能造成深刻的概念，作出合乎论理（即合乎逻辑）的结论。随着社会实践的继续，实现认识过程的突变（即飞跃），产生了概念，"抓着了事物的本质，事物的全体，事物的内部联系了"，循此继进，使用判断和推理的方法，就可产生出合乎论理的结论来，"这个概念、判断和推理的阶段，在人们对于一个事物的整个认识过程中是更重要的阶段，也就是理性认识的阶段"；总之，"认识的过程，第一步，是开始接触外界事情，属于感觉的阶段。第二步，是综合感觉的材料加以整理和改造，属于概念、判断和推理的阶段"。① （2）感性认识、理性认识的辩证关系。一方面，理性认识依赖于感性认识，离开了感性认识，理性认识就成了无源之水、无本之木。如果以为理性认识可以不从感性认识得来，他就是一个唯心论者。另一方面，感性认识有待于发展到理性认识。如果以为只有感性认识重要，而理性认识是靠不住的，这是重复了历史上的"经验论"的错误。"理性认识依赖于感性认识，感性认识有待于发展到理性认识，这就是辩证唯物论的认识论。"② （3）从认识到实践的第二次飞跃的伟大意义。辩证唯物论的认识运动，如果只到理性认识为止，那还只说到问题的一半。认识的目的不在于懂得了客观世界的规律性，因而能解释世界，而在于拿了这种对于客观世界规律性的认识去能动地改造世界。"认识的能动作用，不但表现于从感性的认识到理性的认识之能动的飞跃，更重要的还须表现于从理性的认识到革命的实践这一个飞跃。"③

第二十至二十五段揭示了认识运动是无限发展的过程。（1）认识过程是阶段性和无限性的统一。从感性认识上升到理性认识，理性认识再回到社会实践中检验，看是否能达到预想的目的，到这个时候人们对于在某一阶段内的某一客观过程的认识运动算是完成了；任何过程，无论是属于自然

---

① 毛泽东：《实践论》，载《毛泽东选集》第一卷，第284—290页。
② 毛泽东：《实践论》，载《毛泽东选集》第一卷，第291页。
③ 毛泽东：《实践论》，载《毛泽东选集》第一卷，第292页。

界的还是属于社会的都是向前推移向前发展的，人们的认识运动也应跟着推移和发展。客观事物及其发展是无限的，人们认识的发展也是永无止境的。（2）真理是一个从相对真理走向绝对真理的过程。"在绝对的总的宇宙发展过程中，各个具体过程的发展都是相对的，因而在绝对真理的长河中，人们对于在各个一定发展阶段上的具体过程的认识只具有相对的真理性。无数相对的真理之总和，就是绝对的真理。"①（3）"左"倾、右倾错误在认识论上的特征。右倾机会主义者思想落后于实践，看不出矛盾的斗争客观过程已经向前推进了，而他们的认识仍停留在旧阶段；"左"翼空谈主义思想超过客观过程的一定发展阶段，把幻想、把仅在将来有现实可能性的理想，放在现时来做。"唯心论和机械唯物论，机会主义和冒险主义，都是以主观和客观相分裂，以认识和实践相脱离为特征的。"②

　　第二十六段揭示了认识运动的总规律。"通过实践而发现真理，又通过实践而证实真理和发展真理。从感性认识而能动地发展到理性认识，又从理性认识而能动地指导革命实践，改造主观世界和客观世界。实践、认识、再实践、再认识，这种形式，循环往复以至无穷，而实践和认识之每一循环的内容，都比较地进到了高一级的程度。这就是辩证唯物论的全部认识论，这就是辩证唯物论的知行统一观。"③

　　《实践论》以科学的认识论武装了中国共产党，教育全党必须树立辩证唯物的知行统一观，坚持理论与实践相结合原则，坚持马克思主义同中国实际相结合的理念，反对轻视实践、轻视经验、使认识离开实践的教条主义，同时反对看轻理论、看轻理性认识的经验主义，不断随着实践创新推进理论创新，不断以发展的马克思主义指导中国革命的实践。

　　《矛盾论》是毛泽东继《实践论》之后，为了同一目的，即为了克服存在于中国共产党内的严重的教条主义思想而写的，原为《辩证法唯物论讲授提纲》第三章《唯物辩证法》的第一节《矛盾统一法则》，作者后来做了部分的补充、删节和修改，并易名为《矛盾论》，发表于1952年4月1日的《人民日报》，后编入《毛泽东选集》。如果说《实践论》偏重于批判教

---

① 毛泽东：《实践论》，载《毛泽东选集》第一卷，第295页。
② 毛泽东：《实践论》，载《毛泽东选集》第一卷，第295页。
③ 毛泽东：《实践论》，载《毛泽东选集》第一卷，第296—297页。

条主义对知与行、理论与实践、主观与客观的割裂，那么，《矛盾论》则重在批判教条主义对普遍与特殊、一般与个别、对立与统一、斗争性与同一性关系的分割。《矛盾论》通过全面阐述唯物辩证法的根本规律——对立统一规律，从方法论上批判了"左"倾、右倾的错误思想。毛泽东在篇首即开宗明义，《矛盾论》的理论宗旨是树立理论联系实际的马克思主义学风，克服教条主义与经验主义。他指出，"我们现在的哲学研究工作，应当以扫除教条主义思想为主要的目标"，如果我们通过研究矛盾法真正懂得了唯物辩证法，"我们就能够击破违反马克思列宁主义基本原则的不利于我们的革命事业的那些教条主义的思想；也能够使有经验的同志们整理自己的经验，使之带上原则性，而避免重复经验主义的错误"。[1]《矛盾论》涉及的问题有：两种宇宙观；矛盾的普遍性；矛盾的特殊性；主要的矛盾和主要的矛盾方面；矛盾诸方面的同一性和斗争性；对抗在矛盾中的地位。

关于两种宇宙观，毛泽东指出，人类认识史上形成了形而上学的见解与辩证法的见解这两种不同的宇宙观。形而上学的或庸俗进化论的宇宙观，就是用孤立的、静止的和片面的观点去看世界，把世界一切事物看成是永远彼此孤立和永远不变化的，如果有变化也只是数量的增减和场所的变更。唯物辩证法的宇宙观主张从事物的内部、从一事物对他事物的关系去研究事物的发展，认为事物发展的根本原因不在事物的外部而在事物的内部，在于事物内部的矛盾性；事物内部的这种矛盾性是事物发展的根本原因，一事物和他事物的互相联系和互相影响是事物发展第二位的原因。唯物辩证法的宇宙观要求用矛盾的观点观察事物、分析问题，"这个辩证法的宇宙观，主要地就是教导人们要善于去观察和分析各种事物的矛盾的运动，并根据这种分析，指出解决矛盾的方法"[2]。

关于矛盾的普遍性，毛泽东指出，矛盾的普遍性或绝对性有两方面的意义：其一是说，矛盾存在于一切事物的发展过程中；其二是说，每一事物的发展过程中存在着自始至终的矛盾运动。没有事物是不包含矛盾的，没有矛盾就没有世界。不论是简单的运动形式，或复杂的运动形式，不论是客观现象，或思想现象，矛盾是普遍存在着的，矛盾存在于一切过程中。

---

① 毛泽东：《矛盾论》，载《毛泽东选集》第一卷，第299、337页。
② 毛泽东：《矛盾论》，载《毛泽东选集》第一卷，第304页。

矛盾贯穿于事物发展的一切过程中，又贯穿于一切过程的始终；旧过程完结了，新过程发生了，新过程又包含着新矛盾。

关于矛盾的特殊性，毛泽东指出，任何运动形式，其内部都包含着本身特殊的矛盾，每一物质运动形式包含着特殊的矛盾和特殊的本质，每一种社会形式和思想形式都有它的特殊的矛盾和特殊的本质。他从认识论角度阐述了矛盾的普遍性与特殊性，他说："就人类认识运动的秩序说来，总是由认识个别的和特殊的事物，逐步地扩大到认识一般的事物。人们总是首先认识了许多不同事物的特殊的本质，然后才有可能更进一步地进行概括工作，认识诸种事物的共同的本质。"这是从特殊到一般。接着，他又谈到了从一般到特殊，他说："当着人们已经认识了这种共同的本质以后，就以这种共同的认识为指导，继续地向着尚未研究过的或者尚未深入地研究过的各种具体的事物进行研究，找出其特殊的本质，这样才可以补充、丰富和发展这种共同的本质的认识，而使这种共同的本质的认识不致变成枯槁的和僵死的东西。"然后，毛泽东对认识规律做了这样的概括："这是两个认识的过程：一个是由特殊到一般，一个是由一般到特殊。人类的认识总是这样循环往复地进行的，而每一次的循环（只要是严格地按照科学的方法）都可能使人类的认识提高一步，使人类的认识不断地深化。"①《矛盾论》有关认识过程"特殊"与"一般"关系的阐述，与《实践论》所揭示的认识运动总规律，是完全一致的。矛盾特殊性的原理，要求"具体地分析具体的情况"，具体地分析事物矛盾的特性，包括具体分析"各个物质运动形式的矛盾，各个运动形式在各个发展过程中的矛盾，各个发展过程的矛盾的各方面，各个发展过程在其各个发展阶段上的矛盾以及各个发展阶段上的矛盾的各方面"。②

在矛盾的特殊性中，毛泽东着重分析了"主要的矛盾和主要的矛盾方面"两种情形。他指出，如果不研究"主要的矛盾和非主要的矛盾以及矛盾之主要的方面和非主要的方面"两种情形，就将陷入抽象的研究，不能具体地懂得矛盾的情况，也就找不出解决矛盾的正确的方法。关于"主要的矛盾"，他指出"任何过程如果有多数矛盾存在的话，其中必定有一种是

① 毛泽东：《矛盾论》，载《毛泽东选集》第一卷，第 309—310 页。
② 毛泽东：《矛盾论》，载《毛泽东选集》第一卷，第 317 页。

主要的，起着领导的、决定的作用，其他则处于次要和服从的地位。因此，研究任何过程，如果是存在着两个以上矛盾的复杂过程的话，就要用全力找出它的主要矛盾。捉住了这个主要矛盾，一切问题就迎刃而解了"。关于"主要的矛盾方面"，毛泽东指出："矛盾着的两方面中，必有一方面是主要的，他方面是次要的。其主要的方面，即所谓矛盾起主导作用的方面。事物的性质，主要地是由取得支配地位的矛盾的主要方面所规定的。"他还强调矛盾双方的地位不是固定的，"矛盾的主要和非主要的方面互相转化着，事物的性质也就随着起变化"，"矛盾的主要方面和非主要方面在发展过程中的变化，正是表现出新事物代替旧事物的力量"，以此说明"新陈代谢是宇宙间普遍的永远不可抵抗的规律"，说明革命力量由小变大、由弱变强的必然性，说明"旧的资本主义的社会"转化成"新的社会主义的社会"的必然性，说明"旧的半殖民地和半封建的社会变为新的民主的社会"的必然性。[①]

关于矛盾诸方面的同一性和斗争性，毛泽东指出，矛盾同一性指两种情形：事物发展过程中的每一种矛盾的两个方面，各以和它对立着的方面为自己存在的前提，双方共处于一个统一体中；矛盾着的双方，依据一定条件，各向着其相反的方面转化。"一切矛盾着的东西，互相联系着，不但在一定条件之下共处于一个统一体中，而且在一定条件之下互相转化，这就是矛盾的同一性的全部意义。"[②]他又提出了矛盾的斗争性这一哲学范畴。矛盾的斗争性是矛盾双方互相对立、互相排斥、互相否定的属性和趋势，指自然、人类社会和思维各个领域里的一切相互对立和排斥的现象。毛泽东认为，矛盾的同一性是有条件的、相对的，而"矛盾的斗争贯串于过程的始终，并使一过程向着他过程转化，矛盾的斗争无所不在，所以说矛盾的斗争性是无条件的、绝对的"，"有条件的相对的同一性和无条件的绝对的斗争性相结合，构成了一切事物的矛盾运动"。"斗争性即寓于同一性之中，没有斗争性就没有同一性"，反之，"在同一性中存在着斗争性"，"在相对的东西里面有着绝对的东西"。[③]

---

① 毛泽东：《矛盾论》，载《毛泽东选集》第一卷，第320—326页。
② 毛泽东：《矛盾论》，载《毛泽东选集》第一卷，第330页。
③ 毛泽东：《矛盾论》，载《毛泽东选集》第一卷，第333页。

　　关于对抗在矛盾中的地位，毛泽东指出，对抗是矛盾斗争的一种形式，但不是矛盾斗争的一切形式。有些矛盾具有公开的对抗性，有些矛盾则不是这样。根据事物的发展，有些矛盾由原来非对抗性的发展成为对抗性的，有些矛盾由原来对抗性的发展成为非对抗性的。总之，"事物矛盾的法则，即对立统一的法则，是自然和社会的根本法则，因而也是思维的根本法则"①。

　　《矛盾论》系统而全面地阐述了对立统一规律这一唯物辩证法的根本法则，为中国化的马克思主义哲学的开拓奠定了理论基石，为中共从中国具体实际出发创造性地解决中国革命与建设实际问题提供了行动指南，为中共反对党内各种思潮尤其是"左"倾教条主义准备了思想武器。

三、马克思主义中国化和"马克思主义中国化"命题的提出

　　在井冈山时期开辟的中国革命新道路的实践创新与理论创新的基础上，以毛泽东为主要代表的中国共产党人在如何推进党的建设尤其是从思想上建党、如何认识中国国情尤其是认识近代中国社会性质、如何宣传传播并科学把握马克思主义理论、如何把马克思主义运用于分析和指导中国革命实践等问题上进行了大量探索，推动马克思主义中国化取得了重要进展。

　　其一，中国共产党是推进马克思主义中国化的历史主体，它始终高度重视加强党的建设尤其是以思想建党，注重保持党的先进性与纯洁性，使其成为在中国运用马克思主义并不断推进实践创新与理论创新的表率，还创造性地探索了农村环境下无产阶级政党建设问题，推动形成了符合中国特点的马克思主义党建理论。

　　中国共产党具有鲜明特色的党建理论形成与党的建设所取得的一系列伟大成就，奠基于 1929 年 12 月 28 日至 29 日在福建省上杭县古田召开的红军第四军第九次党代表大会通过的《古田会议决议》。邓小平指出："在井冈山时期，即红军创建时期，毛泽东同志的建党思想就很明确。大家看看红军第四军第九次党代表大会的决议就可以了解。"②毛泽东党的建设理论的核心是以思想建党。早在 1928 年 11 月，他在《井冈山的斗争》一文中指出：

---

① 毛泽东：《矛盾论》，载《毛泽东选集》第一卷，第 336 页。
② 邓小平：《完整地准确地理解毛泽东思想》，载《邓小平文选》第二卷，人民出版社，1994，第 44 页。

"我们感觉无产阶级思想领导的问题，是一个非常重要的问题。边界各县的党，几乎完全是农民成分的党，若不给以无产阶级的思想领导，其趋向是会要错误的。"[①]在古田会议上通过了毛泽东代表前委起草的 3 万余字的 8 个决议案即《古田会议决议》，其中第一部分《关于纠正党内的错误思想》是核心部分，后来编入了《毛泽东选集》。毛泽东在决议中强调了以思想建党的重要性，其核心内容是强调以思想建党、政治建军，即以无产阶级思想进行党的建设和军队建设，克服来自农民和小资产阶级以及其他非无产阶级的思想影响，把党建设成为马克思列宁主义的无产阶级先锋队，把军队建设成为接受党的绝对领导的新型人民军队。在当时中央领导层内，周恩来也清醒地认识到党内非无产阶级思想存在的危害，强调要纠正各种错误思想，他在 1928 年 11 月 11 日为中央起草的《中国共产党中央委员会告全体同志书》中指出："党的政治路线上，许多不正确思想的来源，固然是客观环境的反映，然而党的组织还没有布尔塞维克化，包括许多非无产阶级的意识也是一个主要的原因。……到现在党的组织仍然还没有强大的无产阶级的基础，仍然存在有许多小资产阶级的意识，尤其在成份上，农民占百分之七十五，那么这种小资产阶级意识还有大大发展的可能。所以要使党布尔塞维克化，第一要加强无产阶级的基础，同时要继续改造党的组织，尤其要坚决的反对小资产阶级的意识。"[②]他审定了陈毅根据与他的多次谈话和中央会议精神而起草的中共中央给红四军前委的《指示信》，即《九月来信》，高度重视纠正党内非无产阶级的错误思想，提出"纠正一切不正确的倾向"如取消观念、分家观念、离队观念与缩小团体倾向、极端民主化、红军脱离生产即不能存在等观念，要求前委要加强指导机关的威信，与一切非无产阶级意识作坚决的斗争。《九月来信》为古田会议的顺利召开奠定了基础。

1935 年 1 月召开的遵义会议在事实上确立了毛泽东在中共中央的领导地位，其着重从思想上建党的主张成为全党的共识，党的建设思想不断与时俱进。同年 12 月召开的瓦窑堡会议针对中日民族矛盾已上升为主要矛盾

---

① 毛泽东：《井冈山的斗争》，载《毛泽东选集》第一卷，第 77 页。
②《中国共产党中央委员会告全体同志书》，载《中共中央文件选集》第四册，第 704 页。

的形势变化，阐述了"两个先锋队"的思想。会议通过的决议指出："共产党不但是工人阶级的利益的代表者，而且也是中国最大多数人民的利益的代表者，是全民族的代表者。""中国共产党是中国无产阶级的先锋队。他应该大量吸收先进的工人雇农入党，造成党内的工人骨干。同时中国共产党又是全民族的先锋队，因此一切愿意为着共产党的主张而奋斗的人，不问他们的阶级出身如何，都可以加入共产党。"[①]毛泽东在陕北瓦窑堡党的活动分子会议上所作的报告中指出：中国共产党"不但代表了工农的利益，同时也代表了民族的利益"，"工人、农民占了全民族人口的百分之八十至九十"，"总括工农及其他人民的全部利益，就构成了中华民族的利益"。[②]后来，毛泽东又指出："我们现在需要造就一大批为民族解放而斗争到底的先锋队，要他们去领导群众，组织群众，来完成这历史的任务。首先全国的广大的先锋队要赶紧组织起来。我们共产党是无产阶级的先锋队，同时又是最彻底的民族解放的先锋队。"[③]两个先锋队思想、"一切愿意为着共产党的主张而奋斗的人"均可入党思想的提出，是对古田会议决议着重从思想上建党的进一步阐发，在中国共产党党建史、党建理论发展史上具有重要意义。

其二，马克思主义理论是马克思主义中国化的理论客体，以毛泽东为主要代表的中国共产党人始终坚定信仰马克思主义，同时要求准确把握、精准解读马克思主义基本原理，强调要把马克思主义理论同中国革命实际相结合，反对把马克思主义教条化，照抄照搬马克思主义。

针对20世纪20年代后期30年代初期共产国际不顾中国革命实际情况的"瞎指挥"与中共党内存在的把马克思主义教条化、把共产国际决议和苏联经验神圣化的错误倾向，毛泽东强调必须以正确的态度对待马克思主义。他在《古田会议决议》中就尖锐地批评过主观主义的指导，认为这种指导"其必然伴随的结果，不是机会主义，就是盲动主义"，提出教育党员用马克思主义的方法去做政治的分析和阶级势力的估量，以代替唯心方法

---

① 《中央关于目前政治形势与党的任务决议（瓦窑堡会议）》，载《中共中央文件选集》第十册，第618、620页。
② 毛泽东：《论反对日本帝国主义的策略》，载《毛泽东选集》第一卷，第158、159页。
③ 毛泽东：《论鲁迅》，载《毛泽东文集》第二卷，第42页。

的分析和估量；使党员注意社会经济的调查和研究，借此来决定斗争策略和工作方法。

如前所述，毛泽东在 1930 年 5 月写成《反对本本主义》一文，批判了"以为上了书的就是对的""开口闭口'拿本本来'"与"盲目地表面上完全无异议地执行上级的指示"[①] 的"唯书""唯上"论，提出了"没有调查，没有发言权"的著名论断，初步论述了把马克思主义同中国革命具体实际相结合的思想，从哲学高度提出了马克思主义如何实现中国化的问题，成为马克思主义中国化第一个理论成果毛泽东思想初步形成的重要标志。

其三，中国具体实际或中国国情是马克思主义中国化的实际客体，以毛泽东为主要代表的中国共产党人高度重视对中国国情的认识，尤其是重视对近代中国社会性质的认识，强调要取得中国革命胜利必须从深刻认识中国国情开始，必须从中国的实际出发。

"认清中国的国情，乃是认清一切革命问题的基本的根据。"[②] 认清中国的国情，最重要的是要认清中国社会性质，认清近代中国是半殖民地半封建社会。对半殖民地半封建社会的性质，早在大革命时期中国共产党人就已经有所探索，如在 1922 年 6 月 15 日发表的《中国共产党对于时局的主张》中称中国是"半独立的封建国家"，在 1922 年 7 月通过的《关于议会行动的决议》中称中国是"半殖民地"，在 1925 年 1 月中共四大通过的《对于妇女运动之议决案》中有"半封建半资产阶级"的提法，毛泽东在 1923 年 7 月的《北京政变和商人》一文中开始使用"半殖民地的中国"的论述，蔡和森 1926 年上半年在《中国共产党的发展（提纲）》中使用了"半殖民地和半封建的中国"的提法，等等。大革命失败后，半殖民地半封建社会的提法逐渐定型。1928 年 7 月，中共六大通过的《土地问题议决案》提出"现在的中国经济政治制度，的确应当规定为半封建制度"；"帝国主义握有管理中国全体经济之权"，"这种帝国主义掠夺中国的制度——掠夺半殖民地的方式，就表现于外国财政资本与中国商业高利资本的密切的勾结"；"中国现在的地位是半殖民地，因此中国农村经济的资本主义进化，有特殊的

---

① 毛泽东：《反对本本主义》，载《毛泽东选集》第一卷，第 111 页。
② 毛泽东：《中国革命和中国共产党》，载《毛泽东选集》第二卷，第 633 页。

性质"。① 后来，中共六届七中全会通过的《关于若干历史问题的决议》明确指出："一九二八年六、七月间召开的党的第六次全国代表大会的路线，基本上是正确的。它正确地肯定了中国社会是半殖民地半封建社会，指出了引起现代中国革命的基本矛盾一个也没有解决，因此确定了中国现阶段的革命依然是资产阶级民主革命，并发布了民主革命的十大纲领。"② 1929 年 2 月 3 日，《中央通告第二十八号——农民运动的策略（一）》中使用了"中国半殖民地半封建社会经济关系"这一提法。③

早在大革命时期，毛泽东就多次使用过"半殖民地"的概念。大革命失败后的土地革命时期，毛泽东使用"半殖民地"概念也很多。如 1928 年 10 月，他在《中国的红色政权为什么能够存在？》一文中提到"帝国主义间接统治的经济落后的半殖民地的中国"④；1930 年 1 月，他在给林彪的信中提到"中国是一个帝国主义最后阶段中互相争夺的半殖民地"⑤；1935 年 12 月，他指出日本帝国主义"要把整个中国从几个帝国主义国家都有份的半殖民地状态改变为日本独占的殖民地状态"⑥；1936 年 12 月，他在《中国革命战争的战略问题》一文中描述了"中国这个半殖民地的半封建的国度"⑦。但毛泽东使用"半封建"的概念相对较晚，他在 1933 年 6 月的《查田运动的群众工作》一文中称"富农是半封建剥削者"⑧。到了延安时期，毛泽东科学、完整地阐述了近代中国是一个半殖民地半封建社会，为认清当时中国国情奠定了基础。

1928 年 10 月，陶希圣在《新生命》杂志发表《中国社会到底是甚么社会》一文，由此发生了持续十年之久的"中国社会性质问题大论战"，同时发生了"中国社会史问题论战"和"中国农村社会性质问题论战"，中国共产党人参加了这三场论战，并由此深化了对中国近代半殖民地半封建社会性质的认识，"成为中共对国情认识从感性阶段向理性阶段转变的历史节

① 《土地问题议决案》，载《中共中央文件选集》第四册，第 336、339、343 页。
② 《关于若干历史问题的决议》，载《毛泽东选集》第三卷，第 958 页。
③ 《中央通告第二十八号——农民运动的策略（一）》，载《中共中央文件选集》第五册，第 17 页。
④ 毛泽东：《中国的红色政权为什么能够存在？》，载《毛泽东选集》第一卷，第 49 页。
⑤ 《毛泽东给林彪的信》，载《中共中央文件选集》第六册，第 554 页。
⑥ 毛泽东：《论反对日本帝国主义的策略》，载《毛泽东选集》第一卷，第 143 页。
⑦ 毛泽东：《中国革命战争的战略问题》，载《毛泽东选集》第一卷，第 171 页。
⑧ 毛泽东：《查田运动的群众工作》，载《毛泽东文集》第一卷，第 269 页。

点"①。以陶希圣、周佛海、梅思平为代表的新生命派否定中国的半殖民地半封建社会性质，认为中国封建制度在春秋战国时期已经崩坏，秦汉至清朝进入商业资本主义社会，而鸦片战争后中国社会的性质"是帝国主义压迫之下的商业资本主义社会"。陈独秀、李季、严灵峰等托陈派则认为，封建势力已"受了最后打击""变成残余势力之残余"，资本主义已占支配地位，认为中国已经是"资本主义"国家了；他们在《动力》杂志发表文章阐述相关观点，又被称为动力派。中共中央领导人李立三在 1929 年 12 月撰写的《中国革命的根本问题》一文中批判了托陈派有关"资产阶级已经取得胜利和统治地位"和"封建残余受了最后打击"的观点，论证了中共六大关于中国"半封建""半殖民地"的结论。为批驳新生命派、动力派等派别的错误观点，中国共产党于 1929 年创办《新思潮》杂志，形成了以何干之、张闻天、潘东周、吴亮平等为代表的新思潮派，他们认为封建的半封建的经济在中国社会经济中占支配的地位，中国是半封建半殖民地社会。经过十年论战，新思潮派主张的中国社会"半殖民地半封建"性质的说法占了上风，"半殖民地半封建"一词逐渐定型，到了 1937 年论战进入"尾声"之时，何干之在《中国社会性质问题论战·序》中说："试任意执住一些肯和实际问题接近的青年，问他们中国是一个什么社会，我想除了极少数头脑已经硬化的不算以外，一定会回答是：帝国主义支配下的半殖民地化的半封建社会。"②何干之还高度评价了王学文（王昂）、潘东周在"半殖民地半封建"这一概念建构中的贡献，他指出："先发难的新思潮派，给中国社会所下的定义是怎样呢？王学文先生说：'中国经济是帝国主义侵略下的半殖民地的封建经济。'（《中国经济论》47 页）'……这是说中国一方面是在国际帝国主义的统治下，使全国成为一个半殖民地的国家，已经开始了资本主义方向的发展，但另一方面仍然保持强有力的封建关系。'（《社会科学讲座》212 页）""虽然这不是极严谨的定义，但中国社会性质的特点，在此可说已具有一个雏型。所谓帝国主义支配下的半殖民地性半封建性社会的

---

① 吴怀友、刘艳：《中国社会性质问题论战与中共对国情认识的变化》，《党史研究与教学》2013
年第 6 期。

② 何干之：《中国社会性质问题论战·序》，载刘炼编《何干之文集》第一卷，北京出版社，
1993，第 183 页。

定义，在此已有了一个雏型。"① 经过中国社会性质论战，"半殖民地半封建"
得到确立，这是马克思主义中国化的重要理论成果。

其四，以毛泽东为主要代表的中国共产党人高度重视马克思主义中国
化诸要素之间的互动，尤其是马克思主义理论与中国实际之间的连接，将
马克思主义运用于分析和指导中国革命实践，在中国革命道路、武装斗争、
统一战线、政权建设等问题上做出了可贵的探索。

在中国革命道路探索上，毛泽东在井冈山时期提出了"工农武装割据"
思想。他于 1928 年 10 月 5 日写成的《中国的红色政权为什么能够存在？》
论证了"在四围白色政权的包围中，有一小块或若干小块红色政权的区域
长期地存在"的五个条件。② 他同年 11 月 25 日写成的《井冈山的斗争》阐
述了"工农武装割据"思想，以及共产党领导的土地革命、武装斗争与根
据地建设三者之间的辩证关系。③ 他次年 1 月写成的《星星之火，可以燎原》
明确了以农村为中心的思想，指出红军、游击队和红色区域的建立和发展，
是半殖民地中国在无产阶级领导下的农民斗争的最高形式和半殖民地农民
斗争发展的必然结果，并且无疑义的是促进全国革命高潮的最重要因素；
"朱德毛泽东式、方志敏式之有根据地的，有计划地建设政权的，深入土地
革命的，扩大人民武装的路线"④ 是完全正确的。"工农武装割据"思想的
提出，奠定了农村包围城市的道路理论的基础，是毛泽东思想初步形成的
重要标志，是马克思主义中国化的里程碑。但一段时间里，毛泽东的正确
主张未被中共中央认可和重视。前后实际上主持或主导中央工作的李立三、
王明坚持共产国际所主张的"城市中心论"，使中国革命遭受重大损失，尤
其是王明的"左"倾教条主义错误导致红军第五次反"围剿"失利，土地革
命战争失败。1935 年 1 月召开的遵义会议，事实上确立了毛泽东在红军与
中共中央的领导地位，成为中国共产党从幼年到成熟、中国革命从失败到
胜利的转折，也开启了共产党独立自主探索中国革命道路、实现马克思主
义中国化的新征程。在总结大革命与土地革命两次胜利、两次失败的经验

① 何干之：《中国社会性质问题论战》，载《何干之文集》第一卷，第 210—211 页。
② 毛泽东：《中国的红色政权为什么能够存在？》，载《毛泽东选集》第一卷，第 48—50 页。
③ 毛泽东：《井冈山的斗争》，载《毛泽东选集》第一卷，第 57—84 页。
④ 毛泽东：《星星之火，可以燎原》，载《毛泽东选集》第一卷，第 98 页。

教训的基础上，毛泽东在全面抗日战争爆发前后先后发表了《中国革命战争的战略问题》《战争和战略问题》《中国革命和中国共产党》等论著，形成了较为系统的农村包围城市道路理论。毛泽东深刻论述了农村革命根据地在中国革命中的战略地位，进一步明确了先占领农村、后夺取城市的思想。他指出：中国革命的敌人异常强大，城市是它的统治中心，广大农村是其统治的薄弱环节，革命必须在农村长期聚集力量，"必须把落后的农村造成先进的巩固的根据地，造成军事上、政治上、经济上、文化上的伟大的革命阵地，借以反对利用城市进攻农村区域的凶恶敌人，借以在长期战斗中逐步地争取革命的全部胜利"①。他还指出：中国"不是一个独立的民主的国家，而是一个半殖民地的半封建的国家；在内部没有民主制度，而受封建制度压迫；在外部没有民族独立，而受帝国主义压迫。因此，无议会可以利用，无组织工人举行罢工的合法权利。在这里，共产党的任务，基本地不是经过长期合法斗争以进入起义和战争，也不是先占城市后取乡村，而是走相反的道路"②。农民是中国革命的主力军，是无产阶级可靠的同盟军。无产阶级要夺取革命胜利，必须深入农村，发动农民，武装农民，开展游击战争，建立农村革命根据地；经过长期战争，以农村包围城市，最后夺取全国胜利。农村包围城市道路理论成为新民主主义革命理论中的重要组成部分。

在武装斗争问题上，大革命失败后中国共产党人高举武装反抗国民党反动派的旗帜，开始了独立创建人民军队、领导武装斗争的时期。1927 年 9 月，秋收起义部队在进行三湾改编时，毛泽东提出了支部建在连上的原则，为实现党对军队的领导奠定了基础。1929 年 11 月通过的古田会议决议指出中国的红军是一个执行革命的政治任务的武装集团，红军决不是单纯地打仗的，它除了打仗消灭敌人军事力量之外，还要负担宣传群众、组织群众、武装群众、帮助群众建立革命政权以至于建立共产党的组织等重大任务；确立了党对军队实行绝对领导的原则，强调红军执行无产阶级革命政治任务、争取中国人民大众获得解放的事业，必须坚定地置于中国共产党的绝

---

① 毛泽东：《中国革命和中国共产党》，载《毛泽东选集》第二卷，第 635 页。
② 毛泽东：《战争和战略问题》，载《毛泽东选集》第二卷，第 542 页。

对领导下。从 1927 年八七会议确定实行武装反抗国民党反动派的总方针、毛泽东提出"政权是由枪杆子中取得的"思想，到反"围剿"斗争中提出"三大纪律、六项注意"与"敌进我退，敌驻我扰，敌疲我打，敌退我追"，再到 1936 年 12 月《中国革命战争的战略问题》发表，表明十年内战时期党的军队建设、武装斗争思想有了较大的发展。

以思想建党、理论与实际相结合、思想路线初步提出、近代社会性质的认识、中国革命道路理论等成果，表明马克思主义中国化取得了重要进展；中国革命新道路的开辟、红军发展、土地革命开展、农村根据地建立等革命实践，表明马克思主义在中国的应用取得了重大成功，彰显了马克思主义中国化的实效实绩，拓展了马克思主义的实践空间，为毛泽东、张闻天等党的领导人提出"马克思主义中国化"这一重大命题奠定了基础。"马克思主义中国化"命题提出的背景与动机是为了纠正党内的主观主义尤其是教条主义错误，纠正教条主义者把马克思主义教条化、把共产国际决议和苏联经验神圣化的错误。同时，提出"按照中国的特点"应用马克思主义，也旨在反对苏共和共产国际对中国革命的干预，是遵义会议以来中国共产党独立自主解决中国革命实际问题在思想理论上的体现。

"马克思主义中国化"命题的提出有一个酝酿过程。在六届六中全会明确提出该命题前，毛泽东、张闻天等领导人和党的文献中已出现"民族化""具体化"等近似"中国化"的提法。如：1935 年 12 月 25 日，瓦窑堡会议通过的《中央关于目前政治形势与党的任务决议》，批评了关门主义者"不会把马克思列宁斯达林主义活泼的运用到中国的特殊的具体环境去，而把马克思列宁斯达林主义变成死的教条"[1]。1936 年 3 月 20 日，张闻天在中央政治局所作报告中提出要将共产国际七大的决议"民族化"："决议中关于欧洲的问题讲得多些，我们应该使之民族化，使之适合于我们的具体环境。"[2]1937 年 4 月 15 日，中共中央在《告全党同志书》中提出："中国革命

---

[1]《中央关于目前政治形势与党的任务决议（瓦窑堡会议）》，载《中共中央文件选集》第十册，第 618—619 页。

[2] 张闻天：《共产国际"七大"与我党抗日统一战线的方针》，载中共中央党史研究室第一研究部编《共产国际、联共（布）与中国革命档案资料丛书》第 17 卷《联共（布）、共产国际与中国苏维埃运动（1931—1937）》，中共党史出版社，2020，第 175 页。

的复杂性与变化多端性，要求我党同志学习以马克思列宁斯大林的方法去细心的分析当时当地的具体环境，倾听人民群众的呼声，提出适当的主张，策略与口号，慎重的正确的解决政治经济等各方面的问题。马克思列宁史大林主义的原则必须使之具体化，成为具体行动的指南针。"①1936年10月，张闻天在《要培养能够统一理论与实际的干部》一文中指出，"我们的理论，不是教条与公式，而是行动的指南"，要使干部"能够使用马克思列宁主义的方法，去分析具体的环境，并从这种分析中得出一定的行动方针"，强调"任何一国革命的经验，都不能机械的搬运到别一国来"。②12月，毛泽东在《中国革命战争的战略问题》中强调"我们固然应该特别尊重苏联的战争经验……但是我们还应该尊重中国革命战争的经验"③。1937年11月20日，李初黎在《解放》第1卷第24期发表的《十年来新文化运动的检讨》一文中提出了马列主义"具体化""中国化""通俗化""大众化"问题，他指出：抗战后新文化运动的任务之一就是"提高文化水准，使马列主义更具体化中国化，同时更广泛地深入地进行通俗化大众化的工作"。④

　　毛泽东是在1938年10月所作《论新阶段》的报告中正式提出"马克思主义中国化"这一重大命题的。他强调全党要普遍地深入地学习和研究马克思列宁主义，把马克思列宁主义同中国具体特点相结合，反对教条主义。他对教条主义进行了犀利的批判："马克思、恩格斯、列宁、斯大林的理论，是'放之四海而皆准'的理论。不应当把他们的理论当作教条看待，而应当看作行动的指南。不应当只是学习马克思列宁主义的词句，而应当把它当成革命的科学来学习。不但应当了解马克思、恩格斯、列宁、斯大林他们研究广泛的真实生活和革命经验所得出的关于一般规律的结论，而且应当学习他们观察问题和解决问题的立场和方法。"⑤关于"马克思主义中国化"，毛泽东指出："共产党员是国际主义的马克思主义者，但是马克思

---

① 《中国共产党中央执行委员会告全党同志书——为巩固国内和平，争取民主权利实现对日抗战而斗争》，载《中共中央文件选集》第十一册，第202页。

② 张闻天：《要培养能够统一理论与实际的干部》，载张闻天选集编辑组编《张闻天文集》第二卷，中共党史出版社，1993，第188—189页。

③ 毛泽东：《中国革命战争的战略问题》，载《毛泽东选集》第一卷，第172页。

④ 李初黎：《十年来新文化运动的检讨》，《解放》第1卷第24期，1937年11月20日。

⑤ 毛泽东：《中国共产党在民族战争中的地位》，载《毛泽东选集》第二卷，第533页。

主义必须和我国的具体特点相结合并通过一定的民族形式才能实现。马克思列宁主义的伟大力量，就在于它是和各个国家具体的革命实践相联系的。对于中国共产党说来，就是要学会把马克思列宁主义的理论应用于中国的具体的环境。成为伟大中华民族的一部分而和这个民族血肉相联的共产党员，离开中国特点来谈马克思主义，只是抽象的空洞的马克思主义。因此，使马克思主义在中国具体化，使之在其每一表现中带着必须有的中国的特性，即是说，按照中国的特点去应用它，成为全党亟待了解并亟须解决的问题。"① 这里的"使马克思主义在中国具体化"是毛泽东在编辑《毛泽东选集》时修改的，在 1938 年 11 月 25 日《解放》第 57 期发表的《论新阶段》中使用的是"马克思主义的中国化"。当时主要考虑"马克思主义的中国化"会被误解为民族主义倾向，后来苏共在中苏论战中曾点名对刘少奇在党的七大修改党章的报告中"马克思主义中国化""中国化的马克思主义"等提法进行了指责。1961 年 1 月，毛泽东在党的八届九中全会上回应称："'马列主义中国化'，恐怕不是你（指刘少奇）的专有权，我想我也讲过嘛！文字上有，我记得好像有，六中全会上写了马克思主义中国化，我记得我提过，所以发生这个版权问题。所谓马列主义中国化，就是马克思主义普遍真理跟中国革命具体实践的统一，一个普遍一个具体，两个东西的统一就叫中国化。各国有些枝叶的不同，必须有些枝叶的不同，根本一样。比如拿树来作比喻，一棵树同一棵树，它的根本一样，枝叶总是不同的。杨柳跟松柏是不是一样的？是不是有特点？总有些不同。而且同是杨柳，这一棵同那一棵总有点不同。运用马克思主义要根据各国的历史条件、社会情况，这是莫斯科宣言里头写好的，这一次声明里头也有，也讲了的。"②

　　毛泽东在《论新阶段》中所说的马克思主义与中国特点结合，包括了"两个结合"：一是马克思主义同中国优秀传统文化的结合。他指出："我们这个民族有数千年的历史，有它的特点，有它的许多珍贵品。对于这些，我们还是小学生。今天的中国是历史的中国的一个发展；我们是马克思主义的历史主义者，我们不应当割断历史。从孔夫子到孙中山，我们应当给以总结，

---

① 毛泽东：《中国共产党在民族战争中的地位》，载《毛泽东选集》第二卷，第 534 页。
② 毛泽东在八届九中全会上的讲话，1961 年 1 月 18 日，引自鲁振祥《"马克思主义中国化"解读史中若干问题考察》，《中国特色社会主义研究》2006 年第 1 期。

承继这一份珍贵的遗产。这对于指导当前的伟大的运动，是有重要的帮助的。"①二是马克思主义和我国具体的革命实践结合。他强调"把马克思列宁主义的理论应用于中国的具体的环境"，反对离开中国特点空谈马克思主义。

在六届六中全会上，党的其他领导人也谈到了"马克思主义中国化"问题。如张闻天在《关于抗日民族统一战线的与党的组织问题》中提出"组织工作中国化"，提出宣传工作"要认真的使马列主义中国化，使它为中国最广大的人民所接受"。②王明在《目前抗战形势与如何坚持持久战争取最后胜利——一九三八年十月二十日在中共六中全会上的发言提纲》的发言中指出："马列主义理论中国化问题——马列主义理论民族化，即是将马列主义具体应用于中国，是完全对的。"③全会通过的决议案号召"学会灵活的把马克思列宁主义及国际经验应用到中国每一个实际斗争中来"。④这表明全党对"马克思主义中国化"重要性和必要性的认识基本达成一致。六届六中全会后，"马克思主义中国化"的提法获得了广泛的响应，马克思主义学派并为此展开了热烈讨论（详见本卷第二十五章第一节"马克思主义中国化"）。

前面已经提到，毛泽东在中共七大的讲话中充分肯定了六届六中全会的伟大意义。六届六中全会的意义之一，是再次确认和批准了以毛泽东为代表的党中央的正确路线，基本上纠正了王明右倾投降主义错误，继遵义会议后，毛泽东在党中央的领导地位得到了进一步的确立。六届六中全会的另一个重要意义，是首次提出了"马克思主义中国化"这一重大命题，从而极大地促进了马克思主义思想路线的进一步发展。"马克思主义中国化"这一重大命题提出仅仅一年，毛泽东于 1939 年底到 1940 年初先后发表《〈共产党人〉发刊词》《中国革命和中国共产党》和《新民主主义论》，而《〈共产党人〉发刊词》《中国革命和中国共产党》和《新民主主义论》的发表，则标志着新民主主义理论体系的形成。

---

① 毛泽东：《中国共产党在民族战争中的地位》，载《毛泽东选集》第二卷，第 533—534 页。
② 洛甫（张闻天）：《关于抗日民族统一战线的与党的组织问题》，载《中共中央文件选集》第十一册，第 709 页。
③ 王明：《目前抗战形势与如何坚持持久战争取最后胜利——在中共六中全会上的发言提纲》，载《王明言论选辑》，第 637 页。
④《中共扩大的六中全会政治决议案（抗日民族自卫战争与抗日民族统一战线发展的新阶段，一九三八年十一月六日中国共产党扩大的六中全会根据毛泽东同志报告通过的决议）》，载《中共中央文件选集》第十一册，第 757 页。

第 二 十 二 章

七七事变后抗日救亡运动
和思潮的高涨

　　1937 年 7 月 7 日，日本制造了震惊中外的卢沟桥事变，进而以此为借口，悍然发动了全面侵华战争。七七事变发生后，抗日救亡运动和思潮在中华大地上全面涌动。中国共产党提出动员一切力量实现全国抗战，制定了党领导抗战的纲领和政策；中国国民党对日态度从"最低限度"政策转为正面抵抗，提出了《抗战建国纲领》，组织了多次会战；各民主党派和爱国民主人士都先后表示拥护国共合作抗日。以第二次国共合作为基础，抗日民族统一战线正式形成，迎来了全民族团结抗战的局面。但在统一战线内部始终存在着错综复杂的斗争。

第一节　国共两党和其他党派及政治势力的抗日主张

七七事变后，中国共产党的抗战思想有了进一步的发展，确立和提出了全民族抗战的路线，同时向各方呼吁建立尽可能广泛的抗日民族统一战线，并强调了统一战线中的独立自主原则；国民党对日态度、对日政策也发生了明显的转变，即从"最低限度"政策转为正面抵抗。民主党派和爱国民主人士都先后表示拥护国共合作抗日，并对抗战表现出极大的热情。同时，为了适应抗战要求，纷纷提出国内政治改革的主张。

一、中国共产党全民族抗战路线的提出

1937 年抗日战争全面爆发后，中国共产党的抗战思想有了进一步的发展：

第一，紧急呼吁发动全民族抗战，并确立了全民族抗战路线。七七事变发生的第二天，中国共产党发出通电，面向全国同胞发出呼吁："全中国的同胞们！平津危急！华北危急！中华民族危急！只有全民族实行抗战，才是我们的出路！"通电号召"全国上下应该立刻放弃任何与日寇和平苟安的希望与估计"，"用全力援助神圣的抗日自卫战争"；要求"全中国同胞、政府，与军队，团结起来，筑成民族统一战线的坚固长城，抵抗日寇的侵掠"。[①]7 月 21 日，中共中央在关于目前形势的指示中，提出了争取实现"全国性的抗战"与"反对丧失任何领土主权的妥协"的总任务以及五项具体主张：（1）全国海陆空军总动员，实现对日抗战；（2）全国人民总动员，立刻开放党禁，开放爱国运动，满足人民的迫切需要，实现大规模的组织民众与武装民众；（3）全面的抵抗，不但要在军事上实行抵抗，而且必须根绝日寇在中国的一切政治上经济上的特殊势力，与汉奸亲日派；（4）统一的积极的抵抗，立刻集中抗战的军事领导，建立各个战线上的统一指挥，决定采用攻势防御的战略方针，大规模地在日寇周围及后方发动抗日的游击战

---

① 《中国共产党为日军进攻卢沟桥通电》，载中央档案馆编《中共中央文件选集》第十一册，中共中央党校出版社，1991，第 274—275 页。

争，以配合主力军作战；（5）建立抗日的民族统一战线，实现国共两党的亲密合作。①7月23日，毛泽东在《反对日本进攻的方针、办法和前途》一文中，提出了"主张坚决抗战、反对妥协退让"的方针，以及采取"全国军队的总动员""全国人民的总动员""改革政治机构""抗日的外交""改良人民生活""国防教育""抗日的财政经济政策""全中国人民、政府和军队团结起来，筑成民族统一战线的坚固长城"等八项办法（又称"八大纲领"，后发展为"十大纲领"），争取驱逐日本帝国主义，实现中国自由解放的前途。该文初步阐述了中国共产党的全国抗战路线。同日，中共中央再次发表宣言，"坚决要求为保卫平津，保卫冀察的每寸土地而血战到底"，"立刻命令冀察当局宋哲元等拒绝执行日本所提的三条件，率领全部廿九军实行武装抵抗"，"立刻派遣大军增援廿九军，并动员全中国的海陆空军实行抗战"，"立刻实行全中国人民的总动员，开放党禁，开放爱国运动，释放政治犯，实行民主权利，满足人民生活上的迫切需要，实行大规模的发动民众，组织民众与武装民众，建立各种各样人民的抗日统一战线的组织"，"立即实行全面的对日抵抗，停止对日外交谈判"，"立刻改革政治机构，使中央与地方政府民主化，吸收各党各派及人民团体的代表参加国民会议与政府"，"立刻实现国共两党的亲密合作，以国共两党的合作为基础，团结一切抗日救国的党派，创立巩固的抗日民族统一战线，以实现真正的精诚团结，共赴国难的方针"，"立即实施财政经济土地劳动文化教育等各种新政策，以巩固国防，改善民生"，"立刻实现抗日的积极外交，拥护国际和平阵线，反对法西侵略阵线同英美法苏等国订立各种有利于抗日救国的协定"等办法，以期"粉碎日本帝国主义的进攻，建立民族独立，民权自由与民生幸福的新中国"。②

8月22日至25日，中共中央在陕西洛川以北二十余里的冯家村召开了政治局扩大会议，会议正式确定了"全面全民族的抗战"路线。张闻天主持会议，他在报告中分析了当时的政治形势，说明全国性的抗战已经开始，

---

①《中央关于目前形势的指示》，载《中共中央文件选集》第十一册，第291—293页。
②《中国共产党为日本帝国主义进攻华北第二次宣言》，载《中共中央文件选集》第十一册，第294—298页。

从此进入了抗战的新阶段，我们的总方针是要将已经开始的全国性抗战发展为全面的、全民族的抗战，动员一切力量争取抗战胜利，并从中来完成民主革命的任务——统一中国，建立民主共和国。毛泽东代表中央政治局做关于军事问题和同国民党的关系问题的报告。会议通过的《关于目前形势与党的任务的决定》指出：以"七月七日芦（卢）沟桥的抗战"为起点，"中国的政治形势"已"开始了一个新阶段"，"这一新阶段内的最中心的任务，是动员一切力量争取抗战的最后胜利"，而"争取抗战胜利的中心关键，是在使国民党发动的抗战发展为全面的全民族的抗战。只有这种全面的全民族的抗战，才能使抗战得到最后胜利"。[①] 为实现全面的全民族的抗战，会议制定了《抗日救国十大纲领》，主要内容是：（1）打倒日本帝国主义；（2）全国军事的总动员；（3）全国人民的总动员；（4）改革政治机构；（5）抗日的外交政策；（6）战时的财政经济政策；（7）改良人民生活；（8）抗日的教育政策；（9）肃清汉奸卖国贼亲日派，巩固后方；（10）抗日的民族团结。《抗日救国十大纲领》是中共全国抗战主张的具体体现。会议提出了党在新阶段的具体行动方针：第一，把党的工作重心放在战区和敌后，放手发动群众，开展独立自主的游击战争，建立敌后抗日根据地；第二，以减租减息作为党在抗战时期解决农民问题的基本政策；第三，在国民党统治区放手发动抗日的群众运动，争取人民应有的政治经济权利；第四，红军实行战略转变，把过去的正规军和运动战，转变为游击军和游击战。会议还通过了毛泽东为中央宣传部起草的《为动员一切力量争取抗战胜利而斗争》的宣传鼓动提纲。11月8日太原失陷后，毛泽东在《上海太原失陷以后抗日战争的形势和任务》的报告中指出：目前是处在从片面抗战到全国抗战的过渡期中；片面抗战已经无力持久，全国抗战还没有来到。从片面抗战转变到全国抗战的前途是存在的。争取这个前途，是一切中国共产党员、一切中国国民党的进步分子和一切中国人民的共同的迫切的任务。[②]

中国共产党在抗日战争全面爆发的历史关头，提出全国抗战路线，规定了党在抗战时期的政治纲领、基本任务和各项政策，为争取抗日战争胜利

---

① 《关于目前形势与党的任务的决定》，载《中共中央文件选集》第十一册，第324—326页。
② 毛泽东：《上海太原失陷以后抗日战争的形式和任务》，载《毛泽东选集》第二卷，第387—388页。

指明了方向。

第二，红军将领请缨抗日，要求改编为国民革命军，迅速开赴前线，同时确定红军实行军事战略转变，即在敌后放手发动群众，开展"独立自主的抗日游击战"。1937 年 7 月 8 日，中国共产党和红军领导人毛泽东、朱德、彭德怀、贺龙、林彪、刘伯承、徐向前致电国民政府军事委员会委员长蒋介石，指出："日寇进攻芦（卢）沟桥，实施其武装攫取华北之既定步骤，闻讯之下，悲愤莫名！平津为华北重镇，万不容再有疏失。敬恳严令廿九军，奋勇抵抗，并本三中全会御侮抗战之旨，实行全国总动员，保卫平津，保卫华北，收复失地。红军将士，咸愿在委员长领导之下，为国效命，与敌周旋，以达保土卫国之目的。"[1] 同日，彭德怀、贺龙等率人民抗日红军全体指挥员、战斗员，向国民政府发出通电，表示"德怀等以抗日救国为职志，枕戈待旦，请缨杀敌，已非一日，当华北危急存亡之紧要关头，敬敢吁请我国民政府速调大军增援河北，勿使英勇抗战之廿九军陷于孤军抗战，红军愿即改名为国民革命军，并请授命为抗日前驱，与日寇决一死战"[2]。7 月 15 日，中共中央将《为公布国共合作宣言》交付国民党，主动提出"取消红军名义及番号，改编为国民革命军，受国民政府军事委员会之统辖，并待命出动，担任抗日前线之职责"[3]。

中共领导人根据敌强我弱的形势和红军的特点，确定了在总的持久战战略思想的指导下，红军所执行的战略方针。1937 年 8 月 1 日，张闻天、毛泽东在给周恩来、博古、林彪的电报中提出红军赴山西参战的两个原则："甲、在整个战略方针下执行独立自主的分散作战的游击战，而不是阵地战，也不是集中作战，因此不能在战役战术上受束缚。只有如此才能发挥红军特长，给日寇以相当打击。乙、依上述原则，在开始阶段，红军以出三分之一的兵力为适宜，兵力过大，不能发挥游击战，而易受敌人的集中打击。其余兵力依战争发展，逐渐使用之。"[4] 8 月上旬，中共中央提出了准

---

① 《红军将领为日寇进攻华北致蒋委员长电》，载《中共中央文件选集》第十一册，第 278 页。
② 《人民抗日红军要求改编为国民革命军并请授命为抗日前驱电》，载《中共中央文件选集》第十一册，第 280—281 页。
③ 《中共中央为公布国共合作宣言》，载中共中央文献研究室、中央档案馆编《建党以来重要文献选编（一九二一——一九四九）》第十四册，中央文献出版社，2011，第 370 页。
④ 《关于红军作战原则的指示》，载《中共中央文件选集》第十一册，第 299 页。

备交付国防最高会议的有关国防意见，提出了全国抗战所应采取的战略方针和作战原则：（1）战略的基本方针是持久的防御战，但应抓住适当时机给敌以反击，最后把日寇从中国赶出去；（2）在战役上应以速决战为原则；（3）作战的基本原则是运动战，应在决定的地点和适当的时机集中优势兵力、兵器，给敌以决然的突击，避免持久的阵地消耗战；（4）在必要的战略要点或政治经济中心，设置坚强之工事，并配备足够的兵力，以钳制敌人；（5）一切防御阵地避免单线式，应缩小其正面，伸长其纵深，守备部队应采取积极的动作，切勿单纯的防守，只有积极动作起来，才能完成守备的任务；（6）我军处于战略的内线，而在战役的指导上，应争取外线作战，以求得歼灭敌人；（7）广泛地开展游击战争，其战线应摆在敌之前后左右，以分散、迷惑、疲倦敌人，破坏敌之后方，以造成主力在运动中歼敌的有利条件。[1]8月4日，毛泽东电告同国民党谈判的中共代表朱德、周恩来、叶剑英等："正规战与游击战相配合，游击战以红军与其他适宜部队及人民武装担任之，在整个战略部署下给与独立自主的指挥权。"[2]在收到周恩来、朱德等复电后，8月5日，张闻天、毛泽东再次致电朱德、周恩来等，指出："红军担负以独立自主的游击运动战，钳制敌人大部分，消灭敌人一部的任务。""我们事实上只宜作侧面战，不宜作正面战，故不宜于以独当一面的语意提出。"[3]8月18日，中共中央书记处在给朱德、周恩来、叶剑英的指示中提到"红军充任战略的游击支队"，"在总的战略方针下，执行独立自主的游击战争，发挥红（军）之特长"，"为适应游击战原则，须依情况出兵并使用兵力"，"不分割使用"红军等。[4]

① 《确立全国抗战之战略计划及作战原则案》，载彭明主编《中国现代史资料选辑》第五册（1937—1945）上，中国人民大学出版社，1989，第193页。注：该资料，《中共中央文件选集》《建党以来重要文件选编》以及《毛泽东选集》《毛泽东文集》均未入选，据该资料编后说明，选自军事科学院军事历史研究部编著《中国人民解放军战史》第二卷《抗日战争时期》，第24—25页。
② 毛泽东：《对国防问题的意见》，载《毛泽东文集》第二卷，第3页。
③ 张闻天、毛泽东：《红军的作战任务与兵力使用原则》，载中共中央文献研究室、中国人民解放军军事科学院编《毛泽东军事文集》第二卷，军事科学出版社、中央文献出版社，1993，第25页。
④ 《中共中央书记处关于同国民党谈判的十项条件给朱德周恩来叶剑英的指示》，载《中共中央文件选集》第十一册，第322—323页。

　　8月下旬，毛泽东在洛川会议的军事报告中提出：根据中日战争中敌强我弱的形势和敌人用兵的战略方向（以夺取华北为主），抗日战争是一场艰苦的持久战；红军的基本任务是：创造根据地，牵制与消灭敌人，配合友军作战（战略支援任务），保存和扩大红军，争取民族革命战争领导权；红军当前的战略方针是，独立自主的山地游击战，包括在新条件下消灭敌人兵团与在平原发展游击战争，但着重于山地。毛泽东阐述的"独立自主的山地游击战"给与会者留下了深刻印象，徐向前在《历史的回顾》一书中回忆道："鉴于抗日战争的持久性、艰苦性，以及蒋介石企图驱使红军开赴前线充当炮灰的险恶用心，毛泽东同志提出了独立自主的山地游击战方针。因为没有独立自主，就会失去党对红军的领导权、指挥权，前途可想而知；不是着重于山地，红军便没有可靠的依托和周旋余地，充分发挥自己的战术特长，发展壮大自己；离开了游击战为主的作战形式，以几万红军去同几十万日军硬拼，那就等于送上门去被敌人消灭，这正是蒋介石求之不得的。有人主张以运动战为主要作战形式，红军兵力全部出动，开上去多打几个漂亮仗。毛泽东同志认为，根据现时的敌情我力，还不能那样干，他主张只出动三分之二的兵力，留下三分之一，保卫陕甘根据地，防止国民党搞名堂。这些基本思想，表现出毛泽东的远大战略眼光及把握革命航向的非凡能力。"[1]洛川会议提出了红军实行战略转变的决策，即必须把国内革命战争集中使用的正规军，转变为抗日战争分散使用的游击军；把国内革命战争的运动战，转变为抗日战争的游击战。此后，毛泽东在相关指示、报告、文件中多次强调了在敌后开展"独立自主的游击战"的战略地位。

　　11月8日太原失陷后，毛泽东判断华北正规战争已经结束，游击战争阶段开始进入主要地位。次日，毛泽东向八路军各师发出指示："在华北正规战争业已结束、游击战争转入主要地位的形势之下，日寇不久即将移其主力向着内地各县之要点进攻"，"因此我分任四大区工作之聂部、贺师、刘师、林师（林师应即移至吕梁山脉），须重新部署。一般部署纲领，以控制一部为袭击队，大部尽量分散于各要地组织民众武装为第一义"。[2]11月

---

① 徐向前：《历史的回顾》，解放军出版社，1987，第572页。
② 毛泽东：《关于华北形势和八路军调整部署的意见》，载《毛泽东文集》第二卷，第65页。

12 日，毛泽东在党的活动分子会议上做《上海太原失陷以后抗日战争的形势和任务》的报告，指出："在华北，以国民党为主体的正规战争已经结束，以共产党为主体的游击战争进入主要地位。""共产党和八路军决心坚持华北的游击战争，用以捍卫全国，钳制日寇向中原和西北的进攻。"[1]11 月 13 日，毛泽东又电示朱德等，明确指出："全国片面抗战已无力支持，全国抗战还没有到来，目前正处青黄不接危机严重的过渡期中……正规战争结束，剩下的只是红军为主的游击战争了。"[2]12 月 9 日至 14 日，中共中央政治局召开会议，王明做了《如何继续全国抗战和争取抗战胜利呢？》的报告，批评洛川会议过于强调独立自主，反对中共中央的正确路线。毛泽东先后于 11 日、12 日在会上发言，重申"红军的战略方针是独立自主的山地游击战，在有利条件下打运动战，集中优势兵力歼灭敌人一部"，并肯定"洛川会议决定的战略方针是对的"。[3]张闻天在发言中也表示："洛川会议决定独立自主的山地游击战，基本上是正确的"，"今后红军游击战还是主要的，有利条件下进行运动战"。[4]在开展山地游击战取得成效并建立了晋西南、晋西北、晋东南等根据地后，1938 年 4 月 21 日，毛泽东、张闻天、刘少奇致电朱德、彭德怀等，指示"党与八路军部队在河北、山东平原地区，应坚决采取尽量广大发展游击战争的方针，尽量发动最广大的群众走上公开的武装抗日斗争"[5]。5 月 4 日，毛泽东致电项英，要求新四军"发展游击战争"。[6]

为使人们充分认识独立自主的游击战在抗日战争中的地位和作用，毛泽东于 1938 年 5 月撰写了《抗日游击战争的战略问题》，深刻阐明了游击战争在抗日战争中的战略地位。他指出，游击战争之所以具有战略地位是基于下述情况：中国是一个大而弱的国家，它被另一个小而强的国家所攻击，但是这个大而弱的国家却处于进步的时代。在这样的情况下，敌人占

---

① 毛泽东：《上海太原失陷以后抗日战争的形势和任务》，载《毛泽东选集》第二卷，第 388、389 页。

② 毛泽东：《向全国抗战过渡期中八路军在山西的任务》，载《毛泽东文集》第二卷，第 67 页。

③ 中国人民解放军军事科学院、毛泽东军事思想研究所年谱组编《毛泽东军事年谱 1927—1958》，广西人民出版社，1994，第 221—222 页。

④ 中共中央党史研究室张闻天选集传记组编、张培森主编《张闻天年谱》，中共党史出版社，2000，第 529 页。

⑤《关于平原游击战的指示》，载《中共中央文件选集》第十一册，第 505 页。

⑥《关于新四军进行游击战的指示》，载《中共中央文件选集》第十一册，第 511—512 页。

地甚广和战争的长期性发生了。因此，抗日游击战争就主要的不是在内线配合正规军的战役作战，而是在外线单独作战，并且由于有中国共产党的坚强军队和广大人民群众存在，游击战争就不是小规模的，而是大规模的，游击战争在抗日战争的全局中就不仅具有战术的意义且具有重要的战略意义。①

"独立自主的山地游击战"的战略方针是在抗日战争全面爆发的新的历史条件下中共坚持武装斗争的正确方针，对争取抗日战争胜利具有重要意义。遵照中共中央和毛泽东开展游击战的指示，八路军总部以山西为主要阵地，依托山脉、广大乡村，将正规军变为游击队，独立自主地开展游击战，建立根据地：115 师除以一部创建晋察冀边区根据地外，师部率第 343 旅适时转向吕梁山脉，创建了晋西南抗日根据地；贺龙、关向应率 120 师创建了以管涔山脉为依托的晋西北抗日根据地；129 师主力及 115 师之第 344 旅由正太铁路南下，依托太行、太岳山脉，创建晋冀豫抗日根据地。八路军在山西立足后，又向河北、山东、河南等地发展，在整个华北开展抗日游击战争，毛泽东提出的从国内正规战到抗日游击战的军事战略转变得以实现。

第三，明确指出抗日战争的艰苦性和持久性，制定了持久战的战略总方针。早在 1935 年 12 月，毛泽东在《论反对日本帝国主义的策略》一文中就指出："帝国主义还是一个严重的力量，革命力量的不平衡状态是一个严重的缺点，要打倒敌人必须准备持久战。"②1936 年 4 月 20 日，张闻天在《关于抗日的人民统一战线几个问题》一文中也指出："抗日战争不是几天几个月就能决定胜负的，这是一个持久战。在这中间我们应该运用一切作战的方式，以对付顽强的敌人，以取得最后的胜利。"③1936 年 7 月，毛泽东在与埃德加·斯诺的谈话中谈到，一旦中日爆发战争，中国可以通过持久抗战争取胜利。抗日战争全面爆发前后，张闻天、周恩来、刘少奇、彭德怀等人发表文章、演讲，阐述持久战思想。论述持久战思想的最重要著作，

---

① 毛泽东：《抗日游击战争的战略问题》，载《毛泽东选集》第二卷，第 404—406 页。

② 毛泽东：《论反对日本帝国主义的策略》，载《毛泽东选集》第一卷，第 152 页。

③ 张闻天：《关于抗日的人民统一战线的几个问题》，载《张闻天文集》第二卷，中共党史出版社，1993，第 95 页。

是 1938 年 5 月毛泽东发表的《论持久战》，它主要阐述了以下问题①：

客观、全面地考察了中日战争发生和发展的特殊规律。中日战争不是任何别的战争，乃是半殖民地半封建的中国和帝国主义的日本之间在 20 世纪 30 年代进行的一次决死的战争。毛泽东分析了中日双方互相矛盾着的四个基本特点：敌强我弱，敌小我大，敌退步我进步，敌寡助我多助。日本是一个帝国主义强国，其军力、经济力和政治组织力虽强，但其国小，人力、物力、财力不足，加之战争的非正义性、野蛮性，必然失道寡助。中国虽是半殖民地半封建的弱国，但处于进步的时代，有共产党及其军队为团结抗战的核心，加之地大物博、人多兵多以及战争的正义性，必然能得到全民的支持和国际上的援助。这些基本特点规定了抗日战争是持久战，最后胜利是中国的。毛泽东批驳了只看到敌强我弱的不利方面，而看不到有利方面的"亡国论"，也批驳了只看到有利方面，而不承认敌强我弱方面的"速胜论"。

论述了战争和政治的关系。抗日战争是全民族的战争，它的胜利，离不开战争的政治目的——驱逐日本帝国主义、建立自由平等的新中国，离不开坚持抗战和坚持统一战线的总方针，离不开全国军民的动员。一句话，战争一刻也离不了政治。毛泽东反复强调：争取抗战胜利的最基本条件，是全军全民的广大的政治动员。兵民是胜利之本，战争的伟力之最深厚的根源存在于民众之中。

科学地预见了中国的抗日战争将要经过战略防御、战略相持、战略反攻三个阶段，日本的侵华战争将要经过战略进攻、战略相持、战略退却三个阶段。毛泽东认为，在这三个阶段中，中国由劣势到平衡再到优势，日本由进攻到保守再到退却。最后是日本失败，中国胜利。

提出了持久战的具体方针，即"在第一和第二阶段即敌之进攻和保守阶段中，应该是战略防御中的战役和战斗的进攻战，战略持久中的战役和战斗的速决战，战略内线中的战役和战斗的外线作战。第三阶段中，应该是战略的反攻战"②。毛泽东指出：外线速决的进攻战，对于内线持久的防御

---

① 毛泽东：《论持久战》，载《毛泽东选集》第二卷，第 439—518 页。
② 毛泽东：《论持久战》，载《毛泽东选集》第二卷，第 484 页。

战来说是相反的，然而，又恰是这样的战略方针为必要的方针。战略上的内线持久的防御战，绝不能靠战役战斗上的内线持久防御战来实现；相反，必须发挥地广和兵多的长处，采用主动、灵活的运动战，以几路对敌一路，从战场的外线进行突然包围攻击，歼灭其大部或一部，迅速解决战斗，一战胜之，再及其余。使敌之战略上的外线和进攻，在战役战斗的作战上，不得不变成内线和防御。敌之战略速决战，经过许多战役战斗的败仗和消耗，不得不改为持久战，并使敌我总的形势走到平衡，再由平衡走到我优敌劣。这样，实行反攻驱敌出国的时机就到了。

第四，抗日民族统一战线思想有了新的发展。为实现全国抗战，中国共产党向各个方面发出呼吁，号召建立尽可能广泛的抗日民族统一战线，同时强调了统一战线中的独立自主原则。1937 年 7 月 8 日，中共中央在给北方局的指示中要求"动员全体爱国军队全体爱国国民抵抗日本帝国的进攻"，"立即与政府当局及各界领袖协商执行上述方针之具体办法，迅速组成坚固的统一战线，对付当前的重大事变"。[①]7 月 15 日，中共中央就组织抗日统一战线给各地党部发出指示："各地此时最紧急的任务是迅速的，切实〔切〕的组织抗日统一战线，以扩大救亡运动。这种统一战线的民〔名〕义可依照各地方的情形来决定，如救亡协会或援助抗战委员会等。各地党应即派出适当人员出面，向当地党政军学警商各界接洽，组织这类团体。如此种统一的组织一时不能得到多数同意，可先推动各界组织各自的救亡团体。"[②]8 月 1 日，中央发出关于南方各游击区域的指示，提出"根据目前统一战线开展与抗日战争将要开始的形势，各游击区域为着实现党的新政策开展统一战线工作，保存与扩大革命的支持点的目的"，开展各项工作，包括："争取地方政权实行普选的民主制度"，"停止没收地主土地财产，注意改善群众的日常生活，领导群众的日常斗争，争取与团结群众在党的周围"，"在保存与巩固革命武装，保障党的绝对领导的原则之下""可与国民党的附近驻军或地方政权进行谈判，改变番号与编制以取得合法地位"，开展群众工

---

① 《中央关于卢沟桥事变后华北工作方针问题给北方局的指示》，载《中共中央文件选集》第十一册，第 276 页。

② 《中央关于组织抗日统一战线扩大救亡运动给各地党部的指示》，载《中共中央文件选集》第十一册，第 289 页。

作即"团结与领导千千万万的广大群众参加到抗日的民族统一战线中来"，"对于国民革命军工作的方针一般的不是瓦解它，而是采取争取其官兵共同抗日的方针"等。① 8月下旬，毛泽东在洛川会议上所作的关于同国民党的关系问题的报告中强调：共产党必须坚持、巩固并扩大抗日民族统一战线；共产党必须在抗日民族统一战线中坚持党的阶级的独立自主的立场。应提醒全体党员注意，防人之心不可无，从根本的阶级利益上看，国民党是敌人，对国民党应保持高度的阶级警觉性；必须保证共产党对红军的绝对领导，红军的调动，只能由中国共产党来决定，而不能由国民党决定。10月13日，张闻天、毛泽东在致刘晓等的信中批评了"只知同国民党统一，处处迁就他的要求，而不知同他的错误政策做斗争"的错误倾向，强调"民族统一战线不但不取消对于国民党的错误政策进行批评与斗争，而且只有在这一基础上，才能使统一战线充实巩固起来，使之继续前进"。② 11月15日，毛泽东致电周恩来等，指出"目前山西工作原则〈是〉'在统一战线中进一步执行独立自主'。……但仍然是在统一战线中的独立自主，不是绝对的独立自主"③。12月6日，毛泽东、周恩来、彭德怀致电朱德等，强调"我们无论在友军区域及敌人后方均应执行民族统一战线的策略为基本方针"④。12月24日，毛泽东等致电边区各军政首长，强调"扩大和巩固统一战线，始终是我们的中心与方针"⑤。12月25日，中共在对时局宣言中指出"当此民族危机更加紧迫之时，我全民族抗日力量的更加团结，实为挽救时局的中心关键。团结全民族抗日力量的根本方策，在于巩固和扩大抗日民族统一战线，而巩固和扩大民族统一战线的中心环节，则为巩固国共两党的亲密合作"。⑥ 1938年10月，毛泽东在六届六中全会上做《论新阶段》的报告

---

① 《中央关于南方各游击区域工作的指示》，载《中共中央文件选集》第十一册，第300—304页。
② 《关于克服对国民党的投降主义倾向的指示》，载《中共中央文件选集》第十一册，第365页。
③ 《关于在山西统一战线中进一步执行独立自主原则的指示》，载《中共中央文件选集》第十一册，第394—395页。
④ 《关于我军应坚决执行统一战线的方针及加强统战教育问题》，载《中共中央文件选集》第十一册，第400页。
⑤ 《关于红军在友军区域内应坚持统一战线原则的指示》，载《中共中央文件选集》第十一册，第408页。
⑥ 《中国共产党对时局宣言——巩固国共两党精诚团结，贯澈抗战到底，争取最后胜利》，载《中共中央文件选集》第十一册，第411页。

中强调：抗日战争是持久战，"长期的战争必须有长期的统一战线才能支持，战争的长期性与统一战线的长期性，是不能分离的"；"我们的抗日民族统一战线不但是国内各个党派各个阶级的，而且是国内各个民族的"，要"团结中华民族，一致对日"；"必须保持加入统一战线中的任何党派在思想上、政治上与组织上的独立性"。①

　　此后，毛泽东在有关文件、文章、讲话中对抗日民族统一战线思想继续进行阐述，主要内容有：（1）提出在民族矛盾上升为主要矛盾时，无产阶级要适时地与某些派别的资产阶级建立反对某一帝国主义的联盟。"由于中国的带买办性的大资产阶级的各个集团是以不同的帝国主义为背景的，在各个帝国主义间的矛盾尖锐化的时候，在革命的锋芒主要地是反对某一个帝国主义的时候，属于别的帝国主义系统的大资产阶级集团也可能在一定程度上和一定时期内参加反对某一个帝国主义的斗争。在这种一定的时期内，中国无产阶级为了削弱敌人和加强自己的后备力量，可以同这样的大资产阶级集团建立可能的统一战线，并在有利于革命的一定条件下尽可能地保持之。"② 这一思想是建立在包括蒋介石国民党集团这一英美派大资产阶级在内的广泛的民族统一战线的理论基础上。（2）对资产阶级实行又联合又斗争的思想。"这里所谓联合，就是同资产阶级的统一战线。所谓斗争，在同资产阶级联合时，就是在思想上、政治上、组织上的'和平'的'不流血'的斗争；而在被迫着同资产阶级分裂时，就转变为武装斗争。"③ 既要防止一切联合，否认斗争的右倾投降主义，又要防止一切斗争，否认联合的"左"倾关门主义。（3）提出坚持统一战线中独立自主原则和无产阶级领导权思想。"我们一定不要破裂统一战线，但又决不可自己束缚自己的手脚，因此不应提出'一切经过统一战线'的口号……我们的方针是统一战线中的独立自主，既统一，又独立。"④（4）提出了发展进步势力、争取中间势力、反对顽固势力的策略方针。强调同顽固派斗争必须遵循以下几项原则，即"人不

---

① 毛泽东：《论新阶段（抗日民族战争与抗日民族统一战线发展的新阶段——一九三八年十月十二日至十四日在中共扩大的六中全会的报告）》，载《中共中央文件选集》第十一册，第595、644、620、646页。

② 毛泽东：《〈共产党人〉发刊词》，载《毛泽东选集》第二卷，第607页。

③ 毛泽东：《〈共产党人〉发刊词》，载《毛泽东选集》第二卷，第608页。

④ 毛泽东：《统一战线中的独立自主问题》，载《毛泽东选集》第二卷，第540页。

犯我，我不犯人，人若犯我，我必犯人"的自卫原则，"不斗则已，斗则必胜，决不可举行无计划无准备无把握的斗争"的胜利原则，"适可而止""决不可无止境地每日每时地斗下去"的休战原则，换一句话来讲，就是"有理"，"有利"，"有节"。[1]

在中国共产党的号召与推动下，在抗日民族统一战线旗帜的感召下，全国各阶层民众积极投身到民族抗战的洪流中，全民族抗战的局面得以形成。

二、国民党对日态度从"最低限度"政策转为武力抵抗

1937 年七七事变发生后，国民党对日态度、对日政策发生了明显的转变，即从"最低限度"政策转为武力抵抗，逐渐放弃了对日本帝国主义不切实际的幻想。七七事变发生时，蒋介石正在江西庐山召集"学术界之名流谈话"。他 9 日知道事变的"梗概"后，"知敌人意在挑起衅端，顾仍不愿和平破裂，命宋哲元氏就地抵抗，抱定不屈服不扩大之方针"[2]，并于 7 月 17 日发表了著名的"庐山谈话"，即《对卢沟桥事变之严正声明》。他在谈话中指出"中国正在外求和平、内求统一的时候，突然发生了卢沟桥事变，不但我举国民众悲愤不已，世界舆论也都异常震惊。此事发展结果，不仅是中国存亡的问题，而将是世界人类祸福之所系"。他谈道：第一，"中国民族本是酷爱和平，国民政府的外交政策，向来主张对内求自存，对外求共存"。"前年五全大会，本人外交报告所谓：'和平未到根本绝望时期，决不放弃和平，牺牲未到最后关头，决不轻言牺牲'，跟着今年二月三中全会对于'最后关头'的解释，充分表示我们对和平的爱护。"他要求"全国国民最要认清，所谓最后关头的意义，最后关头一至，我们只有牺牲到底，抗战到底，唯有牺牲到底的决心，才能博得最后的胜利"。第二，把卢沟桥事变能否解决作为最后关头的界限，并对国民党五全大会提出的所谓"最后关头"做了更明确的解释。他指出，"这次卢沟桥事件发生以后，或有人以为是偶然突发的，但一月来对付舆论或外交上直接间接的表示，都使我们觉到事变发生的征兆"，"这一次事件，并不是偶然，从这次事变的经过，

① 毛泽东：《目前抗日统一战线中的策略问题》，载《毛泽东选集》第二卷，第 749—750 页。
② 陈布雷：《陈布雷回忆录》，（台北）传记文学出版社，1981，第 121 页。

知道人家处心积虑的谋我之亟，和平已非轻易可以求得"。强调"卢沟桥事变的推演，是关系中国国家整个的问题，此事能否结束，就是最后关头的境界"。第三，强调"到了无可避免的最后关头，我们当然只有牺牲，只有抗战"，"至于战争既开之后，则因为我们是弱国，再没有妥协的机会，如果放弃尺寸土地与主权，便是中华民族的千古罪人"。第四，提出解决卢沟桥事变的四个条件，作为"最低限度的立场"：（1）任何解决不得分割中国主权与领土之完整；（2）冀察行政组织不容有任何不合法之改变；（3）中央政府所派地方官吏不能任人要求撤换；（4）第二十九军现在所驻地区，不能受任何约束。最后表示"如果战端一开，那就是地无分南北，年无分老幼，无论何人，皆有守土抗战之责任，皆应抱定牺牲一切之决心"。① 蒋介石的"庐山谈话"是1931年九一八事变以来国民党方面第一次态度坚决、口气强硬的对日政策论述，表明了中华民族坚决捍卫领土主权完整的严正立场。

八一三事变发生后，南京国民政府于8月14日发表《国民政府自卫抗战声明书》，历陈自九一八事变以来日本对中国步步进逼、"使中国社会与人种，陷入非人道之惨境"的事实，也说明了国民政府为寻求和平一忍再忍、卢沟桥事变发生后仍"以诚意与日本协商，冀图事件之和平解决"的过程，表示在日方横生衅端、不断扩大侵略的情况下，"中国为日本无止境之侵略所逼迫，兹已不得不实行自卫，抵抗暴力"，"中国今日郑重声明，中国之领土主权，已横受日本之侵略；国联盟约，九国公约，非战公约，已为日本所破坏无余。此等条约，其最大目的，在维持正义与和平。中国以责任所在，自应尽其能力，以维护其领土主权及维护上述各种条约之尊严。中国决不放弃领土之任何部分，遇有侵略，惟有实行天赋之自卫权以应之"。② 至此，国民党走上了抗战的道路。

1938年3月29日至4月1日，国民党在武昌武汉大学召开临时全国代表大会，发表了大会宣言，通过了国民党指导抗战的纲领性文件——《抗战建国纲领》；大会还改革了国民党领导体制，决定设立总裁和副总裁，推举蒋介石、汪精卫担任。大会通过的《临时全国代表大会宣言》，提出国民党

---

① 《蒋委员长对卢沟桥事变之严正声明》，《中央日报》1937年7月20日。
② 《国民政府自卫抗战声明书》，载中共中央党校中共党史教研室编《中国国民党史文献选编（一八九四年—一九四九年）》，中共中央党校科研办公室发行，1985，第249—251页。

在抗日战争时期的总方针是"抗战建国，同时并行"，指出："中国现正从事于四千余年历史上未曾有的民族抗战。此抗战之目的，在于抵御日本帝国主义之侵略，以救国家民族于垂亡；同时于抗战之中，加紧工作，以完成建国之任务……吾人不能望于和平中谋建设，惟当使抗战与建设同时并行，是则救亡的责任与建国的责任，实同时落于吾人之肩上"。关于"抗日"、外交，《宣言》宣示了坚决抗战的立场，重申卢沟桥事变发生为"国家民族之最后关头"，"既至最后关头，则不得不以绝大之决心与勇气，从事于牺牲"，"此次抗战，为国家民族存亡所系，人人皆当献其生命，以争取国家民族之生命"，为保持领土主权及行政之完整，"吾同胞惟有并力以赴，不达目的决不中止"；还提出了对外关系应遵守的两项原则："其一，对于曾经参加之维持国际和平之条约，必确实遵守；其二，对于世界各国既存之友谊，必继续不懈，且当更求其增进。"关于"建国"、内政，《宣言》提出"建国大业以三民主义为最高指导原理"，"民权主义与自由主义固相为因缘，然在革命已告成功之国家，政治之自由，尤当存在于不妨害国体、政体之范围内。至于革命期间，则政治之统一，较政治之自由为急；军政训政，实为势之所不容已。而当对外抗战，则虽宪政时代之国家，亦必授权政府，俾得集中人民之力量，统一人民之言论与行动，以同赴于国家至上之目的。……以此之故，抗战期间，政府对人民之自由，必加以尊重，同时亦必加以约束"。①《宣言》表达了抗战立场，但又表示希望日本"幡然变计，放弃其侵略主义"；表示"政府对人民之自由，必加以尊重"，又表示对人民自由"必加以约束"，体现了国民党抗战路线的两面性。

《抗战建国纲领》除前言外，分为总则、外交、军事、政治、经济、民众运动、教育等 7 项 32 条。外交方面，提出："本独立自主之精神，联合世界上同情于我之国家及民族，为世界之和平与正义共同奋斗"，"联合一切反对日本帝国主义侵略之势力，制止日本侵略，树立并保障东亚之永久和平"，"否认及取消日本在中国领土内以武力造成之一切伪政治组织"等；军事方面，提出："加紧军队之政治训练，使全国官兵明了抗战建国

①《临时全国代表大会宣言》，载荣孟源主编、孙彩霞编辑《中国国民党历次代表大会及中央全会资料》（下册），光明日报出版社，1985，第461—469页。

之意义，一致为国效命"，"训练全国壮丁，充实民众武力，补充抗战部队"，"指导及援助各地武装人民，在各战区司令长官指挥之下，与正式军队配合作战，以充分发挥保卫乡土捍御外侮之效能，并在敌人后方发动普遍的游击战，以破坏及牵制敌人之兵力"等；政治方面，提出："组织国民参政机关，团结全国力量，集中全国之思虑与识见，以利国策之决定与推行"，"改善各级政治机构，使之简单化、合理化，并增高行政效率，以适合战时需要"等；经济方面，提出："经济建设应以军事为中心，同时注意改善人民生活"，"以全力发展农村经济，奖励合作，调节粮食，并开垦荒地，疏通水利"，"开发矿产，树立重工业的基础，鼓励轻工业的经营，并发展各地之手工业"等；民众运动方面，提出："发动全国民众，组织农、工、商、学各职业团体，改善而充实之，使有钱者出钱，有力者出力，为争取民族生存之抗战而动员"，"在抗战期间，于不违反三民主义最高原则及法令范围内，对于言论、出版、集会、结社当与以合法之充分保障"等。①《纲领》表现了一定的抗日积极性，对全国人民要求开放民主的呼声也作了一定的回应，对指导和推动全国抗战有积极作用。但这个纲领在许多方面并没有真正实施，而且体现了由国民党政府包办抗战、反对人民自动起来武装抗日的片面抗战的意图，反映了国民党既想利用人民抗战、又害怕人民力量在抗战中壮大起来的矛盾心理，也为国民党抗战时期推行"一个政党、一个主义、一个领袖"的独裁专制统治奠定了基础。

根据《抗战建国纲领》的规定，国民党于1938年4月公布了《国民参政会组织条例》。《条例》第一条规定："国民政府在抗战期间，为集思广益，团结全国力量起见，特设国民参政会。"按照《条例》的定位，国民参政会是一个咨询性机构，并非具有议会性质的"民意机关"。《条例》规定"国民参政会得提出建议案于政府"，"国民参政会有听取政府施政报告暨向政府提出询问案之权"，"在抗战期间，政府对内对外之施政方针，于实施前，应提交国民参政会决议"，"前项决议案经国防最高会议通过后，依其性质

①《抗战建国纲领决议案》，载《中国国民党历次代表大会及中央全会资料》（下册），第484—487页。

交主管机关制定法律，或颁布命令行之"。但国民参政会的决议对于国民政府没有任何约束力，《条例》还明确规定"遇有紧急特殊情形，国防最高会议主席得依国防最高会议组织条例，以命令为便宜之措施，不受本条第一、二项之限制"。① 尽管如此，设立国民参政会为各党派各界人士提供了一个公开发表意见的场所，对抗日和民主都是有利的，对中国政治民主化进程产生了重要影响。

国民党方面也提出了持久抗战战略。蒋介石在九一八事变发生后，就提出过持久战思想，1932 年 2 月 25 日，他命何应钦准备抗战计划，表示决心"与倭持久抗战"②。后来，蒋又多次谈到过持久抗战。抗日战争全面爆发后，国民党在 1937 年 8 月召开的国防最高会议，通过了"持久消耗战"为最高战略方针。8 月 18 日，蒋介石宣布："倭寇要求速战速决，我们就要持久战消耗战。因为倭寇所恃的，是他们的强横兵力，我们就要以逸待劳，以拙制巧，以坚毅持久的抗战，来消灭他的力量。倭寇所有的，是他侵略的骄气，我们就要以实击虚，以静制动，抵死拼战，来挫折他的士气，他不能实现速战速决的企图，他就是失败，也就是我们的胜利。"③8 月 20 日，颁布的《国民政府大本营战争指导方案》提出：大本营对于作战指导，以达成持久战，为基本主旨。南京失陷后，蒋介石于 12 月 17 日发表《告全国国民书》，表示"中国持久抗战，其最后决胜之中心，不但不在南京，抑且不在各大都市，而实寄于全国之乡村与广大强固之民心"；"全国同胞，在今日形势之下，不当徒顾虑一时之胜负，而当彻底认识抗战到底之意义，与坚决抱定最后胜利之信心"。④ 国民党方面所谓"持久消耗战略"，即"利用我优势之人力与广大国土，采取持久消耗战，一面消耗敌人，一面培养国力，俟机转移攻势，击破敌人，争取最后胜利"⑤；其步骤是"以空间换时间""积小胜为大胜"等待国际局势发生变化。国共两党的持久抗战思想有着很大

---

① 重庆市政协文史资料研究委员会、中共重庆市委党校编，盂广涵主编《国民参政会纪实》上卷，重庆出版社，1985，第 11—13 页。
②《蒋公总统大事长编初稿》，中国国民党党史会，1978，第 440—441 页。
③ 蒋中正：《敌人战略政略的实况和我军抗战获胜的要道——中华民国二十六年八月十八日在南京讲》，载《总统蒋公思想言论总集》卷十四，第 608—609 页。
④《蒋委员长告全国国民书》，《南声旬刊》第 97 期，1937 年 12 月 20 日。
⑤ 何应钦：《日军侵华八年抗战史》，（台北）黎明文化事业股份有限公司，1982，第 13 页。

区别，在立足点上，中共持久抗战立足于发动群众进行全国抗战，国民党持久抗战则寄托于国际局势的变化；在战略战术上，中共持久抗战重视游击战、运动战，尤其是把游击战提到了战略高度，而国民党则过多重视阵地防御作用，轻视运动战和游击战；等等。

国民党从"最低限度"政策转向武力抵抗，并在一定程度上改善了政党关系、开放了民意渠道，是一个不小的进步。抗战初期，国民党对抗战是比较努力的，也取得了一些战果，同共产党的关系也比较好，对人民的抗日运动也允许有较多的自由。但相持阶段到来以后，国民党两面政策中的降日、反共、压制人民的一面开始抬头，这是导致正面战场溃败的重要原因。

三、中间党派和政治势力的对日主张

抗日战争全面爆发、第二次国共合作实现后，各中间党派和爱国民主人士都先后表示拥护国共合作抗日，并对抗战表现出极大的热情。同时，为了适应抗战要求，纷纷提出国内政治改革的主张。

国民党左派领袖宋庆龄表示："这几天读了中国共产党共赴国难宣言和中国国民党领袖蒋委员长团结御侮的谈话，使我异常地兴奋，异常地感动。回想国民党和共产党这两个兄弟党，在最近十年以来，互相对立，互相杀戮，这是首创国共合作的先总理孙中山先生生前所不及意想到的。到最后，这两个兄弟党居然言归于好，从新携着手，为中国民族的独立解放而斗争。中共宣言与蒋委员长谈话都郑重指出两党精诚团结的必要。我听到这消息，感动得几乎要下泪。"她又指出："前事不忘，后事之师。在这民族危机千钧一发的今日，一切过去的恩怨，往日的牙眼，自然都应该一笔勾销，大家都一心一意，为争取对日抗战的最后胜利而共同努力。"[①]11月，她发表《关于国共合作的声明》，再三强调："共产党是一个代表工农劳动阶级利益的政党。孙中山知道没有这些劳动阶级的热烈支持与合作，就不可能顺利地实现完成国民革命的使命，倘使他所主张的国共合作一直不间断地继续到现在，中国目前已经是一个自由、独立的强国了。前事不忘，后事之师。国难当

① 宋庆龄：《国共统一运动感言》，载中央统战部、中央档案馆编《中共中央抗日民族统一战线文件选编》下，档案出版社，1986，第825、826页。

头，应该尽弃前嫌。必须举国上下团结一致，抵抗日本，争取最后胜利。"①

全国抗战全面爆发后，中间党派及代表人士创办刊物、出版图书、发表文章，进行抗战宣传。救国会的邹韬奋、沈钧儒、章乃器等七人于七七事变后从国民党监狱获释，他们表示拥护以国共合作为基础的全国抗战大团结，更加积极地投身抗日活动。邹韬奋于 1937 年 8 月 19 日在上海创办了《抗战》三日刊，自任总主编，9 月 9 日第七号更名为《抵抗》三日刊，11 月 13 日第二十六号复名为《抗战》三日刊，发行至 1938 年 7 月 3 日第八十六号。沈钧儒、柳湜、李公朴等于 1937 年 11 月 12 日在汉口创办《全民周刊》，共出 2 卷，第 1 卷从创刊至 1938 年 5 月 28 日，共 25 期；第 2 卷从 1938 年 6 月 4 日至 7 月 2 日共 5 期。1938 年 7 月，《抗战》三日刊与《全民周刊》合并，在"全民动员，抗战到底"的口号下，在武汉继续出版《全民抗战》三日刊，每期销量达 30 万份，成为当时最受欢迎的抗战刊物之一。1938 年 1 月 28 日，一批文化、新闻界人士在湖南长沙创办《抗战日报》，自称是 1937 年 8 月创办的《救亡日报》的姊妹刊，该报发刊词指出："我们已经看出许多生机了，首先是'抗战到底'的国策的决定。目前的形势已不容我们再有丝毫彷徨瞻顾的了，朝野上下都已认识：只有从坚决抗战中挣扎出中华民族光荣伟大的前途。本刊将以全部纸面拥护这一国策！"②1938 年 1 月 15 日，中国青年党中央党部机关报《新中国日报》在汉口创刊，同年 9 月 15 日迁至成都出版，宣传了青年党的抗日主张。2 月 1 日，中华民族解放行动委员会（第三党）机关刊物《抗战行动》半月刊在武汉创刊，创刊辞称："抗战的言论，贵有严正的态度，正确的立场，健全的动机，与批评的精神。抗战政府所期待于全国战时言论界的匡助，在能本民族至上，民主至要的意识，发挥纯正的民意，抒陈有利于民族国家的政见，使空前的国难，在政府与人民同一心德的奋斗之下，转为建国兴邦的起点。本刊创行，即本上述的主旨，适应战时的言论要需，期于民族解放战争过程中，尽其'知无不言，言无不尽'的责任。"③

① 宋庆龄:《关于国共合作的声明》，载《中共中央抗日民族统一战线文件选编》下，第 828 页。
②《〈抗战日报〉创刊之词》，载黄林编《近代湖南出版史料》，湖南教育出版社，2012，第 281 页。
③《〈抗战行动〉创刊辞（1938 年 2 月）》，载杨力主编《中国抗战大后方中间党派文献资料选编》上册，重庆出版社，2016，第 268 页。

　　各界人士纷纷组织了各种抗日救亡团体。1937 年 7 月 28 日，上海文化界五百多人集会，宣告上海市文化界救亡协会正式成立。8 月 24 日，创办了《救亡日报》作为机关报，11 月 21 日上海沦陷后停刊；1938 年 1 月 1 日在广州复刊，11 月 21 日因日寇入侵又被迫停刊，1939 年 1 月 10 日在桂林复刊，皖南事变后被国民党当局勒令停刊，该报曾连载毛泽东的《论持久战》一文。8 月 1 日，中国妇女慰劳自卫抗战将士总会在上海成立。12 月 31 日，中华全国戏剧界抗敌协会在汉口成立，推举张道藩、洪深、朱双云、田汉、阳翰笙、应云卫、万籁天、宋之的、唐槐秋、赵丹、熊佛西、顾无为、余上沅等 25 人任常务理事，97 人为理事。成立宣言提出："我们的团结是为着抗战"，"动员全国戏剧界人士奋发其热诚与天才为伟大壮烈的民族战争服务实为当务之急，我们全国戏剧工作者应迅速通过戏剧对广大工人农民小市民及学生群众作援助抗战参加抗战的号召，应鼓励前线的将士奋勇杀敌，应与后防伤兵与难民以充分之慰安与指示"；"只有抗敌使我们团结"。[①]1938 年 1 月 29 日，中华全国电影界抗敌协会在汉口成立，方治、罗学濂、夏衍、田汉、司徒慧敏、阿英、陈波儿、蔡楚生、洪深等 71 为理事，并发表宣言指出："我们要每一个电影从业员锻炼成民族革命战争中的勇敢的斗士，将自己献给祖国，将自己的工作献给神圣的抗战"；"要使每一张影片成为抗战底有力的武器，使它深入军队、工厂和农村中去，作为训练民众的基本的工具"；"要建立一个新的电影底战场，集中了我们底人才，一方面以学习的精神来提高自身底教育，又一方面以集体的行动来服务抗战宣传"。[②]3 月 27 日，中华全国文艺界抗敌协会（简称"文协"）在武汉成立，选出郭沫若、茅盾、冯乃超、夏衍、胡风、田汉、丁玲、吴组缃、许地山、老舍、巴金、郑振铎、朱自清、郁达夫、朱光潜、张道藩、姚蓬子、陈西滢、王平陵等 45 人为理事。在总结了"半年来抗战的经验"后认为："一个弱国抵抗强国的侵略，要彻底打击武器兵力优势的敌人，唯有广大的激励人民的敌忾，发动大众的潜力。文艺者是人类心灵的技师，文艺正是激励人民发动大众最有力的武器。""我们应该把分散的各个战友的力量，

<hr />

① 《中华全国戏剧界抗敌协会成立宣言》，载武汉市文联文艺理论研究室编《武汉文学艺术史料》第一辑，内部资料，1985，第 272、273 页。
② 《中华全国电影界抗敌协会成立大会宣言》，载《武汉文学艺术史料》第一辑，第 275 页。

团结起来，像前线将士用他们的枪一样，用我们的笔，来发动民众，捍卫祖国，粉碎寇敌，争取胜利。……我们大声呼号，希望大家竖起这面中华全国文艺界抗敌协会的大旗。"①1938 年 6 月 14 日，保卫中国同盟在香港宣告成立，由宋子文出任会长，宋庆龄担任主席。成立宣言强调："保盟目标有二：一、在现阶段抗日战争中，鼓励全世界所有爱好和平民主的人士进一步努力以医药、救济物资供应中国。二、集中精力，密切配合，以加强此种努力所获得的效果。我们觉得：外国朋友所得到的关于远东的真实情况，是极不充分的，因此他们对中国的同情和支援也就遭到阻碍。"②

中间党派纷纷表达了各自的抗战主张，其基调是拥蒋抗日，拥护国共合作、实行国内政治改革。③1937 年 10 月，中华民族革命同盟的李济深、陈铭枢等为表示拥护国民政府领导抗日，宣布解散同盟。陈铭枢发表《巩固统一战线抗战到底》《抗战中之党派问题》等文章，指出"巩固统一，抗战到底"八个字"是我们主张的唯一原则"，表示"在抗战发动以后，我们认为我们的民族革命同盟抗日的希望既已实现，则今后的努力就是参加和拥护抗战到底，争取最后胜利，而这是全国同胞一个总目的"。④国社党主张各党派团结，一致抗日。作为国社党实际领袖的张君劢参加了国民政府举办的庐山谈话会，后被聘为国民参政会第一届参政员。1938 年 4 月 13 日，张君劢以国社党代表名义致信蒋介石、汪精卫，表示拥护国民党临时全国代表大会通过的《抗战建国纲领》，愿与国民党合作抗日，信中提到"同人等更愿本精诚团结共赴国难之意旨，与国民党领导政局之事实，遇事商承，以期抗战中言行之一致，此同人等愿为公等确实声明者也。更有进者，方今民族存亡，间不容发，除万众一心，对于国民政府一致拥护而外，别无起死回生之途"⑤。4 月 15 日，蒋介石复信表示"至为敬佩"其"谋国之忠，忧

①《中华全国文艺界抗敌协会发起旨趣》，载文天行、王大明、廖全京编《中华全国文艺界抗敌协会史料选编》，四川省社会科学院出版社，1983，第 16、17 页。

②《保卫中国同盟成立宣言》，载《中国福利会志》编纂委员会编《中国福利会志》，上海社会科学院出版社，2002，第 552 页。

③ 章乃器：《少号召多建议》，载章立凡选编《章乃器文集》下卷，华夏出版社，1997，第376—377 页。

④ 陈铭枢：《抗战中之党派问题》，载包清芬编《抗战文选》第 2 辑，拔提书店，1938，第 38—39 页。

⑤ 张君劢：《国家社会党代表张君劢致蒋介石汪精卫信》，载高军、李慎兆、严怀儒、王桧林等编《中国现代政治思想史资料选辑》下册，四川人民出版社，1986，第 320 页。

时之切"。4 月 21 日，中国青年党代表左舜生致信蒋介石、汪精卫，表示拥护《抗战建国纲领》与国民政府："国难尚在极严重之阶段中，中国青年党同人，虽坚信长期抗战最后胜利必属于我，但在目前则尚不敢即以轻忽之心，遽弛其戒慎之念。国民党最近所发表'临时全国代表大会宣言'及'抗战建国纲领'，同人等曾详细阅读，并以极端之善意迎之；深信果能斟酌缓急先后，逐一见诸实行，必于国家有益。""国民政府为今日举国共认之政府，亦即抗战唯一之中心力量，同人等必本爱国赤诚，始终拥护。"[①]1938 年 3 月 1 日，中华民族解放行动委员会向南京政府提出了以武力驱逐日本帝国主义者出境、"扫除官僚主义的毒害，切实实现民主政治"、推选过渡性质的民意机关——"全国救国代表大会"，"保障人民的言论、出版、集会、结社及武装之自由"等八项政治主张，并积极投入抗日工作。国民党内的反蒋派，也以大局为重，从原来的抗日反蒋的立场转到拥蒋抗日的方面。

第二节　第二次国共合作：抗日民族统一战线

1937 年七七事变后，在中国共产党的积极推动下，以国共合作为基础的抗日民族统一战线正式建立。第二次国共合作经过了国共两党半年多的艰难谈判，到 1937 年 9 月正式形成。不同于第一次国共合作实行的"党内合作"，也不同于同时期其他国家的反法西斯统一战线，第二次国共合作既没有固定组织形式，也没有协商一致的共同纲领，但国共双方又都有自己的政权和军队，这就决定了抗日民族统一战线内部存在着不同的抗战指导路向，以及错综复杂的内部斗争。

一、抗日民族统一战线的建立

1936 年西安事变及其和平解决，宣告了十年内战的局面基本结束。西安事变到七七事变前后，国共两党围绕两党再度合作进行了 4 次会谈，主

---

① 左舜生：《中国青年党代表左舜生致蒋介石汪精卫信》，载《中国现代政治思想史资料选辑》
　下册，第 321—322 页。

要围绕军队问题、国共合作形式问题和政权问题进行。

1937 年 2 月 11 日—3 月 8 日期间，国共第一次会谈在西安举行。1937 年 1 月 27 日，中共中央决定对蒋让步，说服杨虎城和东北军将领撤兵。是日，毛泽东和朱德、张国焘致电张闻天、周恩来、秦邦宪、王稼祥、彭德怀、任弼时，指出："（甲）无论从哪一面说，主要的从政治方面说，均应对南京让步。（乙）全力说服左派实行撤兵。（丙）十五军团亦准备撤退。（丁）和平解决后三方面团结一致，亦不怕可能发生的新的战争。"同日，毛泽东致电周恩来、秦邦宪："无论如何要说服东北军左派，全军整然撤退，不可冲突。""请以红军代表资格正式向左派申言，为大局计应即撤兵。"[①]2 月 8 日，蒋介石对即将开始与中共会谈的顾祝同下达"指令"："对恩来除多说旧感情话以外，可以派亲信者间接问其就抚后之最低限度之方式，与切实统一之办法如何，我方最要注意之一点，不在形式之统一，而在精神实质之统一。一国之中，决不能有性质与精神不同之军队也。简言之，要其共同实行三民主义，不做赤化宣传工作。若在此点同意，则其他当易商量。"[②]2 月 9 日，中央政治局讨论通过《中共中央给中国国民党三中全会电》。同日，毛泽东、张闻天致电周恩来，对谈判条件作了交代，指出："（一）关于和宁方交涉之政治立场，请参阅致三中全会电。（二）军事方面，同意编为十二个师四个军，林贺刘徐为军长，组成一路军，设正副总司令，朱正彭副。（三）饷项，如对方应允即改番号，即照中央军待遇领受，如对方仍欲缓改，则每月接济至少八十至一百万。（四）如有国防委员会的组织，红军应派代表参加。如暂时无此种组织，红军亦需要驻京代表参与国防准备。（五）党的问题，求得不逮捕党员、不破坏组织即可。红军中组织领导不变。"[③]2 月 10 日，中共中央致电国民五届三中全会，提出五项要求四项保证。同日，毛泽东、张闻天再致电周恩来，提出补充内容和条件："我们参加者：（一）军事机关如军委会、总司令部、国防会议等。（二）政治

---

① 中共中央文献研究室编，逢先知主编《毛泽东年谱 1893—1949》，中央文献出版社，2013，第 648—649 页。

② 秦孝仪主编《中华民国重要史料初编——对日抗战时期·第五编 中共活动真相（一）》，中国国民党中央委员会党史委员会，1974，第 262 页。

③ 中共中央文献研究室、中国人民解放军军事科学院编《毛泽东军事文集》第一卷，第 791—792 页。

集会如各派各党之代表会议、国民大会等。（三）抗日时参加政府。"① 这一天，周恩来与国民党方面的顾祝同、张冲进行了接触。2 月 11 日，周恩来与顾祝同进行正式磋商，双方达成协议草案，内容为："（一）共产党承认国民党在全国的领导地位，停止武装暴动及没收土地政策，坚决实行御侮救亡的统一纲领，国民政府允许分期释放在狱共党，不再逮捕和破坏，并容许其在适当时间公开；（二）苏维埃制度取消，现时苏区政府改为中华民国特区政府，直受南京国民政府或西安行营管辖，实施普选制度，区内行政人员由地方选举，中央任命；（三）红军改编为国民革命军，接受军委会及蒋委员长统一指挥和领导，其人员编制饷额和补充，照国军待遇，其领导人员，由其推荐军委会任命，其训政工作，由其自做，但中央派少数人员联络，其他各边区赤色游击队，编为地方团队；（四）共党得派代表参加国民会议；（五）该军得派代表参加国防机关；（六）希望三中全会关于和平统一团结御侮及容许民主自由改善人民生活，能有进一步的主张和表示。"②2 月 13 日，顾祝同致电蒋介石说明了协议草案的内容，蒋于 16 日回复："对于第三者处理方针，不可与之说款项多少，只可与之商准留编部队人数之几何为准。当西安事变前，只允编三千人，后拟加为五千人，但五千人之数，尚未与之言明也。今则时移情迁，彼既有诚意与好意之表示，中央准编其四团制师之两师，照中央编制，八团兵力已在一万五千人，以上之数，不能再多"，关于干部"各师之参谋长与师内各级之副职，自副师长乃至副排长人员，亦皆应由中央派充也……其他对于政治者待军事办法商妥后，再由恩来来京另议可也"。③2 月 21 日，国民党五届三中全会提出《关于根绝赤祸之决议》，提出取消红军、苏维埃政府，停止"赤化宣传"、阶级斗争，处理与中共关系的"最低限度之办法"。④2 月 24 日，周恩来致电张闻天、毛泽东，提出进一步谈判方针并得到了中央赞同，内容为："一、可以服从三

---

① 中共中央文献研究室编，逄先知主编《毛泽东年谱 1893—1949》，第 651 页。

② 秦孝仪主编《中华民国重要史料初编——对日抗战时期·第五编　中共活动真相（一）》，第 262—263 页。

③ 秦孝仪主编《中华民国重要史料初编——对日抗战时期·第五编　中共活动真相（一）》，第 264 页。

④《关于根绝赤祸之决议》，载《中国国民党历次代表大会及中央全会资料》（下册），第 433—435 页。

民主义，但放弃共产主义信仰绝无谈判余地。二、承认国民党在全国领导，但取消共产党绝不可能。惟国民党如能改组成民族革命联盟性质的党（蒋在西安有改组党的发轫），则共产党可整个加入这一联盟，但仍保持其独立组织。三、红军改编后，人数可让步为六七万，编制可改四个师，每师三个旅六个团约一万五千人，其余编某路军的直属队。四、红军改编后，共党组织饰（原注：原文如此）为秘密，拒绝国民党组织，政训人员自行训练，可实施统一的政训纲领，但不能辱骂和反对共产党。五、苏区改特别区后，俟共党在非苏区公开后，国民党亦得在特别区活动。"①2 月 27 日，张冲在见蒋后再度参与和周恩来的谈判，转达了蒋的意见。1937 年 3 月 1 日，毛泽东、张闻天致电周恩来并转告彭德怀、任弼时、叶剑英，提出："（一）红军编五万人，军饷照国军待遇，临时费五十万，此为最后让步限度，但力争超过此数。（二）二十七、二十八、二十九、三十个军及地方部队不在五万之内，均改保安队及民团，在特区行政经费内开支。"②3 月 4 日，周恩来与张冲会谈，张冲转告：蒋介石只同意改编后的红军人数为 3 个师 9 个团。张冲和顾祝同则向周恩来表示同意将红军改编为 4 个师 12 个团，但是南京蒋介石则坚决不许。3 月 7 日，中共中央书记处致电周恩来，提出"编制仍以四个师为宜"，"但如蒋坚持三个师时，亦只得照办"。3 月 8 日，周恩来、叶剑英同顾祝同、贺衷寒、张冲会谈。双方意见大体趋于一致，决定将一月来的谈判作一总结，由周恩来写成条文，送蒋介石最后决定。主要内容为：（一）中国共产党承认服从三民主义的国家和国民党的领导地位，彻底取消暴动政策和没收地主土地政策，停止赤化运动；国民政府分批释放监禁中的中共党员，容许共产党在适当时期内公开。（二）取消苏维埃政府及其制度，将目前红军驻在地区改为陕甘宁边区，执行国民政府统一法令与民选制度，其行政人员经民选推荐，由国民政府任命；行政经费由行政院及省政府规定。（三）红军取消，改编为国民革命军，服从国民政府军事委员会及蒋介石的统一指挥，其编制人员、给养及补充与国军同等待遇，其各级人员由其自己推选，呈报军委会任命，政训工作由军委会派人联络；

①《周恩来关于同国民党谈判的方针给张闻天、毛泽东的电报（一九三七年二月二十四日）》，载《建党以来重要文献选编（一九二一——一九四九）》第十四册，第 54 页。
② 中共中央文献研究室编，逄先知主编《毛泽东年谱 1893—1949》，第 657 页。

将红军中最精壮者改编为三个国防师，含六旅十二团及其他直属之工、炮、通信、辎重等部队，在三个国防师上设某路军总指挥部；将红军的地方部队改编为地方民团或保安队；红军学校办完本期后结束。[①] 经过长达一个月的谈判，双方在红军改编后保留三个师编制及人数上达成了意向。

依据上述内容，这年 3 月 16 日，中共中央书记处提出与国民党谈判的新条件 15 条，包括中共方面确认：承认革命的三民主义及国民党在中国的指导地位；取消暴动政策及没收地主土地政策，停止赤化宣传；取消苏维埃政府及其制度，现在红军驻在地区，改为陕甘宁边行政区，执行中央统一法令与民选制度，其行政人员经民选推荐中央任命，行政经费另定之；红军改编为国民革命军，服从中央军委及蒋委员长之统一指挥，其编制人员给饷及补充统照国军同样待遇，其各级人员由自己推荐，呈请中央任命；改编现在红军中之最精壮者为三个国防师，含六旅十二团及其他直属之工、炮、通信、辎重等部队，在三个师上设某路军总司令部，其直属队为特务营、工兵营、炮兵营、辎重营、交通队、卫生队、修械所等，红军原有骑兵合编为一个骑兵团，红军改编后之总数，不少于四万三千人；红军学校俟本年第一期结束后，改办随营学校；等。同时，要求国民党方面保证：彻底实现和平统一、团结御侮的方针，全部停止剿共；民主自由权利的实现、释放政治犯，立即开始在全国各地释放共产党员，不再逮捕共产党员，及共产党在适当时期之公开；修改国民大会组织法及选举法，使各党各派、各民众团体、各职业团体、各武装部队（汉奸卖国贼的当然在外）均能参加（包含共产党代表的参加在内），以制定真正民主的宪法；修改国防会议条例，使国防会议真正成为准备与指导对日抗战的权力机关，并使共产党亦能参加；关于准备对日抗战工作，改善人民生活的具体方法与步骤，另行商定之。[②] 3 月 22 日，周恩来乘机飞往上海，拜见了宋美龄，送呈了《关于国共谈判的十五条意见》，并希望其先期送达蒋介石。3 月 25 日，周恩来到达杭州。次日，周恩来与蒋介石进行了会谈，他重申了 15 项谈判条件，并

---

① 中共中央文献研究室编《周恩来年谱（1898—1949）》（上），中央文献出版社，2007，第363—364 页。

②《中共中央书记处关于同国民党谈判条件问题给周恩来的电报（一九三七年三月十六日）》，载《建党以来重要文献选编（一九二一—一九四九）》第十四册，第 97—98 页。

提出 6 个具体要求：陕甘宁边区要成为整个行政区，不能分割；红军人数应达 4 万人以上；三个师以上须设总指挥部；国民政府不能派遣副佐及政训人员；红军学校必须办完本期；红军防地须再增加；等等。他还说明"中共拥蒋的立场，系站在为民族解放、民主自由、民生改善的共同奋斗的纲领上的"，"中共为国家民族利益谋与蒋及国民党合作，但决不能忍受投降收编之诬蔑"。蒋介石表示中共"有民族意识、革命精神，是新生力量，几月来的和平运动影响很好"，"承认由于国共分家致十年来革命失败，造成军阀割据帝国主义者占领中国的局面"，提出国共两党要各自检查过去的错误；不必谈与国民党合作，只是与他合作，希望这次合作是永久的，即便他死后，也不要分裂，免得因内乱造成英、日联合瓜分中国；要商量一个永久合作的办法，"商量与他的关系及纲领问题"；关于具体问题，认为这些都是小节，容易解决。会谈中提及制定一个共同遵守执行的共同纲领。①

6 月 4 日，周恩来来到庐山。从 6 月 8 日到 15 日，周恩来同蒋介石进行了多次交谈，宋美龄、张冲等参与。这是周恩来与蒋介石举行的第一次庐山会谈。周恩来向蒋介石提交了中共起草的《关于御侮救亡、复兴中国的民族统一纲领（草案）》，蒋对纲领草案强调中共独立性极为不满，提出成立大革命同盟会。蒋还要求红军 3 个师之上不能设立某路军总指挥部，建议毛泽东、朱德等人出洋。这次会谈没有取得任何进展。周恩来下山。会议无果而散。6 月 26 日，南京政府来电，催周恩来再上庐山。

在日本制造七七事变、发动全面侵华战争后，国共合作的步伐加快。7 月 13 日，周恩来和秦邦宪、林伯渠到达庐山。7 月 15 日，周恩来在庐山图书馆将《中共中央为公布国共合作宣言》交给蒋介石。《宣言》提出国共合作的三项政治纲领，重申了中共为实现国共合作的四项保证。三项政治纲领为："（一）争取中华民族之独立自由与解放。首先须切实地迅速地准备与发动民族革命抗战，以收复失地和恢复领土主权之完整。（二）实现民权政治，召开国民大会，以制定宪法与规定救国方针。（三）实现中国人民之幸

---

① 《中央关于同蒋介石谈判经过和我党各方面策略方针向共产国际的报告》，载《中共中央文件选集》第十一册，第 178—181 页。

福与愉快的生活，首先须切实救济灾荒，安定民生，发展国防经济，解除
人民痛苦与改善人民生活。"四项保证为："一、孙中山先生的三民主义为中
国今日之必需，本党愿为其彻底的实现而奋斗。二、取消一切推翻国民党
政权的暴动政策及赤化运动，停止以暴力没收地主土地的政策。三、取消
现在的苏维埃政府，实行民权政治，以期全国政权之统一。四、取消红军
名义及番号，改编为国民革命军，受国民政府军事委员会之统辖，并待命
出动，担任抗日前线之职责。"《宣言》表示："为求得与国民党的精诚团结，
巩固全国的和平统一，实行抗日的民族革命战争，我们准备把这些诺言中
的形式上尚未实行的部分，如苏区取消，红军改编等，立即实行，以便用
统一团结的全国力量，抵抗外敌的侵略。"①7 月 17 日，国共双方代表举行第
二次庐山会谈。同日蒋介石发表庐山谈话，并表示中日开战后即可发表《中
共中央为公布国共合作宣言》。但国民党方面迟迟没有将此文件公布，一直
拖到 9 月 22 日才由国民党中央通讯社正式公布了此文件。9 月 23 日，蒋介
石对中共宣言发表谈话，承认了共产党的合法地位，指出了团结抗日的必
要。②至此第二次国共合作正式形成。

在边区政府组成与中共军队设立总指挥部问题上，国民党方面作了妥
协。8 月 18 日，周恩来从张冲处得知蒋介石"同意红军改编为国民革命军
第八路军，任命朱德、彭德怀为正副总指挥"。8 月 22 日，国民政府军事委
员会宣布红军改编为第八路军，同意设立总指挥部，按中共意愿委任朱德、
彭德怀为正副总指挥，下辖 3 个师，每师辖两个旅，每旅辖两个团，每师
定员为 15000 人。8 月 25 日，中共中央革命军事委员会发布了《关于红军
改编为国民革命军第八路军的命令》。9 月 2 日，关于边区政府人员，"陕甘
宁边区政府主席由中共方面推荐林伯渠为正，张国焘为副即日颁令"③。

抗日民族统一战线的建立与坚持，是争取抗日战争胜利的基本条件。在
外敌面前，中华民族面临生死存亡的时候，民族利益第一，必须组成民族

---

①《中共中央为公布国共合作宣言》，载《建党以来重要文献选编（一九二一—一九四九）》第
　十四册，第 369—371 页。
②《蒋介石对中国共产党宣言的谈话》，载安徽省文物局新四军文史征集组编《皖南事变资料
　选》，安徽人民出版社，1981，第 370 页。
③ 中共中央文献研究室编《周恩来年谱（1898—1949）》（上），第 388 页。

统一战线，共同抵御外侮，才能有效维护中华民族利益。抗日战争正是在中国共产党倡导的以国共两党合作为基础的抗日民族统一战线形式下进行和取得最后胜利的。

二、抗日民族统一战线的形式

围绕抗日民族统一战线的组织形式，国共双方进行了探索、磋商，但始终没有达成一致，因此，抗日民族统一战线是没有具体组织形式的合作，这不同于第一次国共合作实行的"党内合作"，也不同于同时期其他国家的反法西斯统一战线。

在探索抗日民族统一战线的过程中，中共提出过抗日民族统一战线组织形式的设想，如1934年4月以"中国民族武装自卫委员会筹委会"的名义发表了《中国人民对日作战的基本纲领》，该会发起人及赞成人1779人在纲领上签名。1935年发表的"八一宣言"，表示"苏维埃政府和共产党愿意立刻与中国一切愿意参加抗日救国事业的各党派、各团体（工会、农会、学生会、商会、教育会、新闻记者联合会、教职员联合会、同乡会、致公堂、民族武装自卫会、反日会、救国会等等）、各名流学者、政治家、以及一切地方军政机关，进行谈判共同成立国防政府问题；谈判结果所成立的国防政府，应该作为救亡图存的临时领导机关"①；同年底瓦窑堡会议通过的《关于目前政治形势与党的任务决议》提出"国防政府与抗日联军是全中国一切反日反卖国贼力量的联合战线的政权组织，也是反日反卖国贼的民族革命战争的统一领导机关"②。1936年8月，《中国共产党致中国国民党书》提出召集"全国抗日救国代表大会"或"抗日救国的国防会议"，并从这一会议产生全国统一的国防政府。③

1937年2月国共谈判启动后，双方谈及了抗日民族统一战线的组织形式问题。中共方面开始提出实行党内合作、共产党在政治上和组织上保障

---

① 《中国苏维埃政府、中国共产党中央为抗日救国告全国同胞书（八一宣言）》，载《中共中央文件选集》第十册，第522—523页。

② 《中央关于目前政治形势与党的任务决议（瓦窑堡会议）》，载《中共中央文件选集》第十册，第607页。

③ 《中国共产党致中国国民党书》，载《中共中央文件选集》第十一册，第83—84页。

其独立性；蒋介石则提出"应使其取消名称，改编组织"，"共党如其要公开，则应取消党名"等。在 3 月的杭州会谈中，蒋介石提出"商量一个永久合作的办法"，同意起草共同纲领；他意识到"共产党的独立组织不能改变"，"共产党不会无条件的拥护他，而他又不能满足于党外合作，故他要我们想新的办法"；"我方起草一个民族统一战线纲领（以抗日十大纲领及国民党第一次代表大会宣言为共同基础），征求蒋的同意，并提议在这个纲领基础上，结合新的民族联盟（或党），包含国共两党及赞成这个纲领的各党派及政治团体，共同推举蒋为领袖"。[①] 在 6 月举行的第一次庐山会谈中，周恩来曾向蒋介石提交了中共中央提出的《关于御侮救亡、复兴中国的民族统一纲领（草案）》，草案提出建立民族联盟、实行党外合作，但蒋介石不同意。蒋介石提出"成立国民革命同盟会，由蒋指定国民党的干部若干人，共产党推出同等数目之干部合组之，蒋为主席，有最后决定之权"，"两党一切对外行动及宣传，统由同盟会讨论决定，然后执行。关于纲领问题，亦由同盟会加以讨论"，"同盟会在进行顺利后，将来视情况许可扩大为国共两党分子合组之党"，"同盟会在进行顺利后，可与第三国际发生代替共党关系，并由此坚固联俄政策，形成民族国家间的联合"。[②] 中共方面原则上同意，但要求先确定共同纲领，并提出了大革命同盟会的组织原则，内容为："（一）国民革命同盟会，由蒋指定国民党干部若干人，与共产党推出同等数目之干部合组最高会议，以蒋为主席，依据共同承认之民族统一纲领，决定两党共同行动事项，并调整两党关系，同盟会主席依据共同纲领有最后决定之权。（二）国民革命同盟会不干涉两党之内部事务，两党均保留各自组织之独立性及政治批评和讨论之自由权。（三）国民革命同盟会之共同决定，两党均须遵守实行，但议案内容如与共同承认之纲领有违背者，两党之任何一方得拒绝讨论，两党之任何一方凡有违背或破坏共同纲领及同盟会组织原则者，同盟会最高会议得决定补救办法。（四）国民革命同盟会最高会议在必要时，得指定某地两党干部组织某地之地方会议，讨论某地

[①]《中央关于同蒋介石谈判经过和我党各方面策略方针向共产国际的报告》，载《中共中央文件选集》第十一册，第 181—182 页。

[②]《中央关于同蒋介石第二次谈判情况向共产国际的报告》，载《中共中央文件选集》第十一册，第 265 页。

两党共同行动，并调整某地两党关系，但其决定不能违背最高会议决定之
原则。"① 由于双方分歧，国民党提出的大革命同盟会最终没有成立，"我们
党本来提出的各党派合作的组织形式，是采取民族联盟的组织形式，即按民
主原则，由各党选派若干代表，成立中央与地方的共同委员会，依照共同纲
领而行动，各党派仍保持自己组织上的独立性。这种组织形式的建议，因为
复兴社及托派分子的捣乱，及蒋介石取消共产党的企图并未完全打消，故尚
未得到具体解决。这次国民党临时大会对此问题，亦无具体决定"②。

全民族抗战爆发后，"急需有一个全民族的抗日民族统一战线的政府，
方能有利于领导抗日民族革命战争，战胜日本帝国主义"。为此，中共中
央书记处于 1937 年 9 月 5 日发出了《关于共产党参加政府问题的决定草
案》，提出中共准备参加"抗日民族统一战线的政府"，条件是"将国民党
一党专政的政府转变为全民的统一战线的政府时，即在今天的国民党政府
（甲）接受本党所提抗日救国十大纲领的基本内容，依据此内容发布施政纲
领时；（乙）在实际行动上已经开始表示实现这一纲领的诚意与努力，并在
这方面获得相当成绩时；（丙）容许共产党组织的合法存在，保证共产党动
员群众组织群众与教育群众的自由时，中共才能去参加"。该《决定》还指
出，"在党中央没有决定参加中央政府以前，共产党员一般的亦不得参加地
方政府，并不得参加中央的及地方的一切附属于政府行政机关的各种行政
会议及委员会"；"共产党在没有公开参政以前，参加全国国民大会之类的商
讨民主宪法与救国方针的代议机关，在原则上是许可的"；"共产党中央及
地方党部与国民党中央及地方党部在一定的共同纲领并在完全平等的原则
之下，可以组织统一战线的组织，如各种联合委员会（例如大革命同盟会，
群众运动委员会，战地动员委员会等）"。③ 为了组织"抗日民族统一战线的
政府"，中共提出召开临时国民大会，成立民主政府的主张，但蒋介石坚持
国民党包办国民大会。12 月 21 日，王明、周恩来、博古等中共代表在武汉

① 《中共中央书记处关于国民革命同盟会的组织原则给共产国际的电报》，载《建党以来重要文
献选编（一九二一——一九四九）》第十四册，第 341—342 页。
② 《中国抗日战争的形势与中国共产党的工作和任务》，载《建党以来重要文献选编
（一九二一——一九四九）》第十五册，第 318 页。
③ 《中央关于共产党参加政府问题的决定草案》，载《中共中央文件选集》第十一册，第 345—
346 页。

与蒋介石会谈，周恩来向蒋介石转达中共关于成立国共两党关系委员会的
意向，蒋介石表示同意，双方达成协议。12月26日，周恩来、王明、博
古、叶剑英出席国共两党关系委员会会议，国民党方面有陈立夫、刘健群、
张冲出席，会议推举周恩来、刘健群起草共同纲领。12月30日召开第二次
会议时，国民党方面代表转移议题，周恩来起草的抗日救国共同纲领草案
未能讨论。在1938年1月23日两党关系委员会会议上，国民党代表康泽、
刘健群高谈"一个政党，一个主义，一个领袖"，攻击华北八路军"游而不
击"，中共代表据理驳斥，会议不欢而散。1938年春，两党关系委员会商
定了一个草案，但国民党中央执行委员会始终没有对草案作正式表态，该
草案实际上被搁置，两党关系委员会此后也形同虚设。1938年3月，中共
中央提议两党协商建立一个由各党派共同参加的民族解放同盟，如在《中
共中央致国民党临时全国代表大会电》中提出："继续扩大与巩固抗日民族
统一战线，首先即须发布以孙先生三民主义为基本原则的抗日民族统一战
线的共同纲领，作为动员全国人民共同奋斗的明显鹄的。再在这一纲领下，
遵照孙先生过去联共的精神建立一种各党派共同参加的某种形式的民族解
放同盟。"① 中共中央还提出过成立民族政治参议院或以三民主义青年团为统
一战线组织形式，都没有实现。同年12月12日，王明、周恩来等与蒋介
石谈判，蒋介石明确拒绝采用第一次国共合作"跨党"的办法，表明了"将
共产党合并国民党成一个组织"的立场，称"共产党员退出共产党，加入
国民党，或共产党取消名义将整个加入国民党，我都欢迎，或共产党仍然
保存自己的党我也赞成，但跨党办法是绝对办不到。我的责任是将共产党
合并国民党成一个组织，国民党名义可以取消，我过去打你们也是为保存
共产党革命分子合于国民党，此事乃我的生死问题，此目的如达不到，我
死了心也不安，抗战胜利了也没有什么意义，所以我的这个意见，至死也
不变的。共产党不在国民党内发展也不行，因为民众也是国民党的，如果
共产党在民众中发展，冲突也是不可免"。中共方面坚决拒绝了蒋介石"将
共产党合并国民党成一个组织"、合并成"一个大党"的提议，王明、周恩
来当即"解释一个组织办法做不到，如跨党办法做不到，则可采取我们提

---

① 《中共中央致国民党临时全国代表大会电》，载《中共中央文件选集》第十一册，第482页。

议的其他方式合作"。蒋表示"其他方式均无用"。①1939 年 1 月 20 日，蒋介石约见周恩来，"又提统一两党事"，周"告以不可能"。②同年 1 月 22 日，中央电示周恩来"对蒋所谓一个大党问题，我们决定给他一原则上拒绝的电，以打断蒋此种念头"③。1 月 25 日，中共中央致电蒋介石，表示"两党为反对共同敌人与实现共同纲领而进行抗战建国之合作为一事，所谓两党合并，则纯为另一事。前者为现代中国之必然，后者则为根本原则所不许。共产党诚意的愿与国民党共同为实现民族独立、民权自由、民生幸福之三民主义新中华民国而奋斗，但共产党绝不能放弃马克思主义之信仰，绝不能将共产党的组织合并于其他任何政党。此不论根据抗战建国之根本利益，根据两党长期合作之要求，根据中国社会历史之事实，根据三民主义中民权主义之原则，以及根据孙中山先生之遗训，都非如此不可"④。后来，国民党设立了国民参政会，只是咨询机关而非民意机构，各党各派只能以文化或经济团体名义参加。

中共一直主张统一战线应依照共同纲领而行动，提出过《国共两党抗日救国协定草案》《关于御侮救亡、复兴中国的民族统一纲领（草案）》《抗日救国共同纲领（草案）》，或提议以中共的《抗日救国十大纲领》作为制定两党共同纲领的基础等，都没有被接受。后来，国共两党分别提出了《抗日救国十大纲领》和《抗日建国纲领》。抗日民族统一战线没有固定组织形式，没有协商一致的共同纲领，国共两党在抗日的共同目标之下各自贯彻自己的纲领，只能采取遇事协商，解决两党之间的问题。这就给第二次国共合作带来了极大的不稳定性。

三、抗日民族统一战线的内部斗争

第二次国共合作没有固定组织形式，没有协商一致的共同纲领，但双方

---

① 《陈绍禹等关于一个大党问题与蒋介石谈判情况向中央的报告》，载《中共中央文件选集》第十二册，第 5—6 页。
② 《周恩来关于与蒋介石谈判情况及意见向中央的报告》，载《中共中央文件选集》第十二册，第 6 页。
③ 《中央关于拒绝所谓一个大党问题给周恩来的指示》，载《中共中央文件选集》第十二册，第 5 页。
④ 《中共中央为国共关系问题致蒋介石电》，载《中共中央文件选集》第十二册，第 17—18 页。

又都有政权和军队，这就决定了抗日民族统一战线内部存在着不同的抗战指导路向，双方在政权、军队等问题上不可避免地要进行尖锐、复杂的斗争。全民族抗战爆发初期，国民党正面战场组织了比较积极的抵抗，国共关系也比较好，一直到1938年10月广州、武汉相继失守，双方并未发生激烈的军事摩擦和政治斗争。但全民族抗战进入相持阶段以后，由于战争的拉长与战线的延长，日本侵略军的人力、物力、财力严重不足，其侵华政策不得不作出相应调整，即逐渐将其主要兵力用于打击在敌后战场的八路军和新四军，而对国民党政府则采取以政治诱降为主的方针。1938年11月3日，日本首相近卫文麿内阁发表第二次对华政策声明，改变了1月16日第一次声明中"不以国民政府为对手"的方针，表示欢迎国民政府参加所谓"新秩序的建设"；12月22日，近卫又发表第三次声明，提出所谓"中日睦邻友好""共同防共""经济合作"三原则，提出签订"日、华防共协定"，表示可以放弃逼蒋下野的主张。英、美、法等西方列强则采取"远东慕尼黑阴谋"，对蒋介石集团进行劝和。中共领导的抗日武装迅猛发展，如八路军1937年8月改编时4.6万人，到年底发展到8万人，1938年底进一步扩展到15.6万多人，也促使国民党对中共态度发生变化。[①]在日本帝国主义的诱降、劝降之下，国民党亲日派首领汪精卫公开投降，于1940年3月在南京成立了伪国民政府；以蒋介石为核心的亲英美派也把政策重点从以前的积极抗日转向积极反共，从而使国共摩擦、抗日民族统一战线内部矛盾急剧升级。

　　1939年1月21日至30日，国民党五届五中全会在重庆举行。五届五中全会的主要议题有二：一是"整理党务"和研究"如何与共产党作积极之斗争"；二是相持阶段到来后如何抗日。这次会议的召开是全民族抗战时期国民党政策的转向，即从以前的积极抗日转为积极反共的标志。

　　关于国共关系。会议召开前夕，蒋约见周恩来要求其向延安请示"统一两党事"。1月21日，周恩来向中央书记处发电汇报同蒋介石谈判情况，认为"其意盖欲我党对国民党全会有一具体让步，以塞众口，以利防共"。周建议"我党对国民党全会应有一表示，但公开贺电不必说具体意见"，而是

---

① 柳茂坤：《八路军发展史》，山西人民出版社，2005，第22、457页。

以密电方式"指出我党愿与国民党进一步合作，但目前事实如杀人捕人封报攻击边区甚至武装冲突，摩擦日益加甚，此必须迅速解决，以增互信，救急办法，提议由两党中央组织共同视察团或委员会，前往各地就地解决纠纷，至少可弄清事实，向两中央报告，以便寻找进一步具体合作办法"。[1] 会议召开时，为坚持和加强团结抗战，中共中央给国民党五届五中全会发的贺电称："武汉放弃、广州不守之后，抗战正向新阶段发展，日寇乃于军事进攻外，加重其分化中国内部之阴谋。吾人对策，唯有全国更进一步的精诚团结，巩固与扩大抗日民族统一战线……抗战虽为一艰难过程，团结则为无坚不摧无敌不克之利器。同心断金之义，同舟风雨之思，知诸先生必有同情也。"[2] 中共中央还为国共关系专门致电蒋介石，强调"巩固与扩大国共两党长期之合作，为全国爱国同胞和世界先进人士所切望，为全民族抗战建国所必需"，"抗战以来基本事实，表现两党合作日趋进步，两党同志日趋团结，中外人士皆认此为抗战必胜、建国必成之主要根据"；希望两党"相见以诚，相守以信"，"巩固发展抗日民族统一战线，以便团结全国，渡过难关，对抗敌人阴谋，消灭汉奸毒计，停止敌之进攻，准备我之反攻"。[3] 尽管中共方面苦口婆心、相见以诚、晓之以理，但国民党五届五中全会还是反其道而行之，制定了反共方针。蒋介石在会上做了《整理党务之要点》的讲演，提出"对中共是要斗争的，不要怕它"，"我们对中共不像十五、十六年那样，而应该采取不打它，但也不迁就它，现在对它要严正——管束——教训——保育——现在要溶共——不是容共。它如能取消共产主义我们就容纳它"。[4]

关于抗战问题。五届五中全会表达了坚持抗战、持久抗战、长期抗战的立场。蒋介石在会上所做的《以事实证明敌国必败及我国必胜》的开会词指出："我们抗战应该分为两大阶段，自从广州失守、武汉退出以前，是第一

①《周恩来关于与蒋介石谈判情况及意见向中央的报告》，载《中共中央文件选集》第十二册，第 7 页。
②《中国共产党中央委员会致国民党蒋总裁暨五中全会电》，载《中共中央文件选集》第十二册，第 14—15 页。
③《中共中央为国共关系问题致蒋介石电》，载《中共中央文件选集》第十二册，第 18—19、17—18 页。
④《国民党五届五中全会会议记录》，转引自张宪文主编《中华民国史纲》，河南人民出版社，1985，第 543 页。

期；武汉退出以后是第二期。第一期的任务在于尽量消耗敌人的力量，掩护我们后方的准备工作，确立长期抗战的基础，完成我们第二期抗战战略与政略上的一切布置。第二期的任务，就要承接前期奋斗的成绩，实施我们第一期中所布置的一切计划，与发挥我们抗战的力量，以达到抗战胜利与建国成功的目的。所以这次全会是我们转守为攻、转败为胜，以我们的努力来决定兴衰存亡的一个大关键。"[①] 大会宣言重申："吾人所求为合乎正义之和平，非屈服之和平，屈服只能助长侵略。中国若怵于日本暴力，以屈服谋一时之苟安，则将降为日本之殖民地。民族失其独立生存，国家之自由平等更无可望。"[②] 会后，国民政府军委会根据蒋介石的报告制定了《第二期作战指导方针》，提出：连续发动有限度之攻势与反击，以牵制消耗敌人；策应敌后之游击部队，加强敌后之控制与扰袭，化敌人后方为前方，迫敌局促于点线，阻止其全面统治与物资掠夺，粉碎其以华制华、以战养战之企图；同时，抽出部队轮流整训，强化战力，准备反攻。

　　五届五中全会后，根据蒋介石的讲话，国民党陆续制定了《防制异党活动办法》《异党问题处置办法》《处理异党实施办法》《沦陷区防范共产党活动办法草案》《陕甘宁防止异党活动联络办法》《运用保甲制度防止异党活动办法》《防止异党兵运方案》等文件，确立了"溶共""防共""限共""反共"的方针。1939 年 4 月 15 日，国民党中央执行委员会秘密颁布《防制异党活动办法》，提出从"积极""消极"两方面"防制异党活动"："积极方面"的办法，如"加强民众组织，凡各界民众均应尽量加入一种法定人民团体"，各地各种法定人民团体"限半年内组织成立"，"各种民众团体中，应即成立本党党团或派遣党同志，居中发生党的领导作用"等；"消极方面"的办法，如"各地党部及军政机关，对于异党之非法活动，应采严格防制政策，不可放弃职守"，"无论在战区与非战区，凡未经事前呈准有案，而假借共产党或八路军与新四军等名义，擅自组织武装队伍者，当地驻军得随时派兵解散，不得有误"，"如发现有宣传阶级斗争，鼓动抗租、抗税、罢课、罢工、破坏保甲、扰乱治安者，无论其假借任何名义，应一律依法从严制

---

① 《开会词》，载《中国国民党历次代表大会及中央全会资料》（下册），第 527 页。
② 《第五届中央执行委员会第五次全体会议宣言》，载《中国国民党历次代表大会及中央全会资料》（下册），第 543 页。

裁"等。① 根据防共限共方针，国民党采取了若干挑起摩擦的部署，制造了一系列国共摩擦事件。

对国民党的"溶共""防共""限共""反共"政策、反共摩擦事件，中共方面进行了坚决斗争。国民党五届五中全会召开前夕，周恩来应约见蒋介石，周恩来严正要求蒋介石解决自上年秋以来，国民党在河北、山东、陕甘宁等地制造摩擦反共捕人的严重问题。1 月 20 日国民党五届五中全会召开期间，中共中央于 1 月 23 日对国民党"防共""限共"对策作出指示，指出：国民党目前的进步同时包含着防共限共工作的强化，这种进步中的恶劣现象，一时尚不会降低；我们对摩擦如逆来顺受，则将来摩擦逆流必更大，顽固气焰必更高，故我应以冷静而严正之态度对之。② 8 月 1日，毛泽东在延安人民追悼平江惨案死难烈士大会上做《必须制裁反动派》的演说，痛斥投降派杀害抗日战士，并把批判矛头指向国民党秘密制定的《限制异党活动办法》，指出"现在国内流行一种秘密办法，叫做什么《限制异党活动办法》，其内容全部是反动的，是帮助日本帝国主义的，是不利于抗战，不利于团结，不利于进步的"。"我们要反对所谓《限制异党活动办法》，这种办法就是破坏团结的种种罪恶行为的根源。"③ 8 月 19 日，中央就对待局部武装冲突作出指示："我党我军对于局部武装冲突的立场是明确的自卫原则，人不犯我，我不犯人，人若犯我，我必犯人，这样才可以一方面不给分裂者以借口影响统战，另一方面在自卫的立场上，给武装摩擦者向我进攻的行动以应有的坚决的打击与教训。"④ 9 月 16 日，毛泽东在和"中央社"、《扫荡报》、《新民报》三记者的谈话中，谈到反共摩擦时指出："问到共产党对待所谓磨擦的态度。我可以率直地告诉你们，我们根本反对抗日党派之间那种互相对消力量的磨擦。但是，任何方面的横逆如果一定要来，如果欺人太甚，如果实行压迫，那末，共产党就

---

① 《国民党中央执行委员会颁布的〈防制异党活动办法〉（1939 年 4 月 15 日）》，载中国抗日战争军事史料丛书编审委员会编《中国抗日战争军事史料丛书·新四军·参考资料（5）》，解放军出版社，2015，第 7—10 页。
② 《中央关于我党对国民党防共限共对策的指示》，载《中共中央文件选集》第十二册，第 12—13 页。
③ 毛泽东：《必须制裁反动派》，载《毛泽东选集》第二卷，第 577—578 页。
④ 《中央关于对待局部武装冲突的指示》，载《中共中央文件选集》第十二册，第 154 页。

必须用严正的态度对待之。这态度就是：人不犯我，我不犯人；人若犯我，我必犯人。但我们是站在严格的自卫立场上的，任何共产党员不许超过自卫原则。"①

1939年冬到1940年春，国民党顽固派在连续制造反共摩擦的基础上，置中华民族的根本利益于不顾，掀起了第一次反共高潮。1939年12月，国民党军胡宗南部侵占了陕甘宁边区的淳化、正宁、宁县、枸邑、镇原五个县城和边境的十六个区；在山西，阎锡山则发动了十二月事变，进攻抗日决死队（新军）；1940年2月至3月间，国民党石友三、朱怀冰等部配合日伪进攻晋东南太行区的八路军总部。第一次反共高潮发生后，中央对反击武装挑衅与开展国共谈判，迅速作出了相应指示，如1939年12月23日的《中央对时局指示》指出"国民党五中全会决定的限共政策，表现于《限制异党活动办法》及其实际执行中的，是以政治限共为主，以军事限共为辅，而在十一月国民党六中全会时，则已发展到军事限共为主，政治限共为辅了。在这个军事限共政策下，国民党发布了《处置共党问题的新办法》，发布了《剿办冒称抗日军的命令》，并用中央军直接对付八路军与新四军"。在此种情况下各地的任务是："第一、必须依照中央过去的指示，极力发展统一战线工作，力争中间阶层。第二、深入群众工作，尤其在战区与敌后，要进一步依靠群众。第三、八路军新四军必须极力发展与巩固自己的力量。第四、极力巩固党的组织，严重注意秘密工作，千万不要疏忽。第五、在一切地方准备对付局部的突然事变。第六、在华北西北中原一带，凡遇军事进攻，准备在有理又有利的条件下坚决反抗之，极大地发挥自己的顽强性，绝不轻言退让。"②1940年1月30日，中共中央发出指示，要求"对河北与山西境内的任何军队，不论是中央军晋绥军及石友三，如果他进攻八路地区，我应在自卫原则下，在有理有利条件下，坚决反抗并彻底消灭之"③。根据中央的上述指示精神，共产党领导的八路军和山西新军坚持自卫原则，对国民党的武装进攻给予有力回击，击退了国民党第一次反共高潮。

---

① 毛泽东：《和中央社、扫荡报、新民报三记者的谈话》，载《毛泽东选集》第二卷，第590页。
②《中央对时局指示》，载《中共中央文件选集》第十二册，第221—222页。
③《中央关于武装自卫反顽进攻的指示》，载《中共中央文件选集》第十二册，第255页。

在击退第一次反共高潮后，中国共产党以民族大局为重，主动提出休战，6 月周恩来代表共产党与国民党当局谈判，主要围绕"党的合法，边区的承认，军队的增加，还有作战地区的划分"四个问题，尤其是防区的划分、作战地区的划分这一问题。国民党要求八路军、新四军全部开到黄河以北；中共原则上同意划分防区，但要求国民党承认各党派在全国有合法、平等权利，划给八路军、新四军足够的地区和补给，承认共产党在冀察的行政领导及其他游击区的领导权。国民党拒绝了共产党的建议，并于 1940 年 7 月 16 日由国民党中央常委会提出并通过《关于陕甘宁边区及十八集团军新四军作战地境编制问题的提示案》，简称"中央提示案"，"中央提示案"成为国民党顽固派发动第二次反共高潮的"引线"。10 月 19 日，蒋介石指使何应钦、白崇禧以国民党政府军事委员会正、副参谋总长名义发出致八路军朱德、彭德怀和新四军叶挺、项英的"皓电"，强令在黄河以南的八路军、新四军于 1 个月内开赴黄河以北。12 月 9 日，蒋介石又电令朱德、彭德怀、叶挺、项英：凡长江以南之新四军，全部限本年 12 月 31 日开到长江以北地区，明年 1 月 30 日以前，开到黄河以北地区作战；现在黄河以南之第 18 集团军所有部队，限本年 12 月 31 日止开到黄河以北地区。1941 年 1 月 4 日，皖南新四军军部直属部队等 9000 余人，在叶挺、项英率领下开始北移。1 月 6 日，当部队到达皖南泾县茂林地区时，遭到预先埋伏的国民党 7 个师约 8 万人突然袭击。新四军英勇抗击，激战七昼夜，终因众寡悬殊，弹尽粮绝，除傅秋涛率 2000 余人突围外，少数被俘，大部分壮烈牺牲。军长叶挺被扣，副军长项英、参谋长周子昆突围后遇难，政治部主任袁国平牺牲。1 月 17 日，蒋介石宣布新四军为"叛军"，命令取消其番号，将叶挺军长交付军事法庭审判，同时令汤恩伯、李品仙等部进攻江北的新四军，制造了震惊中外的皖南事变。

皖南事变发生前夕，1940 年 12 月 31 日，毛泽东发出《粉碎蒋介石的进攻，争取时局好转》的指示。皖南事变发生后，共产党坚决回击国民党发动新的反共逆流。1941 年 1 月 13 日，朱德、彭德怀、叶挺、项英发出抗议通电，揭露"此次聚歼计划，蓄谋已久，布置周密，全为乘我不备，诱我入围，其所奉上峰命令有一网打尽生擒叶项等语"，指出"我八路军、新四军前受日寇之扫荡，后受国军之攻击，奉命移防者则遇聚歼，努力抗战者，则被屠杀，是而可忍、孰不可忍？"①1月14日，新华社将此通电发到全国。1月17日，周恩来打电话给何应钦："你们的行为，使亲者痛，仇者快。你们做了日寇想做而做不到的事。你何应钦是中华民族的千古罪人！"②他还于当天深夜写下"为江南死国难者志哀"的题词和"千古奇冤，江南一叶；同室操戈，相煎何急？！"的挽诗，刊登在1月18日的《新华日报》上。1月18日，中共中央发出"关于皖南事变的指示"，指出该事件"是抗战以来国共两党间，也是抗日民族统一战线内部空前的严重事变"。③1月18日，毛泽东以《新中华报》记者访谈名义发表了中共中央发言人谈话，指出"此次惨变，并非偶然，实系亲日派阴谋家及反共顽固派有计划之作品"，揭露了国民党当局制造皖南事变的真相；呼吁全国一切爱国军民同胞和全世界同情中华民族解放事业的公正人士，与我们团结一致共同奋斗，以达到"严惩阴谋消灭新四军皖南部队之罪魁祸首""释放所有被俘之新四军将士，保障叶军长等军政干部之生命安全""抚恤新四军皖南部队死伤将士及其家属""停止华中数十万大军之剿共战争"等目的。④1月20日，中共中央革命军事委员会命令重建新四军军部，任命陈毅为新四军代理军长，刘少奇为政治委员，张云逸为副军长，赖传珠为参谋长，邓子恢为政治部主任。同日，毛泽东以中央军委发言人的名义对新华社记者发表谈话，揭露了日本和亲日派的整个阴谋计划，并提出了解决皖南事变的12条办法：第一，悬崖勒马，停止挑衅；第二，取消1月17日的反动命令，并宣布自己是完全错了；第三，惩办皖南事变的祸首何应钦、顾祝同、上官云相三人；第四，恢复叶挺自由，继续充当新四军军长；第五，交还皖南新四军全部人枪；第六，抚恤皖南新四军全部伤亡将士；第七，撤退华中的"剿共"军；第八，平毁西北的封锁线；第九，释放全国一切被捕的爱国政治犯；第十，废止一党专政，实行民主政治；第十一，实行三民主义，服从《总理遗嘱》；

①《朱彭叶项抗议皖南包围通电》，载《中共中央文件选集》第十三册，中共中央党校出版社，1991，第4页。
② 中共中央文献研究室编、金冲及主编《周恩来传1898—1949》，人民出版社、中央文献出版社，1989，第483页。
③《中央关于皖南事变的指示》，载《中共中央文件选集》第十三册，第8页。
④《中共中央发言人对皖南事变发表谈话》，载《中共中央文件选集》第十三册，第11、14页。

第十二，逮捕各亲日派首领，交付国法审判。①1月23日，新四军将领发出就职通电。1月25日，毛泽东致电周恩来说："我们表明态度之后听凭蒋介石去处置，或者他执行我们的十二条，两党重归妥协，或者实行全面破裂。"②同一日，毛泽东再次致电周恩来："我们的让步阶段已经完结，我们须准备对付全面破裂，蒋以为我们怕破裂，我们须表示不怕破裂"，"因为破裂是他发动的，我们应该捉住一月十七号命令坚决反攻，跟踪追击，绝不游移，绝不妥协"。③面对中共方面的坚决回应，蒋介石1月27日在重庆纪念周讲话时态度变软，表示这次"纯然是为了整饬军纪"，"并无其他丝毫政治或任何党派的性质夹杂其中"。④同日，针对国民党方面要求恢复谈判，毛泽东致电周恩来表示："如不实行十二条，不能恢复谈判，这个态度是完全正确的"，"除非他（指蒋介石——引者）取消一·一七命令，并实行十二条，我们没有和他谈判的余地"。⑤1月29日，中央发出《关于目前时局的决定》，指出"皖南事变及一月十七日宣布新四军叛变的命令，是全国性突然事变与全面破裂的开始，是西安事变以来中国政治上的巨大变化，是大地主大资产阶级由合作到破裂的转折点"，我们对此采取了必要步骤进行斗争，采取了尖锐对立的政治进攻策略，"只有这种尖锐对抗的政策，才能团结全党全军，才能团结全国人民，才能争取中间派，才能孤立已经反动了的大地主大资产阶级"，但在蒋介石没有宣布全面破裂以前，"我们对于抗日民族统一战线的基本立场并未改变，对于实行三民主义、总理遗嘱与抗战建国纲领必须强调"，不公开提出反蒋口号。⑥在国共谈判无法恢复的情况下，为扭转政治上的被动，国民党加紧筹备第二届国民参政会，并千方百计争取中共参政员参加。中共中央则坚持必须按十二条办法解决皖南

---

①《为皖南事变发表的命令和谈话·中国共产党中央革命军事委员会发言人对新华社记者的谈话》，载《毛泽东选集》第二卷，第775页。

②《我们决不能怕破裂》，载《毛泽东文集》第二卷，第325页。

③《中共中央书记处关于政治上取攻势军事上取守势给周恩来的指示》，载《建党以来重要文献选编（一九二一—一九四九）》第十八册，第43页。

④《蒋介石一九四一年一月二十七日在重庆中央纪念周的讲话》，载《皖南事变资料选》，第412页。

⑤《毛泽东关于对付蒋介石的方针致周恩来电》，载《中国抗日战争军事史料丛书·新四军·参考资料（4）》，第149页。

⑥《中央关于目前时局的决定》，载《中共中央文件选集》第十三册，第26、27、28—29页。

事变善后事宜，才能参加参政会会议。在中共进行有理、有利、有节斗争
的情况下，在国内外舆论的压力下，蒋介石在参政会上表示"以后再亦绝
无剿共的军事"，会后又主动邀请周恩来见面谈话，答应解决国共间的一些
具体问题。国共关系得到了一定程度的缓和。3 月 22 日，中央对六个月以
来国民党反共高潮做了初步总结，指出"蒋介石在这次反共高潮中的失败，
使他在今后再要发动这样的高潮更加困难，使他不能不重新考虑他自己的
地位与态度"①。

　　尽管第二届国民参政会后"反共高潮暂时低落"，但中国共产党对国民
党顽固派发动第三次反共高潮依然保持着高度的警惕。还在 1942 年 4 月 17
日，中共中央书记处就作出过"关于准备应付第三次反共高潮的指示"，指
出"各种材料指明，蒋及国民党现正准备于日苏战争爆发后举行第三次反
共高潮，我们必须准备团结全党和人民适当的应付此次高潮及今年的极大
困难"。②不过，由于国际关系变化，这一时期国共关系仍相对缓和。9 月 15
日，毛泽东电示周恩来：国内关系总是随国际关系为转移的，蒋介石第一
次反共高潮，发生于德苏协定、苏芬战争及英美反苏时期；第二次反共高
潮发生于德苏协定继续存在，英、美、苏关系尚未好转，而轴心国则成立
三国同盟时期。自苏德战争起，英、美、苏关系好转，今日国共两党间即
没有大的冲突。我们目前的任务是促使两党谈判，促成具体解决问题。③同
日，他在致陈毅的电报中指示"目前已至促成国共好转，恢复两党谈判，使新
四军恢复合法地位，以便坚持抗战时期。关于打磨擦仗方面，已电李先
念今后极力避免，并设法与周围国军改善关系，其他部队，请你加以注意"④。

　　11 月 12 日到 27 日，国民党五届十中全会在重庆召开，会议通过了
《今后对共产党政策之研究结果案》，提出只要中共"不违反法令，不扰
乱社会秩序，不组织军队割裂地方，不妨碍抗战，不破坏统一，并能履行

①《中央一九四一年三月政治情报》，载《中共中央文件选集》第十三册，第 71 页。
②《中央书记处关于准备应付第三次反共高潮的指示》，载《中共中央文件选集》第十三册，第
　　372 页。
③《毛泽东关于目前任务是促成国共谈判给周恩来的电报》，载《建党以来重要文献选编
　　（一九二一—一九四九）》第十九册，第 451—452 页。
④《毛泽东关于设法同国民党军改善关系给陈毅的电报》，载《建党以来重要文献选编
　　（一九二一—一九四九）》第十九册，第 453 页。

二十六年九月二十二日共赴国难之宣言，服从政府命令，忠实的实现三民主义，自可与全国军民一视同仁"①。中共中央对这一决议予以高度重视，认为 1940 年与 1941 年两次反共大摩擦，国民党企图利用武力压迫使我们屈服，但遇着了我们的"有理、有利、有节"的自卫斗争，又企图动员舆论赞助他们的反共，但多数舆论的同情却站在我们方面，促成国民党不得不对国共关系有一个比较明确的解决，"十中全会的决议，表示了这种解决的原则，一言以蔽之，就是要求我们不超出他们所设定的严格的范围，他们则答应和我们合作，十中全会的这一处置，是我们和他们长期接洽及他们经过许多的动摇犹豫之后才决定的"，"十中全会的这一决议，对于从一九三九年到现在四个年头的国共不良关系，做了一个总结，是对于我们今年七七宣言的回答，开辟了今后两党继续合作及具体地谈判与解决过去存在着的两党争论问题的途径，虽然这些争论问题还不见得很快就能完全地解决"。② 在此前后，中共方面周恩来、林彪与国民党方面进行了一些沟通，但随着 1943 年 5 月共产国际宣告解散，国民党估计共产党将陷于严重困难，"认为此乃对共党镇服良机"，再次转向反共，使十中全会后"似稍有好转"的形势急转直下，不仅通过政治途径达成协议的机会没有被把握住，反而走向了国共摩擦新的高潮。

第一次反共高潮的特点是打华北，第二次反共高潮的特点是打华东，而第三次反共高潮的特点是打西北。这次反共高潮以 1943 年 3 月蒋介石发表《中国之命运》为开端。"三月蒋介石发表《中国之命运》一书，自己公开出面反对共产主义与共产党，可说是进攻的思想准备。"③5 月 15 日共产国际宣布解散后，国民党忙着制造要求"解散"共产党的舆论。6 月 12 日，西安劳动营训导处长张涤非召集 9 个人开了一个西安文化团体座谈会，通过文件声称"马列主义已经破产"，要求中共随共产国际解散而解散；7 月 6 日，国民党中央通讯社将这条消息广为散布，各地报刊、团体也随之起舞。6 月 18 日，胡宗南在洛川召开军事会议，除原有封锁边区十余师外，又由

---

① 《特种研究委员会报告本党今后对共产党政策之研究结果案》，载《中国国民党历次代表大会及中央全会资料》（下册），第 793 页。
② 《中央关于国民党十中全会问题的指示》，载《中共中央文件选集》第十三册，第 460 页。
③ 《军委关于蒋介石进攻边区的军事部署的情况通报》，载《中共中央文件选集》第十四册，第 62 页。

河防阵地调动部队六七个师，沿宜川、洛川、淳化、固原线，准备分9路闪击延安，掀起第三次反共高潮。面对国民党的舆论进攻与军事部署，中国共产党给予了坚决的回击。7月4日，中央军委通报了蒋介石进攻边区的军事部署情况。①同日，朱德致电胡宗南，对胡部调兵遣将、准备进攻边区表示"大惑不解"，呼吁团结，避免内战。②7月6日，朱德又致电蒋介石等，继续呼吁团结抗日，避免内战。③中共从舆论宣传、军事准备两方面入手，对国民党进行反击。7月8日，中央书记处对发动宣传反击作出指示，提出"中央决定发动宣传反击，同时准备军事力量粉碎其可能的进攻"。④7月9日，毛泽东致电彭德怀，对军事反击准备问题作出指示。⑤7月12日，毛泽东为《解放日报》撰写《质问国民党》的社论，要求蒋介石"下令把胡宗南的军队撤回河防"，"取缔中央社，并惩办汉奸张涤非"。⑥7月11日，蒋介石、胡宗南致电朱德，表示无意进攻陕甘宁边区。7月12日，胡宗南令其部队从彬县、洛川撤回。第三次反共高潮在没有发展成大规模武装进犯的情况下被制止。

进入抗战后期后，统一战线内部的斗争，主要围绕国民党坚持一党专政与共产党主张民主联合政府、国民党抢夺抗战胜利果实与中共反对国民党抢夺抗战胜利果实等问题而展开。

第三节　各界民众的抗日救亡运动和思潮

全民族抗战爆发后，全国各界民众以不同形式积极投身抗日救亡运动，他们呼吁坚持团结抗战，要求蒋介石坚持抗日，反对汪精卫投敌卖国。在

---

① 《军委关于蒋介石进攻边区的军事部署的情况通报》，载《中共中央文件选集》第十四册，第63—66页。
② 《朱总司令为呼吁团结避免内战致胡宗南电》，载《中共中央文件选集》第十四册，第68页。
③ 《朱总司令为呼吁团结避免内战致蒋介石等电》，载《中共中央文件选集》第十四册，第69—70页。
④ 《中央书记处关于中央决定发动宣传反击的通知》，载《中共中央文件选集》第十四册，第71—72页。
⑤ 《关于对付国民党发动第三次反共高潮的军事准备问题的指示》，载《中共中央文件选集》第十四册，第73页。
⑥ 毛泽东：《质问国民党》，载《毛泽东选集》第三卷，第909页。

国民党顽固派制造反共摩擦、反共高潮的情况下，各界人士声讨国民党顽固派破坏团结、破坏抗日的倒行逆施，要求以民主求团结抗战，争取抗日战争的最后胜利。

一、抗日救亡运动的蓬勃开展

1937 年七七事变发生后，全国各界、各阶层、各民族人士与海外华人华侨掀起了抗日救亡运动的高潮。

七七事变发生当天，北平各界救国联合会便联络更多的人民团体，成立了北平各界抗敌后援会。中共北平市委及各级党组织，积极发动群众开展各项救亡工作，支持二十九军的抗战。7 月 8 日下午，中华民族解放先锋队、华北各界救国联合会、北平各界救国联合会、北平市学生联合会等救亡团体组织人员到宛平城、卢沟桥等地慰劳抗日将士。7 月 9 日清晨，北平市学生救国联合会慰问驻守各城门的二十九军官兵；同日，长辛店铁路工人组成担架队、侦察小组、支应处，支援前线。郊区农民为前线运送粮食、饲料、燃料。广大市民为前方将士募捐筹款，制作慰问袋，有的慰问袋上写着"诸位兄弟，尽忠报国，北平市民，誓为后盾"等字样。[1]7 月 12 日，南京各群众团体举行联席会议，对原有的首都各界抗敌后援会进行改组，并通电全国，号召抗战。7 月 14 日，陕西各界抗敌后援会成立大会在省党部大礼堂召开，到会的有党、政、军、工、商、学各界代表 200 余人，大会揭露卢沟桥事变的真相，指出救国责任不仅限于前方将士，实为全国国民共同之责任，号召各界群众都应为抗战尽力。7 月 17 日，四川抗日后援会成立，并于 23 日通电全国："现在本省已于七月十七日成立各界抗敌后援会，一俟全国总动员之日，定当事先效命，救亡图存，冀以倾国之师，大雪积年之恨，敌忾同仇，曷胜奋勉。"[2]同日，湖南省民众国术俱乐部、湖南人民提倡国货救国会、民众常识指导委员会等发起成立长沙抗敌后援会，并于 7 月 25 日扩组为湖南人民抗日后援会。7 月 19 日，重庆筹组援助平津守土抗战大会并设常委会，7 月 27 日改名为重庆各界抗敌后援会。7 月 22

---

① 中共北京市委党史研究室：《中国共产党北京历史》第一卷，北京出版社，2001，第 292 页。
② 《四川各界抗敌后援会关于成立大会的通电（1937 年 7 月 23 日）》，载丁成明、胡金玉编《抗战时期的四川——档案史料汇编》（上），重庆出版社，2014，第 315 页。

日，由上海市商会、市民联合会、市总工会、市农会等 13 个团体发起，在市商会举行上海市各界抗敌后援会成立大会，有 1000 多人参加了会议，分别代表 500 多个团体。会议强调，国家已经到了危急存亡之秋，日本"步步进逼，非将我亡国灭种不止；所以目前应付国难，不是暂时的，而是持久的；不是局部的，而是整个的"。会议通过的后援会组织纲要，规定后援会"以中央既定方针作抗战后援，共谋完整国土，复兴民族为宗旨"。① 后援会下设立筹募委员会、供应委员会（后改为慰劳委员会）、救济委员会、救护委员会等 9 个下属机构，开展救亡宣传、筹集捐款、救济难民、救护伤病等各项活动。8 月 1 日，云南各界抗敌后援会在昆明成立，其主要工作是声讨揭露日寇侵华罪行，向全省民众进行抗日爱国宣传，积极募集物资支援前线，慰问抗日将士等，曾编辑出版《云南抗敌后援会特刊》及《云南省各界抗敌后援会献金专刊》。1938 年 1 月，由陕甘宁边区工会、农民会、妇女救国会、文化界救亡协会、延安市商会、陕北公学学生会、中国人民抗日军政大学同学会等 25 个团体，联合成立了陕甘宁边区各界抗敌后援会。

工人、青年、妇女、文化、宗教等各个界别的代表人士与救亡团体，以不同形式投身抗日救亡运动。

劳工界的救亡团体有：淞沪抗战期间组织起来的各业抗日救亡团体有 40 多个，如纱厂工人救亡会、印刷界工人战时服务团、银钱业职工战时服务团等，并在此基础上成立了上海工人抗日救亡协会，积极开展抗日宣传、救护与战地服务工作。1938 年 2 月，第五战区职工抗日总会在徐州成立，该会于 1940 年 8 月在临沂召开代表会议，并改称为山东省职工抗日联合总会。1938 年 3 月 5 日，中国工人抗敌总会在上海成立，制定了《中国工人抗敌总会纲领草案》，内容包括统一全国工人战时组织、拥护领袖和政府抗战到底、发动全国工人参加抗战、联合世界各国劳工团体共同抗日、实施劳工战时教育、救济失业工人、训练劳工军事技能、努力战时生产、改善工人战时生活条件等。各地工人利用抗敌后援会等合法形式，开展救亡斗争，推动抗日战争的开展。

妇女界的救亡团体有：1937 年 7 月 22 日，聚集在上海从事妇女救国活

---

① （上海）《新闻报》1937 年 7 月 23 日。

动的上层妇女界人士，在何香凝、宋庆龄等人的倡议下，并与张学良夫人于凤至和蔡元培夫人取得联系，联合上海的中国职业妇女会、中华妇女互助会、上海基督教女青年会、中华女子职业补习学校、妇女节制会、上海青年妇女俱乐部等 22 个妇女团体，于 1937 年 7 月 22 日成立中国妇女抗敌后援会。8 月 1 日，中国妇女慰劳自卫抗战将士总会在南京成立，在国统区大部分省市都设立了分会，中国妇女抗敌后援会也成为其分会，该会成立后广泛组织各界各阶层妇女做了大量抗日的工作。

以青年为骨干的救亡团体有中华全国学生救国联合会、中华民族解放先锋队（简称"民先队"）、西北青年救国联合会（简称"青救会"或"西救会"）、山西青年抗日决死队、青年抗日先锋队（简称"青抗先"）等。全国学生救国联合会于 1936 年 5 月在上海成立，七七事变发生后，该会于 1937 年 7 月 10 日发表《为卢沟桥事件宣言》，"号召全国同学及所有青年知识分子立刻起来，担任民众运动的前锋任务，帮助全国民众在抗日救亡的旗帜之下组织起来，克服人民大众一盘散沙的现象。关于一切宣传，组织，募捐、慰劳、以及投军……种种的工作都由我们的同学和所有的青年知识分子首先做起，为全国倡，这样便可以唤醒各界的同胞们共同走上抗战救亡的大道"。[①] 中华民族解放先锋队的前身是 1936 年 2 月 1 日在北平成立的先进青年爱国组织，次年召开第一次全国代表大会并决定在"民族解放先锋队"前加"中华"二字，七七事变后，许多队员到抗日根据地参加抗战。西北青年救国联合会是中国共产党领导下的西北青年群众组织，1937 年 4 月在延安正式成立，该会于七七事变发生后发布"紧急动员通知"，号召各级救国会立即召开各种会议，进行抗战动员，出版各种通俗的画报，传单标语，组织各种宣传队、歌咏队、剧团到工厂中去，农村中去，学校中去，军队中去，商店中去；利用一切关系，采取适当的方法去创立抗战后援会、青年救国团、青年抗战同盟等各种青年的组织；加紧抗战准备与军事训练；严防日寇间谍汉奸的阴谋活动；援助前线抗敌将士。通知称"我们是中华民族的新青年，我们绝不愿意我们的国土、我们的同胞，受敌人的蹂躏残杀。

---

① 《全国学生救国联合会为卢沟桥事件宣言》，载共青团中央青运史工作指导委员会、中国青少年研究中心、中国档案馆利用部编《中国青年运动历史资料》第 13 集，中国青年出版社，1996，第 531 页。

紧急地动员起来，誓为保卫平津、华北，驱逐日寇而流最后的一滴血！"①山西青年抗日决死队又称"山西新军"，由抗日爱国组织牺盟会发起，政工人员大部分是中共秘密党员或牺盟会会员，至 1938 年上半年该武装已发展到 101 万多人。青年抗日先锋队是中国共产党领导的抗日根据地的青年抗日武装，1941 年 5 月在晋察冀边区正式成立，为青年救国会组织领导下的青年武装组织，由 16~23 岁青年自愿参加，主要在晋察冀、山东、冀东、晋东南等抗日根据地活动。

　　文化界的全国性的团体有中华全国文艺界抗敌协会、中华全国戏剧界抗敌协会、中华全国电影界抗敌协会、全国美术界抗敌协会等。上海文化界救亡协会（简称"文协"）是七七事变后全国最早的群众救亡团体之一，于 1937 年 7 月 28 日成立，八一三事变后有上海戏剧界救亡协会、上海游艺界救亡协会、上海漫画界救亡协会等作为团体会员加入，成为当时在全国有广泛影响的抗日救亡运动组织和领导团体。该会发表《对时局宣言》指出："中国已经到了生死存亡的最后关头，我们抗战则生，妥协则亡"，"几千年来，中华民族所受的压迫和屠杀，到今天可以说是最沉痛最惨重的了。同样的，在敌人猛烈的侵略之前，我中华民族精诚团结上下一致的精神，也发挥得最为透彻，最为坚决"。宣言号召"全国父老兄弟姊妹们，大家站起来吧，让我们拿起我们的枪枝，扛起我们的锄头，捆起我们的斧头，提起我们的笔杆，向我们的民族敌人搏击"。②1937 年 11 月 14 日，陕甘宁边区文化界救亡协会成立，艾思奇、柯仲平、成仿吾等为其主要负责人，这是一个极其广泛的群众性的文化救亡组织，包含有社会科学研究会、国防教育研究会、国防科学社、战歌社、海燕社、音乐界救亡协会、世界语者协会、新文字研究会、民众娱乐改进会、抗战文艺工作团、文艺界抗战联合会等团体。1937 年 11 月 21 日，重庆文化界救亡协会成立，它由重庆文化界救国联合会改组而成，该会发表的成立宣言指出，在全国抗战中每个国民应"担负起每一个人对国家应尽的责任来"，号召"文化工作者一致团结起来，努力开展救亡运动"，文化界可以担负的工作包括抗战理论的充实、

---

① 《西北青年救国联合会紧急动员通知》，《新中华报》第 377 期，1937 年 7 月 23 日。
② 《上海文化界救亡协会对时局宣言》，《申报》1937 年 8 月 4 日。

国民外交的推进、国民教育的实施、组织民众必要的宣传工作等。[①]1937 年
12 月 25 日，广东文化界救亡协会成立，次年 2 月改名为广东文化界抗敌协
会，有会员 1000 多人，该会以"动员一切文化工作者，在政府领导下，建
立文化国防，争取民族解放胜利"为宗旨，纲领为"发动都市与乡村之启蒙
运动，深入内地，提高工农文化水准"；"组织移动战时文化服务团，深入本
省各县镇乡村，艰苦地进行民众启蒙教育及团体、学校之演讲宣传工作"。[②]

在全国抗战中，实现了中华民族内各民族总动员的民族救亡斗争。内
蒙古地处抗日前线，为团结蒙古族各阶层抗日，中共中央于七七事变后的
第三天（7 月 10 日）发出《关于蒙古工作的指示信》，指出蒙古民族团结一
致、驱逐日寇出绥蒙、蒙汉联合抗日是绥蒙工作最高原则。在这一原则之
下，"应当进行以下工作"：一、须迅速求得对于蒙古工作的上层的谅解与
一致；二、号召蒙古人拥护绥远政府抗日，以"蒙汉联合""援绥抗日"为
动员的口号。[③]1938 年 6 月，高凤英和王之德带领的"绥蒙民众抗日开路先
锋队"与杨植霖、张有聚率领的"蒙古抗日团"联合起来，合并为蒙汉抗日
游击队，成为中国共产党领导下的抗日武装力量，以大青山为依托，开展
抗日斗争。10 月，蒙汉抗日游击队与八路军 120 师大青山支队会师，并改
称"绥蒙游击大队"。回族人民广泛开展民族救亡运动，在抗日战争中做出
了重要贡献。1937 年七七事变发生后，北平回民组织了"北平回民抗敌守
土后援会"，通电全国愿为二十九军后盾。7 月，由王静斋、时子周等发起，
在河南郑州成立的中国回民抗日救国协会，号召穆斯林群众奋起抗击日寇；
1939 年 8 月，改称为中国回教救国协会，1942 年改称为"中国回教协会"。
1937 年 10 月，包头回民组成西北回民救国会，发表《告西北回民书》，谴
责日寇侵占包头、绥远，呼吁全世界穆斯林兄弟起来共同"抵制日货""扩
大援华运动"。1938 年 6 月，人民自卫军回民干部教导队与河北游击军回民
教导队在河间合编，成立冀中军区回民教导总队，马本斋为总队长；1939
年 7 月，回民教导总队改称冀中军区回民支队，马本斋任司令员；马本斋

---

① 《文化界救亡会发表成立宣言》，《国民公报》1937 年 11 月 24 日。
② 《一年来广州之文化运动》，《救亡呼声》第 2 卷第 3 期，1937 年 12 月 26 日。
③ 《中共中央关于蒙古工作的指示信》，载中共中央统战部编《民族问题文献汇编 一九二一·七—
一九四九·九》，中共中央党校出版社，1991，第 546—547 页。

率领回民支队血战冀中，威震鲁西北，屡建战功，给日伪军以沉重打击。1940 年 7 月，冀鲁边区回民大队在山东乐陵成立，1941 年 9 月改编为冀鲁边区回民支队，1944 年 1 月改编为渤海回民支队，该抗日武装与日军作战 100 余次，消灭日伪军 2300 多人。新疆各族民众成立了各种类型的抗日救亡组织和团体，如 1937 年底成立的新疆抗日救国后援会，省设总会，专区设分会，另有 10 多个县有分支机构；原由盛世才于 1934 年创办的新疆民众反帝联合会，在全国抗战爆发后，成为由共产党员领导的救亡团体，到 1939 年底"反帝会"已有 27 个区会、118 个分会、33 个直属区会、24 个直属小组，会员达万人以上，推动了抗日救亡斗争的发展。广西各民族人民纷纷成立抗日救国会、抗敌后援会、抗日义勇军等组织，积极支援中国军队在 1939 年的桂南会战、1944 年的湘桂战役中对日作战；当地的抗日武装中，壮族与各个民族团结抗战，如桂东北抗日游击队监阳联队、灵川政工队、柳北人民抗日挺进队等抗日武装中都有不少壮族民众参加。东北各少数民族在东北抗战中、云南各少数民族在滇西抗战中也都做出了重要贡献。

海外华侨华人以各种形式踊跃支持国内抗战。他们建立抗日团体，在华侨中进行抗日组织动员，如 1938 年在新加坡成立的南洋华侨筹赈祖国难民总会，主席为陈嘉庚。据国民政府统计，到 1940 年底海外华侨华人中有 649 个大型救国团体，抗战期间海外华侨华人社团有 3541 个。他们创办报刊，进行抗日宣传，报道祖国抗日动态。据国民政府侨委会统计，1935 年世界各地有侨报 84 种，1940 年增加到 128 种，到太平洋战争前达 135 种。他们为抗战捐资筹款，据国民政府财政部统计，华侨捐款总计过 13 亿元，侨汇达 95 亿元以上，占抗战期间中国军费的 3/4 以上。有的还直接回国参加抗战或支援抗战，如南洋华侨回国机工服务团共 3900 余人，在滇缅公路上冒着生命危险抢运各种军需物资和运送中国远征军，后仅存 1748 人，其余牺牲、病亡或失踪。有的在侨居地参加反法西斯战争。

二、坚持抗战到底，反对妥协投降

1938 年 11 月抗战进入相持阶段后，抗战形势发生了很大的变化。在日本帝国主义的诱降、劝降之下，国民党亲日派汪精卫投敌卖国，以蒋介石为首的亲英美派转向消极抗日，表现出很大的妥协倒退倾向，对日妥协、投降成为时局的最大危险。中国共产党对汪精卫集团进行了坚决的反投降斗争，声讨汪精卫集团的卖国投敌行径；同时对蒋介石集团则采取"以斗争求团结"的策略，为维护团结抗战的局面进行了不懈努力。

1938 年 12 月 18 日，国民党副总裁汪精卫乘飞机从重庆逃往昆明，后又飞往越南河内，在河内发表"艳电"响应第三次近卫声明、公开投敌卖国，后潜赴上海并拼凑伪中央政权。中国共产党对以汪精卫为首的亲日派进行了严厉谴责。中共中央在 1939 年 1 月 5 日发出的指示中指出："抗日民族统一战线一部分动摇分子已经由亲日派转向汉奸集团"是"目前时局的基本特征"，要求"用一切方法打击卖国叛党的汉奸汪精卫，批评他的汉奸理论，并指出他的反共主张即为他的汉奸理论的组成部分"，"在打击汪精卫时，连带指出目前一切反对八路军新四军边区与共产党的主张，实为汪精卫之应声虫，只是从事实上帮助汪精卫、帮助日寇的行为，这样来间接回击国民党方面顽固分子的反共活动"。[1]1 月 24 日，中共中央在给国民党五届五中全会的贺电中表示："汪逆精卫自绝国人，逃奔就敌，高张亲日反共之旗，实行背党叛国之计，贵党中央开除其党籍，撤消其职务，辞严义正，千古不磨。"[2]第二天（1 月 25 日），中共中央在给蒋介石的电报中强调："在抗战进入新阶段之际，日寇对策，厥为于军事进攻之外，加紧进行'以华制华'之毒计；其中尤特别着眼于强调反共口号，不特借以欺蔽世界之舆论，尤其企图借此以破坏国共两党之合作，并破坏与分化国民党，汪精卫在强调反共口号之下，实行逃走而叛党卖国之活动，实为日寇此种阴谋之具体表露。"[3]根据中央指示，《新华日报》等报刊发表文章，批判汪精卫的投降理论与卖国罪行。实际上，早在 1938 年 12 月 28 日即汪精卫出走但尚未发表"艳电"之前，《新华日报》在《揭破敌寇阴谋与巩固内部团结》的社论中就指出，敌人"看到我们内部的团结还有某些间隙可乘，看到我们内部还有少数心怀妥协妄图苟安的民族败类，可以作为勾引诱降的对象"，

---

① 《中央关于汪精卫出走后时局的指示》，载《中共中央文件选集》第十二册，第 3—4 页。
② 《中国共产党中央委员会致国民党蒋总裁暨五中全会电》，载《中共中央文件选集》第十二册，第 14—15 页。
③ 《中共中央为国共关系问题致蒋介石电》，载《中共中央文件选集》第十二册，第 16—17 页。

称"如果在近卫这种无耻的声明发表后，凡是一个中国的国民，对于近卫存有丝毫之幻想者，必为全国人民所唾弃"。"对于负有职守者，当此民族国家遭受严重困难的时候，就不应逃避职守，更不应另有所图。"该社论意味深长地写道："此次汪先生因'临空高飞，脉搏不良'离国养病，事虽属私人性质，与政府毫无关涉，与抗战毫无影响，然敌人借此挑拨，已甚明显。我们想在近卫的狂妄声明发表之后，蒋委员长的义正词严的驳斥，可以作为汪先生苦口良药，而早卜归期。"①12月29日《新华日报》发表的题为《狂妄的声明与严正驳斥》的社论中也暗讽汪精卫："近卫此次声明，用意至为狠毒，而措词则极尽巧言诡辩之能事，这一方面正系日寇内部矛盾锐化，在华作战困难增加，国际寡助益趋明显之反映，同时也是看到我们内部的团结，还有某些间隙可乘，看到我们内部还有少数心怀妥协妄图苟安的民族败类，可以作为他们勾引诱降的对象。"②在汪精卫发表"艳电"后，《新华日报》先后发表《汪精卫叛国》《驳斥近卫汪逆的谬论》《汪精卫叛国难道是偶然的吗》等"社论"和批判文章，怒斥"在替近卫声明作可怜与卑鄙的应声虫中，在今日小秦桧小吴三桂的名单中，竟赫然有汪精卫三字在矣"。③

汪精卫的汉奸言论、卖国行径也遭到了全国各界民众的坚决反对。实际上，早在汪精卫投降言论露头之际，爱国人士就十分警觉，以不同形式进行警告。1938年10月28日，一届二次国民参政会在重庆召开，汪精卫利用议长职权，唆使党羽企图挑起"和战"讨论，遭到了抵制。中共参政员陈绍禹、秦邦宪、林祖涵、吴玉章、董必武、邓颖超和救国会、第三党、乡建派、职教社等中间党派参政员一起提出了《加紧民族团结，坚持持久战，争取最后胜利案》，强调"日寇汉奸所散布的一切关于我国妥协投降的造谣，是对我全中华民族的莫大侮蔑，任何人如果有妥协投降的阴谋活动即等于民族的败类和叛徒，全民族应群起而攻之"。④参政员还提出了《严惩

①《揭破敌寇阴谋与巩固内部团结》，《新华日报》1938年12月28日"社论"。
②《狂妄的声明与严正驳斥》，《新华日报》1938年12月9日"社论"。
③《汪精卫叛国》，《新华日报》于1939年1月2日"社论"。
④《拥护蒋委员长和国民政府，加紧民族团结，坚持持久战，争取最后胜利案》，载《国民参政会纪实》上卷，第182页。

汉奸傀儡民族叛徒，以打击日寇以华制华之诡计，而促进抗战胜利案》等提案。华侨陈嘉庚从新加坡发来电报提案，提出"日寇未退出我国土之前，凡公务员对任何人谈和平条件，概以汉奸国贼论"，提案被修改后以《在日寇未退出我国土之前，公务员不得言和案》获得通过。[①]

1938 年 12 月汪精卫公开投敌卖国后，各人民团体和民主人士纷纷发表通电、文章、讲话等，声讨汪精卫集团的卖国罪行。1938 年 12 月 31 日，参政员张一麐、胡景伊、陶行知等在香港发出通电，痛斥"汪兆铭屈膝讲和，摇动军心，危害民国，请将其所有职务一律开除"。[②]同日，何香凝发表《斥汪精卫》一文，除痛斥"汪氏通电""太不像中国人讲的话"外，还逐条驳斥了"艳电"所响应的近卫三原则——善邻友好、共同防共、经济提携："承认日本人在中国内地到处'自由'（即毫不能有任何行政法律上限制）'居住'（收买土地）'营业'（攫取我国资源）之权，换一句话，即准备给此'善邻友邦'水银泻地般侵入所有中国领土；这样一来，日本自不必再有租界领事，横直不是全中国都已成殖民区域？""所谓'防共'，就是灭华……共同防共实际上是请人灭华而已。""所谓经济提携，那就真是'谈也谈不上'。连英美的'门户开放'都打得粉碎的现在，还许你们这些半殖民地奴才去'提携'？"[③]1939 年 1 月 2 日，沈君儒、张申府、邹韬奋、胡愈之、史良等 20 人联名，发表声讨汪精卫集团的《快邮代电》："汪兆铭背党叛国，通敌求和，违反国策，惑乱人心，固革命政党所不容，亦全国人民所共弃。"[④]这一天，第三党发出《声讨汪兆铭通敌叛国》通电，称"汪兆铭今日之公开叛国，实为其过去行动发展之必然结果"，要求政府"通缉汪兆铭，归案严办"，并对其党羽"撤查缉办，以期除恶务尽"。1 月 3 日，东北救亡总会在《新华日报》发表通电，指出"汪精卫弃职潜逃，已无以见谅于国人"，还将东北作为"媚敌求和之馈赠品"，乃"我东北四千万同胞所切齿痛恨者也"。邹韬奋的《汪精卫的自掘坟墓》一文批判"汪氏的叛国

---

① 肖用：《陈嘉庚在一届二次国民参政会上的电报提案》，载重庆市政协文史资料研究委员会、中共重庆市委党校、中国第二历史档案馆编，孟广涵主编《国民参政会纪实 续编》，重庆出版社，1987，第 504—518 页。
②《新华日报》1939 年 1 月 2 日。
③ 何香凝：《斥汪精卫》，载《双清文集》下卷，人民出版社，1985，第 312—315 页。
④《快邮代电》，载《韬奋全集》（增补本）第 9 卷，第 5 页。

背党，只是自掘坟墓，自绝于国人，自己断送其政治生命，自陷于国家民族千秋万世的罪人而已！"①《浙江潮》发表了荃麟的《汪精卫到上海去了》、严北溟的《汪精卫的总清算》、夏衍的《土肥原与汪精卫》、社论《扑杀此獠——汪精卫》等文，批驳汪精卫的投降行径。各地纷纷召开讨汪大会及各种形式的讨汪活动。重庆万名妇女签名声讨汪精卫。4月20日，重庆46个行业工会代表集会，成立重庆总工会，通过了声讨汪精卫投敌卖国等决议案。8月13日，汪精卫在香港所依靠的喉舌《南华》《天演》两报工人举行反汪罢工，宁愿牺牲赖以维持妻儿生活的工作以促汉奸之觉悟，罢工工人致电国民政府："汪逆凭借南华、天演两日报，传播汉奸理论，实行危害祖国。全港报贩，激于义愤，拒绝定报。我全体工友六十余人，自'八一三'晚起，一致停工脱离两报，实行将两汉奸报封闭，谨此呈报。"②接着经常发表汪言论的《自由日报》工人也于8月15日宣布离职罢工。8月15日，《新华日报》致电慰问参与罢工的工人，声援消灭汉奸报的举动；8月22日，又发表《扩大援助香港反汪罢工工人》，号召国统区人民予以声援、支持。10月14日，陕甘宁边区总工会致电声援香港反汪罢工工友。晋东南工人救国总会致电慰问香港《南华》《天演》《自由》三报反汪罢工工友，声援他们的反汪罢工活动，并给他们每人捐助生活费十元。③

　　1939年12月22日，汪伪政府与日寇秘密签订了《日支新关系调整要纲》，内容包括：割让东北给日本，定蒙疆（包括绥远、察哈尔两省和山西北部）、华北、长江下游和华南岛屿为"日支强度结合地带"，由日军长期占领；伪政权自中央政府至地方政府，由日本顾问或职员监督；伪军和伪警察，由日本供给武器并加训练；伪政府的财政经济政策和工农交通事业，由日本控制，一切资源由日本任意开发；禁止一切抗日活动。1940年1月22日，《大公报》香港版在"高宗武陶希圣携港发表，汪兆铭卖国条件全文""集日阀多年梦想之大成！极中外历史卖国之罪恶！从现在卖到将来，从物质卖到思想"的通栏正副标题下，刊登了《日支新关系调整要纲》

----

① 邹韬奋：《汪精卫的自掘坟墓》，载《韬奋全集》（增补本）第9卷，第3页。
② 《抗日战争时期沦陷区的工人阶级和工人运动》，刘明逵、唐玉良主编《中国近代工人阶级和工人运动》第12册，中共中央党校出版社，2002，第896—897页。
③ 《晋东南十七万工友援助香港反汪工友》，《新华日报》1939年12月27日。

（原件），另以第九、十两个整版刊登了日文原件照片，还发表题为《揭露亡国的"和平条件"》的社评。同日，国民党《中央日报》也披露了该消息，并做了三个专栏的标题"汪逆卖国密约""经高宗武陶希圣揭破""条件苛刻甚于二十一条"。国人得知消息后，群情激愤，起而反对。王造时在《前方日报》发表《举国同愤》《汪逆为什么做了汉奸》《汪逆怎样把我们卖了？——请看卖国协定的分析》《壁垒只有两个》等文章，揭露汪精卫的卖国嘴脸，指责他"把我们中华民族的自由与生存，卖得干干净净"。1940 年2 月 3 日，邹韬奋在重庆《全民抗战》周刊第 108 期发表《汪逆卖国文件揭露以后》一文，指出汪逆卖国文件的揭露"引起了全国爱国同胞的愤慨"，要求"揭穿一切汉奸的似是而非的'汉奸理论'，坚决反对有些微对抗战的动摇心理，以更大的警觉与努力，粉碎敌伪破坏中国团结与抗战的鬼蜮伎俩"。[1] 1940 年 3 月 30 日，汪精卫等屈服于日本帝国主义的操纵，在南京成立伪国民政府，此举也遭到了举国反对与声讨。4 月，在国民参政会一届五次会议上，通过了《声讨汪逆兆铭南京伪组织通电》。

在日本加紧劝降、汪精卫投敌卖国的情况下，蒋介石仍坚持其抗日立场。1938 年 10 月 30 日，蒋介石在为武汉失守发表的"告国民书"中表示了继续坚持抗战的立场和决心。1938 年 12 月 26 日，蒋介石在国民党中央党部总理纪念周发表《揭发敌国阴谋阐明抗战国策》的演讲中，针对之前（1938 年 12 月 22 日）日本发表的近卫第三次对华声明指出，近卫的声明"是敌人整个的吞灭中国独霸东亚进而企图征服世界的一切妄想阴谋的总自白，也是敌人整个亡我国家灭我民族的一切计划内容的总暴露"，因此，"我们这一次抗战，是善与恶是与非的战争，是公理与强权的战争，是守法和毁法者的战争，也是正义和暴力的战争"，"我们只要守定立场，认定目标，立定决心，愈艰苦，愈坚强，愈持久，愈奋勇，全国一心，继续努力，最后胜利，必属我们"。[2] 汪精卫公开叛国投敌后，国民党于 1939 年 1 月 1 日召开临时中央常委会，以汪精卫"违反纪律，危害党国"为由，决定"永远开除其党籍，并撤除其一切职务"。蒋介石在得知汪精卫与日本秘密签订

---

① 邹韬奋：《汪逆卖国文件揭露以后》，载《韬奋全集》（增补本）第 9 卷，第 344—346 页。
②《蒋介石严正驳斥近卫申明》，载郑洪泉、常云平总主编，王志昆、曾妍、袁佳红本册主编《中国战时首都档案文献·战时外交》（上），西南师范大学出版社，2017，第 476、481 页。

《日支新关系调整要纲》后，于 1940 年 1 月 24 日发表《为日汪密约告全国军民书》，谴责"这个敌伪协定，比之二十一条凶恶十倍，比之亡韩手段更加毒辣，我敢信稍有血气稍有灵性的黄帝子孙，中华国民，读了这一个文件，一定要发指眦裂"，他告诫国民："不奋斗就是灭亡，不血战就是要束手待毙，就要被汪逆出卖做奴隶。我们如何能受此污辱，我们如何能不雪耻湔恨，求取我们国家的生存，争回我们国家的人格呢。"① 同日，他还发表了《为日汪协议告友邦人士书》。但这只是问题的一方面，问题的另一方面，武汉失守后，由于正面战场上的失败和日本帝国主义的诱降，在汪精卫集团投敌卖国的同时，蒋介石集团对日抗战也逐渐走向消极，而反共的行为却大大加强了，这使得好不容易形成的全民抗战的局面危机四伏。反对投降和分裂，成了全国一切爱国党派、一切爱国同胞的当时最紧急的任务。

中国共产党对蒋介石集团坚持抗日立场给予了欢迎和肯定，对反共摩擦、消极抗战则给予了严肃批评和斗争。1938 年 12 月 29 日，《新华日报》转载了蒋介石 12 月 26 日发表的演讲，又发表了题为《狂妄的声明与严正驳斥》的社论，该社论说："现在我们读了蒋委员长的严正驳斥，对于日寇的凶悍，日寇的狂妄，当有更进一步的认识，因而当益发激起同仇敌忾之心，实行更坚强的抗战。"1939 年 1 月 5 日，中共中央书记处讨论汪精卫叛国投敌问题时，毛泽东指出："日本帝国主义目前主要目的，第一是消灭国民党的军队与政权，第二是消灭共产党的军队与政权。蒋介石最近在军事上、外交上及反汪行动上都表现是进步的，但在进步中又要限制我们。蒋的政策是联共又反共，所以最近反映出来各地磨擦增加。我党对目前事件的方针是拥蒋反汪，须发出一个指示电。"② 中共中央书记处 1 月 5 日发出的指示中把蒋介石看成是"中国主战派"，表示"坚决拥护蒋氏坚持抗战方针及其对近卫的驳斥，拥护蒋氏的每一进步"；又指出蒋氏的进步"并不会取消国民党历来限共防共的政策。最近国民党各报上向本党提出的交出八路军新四军取消边区及放弃共产主义等，以及在华北西北各地的许多磨擦，就是

---

① 《蒋介石为日汪密约告全国军民书》，载重庆市档案馆、重庆师范大学合编《中国战时首都档案文献·战时动员》上册，重庆出版社，2014，第 174—183 页。

② 中共中央文献研究室编，逄先知主编《毛泽东年谱 1893—1949》中卷，第 104 页。

这种限共防共政策的具体表现"。① 在 1 月 25 日给蒋介石的电报中，中共中央肯定蒋介石"在驳斥近卫声明之讲演中，曾公开指明反共即灭华，实为一针见血之论，名言至理，中外同钦"；同时又严肃指出，"两党合作过程中常有磨擦现象，最近尤甚"，"必须停止此种现象，断不应任其发展，致陷民族国家于不利"。② 1 月 28 日，毛泽东在《关于目前战争局面和政治形势》的讲话中，一面肯定"去年十月三十日，蒋委员长发表了告国民书，十二月二十六日发表了驳近卫的文章，驳得很好，又开除了汪精卫的党籍，这些都说明了是要坚持抗战这一条，证明了亲日派力量不能动摇抗战……现在国民党有了这些行动，确定了坚持抗战的方针，在这个'打'的条件下，什么文章都容易做了，这是好事，是统一战线中进步的东西"；一面又指出"整个进步中有部分的退步，因这退步，所以有磨擦，不仅有而且比前更厉害些。这退步的力量又可分为两派，一派是主张亲日反蒋反共，以汪精卫为头子的，现在已经走了一些，但还有党羽存在；另一派是顽固分子，主张所谓抗日拥蒋反共，这种人边区周围很多"。③

1939 年 6 月 7 日，中共中央发出的《关于反对投降危险的指示》指出：目前最大的危险就是国民党投降的可能，新的慕尼黑的可能，国民党的反共运动就是准备投降的一个组成部分，党应当用全力来进行反对投降分子反共分子的斗争。"党的基本任务仍然是巩固国共合作，继续抗日。为此目的，党应当更亲密地与一切爱国进步分子及国民党员群众联系，向他们说明投降是主要危险，反共即准备投降，并与他们共同动员人民群众，动员舆论来孤立投降分子和反共分子。动员群众和巩固国共合作，就是反对投降与反共的最好方法。党应当开展反对妥协投降的斗争，公开的揭穿反共活动即是准备投降的实质。同时党不应给民族统一战线之破裂造成借口，这种统一战线无论如何是须要巩固和扩大的。"④ 6 月 10 日、13 日，毛泽东在延安高级干部会议上作了《反投降提纲》的重要报告，一是指出目前形势的特点及造成因素，说明党面临的新的具体任务。目前形势的特点在于：

①《中央关于汪精卫出走后时局的指示》，载《中共中央文件选集》第十二册，第 3 页。
②《中共中央为国共关系问题致蒋介石电》，载《中共中央文件选集》第十二册，第 17—18 页。
③ 毛泽东：《关于目前战争局面和政治形势》，载《毛泽东文集》第二卷，第 148、151 页。
④《中央关于反对投降危险的指示》，载《中共中央文件选集》第十二册，第 80—81 页。

国民党投降的可能已经成为最大的危险，而其反共活动则是准备投降的步骤，"时局变到反共投降最为严重的时候了，所以现在增加了新的具体任务，这就是用全力反对投降"。二是估计了抗战的前途，分析了抗战进入相持阶段的可能形势。"国民党投降可能与抗战继续可能是两个可能；有投降者，有抗战者，又是两种状况"，决定了"抗战可能有两个前途：第一前途——大部抗战，小部投降；第二前途——大部投降，小部抗战"，这又决定了中国革命的长期性曲折性。中国可能有三种性质的政府——日本的傀儡政府，半傀儡政府，抗日政府。这几种政府间的斗争，将组成所谓相持阶段的局面。相持阶段的可能情况有三种：大部抗战，小部投降的相持阶段；大部投降，小部抗战的相持阶段；由小部再到大部的相持阶段。总的前途是光明的，但必然经过长期的斗争与曲折的斗争。三是明确党在当前的一般任务、基本任务和具体工作。党的一般任务是："同一切爱国进步分子，一切爱国进步的国民党人员（上层的、中层的、下层群众）亲密联合在一块，并和他们一道（不是我们单独）去动员群众，开展反投降斗争，公开揭穿反共即准备投降的实质，以孤立投降派与反共分子，以便继续抗日"；党的基本任务是："巩固、扩大抗日民族统一战线，坚持国共合作与三民主义。"[1]6月12日，中央军委、总政治部根据中共中央6月7日《关于反对投降危险的指示》，对部队开展反投降斗争作了部署，提出"广泛的开展反对投降的运动与地方党及群众团体协同发动反投降的舆论，反对'和平'欺骗，指明反共，就是准备投降的步骤，宣扬我军战绩，提高各界抗战信心"。[2]

七七事变两周年前夕，即1939年6月30日，毛泽东撰写了《当前时局的最大危机》一文，这篇文章后来编入《毛泽东选集》第二卷时题目改为《反对投降活动》。该文指出"投降的可能"是"当前政治形势中的主要危险；而反共，即分裂国共合作，分裂抗日团结，就成了那班投降派准备投降的首要步骤。在这种情形下，全国一切爱国党派，一切爱国同胞，必须睁大眼睛注视那班投降派的活动，必须认识当前形势中投降是主要危险、

① 《反投降提纲》，载《中共中央文件选集》第十二册，第82—130页。
② 《中央军委、总政治部关于目前时局及八路军新四军之任务指示》，载《中共中央文件选集》第十二册，第131—133页。

反共即准备投降这一个主要的特点，而用一切努力去反对投降和分裂"。①7月7日，中共中央为抗战两周年纪念发表《宣言》，指出相持阶段到来后，"一则日寇政治诱降的恶毒阴谋，二则中国投降妥协分子之投降与分裂的罪恶活动，三则国际东方慕尼黑的暗中酝酿；三者汇合，便造成今日抗战形势中的两种最大危险，即中途妥协与内部分裂的危险"，为此，《宣言》提出三大政治口号："坚持抗战到底——反对中途妥协！巩固国内团结——反对内部分裂！力求全国进步——反对向后倒退！"②9月16日，毛泽东在和"中央社"、《扫荡报》、《新民报》三位记者的谈话中，再次提到三大政治口号："'坚持抗战、反对投降'，'坚持团结、反对分裂'，'坚持进步、反对倒退'，这是我们党在今年的《七七宣言》里提出来的三大政治口号。我们认为只有这样做，中国才能避免亡国，并把敌人打出去；除此没有第二条路好走。"③

在汪精卫与日本秘密签订《日支新关系调整要纲》被揭露后，1940年1月28日毛泽东在为中央起草的《克服投降危险，力争时局好转》的党内指示中指出，党在目前的任务："一方面，坚决反抗投降派顽固派的军事进攻和政治进攻；又一方面，积极发展全国党政军民学各方面的统一战线，力争国民党中的大多数，力争中间阶层，力争抗战军队中的同情者，力争民众运动的深入，力争知识分子，力争抗日根据地的巩固和抗日武装、抗日政权的发展，力争党的巩固和进步。"针对蒋介石发表的《为日汪密约告全国军民书》，毛泽东指出："蒋的宣言表示了他要继续抗战，但是他没有强调全国必须加强团结，没有提到任何坚持抗战和进步的方针；而没有这种方针，便无法坚持抗战。"④2月1日，延安各界召开声讨汪精卫大会，毛泽东出席并发表了《团结一切抗日力量，反对反共顽固派》的演讲，大会还通过了由毛泽东起草的声讨汪精卫的通电，后来通电编入《毛泽东选集》时改题为《向国民党的十点要求》，包括全国讨汪、

---

① 毛泽东：《反对投降活动》，载《毛泽东选集》第二卷，第572—573页。
② 《中国共产党中央委员会为抗战两周年纪念对时局宣言》，载《中共中央文件选集》第十二册，第142、143页。
③ 毛泽东：《和中央社、扫荡报、新民报三记者的谈话》，载《毛泽东选集》第二卷，第591—592页。
④ 毛泽东：《克服投降危险，力争时局好转》，载《毛泽东选集》第二卷，第713页。

加紧团结、厉行宪政、制止磨擦、保护青年、援助前线、取缔特务机关、取缔贪官污吏、实行《总理遗嘱》、实行三民主义等。①同日，中央在《关于目前时局与党的任务的决定》中指出："我们的基本任务，就在于强固抗日进步势力，抵抗投降倒退势力，力争时局好转，克服时局逆转"，"为了力争时局好转，克服逆转危险，必须强调抗战、团结、进步三者不可缺一"，并提出了扩大反汪反汉奸宣传、发展全国党政军民学各方面的统一战线、广泛开展宪政运动、抵抗一切投降反共势力的进攻、发展抗日的民众运动、认真实行减租减息减税与改良工人生活、巩固与扩大各个抗日根据地、巩固与扩大进步的军队、广泛发展抗日的文化运动、巩固共产党的组织等十大任务。②3月15日八路军、新四军将领朱德、彭德怀、叶挺、项英发表《讨汪救国通电》，号召"合四万万五千万人之心为一心，坚持抗战局面，争取最后胜利"③。

　　前面已经论及，1939年冬至1940年春，国民党发动第一次反共高潮；1940年10月19日国民党当局发出强令新四军北撤的"皓电"，成为国民党发动第二次反共高潮的先声。在蒋介石集团投降危险大增的情况下，中共开展了针对蒋介石集团的反投降斗争。11月6日，毛泽东致电周恩来，提出"不反对蒋加入英美集团及制止投降分裂"，认为"蒋加入英美集团有利无害，加入德意日集团则有害无利，我们再不要强调反对加入英美集团了，虽然我们也不应该提倡（因为他是帝国主义战争集团）"，"剿共则亡党亡国，投降则日寇必使中国四分五裂，必使蒋崩溃，请你利用时机向国民党各方奔走呼号，痛切陈词，以图挽救"。④11月7日，中共中央发布的《关于反对投降挽救时局的指示》指出："时局危机极端严重，全党必须动员起来，反对投降分裂，挽救时局危机。"一方面，要向国民党当局说明，"剿共就会亡党亡国，投降必使中国四分五裂，必使抗日军瓦解，必使抗战统帅身败名裂，必使全国人民陷入牛马奴隶的境地"；另一方面，"八路军新

① 《向国民党的十点要求》，载《毛泽东选集》第二卷，第721—725页。
② 《中共中央关于目前时局与党的任务的决定》，载《中共中央文件选集》第十二册，第261—264页。
③ 《八路军新四军讨汪救国通电》，载《中共中央文件选集》第十二册，第645—646页。
④ 《毛泽东关于不反对蒋加入英美集团及制止投降分裂致周恩来电》，载《中共中央文件选集》第十二册，第551页。

四军的一切抗日根据地，必须坚持长期的独立自主与自力更生的抗日战争。同时必须准备应付任何严重的反共战争，必须充分的准备着去粉碎日本与亲日派联合夹击的阴谋"。①

1941 年 6 月 22 日德国突然进攻苏联，苏德战争爆发，国际形势朝着有利于中国、不利于日本的方向发展，国民党顽固派降日的可能性降低，中共的反投降宣传也随之减少。1942 年 11 月 29 日发出的《中央关于国民党十中全会问题的指示》指出：国民党从 1939 年颁布限制异党活动办法以来，中间经过 1940 年 1 月及其前后一段时间的第一次反共大摩擦（苏德条约订立及苏芬战争时期），1941 年 1 月解散新四军事件的第二次反共大摩擦（德意日三国同盟订立及日苏中立条约订立之后），这两次摩擦均有国际与国内的因素背景。但自 1941 年 6 月苏德战争及跟着苏英美订立同盟以后，国共关系即有某些改变，停止了大的冲突。特别是在太平洋战争发生，滇缅路被切断及英苏订立 20 年同盟条约之后，更有好转。"自从远东慕尼黑危险消逝之后，我党停止了反对投降危险的宣传。"② 到了 1943 年，国民党掀第三次反共高潮时，为了从舆论上进行回击，中共中央公布了《国民党 62 个叛国投敌的党政要员概况》《抗战以来日寇诱降与国民党反动派妥协活动的一笔总账》等材料。中国共产党一直主张通过促成民主政治，实现团结抗战。

三、反对分裂，以民主求团结抗战

早在 1937 年全国抗战爆发前夕，中国共产党就对民主与抗日的关系，进行过系统的阐述，强调争取民主是巩固和平、实现抗战的关键。1937 年 4 月 3 日，中共中央宣传部在《国民党三中全会后我们的任务》的宣传大纲中提出"争取民主权利是巩固和平与准备抗战的关键"，并强调"在这一时期中，我们的工作中的中心一环，是扩大民主运动，争取民主运动的实现。在民主原则的基础上，改革国内政治，召集国民会议，开放言论自由，开放民众运动。今天的民主运动，是为着抗日，同时是在抗日运动上

---

①《中央关于反对投降挽救时局的指示》，载《中共中央文件选集》第十二册，第 553、556 页。
②《中央关于国民党十中全会问题的指示》，载《中共中央文件选集》第十三册，第 553—557 页。

表现出来"。①4 月 15 日，中共中央发出的《告全党同志书》再次强调：西安事变和平解决与国民党三中全会之后，中国革命的形势已经进入了一个新的阶段，这一阶段上的任务是"巩固和平，争取民主权利，实现对日抗战"，三者之中争取民主权利又是中心环节，"中国的和平统一，也只有在御侮救亡的大前提下才有可能。而为了巩固和平，并以和平方法取得进一步的统一，又必须经过政治制度的民主改革与人民自由权利的取得，才能达到目的"。②5 月 3 日，毛泽东在《中国共产党在抗日时期的任务》的报告又重申，1937 年 2 月国民党五届三中全会前的主要任务是争取和平，目前阶段的任务"主要地是争取民主"。为此，他提出中国必须立即实行两方面的民主改革："第一方面，将政治制度上国民党一党派一阶级的反动独裁政体，改变为各党派各阶级合作的民主政体"，应当从国民大会、制定宪法入手；"第二方面，是人民的言论、集会、结社自由。没有这种自由，就不能实现政治制度的民主改革，就不能动员人民进入抗战，取得保卫祖国和收复失地的胜利"。③5 月 15 日，毛泽东在和美国进步记者尼姆·韦尔斯谈话中又强调指出：我们"要挽救中国，战胜日本，避免沦为殖民地的危险，惟有实行民主政治，给予人民以参政的自由，才能实现"④。

　　全民族抗战爆发后，中国共产党强调为实现全国抗战、全民族抗战，必须保障人民的民主权利，开展爱国民主运动。1937 年 8 月 25 日洛川会议通过的《抗日救国十大纲领》包含有"全国人民除汉奸外，皆有抗日救国的言论，出版，集会，结社，及武装抗敌之自由"，"释放一切爱国的革命的政治犯，开放党禁"，"召集真正人民代表的国民大会，通过真正的民主宪法，决定抗日救国方针，选举国防政府"，"国防政府必须吸收各党各派及人民团体的革命分子"等内容。⑤1938 年 3 月 1 日，中国共产党根据各抗日民主党派和各界人士的要求，提议"健全民意机关问题"，而民意

---

① 《国民党三中全会后我们的任务——中共中央大纲》，载《中共中央文件选集》第十一册，第 171、172 页。

② 《中国共产党中央执行委员会告全党同志书——为巩固国内和平，争取民主权利实现对日抗战而斗争》，载《中共中央文件选集》第十一册，第 199、201 页。

③ 毛泽东：《中国共产党在抗日时期的任务》，载《毛泽东文集》第一卷，第 255、256—257 页。

④ 毛泽东：《抗日民主与北方青年》，载《毛泽东文集》第一卷，第 500 页。

⑤ 《抗日救国十大纲领》，载《中共中央文件选集》第十一册，第 328—329 页。

机关的形式，或为更扩大的国防参议会，或为其他形式均无不可，"最主要地，在于此机关要真能包括抗日各党派各军队各有威信的群众团体的代表，即包括真能代表四万〈万〉五千万同胞公意的人才；同时，此机关要真有不仅建议和备政府咨询的作用，而且能有商讨国是和谋划内政外交的权力"。①3 月 25 日，《中共中央致国民党临时全国代表大会电》提出 8 点建议，其中的"继续改善政治机构"内容包括："召集真能代表全国民意的全权的国民大会，通过抗日民族统一战线的共同纲领，制定各种实施纲领的具体法令。大量吸收全国人民中各党派中富有民族意识，积极勇敢，急公好义的有威信有能力的爱国志士参加政府。"②国民党临时全国代表大会决定成立国民参政会，4 月，国民党召开中央全会通过了《国民参政会组织条例》并公布。这是中国共产党联合各抗日民主党派和各界人士以民主求团结抗战取得的重要成果。7 月 5 日，国民参政会开幕时，毛泽东等中共参政员在《我们对于国民参政会的意见》中表示："国民参政会之召开，显然表示着我国政治生活向着民主制度的一个进步，显然表示着我国各党派、各民族、各阶层、各地域的团结统一的一个进展。"③此后，中共与中间党派利用这一重要平台，为争取民主、团结抗战，进行了卓有成效的斗争。1938 年 10 月，毛泽东在六届六中全会上所作的《论新阶段》报告提出，中国应实行集中领导下的民主制度，"没有这一方面的改进，要最后战胜日寇也是不可能的。民主政治是发动全民族一切生动力量的推进机，有了这种制度，全国人民的抗日积极性将会不可计量地发动起来，成为取之不尽用之不竭的深厚渊源。我全民族澈底地统一团结的伟大过程之完成，也只有依靠民主制度之建立"④。

1938 年 10 月广州、武汉失守后，抗战进入相持阶段，日本加紧了政治诱降，汪精卫集团在年底投敌卖国，国民党顽固派分裂、妥协的危险大增。针对时局的变化，中国共产党更进一步强调了反对分裂、以民主求团

---

① 《中共中央对国民党临时全国代表大会的提议》，载《中共中央文件选集》第十一册，第 486—487 页。

② 《中共中央致国民党临时全国代表大会电》，载《中共中央文件选集》第十一册，第 483 页。

③ 《我们对于国民参政会的意见》，载《中共中央文件选集》第十一册，第 528 页。

④ 毛泽东：《论新阶段（抗日民族战争与抗日民族统一战线发展的新阶段——一九三八年十月十二日至十四日在中共扩大的六中全会的报告）》，载《中共中央文件选集》第十一册，第 611 页。

结抗战的重要意义。如前所述，1939年7月7日，中共中央发表了《为抗战两周年纪念对时局宣言》，提出了"坚持抗战到底——反对中途妥协！""巩固国内团结——反对内部分裂！""力求全国进步——反对向后倒退！"的主张。不久，毛泽东在和"中央社"、《扫荡报》、《新民报》三位记者的谈话中又对这三大政治口号进行了强调。1939年9月24日，毛泽东在同美国记者斯诺谈话时又指出："抗日而没有民主，是不能胜利的，抗日与民主是一件事的两方面。有一些人，赞成抗日，而反对民主，这种人，实际上是不愿意抗日胜利的，是要引导抗日到失败的人。"①1940年2月20日，在延安召开的各界宪政促进会成立大会上，毛泽东再次强调："中国缺少的东西固然很多，但是主要的就是少了两件东西：一件是独立，一件是民主。这两件东西少了一件，中国的事情就办不好。"②在国民党一再制造反共摩擦、反共高潮后，中国共产党强调了"以斗争求团结"的政策，尽最大可能维护团结抗战的局面。同年7月7日，中央在《关于目前形势与党的政策的决定》中强调团结一致的重要性："我们在过去一时期内强调自卫斗争是完全必要的，非如此不能打退当时的反共高潮，促成顽固派的重新觉悟。现在是反共高潮下降时期，故又应该强调团结，过去的斗争也正是为着争取团结……在反共高潮已经降低，某些顽固派初步表示某些好转之际，我们应对他们强调团结，以便争取合作的时间延长。"③1941年1月皖南事变发生后，为了维护团结抗战的大局，中共并未改变"抗日民族统一战线的基本立场"，"亦不公开提出反蒋口号"，努力争取"实现新的时局好转"。④1943年7月，国民党准备利用共产国际解散之际进攻陕甘宁边区，在这种情况下，中国共产党的"政策是尽一切方法避免和国民党破裂，避免大内战，同时揭露国民党的抗战不力与反共阴谋，对抗国民党的反共言论，并准备自卫实力"⑤。

---

① 毛泽东：《同美国记者斯诺的谈话（一九三九年九月二十四日）》，载《毛泽东文集》第二卷，第245页。
② 毛泽东：《新民主主义的宪政》，载《毛泽东选集》第二卷，第731页。
③《中共中央关于目前形势与党的政策的决定》，载《中共中央文件选集》第十二册，第421页。
④《中央关于目前时局的决定》，载《中共中央文件选集》第十三册，第26—30页。
⑤《对击退国民党军第三次反共高潮后形势的分析和关于党的政策的指示》，载《中共中央文件选集》第十四册，第88页。

抗日战争后期，中国共产党继续呼吁坚持民主、团结抗战。1944 年 7 月 7 日，《解放日报》发表社论《在民主与团结的基础上加强抗战，争取最后胜利！——纪念抗战七周年》，指出："今日大后方与正面战场一切问题之症结是在于民主问题与团结问题，一切危机之根源是在缺乏民主与团结不足。中国需要民主，各方面的民主：政治的，军事的，经济的，文化的，党务的……；中国需要团结，各方面的团结……只有民主与团结，才能使抗战增强力量，才能使中国走上轨道，才能停止目前的敌人进攻，配合将来的全国反攻，也才能建立战后的国内和平合作与国际和平合作的正当关系，否则一切都是没有希望的"。社论"希望国民党当局，珍重七年合作抗战之成果，在民主与团结的基础上，改变旧有政策，克服危机，完成同盟国共同期望的神圣事业"。[①] 中共还适时提出了结束一党统治，建立联合政府的主张，使抗日民主宪政运动与联合政府运动会合，获得了各中间党派和各阶层人士的广泛拥护，有力地推动了国统区抗日民主运动的发展。有关联合政府的内容，详见本卷第二十四章第二节第二子目"联合政府：共产党的主张"。

抗日民族统一战线是争取抗日战争胜利的基础，各界人士为维护团结抗战局面、为坚持国共合作与抗日民族统一战线，做了大量工作。在国民党顽固派制造反共摩擦、反共高潮的情况下，各界人士声讨国民党顽固派破坏团结、破坏抗日的倒行逆施，要求保持团结，争取抗日战争最后胜利。皖南事变发生后，1941 年 1 月 14 日，宋庆龄、何香凝、柳亚子、彭泽民在香港联名致电蒋介石及国民党中央，谴责国民党当局制造皖南事变，指出"最近讨共之声，竟甚嚣尘上，中外视听为之一变，国人既惶惶深忧兄弟阋墙之重见，今日友邦亦窃窃私议中国抗日之势难保持。倘不幸而构成剿共之事变，岂仅过去所历惨痛又将重演，实足使抗建已成之基础坠于一旦"，要求国民党当局"撤销剿共部署，解决联共方案，发展各种抗日实力，保障各种抗日党派"。[②]1 月 18 日，宋庆龄、何香凝等又联名致电蒋介石，指出"弹压共产党中国有发生内战的危险"，要求蒋介石"今后必须绝对停止以

---

① 《在民主与团结的基础上加强抗战，争取最后胜利！——纪念抗战七周年》，载《中共中央文件选集》第十四册，第 634—635 页。

② 《要求撤销剿共部署，坚持实行联共抗日——与何香凝等致电蒋介石及国民党中央的宣言》，载《宋庆龄选集》上卷，人民出版社，1992，第 321—322 页。

武力攻击共产党，必须停止弹压共产党的行动"。① 对皖南事变的发生，"各小党派及中间派，对国民党大为失望，深感为民主与反内战而团结之必要，第三党章伯钧，青年党左舜生等拟发起成立民主联合运动，要求与中共积极联合以抵抗国民党的压迫"，黄炎培等"一方面对被难新四军表示同情，一方面对抗战前途表示失望；黄炎培拟见蒋陈述三点：（甲）望蒋适可而止；（乙）军纪固重要，但亦须注意收集民心；（丙）请蒋把眼光向外。他向人表示：不论事情经过之是非，当局如此措置绝对错误，希望大事化小，小事化无。中间势力中有希望中共表示强硬态度者，亦有表示悲观动摇者"，"广大民众及进步势力表示对国民党愤恨，对共产党同情，认为国民党破坏团结抗战，中国内战就要亡国，许多青年学生、工人、职员看到这个消息时，有流泪的，有苦闷的，有愤怒的，有许多学校进步分子逃走"。② 黄炎培对中共以所提十二条未得政府裁决前不出席国民参政会表示理解，又感觉事态严重，希望设法解决。2 月 10 日，黄炎培、沈钧儒、邹韬奋等举行时局商谈会，周恩来应邀参加。他们提出两个办法：一是以中共七参政员名义将十二条提交参政会要求讨论，作为中共参政员出席参政会的条件；二是成立各党派委员会，从政治上讨论国共关系和民主问题，中共的十二条将在此会上提出。③ 2 月 22 日，沈钧儒邀请黄炎培、张君劢、左舜生、李璜、梁漱溟、章伯钧、张澜等一起商讨国民参政会提案建议事，经讨论形成一份意见书，2 月 24 日由 16 人签名。意见书内容为："（一）为昭示全国团结，此次大会中共参政员之出席必不可少。（二）为永杜纷争，全国一切军队，应与任何党派绝缘，统一于国家。上项原则之实行应由各方面合组委员会秉公监督办理。（三）抗战建国纲领公布瞬满三年究竟实行者几何？而现在事实，背乎各条规定者又有若干？应由各方面合组委员会切实检讨。其有实行不力者，应督促实行。背乎各条规定者，应加纠正。并以此委员会为常设之监督机关。（四）根据二三条，合设一委员会，以最高领袖为主席，遇有不能出席时，派负责代表主席。设委员八人，网罗各方面充任之。委

---

① 《为"皖南事变"电斥蒋介石》，载《宋庆龄选集》上卷，第 323 页。
② 《新四军事变后的各方动态（一九四一年二月七日）》，载《皖南事变》编辑委员会编《皖南事变》，中共党史出版社，1990，第 258—259 页。
③ 中共中央文献研究室编《周恩来年谱（1898—1949）》下册，第 503 页。

员会议决事项立即生效，不再经任何机关核定。"①皖南事变告一段落后，中共中央对事变前后中间政派的态度做了分析，认为："中间阶层在这次斗争中的立场，是动摇不定的，但依然处在中间地位。十月十九日以后，他们是站在中间立场，劝我们让步，主观上对我们好，实际帮助了蒋。我们为争取他们及全国人民，采取了佳电的态度。在一月十七日以后，他们完全同情我们，表现了从来没有的好。但在参政会开会期间，曾对蒋允许他们成立各党派委员会、各党派公开活动问题发生幻想，又恢复到劝我让步的立场"。这些中间党派可分成三类：一是小资产阶级代表，如救国会和第三党，与我最接近，也最同情我们；二是民族资产阶级代表，如黄炎培和张澜，对国民党不满，但关键时，容易成为和事佬；三是失意政客，如张君劢、左舜生等，希望从国共纠纷中谋自己升官发财的利益。然而"他们都反对国民党的一党专政，黄炎培、左舜生、张君劢、梁漱溟等正在发起组织'民主联盟'以求自保和发展，所以仍是一种中间地位"。②

抗战进入相持阶段后，为坚持团结抗日，民主党派认识到需要加强中间力量的联合，抗战期间民主党派的联合经历了统一建国同志会、民主政团同盟、民主同盟三个阶段，其基本主张是要求民主团结抗日。（关于统一建国同志会，民主政团同盟和民主同盟的成立、主张和活动，见本卷第二十三章第三节）

第四节 "抗战建国"话语下学术界关于"学术建国"的讨论

前面已经提到，1938年3月，在共产党和其他党派的一再要求下，国民党召开临时全国代表大会，通过了《中国国民党抗战建国纲领》（以下简称《抗战建国纲领》），第一次将抗战的意义提升到了建国的高度，即抗战的终极目的，不仅仅是要取得胜利，把日本侵略者赶出中国，而且还要通过抗战，来实现国家重建和民族复兴。因此，《抗战建国纲领》公布后，"抗

---

① 《我努力的是什么——抗战以来自述》，载《梁漱溟全集》第六卷，第163页。
② 《中央一九四一年三月政治情报》，载《中共中央文件选集》第十三册，第69—70页。

战建国"迅速成了全民族抗战时期的主流话语。除《抗战建国纲领》外，这次临时全国代表大会还通过了陈立夫等 31 人提出的《确定文化政策案》。该案认为，文化建设与经济建设和国防建设同等重要，都是建国的重要组成部分。建国过程中所提倡的文化，应以民族国家为本位，它包括三方面内容：（一）发扬我国固有之文化；（二）文化工作应为民族国家而努力；（三）抵御不适合国情的文化侵略。在该案所附的实施纲领中，关于学术建设的具体规定也有三条：一是切实整理中国历代发明和原有文献，以发扬固有文化；二是人文科学之教学，应以中国社会现象为中心；三是在世界上大力弘扬中国固有文化，以促进人类文化之向上，生活之淑善。[1] 由于该案特别关注文化和学术事业的发展，强调学术对于抗战建国的重要意义，故被学术界视为"学术建国"的决策，而给予了积极响应。

　　1938 年 5 月 22 日，亦即国民党临时全国代表大会闭幕不久，被视为现代新儒家代表人物的贺麟即在《云南日报》的"星期论文"专栏发表一篇题为《抗战建国与学术建国》（以下引文出自《蜀风月刊》转载文章）的时事评论，他在充分肯定《抗战建国纲领》之积极意义的基础上，第一次明确提出了"学术建国"的主张："学术是建国的钢筋水泥。任何开明的政治，必是基于学术的政治。一个民族的复兴，即是那一民族学术文化的复兴。一个国家的建国本质上必是一个创进的学术文化的建国。抗战不忘学术，庶不仅是五分钟热血的抗战，而是理智支持情感，学术锻炼意志的长期抗战。学术不忘抗战，庶不是死气沉沉的学术，而是担负民族使命，建立自由国家，洋溢着精神力量学术。"[2] 于此前后，胡秋原、张其昀、潘梓年、潘菽、张申府、胡先骕、吕振羽、吴泽等学者也就"学术建国"的有关问题提出了自己的建议和主张，有的文章虽然没有直接使用"学术建国"这四个字，但内容也是强调学术对于抗战建国的重要意义，我们完全可以把它们放在一起加以讨论。长期以来，由于种种原因，除有学者在研究抗战时期贺麟的思想时涉及他提出的"学术建国"的主张外，很少有文章整体上涉及"抗战建国"话语下学术界有关"学术建国"讨论的问题。有鉴于此，本节拟从

---

[1]《确定文化政策案》，载《中国国民党历次会议宣言决议案汇编》（第二分册），浙江省中共党史学会，1985，第 344 页。
[2] 贺麟：《抗战建国与学术建国》，《蜀风月刊》第 4 卷第 3 期，1938 年 11 月 1 日。

（一）为什么要"学术建国"（二）如何实现"学术建国"（三）要建一个什么样的国家这样三个方面对这一问题做一探讨。需要说明的是：这里讲的学术界，取的是宽泛之义，不仅指专门从事学术研究的学者，也包括那些非职业但对学术研究有兴趣、经常发表学术文章、讨论有关问题的人。另外，"学术界"只表示其职业和兴趣，与其政治取向没有直接联系。

一、为什么要"学术建国"

为何要"学术建国"？或者换句话说，学术对于抗战建国究竟有何意义？这是思想和学术界在提出"学术建国"的主张时首先要回答的一个问题。贺麟在《抗战建国与学术建国》一文中指出：中国是一个经济落后、"军备薄弱"的国家，而日本则是"军力雄厚"的"世界第一等强国"。以一个经济落后、"军备薄弱"的国家来抵抗"军力雄厚"的"世界第一等强国"的侵略，并要获得最后的胜利，实现国家的重建和民族复兴，除了"军事的抗战"和"经济的抗战"之外，还必须进行"精神的抗战""道德的抗战"和"文化学术的抗战"。如果说中国在经济上和军事上远远落后于日本的话，那么，在"精神""道德"和"文化学术"这"各方面"，中国"都有以胜过日本的地方"，日本在文化学术上只能"列于第三等国"，这种"先天不足，本末倒置，实为日本的根本危机"。因为历史的经验和教训一再证明：一个"学术文化居二三等国地位，政治军备却为一等强国的国家，有如无源之水，无本之木，若不急从文化学术方面作固本浚源工夫，以期对人类文化，世界和平，有所贡献，终将自取覆亡，此乃势理之必然"。中国近百年来之所以受东西方列强的"侵陵"，国势不振，其根本原因就在于我们没有在学术文化上下足功夫。而在目前面临日本帝国主义全面侵略的形势下，中国之所以还能够实现国家重建，民族复兴，其根本原因亦就在于中华民族是一个有文化敏感和学术素养的民族，以数千年深厚的学术文化基础，与外来的学术文化接触，一定能引起新生机，并逐渐得到繁荣滋长。"我们现在的抗战建国运动，乃是有深厚的精神背景，普遍的学术文化基础的抗战建国运动"，"是学术的建国"。[①]

---

① 贺麟：《抗战建国与学术建国》，《蜀风月刊》第 4 卷第 3 期，1938 年 11 月 1 日。

　　学术影响一个国家综合国力的发展，其强弱兴衰与其学术的繁荣与否有着直接的联系，这是不少学者的共识。署名"农山"的作者在《学术建国》的短评中写道：无论从哪国历史看，国势水平是随着学术水平而升降的，因为学术是国力的渊源，是进步的动力，所以一个国家的强弱兴衰系于学术的高低隆替。英国在世界上拥有最强大的海军力量，但这决不是几个海军军人造成的，而是国内工商业发展膨胀的必然结果，繁荣发达的经济是根源于进步深邃的学术。德国于第一次世界大战后，受尽《凡尔赛条约》的束缚，但是由于德国学术的不可屈服，在压迫中他们仍能在机械、设备、器材、技术等方面有惊人的发明和创造，所以德国在第二次世界大战的开始阶段能取得惊人的战果。实际上就整个欧洲文明而论，欧洲资本主义生产制度是建立在产业革命之成功的基础上的，而推其成功的因素和动力，又不能不推究到以前的科学家如牛顿、瓦特，思想家如达尔文、亚当·斯密等，而这些科学家、思想家的成就，又是15世纪培根以来文艺复兴和宗教改革运动高潮洗荡的必然结果。因此，中国要在抗战的同时取得建国的成果，就必须加强学术研究。[①]"林"更是明确指出："一国家不尊崇文化学术，则一国绝不能进步，不能独立国强。一民族不能吸收世界文化，不能发明创造，没有贡献于世界人类者，则一民族必衰颓沦于灭亡。"[②]中国要想取得抗战建国的胜利，实现中华民族的伟大复兴，当务之急是要重视学术在抗战建国中的作用，提高中国学术在世界中的地位。

　　作为马克思主义的理论工作者，潘梓年同样强调了学术对于抗战建国的重要意义，他指出："学术是文化的中枢，是其首脑部份，缺少了它，文化运动不但留着很大一个缺陷，而且是不能'根深叶茂'的。"因此，一个民族，不能一日无文化，更不能一日无学术，我们讲抗战建国，建国需要学术，抗战也需要学术，甚至更需要"适合于抗战建国的要求的新学术"，"一种中国化的学术"，以解决抗战建国遇到的"新的材料""新的问题"和"新的要求"。[③]和潘梓年一样是马克思主义理论工作者的潘菽也一再强调，我们要抗战建国，要建设新的前进的中国，就必须有我们自己的学术，以解决

---

① 农山：《学术建国》，《读书生活》第1卷第3—4期，1942年4月10日。
② 林：《学术与建国》，《文化先锋》第3卷第12期，1944年3月21日。
③ 潘梓年：《新阶段学术运动的任务》，《理论与现实》（重庆）创刊号，1939年4月15日。

建设上的种种特殊的问题，而同时我们也必须建立起中国自己的新的学术，因为新的学术是新的中国的重要组成部分。但这种新的学术的建立，必须用有机的吸收方法和同化方法，而不能用机械的搬取方法。①

就贺麟、潘梓年等人的以上论述来看，他们所讲的学术，并非我们通常所讲的纯学术，而是一种具有文化意义和理性精神的广义学术。当然由于学术背景和政治取向的不同，他们所讲的学术也具有不同的含义。作为现代新儒家的代表人物，贺麟讲的学术主要是以儒家思想为核心的传统学术，而潘梓年讲的学术则是中国化的马克思主义及其学说。张申府是一位哲学家，他在《战时哲学的必要》一文中从两个方面论述了哲学对于"抗战建国"的必要性。第一，要取得抗战的最后胜利，重建国家，实现民族复兴，每个人都必须把民族利益、国家利益放在首位，要有为民族、为国家肯牺牲自己的一切乃至生命的精神。而要做到这一点，就需要有一种高尚而切实际的理想。哲学的功用之一，便是"教人以伟大的宇宙观或世界观，教人以高尚的人生观或人生理想，教人看破生死关，教人破除了小己的成见"。第二，要取得抗战的最后胜利，重建国家，实现民族复兴，每个人都必须精诚团结，开诚布公，人我融洽，彼此尊重；要诚，要信，诚在己，信待人。但不论诚，还是信，本质上都是实，诚是"表里如一"，信是"今昨不二"。而要做到这一点，就需要有一种"主张切实、注重实践"的哲学，哲学尤其是中国哲学，讲求的就是"切实"和"实践"。既然哲学对于"抗战建国"有如此重要的意义，我们就应该讲哲学，用哲学，用"实的哲学"来武装人们的头脑。用他的话说："今日的抗战是实战，今日的建国也是建一个实国。今日的一切，没有比实更重要的了。因此，遂必需一种实的哲学，实的教育，实的文化，来鼓吹实，来教导实，来养成实。"② 马星侣的《社会科学与抗战建国》一文指出，自然科学的发达，并不能保证中国抗战的胜利。捷克是著名的军火制造国，但由于走错了路，把国运交给他人安排，结果这个中欧灿烂的民主国最终解体了。波兰是欧洲的二等强国，然而由于波兰政府对内失去了人民的拥护，对外采取荒唐的外交政策，

---

① 潘菽：《学术中国化问题的发端》，《读书月报》第 1 卷第 3 期，1939 年 4 月 1 日。
② 张申府：《战时哲学的必要》，《战时文化》创刊号，1938 年 5 月 25 日。

结局也只有归于消灭。这种种例证说明："在建立机械化新军、提高军需自给力与推进生产运动时，自然科学实居于重要的地位，然而，正确的或歪曲的理论对于抗战建国所能发生的影响，是更值得我们注意的。"我们在抗战建国的过程中，不仅要重视自然科学，同时也要重视社会科学，要充分发挥社会科学指导抗战建国的重要作用。[1] 岑家梧则强调"艺术是一个民族的命脉"，因此，在抗战建国中"发挥它独特的效能，这是艺术岗位上应有的任务了"。[2]

人们常说，以铜为镜，可以正衣冠；以人为镜，可以明得失；以史为镜，可以知兴衰。史学家吕振羽特别看重历史研究为"抗战建国"所提供的指导意义。1940年6—7月，他在《读书月报》第2卷第4、5期上发表《本国史研究提纲》一文，谈到加强中国史研究的重要性和紧迫性时写道："历史研究的任务，在究明历史自身的运动和发展过程的规律性，把握其现实的动向、以及构成历史动力的诸契机与其主导从属的关系，去指导人类社会生活之现实奋斗的方向，提高对历史创造的作用——加强指导原则和实践动力；同时，适应现实的要求，科学地批判地继承过去人类文化的优良成果——民族文化的优良传统的承袭，世界文化的优良成果的吸取。所以历史是科学，是'一切科学的基础'，是人类生活奋斗的武器。"因此，"抗战建国中的民族革命的战略和策略，都要根据历史作决定，依靠历史作指南；当前一切实际问题，只有历史给予正确的解答，能指示我们实践的方向。所以在目前，对本国史的科学研究，是迫切必要的"。[3] 同样作为史学家，吴泽在论及史学研究与抗战建国、民族解放的关系时指出：抗战时期"如中国自己能有几本正确完整的中国历史著作，作为民族文化的砥柱，作为民族解放的理论指导，还容得这般'小窃跳梁'吗？更不幸者，由于中国历史科学水准的一般低下，致这些毒素理论，尚有青年读者误为有承受的可能，且易为民族'内奸'所阴谋利用，而抗战三年来，史学界'没有'警觉，这不能不说是现阶段学术运动上的一大'缺口'！"为此，他大声呼吁："在抗战日趋深入的现阶段，我们必要时时警戒我们自己的文化战线，作积

---

[1] 马星侣：《社会科学与抗战建国》，《现代青年》（福州）第2卷第2期，1940年6月10日。
[2] 岑家梧：《抗战建国与民族艺术》，《民族文化》第1卷第2期，1938年9月15日。
[3] 吕振羽：《本国史研究提纲》，《读书月报》第2卷第4、5期，1940年6月1日、7月1日。

极的斗争；同时则积极中国历史科学的研究的领导与号召，努力建立科学的中国史学体系。"[1] 刘守曾则视"历史教育是民族复兴的原动力"，因为"历史'是记载我们祖先功业和国家民族文化发展之所由来'，是整个民族遗产和灵魂之所寄托，我们要发扬民族的意识，培养民族的精神，非切实推行历史教育不为功"。他提出了在"抗战建国"中历史教育应注意的几个问题：第一，要注意民族固有文化的发扬，以树立民族的自信；第二，要注意民族光荣历史的叙述，以提高民族的精神；第三，要注意叙述忠臣义士的史绩，以培养民族的正气；第四，要注意阐明中华民族的统一性，以启发国民对国族爱护的热忱；第五，要注意说明帝国主义者侵略我国的经过与原因，以激发民族同仇敌忾的情绪；第六，要注意阐述三民主义革命的历史背景，以坚定国民抗战必胜、建国必成的信仰。[2]

陈德征认为"抗战建国与科学研究之关系是很密切的"。以抗战论，战时武器是依据科学制成的，不懂科学，不仅不能制造武器，且使用武器也会感到窒碍。至于战时经济之调整、资源之开发、交通之维持、人力之培养等，也都需要借力于科学。如果偏离或违背了科学的原理原则与应用的法则，那么抗战便无由谈起。以建国论，建国之首要在民生，关于民生的事，有哪一件不需借助于科学的？即便小到户口的调查统一，也大大地需要科学的根据。因此，我们要取得抗战建国的最后胜利，就必须加强科学研究。[3] 顾毓琇同样认为："无论在抗敌和建设那一方面，我们都需要科学。"战争的本身，是艺术，亦是科学。军事的基本原则是力量的运用，这个力量包括人力、武器、通讯、运输、给养以及一切帮助战斗的力量。不仅新式武器、新式通讯和新式运输需要科学，而且武器、通讯、运输等都需要有科学训练的人们去应用，倘若使用新式武器的人没有科学的基础同科学的训练，那么同样的工具便不能发挥同样的力量。通讯运输和给养，战时和前方固然需要，但无论在技能和设备材料上，平时和后方必须有充分的准备。新式的战争，必须使全国的力量总动员起来，总动员的力量越大越

---

① 哲夫（吴泽）：《中国历史著作论：关于几本中国历史著作的批评与介绍》，《理论与现实》（重庆）第 2 卷第 1 期，1940 年 5 月 15 日。
② 刘守曾：《历史教育与民族复兴》，《新湖北季刊》第 1 卷第 2 期，1947 年 6 月 1 日。
③ 陈德征：《抗战建国与科学研究》，《中央周刊》第 1 卷第 8 期，1938 年 9 月 29 日。

好，而"科学可以增加我们的力量，集中我们的力量，所以科学对于抗战的影响是很大的"。在抗战建国时期，我们不仅要"有钱出钱，有力出力"，而且我们要用科学来"增加'钱'，增加'力'"。增加了"钱"可以支持抗战，增加了"力"可以打击敌人。①袁忠珩在《科学与抗战建国》一文中写道：我们首先要认清目前已不再是人与人争斗的时代了，而早已跨入人与机器或思想相斗的血腥气的大时代了。科学既能克服天空，克服陆地，克服海洋，克服一切，当然亦能克服战争，近代战争的科学化，是谁都承认的，科学既能被人类的聪明误用作残杀的工具，那么，要纠正其错误也唯有科学，除了科学是没法遏止近代科学化的战争的。因此，他"深深地相信，要抗战与建国有着美满的结果，必须应用物质科学的力量"，我们这个具有四五千年高超伟大文化的国家，也就不会"再受素不在眼的倭寇的凌辱了"。②

二、怎样实现"学术建国"

既然学术对于抗战建国具有如此重要的意义，那么我们应该如何发挥学术在抗战建国中的作用呢？换言之，怎样实现"学术建国"呢？对此，贺麟提出了三点意见：第一，要用"'学治'或'学术治国'的观念以代替迷信武力、军权高于一切的'力治'主义"。"知识即权力"，这是英国著名哲学家培根的名言。因此，最真实有效的"力治"既不是武力，也不是军权，而是学术上的"真理"与知识上的"学治"。第二，要用"'学治'来代替申韩式的急功好利富国强兵的法治"。申韩式的法治实际上是严刑峻法、剥削人民的苛政，是贯彻力治和武力征服的工具。而"真正的法治"是建立在"学术"之基础上的。"中国对日抗战之能否成功，就看我们是否能建立一学术基础。"第三，要用"'学治'以补充德治主义"。德治是中国几千年来的基本政治观念，但"德治必须以学治为基础"，"德治"与"学治"相辅相成，如果"离开学治而讲德治，纵不闹宋襄公战败于泓的笑话，也难免霍子孟不学无术的刚愎"。而要实现以上这三点意见，"我们民族生活的

① 顾毓琇：《抗战建国与科学化运动》，《教育通讯》第 12 期，1938 年 6 月 11 日。
② 袁忠珩：《科学与抗战建国》，《浙东校刊》1939 年第 3 卷第 15、16 期合刊。

各方面，国家建设的各部门"，就必须"厉行学术化"。具体来说，即要求"逻辑的条理化，数学的严密化，工程的操作化"。任何一项事业，即使开一小工艺，做一小营生，办一小学校，都要求"有逻辑思考的活动，数学方法的计算，工程实验的建设，以促成之，发展之，提高之"。而要达到这一点，就应使全国人民的生活，一方面要带几分"书生气味"，也就是"崇真理、尊学术"的"爱智气味"；另一方面又要具有"斗士精神"，即为民族的复兴而"斗争的精神"。①

胡秋原认为要实现"学术建国"，除要"发扬民族主义"，使之成为"今日抗战建国之中心精神"外，还要"发展科学技术"。而胡秋原所讲的"科学技术"，不仅包括自然科学，也包括社会科学和理论哲学。他指出：现代文明的基础就是科学技术的文明，我们要发展科学技术，就必须把生产、军事和科学打成一片，这样不仅能够满足当前抗战的需要，而且还能提高我们的科学知识，使我们的知识能达到"空前正确精密的水准"。具体而言，他建议：第一，"培养科学人才"。我们要完成抗战建国的任务，除了抗战，还需要建立新工业，改善旧工业和农业。这就需要大量的科学家去说明、去努力。因此，培养科学人才是"学术建国"的一个重要方面，有了人才，不仅可以"改善原有生产"，而且还能得到更多的创造发明。第二，"充实高深科学研究机关"。一方面，要集中人力与智力，研究中国的历史与地理，研究现代理化及电医科学，研究国际政治及中国社会，研究欧美各国建国历史、军事外交的情况，而目标集中于如何抗战建国。另一方面，要介绍他国科学，学习他国的经验，来研究我们当前的问题。他尤其对学术研究中存在的那种"无益空谈""伤国俗说"和"浅薄乱说"的"空陋"学风提出了严厉批评，认为"汰除"这种"空陋"学风的"治本之道"，是"树立笃实高深严肃的学问精神"。第三，"整顿教育"。学校是研究学问和培养人才的根本机关，过去教育的失败，就失败在官僚主义及政客主义。因此，要想教育取得成功，教育当局就要以"神圣的心"来办教育。同时，要充实和提高课程及师生水平，改革考试方法，改革留学生制度，派遣具有真才实学的人到国外深造，并多多招聘外国真正专家学者来华担任教师。第四，

---

① 贺麟：《抗战建国与学术建国》，《蜀风月刊》第 4 卷第 3 期，1938 年 11 月 1 日。

"传播科学知识，传播现代精神"。现代基本的科学知识，无论是自然科学，还是社会科学，抑或理论哲学的书籍，都应多翻译和介绍，并把它们编成小丛书，以供广大读者阅读。还要多设科学博物馆，以启发民众的科学意识。同时，学术界要提倡一种"建设的批评风气"，对于那些违背科学、违背常识和伦理的"荒唐与武断"，要"作善意批评"，要使伦理学、欧洲现代史以及文化史与中国史一道，成为每一个国民的基本常识。胡秋原希望那些从事学术文化事业的人们，要立志做学术文化花园一个辛勤培植的园丁，用心血来浇灌未来中国学术文化的根苗，并以张横渠的"为天地立心，为生民立命，为往圣继绝学，为后世开太平"的四句教训自勉，为中国的文化复兴和学术建国而努力。①

　　潘梓年主要从建立"适合于抗战建国的要求的新学术"方面，提出了如何发挥学术在抗战建国中的作用问题。他指出，"今日的学术运动，不能只是接着过去而继续开展，应当承接了过去的劳迹，在新的基地上来开展出一个新的前途"。具体来说，第一，开展科学化运动，一方面，要研究"现代最进步的科学方法"——唯物辩证法；另一方面，要运用唯物辩证法去研究"中国历史，中国的社会形态，中国社会在抗战中所起的各方变化"，以尽快"建立起中国的社会科学"。第二，研究并接受中国优秀的民族传统，从经书、子书、史书、学案等有价值的文献中，发掘出中华民族的宇宙观、人生观、哲学思想、科学思想、史学思想以及政治原理、教育原理等范畴。当然，我们在接受优秀的民族传统时不能把它变成复古运动，要有批判地研究和接受，从而使它适应于抗战建国的"历史要求"。第三，大力阐发诸如讲信义、讲气节、讲廉洁、讲勤奋、讲坚忍不拔、讲从善如流、讲见义勇为等优秀美德，以服务于抗战建国的需要。第四，建设中国的新文学和新艺术。② 在《目前文化工作的具体内容——高度发扬民族自尊心与自信心》一文中他又指出：我们要抗战建国，就必须好好研究孙中山的三民主义，"三民主义就是救国主义"，它包括三方面的内容，即中华民族要取得国际上的平等地位，中国人民要取得政治上的平等地位和经济上的平等地位。

---

① 胡秋原：《中国文化复兴论》，载蔡尚思主编、姜义华编《中国现代思想史资料简编》第四卷，
　　浙江人民出版社，1983，第153—158页。
② 潘梓年：《新阶段学术运动的任务》，《理论与现实》（重庆）创刊号，1939年4月15日。

而这都离不开学术研究。中华民族要取得国际上的平等地位，就须认识自己的历史，自己的物力，自己的地理条件，那就需要社会科学者、自然科学者，运用目前最进步、最科学的方法，把中华民族的历史、哲学、地理、物产好好地研究清楚，让大家看出我们的力量何在，到底是怎样的一种力量；需要科学家运用最进步的方法，来把中国人的实际生活、社会结构、人与人的彼此关系、中国人的特性与特点，好好研究清楚，让大家可以看出这里有些什么方法来取得这个平等地位。中国人民要取得政治上的平等地位，实行自治，就要有人运用最进步最完善的方法来好好研究一下，所谓政治，所谓自治或民主，到底是什么样的东西，是怎么回事，让大家看出到底要有一种什么力量才能取得这一平等地位，这种力量要在什么样的条件之下才能具备，中国的广大人民是否能够具备这种力量。中国人民要取得经济上的平等地位，过上幸福生活，就要有人运用最科学的方法好好研究一下，目前中国人在经济上到底是怎样的不平等，要怎样运用孙中山的平均地权、节制资本的方法，才能收到最好的实际效果。除此之外，还有什么补助的方法可以采用？过去采取的一些方法，如二五减租，为什么没有取得成效，甚至是"弊病百出"？总之，他认为，我们要抗战建国，实现民族复兴，就需要充分利用"社会科学自然科学来研究实现这个主义的许多具体问题"。①

潘梓年尤其看重科学在抗战建国中的重要作用。他在《发挥"五四"运动所提倡的科学精神——使科学为抗战建国服务》一文中写道："中国需要科学，抗战建国需要科学更是来（得）迫切与明显。'五四'运动所提出的科学任务，要求我们在今天的抗战建国中来把它完成。"为此，他提出，首先政府应采取"非常时期"的"非常办法"，筹措相当充裕的资金，并制订出切实可行的计划和实施步骤。其次，国内资金比较雄厚的企业、银行和个人，应出资帮助国家或科学团体来做与抗战建国有关的各项事情。再次，科学家应积极自动地组织起来，为抗战建国的科学事业而努力奋斗。最后，要采取最进步的科学方法，使科学事业在抗战救国中向着新的方向发

---

① 潘梓年：《目前文化工作的具体内容——高度发扬民族自尊心与自信心》，《翻译与评论》第 4 期，1939 年 3 月 1 日。

展，从而获得更多的新的内容。①在植物学家胡先骕看来："当此要建立现代化的三民主义的新中国之时，应当特别注重科学的研究。过去虽然我们是科学落后，现在则我们要急起直追和迎头赶上科学，然后才能将国家建设得稳固强盛。"所以他希望政府"对于科学的注重与提倡，还应该更多下功夫"。具体来说，"在自然科学的建国工作方面，我们应特别注重两件事"：第一是对资源的开发和利用。因为一个国家的存在，取决于有无强大的国防，而国防的充实，取决于资源的充足与否。他建议："凡是本国所能出产的（资源），要尽力开发，若某种资源为我们自己所不能出产的，则当设法用自己有余的资源向其他国家交换。"第二是大力发展工业，尤其要大力发展作为重工业的机器制造业，为国防建设提供坚实的基础。否则，"若我们不能使我们的工业作到能自己制造的地步，光是从外国购买，则我们的国防，仍然是危险"。②

科学在抗战建国中具有十分重要的作用，薛丹英因而主张开展科学运动。在积极方面，科学运动是要增进大众的科学知识，使大众能确切地认识这次抗战的意义和它的发生、发展和结局，使大众坚信全面的持久战是争取最后胜利的唯一办法。在消极方面，科学运动是反迷信、反盲从、反礼教、反复古等封建意识，改善大众生活。不过，他强调，抗战建国时期的科学运动与五四时期的科学运动"有着本质上的不同"，五四时期的中心精神是个人解放，而抗战建国时期是求整个民族的解放，我们"要培养起民族观念，和集体的精神，这是以大众为对象，提倡科学的意义"。③汪奠基主张"以科学技术之生产教育，为抗战建国之最高原则"。具体来说，他提出：（甲）从民族生存之科学技术，改造战时教育之基础；（乙）从科学生产原则，创立应用之学校教育；（丙）从抗战建国之教育环境，改造现存学校设立之混乱状况。④任孟闲就"研究科学以适应抗战建国需要"提出了三条建议：第一，政府应"以大规模之组织，筹设一研究部或研究委员会"，集

---

① 潘梓年：《发挥"五四"运动所提倡的科学精神——使科学为抗战建国服务》，《群众》周刊第 2 卷 24、25 期合刊，1939 年 5 月 15 日。

② 胡先骕：《科学与建国》，《读书通讯》第 23 期，1941 年 4 月 16 日。

③ 薛丹英：《抗战建国与科学运动》，《青年科学》第 1 卷第 1 期，1939 年 7 月 15 日。

④ 汪奠基：《抗战建国与科学教育》，《今论衡半月刊》创刊号，1938 年 4 月 15 日。

中人才，分门别类，从事研究，并严定考核标准，以期有效。第二，凡于科学接受过高等教育，或富有研究兴趣的人，当此抗战建国时期，都应"本其所知，继续努力，以其所得，贡之国家"，即使只有一技之长的人，也应各尽所能，献身于国。第三，全国青年，"亦应翻然觉悟，一致奋起，致其力于切实有用之科学"。[①] 黄文山在"检讨过去科学运动"之得失的基础上，提出了今后科学化运动的"四个原则"："第一个原则是科学运动必须贯通自然与社会"。一方面要发明并学习抗战建国所需要的技术，另一方面要改造社会组织与训练，使之能与这些技术相适应。"第二个原则是科学运动必需贯通战时与平时"。没有平时的科学研究，不能应付战时的需要，也只有战时的科学需要，才能提高战时与战后科学研究与教育的水平。"第三个原则是科学运动必需贯通物质与精神"。他同意如下观点："自抗战以来，单就武器的优劣来推论抗战的成败，固然是错误，同时抹煞武器以及其他的物质设备，以为只要有一时的民族情绪，就可以得到胜利，也是错误的。""第四个原则是科学运动必需贯通感情与理智"。对于国民的情绪，在战时自然应当激发，但我们应从感情激发之中，培养理智的观察与理喻，只有靠理智维持情感，情感才可持久，才不可闻胜而骄，闻败而馁，才能坚定抗战必胜、建国必成的信心。[②]

张其昀是历史地理学家，他在《抗战建国与学术研究》一文中强调，中国的地理学要以研究"海陆空三方面之新发展"为中心。因为中国既是一个大陆国家，又是一个海洋国家，"亚细亚为世界最大之大陆，太平洋为世界最大之大洋，而中国适居于其间"，加上中国又有 800 万的海外华侨，所以"中国建国之方针，既非海主陆从，亦非陆主海从，而应采取海陆并进主义"。此外，海国思想与海上精神之发展，又"与天国思想与空中精神之发展，有息息相通之效"。鉴于抗战建国中地理学之重要性，他号召中国的地理学工作者要承担起抗战建国的重任，"诚以民族国家为一切史地研究最高之对象，各国民族复兴运动，研究历史地理之学者无不立于第一线"，并希望中国地理学"因建国之需要，与政府之倡导，当能有长足之进步，以

---

① 任孟闲：《研究科学以适应抗战建国需要》，《新大夏月刊》第 1 卷第 2 期，1938 年 7 月 1 日。
② 黄文山：《抗战建国与科学运动》，《民族文化》第 1 卷第 2 期，1938 年 9 月 15 日。

副海内外人士之期望，而于民族复兴运动与世界和平事业，尽其一篑之助力焉。"[1]

三、建立一个独立、民主和工业化的国家

当然，主张"学术建国"的核心问题，是建一个什么样的国家。众所周知，自秦始皇统一后，中国在绝大多数的时期内是作为一个统一的国家而存在，但在辛亥革命之前，中国是一个传统的"王朝国家"，而非近代的"民族国家"。[2]中国建立近代的"民族国家"的过程始于20世纪初的辛亥革命，但由于各种原因，至抗战全面爆发前，近代的民族国家在中国并没有真正地建立起来。陈独秀在1938年时就曾明确指出："中国辛亥革命，也是企图步武欧美，建立一个近代国家；虽然成立了民国，产生了宪法与国会，民族工业也开始萌芽，然以国外及国内巨大的阻力，所谓民主革命任务，并未真实的完成。因此乃有一九二五——一九二七的第二次革命和此次抗日战争。"[3]1938年3月召开的国民党临时全国代表大会通过的《中国国民党抗战建国纲领》明确提出，抗战的最终目的，是要通过抗战，实现国家重建和民族复兴。于是，"建立一个什么样的国家"再次引起了思想和学术界的关注和热烈讨论，讨论的结果，是建立一个近代的"民族国家"成了抗战时期思想和学术界的基本共识。[4]概括思想和学术界的观点，他们认为近代的"民族国家"具有以下几个方面的特征：

第一，近代的"民族国家"是一个主权独立的国家。陈独秀回顾了"前此五六百年整个民主革命时代"，西方各国从前近代的传统国家变成近代的民族国家时所完成的"主要的民主任务"，其中第一个任务就是"民族的国家独立与统一"。因为，"非脱离国外非民主的压迫和国内的分裂，一切经济政治都不能自由发展"。所以中国要建成一个近代的"民族国家"，首先也就必须废除帝国主义强加给中国的一切不平等条约，驱逐帝国主义在华

---

① 张其昀：《抗战建国与学术研究》，《改进》第1卷第6期，1939年6月16日。
② 关于"王朝国家"与"民族国家"的区别，参见李宏图《西欧近代民族主义思潮研究——从启蒙运动到拿破仑时代》，上海社会科学院出版社，1997，第256—258页。
③ 陈独秀：《抗战与建国》，《政论旬刊》第1卷第9期，1938年4月25日。
④ 参见郑大华《"民族复兴"话语下"抗战建国"的讨论》，《中国文化研究》2017年春之卷。

的侵略势力，使中国成为一个主权独立的国家。[①] 李士豪同样强调，中国要建成一个近代的"民族国家"，有"几个基本的条件"必须实现，而"对外求得独立"则居"几个基本的条件"之首。否则，对外不能求得独立，国内的政治就不会走上轨道，在帝国主义者与国内军阀官僚以至于豪绅地主相勾结的局面下，不但内乱不会停止，宪政不能建立，就如民国元年的召集议会，实行民治，亦不过是挂了一张民治的招牌，究其内容，还是贪污的官僚政治而已。政治不走上轨道，帝国主义者经济侵略没有停止，农民生活没有改善，不但重工业无法建设，就是萌芽的轻工业也不能维持。在帝国主义的经济侵略及封建剥削的两重压迫之下，要挽救农村经济的衰落是不可能的。农村的崩溃，农民生活的极度贫乏化，反映出农民要求解放的迫切，形成了国内政治与社会的动荡不安。[②]

第二，近代的"民族国家"是一个民主政治的国家。胡秋原在《中国革命根本问题》一文中就明确指出：中国革命之实际目的，即在求中国之现代化，"要使中国由一个农业国变为一个工业国家，由一个官僚政治国家变为一个民主政治国家"[③]。马寅初撰文强调："现在的世界已成了一个民主世界。无论任何国家，在战争结束之后必须走向民主的一条路，否则无以保其生存与独立。"[④] 在张澜看来，民主政治，主权在民，人人有独立的人格，人人有共守的宪章，所受之教育，所得之享受，皆期趋于平等，"因为有次列各项优点，所以当前和未来的世界政治，都要以民主政治为最高原则"。[⑤] 陈启天强调，"所谓建国，即是要将中国建设成功一个现代化的国家而已"，而政治民主化正是现代化国家的重要指标之一。[⑥] 李士豪更是把民主政治视为建立近代的"民族国家"的"各个条件中的中心问题"。他指出，在半殖民地国家与帝国主义者的战争中，人力的要素，远超过物力的要素。要

① 陈独秀：《抗战与建国》，《政论旬刊》第1卷第9期，1938年4月25日。
② 李士豪：《抗战建国与确立民主的宪政制度》，《抗战十日》第2期，1938年12月15日。
③ 胡秋原：《中国革命根本问题》，载李敏生编《中华心——胡秋原政治·文艺·哲学文选》，社会科学文献出版社，1995，第27页。
④ 马寅初：《中国工业化与民主是不可分割的》，《民主与科学》1945年第1卷第1期。
⑤ 张澜：《中国需要真正民主政治》，载四川师范学院《张澜文集》编辑组编《张澜文集》，四川教育出版社，1991，第188页。
⑥ 陈启天：《新中国与现代化问题》，《国光》第11期，1938年7月9日。

人力的要素能够扩大而深入地发挥，需要在政治方面除去动员民众的障碍，健全动员民众的机构，使民众能自发自觉地与抗战的要求相适应，亦只有在自发自觉的基本精神之下，才能使民众感觉到本身的利害，与国家民族相一致。同时也只有农民生活得到了改善，农民大众得到了解放，他们才能够提高其抗战的情绪，发挥其抗战的力量。"这就是对于民众动员上，需要有民主的政治制度的确立的理由。"另外，受资金、原料、销路等各种的限制，抗战时期要发展民族工业是不可能的，重工业更无从说起。但一个国家如果不能把工业建设搞上去，确立高度工业化的基础，那么所谓现代国家之建设是不可能的。要排除这种困难，当然要对外求独立，解除帝国主义者的经济压迫和掠夺；其次还要改善农民大众的生活，提高他们的购买力，这都是有相互关系的；但其中最主要而为其中心的，还是要政治能走上轨道，只有适合于现代的、可以对抗国际经济侵略的政治制度得到了确立，才能保证工业建设的进步。同时也只有政治走上了轨道，才能使各种建设向前迈进。"所以民主的宪政制度的确立，又是建设现代国家的各个条件中的中心问题。"①

　　第三，近代的"民族国家"是一个工业化的国家。冯友兰指出，我们要建立"近代式底国家"，首先就必须知道"近代式底国家的要素"是什么。他认为"近代式底国家的要素"是"工业化"。有了"工业化"，我们就会有坚船利炮，就会有国会宪法，就会有德先生和赛先生；所以我们要实现抗战的目的，即将中国建设成为一个"近代式底国家"，其最重要的工作，"是赶紧工业化"。②和冯友兰一样，周宪文也认为，"中国工业化问题"，是将中国从一个前近代的"传统国家"建设成为一个近代的"民族国家"的"基本问题"。他在《中国抗战建国的一个基本问题》一文中写道：建国之道多端，如国防建设、政治建设和社会建设，而这三项建设都离不开工业化。以"中国政治的建设"而论，其目标当然在"民主政治"，而"近代民主政治的母亲，就是机械工业"。如果机械工业不发达，或者说要在农业社会，"实行近代的民主政治，纵非缘木求鱼，其必事倍功半"。这也是近代

---

① 李士豪：《抗战建国与确立民主的宪政制度》，《抗战十日》第2期，1938年12月15日。
② 冯友兰：《抗战的目的与建国的方针》，《当代评论》第2卷第3期，1942年2月15日。

的民主政治在中国迟迟不能实行的重要原因。所以，"我们要实行近代的民主政治，总非先使中国工业化不可，否则，'建基于沙滩上的高楼'，不旋踵就会倒的"。至于社会建设，也是如此。"人们常怪中国人爱家的观念，重过爱国，相信命运，相信风水，苟且偷安，不求进取，做事欠迅速，欠正确，少训练，少组织，其实这些都是农业社会的产物……我们现在要把这些坏东西铲除尽净，文字的宣传，尤其如新生活运动及精神总动员，固然是极其重要，如果不设法使中国走上工业化的道路，那末这些宣传与运动的效力，也就可想而知了"。总之，"中国要求建国成功，只有赶紧工业化，中国工业化愈快，建国成功的时期亦愈近"。[1]

就思想和学术界的上述讨论来看，确实抓住了近代的"民族国家"的一些基本特征，也就是主权独立、民主政治和经济的工业化。当然，由于政治和知识背景的不同，人们对这些特征的重要性的认识又存在着差异，陈独秀和李士豪从西方建立近代民族国家的经验出发，强调了民族独立、宪政制度对于近代的"民族国家"的重要意义；胡秋原、陈启天则认为民主政治的实现是近代的"民族国家"的"根本问题"；而冯友兰、周宪文受西方唯实论和现代化思想的影响，认为近代的"民族国家"的基础是经济的工业化，只有先实现了经济的工业化，然后才能实现政治的民主化及其他，因此实现经济的工业化是中国建立近代的"民族国家"的最紧要的工作。

以上是七七事变后学术界在"抗战建国"话语下对"学术建国"的讨论。实际上自晚清以来，就存在着一股"学术救国"思潮，认为中国要救亡图存，就必须积极从事学术研究，充分发挥学术的重要作用；七七事变后学术界主张的"学术建国"，就本质而言，它是晚清以来"学术救国"思潮的继承和发展。尽管和"学术救国"思潮一样，主张"学术建国"的主要是一些学术圈里的人，是大学教授、中学教师和报刊编辑，但主张本身却产生了一定的政治和社会影响，推动了文化和学术事业的发展。1940 年 4 月，在国民参政会的第五次会议上，为进一步推进学术活动的开展，张申府等人提出《保障讲学自由以便学术开展而促社会进步案》并获得通过。提案认为："国家社会之进步，必赖学术文化之开展，必赖新异思想学术之

---

[1] 周宪文：《中国抗战建国的一个基本问题》，《满地红》第 3 卷第 3 期，1941 年 2 月 20 日。

产生。新异思想学术之产生，必赖思想之自由与讲学之自由。因此，凡近代进步国家，罕有不崇尚思想自由与讲学自由。"提案因而"拟请政府通令全国，在三民主义及抗战建国纲领最高原则下，保障讲学及学术研究之自由"。[1]该提案的通过对保障思想自由和讲学自由起过一定的积极作用。正是在"学术建国"思想的影响和推动下，在极端艰苦的战争环境中，学术界的广大同人克服了各种和平时代无法想象的困难，潜心于学术研究，并将学术研究与抗战建国的需要结合起来，创作出了一大批优秀的学术成果，为抗战建国服务，从而提升了中国学术在世界上的地位。无论从哪方面比较，全民族抗战时期都是中国近代以来学术研究最为辉煌的时期。

---

[1] 张申府等提《保障讲学自由以便学术开展而促社会进步案》，载重庆市政协文史资料研究委员会、中共重庆市委党校编《国民参政会纪实》上卷，重庆出版社，1985，第707页。